여러분의 합격을 응원하는
해커스공무원의 특별 혜택

FREE 공무원 행정법 특강

해커스공무원(gosi.Hackers.com) 접속 후 로그인 ▶ 상단의 [무료강좌] 클릭하여 이용

해커스공무원 온라인 단과강의 20% 할인쿠폰

FE79C6BBC3BCDAEF

해커스공무원(gosi.Hackers.com) 접속 후 로그인 ▶ 상단의 [나의 강의실] 클릭 ▶
좌측의 [쿠폰등록] 클릭 ▶ 위 쿠폰번호 입력 후 이용

* 등록 후 7일간 사용 가능(ID당 1회에 한해 등록 가능)

합격예측 온라인 모의고사 응시권 + 해설강의 수강권

6BD9C6668395C6B4

해커스공무원(gosi.Hackers.com) 접속 후 로그인 ▶ 상단의 [나의 강의실] 클릭 ▶
좌측의 [쿠폰등록] 클릭 ▶ 위 쿠폰번호 입력 후 이용

* ID당 1회에 한해 등록 가능

쿠폰 이용 관련 문의 **1588-4055**

단기 합격을 위한 해커스공무원 커리큘럼

입문
탄탄한 기본기와 핵심 개념 완성!
누구나 이해하기 쉬운 개념 설명과 풍부한 예시로 부담없이 쌩기초 다지기
TIP 베이스가 있다면 **기본 단계**부터!

기본+심화
필수 개념 학습으로 이론 완성!
반드시 알아야 할 기본 개념과 문제풀이 전략을 학습하고
심화 개념 학습으로 고득점을 위한 응용력 다지기

기출+예상 문제풀이
문제풀이로 집중 학습하고 실력 업그레이드!
기출문제의 유형과 출제 의도를 이해하고 최신 출제 경향을 반영한
예상문제를 풀어보며 본인의 취약영역을 파악 및 보완하기

동형모의고사
동형모의고사로 실전력 강화!
실제 시험과 같은 형태의 실전모의고사를 풀어보며 실전감각 극대화

마무리
시험 직전 실전 시뮬레이션!
각 과목별 시험에 출제되는 내용들을 최종 점검하며 실전 완성

PASS

* 커리큘럼 및 세부 일정은 상이할 수 있으며, 자세한 사항은 해커스공무원 사이트에서 확인하세요.

단계별 교재 확인 및 수강신청은 여기서!
gosi.Hackers.com

해커스공무원

김대현 행정법총론 워크북

김대현

약력
제8회 변호사 시험 합격, 대한민국
제47회 공인회계사 시험 합격, 대한민국
현 | 해커스공무원 행정법 강의
현 | 법무법인 시우 파트너 변호사
전 | 법무법인 광장 변호사
고려대학교 법학전문대학원(법학전문석사/우선선발, 우등졸업)
고려대학교(경영학사)

저서
해커스공무원 3분의 1로 줄여 쓴 김대현 행정법총론 기본서
해커스공무원 김대현 행정법총론 워크북
해커스공무원 김대현 행정법총론 최신 4개년 기출문제집
해커스 김대현 행정법 실전동형모의고사

공무원 시험 합격을 위한 행정법총론 워크북!

공부를 열심히 했는데도 불합격하는 수험생의 대부분은 충분한 이론 숙지 없이 문제풀이에 치중한 경우입니다. 행정법이라는 과목이 어렵게 느껴지는 만큼, 기본이론 학습을 하고, 복습을 충분히 한 뒤 문제풀이로 넘어가는 것이 바람직합니다.

그러나 대다수 수험생들은 조급한 마음에 방대한 기본서 한 권으로 모든 것을 해결하고 곧바로 문제풀이로 넘어가려는 경향이 있습니다. 그러다 보니 문제풀이는 많이 했지만 기본이론에 대한 이해가 부족한 경우가 허다하므로, 고득점을 받기는 어렵습니다.

『해커스공무원 김대현 행정법총론 워크북』은 김대현 행정법 커리큘럼의 두 번째 강의를 위한 교재에 해당합니다.
첫 번째 교재는 『해커스공무원 3분의 1로 줄여 쓴 김대현 행정법총론 기본서』였고, 기본서에는 의도적으로 문제를 수록하지 않았습니다.

이는 너무 이른 시점부터 문제를 접하게 되면 이해가 부족한 상태에서 기출 지문을 암기하는데 급급하게 되는 수험생들의 심리를 고려한 것입니다. 대신 수험적으로 불필요한 내용을 덜어내고 분량을 최소화하여 최대한 빠른 기간 내에 이론 숙지가 가능하도록 구성하였습니다.

기본서를 통해 최대한 컴팩트하게 이론을 숙지하고 나면, 워크북을 통해 기본서의 핵심 이론을 복습하고, 이를 토대로 서서히 문제풀이에 적응하는 기회를 갖게 됩니다.

이에 『해커스공무원 김대현 행정법총론 워크북』은 다음과 같은 특징을 가지고 있습니다.

첫째, 키워드를 바탕으로 기본서 핵심 이론을 효율적으로 복습할 수 있습니다.
기본서의 체계 및 형식을 가급적 그대로 차용하여 기본이론 강의에서 배웠던 내용을 상기하는 동시에, 직전 단계에서 학습한 대법원 판례 및 법조문의 키워드를 한눈에 파악할 수 있도록 구성하였습니다. 이 과정에서 수험생들은 충분한 이해를 바탕으로 꼭 필요한 키워드만 효율적으로 암기할 수 있습니다.

둘째, 기출지문 OX와 '기출문제로 점검하기'를 통해 문제 풀이에 적응하며 실전 대비까지 가능합니다.
각 판례 및 법조문의 바로 아래에 실제 공무원 기출지문을 OX로 수록하고, 각 단원의 마지막에는 공무원 외 다른 시험의 4지선다 기출문제 중 주요 문제를 선별하여 소개하였습니다. 이를 풀어봄으로써 수험생들은 다음 커리큘럼인 4개년 기출문제 단계에서 진행하는 기출문제 풀이에 보다 수월하게 적응할 수 있을 것으로 기대합니다.

더불어, 공무원 시험 전문 사이트 해커스공무원(gosi.Hackers.com)에서 교재 학습 중 궁금한 점을 나누고 다양한 무료 학습 자료를 함께 이용하여 학습 효과를 극대화할 수 있습니다.

문제를 많이 풀어야 합격하는 것은 맞지만, 그렇다고 하여 문제를 많이 푸는 것이 합격을 보장하는 것은 아닙니다. 기본이론과 연계되지 않은 문제풀이는 점수 향상으로 직결되지 않습니다.

저자는 『해커스공무원 김대현 행정법총론 워크북』을 통해 기본이론 숙지와 문제풀이 사이에 징검다리를 놓아드리고자 합니다. 수험생들이 합격에 이르는 징검다리를 차분히 건너 각자의 목표를 성공적으로 이루어 냈으면 합니다. 공부하는 모든 분들의 앞날에 행운이 깃들기를 간절히 소망합니다.

김대현

목차

제1편 행정법 통론

제1장 행정의 의의 — 10
01 행정이란 무엇일까? — 10

제2장 행정법의 의의 — 12
02 행정법이란 무엇일까? — 12
03 법치행정의 원리 — 17
04 행정법의 일반원칙 — 20

제3장 행정상의 법률관계 — 33
05 행정상 법률관계의 당사자 — 33
06 기간의 계산 및 법 적용의 기준시 — 36
07 사인의 공법행위 — 38

기출문제로 점검하기 — 46

제2편 행정작용법

제1장 행정청의 입법 — 58
01 행정입법 — 58
02 법규명령 — 58
03 행정규칙 — 65

제2장 행정청의 행위 — 67
04 행정행위 — 67
05 부관 — 76
06 행정행위의 적법요건 및 효력발생요건 — 83
07 행정행위의 효력 — 87
08 행정행위의 하자 — 92
09 위헌인 법률에 근거한 처분의 효력 — 93
10 하자의 승계 — 95
11 하자의 치유 및 전환 — 102
12 행정행위의 취소 및 철회 — 105

제3장 나머지 행정작용 — 110
13 그 밖의 행정의 주요행위형식 — 110

기출문제로 점검하기 — 124

제3편 행정절차법

제1장 행정행위를 할 때 지켜야 할 절차 — 148
01 서론 — 148
02 주요 절차 — 152

03 형식·절차상 하자가 있는 처분의 취급 — 162
04 인허가 의제제도 — 165

기출문제로 점검하기 — 169

제4편 공공기관의 정보공개에 관한 법률

제1장 알 권리 보장을 위한 제도 — 176
01 의의 — 176
02 당사자 — 176
03 공개 대상 — 177
04 공개 절차 — 184

기출문제로 점검하기 — 193

제5편 행정상의 의무이행확보수단

제1장 국민의 의무불이행 상태를 해소하기 위한 수단 — 198
01 의의 — 198
02 행정강제 — 198
03 행정벌 — 213
04 새로운 의무이행확보수단 — 219

기출문제로 점검하기 — 226

제6편 국가배상법

제1장 위법행위로 인한 손해배상 — 238
01 의의 및 유형 — 238

제2장 국가배상법 제2조 제1항 전단에 따른 책임 — 239
02 유형 1 - 공무원의 직무상 불법행위로 인한 손해배상 — 239

제3장 국가배상법 제2조 제1항 후단에 따른 책임 — 256
03 유형 2 - 관용차 운행으로 인한 손해배상 — 256

제4장 국가배상법 제5조에 따른 책임 — 257
04 유형 3 - 공공시설의 설치·관리 하자로 인한 손해배상 — 257

제5장 기타 쟁점 — 263
05 배상책임자 — 263
06 이중배상금지 — 265
07 군인과 공동불법행위를 한 민간인의 국가에 대한 구상 — 269
08 기타 조문 — 269

기출문제로 점검하기 — 271

제7편 손실보상

제1장 적법행위로 인한 손실보상 278
01 의의 278
02 손실보상청구권의 법적 성격(공권) 278
03 요건 279
04 보상규정 흠결시 손실보상 방법 280

제2장 토지수용 등에 따른 보상 281
05 공익사업을 위한 토지 등의 취득 및 보상에 관한 법률 281

기출문제로 점검하기 294

제8편 행정소송

제1장 취소소송 중심의 행정소송 체계 298
01 행정소송의 종류 298
02 취소소송 개관 299

제2장 취소소송 300
제1절 소송요건 300
01 대상적격 300
02 원고적격 320
03 소의 이익 329
04 피고적격 337
05 제소기간 344
06 전치주의 347
07 관할 348

제2절 행정소송법 특유의 제도 350
01 소송참가 350
02 소변경 351
03 가구제 수단(집행정지) 353

제3절 본안심리 358
01 심리의 내용 358
02 심리의 원칙 - 변론주의 vs 직권심리 358
03 증명책임(입증책임)의 분배 360
04 위법성 판단의 기준시점 361
05 처분사유의 추가변경 363

제4절 판결 365
01 각하판결 365
02 본안판결 365
03 확정판결의 효력 369

제3장 무효등확인소송 377
01 의의 377
02 무효등확인소송과 취소소송의 관계 377
03 소송요건 379
04 가구제 379
05 본안심리(입증책임) 380
06 판결의 효력(거부처분 무효확인판결) 380

제4장 부작위위법확인소송 381
01 의의 381
02 소송요건 381
03 가구제 383
04 본안심리 383
05 판결의 종류 - 기각판결(×) 383
06 판결의 효력 - 거부처분해도 기속력 위반 383

제5장 당사자소송 384
01 의의 384
02 실질적 당사자소송 384
03 형식적 당사자소송 390
04 소송요건 390
05 가구제 391
06 가집행선고 - 국가가 피고인 경우에도 허용 391

기출문제로 점검하기 392

제9편 행정심판

제1장 행정심판의 의의 414
01 이의신청과의 비교 414
02 행정심판의 기능 416

제2장 행정심판의 구체적인 내용 417
03 행정심판의 종류 417
04 행정심판위원회 417
05 제척/기피/회피 제도 419
06 청구요건 419
07 가구제 424
08 재결 425

기출문제로 점검하기 432

이 책의 구성

1 행정법총론 핵심 이론 복습하기

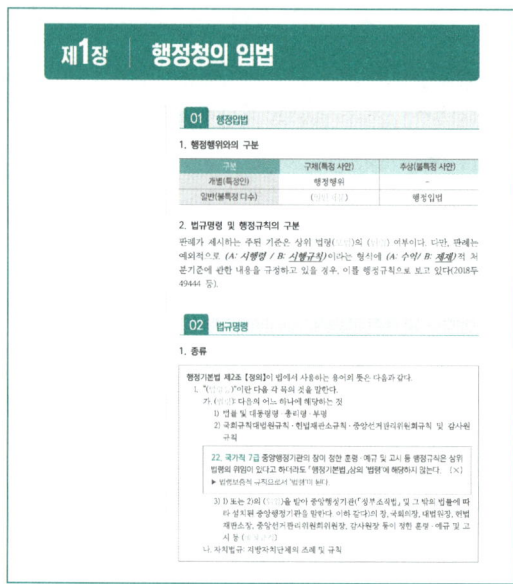

기본서 핵심 이론을 압축·정리
공무원 행정법총론 시험에 나오는 방대한 내용들 중 출제 가능성이 높은 핵심 이론을 압축·정리하여 행정법총론 내용을 보다 빠르게 파악하고 전략적으로 학습할 수 있습니다. 또한 기본서의 체계 및 형식을 활용하여 기본서를 자연스럽게 회독할 수 있어 효과적인 복습이 가능합니다.

2 다양한 학습장치를 활용하여 이론 완성하기

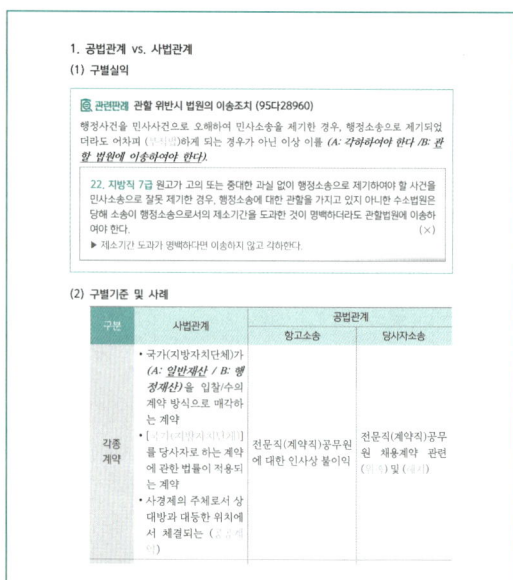

한 단계 실력 향상을 위한 다양한 학습장치

1. 빈칸 키워드
핵심 이론의 키워드를 빈칸으로 수록하여 중요한 키워드가 무엇인지 확인하고, 반복 학습을 통해 효율적으로 암기할 수 있습니다.

2. A/B 선택 문제
혼동하기 쉬운 내용이나 중요한 내용을 A/B 선택 문제로 수록하여 정확한 내용 구분 능력을 기르고, 학습한 내용을 확실하게 이해할 수 있습니다.

3. 기출지문 OX
핵심 이론과 관련된 기출지문 OX 문제를 해당 이론 바로 아래 배치함으로써 학습한 내용을 잘 이해하였는지 점검해볼 수 있으며, 실제 시험에서는 어떻게 출제되었는지 확인할 수 있습니다.

해커스공무원 김대현 행정법총론 워크북

3 풍부한 판례를 통해 입체적으로 판례 학습하기

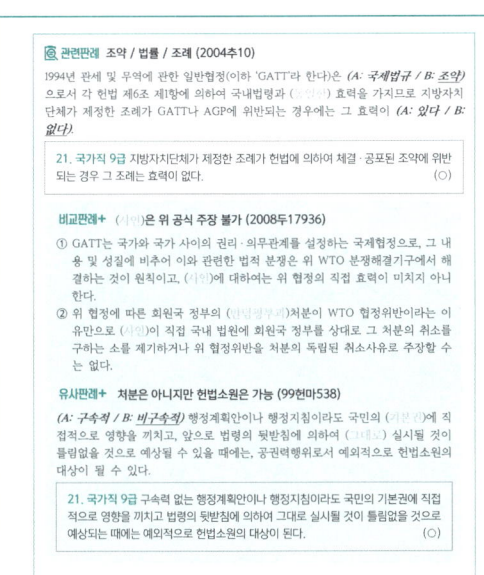

이론의 핵심인 판례 학습

1. 관련판례
실제 시험에서 대부분의 지문이 판례인 점을 고려하여, 중요판례는 물론 최신 판례까지 다양한 판례를 수록하였습니다. 특히 단순히 판례 원문을 수록하지 않고, 판례마다 제목을 기재함으로써 판례의 핵심 내용을 한눈에 파악할 수 있습니다.

2. 비교·유사판례
관련판례와 비교할만하거나 유사한 판례를 함께 수록함으로써 판례의 내용을 보다 입체적으로 이해하고, 학습한 이론을 심층적으로 확인할 수 있습니다.

4 기출문제로 실전 대비하기

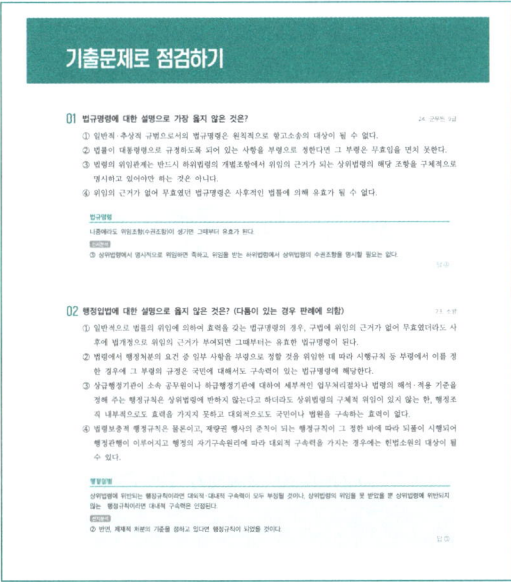

문제 응용력을 키울 수 있는 '기출문제로 점검하기'

행정법총론 문제 중 재출제될 가능성이 높은 기출문제들을 선별하여 수록하였습니다. 이를 통해 학습한 내용을 점검하고, 실제시험에 출제되는 문제의 유형을 확인하여, 실전 감각까지 기를 수 있습니다.

이 책의 구성 **7**

해커스공무원 학원·인강
gosi.Hackers.com

해커스공무원 김대현 행정법총론 워크북

제1편
행정법 통론

제1장 행정의 의의
제2장 행정법의 의의
제3장 행정상의 법률관계
기출문제로 점검하기

제1장 | 행정의 의의

01 행정이란 무엇일까?

사법심사 ×	사법심사 ○
(계엄)선포의 요건 충족, 당/부당 (81도874) (계엄)선포가 당연무효가 아닌 한, 사법기관인 법원이 (계엄)선포의 요건구비나 선포의 당, 부당을 심사하는 것은 사법권의 내재적인 본질적 한계를 넘어서는 것이 되어 적절하지 못하다.	대통령 (긴급조치) 1호 (2010도5986) 이 사건 재판의 전제가 된 (긴급조치) 제1호는 헌법에 위배되어 무효이다.
일반적인 (비상)계엄 (2016도14781) 대통령의 (비상)계엄의 선포나 확대 행위는 고도의 정치적·군사적 성격을 지니고 있는 행위라 할 것이므로, 그 계엄선포의 요건 구비 여부나 선포의 당·부당을 판단할 권한이 사법부에는 없다고 할 것이나,	(국헌문란)목적의 비상계엄 (2016도14781) 비상계엄의 선포나 확대가 (국헌문란)의 목적을 달성하기 위하여 행하여진 경우에는 법원은 그 자체가 범죄행위에 해당하는지의 여부에 관하여 심사할 수 있다.
(A: 외국에의 국군의 파견결정 / B: 한미군사연합훈련) (2003헌마814)	(A: 외국에의 국군의 파견결정 / B: 한미군사연합훈련) (2007헌마369)
(A: 남북정상회담 개최 / B: 대북송금) (2003도7878)	(A: 남북정상회담 개최 / B: 대북송금) (2003도7878)
(A: 서훈수여 / B: 서훈취소) (2012두26920)	(A: 서훈수여 / B: 서훈취소) (2012두26920) 23. 국가직 9급 서훈취소는 대통령이 국가원수로서 행하는 행위이지만 통치행위는 아니다. (○)
(A: 사면결정 / B: 사면내용의 해석) (97헌바74)	(A: 사면결정 / B: 사면내용의 해석) (97헌바74)
	신행정(수도) 이전 (2004헌마554) (수도)를 설정하거나 이전하는 것은 국가생활에 관한 국민의 근본적 결단임과 동시에 국가를 구성하는 기반이 되는 핵심적 헌법사항에 속한다.

긴급재정경제명령(금융실명제) (93헌마186)
① 대통령의 긴급재정경제명령은 국가긴급권의 일종으로서 고도의 정치적 결단에 의하여 발동되는 행위이고 그 결단을 존중하여야 할 필요성이 있는 행위라는 의미에서 이른바 통치행위에 *(A: **속한다** / B: **속하지 않는다**)*.
② 국민의 기본권침해와 직접 관련되는 경우에는 당연히 헌법재판소의 심판대상이 *(A: **된다** / B: **되지 않는다**)*.

관련판례 사법심사는 오직 *(A: 행정부 / B: **사법부**)*만 할 수 있다 (2003도7878)

고도의 정치성을 띤 국가행위에 대하여는 이른바 (통치행위)라 하여 법원 스스로 사법심사권의 행사를 억제하여 그 심사대상에서 제외하는 영역이 있으나, 이와 같이 (통치행위)의 개념을 인정한다고 하더라도 과도한 사법심사의 자제가 기본권을 보장하고 법치주의 이념을 구현하여야 할 법원의 책무를 태만히 하거나 포기하는 것이 되지 않도록 그 인정을 지극히 신중하게 하여야 하며, 그 판단은 오로지 *(A: 행정부 / B: **사법부**)*만에 의하여 이루어져야 한다.

제2장 | 행정법의 의의

02 행정법이란 무엇일까?

1. 공법관계 vs. 사법관계

(1) 구별실익

> **관련판례** 관할 위반시 법원의 이송조치 (95다28960)
>
> 행정사건을 민사사건으로 오해하여 민사소송을 제기한 경우, 행정소송으로 제기되었더라도 어차피 (부적법)하게 되는 경우가 아닌 이상 이를 *(A: 각하하여야 한다 / B: 관할 법원에 이송하여야 한다)*.
>
> 22. 지방직 7급 원고가 고의 또는 중대한 과실 없이 행정소송으로 제기하여야 할 사건을 민사소송으로 잘못 제기한 경우, 행정소송에 대한 관할을 가지고 있지 아니한 수소법원은 당해 소송이 행정소송으로서의 제소기간을 도과한 것이 명백하더라도 관할법원에 이송하여야 한다. (×)
> ▶ 제소기간 도과가 명백하다면 이송하지 않고 각하한다.

(2) 구별기준 및 사례

구분	사법관계	공법관계	
		항고소송	당사자소송
각종 계약	• 국가(지방자치단체)가 *(A: 일반재산 / B: 행정재산)*을 입찰/수의계약 방식으로 매각하는 계약 • [국가(지방자치단체)]를 당사자로 하는 계약에 관한 법률이 적용되는 계약 • 사경제의 주체로서 상대방과 대등한 위치에서 체결되는 (공공계약)	전문직(계약직)공무원에 대한 인사상 불이익	전문직(계약직)공무원 채용계약 관련 (위촉) 및 (해지)

구분			공적 목적	사적 목적
공물의 이용 관계	국공유	정의	행정재산	일반재산(잡종재산)
		빌려줌	공법관계 (A: *허가* / B: *특허*) ❶	(사법)관계 (but 민사소송 X)
		무단점유	변상금부과 처분 (A: *기속행위* / B: *재량행위*) (OR 부당이득반환청구) 23. **지방직 9급** 변상금 부과처분은 순전히 사경제 주체로서 행하는 사법상의 법률행위이므로, 丙은 그 처분에 대해 민사소송을 제기하여 다툴 수 있다. (×) ▶ 변상금 부과처분은 항고소송의 대상이 되는 처분이다. 22. **지방직 9급** 국유재산의 무단점유에 대한 변상금 징수의 요건은 「국유재산법」에 명백히 규정되어 있으므로 변상금을 징수할 것인가는 처분청의 재량을 허용하지 않는 기속행위이다. (○)	
	사유		사유공물	사유재산
입찰 관련			• (A: *계약* / B: *법령*)에 근거한 입찰참가제한 조치 • 입찰보증금 (국고귀속) 조치	• (A: *계약* / B: *법령*)에 근거한 입찰참가 자격제한조치	–
금전 청구			• (A: *손실보상* / B: *국가배상*) • 조세 (과오납금) 반환청구 • 토지보상법상 (A: *협의취득* / B: *수용재결*)	–	• 부가가치세(환급세액) 반환청구 • (A: *손실보상* / B: *국가배상*)
공무원 연금			–	• 퇴직법관의 명예퇴직 대상자 선정 신청 • 공무원연금 지급신청 • 퇴역군인 연금지급신청	• 퇴직법관의 명예퇴직금 (차액) 지급 신청 • 공무원연금 (감액) 분 지급신청 • 퇴역연금 (감액) 분 지급신청
기타			환매권	–	–

❶ 예 국립의료원 부설 주차장에 관한 위탁관리용역운영 (A: *계약* / B: *허가*)

> 📖 **관련판례** 국가계약법상 요건 및 절차 위반시 무효 (2013다215133)

① 참고: 국가를 당사자로 하는 계약에 관한 법률에 따른 국가계약은 (**A: *사법상 계약*** / B: 공법상 계약)에 해당

---

24. 국가직 9급 「지방자치단체를 당사자로 하는 계약에 관한 법률」에 따라 지방자치단체가 일방 당사자가 되는 이른바 공공계약이 사경제의 주체로서 상대방과 대등한 위치에서 체결하는 사법상의 계약에 해당하는 경우 그에 관한 법령에 특별한 정함이 있는 경우를 제외하고는 사적 자치와 계약자유의 원칙 등 사법의 원리가 그대로 적용된다. (○)

22. 국가직 9급 「국가를 당사자로 하는 계약에 관한 법률」에 따라 국가가 당사자가 되는 이른바 공공계약에 관한 법적 분쟁은 원칙적으로 행정법원의 관할 사항이다. (×)
▶ 사법상 계약으로서 민사법원의 관할이 된다.

24. 국가직 7급 「국가를 당사자로 하는 계약에 관한 법률」에 따라 국가가 당사자가 되는 이른바 공공계약은 사경제 주체로서 상대방과 대등한 위치에서 체결하는 사법상 계약으로서 그에 관한 법령에 특별한 정함이 있는 경우를 제외하고는 사법의 원리가 그대로 적용된다. (○)

22. 지방직 9급 지방자치단체가 일방 당사자가 되는 이른바 '공공계약'이 사법상 계약에 해당하는 경우에도 법령에 특별한 규정이 없다면 사적자치와 계약자유의 원칙 등 사법의 원리가 그대로 적용되지 않는다. (×)
▶ 사적자치와 계약자유의 원칙이 적용된다.

23. 지방직 7급 「국가를 당사자로 하는 계약에 관한 법률」에 따라 국가가 당사자가 되는 이른바 공공계약은 그에 관한 법령에 특별한 정함이 없는 한 사법상 계약에 해당한다. (○)

---

② 국가가 사인과 계약을 체결할 때에는 국가계약법령에 따른 (계약서)를 따로 작성하는 등 요건과 절차를 이행하여야 할 것이고, 설령 국가와 사인 사이에 계약이 체결되었더라도 이러한 법령상 요건과 절차를 거치지 아니한 계약은 (**A: *효력이 없다*** / B: 취소사유가 존재한다).

> 📖 **관련판례** 국유잡종재산 대부행위

① 국유잡종재산에 관한 관리 처분의 권한을 위임받은 기관이 국유잡종재산을 대부하는 행위는 국가가 사경제 주체로서 상대방과 대등한 위치에서 행하는 (**A: *사법*** / B: 공법)상의 계약이고, 행정청이 공권력의 주체로서 상대방의 의사 여하에 불구하고 일방적으로 행하는 행정처분이라고 볼 수 없으며, 국유잡종재산에 관한 대부료의 납부고지는 (**A: *사법상의 이행청구에 해당한다*** / B: 행정처분에 해당한다)(99다61675).

② 대부계약에 의한 대부료부과 조치 역시 (**A: *사법상 채무이행을 구하는 것이다*** / B: 이를 행정처분이라고 할 수 있다)(91누11612).

---

23. 국가직 9급 국유재산의 무단점유에 대한 변상금부과는 공법관계에 해당하나, 국유 일반재산의 대부행위는 사법관계에 해당한다. (○)

23. 지방직 9급 甲이 乙에게 대부하는 행위는 공권력의 주체로서 상대방의 의사 여하에 불구하고 일방적으로 행하는 행정처분이 아니다. (○)

---

③ 공유 일반재산의 대부료의 징수에 관하여도 지방세 (체납처분)의 예에 따른 간이하고 경제적인 특별한 구제절차가 마련되어 있으므로, 특별한 사정이 없는 한 (민사)소송으로 공유 일반재산의 대부료의 지급을 구하는 것은 허용되지 아니한다(2013다207941).

23. 지방직 9급 甲은 대부료를 납부하지 않은 乙을 상대로 민사소송을 제기하여 대부료 지급을 구해야 한다. (×)
▶ 체납처분 절차를 통해 징수한다.

22. 지방직 9급 공유 일반재산의 대부료 지급은 사법상 법률관계이므로 행정상 강제집행절차가 인정되더라도 따로 민사소송으로 대부료의 지급을 구하는 것이 허용된다. (×)
▶ 민사소송은 허용되지 않는다.

비교판례+

1. "(국가연구개발사업)규정에 근거"한 협약은 공법관계에 해당 (2015다215526)
   (국가연구개발사업)규정에 근거하여 국가 산하 중앙행정기관의 장과 참여기업인 甲 회사가 체결한 위 협약의 법률관계는 공법관계에 해당하므로 이에 관한 분쟁은 행정소송으로 제기하여야 한다.

2. *(A: 행정재산 / B: 일반재산)* 빌린 걸 다시 제3자에게 빌려준 경우 – 사법상 행위 (2001다12638)
   한국공항공단이 무상사용허가를 받은 *(A: 행정재산 / B: 일반재산)*에 대하여 하는 (전대)행위는 통상의 사인간의 임대차와 다를 바가 없고, 그 임대차계약이 임차인의 사용승인신청과 임대인의 사용승인의 형식으로 이루어졌다고 하여 달리 볼 것은 아니다.

23. 국가직 9급 국유재산 중 행정재산의 사용허가는 공법관계이나, 한국공항공단이 무상사용허가를 받은 행정재산에 대하여 하는 전대행위는 사법관계이다. (○)

2. 행정법의 법원

성문법원					불문법원
헌법					
법률 (법의 일반원칙)	국회, 대법원, 헌재, 중앙선관위, (감사원) 규칙	*(A: 조약 / B: 조례)*	국제법규	>>>	*(A: 판례법 / B: 관습법)*, 조리
(A: 조약 / B: 조례)	규칙		법규명령 행정규칙		

(1) 성문법원의 주요 유형
   ① 법률
   ② 조약 및 국제법규

> **관련판례** 조약 / 법률 / 조례 (2004추10)
>
> 1994년 관세 및 무역에 관한 일반협정(이하 'GATT'라 한다)은 *(A: 국제법규 / B: 조약)* 으로서 각 헌법 제6조 제1항에 의하여 국내법령과 (동일한) 효력을 가지므로 지방자치단체가 제정한 조례가 GATT나 AGP에 위반되는 경우에는 그 효력이 *(A: 있다 / B: 없다)*.
>
> **21. 국가직 9급** 지방자치단체가 제정한 조례가 헌법에 의하여 체결·공포된 조약에 위반되는 경우 그 조례는 효력이 없다. (○)
>
> **비교판례+** (사인)은 위 공식 주장 불가 (2008두17936)
>
> ① GATT는 국가와 국가 사이의 권리·의무관계를 설정하는 국제협정으로, 그 내용 및 성질에 비추어 이와 관련한 법적 분쟁은 위 WTO 분쟁해결기구에서 해결하는 것이 원칙이고, (사인)에 대하여는 위 협정의 직접 효력이 미치지 아니한다.
> ② 위 협정에 따른 회원국 정부의 (반덤핑부과)처분이 WTO 협정위반이라는 이유만으로 (사인)이 직접 국내 법원에 회원국 정부를 상대로 그 처분의 취소를 구하는 소를 제기하거나 위 협정위반을 처분의 독립된 취소사유로 주장할 수는 없다.
>
> **24. 지방직 7급** WTO 협정에 따른 회원국 정부의 반덤핑부과처분이 WTO 협정위반이라는 이유만으로 사인이 직접 국내 법원에 회원국 정부를 상대로 그 처분의 취소를 구하는 소를 제기할 수 있다. (×)
> ▶ 사인은 처분 취소소송에서 조례의 무효를 주장할 수 없다.

> **관련판례** 남북 사이의 화해와 불가침 및 교류협력에 관한 합의서 ≠ 조약 (98두14525)
>
> 남북 사이의 화해와 불가침 및 교류협력에 관한 합의서는 남북관계가 '나라와 나라 사이의 관계가 아닌 통일을 지향하는 과정에서 잠정적으로 형성되는 특수관계'임을 전제로, *(A: 이를 국가 간의 조약 또는 이에 준하는 것으로 볼 수 없다 / B: 국내법과 동일한 효력이 인정된다)*.

   ③ 자치법규
   ④ 법규명령

(2) 불문법원의 주요 유형
   ① 조리 및 관습법
   ② 판례법(×)

> **관련판례** 대법원 판례의 하급심에 대한 기속력
>
> 1. 사안이 동일한 경우
>
>   상급법원 재판에서의 판단은 (해당) 사건에 관하여 하급심을 기속한다(법원조직법 제8조).
>
> 2. 사안이 유사한 경우: 기속 VS 존중 (96다31307)
>
>   대법원의 판례가 법률해석의 일반적인 기준을 제시한 경우에 *(A: 유사한 사건을 재판하는 하급심법원의 법관은 판례의 견해를 존중하여 재판하여야 한다 / B: 위 판례는 사안이 서로 다른 사건을 재판하는 하급심법원을 직접 기속한다)*.

03 법치행정의 원리

> 행정기본법 제8조 【법치행정의 원칙】 [*(A: 법률유보 / B: 법률우위)* 원칙] 행정작용은 법률에 위반되어서는 아니 되며, [*(A: 법률유보 / B: 법률우위)* 원칙] 국민의 권리를 제한하거나 의무를 부과하는 경우와 그 밖에 국민생활에 중요한 영향을 미치는 경우에는 법률에 근거하여야 한다.
>
> > 23. **지방직 9급** 행정작용은 법률에 위반되어서는 아니 되며, 국민의 권리를 제한하거나 의무를 부과하는 경우와 그 밖에 국민생활에 중요한 영향을 미치는 경우에는 법률에 근거해야 한다. (○)

1. 법률우위 원칙

하위법령의 규정이 상위법령의 규정에 저촉되는지 여부가 명백하지 않은 경우에, 관련 법령의 내용과 입법 취지 및 연혁 등을 종합적으로 살펴 하위법령의 의미를 상위법령에 합치되는 것으로 해석하는 것이 가능한 경우라면, 하위법령이 상위법령에 위반된다는 이유로 *(A: 곧바로 무효를 선언하여야 한다 / B: 쉽게 무효를 선언할 것은 아니다)* (2016두61051).

2. 법률유보 원칙

(1) 의의

침익적 행정처분의 근거가 되는 행정법규는 엄격하게 해석·적용하여야 하고, *(A: 행정처분의 상대방에게 불리한 방향으로 지나치게 확장해석하거나 유추해석해서는 아니 된다 / B: 처분상대방에게 불리한 내용의 법령해석이 일체 허용되지 않는다)*는 취지가 아니며, 문언의 가능한 범위 내라면 체계적 해석과 목적론적 해석이 허용됨은 당연하다(2023두30994).

> **관련판례**
>
> **1. 음주운전을 이유로 한 택시면허 취소처분 (2007두26001)**
> 관할관청으로서는 비록 개인택시운송사업자에게 운전면허 취소사유가 (A: 있다면 이를 사유로 하여 곧바로 개인택시운송사업면허를 취소할 수 있다 / B: 있다 하더라도 그로 인하여 운전면허 취소처분이 이루어지지 않은 이상 개인택시운송사업면허를 취소할 수는 없다).
>
> **2. 예산 ≠ 법률 (2006헌마409)**
> 예산(A: 은 법규범이 아니며 / B: 도 일종의 법규범이고) 법률과 마찬가지로 국회의 의결을 거쳐 제정되지만 예산은 법률과 달리 (A: 국가기관만을 구속한다 / B: 일반국민까지도 구속한다).

(2) 적용범위

오늘날 (A: **법률유보원칙** / B: **법률우위원칙**)은 단순히 행정작용이 법률에 근거를 두기만 하면 충분한 것이 아니라, 국가공동체와 그 구성원에게 기본적이고도 (중요한) 의미를 갖는 영역, 특히 국민의 기본권(실현)과 관련된 영역에 있어서는 국민의 대표자인 입법자가 그 (본질적) 사항에 대해서 (A: **위임에 의해** / B: **스스로**) 결정하여야 한다는 요구까지 내포하고 있다(98헌바70).

> **관련판례** 중요사항이 아니라면 위임 가능 (99헌마513)
>
> 기본권 (제한)에 관한 법률유보원칙은 (A: **'법률에 의한 규율'을 요청하는 것이므로** / B: **'법률에 근거한 규율'을 요청하는 것이므로**), 기본권 (제한)에는 (A: **법률의 근거가 필요할 뿐이다** / B: **기본권 제한의 형식이 반드시 법률의 형식일 필요가 있다**).
>
> **23. 지방직 9급** 법률유보의 원칙은 '법률에 의한 규율'만을 요청하는 것이 아니라 '법률에 근거한 규율'을 요청하는 것이기 때문에 기본권의 제한에는 법률의 근거가 필요할 뿐이고 기본권제한의 형식이 반드시 법률의 형식일 필요는 없다. (○)

법률유보원칙	위임 가부	포괄위임금지 여부
중요사항 (A: O / B: X)	× (의회유보원칙)	해당사항 없음
중요사항 (A: O / B: X)	○	원칙: (A: O / B: X) 예외: (A: O / B: X) **22. 지방직 9급** 자치조례에 대한 법률의 위임은 반드시 구체적으로 범위를 정하여 할 필요가 없으며 포괄적인 것으로 족하다. (○)

24. 국가직 7급 법률이 행정부가 아니거나 행정부에 속하지 않는 공법적 기관의 정관에 자치입법적 사항을 위임하는 경우 헌법에서 정한 포괄적인 위임입법의 금지는 원칙적으로 적용되지 않는다. (○)

21. **국가직 9급** 법률이 공법적 단체 등의 정관에 자치법적 사항을 위임한 경우에는 헌법 제75조가 정하는 포괄적인 위임입법의 금지는 원칙적으로 적용되지 않지만, 그 사항이 국민의 권리·의무에 관련되는 것일 경우에는 적어도 국민의 권리·의무에 관한 기본적이고 본질적인 사항은 국회가 정하여야 한다. (○)

22. **지방직 7급** 법률이 공법적 단체 등의 정관에 자치법적 사항을 위임한 경우에도 원칙적으로 헌법 제75조가 정하는 포괄적인 위임입법 금지 원칙이 적용되므로 이와 별도로 법률유보 내지 의회유보의 원칙을 적용할 필요는 없다. (×)
▶ 중요사항이라면 의회유보원칙이 적용될 여지가 있다.

어떠한 사안이 국회가 형식적 법률로 스스로 규정하여야 하는 (본질적) 사항에 해당되는지는, 구체적 사례에서 관련된 이익 내지 가치의 (중요성), 규제 또는 침해의 정도와 방법 등을 고려하여 개별적으로 결정하여야 하지만, 규율대상이 국민의 기본권 및 기본적 의무와 관련한 (중요성)을 가질수록 그리고 그에 관한 공개적 토론의 필요성 또는 상충하는 이익 사이의 조정 필요성이 클수록, 그것이 국회의 법률에 의해 직접 규율될 필요성은 더 증대된다 (2012두23808).

23. **지방직 9급** 규율대상이 국민의 기본권 및 기본적 의무와 관련한 중요성을 가질수록 그리고 그에 관한 공개적 토론의 필요성 또는 상충하는 이익 사이의 조정 필요성이 클수록, 그것이 국회의 법률에 의해 직접 규율될 필요성은 더 증대된다고 보아야 한다. (○)

관련판례

1. 지방의회의원에 대하여 유급보좌인력을 두는 것 (2016추5087)
   지방의회의원에 대하여 유급 보좌 인력을 두는 것은 *(A: 국회의 법률 / B: 지방의회의 조례)*로 규정하여야 할 입법사항이다.

2. (법외노조) 통보 (2016두32992)
   ① 처분성 ○ / 의회유보사항에 해당
   (법외노조) 통보는 적법하게 설립된 노동조합의 법적 지위를 박탈하는 중대한 침익적 처분으로서 원칙적으로 국민의 대표자인 입법자가 스스로 형식적 법률로써 규정하여야 할 사항이고, 행정입법으로 이를 규정하기 위하여는 반드시 법률의 명시적이고 구체적인 위임이 필요하다.
   ② 의회유보사항을 시행령이 규정 + 법률 위임 ×
   노동조합법 시행령은 법률의 위임 없이 법률이 정하지 아니한 법외노조 통보에 관하여 규정함으로써 헌법상 노동3권을 본질적으로 제한하고 있으므로 *(A: 취소사유를 내포한다 / B: 그 자체로 무효이다)*.

3. TV 수신료 관련 (98헌바70, 2006헌바70)
   *(A: TV 수신료금액의 결정 / B: TV 수신료 징수방식)*은 납부의무자의 범위 등과 함께 수신료에 관한 본질적인 중요한 사항이므로 국회가 스스로 행하여야 하는 사항에 속하는 것임에도 불구하고 한국방송공사법 제36조 제1항에서 국회의 결정이나 관여를 배제한 채 한국방송공사로 하여금 수신료금액을 결정해서 문화관광부장관의 승인을 얻도록 한 것은 법률유보원칙에 위반된다.

4. 사업시행인가 동의요건 포괄위임 관련 (2006두14476, 2010헌바1)

사업시행인가 신청시 동의요건을 *(A: 조합의 정관 / B: 토지등소유자가 자치적으로 정하여 운영하는 규약)*에 포괄적으로 위임하고 있다고 하더라도 헌법 제75조가 정하는 포괄위임입법금지 원칙이 적용되지 아니하므로 이에 위배된다고 할 수 없다.

04 행정법의 일반원칙

행정기본법 제9조【평등의 원칙】행정청은 (합리적 이유) 없이 국민을 차별하여서는 아니 된다.

제10조【비례의 원칙】행정작용은 다음 각 호의 원칙에 따라야 한다.
1. 행정목적을 달성하는 데 유효하고 적절할 것
2. 행정목적을 달성하는 데 필요한 최소한도에 그칠 것
3. 행정작용으로 인한 국민의 이익 침해가 그 행정작용이 의도하는 공익보다 크지 아니할 것

> 22. 국가직 7급 「행정기본법」은 비례의 원칙을 명문으로 규정하고 있다. (○)

제11조【성실의무 및 권한남용금지의 원칙】① 행정청은 법령등에 따른 의무를 성실히 수행하여야 한다.
② 행정청은 행정권한을 남용하거나 그 권한의 범위를 넘어서는 아니 된다.

제12조【신뢰보호의 원칙】① 행정청은 공익 또는 제3자의 이익을 현저히 해칠 우려가 있는 경우*(A: 를 제외하고는 / B: 라 하더라도)* 행정에 대한 국민의 정당하고 합리적인 신뢰를 보호하여야 한다.

> 23. 국가직 7급 「행정기본법」에 의하면 행정청은 공익 또는 제3자의 이익을 현저히 해칠 우려가 있는 경우를 제외하고는 행정에 대한 국민의 정당하고 합리적인 신뢰를 보호하여야 한다. (○)
>
> 21. 국가직 7급 행정청은 공익 또는 제3자의 이익을 현저히 해칠 우려가 있는 경우를 제외하고는 행정에 대한 국민의 정당하고 합리적인 신뢰를 보호하여야 한다. (○)

② 행정청은 권한 행사의 (기회가 있음)에도 불구하고 장기간 권한을 행사하지 아니하여 국민이 그 권한이 행사되지 아니할 것으로 믿을 만한 (정당한 사유)가 있는 경우에는 그 권한을 행사해서는 아니 된다. 다만, 공익 또는 제3자의 이익을 현저히 해칠 우려가 있는 경우는 예외로 한다.

> 23. 국가직 7급 「행정기본법」에 의하면 행정청은 권한 행사의 기회가 있음에도 불구하고 장기간 권한을 행사하지 아니하여 국민이 그 권한이 행사되지 아니할 것으로 믿을 만한 정당한 사유가 있는 경우에는, 공익 또는 제3자의 이익을 현저히 해칠 우려가 있는 경우를 제외하고는 그 권한을 행사해서는 아니 된다. (○)
>
> 24. 지방직 9급 행정청은 권한 행사의 기회가 있음에도 불구하고 장기간 권한을 행사하지 아니하여 국민이 그 권한이 행사되지 아니할 것으로 믿을 만한 정당한 사유가 있는 경우에는 그 권한을 행사해서는 아니 되지만, 공익 또는 제3자의 이익을 현저히 해칠 우려가 있는 경우는 예외이다. (○)

제13조【부당결부금지의 원칙】행정청은 행정작용을 할 때 상대방에게 해당 행정작용과 실질적인 관련이 없는 의무를 부과해서는 아니 된다.

1. 비례의 원칙

(1) 의의

> **22. 지방직 9급** 비례의 원칙은 법치국가원리에서 당연히 파생되는 헌법상의 기본원리이다.
> (○)

> **관련판례** *(A: 과잉금지 / B: 과소보호금지)* 원칙 (2008헌마419, 423, 436)
>
> 국가가 국민의 생명·신체의 안전에 대한 (보호의무)를 다하지 않았는지 여부를 헌법재판소가 심사할 때에는 국가가 이를 보호하기 위하여 적어도 적절하고 효율적인 *(A: 최대한 / B: 최소한)* 의 보호조치를 취하였는가 하는 이른바 *(A: 과잉금지 / B: 과소보호금지)* 의 위반 여부를 기준으로 삼는다.

> **21. 국가직 9급** 국가가 국민의 생명·신체의 안전에 대한 보호의무를 다하지 않았는지 여부를 헌법재판소가 심사할 때에는 국가가 이를 보호하기 위하여 적어도 적절하고 효율적인 최소한의 보호조치를 취하였는가 하는 '과소보호 금지원칙'의 위반 여부를 기준으로 삼는다.
> (○)

(2) 내용

① 적합성의 원칙
② 필요성의 원칙
③ 상당성의 원칙

위반 × (적법)	위반 ○ (위법)
해임처분 (2006두16274)	파면처분 (67누24)
① 공무원인 피징계자에게 징계사유가 있어서 징계처분을 하는 경우 어떠한 처분을 할 것인가는 징계권자의 재량에 *(A: 맡겨진 것이다 / B: 맡겨져 있다고 볼 수 없다)*.	원고가 단지 (1회) 훈령에 위반하여 (요정) 출입을 하다가 적발된 것만으로는 공무원의 신분을 보유케 할 수 없을 정도로 공무원의 품위를 손상케 한 것이라 단정키 어렵다.
② 신호위반자에게 (먼저 적극적으로) 돈을 요구하고 다른 사람이 볼 수 없도록 돈을 접어 건네주도록 전달방법을 (구체적으로) 알려주었으며 동승자에게 신고시 범칙금 처분을 받게 된다는 등 비위신고를 막기 위한 말까지 하고 금품을 수수한 사안이다.	

해임처분 (96누3302) 술집에 출동하여 소외 김일○ 등이 화투로 (도박)을 한 사실을 (인지)하고서도 이를 (묵인)하여 준 뒤 위 김일○이 위 노상태에게 건네주는 돈 200,000원을 위 노상태와 함께 수수한 사안이다.	해임처분 (90누8954) 공정한 업무처리에 대한 사의로 두고 간 돈 30만원을 (피동적)으로 수수하였다가 돌려 준 20여 년 근속의 경찰공무원에 대한 해임처분이 재량권의 남용에 해당한다.
수입녹용 (전량)폐기 (2004두3854) 수입 녹용 중 전지 3대를 절단부위로부터 5cm까지의 부분을 절단하여 측정한 회분함량이 기준치를 (0.5)% 초과하였다는 이유로 수입 녹용 전부에 대하여 (전량) 폐기 또는 반송처리를 지시한 처분이 재량권을 일탈·남용한 경우에 해당하지 않는다.	과징금 (700)만원 부과 (99두9490) (청소년유해)매체물로 결정·고시된 만화인 사실을 모르고 있던 도서대여업자가 그 고시일로부터 (8일) 후에 청소년에게 그 만화를 대여한 것을 사유로 그 도서대여업자에게 금 (700)만원의 과징금이 부과된 경우, 그 과징금부과처분은 재량권을 일탈·남용한 것으로서 위법하다.
사법시험 제2차시험 (과락)처분 (2004두10432) 사법시험의 제2차시험에서 '매과목 4할 이상'으로 (과락)결정의 기준을 정한 것을 두고 (과락)점수를 비합리적으로 높게 설정하여 지나치게 엄격한 기준에 해당한다고 볼 정도는 아니므로, 비례의 원칙 내지 과잉 금지에 위반하였다고 볼 수 없다.	설치허가 취소처분 (87누436) 위 주유소에는 많은 자금이 투입되어 15년 이상 주소를 경영하여 오던 중 이 사건과 같은 비행을 (처음) 저지르게 된 사실 및 그 수입으로 원고와 위 강○규 외 5명의 종업원의 (생계)를 꾸려온 사실 등을 감안할 때 원고에게 가장 (무거운) 제재인 위험물취급소 설치허가자체를 취소한 이 사건 행정처분은 원고에게 너무 가혹하다.
해임처분 (96누2903) 공무원으로 재직하면서 다른 징계를 받은 바 없고, 2회에 걸쳐 장관급 표창을 받은 것과 가정형편을 감안하더라도, 직무와 관련한 부탁을 받거나 때로는 (스스로) 사례를 요구하여 (5차례)에 걸쳐 합계 금 3,100,000원을 수수하였다면 이에 대하여 행하여진 해임처분이 징계권의 범위를 일탈한 것이 아니다.	

2. 신뢰보호의 원칙

(1) 요건

① 행정청의 공적 견해표명

> **관련판례** 공적 견해표명 인정 ○
>
> 1. 진짜 담당자일 필요 없음 (96누18380)
>   행정청의 공적 견해표명이 있었는지의 여부를 판단하는 데 있어 반드시 행정조직상의 *(A: 형식 / B: 실질)*적인 권한분장에 구애될 것은 아니고 담당자의 조직상의 지위와 임무, 당해 언동을 하게 된 구체적인 경위 및 그에 대한 상대방의 신뢰가능성에 비추어 *(A: 형식 / B: 실질)*에 의하여 판단하여야 한다.

21. 국가직 7급 행정청이 공적 견해를 표명하였는지를 판단할 때는 반드시 행정조직상의 형식적인 권한분장에 구애될 것은 아니다. (O)

24. 지방직 9급 행정청의 공적 견해표명이 있었는지 여부를 판단함에 있어서는, 반드시 행정조직상의 형식적인 권한분장에 구애될 것은 아니고, 담당자의 조직상의 지위와 임무, 당해 언동을 하게 된 구체적인 경위 및 그에 대한 상대방의 신뢰가능성에 비추어 실질에 의하여 판단하여야 한다. (O)

21. 지방직 9급 행정청이 공적 견해를 표명하였는지를 판단할 때는 반드시 행정조직상의 형식적인 권한분장에 구애될 것은 아니다. (O)

2. 2개 부처 장관이 모두 비과세 견해 표명 (2008두1115)

  취득세 등이 면제되는 구 지방세법상 '기술진흥단체'인지 여부에 관한 질의에 대하여 건설교통부(장관)과 내무부(장관)이 비과세 의견으로 회신한 경우, 공적인 견해표명에 해당한다.

3. (적정통보)와 공적 견해표명
  ① 폐기물처리업 허가에 대한 공적 견해표명 (A: O / B: X) (98두4061)
  ② 국토이용계획변경 허가에 대한 공적 견해표명 (A: O / B: X) (2004두8828)

23. 지방직 7급 폐기물처리업 사업계획에 대한 적합통보와 국토이용계획변경은 각기 그 제도적 취지와 결정단계에서 고려해야 할 사항들이 다르다. (O)

23. 지방직 7급 乙이 폐기물처리업 사업계획에 대하여 적합통보를 한 것은 그 사업부지 토지에 대한 국토이용계획변경신청을 승인하여 주겠다는 취지의 공적인 견해표명을 한 것으로 볼 수 있다. (X)
▶ 폐기물처리업 허가에 대한 공적 견해표명으로 해석될 뿐이다.

23. 지방직 7급 甲이 국토이용계획변경신청의 승인을 받을 것으로 신뢰하였더라도 乙의 거부처분이 신뢰보호의 원칙에 위배된다고 할 수 없다. (O)

  ③ 토지형질변경 허가에 대한 공적 견해표명 (A: O / B: X) (98두6494)

21. 국가직 9급 일반적으로 행정청이 폐기물처리업 사업계획에 대한 적정통보를 한 경우 이는 토지에 대한 형질변경신청을 허가하는 취지의 공적 견해표명까지도 포함한다. (X)
▶ 폐기물처리업 허가에 대한 공적 견해표명으로 해석될 뿐이다.

관련판례 (묵시)적 행정관행(비과세 관행)도 가능

1. 명시적+(묵시)적 의사표시 모두 가능 (97누11065)

  공적 견해나 의사는 명시적 또는 (묵시)적으로 표시되어야 하지만 (묵시)적 표시가 있다고 하기 위하여는 단순한 과세누락과는 달리 과세관청이 상당기간의 불과세 상태에 대하여 과세하지 않겠다는 의사표시를 한 것으로 볼 수 있는 사정이 있어야 한다.

2. 단, 과세관청이 "(알면서도)" 장기간 비과세해야 (80누6)

  4년 동안 그 면허세를 부과할 수 있는 정을 (알면서도) 피고가 수출확대라는 공익상 필요에서 한 건도 이를 부과한 일이 없었다면 납세자인 원고는 그것을 믿을 수밖에 없고 그로써 비과세의 관행이 이루어졌다고 보아도 무방하다.

비교판례+

1. (20)년 불행사하였지만 실권되었다고 보지 않은 사례 (87누915)

   이 사건에 관하여 보면 원고가 허가 받은 때부터 20년이 다 되어 피고가 그 허가를 취소한 것이기는 하나 피고가 취소사유를 (알고서도) 그렇게 장기간 취소권을 행사하지 않은 것이 아니고 1985.9. 중순에 (비로소) 위에서 본 취소사유를 알고 그에 관한 법적 처리방안에 관하여 다각도로 연구검토가 행해졌고 그러한 사정은 (원고)도 알고 있었음이 기록상 명백하다.

2. (면세)사업자등록증 교부 (2001두9370)

   과세관청이 납세의무자에게 (면세)사업자등록증을 교부하고 수년간 (면세)사업자로서 한 부가가치세 예정신고 및 확정신고를 받은 행위만으로는 과세관청이 납세의무자에게 그가 영위하는 사업에 관하여 부가가치세를 과세하지 아니함을 시사하는 언동이나 공적인 견해를 표명한 것이라 할 수 없다.

비교판례+ 공적 견해표명 인정 ×

1. 대충 질문 → 대충 답변 (2011두5940)

   중요한 (사실관계)와 법적인 (쟁점)을 제대로 드러내지 아니한 채 질의한 데 따른 것이라면 공적인 견해표명에 의하여 정당한 기대를 가지게 할 만한 신뢰가 부여된 경우라고 볼 수 없다.

2. (헌법재판소) ≠ 행정청 (2002두6965)

   (헌법재판소)의 위헌결정은 행정청이 개인에 대하여 신뢰의 대상이 되는 공적인 견해를 표명한 것이라고 할 수 없으므로 그 결정에 관련한 개인의 행위에 대하여는 신뢰보호의 원칙이 적용되지 아니한다.

   24. 국가직 9급 헌법재판소의 위헌결정은 행정청이 개인에 대하여 신뢰의 대상이 되는 공적인 견해를 표명한 것이라고 할 수 없으므로 그 결정에 관련한 개인의 행위에 대하여는 신뢰보호의 원칙이 적용되지 아니한다. (○)

   23. 국가직 7급 헌법재판소의 위헌결정은 행정청이 개인에 대하여 신뢰의 대상이 되는 공적인 견해를 표명한 것이라고 할 수 없으므로 그 결정에 관련한 개인의 행위에 대하여는 신뢰보호의 원칙이 적용되지 아니한다. (○)

3. 담당자 아닌 (민원)팀장의 답변 (2003두1875)

   서울지방병무청 총무과 (민원)팀장에 불과한 지종수가 이와 같은 법령의 내용을 숙지하지 못한 상태에서 원고 측의 상담에 응하여 (민원)봉사차원에서 위와 같이 안내하였다고 하여 그것이 피고의 공적인 견해표명이라고 하기 어렵다.

   22. 국가직 9급 병무청 담당부서의 담당공무원에게 공적 견해의 표명을 구하지 아니한 채 민원봉사 담당공무원이 상담에 응하여 안내한 것을 신뢰한 경우에도 신뢰보호의 원칙이 적용된다. (×)
   ▶ 공적 견해표명 요건이 충족된 것으로 보지 않는다.

4. 과태료 재판시 이미 과태료 부과처분 실효 (2003마715)

   원칙적으로 과태료 재판에서는 행정소송에서와 같은 신뢰보호의 원칙 위반 여부가 문제(*A: 된다 / B: 로 되지 아니한다*).

5. 입법"(예고)" (2017다249769)

   입법 (예고)를 통해 법령안의 내용을 국민에게 (예고)한 적이 있다고 하더라도 그것이 법령으로 (확정)되지 아니한 이상 국가가 이해관계자들에게 위 법령안에 관련된 사항을 약속하였다고 볼 수 없으며, 이러한 사정만으로 어떠한 신뢰를 부여하였다고 볼 수도 없다.

   > **24. 국가직 9급** 국회에서 일정한 법률안을 심의하거나 의결한 적이 있다고 하더라도 그것이 법률로 확정되지 아니한 이상 국가가 이해관계자들에게 위 법률안에 관련된 사항을 약속하였다고 볼 수 없으며, 이러한 사정만으로 어떠한 신뢰를 부여하였다고 볼 수도 없다. (○)

6. 민원"(예비)"심사에서 "(저촉사항 없음)"으로 기재 (2004두46)

   개발이익환수에 관한 법률에 정한 개발사업을 시행하기 전에, 행정청이 민원(예비) 심사에 대하여 관련부서 의견으로 '(저촉사항 없음)'이라고 기재하였다고 하더라도, 이후의 개발부담금부과처분에 관하여 신뢰보호의 원칙을 적용하기 위한 요건인, 신뢰의 대상이 되는 공적인 견해표명을 한 것이라고는 보기 어렵다.

   > **24. 국가직 9급** 개발사업을 시행하기 전에 사건 토지 지상에 예식장 등을 건축하는 것이 관계 법령상 가능한지 여부를 질의하여 민원 부서로부터 '저촉사항 없음'이라고 기재된 민원예비심사 결과를 통보받았다면, 이는 이후의 개발부담금부과처분에 관하여 신뢰보호의 원칙을 적용하기 위한 공적인 견해표명을 한 것에 해당한다. (×)
   > ▶ 공적 견해표명 요건이 충족된 것으로 보지 않는다.
   >
   > **21. 국가직 7급** 「개발이익환수에 관한 법률」에 정한 개발사업을 시행하기 전에, 행정청이 민원예비심사에 대하여 관련부서 의견으로 '저촉사항 없음'이라고 기재한 것은 공적인 견해표명에 해당한다. (×)
   > ▶ 공적 견해표명 요건이 충족된 것으로 보지 않는다.

7. 원고를 사업시행자로 지정하겠다는 견해 표명 × (2000두727)

   피고가 원고 소유의 토지에 (정구장) 시설을 설치한다는 등 내용의 도시계획결정을 하자 원고가 위 도시계획결정에 따른 도시계획사업의 시행자로 지정받을 것을 예상하고 (정구장) 설계비용 등을 지출하였다면, 피고의 위와 같은 도시계획결정만으로 피고가 원고에게 그 도시계획사업의 시행자 지정을 받게 된다는 등 내용의 공적인 견해를 표명하였다고 할 수 없다.

8. 전체적인 취지를 모두 고려 (2019두52799)

   관할 교육지원청 교육장이 甲 회사에 '휴양 콘도미니엄업이 법률에 따른 금지행위 및 시설로 규정되어 있지는 않으나, (성매매) 등에 대한 우려를 제기하는 민원에 대한 구체적인 예방대책을 제시하시기 바람'이라고 기재된 보완요청서를 보낸 사안

9. 숙박시설 권장 VS 러브호텔 권장 (2004두6822)

   행정청이 지구단위계획을 수립하면서 그 (권장용도)를 판매·위락·(숙박)시설로 결정하여 고시한 행위를 당해 지구 내에서는 공익과 무관하게 언제든지 숙박시설에 대한 건축허가가 가능하리라는 공적 견해를 표명한 것이라고 평가할 수는 없다.

10. 직권취소 vs 쟁송취소 (2018두104)

    수익적 행정처분에 대한 취소권 등의 행사는 기득권의 침해를 정당화할 만한 중대한 공익상의 필요 또는 제3자의 이익보호의 필요가 있는 때에 한하여 허용될 수 있다는 법리는, 수익적 행정처분을 *(A: 직권취소 / B: 쟁송취소)* 하는 경우에 적용되는 법리이다.

② 상대방의 신뢰에 귀책사유가 없을 것

공적 견해표명에 하자 존재	내가 유발 ○	(사기) 기타 (부정)한 방법	×
	내가 유발 ×	하자 알았음(악의)	×
		하자를 중과실로 모른 경우(선의·중과실)	×
		하자를 경과실로 모른 경우(선의·경과실)	○

> **24. 지방직 9급** 신뢰보호의 원칙에서 개인의 귀책사유라 함은 행정청의 견해표명의 하자가 상대방 등 관계자의 사실은폐나 기타 사위의 방법에 의한 신청행위 등 부정행위에 기인한 것이거나 그러한 부정행위가 없더라도 하자가 있음을 알았거나 중대한 과실로 알지 못한 경우 등을 의미한다. (○)
>
> **24. 지방직 7급** 수익적 행정처분의 하자가 당사자의 사실은폐나 기타 부정한 방법에 의한 신청행위 때문인 경우, 당사자는 처분에 관한 신뢰이익을 원용할 수 있고 행정청이 이를 고려하지 아니하였다면 재량권을 일탈·남용한 것이다. (×)
> ▶ 상대방의 귀책사유 있는 신뢰이므로 신뢰이익을 원용할 수 없다.

📖 관련판례

1. 허위 계획서로 공장증설 승인받은 경우 (2019두51499)

   공장설립 당시에 甲 회사가 위 공장에서 특정대기유해물질은 배출되지 않고 토석의 저장·혼합 및 연료 사용에 따라 먼지와 배기가스만 배출될 것이라는 전제에서 (허위)이거나 (부실)한 배출시설 및 방지시설 설치 계획서를 제출하였으므로 시장이 만연히 甲 회사의 계획서를 그대로 믿은 데에 과실이 있더라도, 시장의 착오는 甲 회사가 (유발)한 것이므로, 위 공장에 대하여 특정대기유해물질 관련 규제가 적용되지 않으리라는 甲 회사의 기대는 보호가치가 *(A: 없다 / B: 있다)*.

2. 귀책사유 판단기준 (2001두1512)

   ① 귀책사유의 유무는 상대방과 그로부터 신청행위를 위임받은 수임인 등 관계자 (모두)를 기준으로 판단한다.

   > **21. 국가직 7급** 신뢰보호의 원칙이 적용되기 위한 요건 중 귀책사유의 유무는 상대방과 그로부터 신청행위를 위임받은 수임인 등 관계자 모두를 기준으로 판단하여야 한다. (○)

   ② (건축주)와 그로부터 건축설계를 위임받은 (건축사)가 상세계획지침에 의한 건축한계선의 제한이 있다는 사실을 간과한 채 건축설계를 하고 이를 토대로 건축물의 신축 및 증축허가를 받은 경우, 그 신축 및 증축허가가 정당하다고 신뢰한 데에 귀책사유가 있다.

   > **22. 국가직 9급** 건축주와 그로부터 건축설계를 위임받은 건축사가 관계법령에서 정하고 있는 건축한계선의 제한이 있다는 사실을 간과한 채 건축설계를 하고 이를 토대로 건축물의 신축 및 증축허가를 받은 경우, 그 신축 및 증축허가가 정당하다고 신뢰한 데에는 귀책사유가 있다. (○)
   >
   > **23. 지방직 7급** 상대방에게 귀책사유가 있어 그 신뢰의 보호가치가 인정되지 않는다면 신뢰보호의 원칙이 적용되지 않는데, 이때 귀책사유의 유무는 상대방을 기준으로 판단하여야 하고, 상대방으로부터 신청행위를 위임받은 수임인 등의 귀책사유 유무는 고려하지 않는다. (×)
   > ▶ 상대방과 수임인 모두를 기준으로 귀책사유를 따진다.

(2) 한계
① 사정변경

> **22. 국가직 9급** 행정청이 상대방에게 장차 어떤 처분을 하겠다고 공적 견해표명을 하였더라도 그 후에 그 전제로 된 사실적·법률적 상태가 변경되었다면, 그와 같은 공적 견해표명은 효력을 잃게 된다. (○)
>
> **22. 국가직 7급** 공적 견해표명 당시의 사정이 사후에 변경된 경우 특별한 사정이 없는 한 행정청이 그 견해표명에 반하는 처분을 하더라도 신뢰보호원칙에 위반된다고 할 수 없다. (○)
>
> **24. 지방직 9급** 행정청의 공적 견해의 표명 후 그 견해표명 당시의 사정이 변경된 경우에도 행정청이 공적 견해표명에 반하는 처분을 하는 경우에는 특별한 사정이 없는 한 신뢰보호의 원칙에 위반된다. (×)
> ▶ 사정변경이 있었다면 신뢰를 보호하지 않아도 된다.
>
> **21. 지방직 9급** 행정청이 공적인 의사표명을 하였다면 이후 사실적·법률적 상태의 변경이 있더라도 행정청이 이를 취소하지 않는 한 여전히 공적인 의사표명은 유효하다. (×)
> ▶ 별도의 조치가 없어도 공적 견해표명은 실효된다.

② 공익 또는 제3자의 이익을 현저히 해칠 우려

> **관련판례** 사익 VS 공익 (96누18380)
>
> 형질변경허가의 취소·철회에 상당하는 당해 처분으로써 지방자치단체장이 달성하려는 공익 즉, 당해 토지에 대하여 그 형질변경을 불허하고 이를 우량농지로 보전하려는 공익과 위 형질변경이 가능하리라고 믿은 종교법인이 입게 될 불이익을 상호 비교·교량하여 만약 *(A: 전자 / B: 후자)*가 *(A: 전자 / B: 후자)*보다 더 큰 것이 아니라면 당해 처분은 비례의 원칙에 위반되는 것으로 재량권을 남용한 위법한 처분이다.

(3) 소급입법금지 원칙

구분	원칙	예외
진정소급입법	허용*(A: O / B: X)* (사익 > 공익)	(사익 < 공익)
부진정소급입법	허용*(A: O / B: X)* (사익 < 공익)	(사익 > 공익)

21. 국가직 9급 개정 법령이 기존의 사실 또는 법률관계를 적용대상으로 하면서 국민의 재산권과 관련하여 종전보다 불리한 법률효과를 규정하고 있는 경우, 그러한 사실 또는 법률관계가 개정 법률이 시행되기 이전에 이미 완성 또는 종결된 것이 아니라면 소급입법금지원칙에 위반된다. (×)
▶ 부진정소급입법은 원칙적으로 허용된다.

24. 국가직 7급 진정소급입법은 허용되지 않는 것이 원칙이지만 국민이 소급입법을 예상할 수 있었거나 신뢰보호의 요청에 우선하는 심히 중대한 공익상의 사유가 소급입법을 정당화하는 경우에는 허용된다. (○)

23. 국가직 7급 신법의 효력발생일까지 진행 중인 사건에 대하여 신법을 적용하는 것은 법률의 소급적용에 해당하므로 원칙적으로 허용될 수 없다. (×)
▶ 부진정소급입법은 원칙적으로 허용된다.

21. 지방직 7급 새로운 법령등은 법령등에 특별한 규정이 있는 경우를 제외하고는 그 법령등의 효력 발생 전에 완성되거나 종결된 사실관계 또는 법률관계에 대해서는 적용되지 아니한다. (○)

24. 지방직 7급 행정처분은 그 근거 법령이 개정된 경우에도 경과규정에서 달리 정함이 없는 한 처분 당시 시행되는 개정 법령과 거기에서 정한 기준에 의하는 것이 원칙이고, 그러한 개정 법령의 적용과 관련하여서는 개정 전 법령의 존속에 대한 국민의 신뢰가 개정 법령의 적용에 관한 공익상의 요구보다 더 보호가치가 있다고 인정되는 경우에 그러한 국민의 신뢰를 보호하기 위하여 그 적용이 제한될 수 있는 여지가 있다. (○)

(행정절차법) 제4조【신의성실 및 신뢰보호】② 행정청은 법령등의 해석 또는 행정청의 관행이 일반적으로 국민들에게 받아들여졌을 때에는 공익 또는 제3자의 정당한 이익을 현저히 해칠 우려가 있는 경우를 제외하고는 새로운 해석 또는 관행에 따라 소급하여 불리하게 처리하여서는 아니 된다.

(국세기본법) 제18조【세법 해석의 기준 및 소급과세의 금지】③ 세법의 해석이나 국세행정의 관행이 일반적으로 납세자에게 받아들여진 후에는 그 해석이나 관행에 의한 행위 또는 계산은 정당한 것으로 보며, 새로운 해석이나 관행에 의하여 소급하여 과세되지 아니한다.

관련판례 수강신청 → 학칙 개정 → 시험 (87누1123)

대학이 성적불량을 이유로 학생에 대하여 징계처분을 하는 경우에 있어서 수강신청이 있은 후 (A: 징계 / B: 징계요건)을 완화하는 학칙개정이 이루어지고 이어 당해 시험이 실시되어 그 개정학칙에 따라 징계처분을 한 경우라면 이는 이른바 (A: *진정소급효* / B: *부진정소급효*)에 관한 것으로서 구 학칙의 존속에 관한 학생의 신뢰보호가 대학당국의 학칙개정의 목적달성보다 더 중요하다고 인정되는 특별한 사정이 없는 한 위법이라고 할 수 없다.

22. 국가직 9급 수강신청 후에 징계요건을 완화하는 학칙개정이 이루어지고 이어 시험이 실시되어 그 개정학칙에 따라 대학이 성적 불량을 이유로 학생에 대하여 징계처분을 한 경우라면 이는 이른바 부진정소급효에 관한 것으로서 특별한 사정이 없는 한 위법이라고 할 수 없다. (○)

3. 평등의 원칙

(1) 의의

행정청은 합리적 이유 없이 국민을 차별하여서는 아니 된다는 원칙으로서, 이는 *(A: 일체의 차별적 대우를 부정하는 절대적 평등을 의미하는 / B: 입법과 법의 적용에 있어서 합리적인 근거가 없는 차별을 배제하는 상대적)* 평등을 뜻한다(같은 것은 같게, 다른 것은 다르게; 92헌바43).

> **21. 국가직 9급** 평등원칙은 일체의 차별적 대우를 부정하는 절대적 평등을 의미하는 것이 아니라 입법과 법의 적용에 있어서 합리적인 근거가 없는 차별을 배제하는 상대적 평등을 뜻한다. (○)

> **관련판례** 평등의 원칙 위반 ×
>
> 1. 반성의 정도에 따른 징계 수위 차등 (99두2611)
>   같은 정도의 비위를 저지른 자들 사이에 있어서도 그 직무의 특성 등에 비추어, (개전의 정)이 있는지 여부에 따라 징계의 종류의 선택과 양정에 있어서 차별적으로 취급하는 것은, 사안의 성질에 따른 합리적 차별로서 이를 자의적 취급이라고 할 수 없는 것이어서 평등원칙 내지 형평에 반하지 아니한다.
>
> 2. 3년제 전문대학의 2년 이상 과정을 이수한 자에게만 편입학 자격을 부여하지 아니한 것 (2010헌마144)
>   ① 우선 '3년제 대학의 2년 이상 과정을 이수한 자'를 '2년제 대학을 졸업한 자'와 비교하여 보면 객관적인 과정인 (졸업)이라는 요건을 갖추지 못하였다.
>   ② 고등교육법이 그 목적과 운영방법에서 4년제 대학과 2년제 대학을 (구별)하고 있는 이상, 위 두 대학과정의 이수를 반드시 (동일)하다고 볼 수 없다.
>   ③ 3년제 전문대학의 2년 이상 과정을 이수한 자에게 편입학 자격을 부여하지 아니한 것은 현저하게 불합리한 자의적인 차별이라고 볼 수 *(A: 있다 / B: 없다)*.

> **비교판례+** 평등의 원칙 위반 ○
>
> 1. 국공립학교 채용시험에서 국가유공자 가족에게 가산점 부여 × (2004헌마675)
>   현재 헌법재판소는 헌법 제32조 제6항의 "국가유공자·상이군경 및 전몰군경의 유가족은 법률이 정하는 바에 의하여 우선적으로 근로의 기회를 부여받는다."는 규정에 대하여, *(A: 이 조항이 국가유공자 본인뿐만 아니라 가족들에 대한 취업보호제도(가산점)의 근거가 될 수 있다고 본다 / B: 위 조항의 대상자는 조문의 문리해석대로 "국가유공자", "상이군경", 그리고 "전몰군경의 유가족"이라고 본다)*.
>
> 2. 쿼터제의 불평등함 (2000두4057)
>   청원경찰의 인원감축을 위한 면직처분대상자를 선정함에 있어서 (초등학교 졸업) 이하 학력소지자 집단과 (중학교 중퇴) 이상 학력소지자 집단으로 나누어 각 집단별로 같은 감원비율 상당의 인원을 선정한 것은 합리성과 공정성을 결여하고, 평등의 원칙에 위배된다.

3. 증인의 신분에 따른 과태료 차등 (96추213)

조례안이 지방의회의 감사 또는 조사를 위하여 출석요구를 받은 증인이 5급 이상 공무원인지 여부, 기관(법인)의 대표나 임원인지 여부 등 증인의 사회적 신분에 따라 미리부터 과태료의 액수에 차등을 두고 있는 경우, *(A: **지위의 높고 낮음만을 기준으로 한 부당한 차별대우라고 할 것이다** / B: 헌법에 규정된 평등의 원칙에 위배되어 무효라고 볼 수 없다).*

(2) 자기구속의 원칙

관련판례

1. 일반론 (2011두28783)

   그 (재량준칙)이 정한 바에 따라 되풀이 시행되어 (행정관행)이 이루어지게 되면 평등의 원칙이나 신뢰보호의 원칙에 따라 행정기관은 상대방에 대한 관계에서 그 규칙에 따라야 할 자기구속을 받게 되므로, *(A: **이러한 경우에는 특별한 사정이 없는 한 그에 반하는 처분은 평등의 원칙이나 신뢰보호의 원칙에 어긋나 재량권을 일탈·남용한 위법한 처분이 된다** / B: 행정처분이 이를 위반하였다고 하여 그러한 사정만으로 곧바로 위법하게 되는 것은 아니다).*

23. 국가직 7급 재량권행사의 준칙인 행정규칙이 그 정한 바에 따라 되풀이 시행되어 행정관행이 이루어지게 되면, 평등의 원칙이나 신뢰보호의 원칙에 따라 행정기관은 그 상대방에 대한 관계에서 그 행정규칙에 따라야 할 자기구속을 받게 되고, 그러한 경우에는 대외적인 구속력을 가지게 된다. (O)

24. 국가직 7급 평등의 원칙은 본질적으로 같은 것을 자의적으로 다르게 취급함을 금지하는 것이므로, 위법한 행정처분이 수차례에 걸쳐 반복적으로 행하여졌다면 행정청에 대하여 자기구속력을 갖게 된다. (×)
▶ 위법한 처분은 구속력이 인정되지 않는다.

21. 국가직 9급 행정청이 조합설립추진위원회의 설립승인 심사에서 위법한 행정처분을 한 선례가 있는 경우에는, 행정청에 대해 자기구속력을 갖게 되어 이후에도 그러한 기준에 따라야 한다. (×)
▶ 위법한 처분은 구속력이 인정되지 않는다.

22. 국가직 7급 행정처분이 수차례에 걸쳐 반복적으로 행하여졌다면 그 처분이 위법한 것인 때에도 행정청에 대하여 자기구속력을 갖게 된다. (O)

22. 지방직 9급 평등의 원칙은 본질적으로 같은 것을 자의적으로 다르게 취급함을 금지하는 것이므로, 위법한 행정처분이 수차례에 걸쳐 반복적으로 행하여졌다면 행정청에 대하여 자기구속력을 갖게 된다. (×)
▶ 위법한 처분은 구속력이 인정되지 않는다.

21. 지방직 9급 재량권 행사의 준칙인 행정규칙의 공표만으로 상대방은 보호가치 있는 신뢰를 갖게 되었다고 볼 수 있다. (×)
▶ 재량준칙에 근거한 행정관행이 성립되어야 한다.

23. 지방직 7급 재량준칙이 공표된 것만으로는 행정의 자기구속의 원칙이 적용될 수 없고, 재량준칙이 되풀이 시행되어 행정관행이 성립한 경우에 행정의 자기구속의 원칙이 적용될 수 있다. (O)

2. (헌법소원)의 대상이 됨 (2019헌마534)

행정규칙은 원칙적으로 헌법소원의 대상이 될 수 없으나, 예외적으로 법령의 규정에 의하여 행정관청에 법령의 구체적 내용을 보충할 권한을 부여한 경우나, 재량권행사의 준칙으로서 그 정한 바에 따라 되풀이 시행되어 행정관행이 형성됨으로써 평등의 원칙이나 신뢰보호의 원칙에 따라 행정기관이 그 상대방에 대한 관계에서 그 규칙에 따라야 할 자기구속을 당하게 되는 경우에는 (헌법소원)의 대상이 될 수 있다.

> 23. **국가직 9급** 법령보충적 행정규칙은 물론이고 재량권 행사의 준칙이 되는 행정규칙이 행정의 자기구속원리에 따라 대외적 구속력을 가지는 경우에는 헌법소원의 대상이 될 수 있다. (○)

4. 부당결부금지 원칙

관련판례

1. 주택사업계획승인 vs 토지기부채납 부관 (96다49650)

지방자치단체장이 사업자에게 주택사업계획승인을 하면서 그 주택사업과는 아무런 관련이 *(A: 없는 / B: 있는)* 토지를 기부채납하도록 하는 부관을 주택사업계획승인에 붙인 경우, 그 부관은 부당결부금지의 원칙에 위반되어 위법하다.

> 22. **국자기 7급** 주택사업계획승인을 하면서 그 주택사업과 아무 관련이 없는 토지를 기부채납하도록 하는 부관을 붙인 경우, 그 부관은 부당결부금지원칙에 위반되어 위법하다. (○)

> 22. **지방직 9급** 지방자치단체장이 사업자에게 주택사업계획승인을 하면서 그 주택사업과는 아무런 관련이 없는 토지를 기부채납하도록 하는 부관을 주택사업계획승인에 붙인 경우, 그 부관은 부당결부금지의 원칙에 위반되어 위법하다. (○)

2. 복수의 운전면허 취소 (2017두67476)

① 운전면허를 받은 사람이 음주운전을 한 경우에 그 운전면허의 취소 여부는 행정청의 재량행위라고 할 것이나, 운전면허의 취소에서는 일반의 수익적 행정행위의 취소와는 달리 *(A: 그 취소로 인하여 입게 될 당사자의 불이익 / B: 음주운전을 방지하여야 하는 일반예방적 측면)* 이 더욱 강조되어야 한다.

② 제1종 대형, 제1종 보통, 제1종 특수, 제2종 소형면허 등 복수의 운전면허를 받은 사람이 제2종 소형면허로 운전할 수 있는 125cc 이륜자동차를 음주운전한 경우에 제2종 소형면허뿐만 아니라 제1종 대형, 제1종 보통, 제1종 특수면허까지 취소한 것이 재량권의 일탈·남용에 해당*(A: 한다 / B: 하지 않는다)*.

3. 이미 붙였는데, 나중에 개정되어 붙일 수 없게 된 경우 (2005다65500)

행정청이 수익적 행정처분을 하면서 부가한 부담의 위법 여부는 처분 (당시) 법령을 기준으로 판단하여야 하고, 부담이 처분 당시 법령을 기준으로 적법하다면 처분 후 부담의 전제가 된 주된 행정처분의 근거 법령이 개정됨으로써 행정청이 더 이상 부관을 붙일 수 없게 되었다 하더라도 곧바로 *(A: 위법하게 된다 / B: 위법하게 되거나 그 효력이 소멸하게 되는 것은 아니다)*.

---

1. 한 사람이 여러 자동차운전면허를 취득한 경우 이를 취소함에 있어서 *(A: 서로 별개로 / B: 통합하여)* 취급하는 것이 원칙이나,
2. 취소사유가 특정의 면허에 관한 것이 아니고 다른 면허와 (공통)된 것이거나 운전면허를 받은 *(A: 차량 / B: 사람)*에 관한 것일 경우에는 여러 면허를 전부 취소할 수도 있다(98두1031).

24. **지방직 9급** 부담이 처분 당시 법령을 기준으로 적법하다면 처분 후 부담의 전제가 된 주된 행정처분의 근거 법령이 개정됨으로써 행정청이 더 이상 부관을 붙일 수 없게 되었다 하더라도 곧바로 위법하게 되거나 그 효력이 소멸하게 되는 것은 아니다. (○)

24. **지방직 7급** 행정청이 수익적 행정처분을 하면서 부가한 부담의 위법 여부는 처분 당시 법령을 기준으로 판단하여야 하고, 부담이 처분 당시 법령을 기준으로 적법하다면 처분 후 부담의 전제가 된 주된 행정처분의 근거 법령이 개정됨으로써 행정청이 더 이상 부관을 붙일 수 없게 되었다 하더라도 곧바로 위법하게 되거나 그 효력이 소멸하게 되는 것은 아니다. (○)

4. 송유관매설허가에 부가한 부관 (2005다65500)

고속국도 관리청이 고속도로 부지와 접도구역에 송유관 매설을 허가하면서 상대방과 체결한 협약에 따라 송유관 시설을 이전하게 될 경우 그 비용을 상대방에게 부담하도록 하였고, 그 후 도로법 시행규칙이 개정되어 접도구역에는 관리청의 허가 없이도 송유관을 매설할 수 있게 된 사안에서, 위 협약은 (A: <u>효력을 상실하지 않을 뿐만 아니라 위 협약에 포함된 부관이 부당결부금지의 원칙에도 반하지 않는다</u> / B: 부당결부금지 원칙 위반으로써 그 효력을 상실한다).

5. 신의성실의 원칙

📑 관련판례

1. 유죄판결 확정 후 15년 뒤 임용취소 (원고가 주장) (86누459)

임용 당시 공무원임용결격사유가 있었다면 비록 국가의 과실에 의하여 임용결격자임을 밝혀내지 (A: 못하였다면 이는 명백한 하자가 아니므로 당연무효로 볼 수는 없다 / B: <u>못하였다 하더라도 그 임용행위는 당연무효로 보아야 한다</u>).

22. **지방직 9급** 국가가 임용결격사유가 있는 자에 대하여 결격사유가 있는 것을 알지 못하고 공무원으로 임용하였다가 나중에 결격사유가 있음을 발견하고 그 임용행위를 취소하는 경우 신의칙이 적용된다. (×)
▶ 신의칙이 적용되지 않아 임용행위가 무효로 된다.

2. 36년 만에 정년 연장해달라고 이의제기 (피고가 주장) (2008두21300)

지방공무원 임용신청 당시 잘못 기재된 호적상 출생연월일을 생년월일로 기재하고, 이에 근거한 공무원인사기록카드의 생년월일 기재에 대하여 처음 임용된 때부터 약 36년 동안 전혀 이의를 제기하지 않다가, 정년을 1년 3개월 앞두고 호적상 출생연월일을 정정한 후 그 출생연월일을 기준으로 정년의 연장을 요구하는 것이 신의성실의 원칙에 (A: <u>반한다</u> / B: 반하지 않는다).

21. **국가직 9급** 공무원 임용신청 당시 잘못 기재된 호적상 출생연월일을 생년월일로 기재하고, 임용 후 36년 동안 이의를 제기하지 않다가, 정년을 1년 3개월 앞두고 정정된 출생연월일을 기준으로 정년연장을 요구하는 것은 신의성실의 원칙에 반한다. (×)
▶ 신의칙이 적용되지 않으므로 정년연장 요구를 수용하여야 한다.

제3장 행정상의 법률관계

05 행정상 법률관계의 당사자

1. 행정주체 및 행정객체

행정객체	행정청	행정주체
국민 (행정청)	독임제 행정청 [예 법무부(장관), (A: *서울시장* / B: *서울시*)]	국가 지방자치단체
	합의제 행정청 [예 (A: *국회* / B: *지방의회*)]	
	(A: *공무수탁사인* / B: *공법인*) (예 교통할아버지, 토지수용권 부여된 민간기업)	
	(A: *공무수탁사인* / B: *공법인*) (예 근로복지공단, 지방법무사회, KBS)	

2. 개인적 공권 및 공의무

(1) 개인적 공권의 의의 및 요건
 ① (*강행법규성*) + ② (*사익보호성*)

구분	(A: <u>무하자재량행사청구권</u> / B: <u>행정개입청구권</u>)	(A: <u>무하자재량행사청구권</u> / B: <u>행정개입청구권</u>)
의의	하자 없는 재량권의 행사를 요구할 수 있는 권리	자기 또는 제3자에게 행정권을 발동할 것을 요구하는 권리
요건	강행법규의 존재	<기속행위> 강행법규의 존재 <재량행위> 강행법규 해석상 재량이 "0"으로 수축 - 생명, 신체, 재산 등 중대한 개인적 법익에 대한 위해가 존재 - 이러한 위해가 행정권 발동에 의해 제거 가능 - 개인적인 노력으로는 제거 불가 22. **지방직 7급** 인근 주민이 배출시설에서 나오는 대기오염물질로 인하여 생명과 건강에 심각한 위협을 받고 있다면, 환경부장관의 개선명령에 대한 재량권은 축소될 수 있다. (○)

사익보호성

> **22. 지방직 7급** 환경부장관에게는 하자 없는 재량행사를 할 의무가 인정되므로, 위 개선명령의 근거 및 관련 조항의 사익보호성 여부를 따질 필요 없이 인근 주민에게는 소위 무하자재량행사청구권이 인정된다. (×)
> ▶ 개인적 공권의 일종이므로 사익보호성과 강행법규성은 여전히 요구된다.

(2) 공의무의 승계

23. 국가직 7급 「부동산 실권리자명의 등기에 관한 법률」 제5조에 의하여 부과된 과징금 채무는 대체적 급부가 가능한 의무이므로 과징금을 부과받은 자가 사망한 경우 그 상속인에게 포괄승계된다. (○)

21. 국가직 7급 구 「산림법」에 의해 형질변경허가를 받지 아니하고 산림을 형질변경한 자가 사망한 경우, 해당 토지의 소유권을 승계한 상속인은 그 복구의무를 부담하지 않으므로, 행정청은 그 상속인에 대하여 복구명령을 할 수 없다. (×)
▶ 이행강제금 납부의무를 제외한 나머지 공의무는 승계됨이 원칙이다.

24. 지방직 7급 「부동산 실권리자명의 등기에 관한 법률」 제5조에 의하여 부과된 과징금 채무는 대체적 급부가 가능한 의무이므로 그 과징금을 부과받은 자가 사망한 경우 그 상속인에게 포괄승계된다. (○)

> **관련판례** 이행강제금은 승계 × (2006마470)
> ① 구 건축법상의 이행강제금은 구 건축법의 위반행위에 대하여 시정명령을 받은 후 시정기간 내에 당해 시정명령을 이행하지 아니한 건축주 등에 대하여 부과되는 (간접강제)의 일종이다.
> ② 그 이행강제금 납부의무는 상속인 기타의 사람에게 승계될 수 없는 (A: *일신전속적* / B: 대체적)인 성질의 것이다.
> ③ 이미 사망한 사람에게 이행강제금을 부과하는 내용의 처분이나 결정은 (A: 취소사유가 있다 / B: *당연무효이다*).

23. 국가직 7급 이행강제금 납부의무는 상속인 기타의 사람에게 승계될 수 없는 일신전속적인 성질의 것이므로 이미 사망한 사람에게 이행강제금을 부과하는 내용의 처분이나 결정은 당연무효이다. (○)

> **비교판례+**
> 1. 종전 석유판매업자(양도인)의 위반행위를 양수인이 (승계) ○ (2003두8005)
>   ① 석유판매업 등록은 원칙적으로 (A: 대인적 / B: *대물적*) 허가에 해당한다.
>   ② 사업정지 등의 제재처분은 (A: 사업자 개인의 자격에 대한 제재에 해당한다 / B: *사업의 전부나 일부에 대한 것으로서 대물적 처분에 해당한다*).
>   ③ 지위승계에는 종전 석유판매업자가 유사석유제품을 판매함으로써 받게 되는 사업정지 등 제재처분의 (승계)가 포함되어 그 지위를 (승계)한 자에 대하여 사업정지 등의 제재처분을 취할 수 있다.

21. **국가직 9급** 구 「공중위생관리법」상 공중위생영업에 대하여 영업을 정지할 위법사유가 있다면, 관할 행정청은 그 영업이 양도·양수되었다 하더라도 양수인에 대하여 영업정지처분을 할 수 있다. (○)

22. **지방직 9급** 관할 행정청은 여객자동차운송사업의 양도·양수에 대한 인가를 한 후에도 그 양도·양수 이전에 있었던 양도인에 대한 운송사업면허 취소사유를 들어 양수인의 사업면허를 취소할 수 있다. (○)

23. **지방직 7급** 개인택시운송사업의 양도·양수가 있고 그에 대한 인가가 있은 후 그 양도·양수 이전에 있었던 양도인에 대한 운송사업면허 취소사유(음주운전 등으로 인한 자동차운전면허의 취소)를 들어 양수인의 운송사업면허를 취소한 것은 위법하다. (×)
▶ 제재사유가 승계되므로, 양수인에 대해 취소처분을 할 수 있다.

2. 신고수리 있기 전의 제재 대상 (94누9146)

① 사실상 영업이 양도·양수되었지만 아직 승계신고 및 그 수리처분이 있기 이전에는 여전히 *(A: **양도인** / B: 양수인)*이 영업허가자이고, *(A: 양도인 / B: **양수인**)*은 영업허가자가 되지 못한다 할 것이어서 행정제재처분의 사유가 있는지 여부 및 그 사유가 있다고 하여 행하는 행정제재처분은 영업허가자인 *(A: **양도인** / B: 양수인)*을 기준으로 판단하여 그 *(A: **양도인** / B: 양수인)*에 대하여 행하여야 할 것이고,

22. **국가직 7급** 사실상 내지 사법상으로 주택건설사업 등이 양도·양수되었을지라도 아직 변경승인을 받기 이전에는 그 사업계획의 피승인자는 여전히 종전의 사업주체인 甲이다. (○)

22. **국가직 7급** 주택건설사업계획승인취소처분이 甲과 乙에게 같이 통지되었다 하더라도 아직 乙이 사업계획변경승인을 받지 못한 이상 乙로서는 자신에 대한 것이든 甲에 대한 것이든 사업계획승인취소를 다툴 원고적격이 인정되지 않는다. (×)
▶ 乙은 불이익처분의 제3자로서 취소처분에 대한 원고적격이 인정된다.

② 한편 양도인이 그의 의사에 따라 양수인에게 영업을 양도하면서 양수인으로 하여금 영업을 하도록 허락하였다면 그 양수인의 영업 중 발생한 위반행위에 대한 행정적인 책임은 *(A: **양도인** / B: 양수인)*에게 귀속된다고 보아야 할 것이다.

22. **지방직 9급** 사실상 영업이 양도·양수되었지만 승계신고 및 수리처분이 있기 전에 양도인이 허락한 양수인의 영업 중 발생한 위반행위에 대한 행정적 책임은 양수인에게 귀속된다. (×)
▶ 수리처분이 있기 전이므로 양도인에게 제재처분이 내려진다.

구분	영업양수도 계약	신고	양수인 위반행위	신고수리
영업자 지위	양도인	양도인	(A: **양도인** / B: 양수인)	양수인
제재 대상				

3. 특별권력관계

> **관련판례**
>
> 1. 명시적으로 인정한 유일한 사례 (76다3022)
>   농지개량조합과 그 직원과의 관계는 *(A: 사법상 근로계약관계 / B: 공법상 특별권력관계)* 로 인정된다.
> 2. 육군3사관생도에 대한 기본권 제한 정도 (2016두60591)
>   사관생도는 일반 국민보다 상대적으로 기본권이 더 제한될 수 *(A: 있으나, 그러한 경우에도 법률유보원칙, 과잉금지원칙 등 기본권 제한의 헌법상 원칙들을 지켜야 한다 / B: 있으므로 기본권 제한의 헌법상 원칙들을 준수하는 것이 요청되지 아니한다)*.

06 기간의 계산 및 법 적용의 기준시

행정기본법 제6조 【행정에 관한 기간의 계산】 ① 행정에 관한 기간의 계산에 관하여는 이 법 또는 다른 법령등에 특별한 규정이 있는 경우를 제외하고는 *(A: 민법 / B: 행정기본법)* 을 준용한다.

> **24. 국가직 9급** 행정에 관한 기간의 계산에 관하여는 「행정기본법」 또는 다른 법령등에 특별한 규정이 있는 경우를 제외하고는 「민법」을 준용한다. (O)
>
> **21. 국가직 7급** 행정에 관한 기간의 계산에 관하여는 「행정기본법」 또는 다른 법령등에 특별한 규정이 있는 경우를 제외하고는 「민법」을 준용한다. (O)

② 법령등 또는 처분에서 국민의 권익을 제한하거나 의무를 부과하는 경우 권익이 제한되거나 의무가 지속되는 기간의 계산은 다음 각 호의 기준에 따른다. 다만, 다음 각 호의 기준에 따르는 것이 국민에게 (불리)한 경우에는 그러하지 아니하다.
1. 기간을 일, 주, 월 또는 연으로 정한 경우에는 기간의 첫날을 *(A: 불산입 / B: 산입)* 한다.
2. 기간의 말일이 토요일 또는 공휴일인 경우에도 기간은 *(A: 그 날 / B: 익일)* 로 만료한다.

> **24. 국가직 9급** 법령등 또는 처분에서 국민의 권익을 제한하거나 의무를 부과하는 경우 권익이 제한되거나 의무가 지속되는 기간을 계산할 때에 기간을 일, 주, 월 또는 연으로 정한 경우에는 기간의 첫날을 산입한다. 다만, 그러한 기준을 따르는 것이 국민에게 불리한 경우에는 그러하지 아니하다. (O)

제7조 【법령등 시행일의 기간 계산】 법령등(훈령·예규·고시·지침 등을 포함한다. 이하 이 조에서 같다)의 시행일을 정하거나 계산할 때에는 다음 각 호의 기준에 따른다.
1. 법령등을 공포한 날부터 시행하는 경우에는 (공포)한 날을 시행일로 한다.
2. 법령등을 공포한 날부터 일정 기간이 경과한 날부터 시행하는 경우 법령등을 공포한 날을 첫날에 *(A: 불산입 / B: 산입)*하지 아니한다.

24. 지방직 7급 법령등 시행일의 기간 계산에 있어서 법령등을 공포한 날부터 일정 기간이 경과한 날부터 시행하는 경우 법령등을 공포한 날을 첫날에 산입한다. (×)
▶ 초일불산입이 원칙이다.

3. 법령등을 공포한 날부터 일정 기간이 경과한 날부터 시행하는 경우 그 기간의 말일이 토요일 또는 공휴일인 때에는 그 *(A: 그 말일 / B: 그 말일의 다음 날)*로 기간이 만료한다.

24. 국가직 9급 법령등을 공포한 날부터 일정 기간이 경과한 날부터 시행하는 경우 그 기간의 말일이 토요일 또는 공휴일인 때에는 그 말일로 기간이 만료한다. (○)

1. 행정에 관한 기간

행정에 관한 기간		
원칙	초일	*(A: 불산입 / B: 산입)*
	말일	토/공휴일 - *(A: 그 말일 / B: 그 말일의 다음 날)*
침익적 작용	초일	*(A: 불산입 / B: 산입)*
	말일	토/공휴일 - *(A: 그 말일 / B: 그 말일의 다음 날)*

2. 법령 시행일의 계산

법령 시행일		
"공포일"에 시행		(공포)일
"공포일+일정 기간"에 시행	초일	*(A: 불산입 / B: 산입)*
	말일	*(A: 그 말일 / B: 그 말일의 다음 날)*

법령의 시행일(효력발생일)
• 법률, 대/총/부: 공포일+( )일
• 예외(침익적): 공포일+적어도 ( )일

07 사인의 공법행위

1. 공무원의 사직서 제출행위

> **관련판례** 사인의 "공법"행위 (99두9971)
>
> ① 이른바 1980년의 공직자숙정계획의 일환으로 일괄사표의 제출과 선별수리의 형식으로 공무원에 대한 의원면직처분이 이루어진 경우, 사직원 제출행위가 강압에 의하여 의사결정의 자유를 박탈당한 상태에서 이루어진 것이라고 할 수 없고 민법상 (비진의) 의사표시의 무효에 관한 규정은 사인의 *(A: 사법행위 / B: **공법행위**)*에 적용되지 않는다는 등의 이유로 그 의원면직처분을 당연무효라고 할 수 없다.
>
> **22. 지방직 7급** 「민법」상 비진의 의사표시의 무효에 관한 규정은 그 성질상 공무원이 한 사직(일괄사직)의 의사표시와 같은 사인의 공법행위에 적용되지 않는다. (O)
>
> **21. 지방직 7급** 사인의 공법행위에 적용되는 일반규정은 없으며, 특별한 규정이 없는 한 「민법」상 비진의 의사표시의 무효에 관한 규정은 사인의 공법행위에 적용된다. (×)
> ▶ 적용되지 않으므로 사직의 의사표시를 무효로 보지 않는다.
>
> ② 공무원이 한 사직 의사표시의 철회나 취소는 그에 터잡은 의원면직처분이 있을 때까지 할 수 있는 것이고, 일단 (면직처분)이 있고 난 이후*(A: **에는 철회나 취소할 여지가 없다** / B: 에도 철회나 취소할 여지가 있다)*.
>
> **23. 국가직 7급** 공무원이 한 사직 의사표시는 그에 터잡은 의원면직처분이 있고 난 이후라도 철회나 취소할 수 있다. (×)
> ▶ 면직처분 이후로는 철회할 수 없다.
>
> **23. 지방직 9급** 공무원에 의해 제출된 사직원은 그에 터잡은 의원면직처분이 있을 때까지 철회될 수 있고, 일단 면직처분이 있고 난 이후에도 자유로이 취소 및 철회될 수 있다. (×)
> ▶ 면직처분 이후로는 철회할 수 없다.
>
> **21. 지방직 7급** 사인의 공법상 행위는 명문으로 금지되거나 성질상 불가능한 경우가 아닌 한 그에 따른 행정행위가 행하여질 때까지 자유로이 철회할 수 있다. (O)

2. 신고제

구분	심사범위	처분성	
		수리	수리 거부
자체완성적 신고	형식적 요건	(A: O / B: X)	원칙: (A: O / B: X) 예외: (A: O / B: X)
행위요건적 신고	형식적 요건 + (실체)적 요건	(A: O / B: X)	(A: O / B: X)

(1) 심사범위
① 자체완성적 신고

심사의 정도

구분	자완신	행요신	허가
형식	(A: O / B: X)	(A: O / B: X)	(A: O / B: X)
실체	(A: O / B: X)	(A: O / B: X)	(A: O / B: X)

(A: 행정절차법 / B: 행정기본법) 제40조【신고】① 법령등에서 행정청에 일정한 사항을 *(A: 통지 / B: 수리)* 함으로써 의무가 끝나는 신고를 규정하고 있는 경우 신고를 관장하는 행정청은 신고에 필요한 구비서류, 접수기관, 그 밖에 법령등에 따른 신고에 필요한 사항을 게시(인터넷 등을 통한 게시를 포함한다)하거나 이에 대한 편람을 갖추어 두고 누구나 열람할 수 있도록 하여야 한다.

> **23. 국가직 7급** 자기완결적 신고의 경우 적법한 요건을 갖춘 신고를 하면 신고의 대상이 되는 행위를 적법하게 할 수 있고, 별도로 행정청의 수리를 기다릴 필요가 없다. (○)

② 제1항에 따른 신고가 다음 각 호의 요건을 갖춘 경우에는 신고서가 접수기관에 *(A: 발송 / B: 도달)* 된 때에 신고 의무가 이행된 것으로 본다.

> **23. 지방직 9급** 사인의 공법행위는 원칙적으로 발신주의에 따라 그 효력이 발생한다. (×)
> ▶ 도달주의가 원칙이다.

1. (신고서)의 기재사항에 흠이 없을 것
2. 필요한 (구비서류)가 첨부되어 있을 것
3. 그 밖에 법령등에 규정된 (형식)상의 요건에 적합할 것

③ 행정청은 *(A: 제2항 각 호의 요건 / B: 실체적 요건)* 을 갖추지 못한 신고서가 제출된 경우에는 지체 없이 상당한 기간을 정하여 신고인에게 보완을 요구하여야 한다.
④ 행정청은 신고인이 제3항에 따른 기간 내에 보완을 하지 아니하였을 때에는 그 이유를 구체적으로 밝혀 해당 신고서를 *(A: 접수하여야 한다 / B: 되돌려 보내야 한다)*.

관련판례

1. 식품접객업 영업신고 (2008도6829)

식품위생법에 따른 식품접객업(일반음식점영업)의 영업신고의 요건을 갖춘 자라고 하더라도, 그 영업신고를 한 당해 건축물이 건축법 소정의 허가를 받지 아니한 (무허가) 건물이라면 적법한 신고를 할 수 없다.

> **24. 국가직 9급** 「식품위생법」에 따른 식품접객업(일반음식점영업)의 영업신고의 요건을 갖춘 자라고 하더라도, 그 영업신고를 한 당해 건축물이 「건축법」 소정의 허가를 받지 아니한 무허가 건물이라면 적법한 신고를 할 수 없다. (○)

2. 당구장등 신고체육시설업의 신고 (97도3121)

(법령)상의 시설을 갖추지 못한 체육시설업의 신고는 부적법한 것으로 그 수리가 거부될 수밖에 없고 그러한 상태에서 신고체육시설업의 영업행위를 계속하는 것은 무신고 영업행위에 해당 *(A: 하지 않는다 / B: 한다)*.

② 행정요건적 신고

(A: 행정절차법 / B: 행정기본법) 제34조【(수리) 여부에 따른 신고의 효력】법령 등으로 정하는 바에 따라 행정청에 일정한 사항을 통지하여야 하는 신고로서 법률에 신고의 (수리)가 필요하다고 명시되어 있는 경우(행정기관의 (A: 외부 / B: 내부) 업무 처리 절차로서 (수리)를 규정한 경우는 제외한다)에는 행정청이 (수리)하여야 효력이 발생한다.

관련판례

1. 주민등록전입신고 (2008두10997)

21. 국가직 7급 주민등록의 신고는 행정청에 도달하기만 하면 신고로서의 효력이 발생하는 것이 아니라 행정청이 수리한 경우에 비로소 신고의 효력이 발생한다. (○)

21. 지방직 9급 주민등록의 신고는 행정청에 도달하기만 하면 신고로서의 효력이 발생한다. (×)
▶ 수리처분이 있어야 효력이 발생한다.

① 주민등록전입신고 수리 여부에 대한 심사는 주민등록법의 입법 목적의 범위 내에서 (A: *제한적으로* / B: *포괄적으로*) 이루어져야 한다.
② 한편, 주민등록법의 입법 목적에 관한 제1조 및 주민등록 대상자에 관한 제6조의 규정을 고려해 보면, 전입신고를 받은 시장·군수 또는 구청장의 심사 대상은 *(A: 거주의 목적 이외에 다른 이해관계에 관한 의도를 가지고 있는지 여부 / B: 전입신고자가 30일 이상 생활의 근거로 거주할 목적으로 거주지를 옮기는지 여부)*만으로 제한된다고 보아야 한다.

23. 지방직 9급 시장 등의 주민등록전입신고 수리 여부에 대한 심사는 「주민등록법」의 입법 목적의 범위 내에서 제한적으로 이루어져야 하는바, 전입신고자가 30일 이상 생활의 근거로서 거주할 목적으로 거주지를 옮기는지 여부가 심사 대상으로 되어야 한다. (○)

2. 노동조합설립신고 (2011두6998)

행정관청은 일단 제출된 설립신고서와 규약의 내용을 기준으로 노동조합법 제2조 제4호 각 목의 해당 여부를 심사하되, 설립신고서를 접수할 (당시) 그 해당 여부가 문제된다고 볼 만한 *(A: 객관적 / B: 주관적)*인 사정이 있는 경우에 한하여 설립신고서와 규약 내용 외의 사항에 대하여 실질적인 심사를 거쳐 반려 여부를 결정할 수 있다.

(2) 처분성
　① 자체완성적 신고

> **관련판례**
>
> 1. 건축신고 수리거부행위 (2008두167)
>
>   건축주 등은 신고제하에서도 건축신고가 반려될 경우 당해 건축물의 건축을 개시하면 (시정명령, 이행강제금, 벌금)의 대상이 되거나 당해 건축물을 사용하여 행할 행위의 허가가 거부될 우려가 있어 불안정한 지위에 놓이게 된다. 따라서 건축신고 반려행위가 이루어진 단계에서 당사자로 하여금 반려행위의 적법성을 다투어 그 법적 불안을 해소한 다음 건축행위에 나아가도록 함으로써 장차 있을지도 모르는 위험에서 미리 벗어날 수 있도록 길을 열어 주고, 위법한 건축물의 양산과 그 철거를 둘러싼 분쟁을 *(A: 조기에 / B: 사후에)* 근본적으로 해결할 수 있게 하는 것이 법치행정의 원리에 부합한다. 그러므로 건축신고 반려행위는 항고소송의 대상이 *(A: 되지 않는다 / B: 된다)*고 보는 것이 옳다.
>
> > **24. 국가직 7급** 건축신고 반려행위가 이루어진 단계에서 당사자로 하여금 반려행위의 적법성을 다투어 그 법적 불안을 해소한 다음 건축행위에 나아가도록 함으로써 장차 있을지도 모르는 위험에서 벗어날 수 있도록 길을 열어주기 위하여 건축신고 반려행위는 항고소송의 대상이 된다. (○)
>
> 2. (착공신고) 수리거부처분 (2010두7321)
>
>   건축주 등으로서는 (착공신고)가 반려될 경우, 당해 건축물의 착공을 개시하면 (시정명령, 이행강제금, 벌금)의 대상이 되거나 당해 건축물을 사용하여 행할 행위의 허가가 거부될 우려가 있어 불안정한 지위에 놓이게 된다.
>
> **유사판례+** 건축주명의변경신고 (91누4911)
>
> 1. 실체적 심사 여부
>
>   허가대상건축물의 양수인이 위 규칙에 규정되어 있는 (형식적) 요건을 갖추어 시장 군수에게 적법하게 건축주의 명의변경을 신고한 때에는 시장 군수는 *(A: 그 신고를 수리하여야 한다 / B: 실체적인 이유를 내세워 그 신고의 수리를 거부할 수 있다)*.
>
> 2. 수리거부 처분성 여부
>
>   건축주명의변경신고 *(A: 수리 / B: 수리거부)* 행위는 양수인의 권리의무에 직접 영향을 미치는 것으로서 취소소송의 대상이 되는 처분이라고 하지 않을 수 없다.

　② 행정요건적 신고

③ 구체적인 사례

자체완성적 신고 (수리를 요하지 않는 신고)	행정요건적 신고 (수리를 요하는 신고)
(A: 건축신고 / B: 인·허가 의제가 수반되는 건축신고) (97누6780)	*(A: 건축신고 / B: 인·허가 의제가 수반되는 건축신고)* (2010두14954)
24. 국가직 7급 「건축법」상 수리를 요하지 않는 건축신고에 있어서는 원칙적으로 적법한 요건을 갖춰 신고하면 행정청의 수리 등 별도의 조치를 기다릴 필요 없이 건축행위를 할 수 있다고 보아야 한다. (○)	24. 국가직 7급 「건축법」상 건축신고가 다른 법률에서 정한 인·허가 등의 의제효과를 수반하는 경우에는 일반적인 건축신고와는 달리 특별한 사정이 없는 한 수리를 요하는 신고에 해당한다. (○) 23. 국가직 7급 「건축법」에 의한 인·허가 의제 효과를 수반하는 건축신고는 특별한 사정이 없는 한 행정청이 그 실체적 요건에 관한 심사를 한 후 수리하여야 하는, 수리를 요하는 신고에 해당한다. (○) 21. 지방직 9급 「건축법」에 의한 인·허가의제 효과를 수반하는 건축신고는 건축을 하고자 하는 자가 적법한 요건을 갖춘 신고만 하면 건축을 할 수 있고, 행정청의 수리 등 별단의 조처를 기다릴 필요가 없다. (×) ▶ 수리가 필요하다. 22. 지방직 7급 인허가의제 효과를 수반하는 건축신고는 일반적인 건축신고와는 달리, 특별한 사정이 없는 한 행정청이 그 실체적 요건에 관한 심사를 한 후 수리를 하여야 한다. (○)
(A: 수산제조업의 신고 / B: 어업신고) (98다57419)	*(A: 수산제조업의 신고 / B: 어업신고)* (99다37382)
	22. 지방직 7급 「수산업법」상 신고어업을 하려면 법령이 정한 바에 따라 관할 행정청에 신고하여야 하고, 행정청의 수리가 있을 때에 비로소 법적 효과가 발생하게 된다. (○)

당구장 등 (신고)체육시설업 (97도3121) ① 체육시설업은 (등록)체육시설업과 (신고)체육시설업으로 나누어지고, 당구장업과 같은 (신고)체육시설업을 하고자 하는 자는 체육시설업의 종류별로 같은 법 시행규칙이 정하는 해당 시설을 갖추어 소정의 양식에 따라 신고서를 제출하는 방식으로 시·도지사에 신고하도록 규정하고 있다. ② 적법한 요건을 갖춘 신고의 경우에는 *(A: 행정청의 수리처분 등 별단의 조처를 기다릴 필요 없이 그 접수시에 신고로서의 효력이 발생하는 것이다 / B: 그 수리가 거부되었다면 무신고 영업이 된다).* **비교** 체육시설의 설치·이용에 관한 법률에 따른 당구장업의 신고요건을 갖춘 자라 할지라도 학교보건법 제5조 소정의 (학교환경 위생정화구역) 내에서는 같은 법 제6조에 의한 별도 요건을 충족하지 아니하는 한 적법한 신고를 할 수 없다고 보아야 한다(90누8350).	골프장 (회원모집계획서) 제출 (2006두16243) 체육시설의 회원을 모집하고자 하는 자는 시·도지사 등으로부터 회원모집계획서에 대한 검토결과 통보를 받은 후에 회원을 모집할 수 있다고 보아야 하고, 따라서 체육시설의 회원을 모집하고자 하는 자의 시·도지사 등에 대한 (회원모집계획서) 제출은 수리를 요하는 신고에서의 신고에 해당하며, 시·도지사 등의 (검토결과) 통보는 수리행위로서 행정처분에 해당한다.
의원개설신고 (84도2953) 의원개설 신고서를 수리한 행정관청이 소정의 (신고필증)을 교부하도록 되어 있다 하여도 (신고필증)의 교부가 없다 하여 개설신고의 효력을 부정할 수 없다.	납골당설치 신고 (2009두6766) 수리란 신고를 유효한 것으로 판단하고 법령에 의하여 처리할 의사로 이를 수령하는 수동적 행위이므로 수리행위에 *(A: 신고필증 교부 등의 행위가 꼭 필요한 것은 아니다 / B: 신고필증 교부가 반드시 필요하다).*
행정청이 법령에서 정한 요건 (이외)의 사유를 들어 의원급 의료기관 개설신고의 수리를 거부할 수 없다(2018두44302).	**21. 지방직 7급** 수리를 요하는 신고에서 행정청의 수리행위에 신고필증 교부의 행위가 반드시 필요한 것은 아니다. (○)
	(악취배출시설) 설치·운영신고 (2020두40327) 대도시의 장 등 관할 행정청은 (악취배출시설) 설치·운영신고의 수리 여부를 심사할 권한이 있다고 보는 것이 타당하다.

평생교육시설 신고 (2005두11784)
관할 행정청은 신고서 기재사항에 흠결이 없고 정해진 서류가 구비된 *(A: 이상 신고를 수리하여야 한다 / B: 경우에도 형식적 요건이 아닌 신고 내용이 공익적 기준에 적합하지 않다는 등 실체적 사유를 들어 이를 거부할 수 있다).*

> **21. 지방직 9급** 정보통신매체를 이용하여 학습비를 받고 불특정 다수인에게 원격 평생교육을 실시하기 위해 구「평생교육법」에서 정한 형식적 요건을 모두 갖추어 신고한 경우, 행정청은 신고대상이 된 교육이나 학습이 공익적 기준에 적합하지 않다는 등의 실체적 사유를 들어 신고 수리를 거부할 수 없다. (O)

비교 (2018두33593)
① 장기요양기관의 (폐업)신고와 노인의료복지시설의 (폐지)신고는, 행정청이 관계 법령이 규정한 요건에 맞는지를 심사한 후 수리하는 이른바 '수리를 필요로 하는 신고'에 해당한다.
② 그러나 행정청이 그 신고를 수리하였다고 하더라도, 신고서 (위조) 등의 사유가 있어 신고행위 자체가 효력이 없다면, 그 수리행위는 *(A: 취소사유를 내포한다 / B: 수리행위 자체에 중대·명백한 하자가 있는지를 따질 것도 없이 당연히 무효이다).*

숙박업신고 (2017두34087)
① 숙박업을 하고자 하는 자가 법령이 정하는 시설과 설비를 갖추고 행정청에 신고를 하면, 행정청은 공중위생관리법령의 위 규정에 따라 원칙적으로 이를 *(A: 수리하여야 한다 / B: 수리할 수 있다).* 행정청이 법령이 정한 요건 (이외)의 사유를 들어 수리를 거부하는 것은 위 법령의 목적에 비추어 이를 거부해야 할 (중대한 공익의 필요)가 있다는 등 특별한 사정이 있는 경우에 한한다.
② 이러한 법리는 이미 다른 사람 명의로 숙박업 신고가 되어 있는 시설 등의 전부 또는 일부에서 새로 숙박업을 하고자 하는 자가 신고를 한 경우 *(A: 에는 동일하게 적용되지 아니한다 / B: 에도 마찬가지이다).*

지위승계신고 (2011두29144)
① 지위승계신고를 수리하는 허가관청의 행위는 *(A: 양도·양수인 사이에 이미 발생한 사법상 사업양도의 법률효과에 의하여 양수인이 그 영업을 승계하였다는 사실의 신고를 접수하는 행위에 그친다 / B: 영업허가자 변경이라는 법률효과를 발생시키는 행위이다).*

21. 지방직 9급 구「관광진흥법」에 의한 지위승계신고를 수리하는 허가관청의 행위는 사실적인 행위에 불과하여 항고소송의 대상이 되지 않는다. (×)
▶ 처분에 해당한다.

21. 지방직 7급「식품위생법」에 의하여 허가영업의 양도에 따른 지위승계신고를 수리하는 허가관청의 행위는 사업허가자의 변경이라는 법률효과를 발생시키는 행위이다. (○)

② *(A: 종전 / B: 현행)* 체육시설업자는 적법한 신고를 마친 체육시설업자의 지위를 부인당할 불안정한 상태에 놓이게 되므로, 그로 하여금 이러한 수리행위의 적법성을 다투어 법적 불안을 해소할 수 있도록 하는 것이 법치행정의 원리에 맞는다.

(대규모 점포)의 개설 등록 (2015두295)
(대규모 점포)의 개설 등록은 이른바 '수리를 요하는 신고'로서 행정처분에 해당한다.

23. 국가직 7급 구「유통산업발전법」에 따른 대규모점포의 개설등록 및 구「재래시장 및 상점가 육성을 위한 특별법」에 따른 시장관리자 지정은 행정청이 실체적 요건에 관한 심사를 한 후 수리하여야 하는, 수리를 요하는 신고로서 행정처분에 해당한다. (○)

기출문제로 점검하기

01 통치행위에 대한 판례의 내용으로 가장 옳지 않은 것은? 22. 군무원 9급

① 외국에의 국군의 파견결정과 같이 성격상 외교 및 국방에 관련된 고도의 정치적 결단이 요구되는 사안에 대한 국민의 대의기관의 결정이 사법심사의 대상이 되지 아니한다.
② 선고된 형의 전부를 사면할 것인지 또는 일부만을 사면할 것인지를 결정하는 것은 사면권자의 전권사항에 속하는 것이고, 징역형의 집행유예에 대한 사면이 병과된 벌금형에도 미치는 것으로 볼 것인지 여부는 사면의 내용에 대한 해석문제에 불과하다.
③ 남북정상회담의 개최과정에서 재정경제부장관에게 신고하지 아니하거나 통일부장관의 협력사업 승인을 얻지 아니한 채 북한 측에 사업권의 대가 명목으로 송금한 행위는 사법심사의 대상이 되지 아니한다.
④ 비록 서훈취소가 대통령이 국가원수로서 행하는 행위라고 하더라도 법원이 사법심사를 자제하여야 할 고도의 정치성을 띤 행위라고 볼 수는 없다.

> **통치행위**
> 남북정상회담 개최는 통치행위이지만, 대북 송금행위는 통치행위가 아니다.
>
> **선지분석**
> ④ 서훈수여와 달리, 서훈취소는 사법심사의 대상이 된다.

답 ③

02 통치행위에 대한 설명으로 가장 옳지 않은 것은?

22. 군무원 7급

① 국군을 외국에 파견하는 결정은 통치행위로서 고도의 정치적 결단이 요구되는 사안에 대한 대통령과 국회의 판단은 존중되어야 하고 헌법재판소가 사법적 기준만으로 이를 심판하는 것은 자제되어야 한다.
② 남북정상회담의 개최과정에서 재정경제부장관에게 신고하지 아니하고 북한 측에 사업권의 대가명목으로 송금한 행위는 남북정상회담에 도움을 주기 위한 통치행위로서 사법심사의 대상이 되지 아니한다.
③ 대통령의 사면권행사는 형의 선고의 효력 또는 공소권을 상실시키거나 형의 집행을 면제시키는 국가원수의 고유한 권한을 의미하며, 사법부의 판단을 변경하는 제도로서 권력분립의 원리에 대한 예외이다.
④ 대통령의 긴급재정경제명령은 국가긴급권의 일종으로서 고도의 정치적 결단이나, 그것이 국민의 기본권 침해와 직접 관련되는 경우에는 당연히 헌법재판소의 심판대상이 된다.

통치행위
대북송금행위는 통치행위에 해당하지 않는다.

선지분석
③ 선고된 형의 전부를 사면할 것인지 또는 일부만을 사면할 것인지를 결정하는 것은 사면권자의 전권사항에 속한다. 다만, 징역형의 집행유예에 대한 사면이 병과된 벌금형에도 미치는 것으로 볼 것인지 여부는 사면의 내용에 대한 해석문제에 불과하다 할 것이다(헌재 2000.6.1. 97헌바74).
④ 통치행위에 속함에도 사법심사를 긍정했다는 점이 특징이다.

답 ②

03 행정상 계약에 대한 설명으로 옳지 않은 것은? (다툼이 있는 경우 판례에 의함)

23. 소방

① 행정청은 법령등을 위반하지 아니하는 범위에서 행정목적을 달성하기 위하여 필요한 경우에는 공법상 법률관계에 대한 계약을 체결할 수 있다.
② 국가가 당사자가 되는 이른바 공공계약은 사경제 주체로서 상대방과 대등한 위치에서 체결하는 사법상 계약이다.
③ 국가와 사인 사이에 계약이 체결되었다면 법령에 따라 작성해야 하는 계약서가 따로 작성되지 않았다고 하더라도 효력이 있다.
④ 「공공기관의 운영에 관한 법률」에 따른 입찰참가자격제한 조치는 행정처분에 해당한다.

행정상 계약
구 국가를 당사자로 하는 계약에 관한 법률(2012.12.18. 법률 제11547호로 개정되기 전의 것, 이하 '국가계약법'이라 한다) 제11조 규정 내용과 국가가 일방당사자가 되어 체결하는 계약의 내용을 명확히 하고 국가가 사인과 계약을 체결할 때 적법한 절차에 따를 것을 담보하려는 규정의 취지 등에 비추어 보면, 국가가 사인과 계약을 체결할 때에는 국가계약법령에 따른 계약서를 따로 작성하는 등 요건과 절차를 이행하여야 할 것이고, 설령 국가와 사인 사이에 계약이 체결되었더라도 이러한 법령상 요건과 절차를 거치지 아니한 계약은 효력이 없다(대판 2015.1.15. 2013다215133).

선지분석
① 법률우위원칙과 달리, 법률유보원칙은 적용되지 않는다는 것이 다수설이다.
④ 이와 달리, 계약에 근거한 입찰참가자격제한 조치는 행정처분에 해당하지 않는다.

답 ③

04 행정법의 법원에 대한 설명으로 가장 옳은 것은?

22. 군무원 9급

① 행정청 내부의 사무처리준칙이 제정·공표되었다면 이 자체만으로도 행정청은 자기 구속을 받게 되므로 이 준칙에 위배되는 처분은 위법하게 된다.
② 헌법재판소의 위헌결정이 있다면 행정청이 개인에 대하여 공적인 견해를 표명한 것으로 볼 수 있으므로 위헌결정과 다른 행정청의 결정은 신뢰보호 원칙에 반한다.
③ 부당결부금지의 원칙은 판례에 의해 확립된 행정의 법원칙으로 실정법상 명문의 규정은 없다.
④ 법령의 규정만으로 처분 요건의 의미가 분명하지 아니한 경우에 법원이나 헌법재판소의 분명한 판단이 있음에도 합리적 근거가 없이 사법적 판단과 어긋나게 행정처분을 한 경우에 명백한 하자가 있다고 봄이 타당하다.

행정법의 법원
판례의 명백한 입장에 배치되는 처분은 명백한 하자가 있다고 보아야 한다.

선지분석
① 재량준칙에 근거한 행정관행이 성립되어야 한다.
③ 자기구속의 법리와 달리, 행정기본법에 명문의 규정이 존재한다.

답 ④

05 법치행정의 원칙에 대한 설명으로 가장 옳지 않은 것은?

24. 군무원 9급

① 법률유보원칙에서 법률이란 형식적 의미의 법률뿐만 아니라 법률상 위임에 따른 법규명령이나 조례의 경우도 포함한다.
② 법률유보원칙은 단순히 행정작용이 법률에 근거를 두기만 하면 충분한 것이 아니라, 국민의 기본권 실현과 관련된 영역에 있어서는 국민의 대표자인 입법자가 그 본질적 사항에 대해서 스스로 결정하여야 한다는 요구까지 내포하고 있다.
③ 법률우위의 원칙은 공법적 행위에만 적용되고 사법적(私法的) 행위에는 적용되지 않는다.
④ 법률우위의 원칙은 행정행위와 같은 구체적인 규율은 물론 법규명령이나 조례와 같은 행정 입법에도 적용된다.

법치행정의 원칙
사법적 행위도 법률을 위반해서는 아니 됨은 당연하다.

선지분석
① 단, 법률우위원칙과 달리 불문법은 포함되지 아니한다.
② 의회유보원칙을 말한다. 기본권 제한에 관한 사항과 비교해 둘 필요가 있다.
④ 조례가 조약에 위반될 경우 무효이다. 다만, 사인은 이를 주장할 수 없다.

답 ③

06 법률유보의 원칙에 대한 설명으로 옳지 않은 것은? (다툼이 있는 경우 판례에 의함) 24. 소방

① 법률유보원칙은 단순히 행정작용이 법률에 근거를 두기만 하면 충분한 것이 아니라, 국가공동체와 그 구성원에게 기본적이고도 중요한 의미를 갖는 영역, 특히 국민의 기본권 실현과 관련된 영역에 있어서는 국민의 대표자인 입법자가 그 본질적 사항에 대해서 스스로 결정하여야 한다는 요구까지 내포한다.
② 자치조례에 대한 법률의 위임은 법규명령에 대한 법률의 위임과 같이 반드시 구체적으로 범위를 정하여 할 필요가 없으며 포괄적인 것으로 족하다.
③ 토지 등 소유자가 도시환경정비사업을 시행하는 경우, 사업시행인가 신청 시 필요한 토지 등 소유자의 동의요건을 정하는 것은 국민의 권리와 의무의 형성에 관한 기본적이고 본질적인 사항이 아니므로 국회의 법률로써 규정해야 할 사항이 아니다.
④ 수신료 징수업무를 한국방송공사가 직접 수행할 것인지 제3자에게 위탁할 것인지, 위탁한다면 누구에게 위탁하도록 할 것인지, 위탁받은 자가 자신의 고유업무와 결합하여 징수업무를 할 수 있는지는 징수업무 처리의 효율성 등을 감안하여 결정할 수 있는 사항으로서 국민의 기본권 제한에 관한 본질적인 사항이 아니다.

> **법률유보의 원칙**
> 조합을 설립하지 않는 경우로서, 의회유보원칙이 적용된다. 반면, 조합을 설립하는 경우라면 의회유보원칙이 적용되지 않아 조합의 정관에 위임이 가능하고, 포괄위임금지원칙이 적용되지 않는다.
>
> **선지분석**
> ④ 반면, 수신료 징수금액의 결정은 의회유보원칙이 적용된다.
>
> 답 ③

07 법치행정의 원리에 대한 설명으로 옳지 않은 것은? (다툼이 있는 경우 판례에 의함) 22. 소방

① 국회가 형식적 법률로 직접 규율해야 할 필요성은 규율대상이 기본권 및 기본적 의무와 관련된 중요성을 가질수록, 그에 관한 공개적 토론의 필요성 또는 상충하는 이익 사이의 조정 필요성이 클수록 더 증대된다.
② 국가계약의 본질적인 내용은 사인 간의 계약과 다를 바가 없어 법령에 특별한 규정이 있는 경우를 제외하고는 사법의 규정 내지 법원리가 그대로 적용되므로, 국가와 사인 간의 계약은 국가계약법령에 따른 요건과 절차를 거치지 않더라도 유효하다.
③ 지방의회의원에 대하여 유급보좌인력을 두기 위해서는 법률의 근거가 필요하다.
④ 납세의무자에게 조세의 납부의무뿐만 아니라 스스로 과세표준과 세액을 계산하여 신고하여야 하는 의무까지 부과하는 경우에는 신고의무불이행에 따른 불이익의 내용을 법률로 정하여야 한다.

> **법치행정의 원리**
> 국가계약(공공계약)은 사적자치 및 계약자유의 원칙이 적용되지만, 계약서 작성 등 국가계약법에서 요구하는 최소한의 요건과 절차는 준수하여야 하고 이를 위반하면 무효가 된다.
>
> **선지분석**
> ④ 조세의 종목, 세율, 스스로 과세표준과 세액을 계산 및 신고하여야 하는 의무는 의회유보원칙이 적용되나, 과세요건 및 징수절차는 의회유보원칙이 적용되지 않는다.
>
> 답 ②

08 신뢰보호의 원칙에 대한 설명으로 옳은 것은? (다툼이 있는 경우 판례에 의함) 23. 소방

① 「행정절차법」은 처분의 방식으로 문서주의를 표방하고 있으므로, 행정청의 공적 견해 표명은 묵시적으로 표시되어서는 안 된다.
② 신뢰보호의 원칙은 공익 또는 제3자의 정당한 이익을 현저히 해칠 우려가 있는 경우에도 부정되어야 하는 것은 아니다.
③ 실권의 법리는 법의 일반원리인 신의성실의 원칙에 바탕을 둔 파생원칙이므로 권력관계에는 적용되지 않는다.
④ 병무청 담당부서의 담당공무원에게 공적 견해의 표명을 구하는 정식의 서면질의 등을 하지 아니한 채 총무과 민원팀장에 불과한 공무원이 민원봉사차원에서 상담에 응하여 안내한 것을 신뢰한 경우, 신뢰보호의 원칙이 적용되지 아니한다.

신뢰보호의 원칙

민원팀 소속이므로 실질적인 권한이 없다고 보았다.

선지분석

① 공적인 견해표명이 반드시 처분일 필요는 없다.
아울러, 신뢰보호의 원칙이 적용되기 위한 요건의 하나인 행정청의 공적 견해 표명은 명시적으로만이 아니라 묵시적으로도 이루어질 수 있다 할 것이며, 한편 국세기본법 제18조 제3항에 규정된 비과세관행이 성립하려면, 상당한 기간에 걸쳐 과세를 하지 아니한 객관적 사실이 존재할 뿐만 아니라, 과세관청 자신이 그 사항에 관하여 과세할 수 있음을 알면서도 어떤 특별한 사정 때문에 과세하지 않는다는 의사가 있어야 하며, 위와 같은 공적 견해나 의사는 명시적 또는 묵시적으로 표시되어야 하지만 묵시적 표시가 있다고 하기 위하여는 단순한 과세누락과는 달리 과세관청이 상당기간의 불과세 상태에 대하여 과세하지 않겠다는 의사표시를 한 것으로 볼 수 있는 사정이 있어야 한다(대판 2000.1.21. 97누11065).
② 한계 2번의 상황이 발생하면 신뢰보호를 하지 않아도 된다.
③ 비과세 관행이 지속되면 과세처분이 신뢰보호원칙에 의해 위법하게 되는 경우가 있다.

답 ④

09 신뢰보호의 원칙에 대한 설명으로 옳지 않은 것은? (다툼이 있는 경우 판례에 의함)
22. 소방

① 행정청이 공적인 견해에 반하는 행정처분을 함으로써 달성하려는 공익이 행정청의 공적 견해표명을 신뢰한 개인이 그 행정처분으로 인하여 입게 되는 이익의 침해를 정당화할 수 있을 정도로 강한 경우에는 그 행정처분은 위법하지 않다.

② 과세관청이 질의회신 등을 통하여 어떤 견해를 대외적으로 표명하였더라도 그것이 중요한 사실관계와 법적인 쟁점을 제대로 드러내지 아니한 채 질의한 데 따른 것이라면, 공적인 견해표명에 의하여 정당한 기대를 가지게 할 만한 신뢰가 부여된 경우로 볼 수 없다.

③ 폐기물처리업에 대하여 관할 관청의 사전 적정통보를 받고 막대한 비용을 들여 요건을 갖춘 다음 허가신청을 한 경우, 행정청이 청소업자의 난립으로 효율적인 청소업무의 수행에 지장이 있다는 이유로 불허가처분을 하였다 할지라도 신뢰보호의 원칙에 반하지 아니한다.

④ 법원이 「질서위반행위규제법」에 따라서 하는 과태료 재판은 원칙적으로 행정소송에서와 같은 신뢰보호의 원칙 위반 여부가 문제되지 아니한다.

신뢰보호의 원칙
적정통보에도 불구하고 이루어진 폐기물처리업허가 거부처분(불허가처분)은 신뢰보호원칙에 위반된다. 국토이용계획변경신청 거부처분, 형질변경행위허가 거부처분의 사례와 비교해 두어야 한다.

선지분석
④ 과태료 부과처분이 이미 실효되었기 때문이다.

답 ③

10 「행정기본법」상 행정의 법 원칙에 대한 설명으로 옳지 않은 것은?
23. 군무원 9급

① 행정청은 행정작용을 할 때 상대방에게 해당 행정작용과 실질적인 관련이 없는 의무를 부과해서는 아니 된다.
② 행정청은 합리적 이유 없이 국민을 차별하여서는 아니 된다.
③ 행정청은 공익을 현저히 해칠 우려가 있는 경우라도 행정에 대한 국민의 정당하고 합리적인 신뢰를 보호하여야 한다.
④ 행정청은 법령 등에 따른 의무를 성실히 수행하여야 한다.

행정의 법 원칙
한계 2번의 상황이 발생하면(공익>사익) 신뢰를 보호하지 않는다.

답 ③

11 「행정기본법」에 제시된 행정의 법 원칙에 대한 설명으로 가장 옳지 않은 것은?

22. 군무원 7급

① 행정작용은 법률에 위반되어서는 아니 되며, 국민의 권리를 제한하거나 의무를 부과하는 경우와 그 밖에 국민 생활에 중요한 영향을 미치는 경우에는 법률에 근거하여야 한다.
② 행정청은 어떠한 경우에도 국민을 차별하여서는 아니 된다.
③ 행정청은 행정권한을 남용하거나 그 권한의 범위를 넘어서는 아니 된다.
④ 행정청은 공익 또는 제3자의 이익을 현저히 해칠 우려가 있는 경우를 제외하고는 행정에 대한 국민의 정당하고 합리적인 신뢰를 보호하여야 한다.

행정의 법 원칙
합리적인 이유가 있다면 차별이 가능하다. 자의적인 차별이 금지될 뿐이다.

답 ②

12 「행정기본법」에 규정된 행정법상 원칙으로 가장 옳지 않은 것은?

22. 군무원 7급

① 성실의무 및 권한남용금지의 원칙
② 신뢰보호의 원칙
③ 부당결부금지의 원칙
④ 행정의 자기구속의 원칙

행정법상 원칙
평등의 원칙, 신뢰보호의 원칙에서 파생될 뿐, 명문의 규정은 없다.

답 ④

13 행정법상 신고와 수리에 대한 설명으로 옳은 것은? 23. 군무원 7급

① 법률에 행정기관의 내부업무처리 절차로서 수리를 규정한 경우에도 수리를 요하는 신고로 보아야 한다.
② 주민등록의 신고는 행정청에 도달하기만 하면 신고로서의 효력이 발생하는 것이 아니라 행정청이 수리한 경우에 비로소 신고의 효력이 발생한다.
③ 대규모점포의 개설등록은 자기완결적 신고이다.
④ 시·도지사 등에 대한 체육시설인 골프장회원 모집계획서 제출은 자기완결적 신고이다.

신고와 수리

다만, 허가제와의 균형을 고려하여 실질적 심사의 범위가 30일 이상 거주할 목적이 있는지 여부로 제한된다.

선지분석

① 행정기본법 제34조【수리 여부에 따른 신고의 효력】법령등으로 정하는 바에 따라 행정청에 일정한 사항을 통지하여야 하는 신고로서 법률에 신고의 수리가 필요하다고 명시되어 있는 경우(행정기관의 내부 업무 처리 절차로서 수리를 규정한 경우는 제외한다)에는 행정청이 수리하여야 효력이 발생한다.

답 ②

---

14 자기완결적(자체완성적) 신고에 대한 설명으로 옳지 않은 것은? (다툼이 있는 경우 판례에 의함) 24. 소방

① 자기완결적 신고란 행정청에 일정한 사항을 통지함으로써 의무가 끝나는 신고로서 수리를 요하지 않으며, 신고 그 자체로서 법적 효과를 발생시킨다.
② 자기완결적 신고는 수리를 요하지 않기 때문에 행정청이 신고를 수리하거나 신고필증을 교부하였다고 하더라도 이는 신고사실을 확인하는 의미의 사실행위에 불과하다.
③ 사인이 적법한 요건을 갖춘 신고를 하였다면 행정청의 수리처분 등 별단의 조치를 기다릴 필요 없이 그 접수 시에 신고로서의 효력이 발생하는 것이므로, 그 수리가 거부되었다고 하여 무신고 영업이 되는 것은 아니다.
④ 자기완결적 신고에 대해서는 「행정기본법」에서 규정하고 있다.

신고

자기완결적 신고는 행정절차법에, 행정요건적 신고는 행정기본법에 규정되어 있다.

선지분석

③ 적법한 요건을 갖춘 신고라 함은 형식적 요건을 갖춘 신고를 뜻한다.

답 ④

15 신고에 대한 설명으로 옳지 않은 것은? (다툼이 있는 경우 판례에 의함)
23. 소방

① 법령등에서 행정청에 일정한 사항을 통지함으로써 의무가 끝나는 신고를 규정하고 있는 경우, 신고가 법령등에 규정된 형식상의 요건에 적합하면 신고서가 접수기관에 도달된 때에 신고 의무가 이행된 것으로 본다.
② 「행정절차법」에서는 수리를 요하는 신고를 규정하고 있고, 「행정기본법」에서는 수리를 요하지 않는 신고를 규정하고 있다.
③ 법령등으로 정하는 바에 따라 행정청에 일정한 사항을 통지하여야 하는 신고로서 법률에 신고의 수리가 필요하다고 명시되어 있는 경우에는 행정청이 수리하여야 효력이 발생한다.
④ 「유통산업발전법」상 대규모점포의 개설 등록은 수리를 요하는 신고로서 행정처분에 해당한다.

신고
자기완결적 신고는 행정절차법에, 행정요건적 신고는 행정기본법에 규정되어 있다.

답 ②

16 사인의 공법행위에 대한 설명으로 옳지 않은 것은? (다툼이 있는 경우 판례에 의함)
22. 소방

① 주민등록신고는 행정청이 수리한 경우에 비로소 신고의 효력이 발생한다.
② 장기요양기관의 폐업신고와 노인의료복지시설의 폐지신고는 행정청이 그 신고를 수리한 경우, 신고서 위조 등의 사유가 있더라도 그대로 유효하다.
③ 「의료법」에 따라 정신과의원을 개설하려는 자가 법령에 규정되어 있는 요건을 갖추어 개설신고를 한 경우 행정청은 원칙적으로 이를 수리하여 신고필증을 교부하여야 하고, 법령에서 정한 요건 이외의 사유를 들어 의원급 의료기관 개설신고의 수리를 거부할 수는 없다.
④ 가설건축물 존치기간을 연장하려는 건축주 등이 법령에 규정되어 있는 제반 서류와 요건을 갖추어 행정청에 연장신고를 한 때에는 행정청은 원칙적으로 이를 수리하여 신고필증을 교부하여야 하고, 법령에서 정한 요건 이외의 사유를 들어 수리를 거부할 수는 없다.

사인의 공법행위
두 신고 모두 수리를 요하는 신고에 해당한다. 신고 자체가 무효인 경우이므로, 이를 대상으로 하는 수리처분 또한 무효이다.

선지분석
③ 일반의원개설신고와 달리, 수리를 요하는 신고에 해당한다.
④ 신고의 유형이 무엇인지는 다소 불분명하나, 그 유형을 불문하고 법령에서 정한 요건 이외의 사유를 들어 수리를 거부할 수는 없음이 원칙이다. 숙박업신고 등이 예외에 해당한다.

답 ②

gosi.Hackers.com

해커스공무원 학원·인강
gosi.Hackers.com

해커스공무원 김대현 행정법총론 워크북

제2편
행정작용법

제1장 행정청의 입법
제2장 행정청의 행위
제3장 나머지 행정작용
기출문제로 점검하기

제1장 | 행정청의 입법

01 행정입법

1. 행정행위와의 구분

구분	구체(특정 사안)	추상(불특정 사안)
개별(특정인)	행정행위	-
일반(불특정 다수)	(일반처분)	행정입법

2. 법규명령 및 행정규칙의 구분

판례가 제시하는 주된 기준은 상위 법령(모법)의 (위임) 여부이다. 다만, 판례는 예외적으로 *(A: 시행령 / B: 시행규칙)* 이라는 형식에 *(A: 수익 / B: 제재)* 적 처분기준에 관한 내용을 규정하고 있을 경우, 이를 행정규칙으로 보고 있다(2018두49444 등).

02 법규명령

1. 종류

> 행정기본법 제2조 【정의】이 법에서 사용하는 용어의 뜻은 다음과 같다.
> 1. "(법령등)"이란 다음 각 목의 것을 말한다.
>   가. (법령): 다음의 어느 하나에 해당하는 것
>   1) 법률 및 대통령령·총리령·부령
>   2) 국회규칙·대법원규칙·헌법재판소규칙·중앙선거관리위원회규칙 및 감사원규칙
>
>   22. **국가직 7급** 중앙행정기관의 장이 정한 훈령·예규 및 고시 등 행정규칙은 상위법령의 위임이 있다고 하더라도 「행정기본법」상의 '법령'에 해당하지 않는다. (✗)
>   ▶ 법령보충적 규칙으로서 '법령'이 된다.
>
>   3) 1) 또는 2)의 (위임)을 받아 중앙행정기관(「정부조직법」 및 그 밖의 법률에 따라 설치된 중앙행정기관을 말한다. 이하 같다)의 장, 국회의장, 대법원장, 헌법재판소장, 중앙선거관리위원회위원장, 감사원장 등이 정한 훈령·예규 및 고시 등 (행정규칙)
>   나. 자치법규: 지방자치단체의 조례 및 규칙

(1) 위임명령

24. 지방직 9급 위임명령이 위임 내용을 구체화하는 단계를 벗어나 새로운 입법을 한 것으로 평가할 수 있다면 이는 위임의 한계를 일탈한 것으로서 허용되지 않는다. (O)

23. 지방직 9급 법률의 시행령은 법률에 의한 위임 없이도 법률이 규정한 개인의 권리·의무에 관한 내용을 변경·보충하거나 법률에 규정되지 아니한 새로운 내용을 규정할 수 있다. (X)

▶ 위임이 없다면 무효가 된다.

22. 지방직 9급 법률의 시행령이 형사처벌에 관한 사항을 규정하면서 법률의 명시적인 위임 범위를 벗어나 처벌의 대상을 확장하는 것은 위임입법의 한계를 벗어난 것으로 그 시행령은 무효이다. (O)

23. 지방직 7급 「여객자동차 운수사업법」의 위임에 따른 시외버스운송사업의 사업계획 변경 기준 등에 관한 「여객자동차 운수사업법 시행규칙」의 관련 규정은 대외적인 구속력이 있는 법규명령이라고 할 것이다. (O)

📖 관련판례 법령보충적 행정규칙(행정규칙 형식의 법규명령)

1. (형식적) 한계 (2010다72076)

행정규칙이나 규정이 상위법령의 위임범위를 벗어난 경우에는 법규명령으로서 대외적 구속력을 인정할 여지는 없다. 이는 행정규칙이나 규정 '내용'이 위임범위를 벗어난 경우뿐 아니라 상위법령의 위임규정에서 특정하여 정한 권한행사의 '(절차)'나 '(방식)'에 위배되는 경우도 마찬가지이므로, 상위법령에서 세부사항 등을 (시행규칙)으로 정하도록 위임하였음에도 이를 고시 등 (행정규칙)으로 정하였다면 그 역시 대외적 구속력을 가지는 법규명령으로서 효력이 인정될 수 없다.

21. 국가직 7급 고시가 비록 법령에 근거를 둔 것이더라도 규정 내용이 법령의 위임 범위를 벗어난 것일 경우에는 법규명령으로서의 대외적 구속력을 인정할 여지는 없다. (O)

23. 국가직 7급 상위법령에서 세부사항 등을 시행규칙으로 정하도록 위임하였음에도 이를 고시 등 행정규칙으로 정한 경우 그 행정규칙은 대외적 구속력을 가지는 법규명령으로서 효력이 인정된다. (X)

▶ 위임의 범위를 벗어났으므로 무효가 된다.

22. 지방직 9급 고시가 법령의 수권에 의하여 법령을 보충하는 사항을 정하는 경우 위임의 한계를 벗어나지 않는 한 그 근거 법령과 결합하여 대외적으로 구속력이 있는 법규명령으로서의 효력을 가진다. (O)

23. 지방직 7급 행정 각부의 장이 정하는 고시가 법령에 근거를 둔 것이라면, 그 규정 내용이 법령의 위임 범위를 벗어난 것이라도 법규명령으로서의 대외적 구속력이 인정된다. (X)

▶ 위임의 범위를 벗어났으므로 무효가 된다.

2. 내용적 한계 (2014헌바382)

헌법이 인정하고 있는 위임입법의 형식은 *(A: 열거적 / B: 예시적)*인 것으로 보아야 한다. 법률이 일정한 사항을 행정규칙에 위임하더라도 그 행정규칙은 위임된 사항만을 규율할 수 있으므로, 국회입법의 원칙과 상치되지 않는다. 다만 고시와 같은 행정규칙에 위임하는 것은 (전문적)·(기술적) 사항이나 (경미한) 사항으로서 업무의 성질상 위임이 불가피한 사항에 한정된다.

> **23. 지방직 7급** 법률이 일정한 사항을 고시와 같은 행정규칙에 위임하는 것은 전문적·기술적 사항이나 경미한 사항으로서 업무의 성질상 위임이 불가피한 사항에 한정된다. (O)

3. **사례 ①** (2017두30764)

    '(2014년도 건물 및 기타물건 시가표준액 조정기준)'의 각 규정들은 일정한 유형의 위반 건축물에 대한 이행강제금의 산정기준이 되는 시가표준액에 관하여 행정자치부장관으로 하여금 정하도록 한 위 건축법 및 지방세법령의 위임에 따른 것으로서 그 법령 규정의 내용을 보충하고 있으므로, (A: <u>그 법령 규정과 결합하여 대외적인 구속력이 있는 법규명령</u> / B: 행정규칙)으로서의 효력을 가지고, 그중 증·개축 건물과 대수선 건물에 관한 특례를 정한 '증·개축 건물 등에 대한 시가표준액 산출요령'의 규정들도 마찬가지라고 보아야 한다.

4. **사례 ②** (97누19915)

    법령의 규정이 특정행정기관(A)에게 그 법령내용의 구체적 사항을 정할 수 있는 (권한)을 부여하면서 그 권한행사의 절차나 방법을 (특정)하고 있지 아니한 관계로 수임행정기관(A)이 행정규칙의 (형식)으로 그 법령의 내용이 될 사항을 구체적으로 정하고 있는 경우, 그러한 행정규칙, 규정은 (A: 행정조직 내부에서만 효력을 가질 뿐 대외적인 구속력을 갖지 않는 행정규칙의 일반적 효력을 / B: <u>행정기관에 법령의 구체적 내용을 보충할 권한을 부여한 법령규정의 효력에 의하여 그 내용을 보충하는 기능을</u>) 갖게 되고, 따라서 당해 법령의 위임한계를 (A: <u>벗어나지 아니하는 한</u> / B: 벗어난다면) 그것들과 결합하여 대외적인 구속력이 있는 법규명령으로서의 효력을 갖게 된다.

📋 관련판례 위임 및 재위임의 요건 (2013두14238)

법률	(기본사항) 구체적으로 규정	위임	재위임	(A: *대강 정하고* / B: 전혀 규정하지 않고) 특정사항의 범위를 정하여
조례	(대강) 예측 가능			
행정규칙				

① 위임명령은 법률이나 상위명령에서 구체적으로 범위를 정한 개별적인 위임이 있을 때에 가능하고, 여기에서 구체적인 위임의 범위는 규제하고자 하는 대상의 종류와 성격에 따라 달라지는 것이어서 일률적 기준을 정할 수는 없지만, 적어도 위임명령에 규정될 내용 및 범위의 (기본사항)이 구체적으로 규정되어 있어서 누구라도 당해 법률이나 상위법령으로부터 위임명령에 규정될 내용의 (대강)을 예측할 수 있어야 하며, 이 경우 그 예측가능성의 유무는 (A: 당해 위임조항 하나만을 가지고 판단하면 족하며 / B: <u>그 위임조항이 속한 법률의 전반적인 체계와 취지 및 목적, 당해 위임조항의 규정형식과 내용 및 관련 법규를 유기적·체계적으로 종합하여 판단하여야 하며</u>), 나아가 각 규제 대상의 성질에 따라 구체적·개별적으로 검토함을 요한다.

② 또한 법률에서 위임받은 사항을 전혀 규정하지 않고 재위임하는 것은 허용(A: 되나 / B: <u>되지 않으나</u>) 위임받은 사항에 관하여 대강을 정하고 그 중의 특정사항의 범위를 정하여 하위법령에 다시 위임하는 경우에는 재위임이 허용(A: <u>된다</u> / B: 되지 않는다).

> **21. 국가직 9급** 법률에서 위임받은 사항에 관하여 대강을 정하고 그 중의 특정사항을 범위를 정하여 하위법령에 다시 위임하는 경우에는 재위임이 허용된다. 이러한 법리는 조례가 「지방자치법」에 따라 주민의 권리제한 또는 의무부과에 관한 사항을 법률로부터 위임받은 후, 이를 다시 지방자치단체장이 정하는 '규칙'이나 '고시' 등에 재위임하는 경우에도 마찬가지이다. (O)

(2) 집행명령

관련판례

1. 집행명령의 내용 (2014두8650)

법률의 시행령은 법률에 의한 위임이 없으면 개인의 권리·의무에 관한 내용을 변경·보충하거나 법률에 규정되지 아니한 새로운 내용을 정할 수는 *(A: 있지만 / B: 없지만)*, 시행령의 내용이 모법의 입법 취지와 관련 조항 전체를 유기적·체계적으로 살펴보아 모법의 해석상 (가능)한 것을 명시한 것에 지나지 아니하거나 모법 조항의 취지에 근거하여 이를 (구체화)하기 위한 것인 때에는 모법의 규율 범위를 벗어난 것으로 볼 수 없으므로, 모법에 이에 관하여 직접 위임하는 규정을 두지 않았 *(A: 다면 이는 무효이다 / B: 다고 하더라도 이를 무효라고 볼 수 없다)*.

> **24. 국가직 9급** 법률의 시행령은 모법인 법률에 의하여 위임받은 사항이나 법률이 규정한 범위 내에서 법률을 현실적으로 집행하는 데 필요한 세부적인 사항만을 규정할 수 있을 뿐, 법률에 의한 위임이 없는 한 법률이 규정한 개인의 권리·의무에 관한 내용을 변경·보충하거나 법률에 규정되지 아니한 새로운 내용을 규정할 수는 없다. (O)
>
> **21. 국가직 9급** 법률의 시행령이나 시행규칙의 내용이 모법 조항의 취지에 근거하여 이를 구체화하기 위한 것인 때에는 모법의 규율 범위를 벗어난 것으로 볼 수 없다. 이러한 경우에는 모법에 이에 관하여 직접 위임하는 규정을 두지 않았다고 하여도 이를 무효라고 볼 수 없다. (O)
>
> **21. 국가직 7급** 법률의 시행령이나 시행규칙의 내용이 모법의 입법 취지와 관련 조항 전체를 유기적·체계적으로 살펴보아 모법의 해석상 가능한 것을 명시한 것에 지나지 아니하는 때에는 모법에 이에 관하여 직접 위임하는 규정을 두지 아니하였다고 하더라도 이를 무효라고 볼 수는 없다. (O)
>
> **21. 지방직 9급** 법률의 시행령 내용이 모법 조항의 취지에 근거하여 이를 구체화하기 위한 것인 때에는 모법에 직접 위임하는 규정을 두지 않았더라도 이를 무효라고 볼 수 없다 (O)

2. 모법 관련

① 모법 *(A: 폐지 / B: 개정)* - 실효 (88누6962)

상위법령의 시행에 필요한 세부적 사항을 정하기 위하여 행정관청이 일반적 직권에 의하여 제정하는 이른바 집행명령은 근거법령인 상위법령이 *(A: 폐지 / B: 개정)*되면 특별한 규정이 없는 이상 실효되는 것이나,

② 모법 *(A: 폐지 / B: 개정)* - 효력 유지

상위법령이 *(A: 폐지 / B: 개정)*됨에 그친 경우에는 개정법령과 성질상 모순, 저촉되지 아니하고 개정된 상위법령의 시행에 필요한 사항을 규정하고 있는 이상 그 집행명령은 상위법령의 개정에도 불구하고 당연히 실효되지 아니하고 개정법령의 시행을 위한 집행명령이 제정, 발효될 때까지는 여전히 그 효력을 유지한다.

2. 하위법령의 한계(= 하자 있는 "법규명령"의 효력)

원칙		*(A: **무효** / B: 취소사유)*		
예외	① 유효 전환	위임 ×	*(A: **"그 때부터"** /*	위임 ○
		무효	*B: "처음부터")*	유효
	② 대외적 구속력 × (= 행정규칙)	(처분요건)을 (부령)에서 임의로 (변경)한 경우		

비교판례+

1. "그 때부터" 유무효 전환 (93추83)

일반적으로 법률의 위임에 의하여 효력을 갖는 법규명령의 경우, 구법에 위임의 근거가 없어 무효였더라도 사후에 법개정으로 위임의 근거가 부여되면 *(A: **그 때부터** / B: 처음부터)* 는 유효한 법규명령이 되나, 반대로 구법의 위임에 의한 유효한 법규명령이 법개정으로 위임의 근거가 없어지게 되면 *(A: **그 때부터** / B: 처음부터)* 무효인 법규명령이 되므로, 어떤 법령의 위임 근거 유무에 따른 유효 여부를 심사하려면 법개정의 (전·후)에 걸쳐 모두 심사하여야만 그 법규명령의 시기에 따른 유효·무효를 판단할 수 있다.

---

24. 국가직 9급 일반적으로 법률의 위임에 따라 효력을 갖는 법규명령의 경우에 위임의 근거가 없어 무효였다면 나중에 법 개정으로 위임의 근거가 부여되었다고 하여 그때부터 유효한 법규명령이 되는 것은 아니다. (×)
▶ 그때부터 유효한 법규명령이 된다.

22. 국가직 9급 법률의 위임에 의하여 효력을 갖는 법규명령이 법개정으로 위임의 근거가 없어지게 되더라도 효력을 상실하지 않는다. (×)
▶ 그때부터 무효가 된다.

24. 국가직 7급 법률의 위임에 의해 유효하게 성립된 법규명령은 이후 법개정으로 위임의 근거가 없어지더라도 법규명령의 효력에 영향이 없다. (×)
▶ 그때부터 무효가 된다.

21. 국가직 7급 법률의 위임에 따라 효력을 갖는 법규명령의 경우에 위임의 근거가 없어 무효였더라도 나중에 법 개정으로 위임의 근거가 다시 부여된 경우에는 이전부터 소급하여 유효한 법규명령이 있었던 것으로 본다. (×)
▶ 소급하지 않고, 장래에 향하여 유효한 법규명령이 된다.

24. 지방직 9급 법규명령이 법률상 위임의 근거가 없어 무효였더라도 사후에 법 개정으로 위임의 근거가 부여되면 그때부터는 유효한 법규명령이 된다. (○)

21. 지방직 9급 법규명령이 위임의 근거가 없어 무효였더라도 나중에 법 개정으로 위임의 근거가 부여되면, 법규명령 제정 당시로 소급하여 유효한 법규명령이 된다. (×)
▶ 소급하지 않고, 장래에 향하여 유효한 법규명령이 된다.

2. (처분요건 부령 변경) (2016추5087)
   법령의 위임이 없음에도 법령에 규정된 (처분요건)에 해당하는 사항을 (부령)에서 (변경)하여 규정한 경우에는 그 (부령)의 규정은 *(A: 행정청 내부의 사무처리 기준 등을 정한 것으로서 행정조직 내에서 적용되는 행정명령의 성격을 지닐 뿐이다 / B: 국민에 대한 대외적 구속력이 있다고 보아야 한다)*.

> **23. 국가직 9급** 상위법령의 위임이 없음에도 상위법령에 규정된 처분 요건에 해당하는 사항을 부령에서 변경하여 규정한 경우 그 부령의 규정은 국민에 대한 대외적 구속력이 있다. (×)
> ▶ 행정규칙으로서 대외적 구속력이 부정된다.
>
> **23. 국가직 7급** 법령의 위임이 없음에도 법령에 규정된 처분 요건에 해당하는 사항을 부령에서 변경하여 규정한 경우에는 그 부령의 규정은 행정청 내부의 사무처리 기준 등을 정한 것으로서 행정조직 내에서 적용되는 행정명령의 성격을 지닐 뿐 국민에 대한 대외적 구속력은 없다. (○)
>
> **21. 지방직 7급** 법령의 위임이 없음에도 법령에 규정된 처분 요건에 해당하는 사항을 부령에서 변경하여 규정한 경우에 처분의 적법 여부는 그러한 부령에서 정한 요건을 기준으로 판단하여야 한다. (×)
> ▶ 행정규칙이므로, 처분의 적법 여부는 상위 법령을 기준으로 판단한다.

3. 하자 발생에 따른 구제수단
(1) 하자 있는 법규명령에 따른 "처분"의 효력

구분	23.1.1.	23.2.1.	23.3.1.	하자
경우 ①	판결	처분 (중대 + 명백)	–	(무효)
경우 ②	–	처분 (중대 + 명백)	판결	(취소사유)

(2) 하자 있는 법규명령의 통제
   법원은 명령·규칙(= 법규명령)이 헌법이나 법률에 위반되는 여부가 재판의 (전제)가 된 경우에 한하여, 즉 처분등에 대하여 행정소송이 제기된 경우에 한하여 법규명령의 하자를 심사할 수 있고, "(최종적인)" 심사권은 대법원이 갖는다[헌법 제107조 제2항; *(A: 추상적 / B: 구체적)* 규범통제].

> **24. 국가직 9급** 헌법 제107조 제2항은 구체적 규범통제를 규정하고 있기 때문에 당사자는 구체적 사건의 심판을 위한 선결문제로서 행정입법의 위법성을 주장하여 법원에 대하여 당해 사건에 대한 적용 여부의 판단을 구할 수 있다. (○)
>
> **23. 국가직 7급** 법원이 법률 하위의 법규명령이 위헌·위법인지를 심사하려면 그것이 재판의 전제가 되어야 하는데, 여기에서 재판의 전제란 구체적 사건이 법원에 계속 중이어야 하고, 위헌·위법인지가 문제된 경우에는 그 법규명령의 특정 조항이 해당 소송사건의 재판에 적용되는 것이어야 하며, 그 조항이 위헌·위법인지에 따라 그 사건을 담당하는 법원이 다른 판단을 하게 되는 경우를 말한다. (○)

> 23. 지방직 9급 중앙선거관리위원회규칙은 법규명령이므로 구체적 규범통제의 대상이 될 수 있다. (○)
> 23. 지방직 9급 대법원 이외의 각급법원도 구체적 규범통제의 방법으로 법규명령 조항에 대한 위헌·위법 판단을 할 수 있다. (○)

> **행정소송법 제6조【명령·규칙의 위헌판결등 공고】** ① 행정소송에 대한 대법원판결에 의하여 명령·규칙이 헌법 또는 법률에 위반된다는 것이 확정된 경우에는 대법원은 지체 없이 그 사유를 *(A: 행정안전부 / B: 법무부)* 장관에게 통보하여야 한다.
> ② 제1항의 규정에 의한 통보를 받은 *(A: 행정안전부 / B: 법무부)* 장관은 지체 없이 이를 관보에 게재하여야 한다.
> **행정심판법 제59조【불합리한 법령 등의 개선】** ① (중앙)행정심판위원회는 심판청구를 심리·재결할 때에 처분 또는 부작위의 근거가 되는 명령 등이 법령에 근거가 없거나 상위 법령에 위배되거나 국민에게 과도한 부담을 주는 등 크게 불합리하면 *(A: 관계 행정기관 / B: 법제처장)* 에 그 명령 등의 개정·폐지 등 적절한 시정조치를 요청 *(A: 하여야 한다 / B: 할 수 있다)*. 이 경우 (중앙)행정심판위원회는 시정조치를 요청한 사실을 *(A: 관계 행정기관 / B: 법제처장)* 에게 통보하여야 한다.
> ② 제1항에 따른 요청을 받은 *(A: 관계 행정기관 / B: 법제처장)* 은 정당한 사유가 없으면 이에 따라야 한다.
> **행정기본법 제39조【행정법제의 개선】** ① (정부)는 권한 있는 기관에 의하여 위헌으로 결정되어 (법령)이 헌법에 위반되거나 법률에 위반되는 것이 명백한 경우 등 대통령령으로 정하는 경우에는 해당 법령을 개선하여야 한다.

>> 24. 국가직 9급 정부는 권한 있는 기관에 의하여 위헌으로 결정되어 법령이 헌법에 위반되거나 법률에 위반되는 것이 명백한 경우 등 대통령령으로 정하는 경우에는 해당 법령을 개선하여야 한다. (○)

> ② 정부는 행정 분야의 법제도 개선 및 일관된 법 적용 기준 마련 등을 위하여 필요한 경우 대통령령으로 정하는 바에 따라 관계 기관 협의 및 관계 전문가 의견 수렴을 거쳐 개선조치를 할 수 있으며, 이를 위하여 현행 법령에 관한 분석을 실시할 수 있다.

(3) 행정입법부작위 - 부작위위법확인소송*(A: O / B: X)*, 국가배상청구 및 헌법소원 *(A: O / B: X)*

> 23. 지방직 9급 행정입법부작위는 부작위위법확인소송의 대상이 된다. (×)
> ▶ 부작위위법확인소송은 처분의 부작위를 대상으로 한다.
> 21. 지방직 9급 대통령령의 입법부작위에 대한 국가배상책임은 인정되지 않는다. (×)
> ▶ 국가배상책임이 인정된다.
> 22. 지방직 7급 부작위위법확인소송의 대상이 될 수 있는 것은 구체적 권리·의무에 관한 분쟁이어야 하고 추상적인 법령에 관하여 제정의 여부 등은 그 자체로서 국민의 구체적인 권리·의무에 직접적 변동을 초래하는 것이 아니어서 그 소송의 대상이 될 수 없다. (○)

03 행정규칙

1. 의의 및 효력

관련판례

1. 처분기준의 법규성

   ① 처분기준*(A: 에 부합한다면 곧바로 처분이 적법한 것이라고 할 수 있다 / B: 에 따른 처분이 섣불리 재량권의 범위를 일탈하였다거나 재량권을 남용한 것으로 판단해서는 안 된다)* (2007두6946).
   ② 처분이 행정규칙을 위반하였다고 해서 그러한 사정만으로 곧바로 위법하게 되는 것은 아니고, 처분이 행정규칙을 따른 것이라고 해서 적법성이 보장되는 것도 아니다. 처분이 적법한지는 *(A: 행정규칙에 적합한지 여부 / B: 상위법령의 규정과 입법 목적 등에 적합한지 여부)* 에 따라 판단해야 한다(2021두39362).

   23. 국가직 7급 대외적으로 처분 권한이 있는 처분청이 상급행정기관의 지시를 위반하는 처분을 한 경우, 그러한 사정만으로 처분이 곧바로 위법하게 되는 것은 아니다. (O)
   22. 국가직 7급 처분이 행정규칙을 위반하였다고 해서 그러한 사정만으로 곧바로 위법하게 되는 것은 아니다. (O)
   21. 지방직 7급 제재적 행정처분의 기준이 부령의 형식으로 규정되어 있는 경우 그러한 처분기준에 적합하다 하여 곧바로 당해 처분이 적법한 것이라고 할 수는 없다. (O)
   21. 지방직 7급 행정규칙이 이를 정한 행정기관의 재량에 속하는 사항에 관한 것인 때에는 그 규정 내용이 객관적 합리성을 결여하였다는 등의 특별한 사정이 없는 한 법원은 이를 존중하는 것이 바람직하다. (O)

2. 전결규정 위반과 주체의 하자 (97누1105)

   행정관청 내부의 사무처리규정에 불과한 전결규정에 위반하여 원래의 전결권자(부군수) 아닌 보조기관(재무과장) 등이 처분권자인 행정관청(태안군수)의 이름으로 행정처분을 *(A: 하였다면 이는 주체의 하자가 있는 경우로서 무효의 처분에 해당한다 / B: 하였다고 하더라도 그 처분이 권한 없는 자에 의하여 행하여진 무효의 처분이라고는 할 수 없다)*.

   22. 지방직 7급 행정관청 내부의 사무처리규정에 불과한 전결규정에 위반하여 원래의 전결권자 아닌 보조기관 등이 처분권자인 행정관청의 이름으로 행정처분을 하였다고 하더라도 그 처분이 권한 없는 자에 의하여 행하여진 무효의 처분이라고는 할 수 없다. (O)

행정규칙의 효력
- 상위법령 위임 ×, 위반 *(A: O / B: X)*
  - 대외적 구속력 ×
  - 대내적 구속력 O, 위반시 징계 O
- 상위법령 위임 ×, 위반 *(A: O / B: X)*
  - 대외적 구속력 ×
  - 대내적 구속력 ×, 위반시 징계 ×

22. 국가직 7급 행정규칙의 내용이 상위법령이나 법의 일반원칙에 반하는 것이라면 행정내부적 효력도 인정될 수 없다. (O)
23. 지방직 7급 법령에 반하는 위법한 행정규칙은 무효이므로 위법한 행정규칙을 위반한 것은 징계사유가 되지 않는다. (O)

법규명령의 심사절차

구분	법제처 심사	국무회의 심사
대통령령	*(A: O / B: X)*	*(A: O / B: X)*
총리령/부령	*(A: O / B: X)*	*(A: O / B: X)*

2. 법규명령 형식의 행정규칙

22. 국가직 9급 부령의 형식으로 정해진 제재적 행정처분의 기준은 그 규정의 성질과 내용이 행정청 내부의 사무처리준칙을 정한 것에 불과하므로 대외적으로 국민이나 법원을 구속하는 것은 아니다. (O)

22. 국가직 9급「식품위생법」이 청소년을 고용한 행위에 대하여 영업허가를 취소하거나 6개월 이내의 기간을 정하여 그 영업의 전부 또는 일부를 정지하거나 영업소 폐쇄를 명할 수 있다고 하면서 행정처분의 세부기준은 총리령으로 위임한다고 정하고 있는 경우에, 총리령에서 정하고 있는 행정처분의 기준은 재판규범이 되지 못한다. (O)

21. 국가직 9급「식품위생법 시행규칙」의 영업정지처분기준은 행정규칙의 형식이나,「식품위생법」의 내용을 보충하면서「식품위생법」의 규정과 결합하여 위임의 범위 내에서 대외적인 구속력을 가진다. (×)
▶ 시행규칙에 제재적 처분에 관한 내용이 규정된 경우, 행정규칙이 된다.

22. 지방직 9급 부령 형식으로 정해진 제재적 행정처분의 기준은 법규성이 있어서 대외적으로 국민이나 법원을 기속하는 효력이 있다. (×)
▶ 행정규칙이므로 대외적 구속력이 없다.

(1) 가중적 제재요건과 소의 이익

현행 판례는 가중적 제재요건이 *(A: 법규명령에 규정된 경우에 한하여 / B: 법규명령 및 행정규칙 중 어디에 규정되어 있는지를 불문하고)* 소의 이익을 인정하고 있다(2003두1684).

(2) 법률 - 재량행위 vs 행정입법 - 기속행위

> **관련판례** 수액의 의미 (99두5207)
> 구 청소년보호법 제40조 [별표 6]의 위반행위의 종별에 따른 과징금처분기준은 법규명령이기는 하나, 사안에 따라 적정한 과징금의 액수를 정하여야 할 것이므로 그 수액은 *(A: 정액 / B: 최고한도액)* 이다.

가중적 제재규정의 형식
• 시행령: *(A: 법규명령 / B: 행정규칙)*
• 시행규칙: *(A: 법규명령 / B: 행정규칙)*

제2장 | 행정청의 행위

04 행정행위

1. 기속행위 및 재량행위

(1) 의의 및 구별기준

> **관련판례**
>
> 1. (문언)을 중심으로 여러가지 고려 (98두17593)
>
>   기속행위와 재량행위의 구분은 당해 행위의 근거가 된 법규의 체재·형식과 그 (문언), 당해 행위가 속하는 행정 분야의 주된 목적과 특성, 당해 행위 자체의 개별적 성질과 유형 등을 모두 고려하여 판단한다.
>
> 2. 공무원에 대한 (복직)명령(기속행위) (2012두4852)
>
>   국가공무원법 제73조 제2항의 문언에 비추어 (복직)명령은 기속행위이므로 휴직사유가 소멸하였음을 이유로 신청하는 경우 임용권자는 지체 없이 (복직)명령을 *(A: 하여야 한다 / B: 할 수 있다)*.
>
> > **23. 국가직 7급** 육아휴직 중 「국가공무원법」 제73조 제2항에서 정한 복직 요건인 '휴직사유가 없어진 때'에 하는 복직명령은 기속행위이므로 휴직사유가 소멸하였음을 이유로 복직을 신청하는 경우 임용권자는 지체 없이 복직명령을 하여야 한다. (O)
> >
> > **22. 지방직 9급** 「국가공무원법」상 휴직 사유 소멸을 이유로 한 신청에 대한 복직명령은 재량행위에 속한다. (×)
> >
> > ▶ 기속행위에 해당한다.
>
> 3. *(A: 침익적 / B: 수익적)* 처분 = 재량행위 (2007두6663)
>
>   주택재건축사업시행의 인가는 상대방에게 권리나 이익을 부여하는 효과를 가진 이른바 *(A: 침익적 / B: 수익적)* 행정처분으로서 법령에 행정처분의 요건에 관하여 일의적으로 규정되어 *(A: 있는 이상 / B: 있지 아니한 이상)* 행정청의 재량행위에 속하므로, 처분청으로서는 법령상의 제한에 근거한 것이 아니라 하더라도 공익상 필요 등에 의하여 필요한 범위 내에서 여러 조건(부담)을 부과할 수 있다.
>
>   **유사** 주택건설사업계획 승인, 송유관매설허가
>
> > **23. 국가직 7급** 구 「주택건설촉진법」 제33조에 의한 주택건설사업계획의 승인은 인간이 본래 가지고 있는 자연적 자유의 회복을 내용으로 하는 행정청의 기속행위에 속한다. (×)
> >
> > ▶ 재량행위에 해당한다.

기속행위의 사례

조세, (개발부담금), 공무원 (복직)명령, (변상금) 부과, 강학상 (인가), (예외)적 과징금, (국토계획법)상 이행강제금, 여객자동차 운수사업자에 대한 (보조금) 환수처분

(2) 심리방식

> **관련판례**
>
> 1. 구분기준 및 심리방식 (98두17593)
>
>   사법심사는, *(A: 재량행위 / B: 기속행위)*의 경우 그 법규에 대한 원칙적인 기속성으로 인하여 법원이 사실인정과 관련 법규의 해석·적용을 통하여 일정한 결론을 도출한 후 그 결론에 비추어 행정청이 한 판단의 적법 여부를 (독자)의 입장에서 판정하는 방식에 의하게 되나, *(A: 재량행위 / B: 기속행위)*의 경우 행정청의 재량에 기한 공익판단의 여지를 감안하여 법원은 독자의 결론을 도출함이 없이 당해 행위에 재량권의 (일탈)·(남용)이 있는지 여부만을 심사하게 되고, 이러한 재량권의 (일탈)·(남용) 여부에 대한 심사는 사실오인, 비례·평등의 원칙 위배, 당해 행위의 목적 위반이나 동기의 부정 유무 등을 그 판단 대상으로 한다.
>
>   > 21. **국가직 9급** 甲이 취소소송을 제기하는 경우 법원은 재량권의 일탈·남용이 인정되면 영업정지처분을 취소할 수 있다. (○)
>   > 23. **국가직 7급** 재량행위에 대한 법원의 심사는 재량권의 일탈 또는 남용 및 재량권의 한계 내에서의 행정청의 판단, 즉 합목적성 내지 공익성의 판단 등을 대상으로 한다. (×)
>   > ▶ 합목적성 내지 공익성은 정당성을 의미한다. 이에 대한 사법심사는 행정청에게 주어진 재량을 침해한다.
>
> 2. 중고등학교 교과서 검정 = 재량행위 (86누618)
>
>   *(A: 문교부장관 / B: 법원)*이 시행하는 검정은 그 책을 교과용 도서로 쓰게 할 것인가 아닌가를 정하는 것일 뿐 그 책을 출판하는 것을 막는 것은 아니나 현행 교육제도하에서의 중·고등학교 교과용 도서를 검정함에 있어서 심사는 원칙적으로 오기, 오식 기타 객관적으로 명백한 잘못, 제본 기타 기술적 사항에만 그쳐야 하는 것은 아니고, 그 저술한 내용이 교육에 적합한 여부까지를 심사할 수 있다. *(A: 문교부장관 / B: 법원)*이 위 검정에 관한 처분의 위법여부를 심사함에 있어서는 *(A: 문교부장관 / B: 법원)*과 동일한 입장에 서서 어떠한 처분을 하여야 할 것인가를 판단하고 그것과 동 처분과를 비교하여 당부를 논하는 것은 불가하고, *(A: 문교부장관 / B: 법원)*이 관계법령과 심사기준에 따라서 처분을 한 것이라면 그 처분은 유효한 것이고 그 처분이 현저히 부당하다거나 또는 재량권의 남용에 해당된다고 볼 수밖에 없는 특별한 사정이 있는 때가 아니면 동 처분을 취소할 수 없다.

(3) 부관(기속행위 × / 재량행위 ○)

> 행정기본법 제17조【부관】① 행정청은 처분에 재량이 있는 경우에는 부관(조건, 기한, 부담, 철회권의 유보 등을 말한다 이하 이 조에서 같다)을 붙일 수 *(A: 있다 / B: 없다)*.
>
> > 23. **국가직 7급** 행정청은 처분에 재량이 있는 경우에는 부관을 붙일 수 있다. (○)
>
> ② 행정청은 처분에 재량이 없는 경우에는 법률에 근거가 있는 경우에 부관을 붙일 수 *(A: 있다 / B: 없다)*.
>
> > 21. **국가직 9급** 일반적으로 기속행위의 경우 법령의 근거 없이 위와 같은 조건을 부가하는 것은 위법하다. (○)
> > 21. **국가직 7급, 지방직 9급, 23. 국가직 7급** 행정청은 처분에 재량이 없는 경우에는 법률에 근거가 있는 경우에 부관을 붙일 수 있다. (○)

(4) 일부취소판결[(A: 기속 / B: 재량)행위 ×, Cf. 직권취소, 취소재결]

> 24. 국가직 7급 점용료 부과처분에 취소사유에 해당하는 흠이 있는 경우 도로관리청으로서는 당초 처분 자체를 취소하고 흠을 보완하여 새로운 부과처분을 하거나, 흠 있는 부분에 해당하는 점용료를 감액하는 처분을 할 수 있다. (○)
>
> 24. 지방직 7급 도로관리청이 도로점용허가 중 특별사용의 필요가 없는 부분을 소급적으로 직권취소하였다면, 도로관리청은 이미 징수한 점용료 중 취소된 부분의 점용면적에 해당하는 점용료를 반환하여야 한다. (○)

2. 법률행위적 행정행위 및 준법률행위적 행정행위

법률행위적 행정행위	명령적 행위	(하명)	(허가)	면제
	형성적 행위	(특허)	(인가)	대리
준법률행위적 행정행위	확인적 행위	\multicolumn{3}{c}{(A: 확인 / B: 공증)}	

준법률행위적 행정행위	확인적 행위	(A: 확인 / B: 공증)
		• 친일재산 국가귀속결정 • 준공검사처분
		(A: 확인 / B: 공증)
		• 건설업면허증 · 수첩 재교부 • 상표사용권 설정 · 등록 • 의료유사업자 자격증 갱신 · 발급
		수리
		통지

> 23. 국가직 7급 행정청의 의사표시를 요소로 하는 법률행위적 행정행위 중에서 명령적 행위에는 하명, 허가, 대리가 속한다. (×)
> ▶ 하명, 허가, 면제가 포함된다.

(1) 하명

(2) 허가[주로 (A: 기속 / B: 재량)행위]

일정한 요건이 충족됨을 전제로, 법에 의해 (A: 상대적 / B: 절대적)·일반적으로 금지❶되는 행위를 허용❷하는 것[금지의 (해제)]을 의미한다. 허가는 일반적으로 (A: 기속 / B: 재량)행위이므로, 법령상의 요건 등이 충족되면 반드시 허가가 내려져야 할 필요가 있다.

> 📖 관련판례
>
> 1. 운전면허와 개인택시면허
>   ① 운전면허 = (A: 허가 / B: 특허) (2017도9230)
>   ② 비교 개인택시면허 = (A: 허가 / B: 특허) (2006두13886)
>
> 21. 국가직 7급 「여객자동차 운수사업법」에 의한 개인택시운송사업면허는 특정인에게 권리나 이익을 부여하는 행정행위로서 법령에 특별한 규정이 없는 한 재량행위이다. (○)
> 24. 지방직 9급 「여객자동차 운수사업법」에 따른 개인택시운송사업면허는 특정인에게 권리나 이익을 부여하는 재량행위이다. (○)

❶ 무허가 영업이 이루어진 경우, 이를 토대로 행한 사법상 계약의 효력까지 부정(A: 되는 것은 아님 / B: 됨)

❷ 해당 법에 의한 금지를 해제함과 더불어, 타법상의 금지까지 해제하는 효과(A: 가 있음 / B: 는 없음)

> **22. 지방직 9급** 「여객자동차 운수사업법」상 개인택시운송사업면허는 재량행위에 해당한다.
> (○)

유사 마을버스 운송사업면허 (99두3812)

> **24. 국가직 9급** 여객자동차운송사업의 한정면허는 특정인에게 권리나 이익을 부여하는 수익적 행정행위로서 재량행위에 해당한다. (○)

2. 대중음식점 / 일반음식점 / 유흥접객업 영업허가 = (A: *허가* / B: *특허*) (93누2216/97누12532/92누4390)

   관계 법령에서 정하는 제한사유 외에 공공복리 등의 사유를 들어 허가신청을 거부할 수(A: *있다* / B: *는 없다*).

3. 산림훼손허가 [기속행위 내지 (기속재량행위)] (97누1228)

   산림훼손행위는 국토의 유지와 환경의 보전에 직접적으로 영향을 미치는 행위이므로 국토 및 자연의 유지와 환경의 보전 등 (중대한 공익)상 필요가 있다고 인정될 때에는 허가를 거부할 수 있고, 그 경우 법규에 명문의 근거가 (A: *있을 때에만* / B: *없더라도*) 거부처분을 할 수 있다.

4. 건축허가 [기속행위 내지 (기속재량행위)]

   ① 일반적인 건축허가

   ㉠ 건축허가권자는 건축허가신청이 건축법 등 관계 법규에서 정하는 어떠한 제한에 배치되지 않는 이상 당연히 같은 법조에서 정하는 건축허가를 하여야 하고, (중대한 공익)상의 필요가 없는데도 관계 법령에서 정하는 제한사유 이외의 사유를 들어 요건을 갖춘 자에 대한 허가를 거부할 수는 없다(2009두8946).

   ㉡ 건축허가는 (A: *대물적* / B: *대인적*)허가의 성질을 가지는 것으로 그 허가의 효과는 (A: *허가대상 건축물에 대한 권리변동에 수반하여 이전된다* / B: *별도의 승인처분에 의하여 이전된다*)(79누190).

   ㉢ 건축주 또는 토지 소유자가 누구인지 등 인적 요소에 관하여 (A: *실질적 심사를* / B: *형식적 심사만*) 한다(2014두41190).

   > **22. 국가직 9급** 건축허가는 대물적 성질을 갖는 것이어서 행정청으로서는 그 허가를 할 때에 건축주 또는 토지소유자가 누구인지 등 인적 요소에 관하여는 형식적 심사만 한다. (○)

   > **22. 지방직 9급** 건축허가는 대물적 성질을 갖는 것이어서 행정청으로서는 허가를 할 때에 건축주 또는 토지 소유자가 누구인지 등 인적 요소에 관하여는 형식적 심사만 한다. (○)

   ② **비교** 타법상의 인허가가 의제되는 건축허가 = (A: *기속* / B: *재량*)행위 (2016두55490 등)

   참고 타법상의 인허가 = 개발행위허가 / 형질변경행위 / 농지전용행위 등

   > **21. 국가직 7급** 「국토의 계획 및 이용에 관한 법률」상 토지의 형질변경허가는 그 금지요건이 불확정개념으로 규정되어 있으므로, 동법상 지정된 도시지역 안에서 토지의 형질변경행위를 수반하는 「건축법」상의 건축허가는 재량행위이다. (○)

> **관련판례**
>
> 1. (개발제한구역) 내 건축허가 = 예외적 승인 = 재량행위 (2003두7606)
> 2. (개발제한구역) 내 건축물 용도변경 = 예외적 승인 = 재량행위 (98두17593)
> 3. (학교환경위생정화)구역 내 금지해제 (2004헌마732)
> 4. 국토계획법에 따른 (용도지역) 내 건축허가 (2021두33883)

개발제한구역 (지정)행위는 처분성이 인정됨(2007헌마862)

(3) 특허(재량행위)

행정객체만을 위하여 특별히 권리를 설정해 주는 행위[(설권적) 처분]를 말한다. 특허는 대부분 재량행위의 성질을 갖는다. 행정객체는 특허를 통해 (독점적) 이익을 부여받게 된다.

> **23. 국가직 7급** 상대방에게 권리, 능력, 법적 지위, 포괄적 법률관계를 설정하는 특허는 형성적 행정행위이며 원칙적으로 기속행위이다. (×)
> ▶ 형성적 행정행위이자 재량행위로 본다.

> **관련판례**
>
> 1. 점용허가와 설영특허
>   ① (도로) 점용허가 (2002두5795)
>   ② (공유수면) 점용허가 (2002두5016)
>
> > **21. 국가직 7급** 공유수면점용허가는 특정인에게 공유수면 이용권이라는 독점적 권리를 설정하여 주는 처분으로서 그 처분의 여부 및 내용의 결정은 원칙적으로 행정청의 재량에 속한다. (○)
> > **22. 지방직 9급** 공유수면의 점용·사용허가는 특정인에게 공유수면 이용권이라는 독점적 권리를 설정하여 주는 처분이 아니라 일반적인 상대적 금지를 해제하는 처분이다. (×)
> > ▶ 금지의 해제는 강학상 허가에 대한 설명이다.
>
>   ③ (보세구역) 설영특허 (88누4188)
>
> 2. (A: 행정재산 / B: 일반재산)의 사용·수익에 대한 허가 (2004다31074)
>
> > **22. 지방직 9급** 국립의료원 부설 주차장 위탁관리용역운영계약은 공법상 계약에 해당한다. (×)
> > ▶ 표현에도 불구하고 강학상 특허에 해당한다.
>
> 3. (체류자격) 변경허가와 (귀화)허가
>
> > **21. 국가직 7급** 귀화허가는 강학상 허가에 해당하므로, 귀화신청인이 귀화 요건을 갖추어서 귀화허가를 신청한 경우에 법무부장관은 귀화허가를 해 주어야 한다. (×)
> > ▶ 재량행위이므로 요건을 모두 갖추었어도 허가를 하지 않을 수 있다.
> > **24. 지방직 9급** 귀화허가는 외국인에게 대한민국 국적을 부여함으로써 국민으로서의 법적 지위를 포괄적으로 설정하는 행위에 해당한다. (○)
> > **22. 지방직 9급** 「출입국관리법」상 체류자격 변경허가는 재량행위에 속한다. (○)

> **비교** (난민)인정 - 기속행위 (2016두42913)
> 행정청은 원칙적으로 법령이 정한 (난민)요건에 해당하는지를 심사하여 (난민)인정 여부를 결정할 수 있을 뿐이고, 이와 무관한 다른 사유를 들어 (난민)인정을 거부할 수는 *(A: 없다 / B: 있다)*.

> 24. 국가직 9급 난민 인정에 관한 신청을 받은 행정청은 원칙적으로 법령이 정한 난민 요건에 해당하는지를 심사하여 난민 인정 여부를 결정할 수 있을 뿐이고, 법령이 정한 난민 요건과 무관한 다른 사유만을 들어 난민 인정을 거부할 수는 없다. (O)

4. (대기오염물질) 총량관리사업장 설치의 허가 (2012두22799)

> 22. 지방직 9급 구 「수도권대기환경특별법」상 대기오염물질 총량관리사업장 설치허가는 재량행위에 속한다. (O)

5. (사업인정)의 의의 및 성질(특허) (2017두71031)
(사업인정)이란 공익사업을 토지 등을 수용 또는 사용할 사업으로 결정하는 것으로서 공익사업의 시행자에게 그 후 일정한 절차를 거칠 것을 조건으로 일정한 내용의 수용권을 설정하여 주는 형성행위이다.

> 24. 지방직 7급 「공익사업을 위한 토지 등의 취득 및 보상에 관한 법률」의 규정에 의한 사업인정처분은 공익사업을 토지 등을 수용 또는 사용할 사업으로 결정하는 것으로서 단순한 확인행위가 아니라 형성행위이다. (O)

> **비교판례+** 한의사 면허 = *(A: 허가 / B: 특허)* (97누4289)
> 한의사 면허는 경찰금지를 해제하는 명령적 행위[강학상 *(A: 허가 / B: 특허)*]에 해당하고, 한약조제시험을 통하여 약사에게 한약조제권을 인정함으로써 한의사들의 영업상 이익이 감소되었다*(A: 면, 이러한 이익은 사실상의 이익에 불과하고 약사법이나 의료법 등의 법률에 의하여 보호되는 이익이라고는 볼 수 있다 / B: 하더라도, 한의사들이 한약조제시험을 통하여 한약조제권을 인정받은 약사들에 대한 합격처분의 무효확인을 구하는 당해 소는 원고적격이 없는 자들이 제기한 소로서 부적법하다)*.

(4) 인가

기본행위 = *(A: 법률행위 / B: 사실행위)*

구분	기본행위의 하자	인가의 하자
강학상 인가	대상: *(A: 기본행위 / B: 인가)*	대상: *(A: 기본행위 / B: 인가)*
설권적 처분 (특허)	대상: *(A: 기본행위 / B: 인가)*	

> **관련판례** 인가의 효력 (95누4810)
> 인가는 기본행위인 재단법인의 정관변경에 대한 법률상의 효력을 (완성)시키는 (보충)행위로서, 그 기본이 되는 정관변경 결의에 하자가 있을 때에는 그에 대한 인가가 *(A: 있었다면 기본행위인 정관변경 결의가 유효하게 된다 / B: 있었다 하여도 기본행위인 정관변경 결의가 유효한 것으로 될 수 없다)*.

23. **국가직 7급** 인가는 기본행위의 효력을 완성시켜 주는 보충적 행위이므로 기본행위가 무효인 경우에는 이에 대한 인가가 내려지더라도 그 인가는 무효이다. (O)

21. **국가직 7급** 인가는 당사자의 법률적 행위를 보충하여 그 법률적 효력을 완성시키는 행정주체의 보충적 의사표시로서의 법률행위적 행정행위이다. (O)

21. **국가직 7급** 재단법인의 정관변경 결의에 하자가 있더라도, 그에 대한 인가가 있었다면 기본행위인 정관변경 결의는 유효한 것으로 된다. (×)
▶ 인가에는 하자 치유의 효력이 없다.

관련판례

1. (토지)거래허가 (90다12243)
   토지거래허가를 받으면 그 계약은 (소급)해서 유효화되므로 허가 후에 새로이 거래계약을 체결할 필요는 없다.

2. 재단법인의 (정관)변경 허가 (95누4810)

   22. **지방직 7급** 주택재건축조합의 정관변경에 대한 시장·군수등의 인가는 그 대상이 되는 기본행위를 보충하여 법률상 효력을 완성시키는 행위로서 시장·군수등이 변경된 정관을 인가하면 정관변경의 효력이 총회의 의결이 있었던 때로 소급하여 발생한다. (×)
   ▶ 소급효가 없는 것이 원칙이다(Cf. 토지거래허가).

3. 재단법인 (임원)취임 승인 (98두16996)

   21. **국가직 7급** 재단법인의 임원취임이 사법인인 재단법인의 정관에 근거하였다 할지라도 재단법인의 임원취임승인 신청에 대하여 주무관청이 그 신청을 당연히 승인하여야 하는 것은 아니다. (O)

4. 재개발"(조합)"에 대한 사업시행계획 인가처분 (2011두25173)

   23. **지방직 9급** 주택재개발정비사업조합이 수립한 사업시행계획에 하자가 있음에도 불구하고 관할 행정청이 해당 사업시행계획에 대한 인가처분을 하였다면, 그 인가처분에는 고유한 하자가 없더라도 사업시행계획의 무효를 주장하면서 곧바로 그에 대한 인가처분의 무효확인이나 취소를 구하여야 한다. (×)
   ▶ 강학상 인가이므로, 기본행위의 하자를 이유로 기본행위를 다투어야 한다.

5. (자동차)관리사업자단체의 조합설립인가 (2013두635)

   24. **국가직 9급** 자동차관리사업자로 구성하는 사업자단체 설립인가는 인가권자가 가지는 지도·감독 권한의 범위 등과 아울러 설립인가에 관하여 구체적인 기준이 정하여져 있지 않은 점 등에 비추어 재량행위로 보아야 한다. (O)

   23. **지방직 9급** 「자동차관리법」상 자동차관리사업자로 구성하는 사업자단체인 조합 또는 협회의 설립인가처분은 자동차관리사업자들의 단체결성행위를 보충하여 효력을 완성시키는 처분에 해당한다. (O)

6. 학교법인의 (임원)취임승인 (2005두9651)
7. 공익법인의 (기본재산) 처분허가 (2004다50044)

   위 처분허가에 부관을 붙인 경우 조건으로서의 부관의 부과가 허용*(A: 되지 아니한다 / B: 된다).*

   > **24. 국가직 9급** 공익법인의 기본재산 처분허가에 부관을 붙인 경우, 그 처분허가의 법적 성질은 명령적 행정행위인 허가에 해당하며 조건으로서 부관의 부과가 허용되지 아니한다. (×)
   > ▶ 인가는 특별한 사정이 없는 한 재량행위이므로 부관을 붙일 수 있다.

8. 공유수면매립면허
   ① 공유수면매립권 양수도 *(A: 인가 / B: 특허)* (90누5184)
   ② 비교 공유수면매립면허의 설정 및 회복 = *(A: 인가 / B: 특허)* (88누9206)

9. (관리처분)계획에 대한 인가 (2007다2428)

   > **관련판례** 도시 및 주거환경정비법상 (재개발조합)에 대한 (설립)인가처분 (2008다60568, 2009두4845)
   >
   > ① 행정청이 도시 및 주거환경정비법 등 관련 법령에 근거하여 행하는 조합설립인가처분은 *(A: 단순히 사인들의 조합설립행위에 대한 보충행위로서의 성질을 갖는 것에 그친다 / B: 법령상 요건을 갖출 경우 도시 및 주거환경정비법상 주택재건축사업을 시행할 수 있는 권한을 갖는 행정주체로서의 지위를 부여하는 일종의 설권적 처분의 성격을 갖는다고 보아야 한다).*
   >
   > **22. 지방직 7급** 주택재건축조합설립인가처분은 법령상 요건을 갖출 경우 주택재건축사업을 시행할 수 있는 권한을 갖는 행정주체로서의 지위를 부여하는 일종의 설권적 처분의 성격을 갖는다. (○)
   >
   > ② 조합설립결의는 조합설립인가처분이라는 행정처분을 하는 데 필요한 요건 중 하나에 불과한 것이어서, 조합설립결의에 하자가 있다면 *(A: 그 하자를 이유로 직접 항고소송의 방법으로 조합설립인가처분의 취소 또는 무효확인을 구하여야 한다 / B: 이와는 별도로 조합설립결의 부분만을 따로 떼어내어 그 효력 유무를 다투는 확인의 소를 제기하여야 한다).*
   >
   > **23. 국가직 9급** 「도시 및 주거환경정비법」에 근거한 조합설립인가처분은 행정주체로서의 지위를 부여하는 설권적 처분이고, 조합설립결의는 조합설립인가처분의 요건이므로, 조합설립결의에 하자가 있다면 그 하자를 이유로 직접 항고소송의 방법으로 조합설립인가처분의 취소 또는 무효확인을 구하여야 한다. (○)
   >
   > **21. 국가직 9급** 「도시 및 주거환경정비법」상 주택재건축조합에 대해 조합설립 인가처분이 행하여진 후에는, 조합설립결의의 하자를 이유로 조합설립의 무효를 주장하려면 조합설립 인가처분의 취소 또는 무효확인을 구하는 소송으로 다투어야 하며, 따로 조합설립결의의 하자를 다투는 확인의 소를 제기할 수 없다. (○)
   >
   > **24. 지방직 9급** 행정청이 「도시 및 주거환경정비법」 등 관련 법령에 근거하여 행하는 조합설립인가처분은 사인들의 조합설립행위에 대한 보충행위로서의 성질을 갖는 것에 그친다. (×)
   > ▶ 특허로서의 성질을 겸비한다.

재개발/재건축 관련 인가의 법적 성격

구분	"인가"의 성격	
	조합설립 ○	조합설립 ×
정비구역 지정 및 고시	–	–
조합설립추진위원회 구성	(A: <u>인가</u> / B: 특허) 23. 지방직 9급 구 「도시 및 주거환경정비법」상 조합설립추진위원회 구성승인처분은 조합의 설립을 위한 주체인 추진위원회의 구성행위를 보충하여 그 효력을 부여하는 처분이다. (○) 22. 지방직 7급 주택재개발조합설립추진위원회 구성승인처분은 조합의 설립을 위한 주체인 주택재개발조합설립추진위원회의 구성행위를 보충하여 그 효력을 부여하는 처분이다. (○)	해당사항 없음
조합설립	(A: 인가 / B: <u>특허</u>)	해당사항 없음
사업시행계획	23. 지방직 7급 토지 등 소유자들이 도시환경정비사업을 위한 조합을 따로 설립하지 아니하고 직접 그 사업을 시행하고자 하는 경우, 사업시행계획인가처분은 일종의 설권적 처분의 성격을 가지므로 토지 등 소유자들이 작성한 사업시행계획은 독립된 행정처분이 아니다. (○) (A: <u>인가</u> / B: 특허)	(A: 인가 / B: <u>특허</u>) 23. 지방직 9급 구 「도시 및 주거환경정비법」상 토지소유자들이 조합을 설립하지 아니하고 직접 도시환경정비사업을 시행하고자 하는 경우에 내려진 사업시행인가처분은 설권적 처분의 성격을 가진다. (○)
관리처분계획	(A: <u>인가</u> / B: 특허)	(A: <u>인가</u> / B: 특허)
이주·철거	–	–
착공·분양	–	–
준공·입주	–	–
이전고시·해산	–	–

> **관련판례** 이전고시는 획일적·일률적 처분 (2018두55326)
>
> 이전고시의 효력이 발생한 (이후)에는 조합원 등이 해당 정비사업을 위하여 이루어진 수용재결이나 이의재결의 취소 또는 무효확인을 구할 법률상 이익이 *(A: 없다 / B: 있다)*고 해석함이 타당하다.

05 부관

1. 의의 및 종류

> **관련판례**
>
> 1. 부담 ⊃ *(A: 철회권 유보 / B: 해제조건)* (89누2431)
>   부담부 행정처분에 있어서 처분의 상대방이 부담(의무)을 이행하지 아니한 경우에 *(A: 처분의 효력은 소멸한다 / B: 처분행정청으로서는 이를 들어 당해 처분을 취소(철회)할 수 있는 것이다)*.
>
>   **24. 지방직 9급** 부담부 행정처분에 있어서 처분의 상대방이 부담을 이행하지 아니한 경우에 처분청이 이를 들어 당해 처분을 철회할 수 없다. (×)
>   ▶ 부담에는 철회권 유보의 뜻이 내포되어 있다.
>
>   **24. 지방직 7급** 부담부 행정처분에 있어서 처분의 상대방이 부담(의무)을 이행하지 아니한 경우에 처분 행정청으로서는 이를 들어 당해 처분을 취소(철회)할 수 있는 것이다. (○)
>
> 2. 부당하게 짧은 기한에 대한 해석 (2003두12837)
>   ① 행정처분에 효력기간이 정하여져 있는 경우에는 그 기간의 경과로 그 행정처분의 효력은 (상실)되며,
>   ② 다만 허가에 붙은 기한이 그 허가된 사업의 성질상 부당하게 짧은 경우에는 이를 *(A: 그 허가 자체의 존속기간 / B: 그 허가조건의 존속기간)*으로 보아 그 기한이 도래함으로써 그 조건의 (개정)을 고려한다는 뜻으로 해석할 수 있지만,
>   ③ 이와 같이 당초에 붙은 기한을 허가 자체의 존속기간이 아니라 허가조건의 존속기간으로 보더라도 그 후 당초의 기한이 상당 기간 연장되어 연장된 기간을 포함한 존속기간 전체를 기준으로 볼 경우 (더 이상) 허가된 사업의 성질상 부당하게 짧은 경우에 해당하지 않게 된 때에는 관계 법령의 규정에 따라 허가 여부의 재량권을 가진 행정청으로서는 *(A: 그 때에도 허가조건의 개정만을 고려하여야 하는 것이다 / B: 재량권의 행사로서 더 이상의 기간연장을 불허가할 수도 있는 것이며, 이로써 허가의 효력은 상실된다)*.
>
>   **21. 국가직 9급** 허가에 붙은 기한이 그 허가된 사업의 성질상 부당하게 짧아서 이 기한이 허가 자체의 존속기간이 아니라 허가조건의 존속기간으로 해석되는 경우에는 허가 여부의 재량권을 가진 행정청은 허가조건의 개정만을 고려할 수 있고, 그 후 당초의 기한이 상당 기간 연장되어 그 기한이 부당하게 짧은 경우에 해당하지 않게 된 때라도 더 이상의 기간 연장을 불허가할 수는 없다. (×)
>   ▶ 기한이 더 이상 부당하게 짧지 않다면 연장을 불허가할 수 있다.

3. 기간이 끝난 뒤 신청한 경우: *(A: 갱신요청 / B: 신규신청)* (2018다284400)
   ① 어업에 관한 허가 또는 신고의 경우 그 유효기간이 경과하면 그 허가나 신고의 효력이 당연히 소멸하며, 재차 허가를 받거나 신고를 한 경우 *(A: 허가나 신고의 기간만 갱신되어 종전의 어업허가나 신고의 효력 또는 성질이 계속된다 / B: 새로운 허가 내지 신고로서의 효력이 발생한다)*.

   > **22. 국가직 7급** 기한의 도래로 실효한 종전의 허가에 대한 기간연장신청은 새로운 허가를 내용으로 하는 행정처분을 구하는 것이 아니라, 종전의 허가처분을 전제로 하여 단순히 그 유효기간을 연장하여 주는 행정처분을 구하는 것으로 보아야 한다. (×)
   > ▶ 기한 도과 후 연장신청을 한 것은 새로운 신청을 한 것으로 본다.

   ② 허가기간이 연장되기 위하여는 그 종기 도래 (이전)에 연장에 관한 신청이 있어야 한다(2005두12404).

4. 갱신으로 인한 위반사항 치유 여부 (81누174)
   유료 직업소개사업의 허가갱신은 *(A: 허가취득자에게 종전의 지위를 계속 유지시키는 효과를 갖는 것에 불과하므로 / B: 갱신 후에는 갱신 전의 법위반 사항을 불문에 붙이는 효과를 발생시키므로)*, 일단 갱신이 있은 후에도 갱신 전의 법위반 사실을 근거로 허가를 취소할 수 있다.

2. 한계

> 🔍 **관련판례** *(A: 임의 / B: 법정)* 부관에 대한 부관의 한계 적용 × (92누1728)
>
> *(A: 임의 / B: 법정)* 부관에 대하여는 행정행위에 부관을 붙일 수 있는 한계에 관한 일반적 원칙이 적용되지는 않는다.

(1) 사항적 한계

> 행정기본법 제17조【부관】① 행정청은 처분에 재량이 *(A: 있는 / B: 없는)* 경우에는 부관(조건, 기한, 부담, 철회권의 유보 등을 말한다. 이하 이 조에서 같다)을 붙일 수 있다.
>
> > **24. 지방직 7급** 행정청은 보조금 교부결정을 할 때 법령과 예산에서 정하는 보조금의 교부목적을 달성하는 데에 필요한 조건을 붙일 수 있다. (○)
>
> ② 행정청은 처분에 재량이 없는 경우에는 법률에 근거가 *(A: 있는 / B: 없는)* 경우에 부관을 붙일 수 있다.

> 🔍 **관련판례** (수익)적 행정행위 = 재량행위 = 부관 ○ (96다49650)
>
> (수익)적 행정행위에 있어서는 법령에 특별한 근거규정이 없다고 하더라도 그 부관으로서 부담을 붙일 수 있으나, 그러한 부담은 비례의 원칙, 부당결부금지의 원칙에 위반되지 않아야만 적법하다.
>
> > **23. 국가직 9급** 수익적 행정처분에 있어서는 법령에 특별한 근거규정이 있는 경우에만 그 부관으로서 부담을 붙일 수 있다. (×)
> > ▶ 재량행위는 원칙적으로 부관을 붙일 수 있다.

(2) 내용적 한계

> 행정기본법 제17조【부관】④ 부관은 다음 각 호의 요건에 적합하여야 한다.
> 1. 해당 처분의 (목적)에 위배되지 아니할 것 (비례의 원칙 - 적합성의 원칙)
> 2. 해당 처분과 실질적인 (관련)이 있을 것 (부당결부금지 원칙)
> 3. 해당 처분의 목적을 달성하기 위하여 필요한 (최소한)의 범위일 것 (비례의 원칙 - 필요성의 원칙)

> 23. **국가직 7급** 부관은 해당 처분의 목적에 위배되지 아니하여야 하며, 그 처분과 실질적인 관련이 있어야 하고 또한 그 처분의 목적을 달성하기 위하여 필요한 최소한의 범위 내에서 붙여야 한다. (○)

📖 관련판례

1. 해당 처분의 목적에 위배되지 아니할 것 (89누6808)

    기선선망(어업)의 허가를 하면서 운반선, 등선 등 (부속선)을 사용할 수 없도록 제한한 부관은 그 어업허가의 목적달성을 사실상 어렵게 하여 그 본질적 효력을 해하는 것이다.

> 23. **국가직 9급** 기선선망어업의 허가를 하면서 운반선, 등선 등 부속선을 사용할 수 없도록 제한한 부관은 그 어업허가의 목적달성을 사실상 어렵게 하여 그 본질적 효력을 해하는 것이므로 위법한 것이다. (○)

2. 해당 처분과 실질적인 관련이 있을 것 (96다49650)

    지방자치단체장이 사업자에게 주택사업계획승인을 하면서 그 주택사업과는 아무런 관련이 없는 토지를 기부채납하도록 하는 부관을 주택사업계획승인에 붙인 경우, 그 부관은 (부당결부금지)의 원칙에 위반되어 위법하다.

3. (부제소특약) 불가 (98두8919)

    지정조건으로 '지정기간 중이라도 개설자가 농수산물 유통정책의 방침에 따라 도매시장법인 이전 및 지정취소 또는 폐쇄 지시에도 일체 소송이나 손실보상을 청구할 수 없다.'라는 부관을 붙였으나, 그 중 (부제소특약)에 관한 부분은 당사자가 임의로 처분할 수 없는 공법상의 권리관계를 대상으로 하여 사인의 국가에 대한 공권인 소권을 당사자의 합의로 포기하는 것으로서 허용될 수 없다.

4. 부관의 내용 및 형식에 대한 위법성 판단
    ① (내용만 적법하다면) (협약)의 형식 ○ (2005다65500)

    부담은 행정청이 행정처분을 하면서 일방적으로 부가할 수(A: 는 없지만 / B: 도 있지만) 부담을 부가하기 이전에 상대방과 협의하여 부담의 내용을 (협약)의 형식으로 미리 정한 다음 행정처분을 하면서 이를 부가할 수 있다.

> 22. **지방직 7급** 수익적 행정처분에 있어서는 행정청이 행정처분을 하면서 부담을 일방적으로 부가할 수 있을 뿐, 부담을 부가하기 이전에 상대방과 협의하여 부담의 내용을 협약의 형식으로 미리 정한 다음 부가할 수는 없다. (×)

▶ 부관의 형식은 다소 자유로운 편이다.

24. 지방직 7급 수익적 행정처분에 있어서는 법령에 특별한 근거규정이 없다고 하더라도 그 부관으로서 부담을 붙일 수 있고, 그와 같은 부담은 행정청이 행정처분을 하면서 일방적으로 부가할 수 있으나 부담을 부가하기 이전에 상대방과 협의하여 부담의 내용을 협약의 형식으로 미리 정한 다음 행정처분을 하면서 이를 부가할 수는 없다. (×)
▶ 부관의 형식은 다소 자유로운 편이다.

② (내용이 적법하지 않다면) 계약의 형식 × (2007다63966)
공법상의 제한을 (회피)할 목적으로 행정처분의 상대방과 사이에 사법상 계약을 체결하는 형식을 취하였다면 이는 법치행정의 원리에 반하는 것으로서 위법하다.

21. 국가직 9급 행정처분과 부관 사이에 실제적 관련성이 있다고 볼 수 없는 경우, 공무원이 공법상의 제한을 회피할 목적으로 행정처분의 상대방과 사이에 사법상 계약을 체결하는 형식을 취하였더라도 법치행정의 원리에 반하는 것으로서 위법하다고 볼 수 없다. (×)
▶ 부당결부금지원칙 위반으로 그 내용이 위법하다.

22. 지방직 9급 행정처분과 실제적 관련성이 없어 부관을 붙일 수 없는 경우에도 사법상 계약의 형식으로 공법상 제한을 회피할 수 있다. (×)
▶ 부당결부금지원칙 위반으로 그 내용이 위법하다.

21. 지방직 9급 처분과 실제적 관련성이 없어 부관으로 붙일 수 없는 부담이라도 사법상 계약의 형식으로 처분의 상대방에게 부과할 수 있다. (×)
▶ 부당결부금지원칙 위반으로 그 내용이 위법하다.

21. 국가직 9급 행정처분과 부관 사이에 실제적 관련성이 있다고 볼 수 없는 경우, 공무원이 공법상의 제한을 회피할 목적으로 행정처분의 상대방과 사이에 사법상 계약을 체결하는 형식을 취하였더라도 법치행정의 원리에 반하는 것으로서 위법하다고 볼 수 없다. (×)
▶ 형식은 특별한 제한이 없으나, 내용에 문제가 있다면 부관이 위법하게 된다.

22. 지방직 9급 행정처분과 실제적 관련성이 없어 부관을 붙일 수 없는 경우에도 사법상 계약의 형식으로 공법상 제한을 회피할 수 있다. (×)
▶ 형식은 특별한 제한이 없으나, 내용에 문제가 있다면 부관이 위법하게 된다.

21. 지방직 9급 처분과 실제적 관련성이 없어 부관으로 붙일 수 없는 부담이라도 사법상 계약의 형식으로 처분의 상대방에게 부과할 수 있다. (×)
▶ 형식은 특별한 제한이 없으나, 내용에 문제가 있다면 부관이 위법하게 된다.

③ 처분 후 법령 개정에 영향 × (2005다65500)
행정청이 수익적 행정처분을 하면서 부가한 부담의 위법 여부는 처분 (당시) 법령을 기준으로 판단하여야 하고, 부담이 처분 당시 법령을 기준으로 적법하다면 처분 (후) 부담의 전제가 된 주된 행정처분의 근거 법령이 개정됨으로써 행정청이 더 이상 부관을 붙일 수 없게 되었다 *(A: 하더라도 곧바로 위법하게 되거나 그 효력이 소멸하게 되는 것은 아니다 / B: 면 그 처분은 곧바로 위법하게 된다)*.

21. 국가직 9급 처분 당시 법령을 기준으로 처분에 부가된 부담이 적법하였더라도, 처분 후 부담의 전제가 된 주된 행정처분의 근거 법령이 개정됨으로써 행정청이 더이상 부관을 붙일 수 없게 되었다면 그때부터 부담의 효력은 소멸한다. (×)
▶ 처분 및 그에 부가된 부관의 위법성 판단 기준시점은 처분시이다.

21. **지방직 9급** 부담이 처분 당시 법령을 기준으로 적법하다면 처분 후 부담의 전제가 된 주된 처분의 근거 법령이 개정됨으로써 행정청이 더 이상 부관을 붙일 수 없게 되었다 하더라도 곧바로 그 효력이 소멸하게 되는 것은 아니다. (○)

22. **지방직 7급** 부담이 처분 당시 법령을 기준으로 적법하더라도, 처분 후 부담의 전제가 된 주된 행정처분의 근거 법령이 개정됨으로써 행정청이 더 이상 부관을 붙일 수 없게 되었다면 그 부담은 곧바로 위법하게 되거나 그 효력이 소멸한 것으로 보아야 한다. (×)
▶ 처분 및 그에 부가된 부관의 위법성 판단 기준시점은 처분시이다.

(3) 시간적 한계(총 4개)

> 행정기본법 제17조 【부관】③ 행정청은 부관을 붙일 수 있는 처분이 다음 각 호의 어느 하나에 해당하는 경우에는 그 처분을 *(A: 한 후 / B: 하기 전)* 에도 부관을 새로 붙이거나 종전의 부관을 변경할 수 있다.
> 1. 법률에 (근거)가 있는 경우
> 2. 당사자의 (동의)가 있는 경우
> 3. (사정)이 변경되어 부관을 새로 붙이거나 종전의 부관을 변경하지 아니하면 해당 처분의 목적을 달성할 수 없다고 인정되는 경우

관련판례 그 변경이 미리 (유보)되어 있는 경우 (97누2627)

행정처분에 이미 부담이 부가되어 있는 상태에서 그 의무의 범위 또는 내용 등을 변경하는 부관의 사후변경은, ① 법률에 명문의 규정이 있거나 ② 그 변경이 미리 (유보)되어 있는 경우 또는 ③ 상대방의 동의가 있는 경우에 한하여 허용되는 것이 (원칙)이지만, ④ 사정변경으로 인하여 당초에 부담을 부가한 목적을 달성할 수 없게 된 경우에도 그 목적달성에 필요한 범위 내에서 (예외)적으로 허용된다.

23. **국가직 9급** 부관은 면허 발급 당시에 붙이는 것뿐만 아니라 면허 발급 이후에 붙이는 것도 법률에 명문의 규정이 있거나 변경이 미리 유보되어 있는 경우 또는 상대방의 동의가 있는 경우 등에는 특별한 사정이 없는 한 허용된다. (○)

23. **국가직 7급** 행정청은 사정이 변경되어 종전의 부관을 변경하지 아니하면 해당 처분의 목적을 달성할 수 없다고 인정되는 경우에도 법률에 근거가 없다면 종전의 부관을 변경할 수 없다. (×)
▶ 예외적으로 허용되는 경우에 해당한다.

21. **국가직 7급** 행정청은 부관을 붙일 수 있는 처분이 당사자의 동의가 있는 경우에는 그 처분을 한 후에도 부관을 새로 붙이거나 종전의 부관을 변경할 수 있다. (○)

22. **지방직 9급** 부관의 사후변경은 종전의 부관을 변경하지 아니하면 해당 처분의 목적을 달성할 수 없는 경우가 아니라면 인정되지 않는다. (×)
▶ 이외에도 원칙적인 경우 3가지가 추가로 존재한다.

3. 부관만을 대상으로 하는 행정소송

(1) 부담 *(A: O / B: X)*

(2) 부담 외 나머지 부관 *(A: O / B: X)*

> **관련판례** 부담 (91누1264)
>
> ① 현행 행정쟁송제도 아래서는 *(A: 부관 / B: 부담)* 그 자체만을 독립된 쟁송의 대상으로 할 수 없는 것이 원칙이나 ② *(A: 부관 / B: 부담)*의 경우에는 다른 *(A: 부관 / B: 부담)*과는 달리 행정행위의 불가분적인 요소가 아니고 그 존속이 본체인 행정행위의 존재를 전제로 하는 것일 뿐이므로 *(A: 부관 / B: 부담)* 그 자체로서 행정쟁송의 대상이 될 수 있다.

비교판례+ 부담 외 나머지

1. 법률효과의 일부배제 (84누579)

    피고는 1977.4.9. (매립)면허권자인 소외 녹동단위농업협동조합에 대한 (매립)준공인가를 함에 있어서 총매립면적 42,586평 중 31,622평은 소외 조합에, 이 사건 2필지의 대지를 포함한 그 나머지의 공용 또는 공공용 대지는 모두 국가에 각 귀속한다는 내용으로 준공인가를 하고, 그 인가서에 필지별 (소유권귀속)관계의 명세를 첨부하여 소외 조합에 통고한 사실이 인정되는 바, 이와 같은 필지별 (소유권귀속) 명세통고는 그 자체 독립한 행정처분이라 할 수 없고, 이는 피고가 이 사건 (매립)준공인가를 함에 있어서 (매립)의 면허를 받은 자의 (매립)지에 대한 소유권취득을 규정한 공유수면매립법 제14조의 효과 일부를 배제하는 부관을 붙인 것으로 보는 것이 타당하며, 이러한 행정행위의 부관은 독립하여 행정쟁송의 대상이 될 수 없는 것이라고 할 것이다.

2. 동일한 취지 (90누8503)

    행정행위의 부관은 부담의 경우를 제외하고는 독립하여 행정소송의 대상이 될 수 없는 것인바, 행정청이 한 공유수면(매립)준공인가 중 (매립)지 일부에 대하여 한 (국가귀속)처분은 (매립)준공인가를 함에 있어서 (매립)의 면허를 받은자의 (매립)지에 대한 소유권취득을 규정한 공유수면매립법 제14조의 효과 일부를 배제하는 부관을 붙인 것이므로 이러한 행정행위의 부관에 대하여는 독립하여 행정소송의 대상으로 삼을 수 없다.

    > **24. 지방직 9급** 지방국토관리청장이 일부 공유수면매립지에 대하여 한 국가 귀속처분은 매립준공인가를 함에 있어서 매립의 면허를 받은 자의 매립지에 대한 소유권취득을 규정한 구「공유수면매립법」의 법률효과를 일부 배제하는 부관을 붙인 것이다. (O)

3. (기간) (99두509)

    사용·수익허가의 (기간)에 대해서는 독립하여 행정소송을 제기할 수 없다.

    > **24. 국가직 9급** 기부채납받은 행정재산에 대한 사용·수익허가에서 공유재산의 관리청이 정한 사용·수익허가의 기간은 그 허가의 효력을 제한하기 위한 행정행위의 부관으로서 이러한 사용·수익허가의 기간에 대해서는 독립하여 행정소송을 제기할 수 없다. (O)
    >
    > **22. 지방직 9급** 행정재산에 대한 기한부 사용·수익허가를 받은 경우, 그 사용·수익허가의 기간에 대하여 독립하여 행정소송을 제기할 수 없다. (O)

21. 지방직 9급 행정재산에 대한 사용·수익허가에서 공유재산의 관리청이 정한 사용·수익허가의 기간에 대해서는 독립하여 행정소송을 제기할 수 없다. (○)

24. 지방직 7급 행정행위의 부관은 부담인 경우를 제외하고는 독립하여 행정소송의 대상이 될 수 없는바, 기부채납받은 행정재산에 대한 사용·수익허가에서 공유재산의 관리청이 정한 사용·수익허가의 기간은 그 허가의 효력을 제한하기 위한 행정행위의 부관으로서 이러한 사용·수익허가의 기간에 대해서는 독립하여 행정소송을 제기할 수 없다. (○)

비교판례+ "부관의 하자 = 주된 행정행위의 하자"인 경우 (84누604)

도로점용허가의 점용기간은 행정행위의 *(A: 본질 / B: 부수)*적인 요소에 해당한다고 볼 것이어서 부관인 점용기간을 정함에 있어서 위법사유가 있다면 이로써 도로점용허가 처분 (전부)가 위법하게 된다.

유사 행정재산 사용수익허가의 기간

4. 무효인 부관에 근거하여 한 사법상 법률행위의 효력
(1) 이행 전 - 진정 일부취소소송
(2) 이행 후 - 민사소송(소유권이전등기 말소 청구)

정리

부관	사법 행위
무효	영향 (A: O / B: X)
불가쟁력	다툼 (A: O / B: X)
중요부분 착오	취소 (A: O / B: X)
동기·연유 취소	(A: O / B: X)

관련판례 무효인 부관에 근거하여 한 사법상 법률행위 (2006다18174)

1. 행정처분에 부담인 부관을 붙인 경우 부관의 무효화에 의하여 본체인 행정처분 자체의 효력에도 영향이 있게 될 수는 있지만, 그 처분을 받은 사람이 부담의 이행으로 사법상 매매 등의 법률행위를 한 경우에는 그 부관은 특별한 사정이 없는 한 법률행위를 하게 된 (동기) 내지 (연유)로 작용하였을 뿐이므로 이는 *(A: 그 법률행위의 취소사유가 될 수 있을 뿐이다 / B: 그 법률행위 자체를 당연히 무효화한다)*.

24. 국가직 9급 행정처분에 부담인 부관을 붙인 경우 부관의 무효화에 의하여 본체인 행정처분 자체의 효력에도 영향이 있게 될 수 있으며, 그 처분을 받은 사람이 부담의 이행으로 사법상 매매 등의 법률행위를 한 경우 그 법률행위 자체는 당연무효이다. (×)
▶ 부관의 효력과 사법상 매매 등의 효력은 서로 영향을 주지 않는 것이 원칙이다.

21. 국가직 7급 행정처분에 붙인 부담인 부관이 무효가 되면 그 부담의 이행으로 한 사법상 법률행위도 당연히 무효가 되는 것은 아니다. (○)

22. 지방직 9급 행정처분에 부가한 부담이 무효인 경우에는 그 부담의 이행으로 이루어진 사법상 법률행위도 무효가 된다. (×)
▶ 부관의 효력과 사법상 매매 등의 효력은 서로 영향을 주지 않는 것이 원칙이다.

2. 부담의 이행으로서 하게 된 사법상 매매 등의 법률행위는 부담을 붙인 행정처분과는 어디까지나 (별개)의 법률행위이므로 그 부담의 (불가쟁력)의 문제와는 별도로 법률행위가 사회질서 위반이나 강행규정에 위반되는지 여부 등을 따져보아 그 법률행위의 유효 여부를 판단하여야 한다.

21. 국가직 9급 부담의 이행으로서 하게 된 사법상 매매 등의 법률행위는 부담을 붙인 행정처분과는 별개의 법률행위이므로, 그 부담의 불가쟁력의 문제와는 별도로 법률행위가 사회질서 위반이나 강행규정에 위반되는지 여부 등을 따져보아 그 법률행위의 유효 여부를 판단하여야 한다. (○)

3. 기부채납의 부관이 당연무효이거나 취소되지 아니한 이상 토지소유자는 위 부관으로 인하여 증여계약의 (중요부분)에 착오가 있음을 이유로 증여계약을 취소할 수 없다(98다53134).

24. 국가직 9급 토지소유자가 토지형질변경행위허가에 붙은 기부채납의 부관에 따라 토지를 국가나 지방자치단체에 기부채납(증여)한 경우, 기부채납의 부관이 당연무효이거나 취소되지 아니한 이상 토지소유자는 위 부관으로 인하여 증여계약의 중요부분에 착오가 있음을 이유로 증여계약을 취소할 수 없다. (○)

23. 국가직 9급 토지소유자가 토지형질변경행위허가에 붙은 기부채납의 부관에 따라 토지를 국가나 지방자치단체에 기부채납한 경우, 기부채납의 부관이 당연무효이거나 취소되지 아니한 이상 토지소유자는 위 부관으로 인하여 기부채납계약의 중요부분에 착오가 있음을 이유로 기부채납계약을 취소할 수 없다. (○)

22. 지방직 7급 토지소유자가 토지형질변경행위허가에 붙은 기부채납의 부관에 따라 토지를 국가나 지방자치단체에 기부채납한 경우, 기부채납의 부관이 당연무효이거나 취소되지 아니한 이상 토지소유자는 위 부관으로 인하여 증여계약의 중요 부분에 착오가 있음을 이유로 증여계약을 취소할 수 없다. (○)

06 행정행위의 적법요건 및 효력발생요건

1. 적법요건(= 성립요건)

관련판례 성립요건 2단계론 (2017두38874)

일반적으로 처분이 주체·내용·절차와 형식의 요건을 모두 갖추고(내부적 성립) 외부에 표시된 경우에는 처분의 존재가 인정된다(외부적 성립). 행정의사가 외부에 (표시)되어 행정청이 자유롭게 취소·철회할 수 없는 구속을 받게 되는 시점에 처분이 성립하고, 그 성립 여부는 행정청이 행정의사를 공식적인 방법으로 외부에 (표시)하였는지를 기준으로 판단해야 한다.

21. 국가직 9급 행정의사가 외부에 표시되어 행정청이 자유롭게 취소·철회할 수 없는 구속을 받게 되는 시점에 처분이 성립하고, 그 성립 여부는 행정청이 행정의사를 공식적인 방법으로 외부에 표시하였는지를 기준으로 판단해야 한다. (○)

(1) 주체 요건(원칙: 무효)

> **예외판례 +**
>
> 1. 대통령 아닌 국정원장의 의원면직처분 - 취소사유 (2005두15748)
>   행정청의 권한에는 사무의 성질 및 내용에 따르는 제약이 있고, 지역적·대인적으로 한계가 있으므로 이러한 권한의 범위를 넘어서는 권한유월의 행위는 무권한 행위로서 원칙적으로 무효라고 할 것이나, ① 행정청의 공무원에 대한 의원면직처분은 공무원의 사직의사를 수리하는 *(A: 적극적 / B: 소극적)* 행정행위에 불과하고, ② 당해 공무원의 사직의사를 확인하는 확인적 행정행위의 성격이 강하며 (재량)의 여지가 거의 없기 때문에 의원면직처분에서의 행정청의 권한유월 행위를 다른 일반적인 행정행위에서의 그것과 반드시 같이 보아야 할 것은 아니다.
>
> 2. 권한이 있다고 착각할 여지가 다분 (2003두2403)
>   세관출장소장에게 관세부과처분을 할 권한이 있다고 객관적으로 *(A: 오인할 여지가 다분 / B: 명백)* 하다고 인정되므로 결국 적법한 권한 위임 없이 행해진 이 사건 처분은 그 하자가 중대하기는 하지만 객관적으로 *(A: 오인할 여지가 다분 / B: 명백)* 하다고 할 수는 없어 당연무효는 아니라고 보아야 할 것이다.

(2) 절차/형식 요건(원칙: 취소)

> **관련판례**
>
> 1. 교통영향(평가) 거치지 않은 인가처분 (2009두102)
> 2. 사전환경성검토(협의) 거치지 않은 승인처분 (2009두2825)
>
> **비교판례 +** 처분이 아닌, (예산) 편성의 절차 (2011두32515)
> (예산)의 편성에 절차상 하자가 있다는 사정만으로 곧바로 각 처분에 취소사유에 이를 정도의 하자가 존재한다고 보기 어렵다.

(3) 내용 요건

> **관련판례**
>
> 1. 재량권 일탈남용 ⊃ 재량권 (불행사)(재미동포 인기가수 vs LA재외공관) (2017두38874)
>   처분의 근거 법령이 행정청에 처분의 요건과 효과 판단에 일정한 재량을 부여하였는데도, 행정청이 자신에게 재량권이 (없다)고 오인한 나머지 처분으로 달성하려는 공익과 그로써 처분상대방이 입게 되는 불이익의 내용과 정도를 전혀 비교형량 하지 않은 채 처분을 하였다면, 이는 재량권 (불행사)로서 그 자체로 재량권 일탈·남용으로 해당 처분을 취소하여야 할 위법사유가 된다.
>
> 23. 국가직 7급 재외동포에 대한 사증발급은 행정청의 기속행위에 속하는 것으로서, 재외동포가 사증발급을 신청한 경우에 구 「출입국관리법 시행령」 [별표 1의2]에서 정한 재외동포체류자격의 요건을 갖추었다면 사증을 발급해야 한다.　　　　(×)
>   ▶ 재량행위이므로 요건을 갖추었어도 발급하지 않을 수 있다.

23. **지방직 7급** 처분의 근거 법령이 행정청에 처분의 요건과 효과 판단에 관하여 일정한 재량을 부여하였는데도, 행정청이 자신에게 재량권이 없다고 오인하여 전혀 비교형량하지 않은 채 처분을 하였다면, 이는 재량권 불행사로서 그 자체로 재량권 일탈·남용에 해당한다. (○)

2. 세금 문제는 복잡하기 마련 (82누154)

과세대상이 되는지 여부가 그 사실관계를 정확히 (조사)하여야 비로소 밝혀질 수 있는 경우라면 이를 오인한 하자가 중대한 경우라도 외관상 (명백)하다 할 수 없으므로 이를 오인한 과세 처분을 당연무효라 할 수 없다.

3. 행정청의 시정요구 거부 (2006두19297)

학교법인의 임원취임승인취소처분에 대한 취소소송에서, 교비회계자금을 법인회계로 부당전출한 위법성의 정도와 임원들의 이에 대한 가공의 정도가 가볍지 아니하고, 학교법인이 행정청의 시정 요구에 대하여 *(A: 이를 시정하기 위한 노력을 하지 아니한 사정 / B: 결과적으로 대부분의 시정 요구 사항이 이행되지 아니하였던 사정)* 등을 참작하여, 위 취소처분이 재량권을 일탈·남용하였다고 볼 수 없다.

4. 대학의 자율성 존중 (2004두7818)

대학의 장이 대학 (인사위원회)에서 임용동의안이 (부결)되었음을 이유로 하여 교수의 임용 또는 임용제청을 거부하는 행위는 그것이 사회통념상 현저히 타당성을 잃었다고 볼 만한 특별한 사정이 없는 이상 재량권을 일탈·남용하였다고 볼 수 없다.

2. 효력발생요건

> 행정절차법 제14조【송달】① 송달은 (우편, 교부 또는 정보통신망) 이용 등의 방법으로 하되, 송달받을 자(대표자 또는 대리인을 포함한다. 이하 같다)의 주소·거소(居所)·영업소·사무소 또는 전자우편주소(이하 "주소등"이라 한다)로 한다. 다만, 송달받을 자가 동의하는 경우에는 그를 만나는 장소에서 송달할 수 있다.
> ④ 다음 각 호의 어느 하나에 해당하는 경우에는 송달받을 자가 알기 쉽도록 관보, 공보, 게시판, 일간신문 중 하나 이상에 공고하고 인터넷에도 공고하여야 한다.
> 1. 송달받을 자의 (주소)등을 통상적인 방법으로 확인할 수 없는 경우
> 2. 송달이 (불가능)한 경우

23. **국가직 9급** 송달이 불가능한 경우에는 송달받을 자가 알기 쉽도록 관보, 공보, 게시판, 일간신문 중 하나 이상에 공고하고 인터넷에도 공고하여야 한다. (○)

(1) 송달에 의한 효력발생

> 행정절차법 제14조【송달】① 송달은 (우편, 교부 또는 정보통신망) 이용 등의 방법으로 하되, 송달받을 자(대표자 또는 대리인을 포함한다. 이하 같다)의 주소·거소(居所)·영업소·사무소 또는 전자우편주소(이하 "주소등"이라 한다)로 한다. 다만, 송달받을 자가 동의하는 경우에는 그를 만나는 장소에서 송달할 수 있다.

비교

있은 날	안 날
(A: 객관적 / B: 주관적)	(A: 객관적 / B: 주관적)

② 교부에 의한 송달은 수령확인서를 받고 문서를 교부함으로써 하며, 송달하는 장소에서 *(A: 송달받을 자를 만나지 못한 경우 / B: 문서를 송달받을 자가 정당한 사유 없이 송달받기를 거부할 경우)* 에는 그 사무원·피용자(被傭者) 또는 동거인으로서 사리를 분별할 지능이 있는 사람(이하 이 조에서 "사무원등"이라 한다)에게 문서를 교부할 수 있다. 다만, *(A: 송달받을 자를 만나지 못한 경우 / B: 문서를 송달받을 자가 정당한 사유 없이 송달받기를 거부할 경우)* 에는 그 사실을 수령확인서에 적고, 문서를 송달할 장소에 놓아둘 수 있다.

> 원고의 주소지에서 원고의 아르바이트 직원이 납부고지서를 수령한 이상, 원고로서는 그때 처분이 있음을 *(A: 알 수 있는 / B: 안)* 상태에 있었다고 볼 수 있고, 따라서 원고는 그때 처분이 있음을 *(A: 알았다 / 알 수 있었다)* 고 추정함이 상당하다(99두9742).

③ 정보통신망을 이용한 송달은 *(A: 송달하는 자 / B: 송달받을 자)* 가 동의하는 경우에만 한다. 이 경우 송달받을 자는 송달받을 (전자우편주소) 등을 지정하여야 한다.

① 교부
② 우편

> **📖 관련판례**
>
> 1. 실거주지에 보내지 않은 경우 (97누8977)
>   우편물이 등기취급의 방법으로 발송된 경우, 특별한 사정이 없는 한, 그 무렵 수취인에게 배달되었다고 보아도 좋을 것이나, 수취인이나 그 가족이 주민등록지에 실제로 거주하고 있지 아니하면서 전입신고만을 해 둔 경우에는 *(A: 우편물이 수취인에게 도달하였다고 추정할 수 있다 / B: 우편물의 도달사실을 과세관청이 입증해야 할 것이다)*.
>
> 2. 번호변경안내 서비스 (98두1161)
>   납세고지서의 명의인이 다른 곳으로 이사하였지만 주민등록을 옮기지 아니한 채 주민등록지로 배달되는 우편물을 새로운 거주자가 수령하여 자신에게 전달하도록 한 경우, 그 새로운 거주자에게 우편물 (수령권한)을 (위임)한 것으로 보아 그에게 한 납세고지서의 송달이 적법하다.

③ 정보통신망

(2) 공고에 의한 효력발생
    ① 일반처분 및 처분적 고시
    ② 주소불명/기타 송달불능 사유

(3) "있은 날"과 "안 날"의 관계

구분		있은 날 (객관적)	안 날 (주관적)
송달		(송달일)	*(A: 추정 / B: 간주)*
공고	일반처분 (처분적 고시)	(근거법규가 정한 날) (미정: 공고 +5일)	*(A: 추정 / B: 간주)*
	주소불명 / 송달불능	(근거법규가 정한 날) (미정: 공고 +14일)	간주

07 행정행위의 효력

1. 공정력

22. **국가직 7급** 처분은 무효가 아닌 한 권한이 있는 기관이 취소 또는 철회하거나 기간의 경과 등으로 소멸되기 전까지는 유효한 것으로 통용된다. (○)

22. **국가직 9급** 공법상 계약이 법령 위반 등의 내용상 하자가 있는 경우에도 그 하자가 중대·명백한 것이 아니면 취소할 수 있는 하자에 불과하고 이에 대한 다툼은 당사자소송에 의하여야 한다. (×)
   ▶ 행정행위가 아니므로 공정력이 인정되지 않아 하자가 있다면 곧바로 무효가 된다.

21. **지방직 9급** 행정처분이 아무리 위법하다고 하여도 그 하자가 중대하고 명백하여 당연 무효라고 보아야 할 사유가 있는 경우를 제외하고는 아무도 그 하자를 이유로 무단히 그 효과를 부정하지 못한다. (○)

구분	취소사유	무효사유
행정행위	(A: *유효* / B: *적법*)	무효
그 밖의 행정작용	무효	

(1) 선결문제 개관

구분		선결문제 (SKIP)	민사/형사소송 (곧바로)		판단 가부
민사	조세부과 처분	(A: *효력* / B: *위법*) 유무	부당이득반환청구	무효	(A: *인용* / B: *기각*)
				취소	(A: *인용* / B: *기각*)
	처분	(A: *효력* / B: *위법*) 여부	국가배상청구	무효	인용(可)
				취소	
형사	면허/허가	(A: *효력* / B: *위법*) 유무	무면허/무허가××죄	무효	(A: *유죄* / B: *무죄*)
				취소	(A: *유죄* / B: *무죄*)
	명령	(A: *효력* / B: *위법*) 여부	명령위반죄	무효	(A: *유죄* / B: *무죄*)
				취소	

(2) 선결문제
  ① 민사법원에서의 선결문제
    ㉠ 조세부과처분의 효력유무 & 부당이득반환청구

> 행정소송법 제11조【선결문제】① 처분등의 *(A: 효력 유무 또는 존재 여부 / B: 위법 여부)* 가 민사소송의 선결문제로 되어 당해 민사소송의 수소법원이 이를 심리·판단하는 경우에는 제17조, 제25조, 제26조 및 제33조의 규정을 준용한다.
> ② 제1항의 경우 당해 수소법원은 그 처분등을 행한 행정청에게 그 선결문제로 된 사실을 통지하여야 한다.

관련판례 민사청구 인용의 조건 (70다1439)

국세등의 부과 및 징수처분과 같은 행정처분이 당연무효임을 전제로 하여 민사소송을 제기한 때에는 그 행정처분이 당연무효인지의 여부가 선결문제이므로 법원은 이를 심사하여 그 행정처분의 하자가 중대하고도 명백하여 *(A: 당연무효 / B: 취소사유)* 라고 인정될 경우에는 이를 전제로 하여 판단할 수 있으나 그 하자가 *(A: 당연무효 / B: 취소사유)* 에 해당할 때에는 법원은 그 효력을 부인할 수 없다.

24. **국가직 7급** 민사소송에 있어서 어느 행정처분의 당연무효 여부가 선결문제로 되는 때에는 이를 판단하여 당연무효임을 전제로 판결할 수 있고 반드시 행정소송 등의 절차에 의하여 그 취소나 무효확인을 받아야 하는 것은 아니다. (O)

22. **지방직 9급** 조세부과처분이 무효임을 이유로 이미 납부한 세금의 반환을 청구하는 민사소송에서 법원은 그 조세부과처분이 무효라는 판단과 함께 세금을 반환하라는 판결을 할 수 있다. (O)

21. **지방직 9급** 민사소송에 있어서 어느 행정처분의 당연무효 여부가 선결문제로 되는 때에는 이를 판단하여 당연무효임을 전제로 판결할 수 있고 반드시 행정소송 등의 절차에 의하여 그 취소나 무효확인을 받아야 하는 것은 아니다. (O)

23. **지방직 7급** 민사소송에서 어느 행정처분의 당연무효 여부가 선결문제로 되는 경우 행정소송 등의 절차에 의하여 그 취소나 무효확인을 받아야 한다. (×)
▶ 처분이 무효임을 전제로 부당이득반환청구가 곧바로 인용될 수 있다.

23. **지방직 7급** 과세처분의 하자가 단지 취소할 수 있는 정도에 불과할 때에는 과세관청이 이를 스스로 취소하거나 항고쟁송절차에 의하여 취소되지 않는 한, 그로 인한 조세의 납부가 부당이득이 된다고 할 수 없다. (O)

유사판례 +

1. 방향만 반대 (2015다230730)
   ① "요양급여비용 지급결정"의 법적 성질
      요양기관의 공단에 대한 요양급여비용청구권은 *(A: 요양기관의 청구에 따라 공단이 지급결정을 함으로써 구체적인 권리가 발생하는 것이다 / B: 공단의 결정과 무관하게 국민건강보험법령에 의하여 곧바로 발생한다).*

② 행정주체 → 사인

따라서 요양기관의 요양급여비용 수령의 법률상 원인에 해당하는 요양급여비용 지급결정이 (취소)되지 않았다면, 요양급여비용 지급결정이 (당연무효)라는 등의 특별한 사정이 없는 한 그 결정에 따라 지급된 요양급여비용이 법률상 원인 없는 이득이라고 할 수 없고, 공단의 요양기관에 대한 요양급여비용 상당 부당이득반환청구권도 성립하지 않는다.

2. 세금 납부의무가 있어야 조세(포탈)죄 성립 (83도2933)

조세의 (부과)처분을 취소하는 행정판결이 확정된 경우 그 부과처분의 효력은 처분 시에 소급하여 효력을 잃게 되어 그에 따른 납세의무가 없으므로 확정된 행정판결은 조세(포탈)에 대한 무죄 내지 원심판결이 인정한 죄보다 경한 죄를 인정할 명백한 증거에 해당한다.

22. **국가직 9급** 조세부과처분을 취소하는 행정판결이 확정된 경우 부과처분의 효력은 처분 시에 소급하여 효력을 잃게 되므로 확정된 행정판결은 조세포탈에 대한 무죄를 인정할 명백한 증거에 해당한다. (○)

ⓒ 처분의 위법 여부 & 국가배상청구

📖 **관련판례** 표현 숙지 (72다337)

위법한 행정대집행이 완료되면 그 처분의 무효확인 또는 취소를 구할 *(A: 소의 이익 / B: 대상적격)* 은 없다 하더라도, 미리 그 행정처분의 (취소판결)이 있어야만, 그 행정처분의 위법임을 이유로 한 손해배상 청구를 할 수 *(A: 있다 / B: 있는 것은 아니다)*.

22. **지방직 9급** 영업허가취소처분으로 손해를 입은 자가 제기한 국가배상청구소송에서 법원은 영업허가취소처분에 취소사유에 해당하는 하자가 있는 경우에는 영업허가취소처분의 위법을 이유로 배상청구를 인용할 수 없다. (×)
▶ 취소사유, 무효사유를 불문하고 배상청구가 인용될 수 있다.

23. **지방직 7급** 계고처분이 위법한 경우 행정대집행이 완료되면 그 처분의 취소를 구할 소의 이익은 없다 하더라도, 미리 그 행정처분의 취소판결이 있어야만 그 행정처분의 위법임을 이유로 한 손해배상 청구를 할 수 있는 것은 아니다. (○)

② 형사법원에서의 선결문제
㉠ 면허/허가의 효력유무 & 무면허/무허가××죄

📖 **관련판례** 면허증만으로 명백하지 않음 (80도2646)

(연령미달)의 결격자인 피고인이 소외인의 이름으로 운전면허시험에 응시, 합격하여 교부받은 운전면허는 *(A: 당연무효이므로 / B: 취소되지 않는 한 유효하므로)* 피고인의 운전행위는 무면허 운전에 해당*(A: 하지 아니한다 / B: 한다)*.

22. **국가직 9급** 연령미달 결격자가 다른 사람 이름으로 교부받은 운전면허는 당연무효가 아니고 취소되지 않는 한 유효하므로 그 연령미달 결격자의 운전행위는 무면허운전에 해당하지 아니한다. (○)

22. **지방직 9급** 물품을 수입하고자 하는 자가 세관장에게 수입신고를 하여 그 면허를 받고 물품을 통관한 경우에는, 세관장의 수입면허가 중대하고도 명백한 하자가 있는 행정행위이어서 당연무효가 아닌 한 「관세법」 소정의 무면허수입죄가 성립될 수 없다. (○)

> **유사판례+ 취소처분의 취소 (93도277)**
>
> 영업의 금지를 명한 영업허가취소처분 자체가 나중에 행정쟁송절차에 의하여 취소되었다면 그 영업허가취소처분*(A: 에 복종할 의무가 원래부터 없었음이 확정되었다고 봄이 타당하므로 / B: 이 장래에 향하여 효력을 잃게 되므로)*, 그 영업허가취소처분 이후의 영업행위를 무허가영업이라고 볼 수는 없다.
>
> > **22. 국가직 9급** 영업허가취소처분이 나중에 행정쟁송절차에 의하여 취소되었더라도, 그 영업허가취소처분 이후의 영업행위는 무허가영업이다. (×)
> > ▶ 취소의 취소로 인하여 허가가 부활하므로, 소급하여 유허가가 된다.
> >
> > **22. 지방직 9급** 영업허가취소처분 이후에 영업을 한 행위에 대하여 무허가영업으로 기소되었으나 형사법원이 판결을 내리기 전에 영업허가취소처분이 행정소송에서 취소되면 형사법원은 무허가영업행위에 대해서 무죄를 선고하여야 한다. (○)

ⓒ 명령의 위법 여부 & 명령위반죄

> **관련판례 표현 숙지 (2001도2841)**
>
> 개발제한구역 안에 건축되어 있던 비닐하우스를 매수한 자에게 구청장이 이를 철거하여 토지를 원상회복하라고 시정지시한 조치는 위법하므로 이러한 시정지시를 따르지 않았다면 구 도시계획법 제92조 제4호에 정한 조치명령등 위반죄로 처벌할 수 *(A: 없다 / B: 있다)*.
>
> > **22. 국가직 9급** 구「도시계획법」상 원상회복 등의 조치명령을 받고도 이를 따르지 않은 자에 대해 형사처벌을 하기 위해서는 적법한 조치명령이 전제되어야 하며, 이때 형사법원은 그 적법여부를 심사할 수 있다. (○)
> >
> > **23. 지방직 7급** 소방시설 등의 설치 또는 유지·관리에 대한 명령이 행정처분으로서 하자가 있어 무효인 경우, 위 명령 위반을 이유로 행정형벌을 부과할 수 없다. (○)

2. 불가쟁력(확정력)

(A: 원고에 대한 절차법적 효력 / B: 피고에 대한 실체법적 효력)

(1) 의의

> **24. 국가직 9급** 제소기간의 경과 등으로 처분에 불가쟁력이 발생하였다 하여도 행정청은 실권의 법리에 해당하지 않는다면 직권으로 처분을 취소할 수 있다. (○)

(2) 불가쟁력이 발생한 행정행위에 대한 취소·변경 신청권 인정 여부

> **관련판례**
>
> 1. 원칙: 신청권 인정 × (2005두11104)
>
>   (제소기간)이 이미 도과하여 불가쟁력이 생긴 행정처분에 대하여는 개별 법규에서 그 변경을 요구할 신청권을 규정하고 있거나 관계 법령의 해석상 그러한 신청권이 인정될 수 있는 등 특별한 사정이 없는 한 국민에게 그 행정처분의 변경을 구할 신청권이 *(A: 있다 할 수 없다 / B: 있다 할 수 있다)*.

2. 예외: 새만금사건 (2006두330)

구체적인 공유수면매립면허에 의하여 매립사업이 진행되는 과정에서 환경 및 생태계 또는 경제성에 있어 (예상)하지 못한 변화가 발생하였다면, 처분청은 매립기본계획의 타당성을 검토하여야 함이 공유수면매립법의 취지에 부합하는 점 등을 종합하면, 환경영향평가 대상지역 *(A: 밖 / B: 안)*에 거주하는 주민에게는 공유수면매립면허의 처분청에게 공유수면매립법 제32조에서 정한 취소·변경 등의 사유가 있음을 내세워 면허의 취소·변경을 요구할 조리상의 신청권이 있다고 보아야 함이 상당하다.

(3) 처분의 재심사 제도

> 행정기본법 제37조【처분의 재심사】① *(A: 당사자는 / B: 당사자 및 이해관계인은)* 처분(제재처분 및 행정상 강제는 제외한다. 이하 이 조에서 같다)이 행정심판, 행정소송 및 그 밖의 쟁송을 통하여 다툴 수 없게 된 경우[법원의 (확정판결)이 있는 경우는 제외한다]라도 다음 각 호의 어느 하나에 해당하는 경우에는 해당 처분을 한 행정청에 처분을 (취소·철회하거나 변경)하여 줄 것을 신청할 수 있다.
> 1. 처분의 근거가 된 사실관계 또는 법률관계가 추후에 당사자에게 *(A: 불리 / B: 유리)*하게 바뀐 경우
> 2. 당사자에게 유리한 결정을 가져다주었을 (새로운) 증거가 있는 경우
> 3. 민사소송법 제451조에 따른 재심사유에 준하는 사유가 발생한 경우 등 대통령령으로 정하는 경우
> ② 제1항에 따른 신청은 해당 처분의 절차, 행정심판, 행정소송 및 그 밖의 쟁송에서 당사자가 *(A: 중과실 / B: 경과실)* 없이 제1항 각 호의 사유를 주장하지 못한 경우에만 할 수 있다.
> ③ 제1항에 따른 신청은 당사자가 제1항 각 호의 사유를 안 날부터 (60)일 이내에 하여야 한다. 다만, 처분이 있은 날부터 (60)년이 지나면 신청할 수 없다.
> ⑤ 제4항에 따른 처분의 재심사 결과 중 처분을 (유지)하는 결과에 대해서는 행정심판, 행정소송 및 그 밖의 쟁송수단을 통하여 불복할 수 *(A: 있다 / B: 없다)*.

3. 불가변력

(A: 원고에 대한 절차법적 효력 / B: 피고에 대한 실체법적 효력)

> 🔍 **관련판례** 당해 행정행위 VS 동종 행정행위 (73누129)
>
> 국민의 권리와 이익을 옹호하고 법적안정을 도모하기 위하여 특정한 행위에 대하여는 행정청이라 하여도 이것을 자유로이 취소, 변경 및 철회할 수 없다는 행정행위의 불가변력은 *(A: 당해 행정행위에 대하여서만 인정되는 것이다 / B: 그 대상을 달리하는 동종의 행정행위에도 인정되는 것이다)*.
>
>> **21. 지방직 9급** 행정행위의 불가변력은 당해 행정행위에 대해서만 인정되는 것이 아니고, 동종의 행정행위라면 그 대상을 달리하더라도 인정된다. (×)
>> ▶대상이 다르다면 불가변력이 인정된다고 단정지을 수 없다.

08 행정행위의 하자

1. 취소사유와 무효사유의 구분기준 = 중대 + 명백설

> **관련판례** (94누4615)
>
> [다수의견: (중대)+(명백)설] 하자 있는 행정처분이 당연무효가 되기 위하여는 그 하자가 법규의 중요한 부분을 위반한 (중대)한 것으로서 객관적으로 (명백)한 것이어야 하며 하자가 중대하고 명백한 것인지 여부를 판별함에 있어서는 그 법규의 목적, 의미, 기능 등을 목적론적으로 고찰함과 동시에 구체적 사안 자체의 특수성에 관하여도 합리적으로 고찰함을 요한다.
>
> > **24. 국가직 7급** 어떤 행정처분이 실효의 법리를 위반하여 위법한 것이라면 이는 행정처분의 당연무효사유에 해당한다. (×)
> > ▶ 중대명백성에 따라 개별적으로 판단해야 한다.
> >
> > **24. 지방직 9급** 행정청이 개인택시운송사업면허발급 여부를 심사함에 있어서 이미 설정된 면허기준의 해석상 당해 신청이 면허발급의 우선순위에 해당함이 명백함에도 면허거부처분을 하였다면 특별한 사정이 없는 한 그 거부처분은 위법한 처분이 된다. (O)
> >
> > **22. 지방직 7급** 행정청이 어느 법률관계나 사실관계에 대하여 어느 법률의 규정을 적용하여 행정처분을 한 경우에, 그 법률관계나 사실관계에 대하여는 그 법률의 규정을 적용할 수 없다는 법리가 명백히 밝혀져 해석에 다툼의 여지가 없음에도 행정청이 그 규정을 적용하여 처분을 한 때에는 하자가 중대하고 명백하다. (O)
>
> [반대의견: *(A: 명백성 / B: 중대성)* 보충적요건설] 행정행위의 무효사유를 판단하는 기준으로서의 *(A: 명백성 / B: 중대성)* 은 행정처분의 법적 안정성 확보를 통하여 행정의 원활한 수행을 도모하는 한편 그 행정처분을 유효한 것으로 믿은 제3자나 공공의 신뢰를 보호하여야 할 필요가 있는 경우에 보충적으로 요구되는 것으로서, 그와 같은 필요가 없거나 하자가 워낙 *(A: 명백 / B: 중대)* 하여 그와 같은 필요에 비하여 처분 상대방의 권익을 구제하고 위법한 결과를 시정할 필요가 훨씬 더 큰 경우라면 그 하자가 *(A: 명백 / B: 중대)* 하지 않더라도 그와 같이 *(A: 명백 / B: 중대)* 한 하자를 가진 행정처분은 당연무효라고 보아야 한다.

비교판례+ (취득세 신고)행위 – 명백성 없지만 무효 인정 (2008두11716)

2. 구체적 사례

> **관련판례**
>
> 1. (제3자)에 대한 압류처분 – 무효 (2005두15151)
>   (제3자)의 재산을 대상으로 한 압류처분은 그 처분의 내용이 법률상 실현될 수 없는 것이어서 당연무효이다.
>
>   > 22. **국가직 7급** 납세자가 아닌 제3자의 재산을 대상으로 한 압류처분은 그 처분의 내용이 법률상 실현될 수 없는 것이어서 당연무효이다. (○)
>   > 24. **지방직 7급** 납세자가 아닌 제3자의 재산을 대상으로 한 압류처분은 당연무효가 아니라 취소사유에 해당한다. (×)
>   > ▶ 중대명백한 하자이므로 무효다.
>
>   [비교] 압류된 재산가액 *(A: > / B: <)* 징수액: 무효 × (86누479)
>
> 2. 안 팔았는데 양도세 부과하면 무효 (83누179)
>   부동산을 양도한 사실이 *(A: 있음 / B: 없음)*에도 세무당국이 부동산을 양도한 것으로 오인하여 양도소득세를 부과하였다면 그 부과처분은 당연무효이다.

09 위헌인 법률에 근거한 처분의 효력

1. 소급효가 미치는 경우와 그 효과

> **관련판례**
>
> 1. 선처분 후결정 – 취소사유 (96누1689)
>   ① *(A: 명백성 / B: 중대성)* (○)
>   행정청이 법률에 근거하여 행정처분을 한 후에 헌법재판소가 그 법률을 위헌으로 결정하였다면 그 행정처분은 결과적으로 법률의 근거가 없이 행하여진 것과 마찬가지가 되어 하자가 있다고 할 것이나,
>   ② *(A: 명백성 / B: 중대성)* (×)
>   일반적으로 법률이 헌법에 위반된다는 사정은 헌법재판소의 위헌결정이 있기 전에는 객관적으로 *(A: 명백 / B: 중대)*한 것이라고 할 수 없으므로 특별한 사정이 없는 한 이러한 하자는 위 행정처분의 취소사유에 해당할 뿐 당연무효 사유는 아니라고 봄이 상당하다.
>
>   > 22. **국가직 7급** 행정처분이 발하여진 후에 헌법재판소가 그 행정처분의 근거가 된 법률을 위헌으로 결정하였다면, 그 행정처분은 특별한 사정이 없는 한 당연무효이다. (×).
>   > ▶ 소급효가 미친다 하더라도 명백성이 흠결되어 취소사유에 불과하다.

정리
1. 선결정 후처분: *(A: 무효 / B: 취소)*
2. 선처분 후결정: 소급효가 좌우
   - 제소기간 이전 소 제기: *(A: 취소 / B: 무효)* 사유
   - 제소기간 이후 소 제기: 하자 ×
     단, 위헌결정 이후 (체납처분) 속행시 무효

2. 소급효가 미치는 사건의 종류 (2010헌마535)

구 헌법재판소법 제47조 제2항 본문은 위헌결정의 시간적 효력 범위에 관하여 장래효를 원칙으로 규정하고 있으나, 위헌결정을 위한 계기를 부여한 사건(당해사건), 위헌결정이 있기 전에 이와 동종의 위헌 여부에 관하여 헌법재판소에 위헌제청을 하였거나 법원에 위헌제청신청을 한 사건(동종사건), 따로 위헌제청신청을 아니하였지만 당해 법률조항이 재판의 전제가 되어 법원에 계속중인 사건(병행사건)에 대하여 예외적으로 소급효가 인정되고, 위헌결정 이후에 제소된 사건(일반사건)이라도 구체적 타당성의 요청이 현저하고 소급효의 부인이 정의와 형평에 반하는 경우에는 예외적으로 소급효를 인정할 수 있다.

> **22. 국가직 9급** 乙은 부담금을 납부한 후 부담금부과처분에 대해 행정소송을 제기하였고 현재 소가 계속 중인 경우에도, 乙이 위헌법률심판제청신청을 하지 않았으므로 乙에게 위헌결정의 소급효는 미치지 않는다. (×)
> ▶ 위헌법률심판제청신청을 하지 않은 사건에는 동종사건과 일반사건이 포함되는데, 이 중 동종사건과 제소기간이 지나지 않은 일반사건에는 소급효가 미친다.

2. 위헌결정의 장래효 - 불가쟁력이 발생한 경우

(1) 제소기간이 도과한 경우

> **22. 국가직 9급** 甲이 부담금을 납부하였고 부담금부과처분에 불가쟁력이 발생한 상태라면, 해당 조항이 위헌으로 결정되더라도 이미 납부한 부담금을 반환받을 수 없다. (○)
> **22. 국가직 9급** 丙이 부담금부과처분에 대한 행정심판청구를 하여 기각재결서를 송달받았으나, 재결서 송달일로부터 90일 이내에 취소소송을 제기하였다면 丙의 청구는 인용될 수 있다. (○)

(2) 체납처분 절차의 속행 중지

> **관련판례** 위헌결정 후 진행된 체납처분 (2010두10907)
>
> 조세 부과의 근거가 되었던 법률규정이 위헌으로 선언된 경우, 비록 그에 기한 과세처분이 위헌결정 전에 이루어졌고, 과세처분에 대한 제소기간이 이미 경과하여 조세채권이 확정되었으며, 조세채권의 집행을 위한 체납처분의 근거규정 자체에 대하여는 따로 위헌결정이 내려진 바 없다(A: 면 / B: 고 하더라도), 위와 같은 위헌결정 이후에 조세채권의 집행을 위한 새로운 체납처분에 착수하거나 이를 속행하는 것은 (A: 허용되고 / B: *더 이상 허용되지 않고*), 나아가 이러한 위헌결정의 효력에 위배하여 이루어진 체납처분은 (A: *그 사유만으로 하자가 중대하고 객관적으로 명백하여 당연무효* / B: *하자가 중대하지만 객관적으로 명백하다고는 볼 수 없어 취소사유가 있는 처분이*)라고 보아야 한다.

> **24. 국가직 9급** 甲에 대한 과세처분과 압류처분은 별개의 행정처분이므로 선행처분인 과세처분이 당연무효가 아닌 이상 압류처분을 다툴 수 있는 방법은 존재하지 않는다. (×)
> ▶ 압류처분은 무효이므로 이를 다툴 수 있다.
> **24. 국가직 9급** 압류처분은 과세처분 근거규정이 직접 적용되지 않고 압류처분 관련 규정이 적용될 뿐이므로, 과세처분 근거규정에 대한 위헌결정의 기속력은 압류처분과는 무관하다. (×)

24. **국가직 9급** 과세처분 이후 조세부과의 근거가 되었던 법률규정에 대하여 위헌결정이 내려진 경우, 과세처분이 당연무효가 아니더라도 위헌결정 이후에 과세처분의 집행을 위한 압류처분을 하는 것은 더 이상 허용되지 않는다. (○)

22. **국가직 9급** 부담금부과처분에 대한 제소기간이 경과하여 丁의 부담금 납부의무가 확정되었고 위헌결정 전에 丁의 재산에 대한 압류가 이루어진 상태라도, 丁에 대해 부담금 징수를 위한 체납처분을 속행할 수는 없다. (○)

22. **지방직 7급** 과세처분 이후 과세의 근거가 되었던 법률규정에 대하여 위헌결정이 내려진 경우, 그 조세채권의 집행을 위해 새로운 체납처분에 착수하거나 이를 속행하는 것은 당연무효로 볼 수 없다. (×)
▶ 위헌결정의 기속력 위반으로 압류처분이 무효가 된다.

21. **지방직 7급** 과세처분 이후 조세 부과의 근거가 되었던 법률규정에 대하여 위헌결정이 내려진 경우, 위헌결정 이후 그 조세채권의 집행을 위한 체납처분은 당연무효이다. (○)

10 하자의 승계

1. 의의

하자의 승계는 ① 선행행위에 *(A: 취소 / B: 무효)* 사유에 해당하는 하자가 있는데 ② (제소기간)이 도과하여, ③ 후행행위에 아무런 하자가 없음에도 *(A: 선행 / B: 후행)* 행위에 대한 소송에서 선행행위의 하자를 다투려는 상황을 전제한다.

2. 허용되는 경우

(1) 서로 합하여 1개의 법률효과를 완성하는 때

23. **지방직 9급** 2개 이상의 행정처분이 연속적 또는 단계적으로 이루어지는 경우 선행처분과 후행처분이 서로 합하여 1개의 법률효과를 완성하는 때에는 선행처분에 하자가 있으면 그 하자는 후행처분에 승계된다. (○)

관련판례

1. 대집행의 각 절차

대집행 계고 & 비용납부명령 (93누14271)	철거명령이 "(무효)"면 계고/통지/실행/비용징수도 (무효) (97누6780)
후행처분인 대집행비용납부명령의 취소를 청구하는 소송에서 청구원인으로 선행처분인 계고처분이 위법한 것이기 때문에 그 계고처분을 전제로 행하여진 대집행비용납부명령도 위법한 것이라는 주장을 할 수 *(A: 없다 / B: 있다)*.	적법한 건축물에 대한 철거명령은 그 하자가 중대하고 명백하여 당연(무효)라고 할 것이고, 그 후행행위인 건축물철거 대집행계고처분 역시 당연(무효)라고 할 것이다.

21. 지방직 9급 후행처분인 대집행비용 납부명령 취소청구 소송에서 선행처분인 계고처분이 위법하다는 이유로 대집행비용납부명령의 취소를 구할 수 없다. (×) ▶ 대집행 세부절차 내에서는 하자가 승계된다.	**23. 국가직 9급** 적법한 건축물에 대한 철거명령은 그 하자가 중대하고 명백하여 당연무효라고 할 것이지만, 그 후행행위인 건축물철거 대집행계고처분은 당연무효라고 할 수 없다. (×) ▶ 선행처분이 무효이므로 하자가 승계된다.
	22. 국가직 9급 건물철거명령이 당연무효가 아니고 불가쟁력이 발생하였다면 건물철거명령의 하자를 이유로 후행 대집행계고처분의 효력을 다툴 수 없다. (○)
	23. 국가직 7급 乙이 대집행영장을 통지한 경우, 원상복구명령이 당연무효라면 대집행영장통지도 당연무효이다. (○)
	24. 지방직 9급 자기완결적 신고에 해당하는 대문설치신고가 형식적 하자가 없는 적법한 요건을 갖춘 신고임에도 불구하고 관할행정청이 수리를 거부한 후 당해 대문의 철거명령을 하였더라도, 후행행위인 대문철거 대집행계고처분이 당연무효가 되는 것은 아니다. (×) ▶ 적법한 건축물에 대한 철거명령이 있는 경우이므로, 선행처분의 무효사유로 인해 하자가 승계된다.

2. 조세 관련 각 절차

체납처분 각 (세부 절차) 간 하자승계	소득금액변동통지 & 징수처분 (2009두14439)
	과세관청의 소득처분과 그에 따른 소득금액변동통지가 있는 경우 원천징수하는 소득세의 납세의무에 관하여는 이를 확정하는 *(A: 소득금액변동통지에 대한 항고소송에서 다투어야 한다 / B: 징수처분에 대한 항고소송에서 이를 다툴 수 있다)*.
(통설: 판례 ×)	**23. 지방직 9급** 과세관청의 선행처분인 소득금액변동통지에 하자가 존재하더라도 당연무효사유에 해당하지 않는 한 후행처분인 징수처분에 대한 항고소송에서 그 하자를 다툴 수 없다. (○)
	22. 지방직 7급 선행처분인 소득금액변동통지에 하자가 존재하더라도 당연무효 사유에 해당하지 않는 한 그 하자는 후행처분인 소득세 납세고지처분에 그대로 승계되지 아니한다. (○)
	조세 부과처분 & 체납처분 (87누383)
	조세의 부과처분과 압류 등의 체납처분은 별개의 행정처분으로서 독립성을 가지므로 부과처분에 하자가 있더라도 그 부과처분이 (취소)되지 아니하는 한 그 부과처분에 의한 체납처분은 위법이라고 할 수는 없다.

3. 안경사 시험합격 취소 & 면허박탈 (92누4567)

국립보건원장이 안경사 국가시험의 합격을 무효로 하는 처분을 함에 따라 보건사회부장관이 안경사면허를 취소하는 처분을 한 경우 합격무효처분과 면허취소처분은 *(동일)* 한 행정목적을 달성하기 위하여 단계적인 일련의 절차로 연속하여 행하여지는 행정처분으로서, 안경사 국가시험에 합격한 자에게 주었던 안경사면허를 박탈한다는 *(하나)* 의 법률효과를 발생시키기 위하여 서로 결합된 선행처분과 후행처분의 관계에 있다.

비교판례+

1. *(앞뒤)* 가 바뀐 경우 (96누15428)

   계고처분의 *(A: 후속 / B: 선행)* 절차인 대집행에 위법이 있다고 하더라도, 그와 같은 *(A: 후속 / B: 선행)* 절차에 위법성이 있다는 점을 들어 *(A: 후속 / B: 선행)* 절차인 계고처분이 부적법하다는 사유로 삼을 수는 없다.

2. 토지보상법상 사업인정 & 수용재결 (87누395)

   사업 인정단계에서의 하자를 다투지 아니하여 이미 *(쟁송기간)* 이 도과한 수용재결단계에 있어서는 위 사업인정처분에 중대하고 명백한 하자가 있어 당연무효라고 볼만한 특단의 사정이 없다면 그 처분의 *(불가쟁력)* 에 의하여 사업인정처분의 위법 부당함을 이유로 수용재결처분의 취소를 구할 수 없다.

   > **24. 지방직 7급** 「공익사업을 위한 토지 등의 취득 및 보상에 관한 법률」에 따른 사업인정처분이 당연무효이면 그것이 유효함을 전제로 이루어진 수용재결도 무효라고 보아야 한다. (○)

3. 직위해제 & 면직처분 (84누191)

   직위해제처분과 면직처분은 *(A: 결합하여 하나의 / B: 각각 단계적으로 별개의)* 법률효과를 발생하는 행정처분이어서 선행 직위해제 처분의 위법사유가 면직처분에는 승계되지 아니한다 할 것이므로 선행된 직위해제 처분의 위법사유를 들어 면직처분의 효력을 다툴 수는 없다.

   > **22. 국가직 9급** 선행처분인 공무원직위해제처분과 후행 직권면직처분 사이에는 하자의 승계가 인정된다. (×)
   > ▶ 별개의 법률효과 발생을 목적으로 하므로 하자가 승계되지 않는다.

4. 보충역편입처분 & *(공익근무요원)* 소집처분 (2001두5422)

   위 두 처분은 후자의 처분이 전자의 처분을 전제로 하는 것이기는 하나 각각 단계적으로 별개의 법률효과를 발생하는 독립된 행정처분이라고 할 것이므로, 그 처분을 다투지 아니하여 이미 불가쟁력이 생겨 그 효력을 다툴 수 없게 된 경우에는, 보충역편입처분에 하자가 있다고 할지라도 그것이 당연무효라고 볼만한 특단의 사정이 없는 한 그 위법을 이유로 *(공익근무요원)* 소집처분의 효력을 다툴 수 없다.

   > **22. 국가직 9급** 이미 불가쟁력이 발생한 보충역편입처분에 하자가 있다고 하더라도 그것이 당연무효의 사유가 아닌 한 공익근무요원소집처분에 승계되는 것은 아니다. (○)
   > **24. 국가직 7급** 보충역편입처분과 공익근무요원소집처분은 각각 단계적으로 별개의 법률효과를 발생하는 독립된 행정처분이다. (○)

5. 사업시행계획 & 관리처분계획 (2010두13463)

사업시행계획 수립에 (조합원) 3분의 2 이상의 동의를 얻지 못한 하자는 *(A: 무효 / B: 취소)* 사유에 해당하고 이를 들어 관리처분계획의 적법 여부를 다툴 수 없으므로, 관리처분계획은 적법하다.

6. 도시·군계획시설결정 & 실시계획인가 (2016두49938)

도시·군계획시설결정과 실시계획인가는 도시·군계획시설사업을 위하여 이루어지는 단계적 행정절차에서 별도의 요건과 절차에 따라 (별개)의 법률효과를 발생시키는 독립적인 행정처분이다. 그러므로 선행처분인 도시·군계획시설결정에 하자가 있더라도 그것이 (당연무효)가 아닌 한 원칙적으로 후행처분인 실시계획인가에 승계되지 않는다.

> **24. 국가직 7급** 도시·군계획시설결정과 실시계획인가는 별도의 요건과 절차에 따라 별개의 법률효과를 발생시키는 독립적인 행정처분이므로 선행처분인 도시·군계획시설결정에 하자가 있더라도 그것이 당연무효가 아닌 한 원칙적으로 후행처분인 실시계획인가에 승계되지 않는다. (O)

7. 택지개발예정지구의 지정 & 택지개발계획의 승인 (95누8409)

택지개발예정지구 *(A: 지정 / B: 승인)* 처분에 대하여 다투지 아니하여 이미 불가쟁력이 생겨 그 효력을 다툴 수 없게 된 경우에는 택지개발예정지구 *(A: 지정 / B: 승인)* 처분에 하자가 있다고 할지라도 그것이 당연무효 사유가 아닌 한 택지개발계획의 *(A: 지정 / B: 승인)* 처분에 대하여 그와 같은 사유를 들어 이를 다툴 수는 없다.

> **24. 지방직 7급** 구「택지개발촉진법」상 관할행정청의 택지개발사업시행자에 대한 택지개발계획의 승인은 그 승인의 고시에 의하여 개발할 토지의 위치, 면적, 권리내용 등이 특정되어 그 후 사업시행자에게 택지개발사업을 실시할 수 있는 권한이 설정된다고 하더라도 행정처분의 성격을 갖는 것은 아니다. (X)
> ▶ 처분성이 인정된다.

(2) 위 (1)이 아님에도, 수인한도 초과 + 예측가능성 ×

> **23. 지방직 9급** 선행처분과 후행처분이 서로 독립하여 별개의 법률효과를 발생시키는 경우에는 선행처분에 불가쟁력이 생겨 그 효력을 다툴 수 없게 되면 수인한도를 넘는 가혹함을 가져오며 그 결과가 당사자에게 예측가능하지 않더라도 하자의 승계가 인정되지 않는다. (X)
> ▶ 예외적으로 하자가 승계된다.

관련판례

1. 개별공시지가결정(통지×) & 과세처분 (93누8542)
   ① 개별공시지가결정은 이를 기초로 한 과세처분 등과는 별개의 (독립)된 처분으로서 서로 (독립)하여 (별개)의 법률효과를 목적으로 하는 것이나,
   ② 개별공시지가는 이를 토지소유자나 이해관계인에게 개별적으로 (고지)하도록 되어 있는 것이 아니어서 토지소유자 등이 개별공시지가결정 내용을 알고 있었다고 전제하기도 곤란할 뿐만 아니라 결정된 개별공시지가가 자신에게 유리하게 작용될 것인지 또는 불이익하게 작용될 것인지 여부를 쉽사리 (예견)할 수 있는 것도 아니며, 위법한 개별공시지가결정에 대하여 그 정해진 시정절차를 통하여 시정하도록 요구하지 아니하였다는 이유로 위법한 개별공시지가를 기초로 한 과세처분 등 후행 행정처분에서 개별공시지가결정의 위법을 주장할 수 없도록 하는 것은 (수인한도)를 넘는 불이익을 강요하는 것으로서
   ③ 과세처분 등 행정처분의 취소를 구하는 행정소송에서도 선행처분인 개별공시지가결정의 위법을 독립된 위법사유로 주장할 수 *(A: 있다 / B: 없다)*고 해석함이 타당하다.

   23. 국가직 9급 과세처분의 취소를 구하는 행정소송에서 선행처분인 개별공시지가결정의 위법을 독립된 위법사유로 주장할 수 있다. (○)

   비교 원고가 개별공시지가결정에 대한 (재조사) 청구에 따른 (감액)조정을 통지받고 더 이상 다투지 않은 경우: 승계 × (96누6059)

선행처분	통지 여부	후행처분	승계 여부
개별공시지가결정	X (언급 X시)	과세처분	*(A: O / B: X)*
	O (감액조정)		*(A: O / B: X)*

2. 표준지공시지가결정 & 수용재결(보상금) "인근 토지 소유자" 사안(○) (2007두13845)
   표준지공시지가는 이를 인근 토지의 소유자나 기타 이해관계인에게 개별적으로 *(A: 고지하도록 되어 있어서 / B: 고지하도록 되어 있는 것이 아니어서)* 표준지공시지가결정이 위법한 경우 수용보상금의 증액을 구하는 소송에서 선행처분으로서 그 수용대상 토지 가격 산정의 기초가 된 비교표준지공시지가결정의 위법을 독립한 사유로 주장할 수 있다.

   24. 국가직 7급 수용보상금의 증액을 구하는 소송에서는 선행처분으로서 그 수용대상 토지 가격 산정의 기초가 된 비교표준지공시지가결정의 위법을 독립된 사유로 주장할 수 없다. (×)

   ▶ 하자가 승계되므로, 선행처분의 위법을 주장할 수 있다.

   23. 지방직 9급 수용보상금의 증액을 구하는 소송에서는 선행처분으로서 그 수용대상 토지 가격 산정의 기초가 된 비교표준지공시지가결정의 위법을 독립된 사유로 주장할 수 있다. (○)

비교판례 ✚

1. **표준지공시지가결정 & 과세처분 "표준지 소유자" 사안 (×) (2018두50147)**
   토지 등에 관한 재산세 등 부과처분의 취소를 구하는 소송에서 표준지공시지가결정의 위법성을 다투는 것은 원칙적으로 허용(A: <u>된다</u> / B: <u>되지 않는다</u>).

선행처분	통지 여부	후행처분	승계 여부
표준지 공시지가결정	X (인근 토지)	(A: <u>수용재결</u> / B: <u>과세처분</u>)	O
	O (표준지)	(A: <u>수용재결</u> / B: <u>과세처분</u>)	X

2. **표준지공시지가결정 & 개별공시지가결정 (×) (2018두50147)**
   표준지로 선정된 토지의 공시지가에 대하여 불복하기 위하여는 (A: <u>지가공시 및 토지 등의 평가에 관한 법률 제8조 제1항 소정의 이의절차를 거쳐 처분청을 상대로 그 공시지가결정의 취소를 구하는 행정소송을 제기하여야 한다</u> / B: <u>개별토지가격결정을 다투는 소송에서 그 개별토지가격 산정의 기초가 된 표준지 공시지가의 위법성을 다툴 수 있다</u>).

3. **친일반민족행위자 최종발표 & 독립유공자 적용배제 결정 (2012두6964)**
   진상규명위원회가 甲의 친일반민족행위자 결정 사실을 (통지)하지 않아 乙은 후행처분이 있기 전까지 선행처분의 사실을 알지 못하였으므로, 선행처분의 하자를 이유로 후행처분의 효력을 다툴 수 없게 하는 것은 乙에게 (수인한도)를 넘는 불이익을 주고 그 결과가 乙에게 (예측)가능한 것이라고 할 수 없어 선행처분의 후행처분에 대한 구속력을 인정할 수 없으므로 선행처분의 위법을 이유로 후행처분의 효력을 다툴 수 있다.

4. **사업종류 변경결정의 처분성 및 하자승계 여부 (2019두61137)**
   ① 사업종류 변경결정 = 실체법적 처분 OR 쟁송법적 처분
   근로복지공단이 사업종류 변경결정을 하면서 개별 사업주에 대하여 (사전통지) 및 의견청취, 이유제시 및 불복방법 고지가 포함된 처분서를 작성하여 교부하는 등 실질적으로 행정절차법에서 정한 처분절차를 준수함으로써 사업주에게 (방어권)행사 및 (불복)의 기회가 보장된 경우에는, (A: <u>그 사업종류 변경결정은 그 내용·형식·절차의 측면에서 단순히 조기의 권리구제를 가능하게 하기 위하여 행정소송법상 처분으로 인정되는 소위 '쟁송법적 처분'</u> / B: <u>개별·구체적 사안에 대한 규율로서 외부에 대하여 직접적 법적 효과를 갖는 행정청의 의사표시인 소위 '실체법적 처분'</u>)에 해당하는 것으로 보아야 한다.
   ② 사업종류 변경결정(실체법적 처분) & 산재보험료 부과처분: 하자승계 ×
   이 경우 사업주가 행정심판법 및 행정소송법에서 정한 기간 내에 불복하지 않아 불가쟁력이 발생한 때에는 그 사업종류 변경결정이 중대·명백한 하자가 있어 당연무효가 아닌 한, 사업주는 그 사업종류 변경결정에 기초하여 이루어진 각각의 산재보험료 부과처분에 대한 쟁송절차에서는 선행처분인 사업종류 변경결정의 위법성을 주장할 수 (A: <u>없다</u> / B: <u>있다</u>)고 봄이 타당하다.

③ **사업종류 변경결정(쟁송법적 처분) & 산재보험료 부과처분: 하자승계 ○**
다만, 근로복지공단이 사업종류 변경결정을 하면서 실질적으로 행정절차법에서 정한 처분절차를 준수하지 않아 사업주에게 (방어권)행사 및 (불복)의 기회가 보장되지 않은 경우에는 이를 항고소송의 대상인 처분으로 인정하는 것은 사업주에게 조기의 권리구제기회를 보장하기 위한 것일 뿐이므로, 이 경우에는 사업주가 사업종류 변경결정에 대해 제소기간 내에 취소소송을 제기하지 않았다고 하더라도 후행처분인 각각의 산재보험료 부과처분에 대한 쟁송절차에서 비로소 선행처분인 사업종류 변경결정의 위법성을 다투는 것이 허용*(A: **되어야 한다** / B: 되지 아니한다)*.

선행처분	(사전통지) 여부	후행처분	승계 여부
(A: 실체 / B: 쟁송) 법적 처분	○	산재보험료 부과처분	X
(A: 실체 / B: 쟁송) 법적 처분	X		○

(3) 선행행위가 무효인 경우

> **관련판례** 도시계획시설사업 시행자 지정 처분[(소유)/(동의)요건 × → 무효] & 실시계획 인가처분 (2016두35144)

① 대통령령으로 정하는 자를 제외한 (사인)이 도시·군계획시설사업의 시행자로 지정받기 위해서는 도시계획시설사업의 대상인 토지(국·공유지는 제외한다) 면적의 3분의 2 이상에 해당하는 토지를 (소유)하고, 토지 소유자 총수의 2분의 1 이상에 해당하는 자의 (동의)를 받아야 한다.
② 이 사건 사업시행자 지정 처분에서 (소유) 및 (동의) 요건을 충족하지 못한 하자는 중대할 뿐만 아니라 객관적으로 명백하다.
③ 선행처분과 후행처분이 서로 (독립)하여 (별개)의 법률효과를 목적으로 하는 때에도 선행처분이 당연무효이면 선행처분의 하자를 이유로 후행처분의 효력을 다툴 수 있다.

22. **국가직 9급** 도시계획시설사업 시행자 지정 처분이 처분 요건을 충족하지 못하여 당연무효인 경우, 도시계획시설사업의 시행자가 작성한 실시계획을 인가하는 처분도 무효이다. (○)

24. **지방직 7급** 도시계획시설사업 시행자 지정 처분이 처분 요건을 충족하지 못하여 당연무효인 경우에는 사업시행자 지정 처분이 유효함을 전제로 이루어진 후행처분인 실시계획 인가처분도 무효이다. (○)

11 하자의 치유 및 전환

구분	치유	전환
원칙	(A: 허용 X / B: 허용 O)	
예외	행정행위의 (무용한 반복)을 피하고, 당사자의 (법적 안정성)을 보호하기 위한 경우 허용	
적용범위	취소사유 (A: 형식·절차 / B: 내용) only	(무효사유)
소급효	○	× (새로운 행정행위)
제3자 보호	(경업자) 등이 있을 때 허용 ×	
시간적 한계	(행정쟁송) 제기 전	-

1. 의의 및 소급효

> **관련판례**
>
> 1. 원칙: *(A: 허용 X / B: 허용 O)* (2010두2579)
>   ① 행정소송에서 행정처분의 위법 여부는 *(A: 행정처분이 있을 때의 법령과 사실상태를 기준으로 하여 판단하여야 하고 / B: 처분 후 법령의 개폐나 사실상태의 변동에 의하여 영향을 받는다고 할 것이며)*, 흠이 있는 행정행위의 치유는 행정행위의 성질이나 법치주의 관점에서 볼 때 원칙적으로 허용*(A: 있는 / B: 없는)* 것이고,
>   ② 예외적으로 행정행위의 (무용한 반복)을 피하고 당사자의 (법적 안정성)을 위해 이를 허용하는 때에도 국민의 권리나 이익을 침해하지 않는 범위에서 구체적 사정에 따라 합목적적으로 인정하여야 할 것이다.
>   ③ 이 사건 설립인가처분 당시 동의율을 충족하지 못한 하자는 후에 (추가동의서)가 제출되었다는 사정만으로 치유될 수 없다.
>
> **23. 국가직 9급** 재건축조합설립인가처분 당시 동의율을 충족하지 못한 하자는 후에 추가동의서가 제출되었다는 사정만으로도 치유된다. (×)
>   ▶ 하자의 치유는 원칙적으로 허용되지 않는다.

2. 납세고지서 기재사항 누락 (84누431)
   (세액산출근거)가 기재되지 아니한 (납세고지서)에 의한 부과처분은 강행법규에 위반하여 취소대상이 된다 할 것이므로 이와 같은 하자는 (납세의무자)가 전심절차에서 이를 주장하지 아니하였거나, 그 후 부과된 세금을 (자진)납부하였다거나, 또는 조세채권의 (소멸시효)기간이 만료되었다 하여 치유되는 것*(A: 이라고 할 수 있다 / B: 이라고는 할 수 없다)*.

23. 국가직 9급 세액산출근거가 기재되지 아니한 납세고지서에 의한 부과처분은 강행법규에 위반하여 취소대상이 된다고 할 것이지만 이와 같은 하자는 납세의무자가 전심절차에서 이를 주장하지 아니하였거나, 그 후 부과된 세금을 자진납부하였다거나, 또는 조세채권의 소멸시효기간이 만료된 경우 치유된다. (×)
▶ 하자의 치유는 원칙적으로 허용되지 않는다.

21. 지방직 9급 세액산출근거가 기재되지 아니한 납세고지서에 의한 부과처분은 그 후 부과된 세금을 자진납부하였다거나 또는 조세채권의 소멸시효기간이 만료되었다 하여 하자가 치유되는 것이라고는 할 수 없다. (○)

> **비교** 과세(예고)통지서로 보완 (95누665)
> 과세관청이 과세처분에 앞서 납세의무자에게 보낸 과세(예고)통지서 등에 납세고지서의 필요적 기재사항이 제대로 기재되어 있어 납세의무자가 그 처분에 대한 (불복) 여부의 결정 및 (불복)신청에 전혀 지장을 받지 않았음이 명백하다면, 이로써 납세고지서의 흠결이 보완되거나 하자가 치유될 수는 있다.

3. 예외 – 청문서가 늦게 (도달)하였으나, (이의) 없이 (출석)하여 의견 진술 (92누2844)

   행정청이 식품위생법상의 청문절차를 이행함에 있어 소정의 청문서 (도달기간)을 지키지 아니하였다면 이는 청문의 절차적 요건을 준수하지 아니한 것이므로 이를 바탕으로 한 행정처분은 일단 (위법)하다고 보아야 할 것이지만 이러한 청문제도의 취지는 처분으로 말미암아 받게 될 영업자에게 미리 변명과 유리한 자료를 제출할 기회를 부여함으로써 부당한 권리침해를 예방하려는 데에 있는 것임을 고려하여 볼 때, 가령 행정청이 청문서 (도달기간)을 다소 어겼다 하더라도 영업자가 이에 대하여 (이의)하지 아니한 채 스스로 청문일에 (출석)하여 그 의견을 진술하고 변명하는 등 (방어)의 기회를 충분히 가졌다면 청문서 도달기간을 준수하지 아니한 하자는 치유되었다고 봄이 상당하다.

24. 지방직 9급 행정청이 청문서 도달기간을 어겼다면 당사자가 이에 대하여 이의 하지 아니한 채 스스로 청문일에 출석하여 방어의 기회를 충분히 가졌더라도 청문서 도달기간을 준수하지 아니한 하자가 치유되는 것은 아니다. (×)
▶ 청문의 목적이 달성되었으므로, 예외적으로 치유가 인정된다.

22. 지방직 7급 행정청이 청문서 도달기간을 다소 어겼다 하더라도 당사자가 이에 대하여 이의하지 아니한 채 스스로 청문일에 출석하여 그 의견을 진술하고 변명하는 등 방어의 기회를 충분히 가졌다면 청문서 도달기간을 준수하지 아니한 하자는 치유되었다고 볼 수 있다. (○)

2. 적용 범위

> **관련판례**
>
> 1. (무효)인 하자는 치유 불가 (1) (96누5308)
>
>   토지등급결정내용의 개별통지가 있다고 볼 수 없어 토지등급결정이 (무효)인 이상, 토지소유자가 그 결정 이전이나 이후에 토지등급결정내용을 알았다거나 또는 그 결정 이후 매년 정기 등급수정의 결과가 토지소유자 등의 열람에 공하여졌다 하더라도 개별통지의 하자가 치유되는 것은 아니다.

> **24. 지방직 9급** 토지등급결정내용의 개별통지가 있었다고 볼 수 없어 토지등급결정이 무효라면, 토지소유자가 그 결정 이전이나 이후에 토지등급결정내용을 알았다 하더라도 개별통지의 하자가 치유되는 것은 아니다. (○)

2. [심화] (무효)인 하자는 치유 불가 (2) (87누986)

   납입고지서의 (송달)이 부적법하면 그 부과처분은 효력이 발생하지 아니하는 것이고 또한 (송달)이 부적법하여 송달의 효력이 발생하지 아니하는 이상 상대방이 객관적으로 위 부과처분의 존재를 인식할 수 있었다 하더라도 그와 같은 사실로써 (송달)의 하자가 치유된다고 볼 수는 없다.

3. 한계

   > **관련판례** 소제기 이후
   >
   > 소제기 이후 하자 치유 (82누420)
   > 과세처분시 납세고지서에 과세표준, 세율, 세액의 산출근거 등이 누락된 경우에는 늦어도 과세처분에 대한 (불복)여부의 결정 및 (불복)신청에 편의를 줄 수 있는 상당한 기간 내에 보정행위를 하여야 그 하자가 치유된다 할 것이므로, 과세처분이 있은 지 4년이 지나서 그 (취소소송)이 제기된 때에 보정된 납세고지서를 송달하였다는 사실이나 오랜 기간(4년)의 경과로써 과세처분의 하자가 치유되었다고 볼 수는 없다.
   >
   > > **24. 국가직 9급** A시 시장이 과징금부과처분을 함에 있어 과징금부과통지서의 일부 기재가 누락되어 이를 이유로 甲이 관할 행정법원에 과징금부과처분의 취소를 구하는 소를 제기한 경우, A시 시장은 취소소송 절차가 종결되기 전까지 보정된 과징금부과처분 통지서를 송달하면 일부 기재 누락의 하자는 치유된다. (×)
   > > ▶ 취소소송이 이미 제기되었다면 하자의 치유는 불가하다.
   >
   > **비교판례+** 소제기 이후 직권취소 (2016두56721, 56738)
   >
   > 흠 있는 부분에 해당하는 점용료를 감액하는 처분은 *(A: 당초 처분 자체를 일부 취소하는 변경처분에 해당한다 / B: 흠의 치유에 해당한다)*. 그러므로 이러한 변경처분은 변경처분 자체가 신뢰보호 원칙에 반한다는 등의 특별한 사정이 없는 한 점용료 부과처분에 대한 취소소송이 제기된 (이후)에도 허용될 수 있다.
   >
   > > **24. 국가직 9급** 처분에 대하여 행정심판이나 행정소송이 제기되어 쟁송이 진행되고 있는 도중에는 행정청은 스스로 대상 처분을 취소할 수 없다. (×)
   > > ▶ 소송 전후를 불문하고 직권취소가 가능하다
   > > **24. 지방직 9급** 변상금 부과처분에 대한 취소소송이 진행 중인 경우 부과권자는 위법한 처분을 스스로 취소하고 그 하자를 보완하여 다시 적법한 부과처분을 할 수 없다. (×)
   > > ▶ 소송 전후를 불문하고 직권취소가 가능하다.

12 행정행위의 취소 및 철회

구분	취소	철회
근거	*(A: 행정기본법 / B: 행정절차법)*	
신뢰보호	<*(A: 수익적 / B: 침익적)* 처분 한정> 공익 vs 사익	
	절대적 취소사유 (2)	×
절차	<*(A: 수익적 / B: 침익적)* 처분 한정> 행정절차법상 사전통지, 의견청취 준수	
소급효	원칙 ○, 예외 ×	× *(A: 예외 O / B: 예외 없음)*
사유	<성립 *(A: 이후 / B: 당시)*> 원처분의 *(A: 위법 / B: 위법 또는 부당)*	<성립 *(A: 이후 / B: 당시)*> ① 법정 사유 ② 법률/사정변경 ③ 중대한 공익
취소의 취소 (부활)	침익적 행정행위: *(A: O / B: X)*	
	수익적 행정행위: *(A: O / B: X)* [단, 제3자 이해관계 있다면 *(A: O / B: X)*]	

1. 의의

> **관련판례** 개별법상 근거 필요 여부 (2019두31839)
>
> 처분청은 행정처분에 하자가 있는 경우에는 별도의 법적 근거*(A: 가 있어야 / B: 가 없더라도)* 스스로 이를 취소할 수 있다.
>
> **23. 국가직 9급** 「행정기본법」은 직권취소나 철회의 일반적 근거규정을 두고 있고, 직권취소나 철회는 개별 법률의 근거가 없어도 가능하다. (○)
>
> **22. 국가직 9급** A시장은 건축허가 당시 별다른 하자가 없었고 철회의 법적근거가 없으므로 건축허가를 철회할 수 없다. (×)
> ▶ 법적 근거 없이 철회하더라도 법률유보원칙 위반으로 보지 않는다.
>
> **21. 지방직 9급** 처분청은 처분의 성립에 하자가 있는 경우 별도의 법적 근거가 없더라도 직권으로 이를 취소할 수 있다. (○)
>
> **24. 지방직 7급** 행정처분을 한 처분청은 그 행위에 하자가 있는 경우에는 원칙적으로 별도의 법적 근거가 없더라도 스스로 이를 직권으로 취소할 수 있다. (○)

> 행정기본법 제18조【*(A: 위법 / B: 위법 또는 부당)*한 처분의 취소】① 행정청은 *(A: 위법 / B: 위법 또는 부당)*한 처분의 전부나 일부를 *(A: 소급 / B: 장래를 향하여)* 취소할 수 있다. 다만, 당사자의 신뢰를 보호할 가치가 있는 등 정당한 사유가 있는 경우에는 *(A: 소급 / B: 장래를 향하여)* 취소할 수 있다.

24. 국가직 9급 행정청은 위법 또는 부당한 처분의 전부나 일부를 소급하여 취소할 수 있다. 다만, 당사자의 신뢰를 보호할 가치가 있는 등 정당한 사유가 있는 경우에는 장래를 향하여 취소할 수 있다. (O)

22. 국가직 7급 행정청은 당사자의 신뢰를 보호할 가치가 있는 등 정당한 사유가 있는 경우에는 위법한 처분을 장래를 향하여 취소할 수 있다. (O)

23. 지방직 7급 행정청은 당사자의 신뢰를 보호할 가치가 있는 등 정당한 사유가 있는 경우에는 위법 또는 부당한 처분의 전부나 일부를 장래를 향하여 취소할 수 있다. (O)

② 행정청은 제1항에 따라 당사자에게 권리나 이익을 부여하는 처분을 취소하려는 경우에는 취소로 인하여 당사자가 입게 될 불이익을 취소로 달성되는 공익과 *(비교·형량)* 하여야 한다. 다만, 다음 각 호의 어느 하나에 해당하는 경우에는 그러하지 아니하다.

23. 국가직 9급 수익적 행정처분을 직권취소할 때에는 이를 취소하여야 할 중대한 공익상 필요와 취소로 인하여 처분상대방이 입게 될 기득권과 법적 안정성에 대한 침해 정도 등 불이익을 비교·교량한 후 공익상 필요가 처분상대방이 입을 불이익을 정당화할 만큼 강한 경우에 한하여 취소할 수 있다. (O)

22. 국가직 7급 A시장의 주택건설사업계획승인의 취소는 취소하여야 할 공익상의 필요와 그 취소로 인하여 당사자가 입게 될 기득권의 침해·신뢰보호 등을 비교·교량하였을 때 공익상의 필요가 당사자가 입을 불이익을 정당화할 만큼 강하지 않다면 적법성을 인정받을 수 없다. (O)

1. *(거짓)*이나 그 밖의 부정한 방법으로 처분을 받은 경우

23. 국가직 9급 수익적 처분이 상대방의 허위 기타 부정한 방법으로 인하여 행하여졌다면 상대방은 그 처분이 그와 같은 사유로 인하여 취소될 것임을 예상할 수 있으므로, 이러한 경우까지 상대방의 신뢰를 보호하여야 하는 것은 아니다. (O)

22. 국가직 7급 당사자가 부정한 방법으로 수익적 처분을 받은 경우에도 행정청이 그 처분을 취소하려면 취소로 인하여 당사자가 입게 될 불이익을 취소로 달성되는 공익과 비교·형량하여야 한다. (×)
▶ 신뢰보호원칙의 요건이 충족되지 않았으므로, 한계를 고려하지 않는다.

2. 당사자가 처분의 위법성을 알고 있었거나 *(A: 중대한 / B: 경한)* 과실로 알지 못한 경우

제19조 【*(A: 적법 / B: 위법)*한 처분의 철회】 ① 행정청은 *(A: 적법 / B: 위법)*한 처분이 다음 각 호의 어느 하나에 해당하는 경우에는 그 처분의 전부 또는 일부를 *(A: 소급 / B: 장래를 향하여)* 철회할 수 있다.

23. 국가직 9급 행정행위의 철회 사유는 행정행위가 성립되기 이전에 발생한 것으로서 행정행위의 효력을 존속시킬 수 없는 사유를 말한다. (×)
▶ 철회는 후발적인 사유를 전제한다.

22. 국가직 7급 행정청은 중대한 공익을 위하여 필요한 경우에는 적법한 처분의 전부 또는 일부를 장래를 향하여 철회할 수 있다. (O)

1. 법률에서 정한 철회 사유에 해당하게 된 경우
2. 법령등의 변경이나 사정변경으로 처분을 더 이상 존속시킬 필요가 없게 된 경우

24. 국가직 9급 행정청은 사정변경으로 적법한 처분을 더 이상 존속시킬 필요가 없게 된 경우 그 처분의 전부 또는 일부를 장래를 향하여 철회할 수 있다. (O)

3. 중대한 공익을 위하여 필요한 경우

> **21. 지방직 9급** 행정청은 적법한 처분이 중대한 공익을 위하여 필요한 경우에는 그 처분을 장래를 향하여 철회할 수 있다. (○)
>
> **23. 지방직 7급** 행정행위를 한 처분청은 비록 그 처분 당시에 별다른 하자가 없었고, 또 그 처분 후에 이를 철회할 별도의 법적 근거가 없다 하더라도 원래의 처분을 존속시킬 필요가 없게 된 사정변경이 생겼거나 또는 중대한 공익상의 필요가 발생한 경우에는 그 효력을 상실케 하는 별개의 행정행위로 이를 철회할 수 있다. (○)

② 행정청은 제1항에 따라 처분을 철회하려는 경우에는 철회로 인하여 당사자가 입게 될 불이익을 철회로 달성되는 공익과 (비교·형량)하여야 한다.

> **22. 국가직 9급** 철회권의 행사는 기득권의 침해를 정당화할 만한 중대한 공익상의 필요 또는 제3자의 이익을 보호할 필요가 있고, 공익상의 필요 등이 상대방이 입을 불이익을 정당화할 만큼 강한 경우에 한해 허용될 수 있다. (○)

관련판례 원칙: 국민의 철회·변경 신청권 (96누6219)

처분청이 처분 후에 원래의 처분을 그대로 존속시킬 필요가 없게 된 사정변경이 생겼거나 중대한 공익상의 필요가 발생한 경우에는 별도의 법적 근거가 없어도 별개의 행정행위로 이를 철회·변경할 수 있지만 이는 (A: <u>그러한 철회·변경의 권한을 처분청에게 부여하는 데 그치는 것이므로</u> / B: 상대방 등에게 그 철회·변경을 요구할 신청권까지를 부여하는 것이므로), 이와 같이 법규상 또는 조리상의 신청권이 없이 한 국민들의 토지형질변경행위 변경허가신청을 반려한 당해 (반려)처분은 항고소송의 대상이 되는 처분에 해당되지 않는다.

> **21. 지방직 7급** 행정청은 적법한 처분의 경우 당사자의 신청이 있는 경우에만 철회가 가능하다. (×)
> ▶ 행정청의 고유 권한이므로, 직권으로 철회가 가능하다.
>
> **24. 지방직 7급** 승인처분의 근거 법률에서 행정청의 승인처분에 대한 취소신청과 관련하여 아무런 규정을 두고 있지 않더라도 직권취소를 할 수 있다는 사정만으로 이해관계인은 처분청에 대하여 승인처분의 하자를 이유로 그 승인처분의 취소를 요구할 신청권을 갖는다. (×)
> ▶ 이해관계인에게 취소를 요구할 신청권이 없으므로, 거부처분의 대상적격이 인정되지 않는다.

예외판례 +

1. 본인 토지 위에 제3자(건축주) 명의의 건축허가가 남아 있는 경우 (2014두41190)

   건축주가 토지 소유자로부터 토지사용승낙서를 받아 그 토지 위에 건축물을 건축하는 대물적 성질의 건축허가를 받았다가 착공에 앞서 (A: <u>토지 소유자</u> / B: 건축주)의 귀책사유로 해당 토지를 사용할 권리를 상실한 경우, 건축허가의 존재로 말미암아 토지에 대한 소유권 행사에 지장을 받을 수 있는 (A: <u>토지 소유자</u> / B: 건축주)로서는 건축허가의 철회를 신청할 수 있다고 보아야 한다. 따라서 토지 소유자의 위와 같은 신청을 (거부)한 행위는 항고소송의 대상이 된다.

   > **22. 국가직 9급** 착공에 앞서 甲의 귀책사유로 해당 토지를 사용할 권리를 상실한 경우, 乙은 A시장에 대하여 건축허가의 철회를 신청할 수 있다. (○)

2. 공사중지명령의 (원인사유)가 해소된 경우 (2014두37665)

지방자치단체장이 건축회사에 대하여 당해 신축공사와 관련하여 인근 주택에 공사로 인한 피해를 주지 않는 공법을 선정하고 이에 대하여 안전하다는 전문가의 검토의견서를 제출할 때까지 신축공사를 중지하라는 당해 공사중지명령에 있어서는 그 명령의 내용 자체로 또는 그 성질상으로 명령 이후에 그 (원인사유)가 해소되는 경우에는 잠정적으로 내린 당해 공사중지명령의 (해제)를 요구할 수 있는 권리를 위 명령의 상대방에게 인정하고 있다고 할 것이므로, 위 회사에게는 조리상으로 그 (해제)를 요구할 수 있는 권리가 인정된다.

> **21. 국가직 9급** 공사중지명령의 원인사유가 해소되었다면 甲은 공사중지명령의 해제를 신청할 수 있고, 이에 대한 거부는 처분성이 인정된다. (○)

2. 제한 및 절차

📑 **관련판례**

1. **지급결정취소**(없으로 한 준다) ≠ **징수처분**(줬다 뺏기) (2013두27159)

   산재보상법상 각종 보험급여 등의 지급결정을 변경 또는 취소하는 처분과 처분에 터 잡아 잘못 지급된 보험급여액에 해당하는 금액을 징수하는 처분이 적법한지를 판단하는 경우 비교·교량할 각 사정이 동일(A: 하므로 / B: 하다고는 할 수 없으므로), 지급결정을 변경 또는 취소하는 처분이 적법하다(A: 고 하여 그에 터 잡은 징수처분도 반드시 적법하다고 판단해야 하는 것은 아니다 / B: 면 그에 터 잡은 징수처분도 적법하다고 보아야 한다).

2. **권한 없는 행정청이 직접 취소** (결자해지) (84누463)

   권한 없는 행정기관이 한 당연무효인 행정처분을 취소할 수 있는 권한은 (A: 당해 행정처분을 한 처분청에게 속한다 / B: 당해 행정처분을 할 수 있는 적법한 권한을 가지는 행정청에게 귀속된다).

> **22. 지방직 9급** 권한 없는 행정청이 한 위법한 행정처분을 취소할 수 있는 권한은 그 행정처분을 한 처분청에게 속하는 것이고, 그 행정처분을 할 수 있는 적법한 권한을 가지는 행정청에게 그 취소권이 귀속되는 것은 아니다. (○)

3. 소급효 여부

📑 **관련판례** 철회는 원칙적으로 소급효 × (2015두58195)

① 영유아보육법 제30조 제5항 제3호에 따른 평가인증의 취소는 (A: 평가인증 당시에 존재하였던 하자를 이유로 / B: 그 이후에 새로이 발생한 사유로) 평가인증의 효력을 소멸시키는 경우에 해당하므로, 법적 성격은 평가인증의 '(A: 취소 / B: 철회)'에 해당한다.
② 평가인증을 철회하는 처분을 하면서도, 평가인증의 효력을 과거로 (소급)하여 상실시키기 위해서는, 특별한 사정이 없는 한 영유아보육법 제30조 제5항과는 (별도)의 법적 근거가 필요하다.

4. 취소의 취소(철회의 취소)

> **관련판례**
>
> 1. 과세처분의 부활[상대방: (침익적)] (94누7027)
>
>   과세관청은 부과의 취소를 (다시) 취소함으로써 원부과처분을 (소생)시킬 수는 없고 납세의무자에게 종전의 과세대상에 대한 납부의무를 지우려면 다시 법률에서 정한 부과절차에 좇아 동일한 내용의 (새로운) 처분을 하는 수밖에 없다.
>
>   > 24. **국가직 7급** 과세처분에 관한 이의신청절차에서 과세관청이 이의신청 사유가 옳다고 인정하여 과세처분을 직권으로 취소한 이상 그 후 특별한 사유 없이 이를 번복하고 종전 처분을 되풀이하는 것은 허용되지 않는다. (O)
>   > 21. **지방직 9급** 과세관청은 과세처분의 취소를 다시 취소함으로써 이미 효력을 상실한 과세처분을 소생시킬 수 있다. (×)
>   > ▶ 침익적 처분은 취소의 취소가 불가하다.
>   > 23. **지방직 7급** 조세부과처분이 취소되면 그 조세부과처분은 확정적으로 효력이 상실되므로 나중에 취소처분이 취소되어도 원 조세부과처분의 효력이 회복되지 않는다. (O)
>   > 24. **지방직 7급** 과세처분에 관한 이의신청절차에서 과세관청이 납세자의 이의신청 사유가 옳다고 인정하여 과세처분을 직권으로 취소한 이상 그 후 특별한 사유 없이 이를 번복하고 종전 처분을 되풀이하는 것은 허용되지 않는다. (O)
>
> 2. 현역 입대처분의 부활[상대방: (침익적)] (2001두9653)
>
>   지방병무청장이 재신체검사 등을 거쳐 현역병입영대상편입처분을 보충역편입처분이나 제2국민역편입처분으로 변경하거나, 보충역편입처분을 제2국민역편입처분으로 변경하는 경우, 비록 새로운 병역처분의 성립에 하자가 있다고 하더라도 그것이 당연무효가 아닌 한 일단 유효하게 성립하고 제소기간의 경과 등 형식적 존속력이 생김과 동시에 종전의 병역처분의 효력은 취소 또는 철회되어 확정적으로 상실된다고 보아야 할 것이므로, 그 후 새로운 병역처분의 성립에 하자가 있었음을 이유로 하여 이를 취소한다고 하더라도 종전의 병역처분의 효력이 (되살아난다)고 할 수 없다.

행정행위 (①)	취소 (②)	취소 (③)	
침익적		상대방	*(A: **침익적** / B: 수익적)*
		(경원자)	수익적
수익적		상대방	수익적
		(경원자)	*(A: **침익적** / B: 수익적)*

5. 일부 취소(철회)

> **관련판례** 국세 (감액)결정 처분(100 → 80) = 일부취소 (94다16045)
>
> 국세 (감액)결정 처분은 이미 부과된 과세처분에 하자가 있음을 이유로 사후에 이를 일부취소하는 처분이므로, 취소의 효력은 그 취소된 국세 부과처분이 있었을 당시에 (소급)하여 발생하는 것이고, 이는 판결 등에 의한 취소이거나 과세관청의 직권에 의한 취소이거나에 따라 차이가 *(A: 있다 / B: **있는 것이 아니다**)*.

제3장 | 나머지 행정작용

13 그 밖의 행정의 주요행위형식

	확약	행정계획	공법상 계약	사실행위	행정지도
처분성	(A: O / B: X)	△	(A: O / B: X)	△	(A: O / B: X)
문서주의	(A: O / B: X)	-	(A: O / B: X)	-	(A: O / B: X)

1. 확약

> 행정절차법 제40조의2 【확약】 ① 법령등에서 당사자가 신청할 수 있는 처분을 규정하고 있는 경우 행정청은 당사자의 신청에 따라 장래에 어떤 처분을 하거나 하지 아니할 것을 내용으로 하는 의사표시(이하 "확약"이라 한다)를 할 수 있다.
> ② 확약은 *(A: 문서 / B: 문서 또는 말)*로 하여야 한다.

> **23. 국가직 7급**「행정절차법」상 법령등에서 당사자가 신청할 수 있는 처분을 규정하고 있는 경우 행정청은 당사자의 신청에 따라 장래에 어떤 처분을 하거나 하지 아니할 것을 내용으로 하는 확약을 할 수 있으며, 문서 또는 말에 의한 확약도 가능하다. (×)
> ▶ 말로 할 수 있다는 예외적인 경우가 규정되어 있지 않다.

> ③ 행정청은 (다른) 행정청과의 협의 등의 절차를 거쳐야 하는 처분에 대하여 확약을 하려는 경우에는 확약을 *(A: 하기 전 / B: 한 후)*에 그 절차를 거쳐야 한다.

(1) 의의 및 처분성

> **관련판례** 어업면허우선순위결정: 처분성 *(A: O / B: X)* (94누6529)
> 어업권면허에 선행하는 우선순위결정은 행정청이 우선권자로 결정된 자의 신청이 있으면 어업권면허처분을 하겠다는 것을 약속하는 행위로서 *(A: 강학상 확약에 불과하므로 / B: 행정처분에 해당하므로)*, 우선순위결정에 공정력이나 불가쟁력과 같은 효력이 인정*(A: 되며 / B: 되지 아니하며)*, 따라서 우선순위결정이 잘못되었다는 이유로 종전의 어업권면허처분이 취소되면 행정청은 종전의 우선순위결정을 (무시)하고 다시 우선순위를 결정한 다음 새로운 우선순위결정에 기하여 새로운 어업권면허를 할 수 있다.

> **23. 국가직 7급** 어업면허에 선행하는 우선순위결정은 행정청이 우선권자로 결정된 자의 신청이 있으면 어업권면허처분을 하겠다는 것을 약속하는 행위로서 강학상 확약에 불과하고 행정처분은 아니다. (○)
> **24. 지방직 9급** 어업면허에 선행하는 우선순위결정은 행정청이 우선권자로 결정된 자의 신청이 있으면 어업권면허처분을 하겠다는 것을 약속하는 행위로서 행정처분이 아니다. (○)
> **21. 지방직 7급** 어업권면허에 선행하는 확약인 우선순위결정은 취소소송의 대상이 되는 행정작용에 해당한다. (×)
> ▶ 확약은 처분성이 인정되지 않는다.

비교판례+ 내인가취소 = 본인가 거부처분 (90누4402)

자동차운송사업양도양수계약에 기한 양도양수인가신청에 대하여 피고 시장이 ① 내인가를 한 후 위 ② 내인가에 기한 본인가신청이 있었으나 자동차운송사업 양도양수인가신청서가 합의에 의한 정당한 신청서라고 할 수 없다는 이유로 위 ③ (내인가)를 취소한 경우, 위 내인가의 법적 성질이 행정행위의 일종으로 볼 수 있든 아니든 그것이 행정청의 상대방에 대한 의사표시임이 분명하고, 피고가 위 내인가를 취소함으로써 다시 본인가에 대하여 따로이 인가 여부의 처분을 한다는 사정이 보이지 않는다면 위 내인가취소를 *(A: 확약을 실효시키는 / B: 인가신청을 거부하는)* 처분으로 보아야 할 것이다.

22. 국가직 9급 자동차운송사업 양도·양수인가신청에 대하여 행정청이 내인가를 한 후 그 본인가신청이 있음에도 내인가를 취소한 경우, 다시 본인가에 대하여 별도로 인가여부의 처분을 한다는 사정이 보이지 않는다면 내인가취소는 행정처분에 해당한다. (O)

(2) 확약의 효력이 상실되는 경우

행정절차법 제40조의2 【확약】 ④ 행정청은 다음 각 호의 어느 하나에 해당하는 경우에는 확약에 기속되지 아니한다.
1. 확약을 한 후에 확약의 내용을 이행할 수 없을 정도로 법령등이나 사정이 (변경)된 경우
2. 확약이 (위법)한 경우

⑤ 행정청은 확약이 제4항 각 호의 어느 하나에 해당하여 확약을 이행할 수 없는 경우에는 *(A: 상당한 기간 내에 / B: 지체 없이)* 당사자에게 그 사실을 (통지)하여야 한다.

23. 국가직 7급 「행정절차법」상 행정청은 확약을 한 후에 확약의 내용을 이행할 수 없을 정도로 법령등이나 사정이 변경된 경우에는 확약에 기속되지 아니하며, 그 확약을 이행할 수 없는 경우에는 지체 없이 당사자에게 그 사실을 통지하여야 한다. (O)

관련판례 (유효기간)을 경과한 경우 (95누10877)

행정청이 상대방에게 장차 어떤 처분을 하겠다고 확약 또는 공적인 의사표명을 하였다고 하더라도, 그 자체에서 상대방으로 하여금 언제까지 처분의 발령을 신청을 하도록 (유효기간)을 두었는데도 그 기간 내에 상대방의 신청이 없었다거나 확약 또는 공적인 의사표명이 있은 후에 사실적·법률적 상태가 (변경)되었다면, 그와 같은 확약 또는 공적인 의사표명은 행정청의 별다른 의사표시 *(A: 를 기다리지 않고 / B: 를 통해)* 실효된다.

23. 국가직 7급 행정청이 상대방에게 장차 어떤 처분을 하겠다고 확약을 하였더라도, 그 자체에서 상대방으로 하여금 언제까지 처분의 발령을 신청하도록 유효기간을 두었는데도 그 기간 내에 상대방의 신청이 없었다면, 그 확약은 행정청의 별다른 의사표시를 기다리지 않고 실효된다. (O)

2. 행정계획

(1) 의의 및 처분성

> **관련판례**
>
> 1. 사업시행계획: 처분성 ○ (2009마596)
>   *(A: 재건축정비사업조합이 / B: 토지등소유자가 자치적으로)* 행정주체의 지위에서 위 법에 기초하여 수립한 사업시행계획은 인가·고시를 통해 확정되면 이해관계인에 대한 구속적 행정계획으로서 독립된 행정처분에 해당한다.
> 2. 도시계획결정: 처분성 ○ (99두11257)
>   ① 행정청이 도시계획에 관한 (권한)을 가진 경우
>   이미 도시계획이 결정·고시된 지역에 대하여 다른 내용의 도시계획을 결정·고시할 수 있고, 이 때에 후행 도시계획에 선행 도시계획과 서로 양립할 수 *(A: 없는 / B: 있는)* 내용이 포함되어 있다면, 특별한 사정이 없는 한 선행 도시계획은 후행 도시계획과 같은 내용으로 변경되는 것이나,

24. 국가직 9급 도시계획의 결정·변경 등에 관한 권한을 가진 행정청은 이미 도시계획이 결정·고시된 지역에 대하여도 다른 내용의 도시계획을 결정·고시할 수 있고, 이때에 후행 도시계획에 선행 도시계획과 서로 양립할 수 없는 내용이 포함되어 있다면, 특별한 사정이 없는 한 선행 도시계획은 후행 도시계획과 같은 내용으로 변경된다. (○)

21. 국가직 9급 도시계획의 결정·변경 등에 대한 권한행정청은 이미 도시계획이 결정·고시된 지역에 대하여도 다른 내용의 도시계획을 결정·고시할 수 있고, 이때에 후행 도시계획에 선행 도시계획과 양립할 수 없는 내용이 포함되어 있다면 특별한 사정이 없는 한 선행 도시계획은 후행 도시계획과 같은 내용으로 변경된다. (○)

> ② 행정청이 도시계획에 관한 (권한)을 가지지 않은 경우
> 선행 도시계획과 서로 양립할 수 *(A: 없는 / B: 있는)* 내용이 포함된 후행 도시계획결정을 하는 것은 ① 아무런 (권한) 없이 선행 도시계획결정을 폐지하고, ② 양립할 수 *(A: 없는 / B: 있는)* 새로운 내용이 포함된 후행 도시계획결정을 하는 것으로서, ① 선행 도시계획결정의 폐지 부분은 (권한) 없는 자에 의하여 행해진 것으로서 무효이고, ② 같은 대상지역에 대하여 선행 도시계획결정이 적법하게 폐지되지 아니한 상태에서 그 위에 다시 한 후행 도시계획결정 역시 위법하고, 그 하자는 *(A: 중대하고도 명백하여 다른 특별한 사정이 없는 한 무효 / B: 취소사유)* 라고 보아야 한다.

24. 지방직 9급 후행 도시계획결정을 하는 행정청이 선행 도시계획의 결정·변경 등에 관한 권한을 가지고 있지 아니한 경우 선행 도시계획과 양립할 수 없는 내용이 포함된 후행 도시계획결정은 다른 특별한 사정이 없는 한 무효이다. (○)

> 3. (일반)처분이므로 효력발생요건 충족되어야 함 (85누186)
>   도시계획결정 등의 처분을 하였다고 하더라도 이를 관보에 게재하여 (고시)하지 아니한 이상 대외적으로는 아무런 효력도 발생하지 아니한다.

21. 지방직 7급 구「도시계획법」상 행정청이 정당하게 도시계획결정의 처분을 하였다고 하더라도 이를 관보에 게재하여 고시하지 아니한 이상 대외적으로는 아무런 효력이 발생하지 않는다. (○)

4. 도시계획(안)의 (공람공고) 절차 ≒ 사전통지 (87누388)

(공람공고)절차를 위배한 도시계획변경결정신청은 위법하다고 아니할 수 없고 행정처분에 위와 같은 법률이 보장한 절차의 흠결이 있는 위법사유가 존재하는 이상 그 내용에 있어 재량권의 범위 내이고 변경될 가능성이 없다 하더라도 그 행정처분은 위법하다.

> **22. 국가직 7급** 구 도시계획법령상 도시계획안의 내용에 대한 공고 및 공람 절차에 하자가 있는 도시계획결정은 위법하다. (○)

유사판례＋ 처분은 아니지만 헌법소원은 가능 (99헌마538)

(**A: 구속적 / B: 비구속적**) 행정계획안이나 행정지침이라도 국민의 (기본권)에 직접적으로 영향을 끼치고, 앞으로 법령의 뒷받침에 의하여 (그대로) 실시될 것이 틀림없을 것으로 예상될 수 있을 때에는, 공권력행위로서 예외적으로 헌법소원의 대상이 될 수 있다.

> **21. 국가직 9급** 구속력 없는 행정계획안이나 행정지침이라도 국민의 기본권에 직접적으로 영향을 끼치고 법령의 뒷받침에 의하여 그대로 실시될 것이 틀림없을 것으로 예상되는 때에는 예외적으로 헌법소원의 대상이 된다. (○)

비교판례＋

1. 도시기본계획: 처분성 × (2000두8226)

① 도시기본계획은 장래의 도시개발의 일반적인 방향이 제시되지만, 그 계획은 도시계획입안의 지침이 되는 것에 불과하여 일반 국민에 대한 직접적인 구속력은 (**A: 있는 / B: 없는**) 것이다.

> **22. 국가직 9급** 구체적인 계획을 입안함에 있어 지침이 되거나 특정 사업의 기본방향을 제시하는 내용의 행정계획은 항고소송의 대상인 행정처분에 해당하지 않는다. (○)
>
> **22. 국가직 9급** 구 「도시계획법」상 도시기본계획은 도시의 기본적인 공간구조와 장기발전방향을 제시하는 종합계획으로서 도시계획입안의 지침이 되므로 일반 국민에 대한 직접적인 구속력은 없다. (○)
>
> **24. 지방직 7급** 구 「도시계획법」상 도시기본계획은 도시의 기본적인 공간구조와 장기발전방향을 제시하는 종합계획으로서 도시계획입안의 지침이 되지만 일반 국민에 대한 직접적인 구속력은 없다. (○)

② 도시기본계획에서의 대상면적이 실제 면적보다 큰 경우, 그것만으로 도시기본계획의 효력이 좌우(**A: 될 수 있다 / B: 되는 것은 아니다**).

> **24. 국가직 9급** 도시기본계획은 도시의 장기적 개발 방향과 미래상을 제시하는 도시계획 입안의 지침이 되는 장기적·종합적인 개발계획으로서 직접적인 구속이 있으므로, 도시계획시설결정 대상면적이 도시기본계획에서 예정했던 것보다 증가할 경우 도시기본계획의 범위를 벗어나 위법하다. (×)
> ▶ 구속력이 없으므로 도시기본계획과 내용이 달라진다 하여도 위법하게 되는 것이 아니다.

2. **환지계획: 처분성 × (97누6889)**
   ① *(A: 환지예정지 지정이나 환지처분 / B: 환지계획)*은 그에 의하여 직접 토지소유자 등의 권리의무가 변동되므로 이를 항고소송의 대상이 되는 처분이라고 볼 수 있으나, *(A: 환지예정지 지정이나 환지처분 / B: 환지계획)*은 그 자체가 직접 토지소유자 등의 법률상의 지위를 변동시키거나 또는 고유한 법률효과를 수반하는 것이 아니어서 이를 항고소송의 대상이 되는 처분에 해당한다고 할 수가 없다.
   ② 일단 환지처분이 고시되어 효력을 발생한 이상, 환지처분의 대상이 된 특정 토지에 대한 개별적인 '환지'가 지정되어 *(A: 있어야만 환지처분에 따른 소유권 상실의 효과가 그 토지에 대하여 발생하는 것은 아니다 / B: 있지 않아도 환지처분에 따른 소유권 상실의 효과가 그 토지에 대하여 발생한다)*.
   사업시행자가 구 농촌근대화촉진법에 따른 구획정리사업을 시행하면서 사유지에 대하여 환지를 지정하지 아니하고 청산금도 지급하지 않는 내용으로 환지계획을 작성하여 인가·고시됨으로써 그 토지의 소유권을 상실시켰다면, 위법한 환지처분으로 토지 소유자에게 입힌 (손해를 배상)할 책임이 있다(2018다255105).

3. **원주시를 혁신도시 (최종)입지로 선정한 행위: 처분성 × (2007두10198)**
   법령에는 혁신도시입지 후보지에 관련된 지역 주민 등의 권리의무에 직접 영향을 미치는 규정을 두고 있지 않으므로, 피고가 원주시를 혁신도시 (최종)입지로 선정한 행위는 항고소송의 대상이 되는 행정처분으로 볼 수 없다.

> **관련판례**
>
> 1. **행정계획 입안·결정의 광범위한 재량 및 한계 (96누8567)**
>   ① 행정주체는 구체적인 행정계획을 입안·결정함에 있어서 비교적 (광범위)한 형성의 자유를 가진다.
>
>   > **24. 국가직 9급** 행정청은 구체적인 행정계획을 입안·결정할 때 비교적 광범위한 형성의 재량을 가진다. (O)
>   > **22. 국가직 7급** 행정주체는 구체적인 행정계획을 입안·결정함에 있어서 비교적 광범위한 형성의 자유를 가진다. (O)
>
>   ② 행정주체가 가지는 이와 같은 형성의 자유는 무제한적인 것이 아니라 그 행정계획에 관련되는 자들의 이익을 공익과 사익 사이에서는 물론이고 공익 상호간과 사익 상호간에도 정당하게 (비교교량)하여야 한다는 제한이 있는 것이고,
>   ③ 따라서 행정주체가 행정계획을 입안·결정함에 있어서 ㉠ 이익형량을 (전혀) 행하지 아니하거나 ㉡ 이익형량의 고려 대상에 마땅히 포함시켜야 할 사항을 (누락)한 경우 또는 ㉢ 이익형량을 하였으나 (정당성·객관성)이 결여된 경우에는 그 행정계획결정은 *(A: 재량권을 일탈·남용한 것으로서 위법하다 / B: 형량의 하자별로 위법의 판단기준을 달리하여 개별적으로 위법성을 판단하여야 한다)*.
>
>   > **24. 국가직 9급** 행정청이 행정계획을 입안·결정할 때 이익형량을 하였으나 정당성과 객관성이 결여된 경우에는 그 행정계획 결정은 위법하게 될 수 있다. (O)
>   > **22. 국가직 7급** 행정주체가 행정계획을 입안·결정함에 있어서 이익형량의 고려 대상에 마땅히 포함시켜야 할 사항을 누락한 경우 그 행정계획결정은 재량권을 일탈·남용한 것으로서 위법하다. (O)
>   > **21. 지방직 7급** 행정주체가 행정계획을 입안·결정함에 있어서 이익형량을 하였으나 정당성과 객관성이 결여된 경우 그 행정계획결정은 위법하다. (O)

행정절차법 제40조의4【행정계획】 행정청은 행정청이 수립하는 계획 중 국민의 권리·의무에 직접 영향을 미치는 계획을 수립하거나 변경·폐지할 때에는 관련된 여러 이익을 정당하게 (형량)하여야 한다.

> **24. 지방직 7급** 행정청은 행정청이 수립하는 계획 중 국민의 권리·의무에 직접 영향을 미치는 계획을 수립하거나 변경·폐지할 때에는 관련된 여러 이익을 정당하게 형량하여야 한다. (○)

2. (변경)신청 수용여부 결정할 때도 마찬가지 (2010두5806)

이러한 법리는 도시계획시설구역 내 토지 등을 소유하고 있는 주민이 장기간 집행되지 아니한 도시계획시설의 결정권자에게 도시계획시설의 (변경)을 신청하고, 결정권자가 이러한 신청을 받아들여 도시계획시설을 (변경)할 것인지를 결정하는 경우에도 동일하게 적용된다고 보아야 한다.

(2) 행정계획 입안·변경청구권

관련판례

원칙: 입안·변경청구권 *(A: X / B: O)* → 거부처분 대상적격 *(A: X / B: O)* (84누227)

도시계획과 같이 장기성·종합성이 요구되는 행정계획에 있어서는 그 계획이 일단 확정된 후에 어떤 사정의 변동이 있다고 하여 지역주민에게 (일일이) 그 계획의 변경을 청구할 권리를 인정해 줄 수도 없는 이치이므로 도시계획시설변경신청을 불허한 행위는 항고소송의 대상이 되는 행정처분이라고 볼 수 없다.

비교판례+

1. 도시계획구역 *(A: 내 / B: 외)* (토지)소유자 (2003두1806)

도시계획구역 *(A: 내 / B: 외)* (토지) 등을 소유하고 있는 주민으로서는 입안권자에게 도시계획입안을 요구할 수 있는 법규상 또는 조리상의 신청권이 있다고 할 것이고, 이러한 신청에 대한 거부행위는 항고소송의 대상이 되는 행정처분에 해당한다.

> **24. 지방직 9급** 행정계획은 행정기관 내부의 행동 지침에 불과하므로, 도시계획구역 내 토지 등을 소유하고 있는 주민은 입안권자에게 도시계획입안을 요구할 수 있는 법규상 또는 조리상의 신청권이 없다. (×)
> ▶ 예외적으로 신청권이 인정된다.
>
> **24. 지방직 7급** 도시계획구역 내 토지 등을 소유하고 있는 주민은 도시시설계획의 입안 내지 변경을 요구할 수 있는 법규상 또는 조리상의 신청권이 있다. (○)

2. 문화재보호구역 *(A: 내 / B: 외)* (토지)소유자 (2003두8821)

문화재보호구역 *(A: 내 / B: 외)* (토지)소유자 등으로서는 위 보호구역의 지정 해제를 요구할 수 있는 법규상 또는 조리상의 신청권이 있다고 할 것이고, 이러한 신청에 대한 거부행위는 항고소송의 대상이 되는 행정처분에 해당한다.

3. 산업단지 (A: 내 / B: 외) (토지)소유자

산업단지 (A: 내 / B: 외)에는 다수의 기반시설 등 도시계획시설 등을 포함하고 있고, 국토의 계획 및 이용에 관한 법률의 해석상 도시계획시설(부지) 소유자에게는 그에 관한 도시·군관리계획의 변경 등을 요구할 수 있는 법규상 또는 조리상 신청권이 인정된다고 해석되고 있다.

> **24. 국가직 7급** 산업단지개발계획상 산업단지 안의 토지소유자로서 산업단지개발계획에 적합한 시설을 설치하여 입주하려는 자는 산업단지지정권자 또는 그로부터 권한을 위임받은 기관에 대하여 산업단지개발계획의 변경을 요청할 수 있는 법규상 또는 조리상 신청권이 있고, 이러한 신청에 대한 거부행위는 항고소송의 대상이 되는 행정처분에 해당한다. (○)
>
> **21. 지방직 9급** 산업단지개발계획상 산업단지 안의 토지 소유자로서 산업단지개발계획에 적합한 시설을 설치하여 입주하려는 자는 산업단지지정권자 또는 그로부터 권한을 위임받은 기관에 대하여 산업단지개발계획의 변경을 요청할 수 있는 법규상 또는 조리상 신청권이 있다. (○)
>
> **21. 지방직 7급** 산업단지개발계획상 산업단지 안의 토지 소유자로서 산업단지개발계획에 적합한 시설을 설치하여 입주하려는 자는 산업단지지정권자 또는 그로부터 권한을 위임받은 기관에 대하여 산업단지개발 계획의 변경을 요청할 수 있는 법규상 또는 조리상 신청권이 있다. (○)

4. 폐기물처리업 (적정통보)받은 자의 (국토이용)계획변경 (2001두10936)
   ① 폐기물처리사업계획의 (적정통보)를 받은 자는 장래 일정한 기간 내에 관계 법령이 규정하는 시설 등을 갖추어 (폐기물처리업허가)신청을 할 수 있는 법률상 지위에 있다고 할 것인바,
   ② 피고로부터 폐기물처리사업계획의 (적정통보)를 받은 원고가 폐기물처리업허가를 받기 위하여는 이 사건 부동산에 대한 용도지역을 '농림지역 또는 준농림지역'에서 '준도시지역시설용지지구'으로 변경하는 국토이용계획변경이 선행되어야 하고, 원고의 위 계획변경신청을 피고가 거부한다면 이는 실질적으로 원고에 대한 (폐기물처리업허가)신청을 불허하는 결과가 되므로, 원고는 위 (국토이용)계획변경의 입안 및 결정권자인 피고에 대하여 그 계획변경을 신청할 법규상 또는 조리상 권리를 가진다.

> **21. 국가직 9급** 장래 일정한 기간 내에 관계법령이 규정하는 시설 등을 갖추어 일정한 행정처분을 구하는 신청을 할 수 있는 법률상 지위에 있는 자의 국토이용계획변경신청을 거부하는 것이 실질적으로 당해 행정처분 자체를 거부하는 결과가 되는 경우라도, 구 「국토이용관리법」상 주민이 국토이용계획의 변경에 대하여 신청을 할 수 있다는 규정이 없으므로 그 신청인에게 국토이용계획변경을 신청할 권리가 인정된다고 볼 수 없다. (×)
> ▶ 예외적으로 신청권이 인정된다.

3. 공법상 계약

(1) 의의 및 특징

> **행정기본법 제27조 【공법상 계약의 체결】** ① 행정청은 법령등을 위반하지 아니하는 범위에서 *(A: 법률우위원칙 / B: 법률유보원칙)* 행정목적을 달성하기 위하여 필요한 경우에는 공법상 법률관계에 관한 계약(이하 "공법상 계약"이라 한다)을 체결할 수 있다. 이 경우 계약의 목적 및 내용을 명확하게 적은 (계약서)를 작성하여야 한다.
>
> > **24. 국가직 7급, 9급** 행정청은 법령등을 위반하지 아니하는 범위에서 행정목적을 달성하기 위하여 필요한 경우에는 공법상 법률관계에 관한 계약을 체결할 수 있고, 이 경우 계약의 목적 및 내용을 명확하게 적은 계약서를 작성하여야 한다. (○)
> > **21. 지방직 9급** 공법상 계약에는 법률우위의 원칙이 적용된다. (○)
> > **23. 지방직 7급** 행정청은 법령등을 위반하지 아니하는 범위에서 행정목적을 달성하기 위하여 필요한 경우에는 공법상 법률관계에 관한 계약을 체결할 수 있다. (○)
> > **23. 지방직 7급** 「행정기본법」에 따르면 신속히 처리할 필요가 있거나 사안이 경미한 경우에는 말 또는 서면으로 공법상 계약을 체결할 수 있다. (×)
> > ▶ 말로 할 수 있다는 예외적인 경우가 규정되어 있지 않다.
>
> ② 행정청은 공법상 계약의 상대방을 선정하고 계약 내용을 정할 때 공법상 계약의 (공공성)과 제3자의 이해관계를 고려하여야 한다.
>
> > **21. 지방직 9급, 22. 국가직 7급** 행정청은 공법상 계약의 상대방을 선정하고 계약 내용을 정할 때 공법상 계약의 공공성과 제3자의 이해관계를 고려하여야 한다. (○)

> **관련판례** 일반론 – 개별적 판단 필요 (2013두6244)
>
> 행정청이 자신과 상대방 사이의 근로관계를 (일방적인) 의사표시로 종료시켰다면 *(A: 곧바로 그 의사표시가 행정청으로서 공권력을 행사하여 행하는 행정처분이라고 단정할 수 있다 / B: 관계 법령이 상대방의 근무관계에 관하여 구체적으로 어떻게 규정하고 있는지에 따라 그 의사표시가 항고소송의 대상이 되는 행정처분에 해당하는 것인지 아니면 공법상 계약관계의 일방 당사자로서 대등한 지위에서 행하는 의사표시인지 여부를 개별적으로 판단하여야 한다).*
>
> > **21. 국가직 9급** 행정청이 자신과 상대방 사이의 법률관계를 일방적인 의사표시로 종료시켰다고 하더라도 곧바로 그 의사표시가 행정청으로서 공권력을 행사하여 행하는 행정처분이라고 단정할 수는 없고, 관계법령이 상대방의 법률관계에 관하여 구체적으로 어떻게 규정하고 있는지에 따라 개별적으로 판단하여야 한다. (○)
> > **21. 지방직 7급** 행정청이 자신과 상대방 사이의 법률관계를 일방적인 의사표시로 종료시켰다면 그 의사표시는 공법상 계약관계의 일방 당사자로서 대등한 지위에서 행하는 의사표시가 아니라 공권력행사로서 행정처분에 해당한다. (×)
> > ▶ 개별 사안마다 달리 판단되어야 한다.

(2) 구체적 사례

> **관련판례**
>
> 1. **서울특별시립무용단원의 해촉 (95누4636)**
>   서울특별시립무용단 단원의 위촉은 공법상의 계약이라고 할 것이고, 따라서 그 단원의 해촉에 대하여는 공법상의 *(A: 당사자소송 / B: 항고소송)* 으로 그 무효확인을 청구할 수 있다.
>
> 2. **지방(전문직)공무원 채용계약 해지 (92누4611)**
>   지방(전문직)공무원채용계약 해지의 의사표시에 대하여는 대등한 당사자 간의 소송형식인 공법상 당사자소송으로 그 의사표시의 무효확인을 청구할 수 있다.
>
> > 24. **국가직 9급** 계약직공무원 채용계약해지의 의사표시를 하는 경우 징계해고 등에서와 같이 그 징계사유에 한하여 효력 유무를 판단하여야 하거나, 행정처분과 같이「행정절차법」에 의하여 근거와 이유를 제시하여야 한다. (×)
> > ▶ 처분이 아니므로 행정절차가 적용되지 않는다.
> >
> > 21. **국가직 9급** 계약직공무원 채용계약해지는 국가 또는 지방자치단체가 대등한 지위에서 행하는 의사표시로서 처분이 아니므로「행정절차법」에 의하여 근거와 이유를 제시하여야 하는 것은 아니다. (○)
> >
> > 24. **국가직 7급** 계약직공무원 채용계약해지의 의사표시는 일반공무원에 대한 징계처분과는 달라서 일정한 사유가 있을 때에 국가 또는 지방자치단체가 채용계약 관계의 한쪽 당사자로서 대등한 지위에서 행하는 의사표시로 취급되는 것으로 이해되므로「행정절차법」에 의하여 근거와 이유를 제시하여야 하는 것은 아니다. (○)
> >
> > 22. **지방직 9급** 계약직공무원 채용계약해지의 의사표시는「행정절차법」에 의하여 근거와 이유를 제시하여야 하는 것은 아니다. (○)
> >
> > 21. **지방직 9급** 계약직 공무원 채용계약해지의 의사표시는 항고소송의 대상이 되는 처분 등의 성격을 가진 것으로 행정처분과 같이「행정절차법」에 의하여 근거와 이유를 제시하여야 한다. (×)
> > ▶ 처분이 아니므로 행정절차가 적용되지 않는다.
>
> **비교판례＋** 계약직공무원에 대한 *(보수삭감)* = 징계처분 (2006두16328)
> 지방계약직공무원에 대하여 지방공무원법, 지방공무원 징계 및 소청 규정에 정한 징계절차에 의하지 않고서는 *(보수를 삭감)* 할 수 없다고 봄이 상당하다.
>
> > 21. **국가직 9급** 채용계약상 특별한 약정이 없는 한, 지방계약직공무원에 대하여「지방공무원법」,「지방공무원 징계 및 소청 규정」에 정한 징계절차에 의하지 않고서는 보수를 삭감할 수 없다. (○)
>
> 3. **시립합창단원에 대한 재위촉 거부 (2001두7794)**
>   (시립합창단원 위촉계약은) 공법상 근로계약에 해당한다고 보아야 할 것이므로, 광주시문화예술회관장이 재위촉을 하지 아니한 것을 항고소송의 대상이 되는 불합격처분 *(A: 에 해당한다 / B: 이라고 할 수는 없다)*.

24. 국가직 7급 시립무용단원의 위촉은 공법상 계약에 해당하지만 해촉에 대하여는 민사소송으로 다투어야 한다. (×)
▶ 당사자소송으로 다툰다.

4. (공중보건의사)채용계약 해지 (95누10617)
(공중보건의사) 채용계약 해지의 의사표시에 대하여는 대등한 당사자간의 소송 형식인 공법상의 당사자소송으로 그 의사표시의 무효확인을 청구할 수 있는 것이다.

21. 지방직 9급 공중보건의사 채용계약 해지의 의사표시에 대하여는 공법상의 당사자소송으로 그 의사표시의 무효확인을 청구할 수 있다. (○)

5. 서울시 (음부조맘) 불채용통보 (2013두6244)
지방계약직공무원인 이 사건 (음부조맘) 채용행위는 공법상 대등한 당사자 사이의 의사표시의 합치로 성립하는 공법상 계약에 해당한다.

6. "(중소기업 정보화)지원사업 협약"의 해지/환수통보 (2015두41449)
(중소기업 정보화)지원사업 지원대상인 사업의 지원에 관한 협약이 회사에 책임이 있는 사업실패로 해지되었다는 이유로 협약에서 정한 대로 지급 받은 정부지원금을 반환할 것을 통보한 사안에서, 협약의 해지 및 그에 따른 환수통보는 행정청이 우월한 지위에서 행하는 공권력의 행사로서 행정처분에 해당한다고 볼 수 없다.

21. 국가직 9급 중소기업 정보화지원사업에 대한 지원금출연협약의 해지 및 환수통보는 공법상 계약에 따른 의사표시가 아니라 행정청이 우월한 지위에서 행하는 공권력의 행사로서 행정처분이다. (×)
▶ 공법상 계약의 해지는 처분성이 없다.

22. 국가직 7급 중소기업 정보화지원사업에 따른 지원금 출연을 위하여 중소기업청장이 체결하는 협약은 공법상 대등한 당사자 사이의 의사표시의 합치로 성립하는 공법상 계약에 해당하고 그 협약의 해지 및 그에 따른 환수통보는 공법상 계약에 따라 행정청이 대등한 당사자의 지위에서 하는 의사표시이다. (○)

23. 지방직 7급 중소기업기술정보진흥원장이 甲 주식회사와 체결한 중소기업 정보화지원사업 지원대상인 사업의 지원에 관한 협약의 해지는 상대방의 권리·의무를 변경시키는 처분에 해당하므로 항고소송의 대상이 된다. (×)
▶ 공법상 계약의 해지는 처분성이 없다.

21. 지방직 7급 구 「중소기업 기술혁신촉진법」상 중소기업 정보화지원사업에 따른 지원금 출연을 위하여 중소기업청장이 체결하는 협약은 공법상 대등한 당사자 사이의 의사표시의 합치로 성립하는 공법상 계약에 해당한다. (○)

7. (학교시설 무상공급) 협약 (2019다277133)
이 사건 협약은 공법인인 원고가 보금자리주택지구 개발사업 시행이라는 공행정활동을 수행하는 과정에서 구 학교용지법 제4조의2에 따른 '(학교시설 무상공급) 의무'의 이행과 관련하여 관할 교육감과 구체적인 이행 방법, 시기, 비용 분담 등을 약정한 것이므로 공법상 계약에 해당하고, 그에 따른 계약상 의무의 존부·범위에 관한 분쟁은 공법상 당사자소송의 대상이라고 보아야 한다.

8. 공법상 계약의 한쪽 당사자가 다른 당사자를 상대로 (효력)을 다투거나 (이행)을 청구하는 소송은 공법상의 법률관계에 관한 분쟁이므로 분쟁의 실질이 *(A: 공법상 권리·의무의 존부·범위에 관한 다툼이라면 / B: 손해배상액의 구체적인 산정방법·금액에 국한된다면)* 공법상 당사자소송으로 제기하여야 한다(2019다277133).

24. **국가직 7급** 공법상 계약의 한쪽 당사자가 다른 당사자를 상대로 효력을 다투거나 이행을 청구하는 소송은 공법상의 법률관계에 관한 분쟁이므로 분쟁의 실질이 공법상 권리·의무의 존부·범위에 관한 다툼이 아니라 손해배상액의 구체적인 산정방법·금액에 국한되는 등의 특별한 사정이 없는 한 공법상 당사자소송으로 제기하여야 한다. (○)

22. **국가직 7급** 공법상 계약의 한쪽 당사자가 다른 당사자를 상대로 그 효력을 다투거나 그 이행을 청구하는 소송은 공법상의 법률관계에 관한 분쟁이므로 특별한 사정이 없는 한 공법상 당사자소송으로 제기하여야 한다. (○)

23. **지방직 9급** 공법상 계약의 한쪽 당사자가 다른 당사자를 상대로 효력을 다투거나 이행을 청구하는 소송은 공법상의 법률관계에 관한 분쟁이므로 분쟁의 실질이 공법상 권리·의무의 존부·범위에 관한 다툼이 아니라 손해배상액의 구체적인 산정방법·금액에 국한되는 등의 특별한 사정이 없는 한 당사자소송으로 제기하여야 한다. (○)

22. **지방직 9급** 공법상 계약이더라도 한쪽 당사자가 다른 당사자를 상대로 계약의 이행을 청구하는 소송은 민사소송으로 제기하여야 한다. (×)
▶ 당사자소송으로 제기한다.

21. **지방직 7급** 공법상 계약의 한쪽 당사자가 다른 당사자를 상대로 효력을 다투거나 이행을 청구하는 소송은 분쟁의 실질이 공법상 권리·의무의 존부·범위에 관한 다툼이 아니라 손해배상액의 구체적인 산정방법·금액에 국한되는 등의 특별한 사정이 없는 한 공법상 당사자소송으로 제기하여야 한다. (○)

비교판례+ 2012두28704

재단법인 한국연구재단이 甲 대학교 총장에게 연구개발비의 부당집행을 이유로 '해양생물유래 고부가식품·향장·한약 기초소재 개발 인력양성사업에 대한 2단계 두뇌한국(BK)21 사업' (A) 협약을 해지하고 연구팀장 乙에 대한 국가연구개발사업의 3년간 (참여제한)을 명하는 통보 및 (B) 대학(자체징계) 요구 등을 통보를 하자 乙이 위 각 통보의 취소를 청구함

① (A) 국가연구개발사업의 (참여제한)을 명하는 통보 (○)

과학기술기본법령상 사업 협약의 해지 통보는 단순히 대등 당사자의 지위에서 형성된 공법상 계약을 계약당사자의 지위에서 종료시키는 의사표시에 불과한 것이 아니라, 행정청이 우월적 지위에서 연구개발비의 회수 및 관련자에 대한 국가연구개발사업 (참여제한) 등의 법률상 효과를 발생시키는 행정처분에 해당한다.

② (B) 대학(자체징계) 요구 등을 통보 (×)

한국연구재단이 甲 대학교 총장에게 乙에 대한 대학 (자체징계)를 요구한 것은 법률상 구속력이 없는 권유 또는 사실상의 통지로서 乙의 권리, 의무 등 법률상 지위에 직접적인 법률적 변동을 일으키지 않는 행위에 해당하므로, 항고소송의 대상인 행정처분에 해당하지 않는다.

4. 사실행위

23. 지방직 9급 행정상 사실행위의 예로는 폐기물 수거, 행정지도, 대집행의 실행, 행정상 즉시강제 등이 있다. (○)

구분	행위 시작	행위 종료	소송 제기
소의 이익	(A: *O* / B: X)	(A: O / B: *X*)	(A: O / B: *X*)

관련판례

1. (영치품) 사용불허: 대상적격 ○ / 소의 이익 *(A: O / B: X)* (2007두13203)
   수형자의 (영치품)에 대한 사용신청 불허처분 후 수형자가 다른 교도소로 (이송)되었다 하더라도 수형자의 권리와 이익의 침해 등이 해소되지 않은 점 등에 비추어, 위 영치품 사용신청 불허처분의 취소를 구할 이익이 있다.

   23. 지방직 9급 교도소장이 영치품인 티셔츠 사용을 재소자에게 불허한 행위는 항고소송의 대상이 되는 행정처분에 해당한다. (○)

2. 마약검사 위해 (소변) 제출하도록 한 것 = (공권력의 행사)(헌법소원 대상) (2005헌마277)
   교도소 수형자에게 (소변)을 받아 제출하게 한 것은, 형을 집행하는 우월적인 지위에서 외부와 격리된 채 형의 집행에 관한 지시, 명령을 복종하여야 할 관계에 있는 자에게 행해진 것으로서 권력적 사실행위로서 헌법재판소법 제68조 제1항의 (공권력의 행사)에 해당한다.

   23. 지방직 9급 교도소 내 마약류 관련 수형자에 대한 교도소장의 소변강제채취는 권력적 사실행위이나 헌법소원의 대상은 아니다. (×)
   ▶ 권력적 사실행위로서 헌법소원의 대상이 된다.

5. 행정지도

22. 국가직 9급 지도, 권고, 조언 등의 행정지도는 법령의 근거를 요하고 항고소송의 대상이 된다. (×)
▶ 침익적이지 않으므로 법률유보원칙이 적용되지 않으나, 행정절차법에 일반 규정이 이미 마련되어 있다. 한편, 처분성은 부정된다.

행정절차법 제48조【행정지도의 원칙】 ① 행정지도는 그 목적 달성에 필요한 *(A: 최소한도에 그쳐야 하며 / B: 상당한 수준에 이르러야 하며)*, 행정지도의 상대방의 의사에 반하여 부당하게 강요하여서는 아니 된다.
② 행정기관은 행정지도의 상대방이 행정지도에 따르지 아니하였다는 것을 이유로 (불이익)한 조치를 하여서는 아니 된다.

23. 지방직 9급 행정기관은 행정지도의 상대방이 행정지도에 따르지 아니하였다는 것을 이유로 불이익한 조치를 하여서는 아니 된다. (○)

제49조 【행정지도의 방식】 ① 행정지도를 하는 자는 그 상대방에게 그 행정지도의 (취지) 및 (내용)과 (신분)을 밝혀야 한다.
② 행정지도가 (말)로 이루어지는 경우에 상대방이 제1항의 사항을 적은 서면의 교부를 요구하면 그 행정지도를 하는 자는 직무 수행에 특별한 지장이 없으면 이를 교부하여야 한다.

제50조 【(의견제출)】 행정지도의 상대방은 해당 행정지도의 방식·내용 등에 관하여 행정기관에 (의견제출)을 할 수 있다.

제51조 【다수인을 대상으로 하는 행정지도】 행정기관이 같은 행정목적을 실현하기 위하여 많은 상대방에게 행정지도를 하려는 경우에는 특별한 사정이 없으면 행정지도에 (공통적인) 내용이 되는 사항을 공표하여야 한다.

> **23. 지방직 9급** 행정기관이 같은 행정목적을 실현하기 위하여 많은 상대방에게 행정지도를 하려는 경우에는 특별한 사정이 없으면 행정지도에 공통적인 내용이 되는 사항을 공표하여야 한다. (O)

원칙: 비권력적	예외: 권력적
(A: 전기·전화공급 중단 요청 / B: 단수조치) (96누433) 위법 건축물에 대한 (A: 전기·전화 / B: 수도)공급을 하지 말아 줄 것을 요청한 행위는 권고적 성격의 행위에 불과한 것으로서 (A: 전기·전화 / B: 수도)공급자나 특정인의 법률상 지위에 직접적인 변동을 가져오는 것은 아니므로 이를 항고소송의 대상이 되는 행정처분이라고 볼 수 없다. **23. 지방직 9급** 행정청이 위법 건축물에 대한 단전 및 전화통화 단절조치를 요청한 것은 항고소송의 대상이 되는 행정처분이라고 볼 수 없다. (O)	인권위 (성희롱) 시정조치 권고 (2005두487) 이러한 결정과 시정조치의 권고는 (성희롱) 행위자로 결정된 자의 인격권에 영향을 미침과 동시에 공공기관의 장 또는 사용자에게 일정한 법률상의 의무를 부담시키는 것이므로 행정소송의 대상이 되는 행정처분에 해당한다고 보지 않을 수 없다.
세무당국의 (주류거래) 중지 요청 (80누395) 세무당국이 소외 회사에 대하여 원고와의 (주류거래)를 일정기간 중지하여 줄 것을 요청한 행위는 권고 내지 협조를 요청하는 권고적 성격의 행위로서 소외 회사나 원고의 법률상의 지위에 직접적인 법률상의 변동을 가져오는 행정처분이라고 볼수 없는 것이므로 항고소송의 대상이 될 수 없다.	교육부장관의 (학칙)시정요구 (2002헌마337) 이는 행정지도의 일종이지만, 그에 따르지 않을 경우 일정한 불이익조치를 예정하고 있어 사실상 상대방에게 그에 따를 의무를 부과하는 것과 다를 바 없으므로 헌법소원의 대상이 되는 공권력의 행사라고 볼 수 있다. (방통위)의 시정요구 (2011헌가13) 정보통신서비스제공자 등이 이에 따르지 않는 경우 (방송통신위원회)의 해당 정보의 취급거부·정지 또는 제한명령이라는 법적조치가 예정되어 있으므로, 헌법소원 또는 항고소송의 대상이 되는 공권력의 행사라고 봄이 상당하다.

관련판례 위법한 행정지도

1. 위법한 행정지도에 따른 (손해배상)책임 (2006다18228)

행정지도가 강제성을 띠지 않은 비권력적 작용으로서 행정지도의 한계를 일탈하지 아니하였다면, 그로 인하여 상대방에게 어떤 (손해)가 발생하였다 하더라도 행정기관은 (손해배상)책임이 없다.

> **24. 지방직 9급** 행정지도가 강제성을 띠지 않은 비권력적 작용으로서 행정지도의 한계를 일탈하지 않았다면, 그로 인하여 상대방에게 어떤 손해가 발생하였다 하더라도 행정기관은 그에 대한 손해배상책임이 없다. (○)
>
> **23. 지방직 9급** 행정지도가 강제성을 띠지 않은 비권력적 작용으로서 행정지도의 한계를 일탈하지 아니하였다면, 그로 인하여 상대방에게 손해가 발생하였다 하더라도 행정기관은 손해배상책임이 없다. (○)

2. 위법한 행정지도에 따랐어도 (명시지법) (93도3247)

행정관청이 국토이용관리법 소정의 토지거래계약신고에 관하여 공시된 기준시가를 기준으로 매매가격을 신고하도록 행정지도를 하여 그에 따라 허위신고를 한 것이라 하더라도 이와 같은 행정지도는 법에 어긋나는 것으로서 그와 같은 행정지도나 관행에 따라 허위신고행위에 이르렀다고 하여도 이것만 가지고서는 *(A: 그 범법행위가 정당화될 수 없다 / B: 위법성이 조각된다).*

> **23. 지방직 9급** 위법한 행정지도에 따라 행한 사인의 행위는 위법성이 조각되어 범법행위가 되지 않는다. (×)
> ▶ 임의성으로 인하여 범법행위를 정당화할 사유가 되지 않는다.

기출문제로 점검하기

01 법규명령에 대한 설명으로 가장 옳지 않은 것은? 24. 군무원 9급

① 일반적·추상적 규범으로서의 법규명령은 원칙적으로 항고소송의 대상이 될 수 없다.
② 법률이 대통령령으로 규정하도록 되어 있는 사항을 부령으로 정한다면 그 부령은 무효임을 면치 못한다.
③ 법령의 위임관계는 반드시 하위법령의 개별조항에서 위임의 근거가 되는 상위법령의 해당 조항을 구체적으로 명시하고 있어야만 하는 것은 아니다.
④ 위임의 근거가 없어 무효였던 법규명령은 사후적인 법률에 의해 유효가 될 수 없다.

법규명령
나중에라도 위임조항(수권조항)이 생기면 그때부터 유효가 된다.

선지분석
③ 상위법령에서 명시적으로 위임하면 족하고, 위임을 받는 하위법령에서 상위법령의 수권조항을 명시할 필요는 없다.

답 ④

02 행정입법에 대한 설명으로 옳지 않은 것은? (다툼이 있는 경우 판례에 의함) 23. 소방

① 일반적으로 법률의 위임에 의하여 효력을 갖는 법규명령의 경우, 구법에 위임의 근거가 없어 무효였더라도 사후에 법개정으로 위임의 근거가 부여되면 그때부터는 유효한 법규명령이 된다.
② 법령에서 행정처분의 요건 중 일부 사항을 부령으로 정할 것을 위임한 데 따라 시행규칙 등 부령에서 이를 정한 경우에 그 부령의 규정은 국민에 대해서도 구속력이 있는 법규명령에 해당한다.
③ 상급행정기관이 소속 공무원이나 하급행정기관에 대하여 세부적인 업무처리절차나 법령의 해석·적용 기준을 정해 주는 행정규칙은 상위법령에 반하지 않는다고 하더라도 상위법령의 구체적 위임이 있지 않는 한, 행정조직 내부적으로도 효력을 가지지 못하고 대외적으로도 국민이나 법원을 구속하는 효력이 없다.
④ 법령보충적 행정규칙은 물론이고, 재량권 행사의 준칙이 되는 행정규칙이 그 정한 바에 따라 되풀이 시행되어 행정관행이 이루어지고 행정의 자기구속원리에 따라 대외적 구속력을 가지는 경우에는 헌법소원의 대상이 될 수 있다.

행정입법
상위법령에 위반되는 행정규칙이라면 대외적·대내적 구속력이 모두 부정될 것이나, 상위법령의 위임을 못 받았을 뿐 상위법령에 위반되지 않는 행정규칙이라면 대내적 구속력은 인정된다.

선지분석
② 반면, 제재적 처분의 기준을 정하고 있다면 행정규칙이 되었을 것이다.

답 ③

03 기속행위와 재량행위에 대한 설명으로 옳지 않은 것은?
23. 군무원 9급

① 기속행위와 재량행위의 구분은 당해 행위의 근거가 된 법규의 체재·형식과 그 문언, 당해 행위가 속하는 행정분야의 주된 목적과 특성, 당해 행위 자체의 개별적 성질과 유형 등을 모두 고려하여 판단하여야 한다.
② 처분의 근거 법령이 행정청에 재량을 부여하였으나 행정청이 처분으로 달성하려는 공익과 처분상대방이 입게 되는 불이익을 전혀 비교·형량하지 않은 채 처분을 하였더라도 재량권 일탈·남용으로 해당 처분을 취소해야 할 위법사유가 되지는 않는다.
③ 행정청은 처분에 재량이 없는 경우에는 법률에 근거가 있는 경우에 부관을 붙일 수 있다.
④ 재량행위의 경우 법원은 독자의 결론을 도출함이 없이 당해 행위에 재량권의 일탈·남용이 있는지 여부만을 심사한다.

기속행위와 재량행위

재량권 불행사는 재량권 일탈·남용의 일종에 해당한다.

선지분석
① 이와 더불어, 판례는 수익적 행정행위를 재량행위로 보는 입장이다.
③ 반면, 재량행위는 법률에 근거가 없는 경우에도 부관을 붙일 수 있다.
④ 독자의 결론을 도출해야 하는 것은 기속행위의 사법심사이다.

답 ②

04 기속행위와 재량행위에 대한 설명으로 옳지 않은 것은? (다툼이 있는 경우 판례에 의함)
25. 소방

① 재외동포에 대한 사증발급은 행정청의 재량행위에 속하는 것으로서, 재외동포가 사증발급을 신청한 경우에 「출입국관리법 시행령」 [별표 1의2]에서 정한 재외동포체류자격의 요건을 갖추었다고 해서 무조건 사증을 발급해야 하는 것은 아니다.
② 「행정기본법」상 행정청은 재량이 있는 처분을 할 때에는 관련 이익을 정당하게 형량하여야 하며, 그 재량권의 범위를 넘어서는 아니 된다.
③ 구 「여객자동차 운수사업법」에 의한 개인택시운송사업면허는 특정인에게 권리나 이익을 부여하는 이른바 수익적 행정행위로서 법령에 특별한 규정이 없는 한 재량행위이다.
④ 육아휴직과 관련하여 「국가공무원법」 제73조 제2항에 따른 복직명령은 재량행위이므로 국가공무원이 휴직의 사유가 소멸하였음을 이유로 복직을 신청하는 경우 임용권자가 지체 없이 복직명령을 하여야 하는 것은 아니다.

기속행위와 재량행위

기속행위이므로 요건이 충족되면 복직명령을 하여야 한다.

선지분석
③ 특허는 재량행위로 본다.

답 ④

05 허가에 대한 설명으로 가장 옳지 않은 것은?
22. 군무원 9급

① 한의사 면허는 허가에 해당하고, 한약조제시험을 통해 약사에게 한약조제권을 인정함으로써 한의사들의 영업이익이 감소되었다고 하더라도 이는 법률상 이익 침해라고 할 수 없다.
② 건축허가는 기속행위이므로 건축법상 허가 요건이 충족된 경우에는 항상 허가하여야 한다.
③ 허가신청 후 허가기준이 변경되었다 하더라도 그 허가관청이 허가신청을 수리하고도 정당한 이유 없이 그 처리를 늦추어 그 사이에 허가 기준이 변경된 것이 아닌 이상 변경된 허가 기준에 따라서 처분을 하여야 한다.
④ 석유판매업 등록은 대물적 허가의 성질을 가지고 있으므로, 종전 석유판매업자가 유사 석유제품을 판매한 행위에 대해 승계인에게 사업정지 등 제재처분을 할 수 있다.

허가
기속행위 내지는 기속재량행위이므로, 중대한 공익상 필요가 있다면 법령에 정해진 사유가 아니라 하더라도 허가를 거부할 수 있다.

선지분석
① 한의사 면허는 특허가 아닌, 강학상 허가이다.
③ 불리하게 변경되었어도 변경된 허가기준을 따르는 것이 원칙이다.

답 ②

06 허가에 대한 설명으로 가장 옳지 않은 것은?
22. 군무원 9급

① 개정 전 허가기준의 존속에 관한 국민의 신뢰가 개정된 허가기준의 적용에 관한 공익상의 요구보다 더 보호가치가 있다고 인정되는 경우에는 그러한 국민의 신뢰를 보호하기 위하여 개정된 허가 기준의 적용을 제한할 여지가 있다.
② 법령상의 산림훼손 금지 또는 제한 지역에 해당하지 아니하더라도 중대한 공익상의 필요가 있다고 인정되는 경우, 산림훼손허가신청을 거부할 수 있다.
③ 어업에 관한 허가의 경우 그 유효기간이 경과하면 그 허가의 효력이 당연히 소멸하지만, 유효기간의 만료 후라도 재차 허가를 받게 되면 그 허가기간이 갱신되어 종전의 어업허가의 효력 또는 성질이 계속된다.
④ 요허가행위를 허가를 받지 않고 행한 경우에는 행정법상 처벌의 대상이 되지만 당해 무허가 행위의 법률상 효력이 당연히 부정되는 것은 아니다.

허가
유효기간 만료 후에는 갱신신청을 하더라도 신규 신청으로 평가되고, 이로써 갱신이 이루어졌다면 이는 신규 허가를 받은 것에 해당된다.

선지분석
① 따라서, 진정소급입법은 원칙적으로 금지된다.
④ 즉, 사법상 계약 등의 효력에는 영향이 없다.

답 ③

07 행정법상 허가에 대한 설명으로 옳지 않은 것은?

21. 군무원 9급

① 허가는 규제에 반하는 행위에 대해 행정강제나 제재를 가하기보다는 행위의 사법상 효력을 부인함으로써 규제의 목적을 달성하는 방법이다.
② 허가란 법령에 의해 금지된 행위를 일정한 요건을 갖춘 경우에 그 금지를 해제하여 적법하게 행위할 수 있게 해준다는 의미에서 상대적 금지와 관련되는 경우이다.
③ 전통적인 의미에서 허가는 원래 개인이 누리는 자연적 자유를 공익적 차원(공공의 안녕과 질서유지)에서 금지해 두었다가 일정한 요건을 갖춘 경우 그러한 공공에 대한 위험이 없다고 판단되는 경우 그 금지를 풀어줌으로써 자연적 자유를 회복시켜주는 행위이다.
④ 실정법상으로는 허가 이외에 면허, 인가, 인허, 승인 등의 용어가 사용되고 있기 때문에 그것이 학문상 개념인 허가에 해당하는지 검토할 필요가 있다.

허가
반대로 서술되어 있다.

선지분석
④ 즉, 표현에도 불구하고 실질적으로 강학상 허가에 해당하는지 검토해 보아야 한다.

답 ①

08 행정행위에 대한 설명으로 옳지 않은 것은? (다툼이 있는 경우 판례에 의함)

25. 소방

① 「사립학교법」에 따른 학교법인의 임원에 대한 감독청의 취임승인은 학교법인의 임원선임행위를 보충하여 그 법률상의 효력을 완성케하는 보충적 행정행위이다.
② 서울특별시장 또는 도지사의 의료유사업자 자격증 갱신발급행위는 유사의료업자의 자격을 부여 내지 확인하는 것이 아니라 특정한 사실 또는 법률관계의 존부를 공적으로 증명하는 소위 공증행위에 속하는 행정행위라 할 것이다.
③ 토지거래허가는 규제지역 내의 모든 국민에게 전반적으로 토지거래의 자유를 금지하고 일정한 요건을 갖춘 경우에만 금지를 해제하여 계약체결의 자유를 회복시켜 주는 성질을 갖는다.
④ 「출입국관리법」상 체류자격 변경허가는 신청인에게 당초의 체류자격과 다른 체류자격에 해당하는 활동을 할 수 있는 권한을 부여하는 일종의 설권적 처분의 성격을 가진다.

행정행위
강학상 인가에 해당하므로, 기본행위의 효력을 보충하고 완성하는 역할을 한다.

답 ③

09 행정행위로서 인가에 대한 설명으로 옳지 않은 것은? (다툼이 있는 경우 판례에 의함)   24. 소방

① 기본행위에는 하자가 없는데 인가처분에 고유한 하자가 있다면 그 인가처분의 무효확인이나 취소를 구하여야 한다.
② 인가처분에 고유한 하자가 없는데 기본행위에 하자가 있다면 기본행위의 무효를 주장하면서 곧바로 인가처분의 무효확인이나 취소를 구할 수 있다.
③ 기본행위가 무효인 경우 그에 대한 인가처분이 있더라도 그 기본행위가 유효한 것으로 될 수 없다.
④ 구「도시 및 주거환경정비법」에 기초하여 주택재개발정비사업조합이 수립한 사업시행계획에 대한 관할 행정청의 인가처분은 사업시행계획의 법률상 효력을 완성시키는 보충행위에 해당한다.

인가
별다른 언급이 없다면 강학상 인가이므로, 기본행위에 하자가 있다면 기본행위를 대상으로, 인가에 하자가 있다면 인가를 대상으로 소송을 한다.

선지분석
④ 반면, 토지소유자 등이 조합을 설립하지 않고 수립한 사업시행계획에 대한 인가는 설권적 인가에 해당한다.

답 ②

10 행정행위의 부관에 대한 설명으로 가장 옳지 않은 것은?   24. 군무원 9급

① 부담은 행정청이 행정처분을 하면서 일방적으로 부가할 수도 있지만 부담을 부가하기 이전에 상대방과 협의하여 부담의 내용을 협약의 형식으로 미리 정한 다음 행정처분을 하면서 이를 부가할 수도 있다.
② 행정청은 처분의 재량이 없는 경우에는 법률에 근거가 있는 경우에 부관을 붙일 수 있다.
③ 기한은 연월일로 표기하지 않고 '근속기간중' 또는 '종신'과 같은 도래시기가 확정되지 않은 방식으로 표기하는 것도 가능하다.
④ 기부채납받은 행정재산에 대한 사용·수익 허가에서 공유재산의 관리청이 정한 사용·수익허가의 기간은 그 허가의 효력을 제한하기 위한 행정행위의 부관으로서 이러한 사용·수익허가의 기간에 대해서는 독립하여 행정소송을 제기할 수 있다.

행정행위의 부관
부담 외 나머지 부관은 독립하여 소송의 대상이 되지 않는다.

선지분석
① 부관의 형식에는 특별한 제한이 없다.
③ 불확정기한을 의미한다.

답 ④

11 부관에 대한 설명으로 옳은 것은?

23. 군무원 9급

① 행정청은 부관을 붙일 수 있는 처분의 경우 일단 그 처분을 한 후에는 당사자의 동의가 있더라도 부관을 새로 붙일 수 없다.
② 행정청은 처분에 재량이 있는 경우에도 법률에 근거가 있어야만 부관을 붙일 수 있다.
③ 철회권의 유보는 해당 처분의 목적을 달성하기 위하여 필요한 최소한의 범위여야 한다.
④ 부담은 행정행위의 불가분적인 요소로서 부담 그 자체를 행정쟁송의 대상으로 할 수 없다.

행정행위의 부관

행정기본법 제17조【부관】④ 부관은 다음 각 호의 요건에 적합하여야 한다.
1. 해당 처분의 목적에 위배되지 아니할 것
2. 해당 처분과 실질적인 관련이 있을 것
3. 해당 처분의 목적을 달성하기 위하여 필요한 최소한의 범위일 것

선지분석
① 부관의 사후적인 추가·변경이 가능한 경우로는 원칙 3가지, 예외 1가지가 있다.

답 ③

12 부관에 대한 판례의 내용으로 가장 옳지 않은 것은?

22. 군무원 9급

① 재량행위에 있어서는 관계법령에 명시적인 금지규정이 없는 한 행정목적을 달성하기 위하여 조건이나 기한, 부담 등의 부관을 붙일 수 있다.
② 토지소유자가 토지형질변경행위허가에 붙은 기부채납의 부관에 따라 토지를 국가나 지방자치단체에 기부채납(증여)한 경우, 토지 소유자는 원칙적으로 기부채납(증여)의 중요 부분에 착오가 있음을 이유로 증여계약을 취소할 수 있다.
③ 당초에 붙은 기한을 허가 자체의 존속기간이 아니라 허가조건의 존속기간으로 보더라도 그 후 당초의 기한이 상당 기간 연장되어 연장된 기간을 포함한 존속기간 전체를 기준으로 볼 경우 더 이상 허가된 사업의 성질상 부당하게 짧은 경우에 해당하지 않게 된 때에는 재량권의 행사로서 더 이상의 기간연장을 불허가할 수도 있다.
④ 일반적으로 행정처분에 효력기간이 정하여져 있는 경우에는 그 기간의 경과로 그 행정처분의 효력은 상실되며, 다만 허가에 붙은 기한이 그 허가된 사업의 성질상 부당하게 짧은 경우에는 이를 그 허가 자체의 존속기간이 아니라 그 허가조건의 존속기간으로 볼 수 있다.

행정행위의 부관

부담을 이행하고 난 뒤에는, 부담에 생긴 사정과 이를 기초로 이루어진 사법상 법률행위 간에 서로 영향을 주지 않는 것이 원칙이다.

선지분석
① 즉, 특별히 허용하는 취지의 규정이 없다 하더라도 부관을 붙일 수 있다.
④ 다만, 허가조건의 존속기간을 연장하기 위해서는 기간 만료 전 갱신신청이 필요하다.

답 ②

13 행정행위의 부관에 대한 설명으로 옳지 않은 것은? 21. 군무원 9급

① 재량행위에 있어서는 관계법령에 명시적인 금지 규정이 없는 한 행정목적을 달성하기 위하여 조건이나 기한, 부담 등의 부관을 붙일 수 있고, 그 부관의 내용이 이행 가능하고 비례의 원칙 및 평등의 원칙에 적합하며 행정처분의 본질적 효력을 저해하지 아니하는 이상 위법하다고 할 수 없다.
② 부담은 행정청이 행정처분을 하면서 일방적으로 부가하는 것이 일반적이므로 상대방과 협의하여 협약의 형식으로 미리 정한 다음 행정처분을 하면서 이를 부가하는 경우 부담으로 볼 수 없다.
③ 부관의 사후변경은, 법률에 명문의 규정이 있거나 그 변경이 미리 유보되어 있는 경우 또는 상대방의 동의가 있는 경우에 한하여 허용되는 것이 원칙이지만, 사정변경으로 인하여 당초에 부담을 부가한 목적을 달성할 수 없게 된 경우에도 그 목적달성에 필요한 범위 내에서 예외적으로 허용된다.
④ 건축허가를 하면서 일정 토지를 기부채납 하도록 하는 내용의 허가조건은 부관을 붙일 수 없는 기속행위 내지 기속적 재량행위인 건축허가에 붙인 부담이거나 또는 법령상 아무런 근거가 없는 부관이어서 무효이다.

행정행위의 부관

부관의 형식에는 특별한 제한이 없다.

답 ②

14 「행정기본법」상 부관 중 조건에 대한 설명으로 가장 옳은 것은? 24. 군무원 7급

① 행정청은 처분에 재량이 있는 경우에는 조건을 붙일 수 있는데, 그러한 조건은 해당 처분과 실질적인 관련성이 있어야 하는 것은 아니다.
② 행정청은 처분에 재량이 없는 경우에는 법률에 근거가 있더라도 조건을 붙일 수 없다.
③ 행정청은 조건을 붙일 수 있는 처분이 당사자의 동의가 있는 경우에는 그 처분을 한 후에도 종전의 조건을 변경할 수 있다.
④ 행정청은 조건을 붙일 수 있는 처분이 사정이 변경되어 조건을 새로 붙이지 아니하면 해당 처분의 목적을 달성할 수 없다고 인정되는 경우라도 그 처분을 한 후에는 조건을 새로 붙일 수는 없다.

행정행위의 부관

부관의 사후적인 추가 또는 변경이 가능한 경우가 원칙 3가지, 예외 1가지로 총 4가지 존재한다.

답 ③

15 행정행위의 부관에 대한 설명으로 옳지 않은 것은? (다툼이 있는 있는 경우 판례에 의함) 25. 소방

① 기부채납받은 행정재산에 대한 사용·수익허가에서 공유재산의 관리청이 정한 사용·수익허가의 기간은 그 허가의 효력을 제한하기 위한 행정행위의 부관으로서 이러한 사용·수익허가의 기간에 대해서는 독립하여 행정소송을 제기할 수 있다.
② 부담의 이행으로서 하게 된 사법상 매매 등의 법률행위는 부담을 붙인 행정처분과는 어디까지나 별개의 법률행위이므로 그 부담의 불가쟁력의 문제와는 별도로 법률행위가 사회질서 위반이나 강행규정에 위반되는지 여부 등을 따져보아 그 법률행위의 유효 여부를 판단하여야 한다.
③ 「행정기본법」상 행정청은 부관을 붙일 수 있는 처분이 사정이 변경되어 종전의 부관을 변경하지 아니하면 해당 처분의 목적을 달성할 수 없다고 인정되는 경우에는 종전의 부관을 변경할 수 있다.
④ 부담부 행정처분에 있어서 처분의 상대방이 부담(의무)을 이행하지 아니한 경우에 처분행정청으로서는 이를 들어 당해 처분을 취소(철회)할 수 있는 것이다.

행정행위의 부관

부담 외의 부관에 대해서는 독립하여 취소소송을 제기할 수 없다.

선지분석

④ 부담에는 철회권 유보의 성격이 포함되어 있다. 따라서, 실제로 철회되기 전까지는 부담부 행정처분의 효력이 지속된다.

답 ①

16 행정행위의 부관에 대한 설명으로 옳지 않은 것은? (다툼이 있는 경우 판례에 의함) 23. 소방

① 행정청은 처분에 재량이 없는 경우에는 법률에 근거가 있는 경우에 부관을 붙일 수 있다.
② 허가의 목적달성을 사실상 어렵게 하여 그 본질적 효력을 해하는 부관은 적법하지 않다.
③ 행정처분에 부과한 부담이 무효가 된 경우라도, 특별한 사정이 없는 한 부담의 이행으로 행한 사법상 매매 등의 법률행위 자체를 당연히 무효화하는 것은 아니다.
④ 부담의 전제가 된 주된 처분의 근거 법령이 개정됨으로써 행정청이 더 이상 부관을 붙일 수 없게 되었다면, 특별한 사정이 없는 한 그 부담의 효력은 소멸하게 된다.

행정행위의 부관

처분 및 그에 부가된 부관의 위법성 판단기준시점은 처분시이다.

선지분석

② 기선선망어업의 허가를 하면서 등선, 운반선 등 부속선을 사용할 수 없도록 제한한 부관은 그 어업허가의 목적 달성을 사실상 어렵게 하여 그 본질적 효력을 해하는 것일 뿐만 아니라 위 시행령의 규정에도 어긋나는 것이며, 더욱이 어업조정이나 기타 공익상 필요하다고 인정되는 사정이 없는 이상 위법한 것이다(대판 1990.4.27. 89누6808).

답 ④

17 행정행위의 부관에 대한 설명으로 옳은 것은? (다툼이 있는 경우 판례에 의함) 　　22. 소방

① 수익적 행정처분에 있어서는 법령에 특별한 근거규정이 있는 경우에 한하여 부관을 붙일 수 있다.
② 행정처분에 붙인 부관인 부담이 무효가 되면 그 부담의 이행으로 한 사법상 법률행위도 당연히 무효가 된다.
③ 사정변경으로 인하여 당초에 부담을 부가한 목적을 달성할 수 없게 된 경우에도 부관의 사후변경은 허용되지 않는다.
④ 행정청이 종교단체에 대하여 기본재산전환인가를 하면서 인가조건을 부가하고 그 불이행시 인가를 취소할 수 있도록 한 경우, 인가조건의 의미는 철회권을 유보한 것이다.

> **행정행위의 부관**
> '취소'라는 표현에도 불구하고 추후 불이행시 인가의 효력을 소멸시킬 수 있도록 한 것이므로, 이는 철회로 해석하여야 한다. 나아가, 무조건 취소한다가 아닌 취소'할 수 있도록' 한 것이므로, 이는 철회권이 유보된 것으로 본다.
>
> **선지분석**
> ① 수익적 행정처분은 재량행위이므로, 별도의 근거규정이 없어도 부관을 붙일 수 있다.
>
> 　　　　　　　　　　　　　　　　　　　　　　　　　　　　　　　답 ④

18 행정행위의 성립과 효력발생에 대한 설명으로 옳지 않은 것은? 　　23. 군무원 9급

① 상대방 있는 행정처분이 상대방에게 고지되지 아니한 경우에도 상대방이 다른 경로를 통해 행정처분의 내용을 알게 되었다면 행정처분의 효력이 발생한다고 볼 수 있다.
② 일반적으로 행정처분이 주체·내용·절차와 형식이라는 내부적 성립요건과 외부에 대한 표시라는 외부적 성립요건을 모두 갖춘 경우에는 행정처분이 존재한다.
③ 법무부장관이 입국금지에 관한 정부를 내부 전산망인 출입국관리정부시스템에 입력한 것만으로는 법무부장관의 의사가 공식적인 방법으로 외부에 표시된 것이 아니어서 위 입국 금지결정은 항고소송의 대상인 처분에 해당되지 않는다.
④ 행정처분의 외부적 성립은 행정의사가 외부에 표시되어 행정청이 자유롭게 취소·철회할 수 없는 구속을 받게 되는 시점을 확정하는 의미를 가진다.

> **행정행위의 성립과 효력발생**
> 정식으로 송달이 되어야 있은 날 및 안 날이 도래한다.
>
> 　　　　　　　　　　　　　　　　　　　　　　　　　　　　　　　답 ①

19 다음 사례에 대한 설명으로 옳지 않은 것은? 　　21. 군무원 9급

> 병무청장이 법무부장관에게 '가수 甲이 공연을 위하여 국외여행허가를 받고 출국한 후 미국 시민권을 취득함으로써 사실상 병역의무를 면탈 하였으므로 재외동포 자격으로 재입국하고자 하는 경우 국내에서 취업, 가수활동 등 영리활동을 할 수 없도록 하고, 불가능할 경우 입국 자체를 금지해 달라'고 요청함에 따라 법무부장관이 甲의 입국을 금지하는 결정을 하고, 그 정보를 내부 전산망인 '출입국관리정보시스템'에 입력하였으나, 甲에게는 통보하지 않았다.

① 일반적으로 처분이 주체·내용·절차와 형식의 요건을 모두 갖추고 외부에 표시된 경우에는 처분의 존재가 인정된다.
② 행정의사가 외부에 표시되어 행정청이 자유롭게 취소·철회할 수 없는 구속을 받게 되는 시점에 처분이 성립한다.
③ 그 성립 여부는 행정청이 행정의사를 공식적인 방법으로 외부에 표시하였는지를 기준으로 판단해야 한다.
④ 위 입국금지결정은 항고소송의 대상이 되는 '처분'에 해당한다.

행정행위의 성립과 효력발생

외부에 표시되지 않아 효력이 발생하였다고 볼 수 없다. 따라서, 대상적격이 없다.

답 ④

20 행정행위의 효력발생요건에 대한 설명으로 옳지 않은 것은? (다툼이 있는 경우 판례에 의함) 　　25. 소방

① 내용증명우편이나 등기우편과는 달리, 보통우편의 방법으로 발송되었다는 사실만으로는 그 우편물이 상당한 기간 내에 도달하였다고 추정할 수 없고, 송달의 효력을 주장하는 측에서 증거에 의하여 이를 입증하여야 한다.
② 상대방 있는 행정처분이 상대방에게 고지되지 아니한 경우 상대방이 다른 경로를 통해 행정처분의 내용을 알게 되었다면 행정처분의 효력이 발생한다.
③ 「행정절차법」에 따르면 정보통신망을 이용한 송달은 송달받을 자가 동의하는 경우에만 한다. 이 경우 송달받을 자는 송달받을 전자우편주소 등을 지정하여야 한다.
④ 「행정절차법」상 송달받을 자의 주소등을 통상적인 방법으로 확인할 수 없는 경우에는 송달받을 자가 알기 쉽도록 관보, 공보, 게시판, 일간신문 중 하나 이상에 공고하고 인터넷에도 공고하여야 한다.

행정행위의 효력발생요건

정식으로 송달이 되어야 있는 날 및 안 날이 도래한다.

선지분석

① 우편 발송일로부터 1~2일 이내에 도착한 것으로 추정되는지, 즉 있은 날이 도래한다고 추정할 수 있는지에 관한 내용이다.

답 ②

21 행정행위의 취소와 철회에 대한 설명으로 옳지 않은 것은?
23. 군무원 9급

① 한 사람이 여러 종류의 자동차운전면허를 취득하는 경우뿐 아니라 이를 취소함에 있어서도 서로 별개의 것으로 취급하는 것이 원칙이다.
② 당사자가 처분의 위법성을 중대한 과실로 알지 못한 경우에는 행정청은 당사자에게 이익을 부여하는 처분의 취소로 인하여 당사자가 입게 될 불이익을 취소로 달성되는 공익과 비교·형량하지 않아도 된다.
③ 행정청은 정당한 사유가 있는 경우에는 처분을 장래를 향하여 취소할 수 있다.
④ 처분청은 행정처분에 하자가 있는 경우에는 별도의 법적 근거가 있어야만 스스로 이를 취소할 수 있다.

행정행위의 취소와 철회
직권취소 및 직권철회 모두 별도의 법적 근거를 요하지 않는다.

선지분석
① 한 사람이 여러 종류의 자동차운전면허를 취득하는 경우뿐 아니라 이를 취소 또는 정지함에 있어서도 서로 별개의 것으로 취급하는 것이 원칙이라 할 것이고 그 취소나 정지의 사유가 특정의 면허에 관한 것이 아니고 다른 면허와 공통된 것이거나 운전면허를 받은 사람에 관한 경우에는 여러 운전면허 전부를 취소 또는 정지할 수도 있다고 보는 것이 상당할 것이다(대판 1992.9.22. 91누8289).

답 ④

22 행정행위의 철회에 대한 설명으로 가장 옳지 않은 것은?
22. 군무원 9급

① 부담부 행정처분에 있어서 처분의 상대방이 부담을 이행하지 아니한 경우에 처분행정청으로서는 이를 들어 당해 처분을 철회할 수 있다.
② 외형상 하나의 행정처분이라 하더라도 가분성이 있거나 그 처분대상의 일부가 특정될 수 있다면 그 일부만의 취소도 가능하고 그 일부의 취소는 당해 취소부분에 관하여 효력이 생긴다.
③ 행정행위의 철회는 적법요건을 구비하여 완전히 효력을 발하고 있는 행정행위를 사후적으로 효력을 장래에 향해 소멸시키는 별개의 행정처분이다.
④ 처분 후에 원래의 처분을 그대로 존속시킬 수 없게 된 사정변경이 생긴 경우 처분청은 처분을 철회할 수 있다고 할 것이므로, 이 경우 처분의 상대방에게 그 철회·변경을 요구할 권리는 당연히 인정된다고 할 것이다.

행정행위의 철회
행정청에 대한 철회 신청권은 인정되지 않는 것이 원칙이다.

선지분석
② 실질적으로는 재량행위의 전부 취소에 해당한다.

답 ④

23 수익적 행정행위의 철회에 대한 설명으로 옳은 것은?

21. 군무원 9급

① 수익적 행정행위에 대한 취소권 등의 행사는 기득권의 침해를 정당화할 만한 중대한 공익상의 필요 또는 제3자의 이익을 보호할 필요가 있고, 이를 상대방이 받는 불이익과 비교·교량하여 볼 때 공익상의 필요 등이 상대방이 입을 불이익을 정당화할 만큼 강한 경우에 한하여 허용될 수 있다.

② 행정행위를 한 처분청은 비록 처분 당시에 별다른 하자가 없었고, 처분 후에 이를 철회할 별도의 법적 근거가 없더라도 원래의 처분을 존속시킬 필요가 없게 된 중대한 공익상 필요가 발생한 경우에도 그 효력을 상실케 하는 별개의 행정행위로 이를 철회할 수 없다.

③ 수익적 행정행위를 취소 또는 철회하거나 중지시키는 경우에는 이미 부여된 국민의 기득권을 침해하는 것이 되므로, 비록 취소 등의 사유가 있다고 하더라도 허용되지 않는다.

④ 행정행위를 한 처분청은 비록 처분 당시에 별다른 하자가 없었고, 처분 후에 이를 철회할 별도의 법적 근거가 없더라도 원래의 처분을 존속시킬 필요가 없게 된 사정변경이 생겼다는 이유만으로 그 효력을 상실케 하는 별개의 행정행위로 이를 철회하는 것은 허용되지 않는다.

행정행위의 철회

신뢰보호원칙의 한계에 해당한다.

답 ①

24 행정행위의 직권취소와 철회에 대한 설명으로 옳지 않은 것은? (다툼이 있는 경우 판례에 의함)

25. 소방

① 수익적 행정처분의 하자가 당사자의 사실은폐나 기타 사위의 방법에 의한 신청행위에 기인한 것이라면 당사자는 처분에 의한 이익이 위법하게 취득되었음을 알아 취소가능성도 예상하고 있었다 할 것이므로 행정청이 당사자의 신뢰이익을 고려하지 아니하였더라도 재량권의 남용이 되지 아니한다.

② 「행정기본법」은 행정청이 당사자의 신뢰를 보호할 가치가 있는 등 정당한 사유가 있는 경우 위법 또는 부당한 처분의 전부나 일부를 소급하여 취소하여야 한다고 규정하고 있다.

③ 행정행위를 한 처분청은 그 처분 당시에 그 행정처분에 별다른 하자가 없었고 또 그 처분 후에 이를 취소할 별도의 법적 근거가 없다 하더라도 원래의 처분을 그대로 존속시킬 필요가 없게 된 사정변경이 생겼거나 또는 중대한 공익상의 필요가 발생한 경우에는 별개의 행정행위로 이를 철회하거나 변경할 수 있다.

④ 행정청이 여러 종류의 자동차운전면허를 취득한 자에 대하여 그 운전면허를 취소하는 경우, 취소사유가 특정 면허에 관한 것이 아니고 다른 면허와 공통된 것일 경우에는 여러 면허를 전부 취소할 수도 있다.

행정행위의 직권취소와 철회

직권취소는 소급효가 원칙이나, 예외적으로 장래효를 부여할 수도 있다.

> **행정기본법 제18조【위법 또는 부당한 처분의 취소】**① 행정청은 위법 또는 부당한 처분의 전부나 일부를 소급하여 취소할 수 있다. 다만, 당사자의 신뢰를 보호할 가치가 있는 등 정당한 사유가 있는 경우에는 장래를 향하여 취소할 수 있다.

선지분석

① 상대방의 신뢰에 귀책사유가 있는 경우에 해당하므로, 신뢰보호원칙의 요건이 충족되지 않는다.

답 ②

25 행정행위의 취소와 철회에 대한 설명으로 옳은 것은? (다툼이 있는 경우 판례에 의함)

24. 소방

① 철회의 효과에 관하여 「행정기본법」은 소급효에 대해 명시적으로 규정함이 없으나, 판례는 별도의 법적 근거가 있다면 소급효 또한 인정할 수 있다는 입장이다.
② 당사자가 거짓이나 그 밖의 부정한 방법으로 처분을 받은 경우 행정청은 처분을 취소하고자 할 때 취소로 달성되는 공익과 당사자가 입게 될 불이익을 비교·형량하여야 한다.
③ 행정청은 적법한 처분이 법률에서 정한 철회 사유에 해당하게 된 경우 그 처분의 전부 또는 일부를 장래를 향해 철회할 수 있는데, 처분을 철회하는 경우 철회로 인하여 당사자가 입게 될 불이익과 철회로 얻게 되는 공익을 비교·형량할 필요는 없다.
④ 연금의 지급결정과 같은 수익적 행정행위를 취소하는 처분이 적법하더라도, 그 처분에 기초하여 잘못 지급된 급여액에 해당하는 금액을 환수하는 처분은 적법하다.

행정행위의 취소와 철회

영유아보육법 제30조 제5항 제3호에 따른 평가인증의 취소는 평가인증 당시에 존재하였던 하자가 아니라 그 이후에 새로이 발생한 사유로 평가인증의 효력을 소멸시키는 경우에 해당하므로, 법적 성격은 평가인증의 '철회'에 해당한다. 그런데 행정청이 평가인증을 철회하면서 그 효력을 철회의 효력발생일 이전으로 소급하게 하면, 철회 이전의 기간에 평가인증을 전제로 지급한 보조금 등의 지원이 그 근거를 상실하게 되어 이를 반환하여야 하는 법적 불이익이 발생한다. 이는 장래를 향하여 효력을 소멸시키는 철회가 예정한 법적 불이익의 범위를 벗어나는 것이다. 이처럼 행정청이 평가인증이 이루어진 이후에 새로이 발생한 사유를 들어 영유아보육법 제30조 제5항에 따라 평가인증을 철회하는 처분을 하면서도, 평가인증의 효력을 과거로 소급하여 상실시키기 위해서는, 특별한 사정이 없는 한 영유아보육법 제30조 제5항과는 별도의 법적 근거가 필요하다(대판 2018.6.28. 2015두58195).

선지분석
② 신뢰보호원칙의 요건이 충족되지 않았으므로, 한계를 검토할 실익이 없다.
④ 앞으로 지급하지 않겠다는 처분과 이미 지급된 돈을 환수하겠다는 처분에 대한 신뢰보호원칙 위반 여부 판단은 다를 수 있다.

답 ①

26 행정처분의 취소와 철회에 대한 설명으로 옳지 않은 것은? (다툼이 있는 경우 판례에 의함) 23. 소방

① 행정청은 부당한 처분의 전부나 일부를 소급하여 취소할 수 있다.
② 행정청은 인허가 등을 취소하는 처분을 할 때는 원칙적으로 청문을 하여야 한다.
③ 행정청은 당사자에게 권리나 이익을 부여하는 처분을 취소하려는 경우, 당사자가 중대한 과실로 처분의 위법성을 알지 못하면 취소로 인하여 입게 될 불이익을 취소로 달성되는 공익과 비교·형량하여야 한다.
④ 행정청은 중대한 공익을 위하여 필요한 경우 적법한 처분의 전부 또는 일부를 장래를 향하여 철회할 수 있다.

> **행정행위의 취소와 철회**
>
> 신뢰보호원칙의 요건이 충족되지 않았으므로, 한계를 검토할 실익이 없다.
>
> **선지분석**
>
> ② **행정절차법 제22조【의견청취】** ① 행정청이 처분을 할 때 다음 각 호의 어느 하나에 해당하는 경우에는 청문을 한다.
> 1. 다른 법령등에서 청문을 하도록 규정하고 있는 경우
> 2. 행정청이 필요하다고 인정하는 경우
> 3. 다음 각 목의 처분을 하는 경우
>   가. 인허가 등의 취소
>   나. 신분·자격의 박탈
>   다. 법인이나 조합 등의 설립허가의 취소

답 ③

27 행정행위의 효력에 대한 설명으로 가장 옳지 않은 것은? 22. 군무원 9급

① 일반적으로 행정처분이나 행정심판 재결이 불복 기간의 경과로 확정될 경우에는 그 처분의 기초가 된 사실관계나 법률적 판단이 확정되고 당사자들이나 법원이 이에 기속되어 모순되는 주장이나 판단을 할 수 없게 된다.
② 제소기간이 이미 도과하여 불가쟁력이 생긴 행정처분에 대하여는 개별 법규에서 그 변경을 요구할 신청권을 규정하고 있거나 관계법령의 해석상 그러한 신청권이 인정될 수 있는 등 특별한 사정이 없는 한 국민에게 그 행정처분의 변경을 구할 신청권이 있다 할 수 없다.
③ 불가쟁력이 발생한 행정행위로 손해를 입은 국민은 그 위법성을 들어 국가배상청구를 할 수 있다.
④ 불가변력이라 함은 행정행위를 한 행정청이 당해 행정행위를 직권으로 취소 또는 변경할 수 없게 하는 힘으로 실질적 확정력 또는 실체적 존속력이라고도 한다.

> **행정행위의 효력**
>
> 불가쟁력이 발생하였다고 하여 기판력이 인정될 수는 없다.

답 ①

28 행정행위의 구성요건적 효력(공정력)과 선결문제에 대한 설명으로 가장 옳지 않은 것은? 22. 군무원 7급

① 甲이 영업정지처분이 위법하다고 주장하면서 국가를 상대로 손해배상청구소송을 제기한 경우, 법원은 취소사유에 해당하는 것을 인정하더라도 그 처분의 취소판결이 없는 한 손해 배상청구를 인용할 수 없다.
② 선결문제가 행정행위의 당연무효이면 민사법원이 직접 그 무효를 판단할 수 있다.
③ 과세대상과 납세의무자 확정이 잘못되어 당연무효인 과세에 대해서는 체납이 문제될 여지가 없으므로 조세체납범이 문제되지 않는다.
④ 행정행위의 위법여부가 범죄구성요건의 문제로 된 경우에는 형사법원이 행정행위의 위법성을 인정할 수 있다.

행정행위의 효력
처분의 위법여부가 선결문제로 되는 경우, 민사법원은 국가배상책임을 인정할 수 있다.

선지분석
② 조세부과처분의 효력유무를 선결문제로 하는 부당이득반환청구를 말한다.
④ 행정명령의 위법여부를 선결문제로 하는 명령위반죄에 관한 형사소송을 말한다.

답 ①

29 행정처분의 효력에 대한 설명으로 가장 옳지 않은 것은? 22. 군무원 7급

① 행정행위의 공정력이란 행정행위가 위법하더라도 취소되지 않는 한 유효한 것으로 통용되는 효력을 의미하는 것이다.
② 행정행위의 공정력은 판결의 기판력과 같은 효력은 아니지만 그 공정력의 객관적 범위에 속하는 행정행위의 하자가 취소사유에 불과한 때에는 그 처분이 취소되지 않는 한 처분의 효력을 부정하여 그로 인한 이득을 법률상 원인 없는 이득이라고 말할 수 없는 것이다.
③ 영업의 금지를 명한 영업허가취소처분 자체가 나중에 행정쟁송절차에 의하여 취소되었다면 그 영업허가취소처분 이후의 영업행위를 무허가영업이라고 볼 수는 없다.
④ 과세관청이 법령 규정의 문언상 과세처분 요건의 의미가 분명함에도 합리적인 근거 없이 그 의미를 잘못 해석한 결과, 과세처분 요건이 충족되지 아니한 상태에서 해당 처분을 한 경우에는 과세요건사실을 오인한 것에 불과하여 그 하자가 명백하다고 할 수 없다.

행정행위의 효력
해석이 분명함에도 잘못 해석하여 처분을 하였다면 명백한 하자가 있다고 보아야 한다.

답 ④

30 행정행위의 효력에 대한 설명으로 옳지 않은 것은?

21. 군무원 7급

① 행정처분이 아무리 위법하다고 하여도 당연무효인 사유가 있는 경우를 제외하고는 아무도 그 하자를 이유로 무단히 그 효과를 부정하지 못한다.
② 공정력의 근거를 적법성의 추정으로 보아 행정행위의 적법성은 피고인 행정청이 아니라 원고 측에 입증책임이 있다.
③ 민사소송에 있어서 어느 행정처분의 당연무효 여부가 선결문제로 되는 때에는 이를 판단하여 당연무효임을 전제로 판결할 수 있고 반드시 행정소송 등의 절차에 의하여 그 취소나 무효확인을 받아야 하는 것은 아니다.
④ 어떤 법률에 의하여 행정청으로부터 시정명령을 받은 자가 이를 위반한 경우 그 때문에 그 법률에서 정한 처벌을 하기 위하여는 그 시정명령은 적법한 것이라야 한다.

> **행정행위의 효력**
> 행정행위의 공정력이란 행정행위가 위법하더라도 취소되지 않는 한 '유효'한 것으로 통용되는 효력을 의미하는 것이다. 아울러, 취소소송의 본안심리에서 처분의 적법성은 피고에게 증명책임이 있다.

답 ②

31 행정행위의 하자에 대한 설명으로 옳지 않은 것은? (다툼이 있는 경우 판례에 의함)

24. 소방

① 하자 있는 행정행위의 치유는 행정행위의 성질이나 법치주의의 관점에서 볼 때 원칙적으로 허용될 수 없으며, 예외적으로 행정행위의 무용한 반복을 피하고 당사자의 법적 안정성을 위해 이를 허용하는 때에도 국민의 권리나 이익을 침해하지 않는 범위에서 구체적 사정에 따라 합목적적으로 인정할 필요가 있다.
② 행정처분을 한 처분청은 그 처분의 성립에 하자가 있는 경우, 이를 취소할 별도의 법적 근거가 없다고 하더라도 직권으로 이를 취소할 수 있다.
③ 징계처분이 중대하고 명백한 흠 때문에 당연무효의 것이라면 징계처분을 받은 자가 이를 용인하였다 하여 그 흠이 치유되는 것은 아니다.
④ 수도과태료의 부과처분에 대한 납세고지서의 송달이 부적법하면 그 부과처분은 효력이 발생할 수 없지만 처분의 상대방이 객관적으로 위 부과처분의 존재를 인식할 수 있었다는 사실로써 송달의 하자가 치유된다.

> **행정행위의 하자**
> 절차·형식상 하자로 인해 취소사유가 있는 경우 예외적으로 하자 치유가 인정될 여지가 있다.
>
> **선지분석**
> ④ 정식으로 송달이 되어야만 있은 날 및 안 날이 발생할 수 있다.

답 ③

32 취소할 수 있는 행정행위의 하자의 승계에 대한 설명으로 옳은 것은? (다툼이 있는 경우 판례에 의함) 24. 소방

① 선행처분인 대집행계고처분에 불가쟁력이 발생하였다면, 후행처분인 대집행영장발부통보처분을 다투는데 있어서 대집행계고처분이 위법하다는 것을 이유로 후행행위 또한 위법한 것이라 주장할 수 없다.
② 선행처분과 후행처분이 서로 독립하여 별개의 효과를 목적으로 하는 경우에도 선행처분의 불가쟁력이나 구속력이 그로 인하여 불이익을 입게 되는 자에게 수인한도를 넘는 가혹함을 가져오며, 그 결과가 당사자에게 예측가능한 것이 아닌 경우에는 선행처분의 위법사유가 후행처분에 승계된다.
③ 구 「경찰공무원법」에 따른 직위해제처분과 면직처분은 후자가 전자의 처분을 전제로 한 것이기 때문에 선행처분의 위법사유가 후행행위에 승계된다.
④ 과세관청의 소득처분과 그에 따른 소득금액변동통지가 있는 경우 원천징수의무자인 법인은 원천징수하는 소득세의 납세의무에 관하여는 이를 확정하는 소득금액변동통지에 대한 항고소송에서 다툴 수 있고, 소득금액변동통지의 하자는 후행처분인 징수처분에 그대로 승계된다.

행정행위의 하자의 승계

별개의 법률효과 발생을 목적으로 하므로, 하자가 승계되지 않는다.

답 ③

33 행정지도에 대한 설명으로 옳지 않은 것은? 23. 군무원 9급

① 행정지도를 하는 자는 그 상대방에게 그 행정지도의 취지 및 내용과 신분을 밝혀야 한다.
② 행정지도는 말로 이루어질 수 있다.
③ 행정기관은 행정지도의 상대방이 행정지도에 따르지 아니할 경우 그에 상응하는 불이익 조치를 할 수 있다.
④ 행정지도의 상대방은 해당 행정지도의 방식에 관하여 행정기관에 의견제출을 할 수 있다.

행정지도

임의성이 전제되므로, 불이행한다 하여 불이익한 조치를 할 수는 없다.

선지분석

② 행정절차법 제49조【행정지도의 방식】② 행정지도가 말로 이루어지는 경우에 상대방이 제1항의 사항을 적은 서면의 교부를 요구하면 그 행정지도를 하는 자는 직무 수행에 특별한 지장이 없으면 이를 교부하여야 한다.

답 ③

34 행정지도에 대한 설명으로 옳지 않은 것은?

21. 군무원 9급

① 행정지도가 그의 한계를 일탈하지 아니하였다면, 그로 인하여 상대방에게 어떤 손해가 발생하였다 하더라도 행정기관은 그에 대한 손해배상책임이 없다.
② 위법한 건축물에 대한 단전 및 전화통화 단절조치 요청행위는 처분성이 인정되는 행정지도이다.
③ 상대방이 행정지도에 따르지 아니하였다는 것을 직접적인 이유로 하는 불이익한 조치는 위법한 행위가 된다.
④ 「국가배상법」이 정한 배상청구의 요건인 공무원의 직무에는 행정지도도 포함된다.

행정지도

건축법 제69조 제2항, 제3항의 규정에 비추어 보면, 행정청이 위법 건축물에 대한 시정명령을 하고 나서 위반자가 이를 이행하지 아니하여 전기·전화의 공급자에게 그 위법 건축물에 대한 전기·전화공급을 하지 말아 줄 것을 요청한 행위는 권고적 성격의 행위에 불과한 것으로서 전기·전화공급자나 특정인의 법률상 지위에 직접적인 변동을 가져오는 것은 아니므로 이를 항고소송의 대상이 되는 행정처분이라고 볼 수 없다(대판 1996.3.22. 96누433).

선지분석

④ 비권력적 작용으로서 직무행위에 포함되나, 상당인과관계 요건이 충족되지 않아 결과적으로 국가배상책임은 부정될 것이다.

답 ②

35 행정지도에 대한 설명으로 옳지 않은 것은? (다툼이 있는 경우 판례에 의함)

25. 소방

① 「행정절차법」은 행정지도에 대해 비례원칙을 준수할 것을 규정하고 있다.
② 「행정절차법」상 행정기관은 행정지도의 상대방이 행정지도에 따르지 아니하였다는 것을 이유로 불이익한 조치를 하여서는 아니 된다.
③ 「행정절차법」상 행정지도가 말로 이루어지는 경우에 상대방이 행정지도의 취지, 내용, 신분 사항을 적은 서면의 교부를 요구하면 그 행정지도를 하는 자는 직무 수행에 특별한 지장이 없으면 이를 교부하여야 한다.
④ 「국가배상법」이 정한 배상청구의 요건인 '공무원의 직무'에는 행정지도와 같은 비권력적 작용은 포함되지 않는다.

행정지도

국가배상청구의 요건인 '공무원의 직무'에는 권력적 작용만이 아니라 비권력적 작용도 포함되며 단지 행정주체가 사경제주체로서 하는 활동만 제외된다(대판 2001.1.5. 98다39060).

선지분석

①
> **행정절차법 제48조 【행정지도의 원칙】** ① 행정지도는 그 목적 달성에 필요한 최소한도에 그쳐야 하며, 행정지도의 상대방의 의사에 반하여 부당하게 강요하여서는 아니 된다.
> **행정기본법 제10조 【비례의 원칙】** 행정작용은 다음 각 호의 원칙에 따라야 한다.
> 1. 행정목적을 달성하는 데 유효하고 적절할 것
> 2. 행정목적을 달성하는 데 필요한 최소한도에 그칠 것
> 3. 행정작용으로 인한 국민의 이익 침해가 그 행정작용이 의도하는 공익보다 크지 아니할 것

답 ④

36 행정행위의 부관과 확약에 대한 설명으로 옳은 것은?

23. 군무원 7급

① 지방국토관리청장이 공유수면매립준공인가처분 중에서 일부 공유수면매립지에 대하여 한 국가 귀속처분은 법률상 효과의 일부를 배제하는 부관으로 독립하여 행정소송의 대상이 된다.
② 확약의 취소행위로서 내인가취소는 본인가 신청에 대한 거부처분으로 항고소송의 대상이 되는 처분이다.
③ 법정부관에 대하여는 행정행위에 부관을 붙일 수 있는 한계에 관한 일반적인 원칙이 적용된다.
④ 행정청의 확약 또는 공적인 의사표명 그 자체에서 처분의 발령을 신청하도록 유효기간을 두었을 경우 그 후에 사실적·법률적 상태가 변경되었더라도 직권취소나 철회로 효력이 소멸되고 당연히 실효되는 것은 아니다.

행정행위의 부관과 확약
확약 자체에는 처분성이 없으나, 거부처분의 신청권이 인정되기 위한 근거가 된다.

선지분석
③ 반면, 임의부관에는 재량권 일탈남용인지 여부를 판단하기 위한 일반적인 원칙이 적용된다.
④ 사정변경이 있었다면 별도의 조치 없이도 당연히 실효된다.

답 ②

37 「행정절차법」상 확약에 대한 설명으로 옳지 않은 것은?

24. 소방

① 법령등에서 당사자가 신청할 수 있는 처분을 규정하고 있는 경우 행정청은 당사자의 신청에 따라 장래에 어떤 처분을 하거나 하지 아니할 것을 내용으로 하는 확약을 할 수 있다.
② 행정청은 다른 행정청과의 협의 등의 절차를 거쳐야 하는 처분에 대하여 확약을 하려는 경우에는 확약을 하기 전에 그 절차를 거쳐야 한다.
③ 확약을 한 후에 확약의 내용을 이행할 수 없을 정도로 사정이 변경된 경우, 행정청은 확약에 기속되지 아니한다.
④ 확약은 서면이나 말로 할 수 있으며, 확약이 말로 이루어지는 경우에는 상대방이 서면의 교부를 요구하면 직무 수행에 특별한 지장이 없는 한 이를 교부하여야 한다.

확약
확약은 문서로 한다. 구두로 할 수 있는 예외는 규정되어 있지 않다.

선지분석
③ 행정절차법 제40조의2【확약】④ 행정청은 다음 각 호의 어느 하나에 해당하는 경우에는 확약에 기속되지 아니한다.
  1. 확약을 한 후에 확약의 내용을 이행할 수 없을 정도로 법령등이나 사정이 변경된 경우
  2. 확약이 위법한 경우
⑤ 행정청은 확약이 제4항 각 호의 어느 하나에 해당하여 확약을 이행할 수 없는 경우에는 지체 없이 당사자에게 그 사실을 통지하여야 한다.

답 ④

38 행정계획에 대한 설명으로 옳지 않은 것은?

21. 군무원 7급

① 개인의 자유와 권리에 직접 영향을 미치는 계획이라도 광범위한 형성의 자유가 결부되므로 국민들에게 고시 등으로 알려져야만 대외적으로 효력을 발생하는 것이 아니다.
② 구 「도시계획법」상 도시계획안의 공고 및 공람 절차에 하자가 있는 행정청의 도시계획결정은 위법하다.
③ 국토이용계획변경 신청을 거부하였을 경우 실질적으로 폐기물처리업허가신청과 같은 처분을 불허하는 결과가 되는 경우 국토이용 계획변경의 입안 및 결정권자인 행정청에게 계획변경을 신청할 법규상 또는 조리상 권리를 가진다.
④ 행정기관 내부지침에 그치는 행정계획이 국민의 기본권에 직접 영향을 끼치고 법령의 뒷받침에 의하여 그대로 실시될 것이 틀림없을 것으로 예상되는 때에는 예외적으로 헌법소원의 대상이 된다.

행정계획
처분의 성격을 갖는 행정계획은 일반처분과 속성이 유사하므로, 송달이 아닌 고시(공고)를 통해 효력이 발생된다.

선지분석
③ 원칙적으로 행정계획의 입안·변경 청구권은 인정되지 않지만, 예외적으로 인정되는 경우에 해당한다.

답 ①

39 공법상 계약에 대한 설명으로 옳은 것은? (다툼이 있는 경우 판례에 의함)

25. 소방

① 중소기업기술정보진흥원장이 甲 주식회사와 중소기업 정보화지원사업 지원대상인 사업의 지원에 관하여 체결한 협약을 甲 주식회사에 책임이 있는 사유로 해지하는 경우 그 협약의 해지 및 그에 따른 환수통보는 공법상 계약에 따라 행정청이 대등한 당사자의·지위에서 하는 의사표시로 보아야 한다.
② 공익사업을 위한 토지 등의 취득 및 보상에 관한 법령에 의한 협의취득은 공법상 계약에 해당한다.
③ 「행정절차법」은 공법상 계약에 관한 규정을 두고 있다.
④ 국립의료원 부설주차장에 관한 위탁관리용역운영계약의 실질은 공법상 계약에 해당한다.

공법상 계약
공법상 계약의 해지는 처분에 해당하지 않는다.

선지분석
② 사법상 계약에 해당한다.
③ 행정기본법 제27조에 관련 규정이 있다.
④ 표현에도 불구하고 행정재산의 사용수익허가로서 특허에 해당한다.

답 ①

40 공법상 계약에 대한 설명으로 옳지 않은 것은? (다툼이 있는 경우 판례에 의함)   24. 소방

① 「행정기본법」에 따르면, 행정청은 법령등을 위반하지 아니하는 범위에서 공법상 계약을 체결할 수 있으며, 이 경우 계약의 목적 및 내용을 명확하게 적은 계약서를 작성하여야 한다.
② 지방자치단체가 일방 당사자가 되는 이른바 '공공계약'이 사경제의 주체로서 상대방과 대등한 위치에서 체결하는 사법상 계약에 해당하는 경우, 그에 관한 법령에 특별한 정함이 있는 경우를 제외하고는 사적 자치와 계약자유의 원칙 등 사법의 원리가 그대로 적용된다.
③ 공법상 계약의 한쪽 당사자가 다른 당사자를 상대로 효력을 다투거나 이행을 청구하는 소송은 공법상의 법률관계에 관한 분쟁이므로 분쟁의 실질이 손해배상액의 구체적인 산정방법·금액에 국한되는 경우에도 공법상 당사자소송으로 제기하여야 한다.
④ 지방자치단체를 당사자로 하는 계약에 관하여는 그 계약의 성질이 사법상 계약인지 공법상 계약인지와 상관없이 원칙적으로 「지방자치단체를 당사자로 하는 계약에 관한 법률」의 규율이 적용된다고 보아야 한다.

공법상 계약

공법상 계약의 한쪽 당사자가 다른 당사자를 상대로 효력을 다투거나 이행을 청구하는 소송은 공법상의 법률관계에 관한 분쟁의 실질이 공법상 권리·의무의 존부·범위에 관한 다툼이 아니라 손해배상액의 구체적인 산정방법·금액에 국한되는 등의 특별한 사정이 없는 한 공법상 당사자소송으로 제기하여야 한다(대판 2021.2.4. 2019다277133).

선지분석
① 구두로 체결할 수 있다는 예외 규정이 없다.

답 ③

gosi.Hackers.com

해커스공무원 학원·인강
gosi.Hackers.com

해커스공무원 김대현 행정법총론 워크북

제3편
행정절차법

제1장 행정행위를 할 때 지켜야 할 절차
기출문제로 점검하기

제1장 　행정행위를 할 때 지켜야 할 절차

01　서론

1. 법 자체의 적용배제 사유

행정절차법 제3조 【적용 범위】 ① 처분, 신고, 확약, 위반사실 등의 공표, 행정계획, 행정상 입법예고, 행정예고 및 행정지도의 절차(이하 "행정절차"라 한다)에 관하여 다른 법률에 특별한 규정이 있는 경우를 제외하고는 이 법에서 정하는 바에 따른다.
② 이 법은 다음 각 호의 어느 하나에 해당하는 사항에 대하여는 적용하지 아니한다.
9. 병역법에 따른 징집·소집, (외국인)의 출입국·난민인정·귀화, (공무원) 인사 관계 법령에 따른 징계와 그 밖의 처분, 이해 조정을 목적으로 하는 법령에 따른 알선·조정·중재(仲裁)·재정(裁定) 또는 그 밖의 처분 등 해당 행정작용의 성질상 행정절차를 거치기 (곤란)하거나 거칠 (필요)가 없다고 인정되는 사항과 행정절차에 준하는 절차를 (거친) 사항으로서 대통령령으로 정하는 사항

24. 지방직 9급 공무원 인사관계 법령에 의한 처분에 관한 사항 전부에 대하여 「행정절차법」의 적용이 배제되는 것이 아니라 성질상 행정절차를 거치기 곤란하거나 불필요하다고 인정되는 처분이나 행정절차에 준하는 절차를 거치도록 하고 있는 처분의 경우에만 「행정절차법」의 적용이 배제된다. 　　　　　　　　　　　　　　　(○)
24. 지방직 7급 '공무원 인사관계 법령에 의한 처분에 관한 사항' 전부에 대하여 「행정절차법」의 적용이 배제된다. 　　　　　　　　　　　　　　　　　　　　　　　(×)
▶ '성질상 행정절차를 거치기 곤란하거나 불필요하다고 인정되는 처분이나 행정절차에 준하는 절차를 거치도록 하고 있는 처분의 경우에만' 배제된다.

관련판례

1. 선택적 제외 불가 (2000두10212)
　행정절차법 제3조 제2항 (제9호), 같은 법 시행령 제2조 제6호에 의하면 공정거래위원회의 의결·결정을 거쳐 행하는 사항에는 (행정절차법)의 적용이 제외되게 되어 있으므로, 설사 공정거래위원회의 시정조치 및 과징금납부명령에 (행정절차법) 소정의 의견청취절차 생략사유가 존재한다고 하더라도, 공정거래위원회는 (행정절차법)을 적용하여 의견청취절차를 생략할 수는 없다.

2. 행정청이 주관하는 행정절차에만 적용 (2005두1893)
　묘지공원과 화장장의 후보지를 선정하는 과정에서 서울특별시, 비영리법인, 일반기업 등이 (공동)발족한 협의체인 추모공원건립추진협의회가 후보지 주민들의 의견을 청취하기 위하여 그 명의로 개최한 공청회는 (행정청)이 도시계획시설결정을 하면서 개최한 공청회가 아니므로, 위 공청회의 개최에 관하여 행정절차법에서 정한 절차를 준수하여야 하는 것은 아니다.

관련판례 행정절차법 제3조 제2항 제9호 해석 사례

1. 공무원의 정규임용처분 취소 (2008두16155)

정규임용처분을 취소하는 처분은 성질상 행정절차를 거치는 것이 불필요하여 행정절차법의 적용이 배제되는 경우에 해당(A: *하지 않으므로* / B: *하므로*), 그 처분을 하면서 사전통지를 하거나 의견제출의 기회를 부여하지 않은 것은 위법하다.

2. (군인) 진급선발 취소 (2006두20631)

(군인)사법령에 의하여 진급예정자명단에 포함된 자에 대하여 의견제출의 기회를 부여하지 아니한 채 진급선발을 취소하는 처분을 한 것은 절차상 하자가 있어 위법하다.

> **24. 국가직 9급** 공무원 인사관계 법령에 따른 처분에 관하여는 「행정절차법」 적용을 배제하고 있으므로, 군인사법령에 의하여 진급예정자명단에 포함된 자에 대하여 의견제출의 기회를 부여하지 아니하고 진급선발취소처분을 한 것이 절차상 하자가 있어 위법하다고 할 수 없다. (×)
> ▶ 배제사유 9호가 적용되지 않아 행정절차를 준수하여야 한다.
>
> **24. 지방직 9급** 군인사법령에 의하여 진급예정자명단에 포함된 자에 대하여 「행정절차법」상 의견제출의 기회를 부여하지 아니한 채 진급선발을 취소한 처분은 위법하다. (○)

3. 사관생도 퇴학처분 (2016두33339)

육군3사관학교의 사관생도에 대한 징계절차에서 징계심의대상자가 대리인으로 선임한 (변호사)가 징계위원회 심의에 출석하여 진술하려고 하였음에도, 징계권자나 그 소속 직원이 (변호사)가 징계위원회의 심의에 출석하는 것을 막았다면 징계위원회 심의·의결의 절차적 정당성이 상실되어 그 징계의결에 따른 징계처분은 위법하여 원칙적으로 취소되어야 한다.

> **24. 지방직 9급** 육군3사관학교의 사관생도에 대한 징계절차에서 징계심의대상자가 대리인으로 선임한 변호사가 징계위원회 심의에 출석하여 진술하려고 하였음에도, 징계권자나 그 소속 직원이 변호사가 징계위원회의 심의에 출석하는 것을 막은 후 내린 징계위원회의 징계의결에 따른 징계처분은 특별한 사정이 없는 한 위법하여 원칙적으로 취소되어야 한다. (○)
>
> **22. 지방직 7급** 공무원에 대한 징계절차에서 징계심의대상자가 대리인으로 선임한 변호사가 징계위원회 심의에 출석하여 진술하려고 하였음에도 불구하고 징계권자나 그 소속 직원이 변호사가 심의에 출석하는 것을 막았다면 징계위원회의 심의·의결의 절차적 정당성이 상실되어 그 징계의결에 따른 징계처분은 위법하며 원칙적으로 취소되어야 한다. (○)

4. (KBS) 사장 해임처분 (2011두5001)

해임처분 과정에서 甲이 처분 내용을 사전에 통지받거나 그에 대한 의견제출 기회 등을 받지 못했고 해임처분 시 법적 근거 및 구체적 해임 사유를 제시받지 못하였으므로 해임처분이 행정절차법에 위배되어 위법하다.

> **22. 국가직 9급** 대통령이 한국방송공사 사장을 해임하면서 사전통지절차를 거치지 않은 경우에는 그 해임처분은 위법하다. (○)

5. 별정직 공무원(대통령기록관장) *(A: 직권면직 / B: 직위해제)* (2011두30687)

성질상 행정절차를 거치기 곤란하거나 불필요하다고 인정되는 처분이나 행정절차에 준하는 절차를 거치도록 하고 있는 처분의 경우에만 행정절차법의 적용이 배제되는 것으로 보아야 하고, 이러한 법리는 '공무원 인사관계 법령에 의한 처분'에 해당하는 별정직 공무원에 대한 *(A: 직권면직 / B: 직위해제)* 처분의 경우에도 마찬가지로 적용된다.

> 22. **국가직 9급** 별정직 공무원인 대통령기록관장에 대한 직권면직 처분에는 처분의 사전통지 및 의견청취 등에 관한 「행정절차법」 규정이 적용되지 않는다. (×)
> ▶ 배제사유 9호가 적용되지 않아 행정절차를 준수하여야 한다.
>
> 21. **지방직 7급** 「국가공무원법」상 직위해제처분은 처분의 사전통지 및 의견청취 등에 관한 「행정절차법」의 규정이 적용되지 않는다. (○)

비교판례 +

1. 공무원 *(A: 직권면직 / B: 직위해제)* 처분 (2012두26180)

국가공무원법상 *(A: 직권면직 / B: 직위해제)* 처분은 당해 행정작용의 성질상 행정절차를 거치기 곤란하거나 불필요하다고 인정되는 사항 또는 행정절차에 준하는 절차를 거친 사항에 해당하므로, 처분의 사전통지 및 의견청취 등에 관한 행정절차법의 규정이 별도로 적용되지 아니한다고 봄이 상당하다.

> 22. **국가직 7급** 「국가공무원법」상 직위해제처분을 할 경우 처분의 사전통지 및 의견청취 등에 관한 「행정절차법」의 규정이 적용된다. (×)
> ▶ 배제사유 9호가 적용되므로, 행정절차법이 적용되지 않는다.
>
> 22. **지방직 9급** 「국가공무원법」상 직위해제처분에는 처분의 사전통지 및 의견청취 등에 관한 「행정절차법」의 규정이 적용된다. (×)
> ▶ 배제사유 9호가 적용되므로, 행정절차법이 적용되지 않는다.
>
> 21. **지방직 9급** 「국가공무원법」상 직위해제처분은 공무원의 인사상 불이익을 주는 처분이므로 「행정절차법」상 사전통지 및 의견청취절차를 거쳐야 한다. (×)
> ▶ 배제사유 9호가 적용되므로, 행정절차법이 적용되지 않는다.

2. (귀화)거부처분 (2016두31616)

구 국적법 제5조 각 호와 같이 (귀화)는 요건이 항목별로 구분되어 구체적으로 규정되어 있다. 그리고 성질상 행정절차를 거치기 곤란하거나 거칠 필요가 없다고 인정되어 처분의 (이유제시) 등을 규정한 행정절차법이 적용되지 않는다(제3조 제2항 제9호).

2. 행정절차법의 "당사자등"

행정절차법 제2조 【정의】 이 법에서 사용하는 용어의 뜻은 다음과 같다.
4. "당사자등"이란 다음 각 목의 자를 말한다.
   가. 행정청의 처분에 대하여 직접 그 상대가 되는 당사자
   나. 행정청이 직권으로 또는 신청에 따라 행정절차에 (참여하게 한) *(A: 이해관계인 / B: 상대방)*

23. 지방직 9급 「행정절차법」상 사전통지 및 의견제출에 대한 권리를 부여하고 있는 '당사자등'에는 불이익처분의 직접 상대방인 당사자와 행정청이 직권으로 또는 신청에 따라 행정절차에 참여하게 한 이해관계인, 그 밖에 제3자가 포함된다. (×)
▶ 제3자는 포함되지 않는다.

🔍 관련판례

1. *(A: 종전 영업자 / B: 현행 영업자)*에 대한 사전통지 의무 (2001두7015)

   영업자지위승계신고를 수리하는 처분은 *(A: 종전 영업자 / B: 현행 영업자)*의 권익을 제한하는 처분이라 할 것이고 따라서 *(A: 종전 영업자 / B: 현행 영업자)*는 그 처분에 대하여 *(A: 이해관계인 / B: 직접 그 상대가 되는 자)*에 해당한다고 봄이 상당하므로, 행정청으로서는 위 신고를 수리하는 처분을 함에 있어서 행정절차법 규정 소정의 당사자에 해당하는 *(A: 종전 영업자 / B: 현행 영업자)*에 대하여 위 규정 소정의 행정절차를 실시하고 처분을 하여야 한다.

   21. 국가직 7급 「식품위생법」상의 영업자지위승계신고를 수리하는 경우, 영업시설을 인수하여 영업자의 지위를 승계한 자에 대하여 사전통지를 하고, 그에게 의견제출의 기회를 주어야 한다. (×)
   ▶ 승계한 자가 아닌, 종전 영업자에게 사전통지를 한다.

   22. 지방직 9급 「식품위생법」상 허가영업자의 지위승계신고수리처분을 하는 경우 「행정절차법」 규정 소정의 당사자에 해당하는 종전의 영업자에게 행정절차를 실시하여야 한다. (○)

2. 국가에 대한 행정처분에도 행정절차법 적용 (2023두39724)

   따라서 국가에 대해 행정처분을 할 때에도 사전 통지, 의견청취, 이유 제시와 관련한 행정절차법이 (그대로) 적용된다고 보아야 한다. '(군 영내)'에 있는 수상기는 그 사용 목적과는 관계없이 등록의무가 면제되는 수상기로, 이에 대해서는 수신료를 부과할 수 없다.

02 주요 절차

1. 사전통지

> **행정절차법 제21조【처분의 사전 통지】** ① 행정청은 당사자에게 (의무)를 부과하거나 (권익)을 제한하는 처분을 하는 경우에는 미리 다음 각 호의 사항을 당사자등에게 통지하여야 한다.
> 4. 제3호에 대하여 의견을 제출할 수 있다는 뜻과 의견을 제출하지 아니하는 경우의 처리방법
>
> **23. 국가직 7급** 「건축법」에 특별한 규정이 없더라도 「행정절차법」상 예외에 해당하지 않는 한 乙은 원상복구명령을 하면서 甲에게 원상복구명령을 사전통지하고 의견제출의 기회를 주어야 한다. (○)
> **21. 지방직 9급** 수익적 행정행위의 철회는 특별한 다른 규정이 없는 한 「행정절차법」상의 절차에 따라 행해져야 한다. (○)
>
> ② 행정청은 청문을 하려면 청문이 시작되는 날부터 (A: *상당한 기간 내에* / B: *10일 전까지*) 제1항 각 호의 사항을 당사자등에게 통지하여야 한다. 이 경우 제1항 제4호부터 제6호까지의 사항은 청문 주재자의 소속·직위 및 성명, 청문의 일시 및 장소, 청문에 응하지 아니하는 경우의 처리방법 등 청문에 필요한 사항으로 갈음한다.
> ③ 제1항 제6호에 따른 기한은 의견제출에 필요한 기간을 (A: *상당한 기간* / B: *10일*) 이상으로 고려하여 정하여야 한다.
>
> **바로 (다음) 날 시정명령 (2016두41811)**
> 이 사건 처분이 현장조사 바로 (다음) 날 이루어진 사정에 비추어 보면, 의견제출에 필요한 상당한 기간을 고려하여 의견제출기한이 부여되었다고 보기도 어렵다.

(1) 거부처분에 대한 사전통지 여부

> **관련판례** (권익) 미부여 → 침해 불가 (2003두674)
>
> 신청에 따른 처분이 이루어지지 아니한 경우에는 아직 당사자에게 (권익)이 부과되지 아니하였으므로 특별한 사정이 없는 한 신청에 대한 거부처분이라고 하더라도 직접 당사자의 (권익)을 제한하는 것은 아니어서 신청에 대한 거부처분을 여기에서 말하는 '당사자의 (권익)을 제한하는 처분'에 해당한다고 할 수 없는 것이어서 처분의 사전통지대상이 된다고 할 수 없다.
>
> **21. 국가직 7급** 특별한 사정이 없는 한, 신청에 대한 거부처분은 사전통지 및 의견제출의 대상이 된다. (×)
> ▶ 침익적 처분이 아니므로 사전통지가 적용되지 않는다.
> **21. 지방직 7급** 신청에 따른 처분이 이루어지지 아니한 경우에는 아직 당사자에게 권익이 부과되지 아니하였으므로 특별한 사정이 없는 한 신청에 대한 거부처분은 직접 당사자의 권익을 제한하는 것은 아니어서 처분의 사전통지대상이 된다고 할 수 없다. (○)

(2) 적용 예외사유

> 행정절차법 제21조【처분의 사전 통지】 ④ 다음 각 호의 어느 하나에 해당하는 경우에는 제1항에 따른 통지를 하지 아니할 수 있다.
> 1. 공공의 안전 또는 복리를 위하여 긴급히 처분을 할 필요가 있는 경우
> 2. 법령등에서 요구된 자격이 없거나 없어지게 되면 반드시 일정한 처분을 하여야 하는 경우에 그 자격이 없거나 없어지게 된 사실이 법원의 (재판) 등에 의하여 객관적으로 증명된 경우
>
> **22. 국가직 9급** 법령등에서 요구된 자격이 없거나 없어지게 되면 반드시 일정한 처분을 하여야 하는 경우에 그 자격이 없거나 없어지게 된 사실이 법원의 재판에 의하여 객관적으로 증명된 경우에는 사전통지를 생략할 수 있다. (○)
>
> **24. 지방직 7급** 당사자에게 의무를 부과하거나 당사자의 권익을 제한하는 처분을 함에 있어서, 행정청은 법령등에서 요구된 자격이 없어지게 되면 반드시 일정한 처분을 하여야 하는 경우에 그 자격이 없어지게 된 사실이 법원의 재판 등에 의하여 객관적으로 증명된 경우에도 「행정절차법」상의 사전통지를 하여야 한다. (×)
>
> ▶ 재판에 의해 모든 증명이 이루어졌다면 사전통지 및 의견청취의 필요성이 없다고 본다.

이는 의견청취가 행정청의 처분 여부나 그 수위 결정에 영향을 *(A: 미치지 못하는 / B: 미치는)* 경우를 의미한다고 보아야 한다. ① 처분의 전제가 되는 '(일부)' 사실만 증명된 경우이거나 ② 의견청취에 따라 행정청의 처분 (여부)나 처분 (수위)가 달라질 수 있는 경우라면 위 예외사유에 해당하지 않는다(2017두66602).

3. 해당 처분의 (성질상) 의견청취가 현저히 곤란하거나 명백히 불필요하다고 인정될 만한 상당한 이유가 있는 경우

> **(퇴직연금) 환수결정 (99두5443)**
> (퇴직연금)의 환수결정은 당사자에게 의무를 과하는 처분이기는 하나, 관련 법령에 따라 (당연히) 환수금액이 정하여지는 것이므로, 퇴직연금의 환수결정에 앞서 당사자에게 의견진술의 기회를 주지 아니하여도 행정절차법 제22조 제3항이나 신의칙에 어긋나지 아니한다.
>
> **23. 지방직 7급** 「공무원연금법」상 퇴직연금의 환수결정은 당사자에게 의무를 과하는 처분이기는 하지만 퇴직연금의 환수결정에 앞서 당사자에게 의견진술의 기회를 주지 아니하여도 「행정절차법」에 어긋나지 아니한다. (○)

(도로구역)변경처분(=일반처분)은 사전통지 × (2007두1767)
도로법이 (도로구역)을 결정하거나 변경할 경우 이를 고시에 의하도록 하면서, 그 도면을 일반인이 열람할 수 있도록 한 점 등을 종합하여 보면, (도로구역)을 변경한 이 사건 처분은 행정절차법의 사전통지나 의견청취의 대상이 되는 처분은 아니라고 할 것이다.

> 21. **국가직 7급** 「도로법」상 도로구역을 변경할 경우, 이를 고시하고 그 도면을 일반인이 열람할 수 있도록 하고 있는바, 도로구역을 변경한 처분은 「행정절차법」상 사전통지나 의견청취의 대상이 되는 처분이 아니다. (O)
> 22. **지방직 7급** '고시'의 방법으로 불특정 다수인을 상대로 의무를 부과하거나 권익을 제한하는 처분은 성질상 의견제출의 기회를 주어야 하는 상대방을 특정할 수 없으므로, 이와 같은 처분에 있어서까지 그 상대방에게 의견제출의 기회를 주어야 하는 것은 아니다. (O)

비교판례+ 예외사유 ×

1. **당사자의 자진 폐공 (약속) (99두5870)**
   행정청이 온천지구임을 간과하여 지하수개발·이용신고를 수리하였다가 행정절차법상의 사전통지를 하거나 의견제출의 기회를 주지 아니한 채 그 신고수리처분을 취소하고 원상복구명령의 처분을 한 경우, 행정지도방식에 의한 사전고지나 그에 따른 당사자의 자진 폐공의 (약속) 등의 사유만으로는 사전통지 등을 하지 않아도 되는 행정절차법 소정의 예외의 경우에 해당한다고 볼 수 없으므로 그 처분은 위법하다.

2. **많은 액수의 손실보상금을 (기대)하여 공사를 강행할 (우려)가 있다는 사정 (2004두1254)**
   건축법상의 공사중지명령에 대한 사전통지를 하고 의견제출의 기회를 준다면 많은 액수의 손실보상금을 (기대)하여 공사를 강행할 (우려)가 있다는 사정이 사전통지 및 의견제출절차의 예외사유에 해당하지 아니한다.

◐ 각 절차별 개별적 예외사유

구분	사전통지	의견청취	이유제시	문서주의	
1	(긴급성)			전자문서	당사자등 (동의)
2	법원의 (재판)에 의한 객관적 증명	신청내용 (그대로) 인정			전자문서에 의한 (신청)
3	(성질상) 매우 곤란 or 불요	단순, 반복, 경미 + 이유 명백	문서 × (말 등)		for 공공의 안전/복리 + 긴급성 or 경미함
4		당사자 포기의사 (명백)			

2. 의견청취

(1) 의의 및 종류

> **행정절차법 제22조【의견청취】** ① 행정청이 처분을 할 때 다음 각 호의 어느 하나에 해당하는 경우에는 *(A: 청문 / B: 의견제출)* 을 한다.
> 1. 다른 (법령)등에서 청문을 하도록 규정하고 있는 경우
> 2. *(A: 행정청 / B: 상대방)* 이 필요하다고 인정하는 경우
> 3. *(A: 다음 각 목의 처분을 하는 경우 / B: 다음 각 목의 처분시 기한 내에 당사자 등의 신청이 있는 경우)*
>   가. 인허가 등의 *(A: 취소 / B: 정지)*
>   나. 신분·자격의 (박탈)
>   다. 법인이나 조합 등의 설립허가의 (취소)
>
> ② 행정청이 처분을 할 때 다음 각 호의 어느 하나에 해당하는 경우에는 공청회를 개최한다.
> 1. 다른 법령등에서 공청회를 개최하도록 규정하고 있는 경우
> 2. 해당 처분의 영향이 (광범위)하여 (널리) 의견을 수렴할 필요가 있다고 행정청이 인정하는 경우
> 3. 국민생활에 (큰) 영향을 미치는 처분으로서 대통령령으로 정하는 처분에 대하여 대통령령으로 정하는 수 *(A: 이상 / B: 이하)* 의 당사자등이 공청회 개최를 요구하는 경우
>
> ③ 행정청이 당사자에게 의무를 부과하거나 권익을 제한하는 처분을 할 때 제1항 또는 제2항의 경우 외에는 당사자등에게 *(A: 청문 / B: 의견제출)* 의 기회를 주어야 한다.

> **관련판례** 청취 의무와 따라야 할 의무 (95누30)
> ① 행정청은 처분을 할 때에 당사자등이 제출한 의견이 상당한 이유가 있다고 (인정)하는 경우에는 이를 반영*(A: 할 수 있다 / B: 하여야 한다)*(행정절차법 제27조의2 제1항).
> ② 의견제출 절차는 그 목적이 *(A: 소유자나 기타 권리자가 의견을 반영할 기회를 주어 이를 참작하도록 하고자 하는 데 있을 뿐이다 / B: 처분청이 그 의견에 기속되도록 하는 것이다)*.

(2) 적용 예외사유

> **행정절차법 제22조【의견청취】** ④ 제1항부터 제3항까지의 규정에도 불구하고 제21조 제4항 각 호의 어느 하나에 해당하는 경우와 당사자가 의견진술의 기회를 (포기)한다는 뜻을 (명백)히 표시한 경우에는 의견청취를 하지 아니할 수 있다.

> **22. 국가직 9급** 행정청의 처분으로 의무가 부과되거나 권익이 제한되는 경우라도 당사자가 의견진술의 기회를 포기한다는 뜻을 명백히 표시한 경우에는 의견청취를 생략할 수 있다. (○)

관련판례

1. 2번 반송 + 불출석한 경우 (2000두3337)

행정절차법 제21조 제4항 제3호는 침해적 행정처분을 할 경우 청문을 실시하지 않을 수 있는 사유로서 "당해 처분의 성질상 의견청취가 현저히 곤란하거나 명백히 불필요하다고 인정될 만한 상당한 이유가 있는 경우"를 규정하고 있으나, 여기에서 말하는 '의견청취가 현저히 곤란하거나 명백히 불필요하다고 인정될 만한 상당한 이유가 있는지 여부'는 (A: **당해 행정처분의 성질에 비추어 판단하여야 하는 것이며** / B: **청문통지서의 반송 여부, 청문통지의 방법 등에 의하여 판단하는 것이며**), 행정처분의 상대방에 대한 청문통지서가 반송되었다거나, 행정처분의 상대방이 청문일시에 불출석하였다는 이유로 청문을 실시하지 아니하고 한 침해적 행정처분은 (A: **적법** / B: **위법**)하다.

> 비교 행정절차법 제35조【청문의 종결】② 청문 주재자는 당사자등의 전부 또는 일부가 (정당한 사유) 없이 청문기일에 (출석)하지 아니하거나 제31조 제3항에 따른 의견서를 (제출)하지 아니한 경우에는 이들에게 다시 의견진술 및 증거제출의 기회를 주지 아니하고 청문을 마칠 수 있다.

23. 지방직 9급 행정처분의 상대방에 대한 청문통지서가 반송되었거나 행정처분의 상대방이 청문일시에 불출석하였다는 이유만으로 행정청이 관계법령상 그 실시가 요구되는 청문을 실시하지 아니하고 한 침해적 행정처분은 위법하다. (○)

24. 지방직 7급 행정처분의 상대방에 대한 청문통지서가 반송되었다거나, 행정처분의 상대방이 청문일시에 불출석하였다는 이유만으로 청문을 실시하지 아니하고 한 침해적 행정처분은 위법하다. (○)

2. (배제 협약) 체결 (2002두8350)

행정청이 당사자와 사이에 도시계획사업의 시행과 관련한 (협약)을 체결하면서 관계 법령 및 행정절차법에 규정된 청문의 실시 등 의견청취절차를 (배제)하는 조항을 두었다고 하더라도, 이러한 협약이 체결되었다고 하여 청문의 실시에 관한 규정의 적용이 배제된다거나 청문을 실시하지 않아도 되는 예외적인 경우에 해당한다고 할 수 없다.

22. 국가직 7급 행정청이 당사자와 도시계획사업의 시행과 관련한 협약을 체결하면서 관계법령 및 「행정절차법」에 규정된 청문의 실시 등 의견청취절차를 배제하는 조항을 두었다고 하더라도, 청문의 실시에 관한 규정의 적용을 배제할 수 있다고 볼 만한 법령상의 규정이 없는 한, 청문의 실시에 관한 규정의 적용이 배제된다거나 청문을 실시하지 않아도 되는 예외적인 경우에 해당한다고 할 수 없다. (○)

23. 지방직 7급 행정청이 당사자와 협약을 체결하면서 관계 법령 및 「행정절차법」에 규정된 청문 등 의견청취절차를 배제하는 조항을 둔 경우, 이를 청문 실시의 배제사유로 인정하는 법령상의 규정이 없다면 청문을 실시하지 않은 것은 절차적 하자를 구성한다. (○)

22. 지방직 7급 행정청이 당사자와 도시계획사업의 시행과 관련한 협약을 체결하면서 관계법령 및 「행정절차법」에 규정된 청문의 실시 등 의견청취절차를 배제하는 조항을 두었다면, 이는 청문을 실시하지 않아도 되는 예외적인 경우에 해당한다. (×)

▶ 배제 협약의 체결은 개별적 예외사유에 해당하지 않는다.

3. 미리 인정하고 설명 (2016두63224)

① 처분상대방인 원고가 피고 소속 공무원에게 '처분을 좀 (연기)해 달라'는 내용의 서류를 제출한 사정만으로 청문을 실시한 것으로 볼 수 없고,

② 담당공무원이 원고에게 관련 법규와 행정처분 절차에 대하여 (설명)하였다거나 그 자리에서 청문절차를 (진행)하려고 하였음에도 원고가 응하지 않았다는 사정만으로 위 청문 예외사유에 해당한다거나 의견진술 기회를 포기한 것으로 볼 수 없다.

비교판례+ 청문서가 늦게 도달하였으나, 이의 없이 출석하여 의견 진술 (92누2844)

① 원칙: (위법)

행정청이 식품위생법상의 청문절차를 이행함에 있어 소정의 청문서 도달기간을 지키지 아니하였다면 이를 바탕으로 한 행정처분은 일단 (위법)하다고 보아야 할 것이지만,

② 예외: 하자 치유

행정청이 청문서 도달기간을 다소 어겼다하더라도 영업자가 이에 대하여 이의하지 아니한 채 스스로 청문일에 출석하여 그 의견을 진술하고 변명하는 등 (방어의 기회)를 충분히 가졌다면 청문서 도달기간을 준수하지 아니한 하자는 치유되었다고 봄이 상당하다.

3. 이유제시

이유제시는 *(A: 침익적 처분에 한정하여 적용되고, 거부처분에는 적용되지 않는다 / B: 침익적 처분뿐 아니라 수익적 처분 및 거부처분에도 적용된다)*.

(1) 이유제시의 구체성

관련판례

1. 원칙: 적극적 처분은 구체적이어야 함 (90누1786)

   면허의 취소처분에는 그 근거가 되는 법령이나 취소권 유보의 부관 등을 명시하여야 함은 물론 처분을 받은 자가 어떠한 (위반사실)에 대하여 당해 처분이 있었는지를 알 수 있을 정도로 사실을 적시할 것을 요하며, 이와 같은 취소처분의 근거와 위반사실의 적시를 빠뜨린 하자는 피처분자가 처분 당시 그 취지를 (알고) 있었다거나 그 후 (알게) 되었다 하여도 치유될 수 없다.

2. 원칙: (납세고지서) 기재사항 누락시 위법 (84누289)

   과세표준과 세율, 세액, (세액산출근거) 등의 필요한 사항을 납세자에게 서면으로 통지하도록 한 세법상의 제 규정들은 단순히 세무행정의 편의를 위한 훈시규정이 아니라 강행규정으로서, (납세고지서)에 그와 같은 기재가 누락되면 그 과세처분 자체가 위법한 처분이 되어 취소의 대상이 된다.

   22. 지방직 9급 과세처분 시 납세고지서에 법으로 규정한 과세표준 등의 기재가 누락되면 그 과세처분 자체가 위법한 처분이 되어 취소의 대상이 된다. (○)

비교판례+ 구체성이 완화되는 경우

1. 적극적 처분: (불복)에 지장이 없다면 구체성 완화 (2011두18571)

    처분 당시 당사자가 어떠한 근거와 이유로 처분이 이루어진 것인지를 충분히 알 수 있어서 그에 (불복)하여 (행정구제)절차로 나아가는 데에 별다른 지장이 없었던 것으로 인정되는 경우에는 처분서에 처분의 근거와 이유가 구체적으로 명시되어 있지 않았다고 하더라도 그로 말미암아 그 처분이 위법한 것으로 된다고 할 수는 없다.

    23. 지방직 9급 행정청이 처분을 하면서 당사자가 그 근거를 알 수 있을 정도로 이유를 제시한 경우에는 처분의 근거와 이유를 구체적으로 명시하지 않았더라도 그로 말미암아 그 처분이 위법하다고 볼 수는 없다. (O)

    21. 지방직 9급 처분 당시 당사자가 어떠한 근거와 이유로 처분이 이루어진 것인지를 충분히 알 수 있어서 그에 불복하여 행정구제절차로 나아가는 데에 별다른 지장이 없었던 것으로 인정되는 경우에도 처분서에 처분의 근거와 이유가 구체적으로 명시되어 있지 않았다면 그 처분은 위법하다. (×)
    ▶ 이유제시의 목적이 달성되었으므로 구체성이 완화될 수 있다.

2. 거부처분: 근거 알 수 있다면 법조문 명시 불요 (2000두8912)

    당사자가 그 근거를 알 수 있을 정도로 (상당한) 이유를 제시한 경우에는 당해 처분의 근거 및 이유를 구체적 (조항) 및 내용까지 명시하지 않았더라도 그로 말미암아 그 처분이 위법한 것이 된다고 할 수 없다.

    24. 국가직 9급 일반적으로 당사자가 근거규정 등을 명시하여 신청하는 인·허가 등을 거부하는 처분을 함에 있어 당사자가 그 근거를 알 수 있을 정도로 상당한 이유를 제시한 경우에는 당해 처분의 근거 및 이유를 구체적 조항 및 내용까지 명시하지 않았더라도 그로 말미암아 그 처분이 위법한 것이 된다고 할 수 없다. (O)

    22. 국가직 7급 당사자가 근거규정 등을 명시하여 신청하는 인·허가 등을 거부하는 처분을 함에 있어 당사자가 그 근거를 알 수 있을 정도로 상당한 이유를 제시한 경우에는 당해 처분의 근거 및 이유를 구체적 조항 및 내용까지 명시하지 않았더라도 그로 말미암아 그 처분이 위법한 것이 된다고 할 수 없다. (O)

    24. 지방직 7급 행정청의 자의적 결정을 배제하고 당사자로 하여금 행정구제절차에서 적절히 대처할 수 있도록 하는 처분의 근거 및 이유제시 제도의 취지에 비추어, 처분을 하면서 당사자가 그 근거를 알 수 있을 정도로 이유를 제시한 경우에는 처분의 근거와 이유를 구체적으로 명시하지 않았더라도 그로 말미암아 그 처분이 위법하다고 볼 수는 없다. (O)

관련판례 석석사 중 최석석사 선정시 이유제시 완화 (2016두57564)

① (부적격)자 vs 적격자

    교육부장관이 어떤 후보자를 총장 임용에 (부적격)하다고 판단하여 배제하고 다른 후보자를 임용제청하는 경우라면 배제한 후보자에게 연구윤리 위반, 선거부정, 그 밖의 비위행위 등과 같은 (부적격)사유가 있다는 점을 구체적으로 제시할 의무가 (A: *있다* / B: *없다*).

② 적격자 vs 적격자

그러나 부적격사유가 (없는) 후보자들 사이에서 어떤 후보자를 상대적으로 더욱 적합하다고 판단하여 임용제청하는 경우라면, 교육부장관이 어떤 후보자를 총장으로 임용제청하는 행위 (자체)에 그가 총장으로 더욱 적합하다는 정성적 평가 결과가 당연히 (포함)되어 있는 것으로, 이로써 행정절차법상 이유제시의무를 다한 것이라고 보아야 한다.

> 22. **지방직 9급** 교육부장관이 부적격사유가 없는 후보자들 사이에서 어떤 후보자를 상대적으로 더욱 적합하다고 판단하여 국립대학교의 총장으로 임용제청을 하였다면, 그러한 임용제청행위 자체로서 이유제시의무를 다한 것이다. (O)

(2) 적용 예외사유

> 행정절차법 제23조【처분의 이유 제시】① 행정청은 처분을 할 때에는 다음 각 호의 어느 하나에 해당하는 경우를 제외하고는 당사자에게 그 근거와 이유를 제시하여야 한다.
> 1. 신청 내용을 (모두) 그대로 인정하는 처분인 경우
> 2. (단순)·(반복)적인 처분 또는 (경미)한 처분으로서 당사자가 그 이유를 명백히 알 수 있는 경우
> 3. (신급)히 처분을 할 필요가 있는 경우
> ② 행정청은 제1항 *(A: 제1호 / B: 제2호 및 제3호)* 의 경우에 처분 후 당사자가 (요청)하는 경우에는 그 근거와 이유를 제시하여야 한다.

> 24. **지방직 9급** 「행정절차법」상 행정청은 처분을 할 때에 단순·반복적인 처분 또는 경미한 처분으로서 당사자가 그 이유를 명백히 알 수 있는 경우에는 처분 후 당사자가 요청하더라도 당사자에게 그 근거와 이유를 제시하지 않아도 된다. (×)
> ▶ 제2호 및 제3호 사유는 당사자의 요청에 따라 이유를 제시하여야 한다.

4. 문서주의

> **관련판례** 문언이 부실할 경우 해석으로 보완 가능 (2009두18035)
>
> 행정청이 문서에 의하여 처분을 하였으나 그 처분서의 문언만으로는 행정처분의 내용이 (불분명)한 경우, 처분 경위나 처분 이후의 상대방의 태도 등을 고려하여 처분서의 문언과 (달리) 그 처분의 내용을 해석할 수 있다.

> 22. **지방직 7급** 「행정절차법」상 문서주의 원칙에도 불구하고, 행정청의 처분서의 문언만으로는 행정청이 어떤 처분을 하였는지 불분명하다는 등 특별한 사정이 있는 때에는 처분 경위나 처분 이후의 상대방의 태도 등 다른 사정을 고려하여 처분서의 문언과 달리 그 처분의 내용을 해석할 수도 있다. (O)

행정절차법 제24조 【처분의 방식】 [행정청 → 국민] ① 행정청이 처분을 할 때에는 다른 법령등에 특별한 규정이 있는 경우를 제외하고는 문서로 하여야 하며, 다음 각 호의 어느 하나에 해당하는 경우에는 (전자)문서로 할 수 있다.
1. 당사자등의 (동의)가 있는 경우
2. 당사자가 전자문서로 처분을 (신청)한 경우
② 제1항에도 불구하고 공공의 안전 또는 복리를 위하여 긴급히 처분을 할 필요가 있거나 사안이 경미한 경우에는 (말), 전화, 휴대전화를 이용한 문자 전송, 팩스 또는 전자우편 등 문서가 아닌 방법으로 처분을 할 수 있다. 이 경우 당사자가 요청하면 지체 없이 처분에 관한 문서를 주어야 한다.

> **문자로 처분하려면 당사자의 동의 필요 (2023도3914)**
> 전자우편은 물론 휴대전화 문자메시지도 (전자)문서에 해당한다. 다만, 행정청이 폐기물관리법 제48조 제1항, 같은 법 시행규칙 제68조의3 제1항에서 정한 폐기물 조치명령을 (전자)문서로 하고자 할 때에는 구 행정절차법 제24조 제1항에 따라 당사자의 (동의)가 필요하다.

비교 **행정절차법 제17조 【처분의 신청】** [국민 → 행정청] ① 행정청에 처분을 구하는 신청은 (문서)로 하여야 한다. 다만, 다른 법령등에 특별한 규정이 있는 경우와 행정청이 미리 다른 방법을 정하여 공시한 경우에는 그러하지 아니하다.
② 제1항에 따라 처분을 신청할 때 전자문서로 하는 경우에는 행정청의 컴퓨터 등에 (입력)된 때에 신청한 것으로 본다.
③ 행정청은 신청에 필요한 구비서류, 접수기관, 처리기간, 그 밖에 필요한 사항을 게시(인터넷 등을 통한 게시를 포함한다)하거나 이에 대한 편람을 갖추어 두고 누구나 열람할 수 있도록 하여야 한다.
④ 행정청은 신청을 받았을 때에는 다른 법령등에 특별한 규정이 있는 경우를 제외하고는 그 접수를 보류 또는 거부하거나 부당하게 되돌려 보내서는 아니 되며, 신청을 접수한 경우에는 신청인에게 (접수증)을 주어야 한다. 다만, 대통령령으로 정하는 경우에는 (접수증)을 주지 아니할 수 있다.

> **행정절차법 시행령 제9조 【접수증】** 법 제17조 제4항 단서에서 "대통령령이 정하는 경우"라 함은 다음 각 호의 1에 해당하는 신청의 경우를 말한다.
> 1. 구술·우편 또는 정보통신망에 의한 신청
> 2. 처리기간이 "즉시"로 되어 있는 신청

> 23. 국가직 9급 행정청은 처리기간이 "즉시"로 되어 있는 신청의 경우에는 접수증을 주지 아니할 수 있다. (○)

> 3. 접수증에 갈음하는 문서를 주는 신청

⑤ 행정청은 신청에 (구비서류)의 미비 등 흠이 있는 경우에는 (보완)에 필요한 상당한 기간을 정하여 지체 없이 신청인에게 (보완)을 요구하여야 한다.

> 23. 국가직 9급 행정청은 신청에 구비서류의 미비 등 흠이 있는 경우 접수를 거부하여야 한다. (×)
> ▶ 형식적 요건의 흠결은 보완요구를 먼저 하여야 한다.

⑥ 행정청은 신청인이 제5항에 따른 기간 내에 (보완)을 하지 아니하였을 때에는 그 이유를 구체적으로 밝혀 접수된 신청을 되돌려 보낼 수 있다.

⑦ 행정청은 *(A: 신청인 / B: 행정청)*의 편의를 위하여 (다른) 행정청에 신청을 접수하게 할 수 있다. 이 경우 행정청은 (다른) 행정청에 접수할 수 있는 신청의 종류를 미리 정하여 (공시)하여야 한다.

> **23. 국가직 9급** 행정청은 신청인의 편의를 위하여 다른 행정청에 신청을 접수하게 할 수 있다. (O)

⑧ 신청인은 처분이 *(A: 있은 후에는 / B: 있기 전에는)* 그 신청의 내용을 보완·변경하거나 취하(取下)할 수 있다. 다만, 다른 법령등에 특별한 규정이 있거나 그 신청의 성질상 보완·변경하거나 취하할 수 없는 경우에는 그러하지 아니하다.

관련판례

1. *(A: 형식적 / B: 실체적)* 요건에 흠이 있을 때는 적용 × (2020두36007)

   행정청으로 하여금 신청에 대하여 거부처분을 하기 전에 반드시 신청인에게 신청의 내용이나 처분의 *(A: 형식적 / B: 실체적)* 발급요건에 관한 사항까지 보완할 기회를 부여하여야 할 의무를 정한 것은 아니라고 보아야 한다.

   > **22. 지방직 7급** 행정청은 사인의 신청에 구비서류의 미비와 같은 흠이 있는 경우 신청인에게 보완을 요구하여야 하는바, 이때 보완의 대상이 되는 흠은 원칙상 형식적·절차적 요건뿐만 아니라 실체적 발급요건상의 흠을 포함한다. (×)
   > ▶ 실체적 요건의 흠결은 보완요구를 하지 않고 곧바로 반려할 수 있다.

   비교 (단순 착오)·(일시적 사정)에 의한 실체적 요건 흠결: 적용 ○ (2003두6573)
   보완의 대상이 되는 흠은 보완이 가능한 경우이어야 함은 물론이고, 그 내용 또한 형식적·절차적인 요건이거나, 실질적인 요건에 관한 흠이 있는 경우라도 그것이 민원인의 (단순 착오)나 (일시적 사정) 등에 기한 경우 등이라야 한다.

   > **23. 지방직 9급** 행정청은 신청에 구비서류의 미비 등 흠이 있는 경우 원칙상 형식적·절차적인 요건만을 보완요구하여야 하므로 실질적인 요건에 관한 흠이 민원인의 단순한 착오나 일시적인 사정 등에 기인한 경우에도 보완을 요구할 수 없다. (×)
   > ▶ 민원인의 단순한 착오나 일시적인 사정 등에 기인한 실체적 요건의 흠결은 형식적 요건과 동일하게 보완을 요구하여야 한다.

2. 위반시 무효

(소방)공무원이 구술로 고지한 시정보완명령 (2011도11109)	재미동포 인기가수 父에게 (이메일)로 사증발급 거부통보 (2017두38874)
집합건물 중 일부 구분건물의 소유자인 피고인이 관할 (소방)서장으로부터 소방시설 불량사항에 관한 시정보완명령을 받고도 따르지 아니하였다는 내용으로 기소된 사안에서, 담당 (소방)공무원이 행정처분인 위 명령을 구술로 고지한 것은 당연 무효이므로 명령 위반을 이유로 행정형벌을 부과할 수 없다.	피고는 2015.9.2. 원고의 아버지에게 (이메일)로 처분 결과를 통보하고 그 무렵 여권과 사증발급 신청서를 반환하였을 뿐이고 원고에게 처분이유를 기재한 사증발급 거부처분서를 작성해 주지 않았다. 따라서 피고의 사증발급 거부처분에는 행정절차법 제24조 제1항을 위반한 하자가 있다.

03 형식·절차상 하자가 있는 처분의 취급

원칙		(곧바로) 취소사유	사전환경성검토협의 누락 등 多
예외	①	무효	• 환경영향평가를 아예 "*(A: 누락 / B: 부실)*"한 경우 (2006두330) • (폐기물처리시설) 입지선정위원회가 군수와 (주민대표)가 선정·추천한 전문가를 포함시키지 않은 채 임의로 구성되어 의결을 한 경우 (2006두20150) • 과세관청이 세무조사결과통지 후 (과세전적부심사) 청구나 그에 대한 결정이 있기 전에 과세처분을 한 경우 (2017두51174) • (문서주의) 위반
	②	절차상 하자 ✕ = 내용상 하자의 판단요소 中 1 = 곧바로 취소사유 ✕	• 환경영향평가를 "*(A: 누락 / B: 부실)*"하게 한 경우 (2006두330) • 사전환경성검토를 "*(A: 누락 / B: 부실)*"하게 한 경우 (2012두4616)

1. 원칙 – 독자적인 취소사유

> **관련판례**
>
> 1. 원칙 – 취소사유 (91누971)
>
>   식품위생법 제64조, 같은 법 시행령 제37조 제1항 소정의 (청문절차)를 전혀 거치지 아니하거나 거쳤다고 하여도 그 절차적 요건을 제대로 준수하지 아니한 경우에는 가사 영업정지사유 등 위 법 제58조 등 소정 사유가 인정된다고 하더라도 그 처분은 위법하여 취소를 면할 수 없다.
>
> 2. 사전환경성검토협의 *(A: 누락 / B: 부실)* – 취소사유 (2009두2825)
>
>   행정청이 사전환경성검토협의를 거쳐야 할 대상사업에 관하여 법의 해석을 잘못한 나머지 세부용도지역이 지정되지 않은 개발사업 부지에 대하여 사전환경성검토협의를 할지 여부를 결정하는 절차를 (생략)한 채 승인 등의 처분을 한 사안에서, 그 하자가 객관적으로 명백하다고 할 수 없다.
>
> 3. 위법하게 수집된 자료로 부과된 세금은 위법(독수독과) (2016두47659)
>
>   세무조사가 과세자료의 수집 또는 신고내용의 정확성 검증이라는 본연의 (목적)이 아니라 부정한 (목적)을 위하여 행하여진 것이라면 이는 세무조사에 중대한 위법사유가 있는 경우에 해당하고, 이러한 세무조사에 의하여 수집된 과세자료를 기초로 한 과세처분은 *(A: 곧바로 위법하다고 볼 수 없다 / B: 역시 위법하다)*.

22. 국가직 7급 세무조사에 중대한 위법사유가 있는 경우 이러한 세무조사에 의하여 수집된 과세자료를 기초로 한 과세처분 역시 위법하다. (○)

21. 지방직 7급 위법한 세무조사에 의하여 수집된 과세자료를 기초로 한 과세처분은 위법하다. (○)

유사 위법한 채혈을 기초로 내려진 운전면허 정지·취소 처분 (2014두46850)
음주운전 여부에 대한 조사 과정에서 운전자 본인의 (동의)를 받지 아니하고 또한 법원의 (영장)도 없이 채혈조사를 한 결과를 근거로 한 운전면허 정지·취소 처분은 *(A: 곧바로 위법하다고 볼 수 없다 / B: 역시 위법하다)*.

비교판례+ 절차적 하자 ×

1. **성비위행위 관련 징계에서 피해자 (실명) 공개 불필요 (2022두33323)**
   ① 성비위행위의 경우 각 행위가 이루어진 상황에 따라 그 행위의 의미 및 피해자가 느끼는 불쾌감 등이 달라질 수 있으므로, 징계대상자의 방어권을 보장하기 위해서 각 행위의 일시, 장소, 상대방, 행위 유형 및 구체적 상황이 다른 행위들과 구별될 수 있을 정도로 (특정)되어야 함이 원칙이다.
   ② 그러나 각 징계혐의사실이 서로 구별될 수 있을 정도로 (특정)되어 있고, 징계대상자가 징계사유의 구체적인 내용과 (피해자)를 충분히 알 수 있다고 인정되는 경우에는 징계대상자에게 피해자의 '(실명)' 등 구체적인 인적사항이 공개되지 않는다고 하더라도, 그와 같은 사정만으로 징계대상자의 방어권 행사에 실질적인 지장이 초래된다고 볼 수 없다. 특히 성희롱 피해자의 경우 (2차) 피해 등의 우려가 있어 실명 등 구체적 인적사항 공개에 더욱 신중히 처리할 필요가 있다는 점에서 더욱 그러하다.

2. **음주운전 유죄판결 확정과 면허취소처분의 관계 (2015두59808)**
   법규가 예외적으로 형사소추 선행 원칙을 규정하고 있지 않은 이상 형사판결 확정에 (앞서) 일정한 위반사실을 들어 행정처분을 하였다고 하여 절차적 위반이 있다고 할 수 없다.

> **22. 국가직 7급** 일정한 법규위반 사실이 행정처분의 전제사실이자 형사법규의 위반사실이 되는 경우, 형사판결이 확정되기 전에 그 위반사실을 이유로 제재처분을 하였다면 절차적 위반에 해당한다. (×)
> ▶ 무죄추정의 원칙은 행정절차에 적용되지 않는다.
>
> **24. 지방직 7급** 공무원에게 징계사유가 인정되더라도 관련된 형사사건이 아직 유죄로 확정되지 아니하였다면 징계처분을 할 수 없다. (×)
> ▶ 무죄추정의 원칙은 행정절차에 적용되지 않는다.

비교 유죄판결 확정 전 직위해제 (2016두38273)
원고에 대한 2014.1.28.자 직위해제처분(이하 '이 사건 처분'이라고 한다) 당시 원고가 (기소)된 공소사실에 관하여 당연퇴직 사유인 국가공무원법 제33조 제3호 내지 제6호의2에 해당하는 유죄판결을 받을 고도의 개연성이 있다거나, 원고가 계속 직무를 수행함으로 인하여 공무집행의 공정성과 그에 대한 국민의 신뢰를 저해할 구체적인 위험이 생길 우려가 있다고 인정하기 어렵다고 보아, 원고가 형사 사건으로 (기소)되었다는 이유만으로 한 이 사건 처분은 재량권을 일탈·남용한 것으로서 위법하다고 판단하였다.

2. 예외 - 무효 or 내용상 하자의 판단요소 中 1

> **관련판례** 환경영향평가를 아예 누락한 경우 (2006두330)
> 환경영향평가법령에서 정한 환경영향평가를 거쳐야 할 대상사업에 대하여 그러한 환경영향평가를 (거치지) 아니하였음에도 승인 등 처분을 하였다면 그 처분은 *(A: 취소사유 / B: __무효사유__)* 가 있다 할 것이나,

비교판례 +

1. 환경영향평가를 부실하게 한 경우 (2006두330)

    그러한 절차를 거쳤다면, 비록 그 환경영향평가의 내용이 다소 부실하다 하더라도, 그 부실의 정도가 환경영향평가제도를 둔 입법 취지를 달성할 수 없을 정도이어서 환경영향평가를 하지 아니한 것과 다를 바 없는 정도의 것이 아닌 이상, *(A: __그 부실은 당해 승인 등 처분에 재량권 일탈·남용의 위법이 있는지 여부를 판단하는 하나의 요소로 됨에 그친다__ / B: 그 부실로 인하여 당연히 당해 승인 등 처분이 위법하게 된다).*

    22. 국가직 7급 환경영향평가절차를 거쳤다면, 환경영향평가의 내용이 다소 부실하다 하더라도, 그 부실의 정도가 환경영향평가를 하지 아니한 것과 다를 바 없는 정도의 것이 아니라면 당연히 당해 승인 등 처분이 위법하게 되는 것은 아니다. (○)

2. 사전환경성검토를 (부실)하게 한 경우 (2012두4616)

    비록 그 사전환경성검토의 내용이 *(A: 다소 부실한 이상 / B: 그 부실의 정도가 사전환경성검토 제도를 둔 입법 취지를 달성할 수 없을 정도이어서 사전환경성검토를 하지 아니한 것과 다를 바 없는 정도인 이상)*, 그 부실은 당해 처분에 재량권 일탈·남용의 위법이 있는지 여부를 판단하는 하나의 요소로 됨에 그칠 뿐, 그 부실로 인하여 당연히 당해 처분이 위법하게 되는 것은 아니라고 할 것이다.

04 인허가 의제제도

행정기본법 제24조 【인허가의제의 기준】 ① 이 절에서 "인허가의제"란 하나의 인허가[이하 "(주된 인허가)"라 한다]를 받으면 법률로 정하는 바에 따라 ❶ 그와 관련된 여러 인허가[이하 "(관련 인허가)"라 한다]를 받은 것으로 보는 것을 말한다.

> 1. 인허가의제 제도는 관련 인허가 행정청의 권한을 (제한)하거나 (박탈)하는 효과를 가진다는 점에서 법률 또는 법률의 위임에 따른 법규명령의 근거가 있어야 한다(2020두40327).
> 2. 인허가의제를 신청할 의무 (2019두31839)
> 관련 인허가의제 제도는 *(A: 행정청 / B: 사업시행자)* 의 이익을 위하여 만들어진 것이므로, 사업시행자가 반드시 관련 인허가의제 처리를 신청할 (의무)가 있는 것은 아니다.
>
> > **24. 국가직 7급** 인·허가의 근거 법령인 건축법령에서 절차간소화를 위하여 관련 인·허가를 의제 처리할 수 있는 근거 규정을 둔 경우, 주된 인·허가를 신청하려는 사업시행자는 반드시 관련 인·허가 의제 처리를 동시에 신청해야 한다. (×)
> > ▶ 신청인의 권익을 위한 제도이므로, 필수라고 보기 어렵다.

② 인허가의제를 받으려면 주된 인허가를 신청할 때 관련 인허가에 필요한 서류를 (함께) 제출하여야 한다. 다만, 불가피한 사유로 (함께) 제출할 수 없는 경우에는 주된 인허가 행정청이 별도로 정하는 기한까지 제출할 수 있다.
③ 주된 인허가 행정청은 주된 인허가를 하기 전에 관련 인허가에 관하여 미리 관련 인허가 행정청과 (협의)하여야 한다.
④ 관련 인허가 행정청은 제3항에 따른 협의를 요청받으면 그 요청을 받은 날부터 (20일) 이내(제5항 단서에 따른 절차에 걸리는 기간은 제외한다)에 의견을 제출하여야 한다. 이 경우 전단에서 정한 기간(민원 처리 관련 법령에 따라 의견을 제출하여야 하는 기간을 연장한 경우에는 그 연장한 기간을 말한다) 내에 협의 여부에 관하여 의견을 제출하지 아니하면 협의가 *(A: 되지 않은 것 / B: 된 것)* 으로 본다.
⑤ 제3항에 따라 협의를 요청받은 관련 인허가 행정청은 해당 법령을 위반하여 협의에 응해서는 아니 된다. 다만, 관련 인허가에 필요한 심의, 의견 청취 등 절차에 관하여는 법률에 인허가의제 시에도 해당 절차를 거친다는 명시적인 규정이 있는 경우에만 이를 거친다.

제25조 【인허가의제의 효과】 ① 제24조 제3항·제4항에 따라 (협의)가 된 사항에 대해서는 *(A: 협의가 완료되었을 때 / B: 주된 인허가를 받았을 때)* 관련 인허가를 받은 것으로 본다.
② 인허가의제의 효과는 주된 인허가의 해당 법률에 (규정된) 관련 인허가에 한정된다.

제26조 【인허가의제의 사후관리 등】 ① 인허가의제의 경우 *(A: 관련 / B: 주된)* 인허가 행정청은 관련 인허가를 (직접) 한 것으로 보아 관계 법령에 따른 관리·감독 등 필요한 조치를 하여야 한다.
② 주된 인허가가 있은 후 이를 변경하는 경우에는 제24조·제25조 및 이 조 제1항을 준용한다.
③ 이 절에서 규정한 사항 외에 인허가의제의 방법, 그 밖에 필요한 세부 사항은 대통령령으로 정한다.

---

❶
- 자동적 처분(제20조)
- 인허가 의제(제24조)
- 과징금(제28조)
- 행정상 강제(제30조)

제도를 운용하기 위해서는 *(A: 행정기본법상 근거로 충분하다 / B: 개별법상 근거가 필요하다)*.

1. 의의

> **관련판례**
>
> 1. *(A: 절차집중 / B: 실체집중)* (92누1162)
>
>   건설부장관이 구 주택건설촉진법 제33조에 따라 관계기관의 장과의 협의를 거쳐 사업계획승인을 한 이상 같은 조 제4항의 허가·인가·결정·승인 등이 있는 것으로 볼 것이고, 그 (절차)와 별도로 도시계획법 제12조 등 소정의 중앙도시계획위원회의 의결이나 주민의 의견청취 등 (절차)를 거칠 필요는 없다.
>
> > **21. 국가직 9급** 주택건설사업계획 승인권자가 구「주택법」에 따라 도시·군관리계획 결정권자와 협의를 거쳐 관계 주택건설사업계획을 승인하면 도시·군관리계획결정이 이루어진 것으로 의제되고, 이러한 협의 절차와 별도로「국토의 계획 및 이용에 관한 법률」등에서 정한 도시·군관리계획 입안을 위한 주민 의견청취 절차를 거칠 필요는 없다. (○)
> >
> > **21. 국가직 9급** 건축법」에서 관련 인·허가 의제 제도를 둔 취지는 인·허가 의제사항 관련 법률에 따른 각각의 인·허가 요건에 관한 일체의 심사를 배제하려는 것이 아니다. (○)
> >
> > **22. 지방직 7급** 행정청이「주택법」상 주택건설사업계획을 승인하면「국토의 계획 및 이용에 관한 법률」상의 도시·군관리계획결정이 이루어진 것으로 의제되는데, 이 경우 도시·군관리계획 결정권자와의 협의절차와 별도로「국토의 계획 및 이용에 관한 법률」에서 정한 도시·군관리계획 입안을 위한 주민 의견청취 절차를 거칠 필요는 없다. (○)
>
> 2. 의제를 전제로 하는 규정만 적용 (2004다19715)
>
>   주된 인허가에 관한 사항을 규정하고 있는 甲 법률에서 주된 인허가가 있으면 乙 법률에 의한 인허가를 받은 것으로 의제한다는 규정을 둔 경우에는, *(A: 주된 인허가가 있으면 乙 법률에 의한 인허가가 있는 것으로 보는데 그치는 것이다 / B: 乙 법률에 의하여 인허가를 받았음을 전제로 한 乙 법률의 모든 규정들까지 적용되는 것으로 보는 것이다).*
>
> 3. 관련 인허가(b)를 이유로 주된 인허가(A) 거부 가능 (2001두151)
>
>   공유수면 점용허가를 필요로 하는 채광계획 인가신청에 대하여도, 공유수면 관리청이 재량적 판단에 의하여 공유수면 점용을 허가 여부를 결정할 수 있고, 그 결과 *(A: 채광계획 / B: 공유수면 점용)*을 허용하지 않기로 결정하였다면, 채광계획 인가관청은 이를 사유로 하여 *(A: 채광계획 인가 / B: 공유수면 점용 허가)*를 인가하지 아니할 수 있는 것이다.
>
> > **21. 국가직 9급** 건축물의 건축이「국토의 계획 및 이용에 관한 법률」상 개발행위에 해당할 경우 그 건축의 허가권자는 국토계획법령의 개발행위허가기준을 확인하여야 하므로, 국토계획법상 건축물의 건축에 관한 개발행위허가가 의제되는 건축허가신청이 국토계획법령이 정한 개발행위허가기준에 부합하지 아니하면 허가권자로서는 이를 거부할 수 있다. (○)
> >
> > **23. 지방직 7급** 도시계획시설인 주차장에 대한 건축허가신청을 받은 행정청으로서는「건축법」상 허가 요건뿐 아니라 그에 의해 의제되는 국토의 계획 및 이용에 관한 법령이 정한 도시계획시설사업에 관한 실시계획인가 요건도 충족하는 경우에 한하여 이를 허가해야 한다. (○)

4. 관련 인허가의 효력 유지 범위 (2009두18547)

인허가 의제제도는 목적사업의 원활한 수행을 위해 행정절차를 간소화하고자 하는데 그 취지가 있는 것이므로 위와 같은 실시계획승인에 의해 의제되는 도로공사시행허가 및 도로점용허가(b)는 원칙적으로 당해 택지개발사업을 시행(A)하는 데 필요한 범위(A: 를 넘어서도 / B: 내에서만) 그 효력이 유지된다고 보아야 한다. 따라서 원고가 이 사건 택지개발사업과 관련하여 그 사업시행의 일환으로 이 사건 도로 예정지 또는 도로에 전력관을 매설하였다고 하더라도 사업시행완료 (후) 이를 계속 (유지·관리)하기 위해 도로를 점용하는 것에 대한 도로점용허가까지 그 실시계획승인에 의해 의제된다고 볼 수는 없다.

2. 절차 – 관계행정청과의 협의

관련판례 협의 누락시 발생하는 하자 (2005두14363)

국방·군사시설 사업에 관한 법률 및 구 산림법에서 보전임지를 다른 용도로 이용하기 위한 사업에 대하여 승인 등 처분을 하기 전에 미리 산림청장과 협의를 하라고 규정한 의미는 (A: 그의 자문을 구하라는 것이므로 / B: 그 의견에 따라 처분을 하라는 의미이므로), 이러한 협의를 거치지 아니하였다면 (A: 이는 당해 승인처분을 취소할 수 있는 원인이 되는 하자 정도에 불과하다고 / B: 그 승인처분이 당연무효가 되는 하자에 해당하는 것이라고) 봄이 상당하다.

비교판례 +

1. "주된 인허가"가 의제되는 경우, 관련 인허가의 의제 여부 (2017다290538)
   ① 시장 등이 사업계획을 승인하기 전에 관계 행정청과 미리 (협의)한 사항에 한하여 사업계획승인처분을 할 때에 관련 인허가가 의제되는 효과가 발생할 뿐이다.
   ② 관련 인허가 사항에 관한 사전 (협의)가 이루어지지 않은 채 중소기업창업법에서 정한 20일의 처리기간이 지난 날의 다음 날에 사업계획승인처분이 이루어진 것으로 의제되는 경우, (A: 창업자는 중소기업창업법에 따른 사업계획승인처분을 받은 지위를 가지게 될 뿐이다 / B: 관련 인허가까지 받은 지위를 가지게 된다).

2. (일부)만 협의하여 의제하는 것도 가능 (2009두16305)
   법령에서 인허가의제 사항 중 (일부)만에 대하여도 관계 행정기관의 장과 협의를 거치면 인허가의제 효력이 발생할 수 있음을 명확히 하고 있는 점 등에 비추어 보면, 사업시행승인을 하는 경우 (A: 같은 법 제29조 제1항에 규정된 사업과 관련된 모든 인허가의제 사항에 관하여 관계 행정기관의 장과 일괄하여 사전 협의를 거칠 것을 요건으로 한다 / B: 사업시행승인 후 인허가의제 사항에 관하여 관계 행정기관의 장과 협의를 거치면 그때 해당 인허가가 의제된다고 보는 것이 타당하다).

3. 불복방법(대상적격)

> **관련판례**
>
> 1. "A+b+c+d" 중 b만 불만 (2016두38792)
>
>   '(부분) 인허가 의제'가 허용되는 경우에는 그 효력을 제거하기 위한 법적 수단으로 의제된 인허가의 취소나 철회가 허용될 수 있고, 이러한 직권 취소·철회가 가능한 이상 그 의제된 인허가에 대한 쟁송취소 역시 허용된다. 따라서 주택건설사업계획 승인처분(A)에 따라 의제된 인허가(b)가 위법함을 다투고자 하는 이해관계인은, (A: 주택건설사업계획 승인처분(A)의 취소를 구하여야 한다 / B: <u>의제된 인허가(b)의 취소를 구하여야 한다</u>).
>
>   **21. 국가직 9급** 주택건설사업계획 승인처분에 따라 의제된 인·허가가 위법함을 다투고자 하는 이해관계인은, 주택건설사업계획 승인처분의 취소를 구해야지 의제된 인·허가의 취소를 구해서는 아니되며, 의제된 인·허가는 주택건설사업계획 승인처분과 별도로 항고소송의 대상이 되는 처분에 해당하지 않는다. (×)
>   ▶ 의제된 인허가를 소송의 대상으로 삼는다.
>
>   **22. 지방직 7급** 주된 인허가에 의해 의제된 인허가는 통상적인 인허가와 동일한 효력을 가지나, '부분 인허가의제'가 허용되는 경우 의제된 인허가의 취소나 철회는 허용되지 않으므로 이해관계인이 의제된 인허가의 위법함을 다투고자 하는 경우에는 주된 인허가처분을 항고소송의 대상으로 삼아야 한다. (×)
>   ▶ 의제된 인허가를 소송의 대상으로 삼는다.
>
>   **22. 지방직 7급** 행정청이 건축불허가처분을 하면서 그 처분사유로 건축불허가 사유뿐만 아니라 그 의제의 대상이 되는 형질변경불허가 사유나 농지전용불허가 사유를 들고 있다고 하여 그 건축불허가처분 외에 별개로 형질변경불허가처분이나 농지전용불허가처분이 존재하는 것은 아니다. (○)
>
> 2. b 및 c를 이유로 A를 거부 (99두10988)
>
>   건축불허가처분을 하면서 그 처분사유로 건축불허가 사유(A)뿐만 아니라 형질변경불허가 사유(b)나 농지전용불허가 사유(c)를 들고 있다고 하여 그 건축불허가처분(A) 외에 별개로 형질변경불허가처분(b)이나 농지전용불허가처분(c)이 (A: 존재하는 것이므로 / B: 존재하는 것이 아니므로), 그 건축불허가처분(A)을 받은 사람은 (A: <u>그 건축불허가처분(A)에 관한 쟁송에서 건축법상의 건축불허가 사유(A)뿐만 아니라 같은 도시계획법상의 형질변경불허가 사유(b)나 농지법상의 농지전용불허가 사유(c)에 관하여도 다툴 수 있는 것이며</u> / B: 그 건축불허가처분(A)에 관한 쟁송과는 별개로 형질변경불허가처분(b)이나 농지전용불허가처분(c)에 관한 쟁송을 제기하여 이를 다투어야 하는 것이며), 그러한 쟁송을 제기하지 아니하였어도 형질변경불허가 사유(b)나 농지전용불허가 사유(c)에 관하여 불가쟁력이 생기지 아니한다.

기출문제로 점검하기

01 「행정절차법」이 적용되는 사항은?   24. 군무원 7급

① 각급 선거관리위원회의 의결을 거쳐 행하는 사항
② 행정기관이 그 소관 사무의 범위에서 일정한 행정목적을 실현하기 위하여 특정인에게 일정한 행위를 하도록 조언 등을 하는 사항
③ 감사원이 감사위원회의의 결정을 거쳐 행하는 사항
④ 심사청구, 해양안전심판, 조세심판, 특허심판, 행정심판, 그 밖의 불복절차에 따른 사항

행정절차법

> **행정절차법 제2조 【정의】** 이 법에서 사용하는 용어의 뜻은 다음과 같다.
> 3. "행정지도"란 행정기관이 그 소관 사무의 범위에서 일정한 행정목적을 실현하기 위하여 특정인에게 일정한 행위를 하거나 하지 아니하도록 지도, 권고, 조언 등을 하는 행정작용을 말한다.
>
> **제3조 【적용 범위】** ① 처분, 신고, 확약, 위반사실 등의 공표, 행정계획, 행정상 입법예고, 행정예고 및 행정지도의 절차(이하 "행정절차"라 한다)에 관하여 다른 법률에 특별한 규정이 있는 경우를 제외하고는 이 법에서 정하는 바에 따른다.
> ② 이 법은 다음 각 호의 어느 하나에 해당하는 사항에 대하여는 적용하지 아니한다.
> 1. 국회 또는 지방의회의 의결을 거치거나 동의 또는 승인을 받아 행하는 사항
> 2. 법원 또는 군사법원의 재판에 의하거나 그 집행으로 행하는 사항
> 3. 헌법재판소의 심판을 거쳐 행하는 사항
> 4. 각급 선거관리위원회의 의결을 거쳐 행하는 사항
> 5. 감사원이 감사위원회의의 결정을 거쳐 행하는 사항
> 6. 형사(刑事), 행형(行刑) 및 보안처분 관계 법령에 따라 행하는 사항
> 7. 국가안전보장·국방·외교 또는 통일에 관한 사항 중 행정절차를 거칠 경우 국가의 중대한 이익을 현저히 해칠 우려가 있는 사항
> 8. 심사청구, 해양안전심판, 조세심판, 특허심판, 행정심판, 그 밖의 불복절차에 따른 사항
> 9. 「병역법」에 따른 징집·소집, 외국인의 출입국·난민인정·귀화, 공무원 인사 관계 법령에 따른 징계와 그 밖의 처분, 이해 조정을 목적으로 하는 법령에 따른 알선·조정·중재(仲裁)·재정(裁定) 또는 그 밖의 처분 등 해당 행정작용의 성질상 행정절차를 거치기 곤란하거나 거칠 필요가 없다고 인정되는 사항과 행정절차에 준하는 절차를 거친 사항으로서 대통령령으로 정하는 사항

답 ②

02 행정절차에 대한 설명으로 옳지 않은 것은?

23. 군무원 9급

① 「국가공무원법」상 직위해제처분은 당해 행정작용의 성질상 행정절차를 거치기 곤란하거나 불필요하다고 인정되는 사항 또는 행정절차에 준하는 절차를 거친 사항에 해당하지 않으므로, 처분의 사전통지 및 의견청취 등에 관한 「행정절차법」의 규정이 적용되어야 한다.
② 군인사법령에 의하여 진급예정자명단에 포함된 자에 대하여 의견제출의 기회를 부여하지 아니한 채 진급선발을 취소하는 처분을 한 것은 절차상 하자가 있어 위법하다고 할 것이다.
③ 행정청이 침해적 행정처분을 하면서 당사자에게 행정절차법상의 사전 통지를 하거나 의견제출의 기회를 주지 않았다면, 사전 통지를 하지 않거나 의견제출의 기회를 주지 않아도 되는 예외적인 경우에 해당하지 않는 한, 그 처분은 위법하여 취소를 면할 수 없다.
④ 행정기관이 소속 공무원이나 하급행정기관에 대하여 세부적인 업무처리절차나 법령의 해석 적용 기준을 정해주는 '행정규칙'은 상위 법령의 구체적 위임이 있지 않는 한 조직 내부에서만 효력을 가질 뿐 대외적으로 국민이나 법원을 구속하는 효력이 없다.

행정절차

직위해제 및 귀화거부 처분은 공무원, 외국인에 관한 처분임에도 불구하고 행정절차법 제3조 제2항 제9호가 적용되어 행정절차법의 적용이 배제된다.

답 ①

03 처분의 사전통지에 대한 설명으로 가장 옳지 않은 것은?

22. 군무원 9급

① 고시 등에 의한 불특정 다수를 상대로 한 권익제한이나 의무부과의 경우 사전통지 대상이 아니다.
② 수익적 처분의 신청에 대한 거부처분은 실질적으로 침익적 처분에 해당하므로 사전 통지대상이 된다.
③ 「행정절차법」은 처분의 직접 상대방 외에 신청에 따라 행정절차에 참여한 이해관계인도 사전 통지의 대상인 당사자에 포함시키고 있다.
④ 공무원의 정규임용처분을 취소하는 처분은 사전통지를 하지 않아도 되는 예외적인 경우에 해당하지 않는다.

처분의 사전통지

거부처분은 침익적 처분이 아니므로 사전통지 및 의견청취의 대상이 되지 않는다.

선지분석
① 일반처분은 성질상 의견청취가 현저히 곤란하거나 명백히 불필요하다고 인정될 만한 상당한 이유가 있는 개별적 예외사유에 해당한다(행정절차법 제21조 제4항 제3호).
③
> **행정절차법 제2조 【정의】** 이 법에서 사용하는 용어의 뜻은 다음과 같다.
> 4. "당사자등"이란 다음 각 목의 자를 말한다.
>   가. 행정청의 처분에 대하여 직접 그 상대가 되는 당사자
>   나. 행정청이 직권으로 또는 신청에 따라 행정절차에 참여하게 한 이해관계인

답 ②

04 「행정절차법」상 처분의 사전통지에 대한 설명으로 가장 옳은 것은?

22. 군무원 7급

① 행정청은 당사자에게 사전통지를 하면서 의견제출에 필요한 기간을 10일 이상으로 고려하여 정하여 통지하여야 한다.
② 신청에 대한 거부처분은 당사자의 권익을 제한하는 처분에 해당하므로 처분의 사전통지의 대상이 된다.
③ 현장조사에서 처분상대방이 위반사실을 시인하였다면 행정청은 처분의 사전통지절차를 하지 않아도 된다.
④ 행정청은 해당 처분의 성질상 의견청취가 현저히 곤란하더라도 사전통지를 해야 한다.

처분의 사전통지

의견 준비를 위해 최소 10일을 보장한다.

> **행정절차법 제21조【처분의 사전 통지】** ② 행정청은 청문을 하려면 청문이 시작되는 날부터 10일 전까지 제1항 각 호의 사항을 당사자등에게 통지하여야 한다. 이 경우 제1항 제4호부터 제6호까지의 사항은 청문 주재자의 소속·직위 및 성명, 청문의 일시 및 장소, 청문에 응하지 아니하는 경우의 처리방법 등 청문에 필요한 사항으로 갈음한다.
> ③ 제1항 제6호에 따른 기한은 의견제출에 필요한 기간을 10일 이상으로 고려하여 정하여야 한다.

선지분석

③ 법정 예외사유에 해당하지 않는다.

답 ①

05 甲은 乙로부터 유흥주점을 양도받고 영업자지위 승계신고를 「식품위생법」규정에 따라 관할 행정청 A에게 하였다. 이에 대한 설명으로 옳지 않은 것은?

21. 군무원 7급

① A는 이 유흥주점영업자지위승계신고를 수리함에 있어 乙에게 그 사실을 사전에 통지하여야 한다.
② A는 이 유흥주점영업자지위승계신고를 수리함에 있어 청문이 필요하다고 인정하여 청문을 실시할 때에는 신고를 수리하기 전에 청문을 하여야 한다.
③ 乙은 「행정절차법」상의 당사자의 지위에 있다.
④ A의 유흥주점영업자지위승계신고수리는 乙의 권익을 제한하는 처분이다.

영업자지위 승계신고

乙은 양도인이므로, 수리처분을 통해 영업자지위를 상실한다. 따라서, 수리처분은 乙에게 침익적이다. 乙은 수리처분의 직접 당사자로서 사전통지의 대상이 된다.

정답 없음

06 행정절차의 하자에 대한 설명으로 옳지 않은 것은? (다툼이 있는 경우 판례에 의함)

22. 소방

① 환경영향평가를 거쳐야 하는 대상사업에 대하여 환경영향평가를 거치지 아니하였음에도 불구하고 승인 등 처분이 행해진 경우, 그 행정처분은 당연무효이다.

② 행정청이 사전환경성검토협의를 거쳐야 할 대상사업에 관하여 법의 해석을 잘못한 나머지 세부용도지역이 지정되지 않은 개발사업 부지에 대하여 사전환경성검토협의를 할지 여부를 결정하는 절차를 생략한 채 승인 등의 처분을 하였다면, 그 행정처분은 당연무효이다.

③ 환경영향평가를 거쳐야 할 대상사업에 대해 환경영향평가 절차를 거쳤으나 그 내용이 다소 부실한 경우, 그 부실의 정도가 환경영향평가를 하지 아니한 것과 같은 정도가 아닌 한 당해 승인 등 처분이 위법하게 되는 것은 아니다.

④ 환경영향평가 대상지역 밖의 주민이라 할지라도 공유수면매립면허처분 등으로 인하여 그 처분 전과 비교하여 수인한도를 넘는 환경피해를 받거나 받을 우려가 있는 경우에는, 이를 입증함으로써 그 처분 등의 무효확인을 구할 원고적격을 인정받을 수 있다.

행정절차의 하자
사전환경성검토협의를 생략(누락)하였다면 취소사유(②), 환경영향평가를 생략(누락)하였다면 무효사유가 된다. 반면, 사전환경성검토협의 및 환경영향평가 모두 부실하게 하였다면 곧바로 취소사유로 보지 않고 추후 내용상 하자의 판단요소 중 하나로 본다(③).

답 ②

gosi.Hackers.com

해커스공무원 학원·인강
gosi.Hackers.com

해커스공무원 김대현 행정법총론 워크북

제4편
공공기관의 정보공개에 관한 법률

제1장 알 권리 보장을 위한 제도
기출문제로 점검하기

제1장 │ 알 권리 보장을 위한 제도

01 의의

1. 정보공개청구권의 근거 (97누5114)
국민의 알 권리, 특히 국가정보에의 접근의 권리는 우리 헌법상 기본적으로 (표현)의 자유와 관련 …

2. 정보공개의 원칙
공공기관이 보유·관리하는 정보는 국민의 (알) 권리 보장 등을 위하여 이 법에서 정하는 바에 따라 (적극)적으로 공개하여야 한다.

> **21. 국가직 9급** 국민의 알 권리의 내용에는 일반 국민 누구나 국가에 대하여 보유·관리하고 있는 정보의 공개를 청구할 수 있는 이른바 일반적인 정보공개청구권이 포함된다. (○)

02 당사자

공공기관의 정보공개에 관한 법률 제5조【정보공개 청구권자】① 모든 국민은 정보의 공개를 청구할 권리를 가진다.
ㄱ. 자연인, 법인, 비법인사단/재단(설립목적 불문 *(A: O / B: X)*
예 모든 국민 ⊃ (지방자치)단체

> **23. 지방직 9급** 모든 국민은 정보의 공개를 청구할 권리를 가진다. (○)

② 외국인의 정보공개 청구에 관하여는 대통령령으로 정한다.
시행령 제3조【외국인의 정보공개 청구】법 제5조 제2항에 따라 정보공개를 청구할 수 있는 외국인은 다음 각 호의 어느 하나에 해당하는 자로 한다.
1. [목적 *(A: 불문 / B: 고려)*] 국내에 일정한 (주소)를 두고 거주하거나
[목적 *(A: 불문 / B: 고려)*] (학술)·(연구)를 위하여 일시적으로 체류하는 사람

공공기관의 정보공개에 관한 법률 제2조【정의】이 법에서 사용하는 용어의 뜻은 다음과 같다.
3. "(공공기관)"이란 다음 각 목의 기관을 말한다.
  가. 국가기관
    1) 국회, 법원, 헌법재판소, 중앙선거관리위원회
    2) 중앙행정기관(대통령 소속 기관과 국무총리 소속 기관을 포함한다) 및 그 소속 기관
    3) 행정기관 소속 위원회의 설치·운영에 관한 법률에 따른 위원회
  나. 지방자치단체
  다. 공공기관의 운영에 관한 법률 제2조에 따른 공공기관
    예 한국방송공사(KBS) (2008두13101)
  라. 지방공기업법에 따른 지방공사 및 지방공단

23. 국가직 9급 학술·연구를 위하여 일시적으로 체류하는 외국인 丙은 「국민기초생활 보장법」상의 복지급여 지급 기준에 대해 정보공개를 청구할 권리가 인정된다. (○)

2. [목적 *(A: 불문 / B: 고려)*] 국내에 (사무소)를 두고 있는 법인 또는 단체

마. 그 밖에 대통령령으로 정하는 기관
[예] 각급 학교 ⊃ (사립)대학 (국비 지원 범위로 국한 *(A: O / B: X)*; 2004두2783), (사립)유치원

03 공개 대상

공공기관의 정보공개에 관한 법률 제4조【적용 범위】① 정보의 공개에 관하여는 다른 법률에 특별한 규정이 있는 경우를 제외하고는 이 법에서 정하는 바에 따른다.
[형사재판확정기록은 (형사소송법)에 따라 청구 (2013두20882)]

22. 국가직 7급 「형사소송법」은 형사재판확정기록의 공개 여부 등에 대하여 「공공기관의 정보공개에 관한 법률」과 달리 규정하고 있으므로, 형사재판확정기록의 공개에 관하여는 「공공기관의 정보공개에 관한 법률」에 의한 공개청구가 허용되지 아니한다. (○)

② 지방자치단체는 그 소관 사무에 관하여 법령의 범위에서 정보공개에 관한 (조례)를 정할 수 있다.

23. 국가직 7급 지방자치단체는 그 소관 사무에 관하여 법령의 범위에서 정보공개에 관한 조례를 정할 수 있다. (○)

③ (국가안전보장)에 관련되는 정보 및 보안 업무를 관장하는 기관에서 (국가안전보장)과 관련된 정보의 분석을 목적으로 수집하거나 작성한 정보에 대해서는 이 법을 적용하지 아니한다. 다만, 제8조 제1항에 따른 정보목록의 작성·비치 및 공개에 대해서는 그러하지 아니한다.

제9조【비공개 대상 정보】① 공공기관이 보유·관리하는 정보는 공개 대상이 된다. 다만, 다음 각 호의 어느 하나에 해당하는 정보는 공개하지 아니 *(A: 한다 / B: 할 수 있다)*.
1. 다른 법률 또는 법률에서 (위임)한 명령[(국회규칙)·(대법원규칙)·(헌법재판소규칙)·중앙선거관리위원회규칙·대통령령 및 조례로 한정한다]에 따라 비밀이나 비공개 사항으로 규정된 정보
2. (국가안전보장)·(국방)·(통일)·(외교)관계 등에 관한 사항으로서 공개될 경우 국가의 중대한 이익을 현저히 해칠 우려가 있다고 인정되는 정보
3. 공개될 경우 국민의 (생명)·(신체) 및 (재산)의 보호에 현저한 지장을 초래할 우려가 있다고 인정되는 정보
4. 진행 중인 (재판)에 관련된 정보와 범죄의 예방, 수사, 공소의 제기 및 유지, 형의 집행, 교정(矯正), 보안처분에 관한 사항으로서 공개될 경우 그 직무수행을 현저히 곤란하게 하거나 형사피고인의 공정한 재판을 받을 권리를 침해한다고 인정할 만한 상당한 이유가 있는 정보

5. 감사 · 감독 · 검사 · (시험) · 규제 · 입찰계약 · 기술개발 · 인사관리에 관한 사항이나 의사결정 (과정) 또는 내부검토 (과정)에 있는 사항 등으로서 공개될 경우 업무의 공정한 수행이나 연구 · 개발에 현저한 지장을 초래한다고 인정할 만한 상당한 이유가 있는 정보. 다만, 의사결정 과정 또는 내부검토 과정을 이유로 비공개할 경우에는 제13조 제5항에 따라 통지를 할 때 의사결정 과정 또는 내부검토 과정의 단계 및 종료 예정일을 함께 안내하여야 하며, 의사결정 과정 및 내부검토 과정이 종료되면 제10조에 따른 청구인에게 이를 통지하여야 한다.
6. 해당 정보에 포함되어 있는 성명 · 주민등록번호 등 (개인정보) 보호법 제2조 제1호에 따른 (개인정보)로서 공개될 경우 사생활의 비밀 또는 자유를 침해할 우려가 있다고 인정되는 정보. 다만, 다음 각 목에 열거한 사항은 제외한다.
   가. 법령에서 정하는 바에 따라 열람할 수 있는 정보
   나. 공공기관이 공표를 목적으로 작성하거나 취득한 정보로서 사생활의 비밀 또는 자유를 부당하게 침해하지 아니하는 정보
   다. 공공기관이 작성하거나 취득한 정보로서 공개하는 것이 공익이나 개인의 권리구제를 위하여 필요하다고 인정되는 정보

> **24. 국가직 9급** 「공공기관의 정보공개에 관한 법률」상 '공개하는 것이 공익 또는 개인의 권리구제를 위하여 필요하다고 인정되는 정보'에 해당하는지 여부는 비공개에 의하여 보호되는 개인의 사생활의 비밀 등 이익과 공개에 의하여 보호되는 국정운영의 투명성 확보 등의 공익 또는 개인의 권리구제 등 이익을 비교 · 교량하여 구체적 사안에 따라 신중히 판단하여야 한다. (○)

   라. 직무를 수행한 공무원의 성명 · 직위
   마. 공개하는 것이 공익을 위하여 필요한 경우로서 법령에 따라 국가 또는 지방자치단체가 업무의 일부를 위탁 또는 위촉한 개인의 성명 · 직업
7. 법인 · 단체 또는 개인(이하 "법인등"이라 한다)의 (경영)상 · (영업)상 비밀에 관한 사항으로서 공개될 경우 법인등의 정당한 이익을 현저히 해칠 우려가 있다고 인정되는 정보. 다만, 다음 각 목에 열거한 정보는 제외한다.
   가. 사업활동에 의하여 발생하는 위해(危害)로부터 사람의 생명 · 신체 또는 건강을 보호하기 위하여 공개할 필요가 있는 정보
   나. 위법 · 부당한 사업활동으로부터 국민의 재산 또는 생활을 보호하기 위하여 공개할 필요가 있는 정보
8. 공개될 경우 부동산 (투기), 매점매석 등으로 특정인에게 이익 또는 불이익을 줄 우려가 있다고 인정되는 정보

관련판례

1. (전자적) 형태로 보유하는 정보는 검색 · 편집이 수반되어도 공개 가능 (2009두6001)
   공공기관의 정보공개에 관한 법률에 의한 정보공개제도는 공공기관이 보유 · 관리하는 정보를 그 상태대로 공개하는 제도이지만, (전자적) 형태로 보유 · 관리되는 정보의 경우에는, (A: 그 정보가 청구인이 구하는 대로는 되어 있지 않다고 하더라도, 그 공공기관이 공개청구대상정보를 보유 · 관리하고 있는 것으로 볼 수 있다 / B: 기초자료를 검색 · 편집하는 것은 새로운 정보의 생산 또는 가공에 해당한다).

23. 지방직 7급 전자적 형태로 보유·관리되는 정보의 경우에 그 정보가 청구인이 구하는 대로 되어 있지 않더라도 공개청구를 받은 공공기관이 공개청구대상정보의 기초자료를 검색하여 청구인이 구하는 대로 편집할 수 있으며, 그 작업이 당해 기관의 업무수행에 별다른 지장을 초래하지 않는다면 그 공공기관이 공개청구대상정보를 보유·관리하고 있는 것으로 볼 수 있다. (○)

2. 사본 (2006두3049)

공공기관의 정보공개에 관한 법률상 공개청구의 대상이 되는 정보란 공공기관이 (직무상) 작성 또는 취득하여 현재 보유·관리하고 있는 문서에 한정되(*A: 는 것이기는 하나, 그 문서가 반드시 원본일 필요는 없다* / *B: 므로, 그 문서는 반드시 원본이어야 한다*).

21. 국가직 9급 「공공기관의 정보공개에 관한 법률」상 공개청구의 대상이 되는 정보란 공공기관이 직무상 작성 또는 취득하여 현재 보유·관리하고 있는 원본인 문서만을 의미한다. (×)
▶ 사본도 공개의 대상이 된다.

24. 지방직 9급 행정청이 정보를 공개하는 경우에 그 정보의 원본이 더럽혀지거나 파손될 우려가 있거나 그 밖에 상당한 이유가 있다고 인정할 때에는 그 정보의 사본·복제물을 공개할 수 있다. (○)

1. 법령상 비밀, 비공개 정보

관련판례

1. '법률에 의한 명령'의 의미 (2010두2913)
① 공공기관의 정보공개에 관한 법률 제9조 제1항 본문은 "공공기관이 보유·관리하는 정보는 공개대상이 된다."고 규정하면서 그 단서 제1호에서는 "다른 법률 또는 법률이 위임한 명령(국회규칙·대법원규칙·중앙선거관리위원회규칙·대통령령 및 조례에 한한다)에 의하여 비밀 또는 비공개 사항으로 규정된 정보"는 이를 공개하지 아니할 수 있다고 규정하고 있는바,
② 여기에서 '법률에 의한 명령'은 정보의 공개에 관하여 법률의 (*A: 구체적* / *B: 포괄적*)인 (위임) 아래 제정된 법규명령[(위임)명령]을 의미한다.

23. 지방직 7급 정보공개법에서 공개대상의 예외로 규정하고 있는 '다른 법률 또는 법률에서 위임한 명령(국회규칙·대법원규칙·헌법재판소규칙·중앙선거관리위원회규칙·대통령령 및 조례로 한정함)에 따라 비밀이나 비공개 사항으로 규정된 정보'의 해석에 있어서 '법률에서 위임한 명령'은 정보의 공개에 관하여 법률의 구체적인 위임 아래 제정된 법규명령(위임명령)을 의미한다. (○)

2. 부령, 심지어 (위임)근거 없음 (2002두1342)
(검찰보존사무규칙)은 법무부령으로 되어 있으나, 그 중 재판확정기록 등의 열람·등사에 대하여 제한하고 있는 부분은 (위임)근거가 없어 행정기관 내부의 사무처리준칙으로서 행정규칙에 불과하므로, 제1호의 '다른 법률 또는 법률에 의한 명령에 의하여 비공개사항으로 규정된 경우'에 해당한다고 볼 수는 없다.

> **23. 지방직 9급** 법무부령인 「검찰보존사무규칙」은 행정기관 내부의 사무처리준칙인 행정규칙이지만, 「검찰보존사무규칙」상의 열람·등사의 제한은 「공공기관의 정보공개에 관한 법률」 제9조 제1항 제1호의 '다른 법률 또는 법률에 의한 명령에 의하여 비공개사항으로 규정된 경우'에 해당한다. (×)
> ▶ 대외적 구속력이 없어 이를 근거로 비공개할 수는 없다.

3. 구체적인 위임이 있어야 함 (2006두11910)

교육공무원법 제13조, 제14조의 위임에 따라 제정된 (교육공무원승진규정)(대통령령)은 정보공개에 관한 사항에 관하여 **(A: 구체적 / B: 포괄적)** 인 법률의 위임에 따라 제정된 명령이라고 할 수 없고, 따라서 (교육공무원승진규정) 제26조에서 근무성적평정의 결과를 공개하지 아니한다고 규정하고 있다고 하더라도 위 (교육공무원승진규정)은 공공기관의 정보공개에 관한 법률 제9조 제1항 제1호에서 말하는 법률이 위임한 명령에 해당하지 아니하므로 위 규정을 근거로 정보공개청구를 거부하는 것은 잘못이다.

> **21. 국가직 7급** 정보의 공개에 관하여 법률의 구체적인 위임이 없는 「교육공무원 승진규정」상 근무성적평정 결과를 공개하지 않는다는 규정을 근거로 정보공개청구를 거부할 수 없다. (○)

2. 안보, 국방, 통일, 외교 관련 정보

> **관련판례** 한일 (군사)정보보호협정, 상호(군수)지원협정 - 비공개대상 (2015두46512)
>
> 이 사건 처분 당시 한·일 군사정보보호협정은 가서명만 이루어진 단계였고, 한·일 상호군수지원협정은 합의문이 도출되지 않은 단계였다. 따라서 이 사건 쟁점 정보가 공개된다면 이해관계자들의 각종 요구 등으로 협정문이 당초 예정과 다르게 수정되거나 협정 자체가 무산되는 결과를 초래할 가능성이 충분한 점 등에 비추어 보면, 이 사건 쟁점 정보는 구 정보공개법 제9조 제1항 제5호에서 정한 비공개대상정보에도 해당한다.

3. 국민의 생명·신체 등

> **관련판례** (보안관찰) 관련 통계자료 - 비공개대상 (2001두8254)
>
> 그 통계자료의 분석에 의하여 대남공작활동이 유리한 지역으로 (보안관찰)처분대상자가 많은 지역을 선택하는 등으로 위 정보가 북한정보기관에 의한 간첩의 파견, 포섭, 신진세력을 위한 교두보의 확보 등 북한의 대남선전에 있어 매우 유용한 자료로 악용될 우려가 없다고 할 수 없으므로 …

4. 진행 중인 재판, 형의 집행

관련판례

1. **비공개 대상의 제한 (2009두19021)**

   정보공개를 거부하기 위하여는 ① 반드시 그 정보가 진행 중인 재판의 소송기록 그 자체에 포함된 내용의 정보*(A: 여야 하므로 / B: 일 필요는 없으나)*, 재판에 관련된 일체의 정보가 그에 해당하는 것은 아니고 ② 진행 중인 재판의 (심리) 또는 재판 (결과)에 구체적으로 영향을 미칠 위험이 있는 정보에 한정된다고 봄이 상당하다.

2. 교도소 근무보고서 *(A: 공개 / B: 비공개)*, 징벌위원회 회의록 중 비공개심사/의결 부분 *(A: 공개 / B: 비공개)*, 징벌위원회 회의록 중 재소자 진술, 위원장 및 위원들과 재소자 사이의 문답 등 징벌(절차) 진행 부분 *(A: 공개 / B: 비공개)* (2009두12785)

   ① 공공기관의 정보공개에 관한 법률 제9조 제1항 제4호는 직무의 공정하고 효율적인 수행에 직접적이고 구체적으로 장애를 줄 (고도)의 개연성이 있고, 그 정도가 (현저)한 경우를 의미한다.
   ② 교도소에 수용 중이던 재소자가 담당 교도관들을 상대로 가혹행위를 이유로 형사고소 및 민사소송을 제기하면서 그 증명자료 확보를 위해 '근무보고서'와 '징벌위원회 회의록' 등의 정보공개를 요청하였으나 교도소장이 이를 거부한 사안

   비교판례 +

   수용자자비부담물품의 판매(수익금)과 관련하여 교도소장이 재단법인 교정협회로 송금한 (수익금) 총액과 교도소장에게 배당된 (수익금)액 및 사용내역 (2003두12707)

5. 감사, 감독, 시험, 계약, 의사결정 관련 정보

관련판례

1. **내부 감사과정에서 제출된 (경위서) (2010두18758)**

   직무유기 혐의 고소사건에 대한 내부 감사과정에서 경찰관들에게서 받은 (경위서)를 공개하라는 고소인 甲의 정보공개신청에 대하여 관할 경찰서장이 비공개결정을 한 사안에서, 위 (경위서)는 비공개대상정보에 해당한다.

2. **지방자치단체 도시공원위원회의 회의관련자료 및 회의록 (99추85)**

결정의 대외적 공표 *(A: 전 / B: 후)*	위 위원회의 회의관련자료 및 회의록이 공개된다면 업무의 공정한 수행에 현저한 지장을 초래한다고 할 것이므로, 위 위원회의 심의 후 그 심의사항들에 대한 시장 등의 결정의 대외적 공표행위가 있기 *(A: 전 / B: 후)* 까지는 위 위원회의 회의관련자료 및 회의록은 공공기관의 정보공개에 관한 법률 제7조 제1항 제5호에서 규정하는 비공개대상정보에 해당한다고 할 것이고,
결정의 대외적 공표 *(A: 전 / B: 후)*	결정의 대외적 공표 행위가 있은 후에는 이를 의사결정과정이나 내부검토과정에 있는 사항이라고 할 수 없고 위 위원회의 회의관련자료 및 회의록을 공개하더라도 업무의 공정한 수행에 지장을 초래할 염려가 없으므로, 시장 등의 결정의 대외적 공표행위가 있은 *(A: 전 / B: 후)*에는 위 위원회의 회의관련자료 및 회의록은 공개대상이 된다. **23. 지방직 7급** 도시공원위원회의 회의관련자료 및 회의록은 시장 등의 결정의 대외적 공표행위가 있은 후에는 이를 의사결정과정이나 내부검토과정에 있는 사항이라고 할 수 없고 위 위원회의 회의 관련 자료 및 회의록을 공개하더라도 업무의 공정한 수행에 지장을 초래할 염려가 없으므로 공개대상이 된다. (○)

3. 학교환경위생정화위원회의 회의록 (2002두12946)
   ① 의사결정과정에 제공된 회의관련자료나 의사결정과정이 기록된 회의록 등은 의사가 결정되거나 의사가 집행된 경우에는 (A: *의사결정과정에 있는 사항 그 자체로서* / B: *의사결정과정에 있는 사항에 준하는 사항으로서*) 비공개대상정보에 포함될 수 있다.

> **21. 국가직 7급** 의사결정과정에 제공된 회의 관련 자료나 의사결정과정이 기록된 회의록은 의사가 결정되거나 의사가 집행된 경우에도 비공개대상정보에 포함될 수 있다. (○)
>
> **22. 지방직 7급** 의사결정과정에 제공된 회의 관련 자료나 의사결정과정이 기록된 회의록은 의사가 결정되거나 의사가 집행된 경우에는 더 이상 의사결정과정에 있는 사항 그 자체라고는 할 수 없으므로 비공개대상정보에 포함될 수 없다. (×)
> ▶ 그 자체는 아니지만, 그에 준하는 사항으로서 비공개사유에 해당한다.

   ② 위 정화위원회의 회의록 중 발언내용 이외에 해당 발언자의 (인적사항)까지 공개된다면 정화위원들이나 출석자들은 자신의 발언내용에 관한 공개에 대한 부담으로 인한 심리적 압박 때문에 위 정화위원회의 심의절차에서 솔직하고 자유로운 의사교환을 할 수 없고, 심지어 당사자나 외부의 의사에 영합하는 발언을 하거나 침묵으로 일관할 우려마저 있으므로, '회의록에 기재된 발언내용에 대한 해당 발언자의 (인적사항)' 부분은 그것이 공개될 경우 정화위원회의 심의업무의 공정한 수행에 현저한 지장을 초래한다.

> **22. 지방직 9급** 학교환경위생구역 내 금지행위 해제결정에 관한 학교환경위생정화위원회의 회의록에 기재된 발언내용에 대한 해당 발언자의 인적사항 부분에 관한 정보는 비공개대상에 해당하지 아니한다. (×)
> ▶ 토론의 위축을 방지하기 위해 인적사항도 비공개대상에 포함시킨다.

4. 시험 답안 및 채점 결과 관련

| 비공개 | ① 치과의사 국가시험의 문제지/정답지 (2006두15936)
치과의사 국가시험에서 채택하고 있는 (문제은행) 출제방식은 출제의 시간·비용을 줄이면서도 양질의 문항을 확보할 수 있는 등 많은 장점을 가지고 있는 점, 그 시험 문제를 공개할 경우 발생하게 될 결과와 시험업무에 초래될 부작용 등을 감안하면 이를 공개하지 않을 수 있다.
② (채점위원)별 채점 결과 (2000두6114)
다의적일 수밖에 없는 평가기준과 주관적 평가 결과 사이의 정합성을 둘러싸고 시험 결과에 이해관계를 가진 자들로부터 제기될지도 모를 시시비비에 일일이 휘말리는 상황이 초래될 우려가 있다.
③ 02-05년도 학업성취도평가 자료 (2007두9877)
'2002년도 및 2003년도 국가 수준 학업성취도평가 자료'는 표본조사 방식으로 이루어졌을 뿐만 아니라 (학교식별정보) 등도 포함되어 있어서 그 원자료 전부가 그대로 공개될 경우 학업성취도평가 업무의 공정한 수행이 객관적으로 현저하게 지장을 받을 것이라는 고도의 개연성이 존재한다고 볼 여지가 있어 공공기관의 정보공개에 관한 법률 제9조 제1항 제5호에서 정한 비공개대상정보에 해당하는 부분이 있으나, |

|공개| ① 2002학년도부터 2005학년도까지의 (수능시험) 원데이터 (2007두9877)
연구 목적으로 (수능시험)정보의 공개를 청구하는 경우에는 그 공개로 인하여 초래될 부작용이 그 공개로 얻을 수 있는 이익보다 더 클 것이라고 단정하기 어려우므로, 그 공개로 인하여 수능시험 업무의 공정한 수행이 객관적으로 현저하게 지장을 받을 것이라는 고도의 개연성이 존재한다고 볼 수는 없다.

> **24. 국가직 9급** '2002학년도부터 2005학년도까지의 대학수학능력시험 원데이터'는 연구목적으로 그 정보의 공개를 청구하는 경우 「공공기관의 정보공개에 관한 법률」 소정의 비공개대상정보에 해당한다. (×)
> ▶ 비공개대상에 해당되지 않는다고 보았다.

② 사법시험 제2차 시험의 (답안지) (2000두6114)
응시자가 자신의 (답안지)를 열람한다고 하더라도 시험문항에 대한 채점위원별 채점 결과가 열람되는 경우와 달리 평가자가 시험에 대한 평가업무를 수행함에 있어서 지장을 초래할 가능성이 적다.

6. 이름, 주민등록번호 등 개인정보

관련판례

1. 피의자신문조서에 기재된 ① 피의자 인적사항 / ② (진술내용) (2011두2361)

   ① 정보공개법 제9조 제1항 제6호 본문의 규정에 따라 비공개대상이 되는 정보에는 ㉠ 구 공공기관의 정보공개에 관한 법률의 이름·주민등록번호 등 정보 형식이나 유형을 기준으로 비공개대상정보에 해당하는지를 판단하는 '(개인식별정보)'뿐만 아니라 ㉡ 그 외에 정보의 내용을 구체적으로 살펴 '개인에 관한 사항의 공개로 개인의 내밀한 내용의 비밀 등이 알려지게 되고, 그 결과 인격적·정신적 내면생활에 (지장)을 초래하거나 자유로운 (사생활)을 영위할 수 없게 될 위험성이 있는 정보'도 포함된다.
   ② 따라서 불기소처분 기록 중 피의자신문조서 등에 기재된 피의자 등의 인적사항 이외의 (진술내용) 역시 개인의 사생활의 비밀 또는 자유를 침해할 우려가 인정되는 경우 비공개대상에 해당한다.

2. 개인에 관한 정보

2001두6425	2003두8050
지방자치단체의 업무추진비 세부항목별 집행내역 및 그에 관한 증빙서류에 포함된 (개인)에 관한 정보는 '공개하는 것이 공익을 위하여 필요하다고 인정되는 정보'에 해당하지 않는다.	공무원이 직무와 관련 없이 (개인)적인 자격으로 간담회·연찬회 등 행사에 참석하고 금품을 수령한 정보는 '공개하는 것이 공익을 위하여 필요하다고 인정되는 정보'에 해당하지 않는다.

비교판례＋ 공개 대상

(사면)대상자들의 (사면)실시건의서와 그와 관련된 국무회의 안건자료 (2005두241)

대통령이 행하는 (사면)권 행사가 고도의 정치적 행위라고 하더라도, 위 정보의 공개가 정치적 행위로서의 (사면)권 자체를 부정하려는 것이 아니라 오히려 (사면)권 행사의 실체적 요건이 설정되어 있지 아니하여 생길 수 있는 (사면)권의 남용을 견제할 국민의 자유로운 정치적 의사 등이 형성되도록 이 정보에의 접근을 허용할 필요성이 있다.

7. 영업비밀

> **관련판례**
>
> 1. 원본 (테이프)는 KBS의 영업비밀에 해당 (2008두13101)
>   한국방송공사(KBS)가 제작한 '추적 60분' 가제 "새튼은 특허를 노렸나"인 방송용 편집원본 (테이프) 1개에 대하여 정보공개청구를 하였으나 한국방송공사가 방송프로그램의 기획·편성·제작 등에 관한 정보로서 비공개결정을 한 사안에서, 위 정보는 비공개대상정보에 해당한다.
>
> 2. 판례 비교
>   ① [비공개] 법인 등이 거래하는 금융기관의 (계좌번호) (2003두8302)
>   법인 등의 이름과 (결합)하여 공개될 경우 당해 법인 등의 영업상 지위가 위협받을 우려가 있음
>   ② [공개] 법인 등의 상호, 단체명, 영업소명, (사업자등록번호) (2003두8302)

04 공개 절차

1. 청구권자 - 내용 및 범위의 특정

> **관련판례** 정보공개청구시 요구되는 특정의 정도 (2007두2555)
>
> ① 청구대상정보를 기재함에 있어서는 (사회일반인)의 관점에서 청구대상정보의 내용과 범위를 확정할 수 있을 정도로 특정함을 요한다.
>
> > **24. 지방직 9급** 정보의 공개를 청구하는 자는 정보공개청구서에 청구대상 정보를 기재함에 있어서 사회일반인의 관점에서 청구대상정보의 내용과 범위를 확정할 수 있을 정도로 특정함을 요한다. (○)
>
> ② 정보비공개결정의 취소를 구하는 사건에 있어서, 만일 공개를 청구한 정보의 내용 중 너무 포괄적이거나 막연하여서 (사회일반인)의 관점에서 그 내용과 범위를 확정할 수 있을 정도로 특정되었다고 볼 수 없는 부분이 포함되어 있다면, 이를 심리하는 법원으로서는 마땅히 공공기관의 정보공개에 관한 법률 제20조 제2항의 규정에 따라 *(A: 공공기관 / B: 청구권자)*에게 그가 보유·관리하고 있는 공개청구정보를 제출하도록 하여 이를 비공개로 열람·심사하는 등의 방법으로 공개청구정보의 내용과 범위를 특정시켜야 하고,
>
> ③ 나아가 위와 같은 방법으로도 특정이 불가능한 경우에는 특정되지 않은 부분과 나머지 부분을 (분리)할 수 있고 나머지 부분에 대한 비공개결정이 위법한 경우라고 하여도 정보공개의 청구 중 특정되지 않은 부분에 대한 비공개결정의 취소를 구하는 부분은 나머지 부분과 (분리)하여 이를 기각하여야 한다.

> 공공기관의 정보공개의 관한 법률 제17조【비용 부담】① 정보의 공개 및 우송 등에 드는 비용은 실비(實費)의 범위에서 *(A: 청구인 / B: 공공기관)*이 부담한다.

> 21. 지방직 9급 정보의 공개 및 우송 등에 드는 비용은 실비의 범위에서 청구인이 부담한다. (○)

> 제10조【정보공개의 청구방법】① 정보의 공개를 청구하는 자(이하 "청구인"이라 한다)는 해당 정보를 보유하거나 관리하고 있는 공공기관에 다음 각 호의 사항을 적은 정보공개 *(A: 청구서를 제출하여야 한다 / B: 청구서를 제출하거나 말로써 정보의 공개를 청구할 수 있다)*.
> 1. 청구인의 성명·생년월일·주소 및 연락처(전화번호·전자우편주소 등을 말한다. 이하 이 조에서 같다). 다만, 청구인이 법인 또는 단체인 경우에는 그 명칭, 대표자의 성명, 사업자등록번호 또는 이에 준하는 번호, 주된 사무소의 소재지 및 연락처를 말한다.
> 2. 청구인의 주민등록번호(본인임을 확인하고 공개 여부를 결정할 필요가 있는 정보를 청구하는 경우로 한정한다)
> 3. 공개를 청구하는 정보의 내용 및 공개방법
> ② 제1항에 따라 청구인이 (말)로써 정보의 공개를 청구할 때에는 담당 공무원 또는 담당 임직원(이하 "담당공무원등"이라 한다)의 앞에서 진술하여야 하고, 담당공무원등은 정보공개 청구(조서)를 작성하여 이에 청구인과 함께 기명날인하거나 서명하여야 한다.

2. 공개 의무자

(1) 결정기간

> 공공기관의 정보공개의 관한 법률 제11조【정보공개 여부의 결정】① 공공기관은 제10조에 따라 정보공개의 청구를 받으면 그 청구를 받은 날부터 (10일) 이내에 공개 여부를 결정하여야 한다.
> ② 공공기관은 (부득이)한 사유로 제1항에 따른 기간 이내에 공개 여부를 결정할 수 없을 때에는 그 기간이 끝나는 날의 다음 날부터 기산(起算)하여 (10일)의 범위에서 공개 여부 결정기간을 연장할 수 있다. 이 경우 공공기관은 연장된 사실과 연장 사유를 청구인에게 지체 없이 문서로 통지하여야 한다.

(2) 제3자의 의견청취

> 공공기관의 정보공개의 관한 법률 제11조【정보공개 여부의 결정】③ 공공기관은 공개 청구된 공개 대상 정보의 전부 또는 일부가 제3자와 관련이 있다고 인정할 때에는 그 사실을 제3자에게 (지체 없이) (통지)하여야 하며, 필요한 경우에는 그의 의견을 *(A: 따라야 한다 / B: 들을 수 있다)*.
> 제21조【제3자의 비공개 요청 등】① 제11조 제3항에 따라 공개 청구된 사실을 통지받은 제3자는 그 통지를 받은 날부터 *(A: 3일 / B: 7일)* 이내에 해당 공공기관에 대하여 자신과 관련된 정보를 공개하지 아니할 것을 요청할 수 있다.

② 제1항에 따른 비공개 요청에도 불구하고 공공기관이 공개 결정을 할 때에는 공개 결정 이유와 공개 실시일을 분명히 밝혀 (지체 없이) 문서로 (통지)하여야 하며, 제3자는 해당 공공기관에 문서로 이의신청을 하거나 행정심판 또는 행정소송을 제기할 수 있다. 이 경우 (이의신청)은 통지를 받은 날부터 (*A: 3일 / B: 7일*) 이내에 하여야 한다.

(3) 공개방법의 선택

공공기관의 정보공개의 관한 법률 제15조 【정보의 (전자적) 공개】 ① 공공기관은 전자적 형태로 보유·관리하는 정보에 대하여 청구인이 (전자적) 형태로 공개하여 줄 것을 요청하는 경우에는 그 정보의 성질상 현저히 곤란한 경우를 제외하고는 청구인의 요청에 따라야 한다.
② 공공기관은 (전자적) 형태로 보유·관리하지 아니하는 정보에 대하여 청구인이 (전자적) 형태로 공개하여 줄 것을 요청한 경우에는 정상적인 업무수행에 현저한 지장을 초래하거나 그 정보의 성질이 훼손될 우려가 없으면 그 정보를 (전자적) 형태로 변환하여 공개할 수 있다.

> **관련판례** 정보공개방법을 지정할 신청권 (2016두44674)

① (*A: 청구인에게는 특정한 공개방법을 지정하여 정보공개를 청구할 수 있는 법령상 신청권이 있다 / B: 공공기관으로서는 그 공개방법을 선택할 재량권이 있다고 해석함이 상당하다*).

24. 국가직 9급 정보공개를 청구하는 자가 공공기관에 대해 정보의 사본 또는 출력물의 교부 방법으로 공개방법을 선택하여 정보공개청구를 한 경우, 공개청구를 받은 공공기관은 「공공기관의 정보공개에 관한 법률」에서 규정한 정보의 사본 또는 복제물의 교부를 제한할 수 있는 사유에 해당하지 않는 한 그 공개방법을 선택할 재량권이 없다. (○)

② 따라서 공공기관이 공개청구의 대상이 된 정보를 공개는 하되, 청구인이 신청한 공개방법 이외의 방법으로 공개하기로 하는 결정을 하였다면, 이는 정보공개청구 중 정보공개방법에 관한 부분에 대하여 (*A: 일부 / B: 전부*) 거부처분을 한 것이고, 청구인은 그에 대하여 항고소송으로 다툴 수 있다.

23. 국가직 7급 공공기관이 공개청구의 대상이 된 정보를 청구인이 신청한 공개방법 이외의 방법으로 공개하는 결정을 하였다면, 이는 정보공개청구 중 정보공개방법에 관한 부분에 대하여 일부 거부처분을 한 것이므로 청구인은 그에 대하여 항고소송으로 다툴 수 있다. (○)

22. 국가직 7급 정보공개청구에 대하여 행정청이 전부공개 결정을 하는 경우에는, 청구인이 지정한 정보공개방법에 의하지 않았다고 하더라도 청구인은 이를 다툴 수 없다. (×)
▶ 일부 거부처분으로서 대상적격이 있다.

24. 지방직 9급 공공기관이 공개청구의 대상이 된 정보를 공개는 하되, 청구인이 신청한 공개방법 이외의 방법으로 공개하기로 하는 결정을 하였다면, 이는 정보공개청구 중 정보공개방법에 관한 부분에 대하여 일부 거부처분을 한 것이고, 청구인은 그에 대하여 항고소송으로 다툴 수 있다. (○)

22. 지방직 7급 공공기관이 공개청구의 대상이 된 정보를 공개는 하되, 청구인이 신청한 공개방법 이외의 방법으로 공개하기로 하는 결정을 하였다면, 이는 정보공개청구 중 정보공개방법에 관한 부분만을 달리한 것이므로 일부 거부처분이라 할 수 없다. (×)
▶ 일부 거부처분으로서 대상적격이 있다.

24. 지방직 7급 공공기관이 공개청구의 대상이 된 정보를 공개는 하되, 청구인이 신청한 공개방법 이외의 방법으로 공개하기로 하는 결정을 하였다면, 이는 정보공개청구 중 정보공개방법에 관한 부분만을 달리한 것이므로 일부 거부처분이라 할 수 없다. (×)
▶ 일부 거부처분으로서 대상적격이 있다.

(4) 부분공개 제도

> **공공기관의 정보공개에 관한 법률 제14조【부분 공개】** 공개 청구한 정보가 제9조 제1항 각 호의 어느 하나에 해당하는 부분과 공개 가능한 부분이 (혼합)되어 있는 경우로서 공개 청구의 취지에 어긋나지 아니하는 범위에서 두 부분을 (분리)할 수 있는 경우에는 제9조 제1항 각 호의 어느 하나에 해당하는 부분을 제외하고 공개하여야 한다.

> **24. 국가직 9급** 정보의 부분 공개가 허용되는 경우란 당해 정보에서 비공개대상정보에 관련된 기술 등을 제외 혹은 삭제하고 나머지 정보만 공개하는 것이 가능하고 나머지 부분의 정보만으로도 공개의 가치가 있는 경우를 의미한다. (○)

3. 비공개결정에 대한 행정소송

(1) 소송요건

① 원고적격

22. 국가직 9급 A는 공개청구한 정보에 대해 개별·구체적 이익이 없는 경우에도 B의 정보공개거부에 대해 취소소송으로 다툴 수 있다. (○)

21. 국가직 9급 정보공개청구권은 법률상 보호되는 구체적인 권리이므로 청구인이 공공기관에 대하여 정보공개를 청구하였다가 거부처분을 받은 것 자체가 법률상 이익의 침해에 해당한다. (○)

21. 지방직 9급 청구인이 공공기관에 대하여 정보공개를 청구하였다가 거부처분을 받은 것 자체가 법률상 이익의 침해에 해당한다. (○)

21. 지방직 7급 청구인이 공공기관에 대하여 정보공개를 청구하였다가 거부처분을 받은 것 자체가 법률상 이익의 침해에 해당한다고 할 것이고, 거부처분을 받은 것 이외에 추가로 어떤 법률상의 이익을 가질 것을 요구하는 것은 아니다. (○)

② 피고적격

③ 대상적격

> **공공기관의 정보공개에 관한 법률 제18조【이의신청】** ① 청구인이 정보공개와 관련한 공공기관의 비공개 결정 또는 부분 공개 결정에 대하여 불복이 있거나 정보공개청구 후 *(A: 20 / B: 10)* 일이 경과하도록 정보공개 결정이 없는 때 *(A: 거부처분 / B: 부작위)*에는 공공기관으로부터 정보공개 여부의 결정 통지를 받은 날 또는 정보공개 청구 후 *(A: 20 / B: 10)* 일이 경과한 날부터 *(A: 7일 / B: 30일)* 이내에 해당 공공기관에 문서로 이의신청을 *(A: 할 수 있다 / B: 하여야 한다)*.

22. 국가직 9급 「공공기관의 정보공개에 관한 법률」상 정보공개와 관련한 공공기관의 비공개결정에 대하여 이의신청을 한 경우 「행정심판법」에 따른 행정심판을 제기할 수 없다. (×)
▶ 임의적 절차이므로 이의신청 여부와 무관하게 행정심판을 제기할 수 있다.

23. 지방직 7급 정보공개청구인이 정보공개와 관련한 공공기관의 비공개 결정 또는 부분공개 결정에 대하여 불복하는 경우에는 정보공개법상 이의신청절차를 거친 후에야 비로소 행정심판을 청구할 수 있다. (×)
▶ 임의적 절차이므로 이의신청 여부와 무관하게 행정심판을 제기할 수 있다.

24. 지방직 7급 청구인이 정보공개와 관련한 공공기관의 비공개 결정 또는 부분 공개 결정에 대하여 불복이 있거나 정보공개 청구 후 20일이 경과하도록 정보공개 결정이 없는 때에는 공공기관으로부터 정보공개 여부의 결정 통지를 받은 날 또는 정보공개 청구 후 20일이 경과한 날부터 30일 이내에 해당 공공기관에 문서로 이의신청을 할 수 있다. (○)

제19조【행정심판】 ① 청구인이 정보공개와 관련한 공공기관의 결정에 대하여 불복이 있거나 정보공개 청구 후 *(A: 20 / B: 10)* 일이 경과하도록 정보공개 결정이 없는 때*(A: 거부처분 / B: 부작위)*에는 행정심판법에서 정하는 바에 따라 행정심판을 청구할 수 있다. 이 경우 국가기관 및 지방자치단체 외의 공공기관의 결정에 대한 감독행정기관은 관계 중앙행정기관의 장 또는 지방자치단체의 장으로 한다.

23. 국가직 7급 정보공개청구인은 공공기관의 비공개결정에 불복하는 행정심판을 청구하려면 「공공기관의 정보공개에 관한 법률」에서 정하는 이의신청 절차를 거쳐야 한다. (×)
▶ 이의신청은 임의적 절차에 해당한다.

23. 지방직 9급 청구인이 정보공개와 관련한 공공기관의 결정에 대하여 불복이 있거나 정보공개청구 후 10일이 경과하도록 정보공개 결정이 없는 때에는 「행정심판법」에서 정하는 바에 따라 행정심판을 청구할 수 있다. (×)
▶ 20일이 경과하여야 한다.

제20조【행정소송】 ① 청구인이 정보공개와 관련한 공공기관의 결정에 대하여 불복이 있거나 정보공개 청구 후 *(A: 20 / B: 10)* 일이 경과하도록 정보공개 결정이 없는 때*(A: 거부처분 / B: 부작위)*에는 행정소송법에서 정하는 바에 따라 행정소송을 제기할 수 있다.

22. 국가직 9급 A가 공개청구한 정보에 대해 직접적인 이해관계가 있는 경우에는 B의 정보공개거부에 대해 정보공개의 이행을 구하는 당사자소송을 제기하여 다툴 수 있다. (×)
▶ 항고소송을 제기하여 다툰다.

④ 소의 이익

> **관련판례**
>
> 1. 정보공개청구의 목적 고려 여부
>
>   ① 권리구제 가능성 고려 여부 (2017두44558)
>   정보공개 청구권자가 공개를 청구하는 정보와 어떤 관련성을 가질 것을 요구하거나 정보공개청구의 목적에 특별한 제한을 두고 있지 아니하므로 정보공개 청구권자의 (권리구제) 가능성 등은 정보의 공개 여부 결정에 아무런 영향을 미치지 못한다.
>
> > **22. 국가직 7급** 정보공개 청구권자의 권리구제 가능성은 정보의 공개 여부 결정에 영향을 미치지 못한다. (○)
> >
> > **22. 지방직 9급** 정보공개 청구권자의 권리구제 가능성은 정보의 공개 여부 결정에 아무런 영향을 미치지 못한다. (○)
>
>   ② 징계처분 취소소송 승소를 위해 정보공개청구한 경우 (2022두33439)
>   견책의 징계처분을 받은 甲이 사단장에게 징계위원회에 참여한 징계위원의 성명과 직위에 대한 정보공개청구를 하였으나 위 정보가 비공개사유에 해당한다는 이유로 공개를 거부한 사안에서, 징계처분 취소사건에서 甲의 청구를 (기각)하는 판결이 확정되어도 (A: 다면 甲은 정보공개거부처분의 취소를 구할 법률상 이익이 없다 / B: *더라도, 甲으로서는 여전히 정보공개거부처분의 취소를 구할 법률상 이익이 있다*).
>
> > **24. 국가직 7급** 견책의 징계처분을 받은 자가 소속기관의 장에게 징계위원회에 참여한 징계위원의 성명과 직위에 대한 정보공개청구를 하였으나 해당 정보가 비공개 대상이라는 이유로 거부된 경우, 그 견책처분에 대한 취소소송의 기각판결이 확정되었다면 정보공개거부처분의 취소를 구할 법률상 이익은 인정되지 않는다. (×)
> > ▶ 기각판결로 인해 권리구제 가능성이 소멸하였더라도 곧바로 소의 이익이 부정되지 않는다.
>
> 2. 오히려 공개의 근거가 됨 (2008두13101)
>   공개청구의 대상이 되는 정보가 이미 다른 사람에게 공개되어 널리 알려져 있다거나 인터넷 등을 통하여 공개되어 인터넷검색 등을 통하여 쉽게 알 수 있다는 사정 (A: 이 있다면 소의 이익이 없다고 보아야 한다 / B: *만으로는 소의 이익이 없다거나 비공개결정이 정당화될 수 없다*).
>
> > **24. 국가직 7급** 정보공개거부처분의 취소를 구하는 행정소송에서 정보공개청구인이 정보공개거부처분을 받은 것 외에 추가로 법률상 이익이 있어야 하는 것도 아니며, 정보공개청구의 대상이 되는 정보가 이미 공개되어 있다는 사정만으로 소의 이익이 없는 것도 아니다. (○)
> >
> > **21. 국가직 7급** 공개청구의 대상이 되는 정보가 인터넷 등을 통하여 공개되어 인터넷검색 등을 통하여 쉽게 알 수 있는 경우에는 비공개결정이 정당화될 수 있다. (×)
> > ▶ 소의 이익이 여전히 인정된다.

3. 정식으로 공개해야 함 (2012두11409 · 11416)

청구인이 정보공개거부처분의 취소를 구하는 소송에서 공공기관이 청구정보를 (증거) 등으로 법원에 제출하여 법원을 통하여 그 (사본)을 청구인에게 교부 또는 송달되게 하여 (결과적으로) 청구인에게 정보를 공개하는 셈이 되었다고 하더라도, 이러한 (우회적인) 방법은 정보공개법이 예정하고 있지 아니한 방법으로서 정보공개법에 의한 공개라고 볼 수는 없으므로, 당해 정보의 비공개결정의 취소를 구할 소의 이익은 소멸되지 않는다.

22. 국가직 7급 정보공개거부처분취소소송에서 행정기관이 청구정보를 증거 등으로 법원에 제출하여 결과적으로 청구인에게 정보를 공개하는 결과가 되었다고 하더라도, 당해 정보의 비공개결정의 취소를 구할 소의 이익은 소멸되지 않는다. (O)

22. 지방직 7급 정보공개거부처분의 취소를 구하는 소송에서 공공기관이 청구정보를 증거 등으로 법원에 제출하여 법원을 통하여 그 사본을 청구인에게 교부 또는 송달되게 하여 결과적으로 청구인에게 정보를 공개하는 셈이 되었다면, 당해 정보의 비공개결정의 취소를 구할 소의 이익은 소멸된다. (X)
▶ 사본이 아닌 방법으로 공개를 원하였다면 소의 이익은 여전히 인정된다.

24. 지방직 7급 청구인이 정보공개거부처분의 취소를 구하는 소송에서 공공기관이 청구정보를 증거 등으로 법원에 제출하여 법원을 통하여 그 사본을 청구인에게 교부 또는 송달되게 하여 결과적으로 청구인에게 정보를 공개하는 셈이 되었다면, 당해 정보의 비공개결정의 취소를 구할 소의 이익은 소멸된다. (X)
▶ 사본이 아닌 방법으로 공개를 원하였다면 소의 이익은 여전히 인정된다.

비교판례+

1. 권리를 남용하는 경우 (2014두9349)

① 국민의 정보공개청구는 정보공개법 제9조에 정한 비공개대상 정보에 해당하지 아니하는 한 원칙적으로 폭넓게 허용되어야 하지만, 실제로는 해당 정보를 취득 또는 활용할 의사가 (전혀) 없이 정보공개 제도를 이용하여 사회통념상 용인될 수 없는 부당한 이득을 얻으려 하거나, (오로지) 공공기관의 담당공무원을 괴롭힐 목적으로 정보공개청구를 하는 경우처럼 권리의 (남용)에 해당하는 것이 명백한 경우에는 정보공개청구권의 행사를 허용하지 아니하는 것이 옳다.

23. 지방직 9급 해당 정보를 취득 또는 활용할 의사가 전혀 없이 정보공개 제도를 이용하여 사회통념상 용인될 수 없는 부당한 이득을 얻으려 하거나, 오로지 공공기관의 담당공무원을 괴롭힐 목적으로 정보공개청구를 하는 경우 권리 남용에 해당함이 명백하므로 정보공개청구권의 행사가 허용되지 아니한다. (O)

21. 지방직 9급 오로지 공공기관이 담당공무원을 괴롭힐 목적으로 정보공개청구를 하는 경우에도 정보공개청구권의 행사는 허용되어야 한다. (X)
▶ 권리남용이므로 소의 이익이 부정된다.

② (교도소에 복역 중인 甲이 지방검찰청 검사장에게 자신에 대한 불기소사건 수사기록 중 타인의 개인정보를 제외한 부분의 공개를 청구한 사안에서) 甲은 위 정보에 접근하는 것을 목적으로 정보공개를 청구한 것이 아니라, 청구가 거부되면 거부처분의 취소를 구하는 소송에서 승소한 뒤 소송비용확정절차를 통해 자신이 그 소송에서 실제 지출한 소송비용보다 다액을 소송비용으로 지급받아 금전적 이득을 취하거나, 수감 중 변론기일에 출정하여 강제노역을 회피하는 것 등을 목적으로 정보공개를 청구하였다고 볼 여지가 큰 점 등에 비추어 甲의 정보공개청구는 권리를 (남용)하는 행위로서 허용되지 않는다.

2. 미(보유)시 공개 불가 (2003두9459)

정보공개를 구하는 자가 공개를 구하는 정보를 행정기관이 보유·관리하고 있을 상당한 개연성이 있다는 점을 입증함으로써 족하다 할 것이지만, 공공기관이 그 정보를 (보유)·관리하고 있지 아니한 경우에는 특별한 사정이 없는 한 정보공개거부처분의 취소를 구할 법률상의 이익이 없다.

> 21. **국가직 9급** 정보공개가 신청된 정보를 공공기관이 보유·관리하고 있지 아니한 경우에는 특별한 사정이 없는 한 정보공개거부처분의 취소를 구할 법률상의 이익이 없다. (○)
> 21. **국가직 7급** 공공기관이 정보를 보유·관리하고 있지 아니한 경우에는 특별한 사정이 없는 한 정보공개거부처분의 취소를 구할 법률상의 이익이 없다. (○)

(2) 본안심리
① 심리순서
② 증명책임

구분	(A: 원고 / B: 피고)	(A: 원고 / B: 피고)	(A: 원고 / B: 피고)
정보비공개 결정	당해 정보를 공공기관이 보유·관리하고 있다는 "(개연성)"	보유 × (폐기)	–
		보유 ○ (비공개대상)	재량권 일탈·남용 (비공개 "할 수 있다")
(거부처분)	수익적 처분의 요건 충족사실	거부사유에 해당 (= 처분의 적법성)	재량권 일탈·남용

> **관련판례**
>
> 1. 비공개사유에 해당 – (A: 원고 / B: 피고) (2014두5477)
>
> 국민으로부터 보유·관리하는 정보에 대한 공개를 요구받은 공공기관으로서는, 정보공개법 제9조 제1항 각 호에서 정하고 있는 비공개사유에 해당하는지를 주장·증명하여야만 하고, 그에 이르지 아니한 채 (개괄적인) 사유만을 들어 공개를 거부하는 것은 허용되지 아니한다.
>
> 22. **지방직 9급** 공공기관이 정보공개를 거부하는 경우에는 어느 부분이 어떠한 법익 또는 기본권과 충돌되어 비공개사유에 해당하는지를 주장·증명하여야 하고, 그에 이르지 아니한 채 개괄적인 사유만을 들어 공개를 거부하는 것은 허용되지 아니한다. (○)
> 21. **지방직 7급** 정보공개를 요구받은 공공기관이 법률에서 정한 비공개사유에 해당하는지를 주장·증명하지 아니한 채 개괄적인 사유만을 들어 공개를 거부하는 것은 허용되지 아니한다. (○)

2. 정보의 존재에 대한 개연성 / 정보가 이미 폐기됨 (2003두12707)
① 정보공개제도는 공공기관이 보유·관리하는 정보를 그 상태대로 공개하는 제도로서 공개를 구하는 정보를 공공기관이 보유·관리하고 있을 상당한 (개연성)이 있다는 점에 대하여 원칙적으로 *(A: 공개청구자 / B: 공공기관)*에게 증명책임이 있다고 할 것이지만,
② 공개를 구하는 정보를 공공기관이 한 때 보유·관리하였으나 후에 그 정보가 담긴 문서등이 폐기되어 존재하지 않게 된 것이라면 그 정보를 더 이상 보유·관리하고 있지 아니하다는 점에 대한 증명책임은 *(A: 공개청구자 / B: 공공기관)*에게 있다.

22. **지방직 7급, 9급** 공개를 구하는 정보를 공공기관이 한때 보유·관리하였으나 후에 그 정보가 담긴 문서등이 폐기되어 존재하지 않게 된 것이라면 그 정보를 더 이상 보유·관리하고 있지 아니하다는 점에 대한 증명책임은 공공기관에게 있다. (○)

③ 일부취소판결

22. **국가직 9급** A가 공개청구한 정보의 일부가 「공공기관의 정보공개에 관한 법률」상 비공개사유에 해당하는 때에는 그 나머지 정보만을 공개하는 것이 가능한 경우라 하더라도 법원은 공개가능한 정보에 관한 부분만의 일부취소를 명할 수는 없다. (×)
▶ 일부라도 가급적 공개될 수 있도록 일부취소판결을 한다.

23. **국가직 7급** 정보공개거부처분 취소소송에서 공개청구의 취지에 어긋나지 아니하는 범위 안에서 공개를 거부한 정보가 비공개대상정보에 해당하는 부분과 공개가 가능한 부분으로 분리될 수 있다고 인정되면 법원은 공개가 가능한 부분을 특정하고 판결의 주문에 공개가 가능한 정보에 관한 부분만을 취소한다고 표시해야 한다. (○)

21. **지방직 7급** 법원이 행정기관의 정보공개거부처분의 위법 여부를 심리한 결과 공개를 거부한 정보에 비공개사유에 해당하는 부분과 그렇지 않은 부분이 혼합되어 있고, 공개청구의 취지에 어긋나지 않는 범위 안에서 두 부분을 분리할 수 있음을 인정할 수 있을 때에도 공개가 가능한 정보에 국한하여 정보공개거부 처분의 일부취소를 명할 수는 없다. (×)
▶ 일부라도 가급적 공개될 수 있도록 일부취소판결을 한다.

24. **지방직 7급** 법원이 행정기관의 정보공개거부처분의 위법 여부를 심리한 결과 공개를 거부한 정보에 비공개사유에 해당하는 부분과 그렇지 않은 부분이 혼합되어 있고, 공개청구의 취지에 어긋나지 않는 범위 안에서 두 부분을 분리할 수 있더라도 공개가 가능한 정보에 국한하여 일부취소를 명할 수 없다. (×)
▶ 일부라도 가급적 공개될 수 있도록 일부취소판결을 한다.

기출문제로 점검하기

01 「공공기관의 정보공개에 관한 법률」에 대한 설명으로 가장 옳지 않은 것은? 　　24. 군무원 9급

① 공공기관은 정보공개의 청구가 있는 때에는 원칙적으로 10일 이내에 공개 여부를 결정하여야 한다.
② 청구인이 공공기관에 대하여 정보공개를 청구하였다가 거부처분을 받은 것 자체는 법률상 이익의 침해에 해당하지는 않는다.
③ 공개거부결정에 대하여 「공공기관의 정보공개에 관한 법률」상의 이의신청절차를 거치지 아니하고서도 행정심판을 청구할 수 있다.
④ 공개대상정보는 공공기관이 직무상 작성 또는 취득하여 현재 보유·관리하고 있는 문서에 한정되며, 그 문서가 반드시 원본일 필요는 없다.

> **공공기관의 정보공개에 관한 법률**
> 거부처분, 불이익처분의 상대방은 원고적격의 인정이 특별히 문제되지 않는다.
>
> **선지분석**
> ① 원칙은 10일 이내이나, 부득이한 사정이 있다면 10일 이내에서 연장할 수 있다.
>
> 답 ②

02 「공공기관의 정보공개에 관한 법률」상 정보공개제도에 대한 설명으로 옳은 것은?
23. 군무원 9급

① 정보의 공개 및 우송에 드는 비용은 모두 정보공개 의무가 있는 공공기관이 부담한다.
② 사립대학교는 정보공개를 할 의무가 있는 공공기관에 해당하지 않는다.
③ 정보공개청구의 대상이 되는 정보를 공공기관이 보유·관리하고 있다는 점에 관하여는 정보공개를 구하는 사람에게 증명책임이 있다.
④ 국내에 사무소를 두고 있는 외국법인 또는 외국단체는 학술·연구를 위한 목적으로만 정보공개를 청구할 수 있다.

정보공개제도
정확히는 보유·관리하고 있을 상당한 개연성을 원고가 입증해야 한다.

선지분석
① 청구하는 국민이 부담한다.
④ 사립대학교, 사립유치원 모두 정보공개 의무자에 해당한다.

> 공공기관의 정보공개에 관한 법률 시행령 제3조【외국인의 정보공개 청구】법 제5조 제2항에 따라 정보공개를 청구할 수 있는 외국인은 다음 각 호의 어느 하나에 해당하는 자로 한다.
> 1. 국내에 일정한 주소를 두고 거주하거나 학술·연구를 위하여 일시적으로 체류하는 사람
> 2. 국내에 사무소를 두고 있는 법인 또는 단체

답 ③

03 정보공개에 대한 설명으로 가장 옳지 않은 것은?
22. 군무원 7급

① 자연인은 물론 법인과 법인격 없는 사단·재단도 공공기관이 보유·관리하는 정보의 공개를 청구할 수 있다.
② 국내에 일정한 주소를 두고 거주하는 외국인은 정보공개청구권을 가진다.
③ 이미 다른 사람에게 공개되어 널리 알려져 있거나 인터넷을 통해 공개되어 인터넷 검색 등을 통하여 쉽게 검색할 수 있는 경우에는 공개청구의 대상이 될 수 없다.
④ 정보란 공공기관이 직무상 작성 또는 취득하여 관리하고 있는 문서(전자문서를 포함한다) 및 전자매체를 비롯한 모든 매체 등에 기록된 사항을 말한다.

정보공개
오히려 공개할 이유가 된다.

선지분석
① 모든 국민의 개념에 해당한다. 법인과 법인격 없는 사단·재단은 설립목적을 불문한다.
② 일시 체류 외국인과 달리, 목적을 따지지 않는다.

답 ③

04 「공공기관의 정보공개에 관한 법률」에 대한 설명으로 옳은 것은? (다툼이 있는 경우 판례에 의함) 24. 소방

① 대법원은 정보공개청구권의 헌법적 근거를 헌법 제21조 표현의 자유에서 도출하고 있다.
② 모든 국민은 정보의 공개를 청구할 권리를 가지나, 외국인은 정보공개를 청구할 수 없다.
③ 사법시험 제2차 시험의 답안지 열람은 사법시험업무의 수행에 현저한 지장을 초래한다고 볼 수 있으므로 비공개사유에 해당한다.
④ 청구인이 정보공개와 관련한 공공기관의 결정에 대하여 불복이 있거나 정보공개 청구 후 30일이 경과하도록 정보공개 결정이 없는 때에는 「행정소송법」에서 정하는 바에 따라 행정소송을 제기할 수 있다.

공공기관의 정보공개에 관한 법률
정확히는 표현의 자유로부터 도출되는 알 권리를 근거로 삼는다.

선지분석
③ 사법시험 제2차 시험의 답안지는 공개, 채점위원별 채점 결과는 비공개사유에 해당한다고 보았다.
④ 정보공개 청구 후 20일이 경과하도록 정보공개 결정이 없는 때가 옳은 표현이고, 이는 부작위를 뜻한다.

답 ①

05 「공공기관의 정보공개에 관한 법률」에 대한 설명으로 옳지 않은 것은? (다툼이 있는 경우 판례에 의함) 23. 소방

① 국민의 정보공개청구가 오로지 공공기관의 담당공무원을 괴롭힐 목적으로 정보공개청구를 하는 경우처럼 권리의 남용에 해당하는 것이 명백한 경우에는 정보공개청구권의 행사가 허용되지 아니한다.
② 정보공개청구권자인 국민에는 자연인은 물론 법인, 권리능력 없는 사단·재단도 포함되고, 법인, 권리능력 없는 사단·재단 등의 경우에는 설립목적을 불문한다.
③ 공개청구의 대상이 되는 정보란 공공기관이 직무상 작성 또는 취득하여 현재 보유·관리하고 있는 문서에 한정되며, 그 문서가 반드시 원본일 필요는 없다.
④ '진행 중인 재판에 관련된 정보'에 해당한다는 사유로 정보공개청구를 거부하기 위하여는 그 정보가 진행 중인 재판에 관련된 일체의 정보일 뿐만 아니라, 진행 중인 재판의 소송기록 그 자체에 포함된 내용의 정보에 해당하여야 한다.

공공기관의 정보공개에 관한 법률
재판의 소송기록 자체에 포함된 내용뿐 아니라, 결과에 구체적으로 영향을 미칠 위험이 있는 정보까지 비공개 대상이 된다. 단, 재판에 관련된 일체의 정보가 그에 해당하는 것은 아니다.

답 ④

해커스공무원 학원·인강
gosi.Hackers.com

해커스공무원 김대현 행정법총론 워크북

제5편
행정상의 의무이행확보수단

제1장 국민의 의무불이행 상태를
해소하기 위한 수단
기출문제로 점검하기

제1장 | 국민의 의무불이행 상태를 해소하기 위한 수단

01 의의

행정강제 [(A: 현재 / B: 과거) 의무불이행△]	(강제집행) **21. 국가직 9급** 행정상 즉시강제는 직접강제와는 달리 행정상 강제집행에 해당하지 않는다. (○)	대집행 [(A: *대체적* / B: *비대체적*) 의무]	(A: *직접강제* / B: *즉시강제*)
		이행강제금(집행벌) (대체적 + 비대체적 의무)	
		강제징수 (₩)	
	(A: *직접강제* / B: *즉시강제*) (현재 의무불이행 or 의무불이행 ✕)		
행정벌 [(A: 현재 / B: *과거*) 의무불이행]	행정(형벌) (통고처분 → 범칙금)	납부 ✕ → (실효)	즉결심판 → 정식재판
	행정(질서)벌 (과태료)		과태료재판

02 행정강제

1. 대집행

(1) 의의

> 행정기본법 제30조【행정상 강제】① 행정청은 행정목적을 달성하기 위하여 필요한 경우에는 법률로 정하는 바에 따라 필요한 (최소한)의 범위에서 다음 각 호의 어느 하나에 해당하는 조치를 할 수 있다.
> 1. 행정대집행: 의무자가 행정상 의무(법령등에서 (직접) 부과하거나 행정청이 법령등에 따라 부과한 의무를 말한다. 이하 이 절에서 같다)로서 타인이 (대신)하여 행할 수 있는 의무를 이행하지 아니하는 경우 법률로 정하는 (다른) 수단으로는 그 이행을 확보하기 곤란하고 그 불이행을 (방치)하면 공익을 크게 해칠 것으로 인정될 때에 행정청이 의무자가 하여야 할 행위를 스스로 하거나 제3자에게 하게 하고 그 비용을 의무자로부터 징수하는 것

23. 국가직 9급 행정대집행은 「행정기본법」상 행정상 강제에 해당한다. (○)

행정대집행법 제2조【대집행과 그 비용징수】 법률(법률의 위임에 의한 명령, 지방자치단체의 조례를 *(A: 제외한다 / B: 포함한다)*. 이하 같다)에 의하여 (직접) 명령되었거나 또는 법률에 의거한 행정청의 명령에 의한 행위로서 타인이 (대신)하여 행할 수 있는 행위를 의무자가 이행하지 아니하는 경우 (다른) 수단으로써 그 이행을 확보하기 곤란하고 또한 그 불이행을 (방치)함이 심히 공익을 해할 것으로 인정될 때에는 당해 행정청은 스스로 의무자가 하여야 할 행위를 하거나 또는 제삼자로 하여금 이를 하게 하여 그 비용을 의무자로부터 징수할 수 있다.

관련판례 증명책임 – 행정청 (96누8086)

철거의무를 대집행하기 위한 계고처분을 하려면 다른 방법으로는 이행의 확보가 어렵고 불이행을 방치함이 심히 공익을 해하는 것으로 인정될 때에 한하여 허용되고 이러한 요건의 주장·입증책임은 *(A: 행정청 / B: 철거의무자)*에 있다.

비교판례+ 무단건축자의 항변 (91누4140)

무허가증축부분으로 인하여 건물의 (미관)이 나아지고 위 증축부분을 철거하는 데 (비용)이 많이 소요된다고 하더라도 위 무허가증축부분을 그대로 방치한다면 이를 단속하는 당국의 권능이 무력화되어 건축행정의 원활한 수행이 위태롭게 되며 건축법 소정의 제한규정을 회피하는 것을 사전예방하고 또한 도시계획구역 안에서 토지의 경제적이고 효율적인 이용을 도모한다는 더 큰 공익을 심히 해할 우려가 있다고 보아 건물철거대집행계고처분을 할 요건에 *(A: 해당된다 / B: 해당되지 않는다)*.

(2) 요건

의무의 종류	대체성 여부 (☆)	의무이행확보수단
공법상 의무	○ *(A: 철거 / B: 인도, 사용중지)*	대집행 (A)
23. 국가직 9급 「행정대집행법」상 대집행의 대상이 되는 대체적 작위의무는 공법상 의무이어야 한다. (○)		민사상 조치 (B)
	× *(A: 철거 / B: 인도, 사용중지)*	민사상 조치 (C)
사법상 의무		민사상 조치 (D)

관련판례

1. **공법상 의무: 대집행 > 민사상 조치 (A) (99다18909)**

    행정대집행의 절차가 인정 *(A: 되는 / B: 되지 않는)* 경우에는 따로 민사소송의 방법으로 공작물의 철거, 수거 등을 구할 수는 없다.

    24. 국가직 9급 甲이 위 건물철거의무를 이행하지 않을 경우, A시 시장은 행정대집행의 방법으로 건물의 철거 등 대체적 작위의무의 이행을 실현할 수 있는 경우에는 따로 민사소송의 방법으로 그 의무의 이행을 구할 수 없다. (○)

    21. 국가직 9급 乙: 행정대집행의 절차가 인정되어 실현할 수 있는 경우에는 따로 민사소송의 방법을 이용할 수 없다. (○)

24. 국가직 7급 정당한 사유 없이 공유재산에 시설물을 설치한 경우 행정청은 행정대집행의 방법으로 이 시설물을 철거할 수 있고, 이러한 행정대집행이 인정되는 경우에는 민사소송의 방법으로 시설물의 철거를 구하는 것은 허용되지 아니한다. (O)

24. 지방직 9급 관계 법령상 행정대집행의 절차가 인정되어 행정청이 행정대집행의 방법으로 건물의 철거 등 대체적 작위의무의 이행을 실현할 수 있는 경우에는 따로 민사소송의 방법으로 그 의무의 이행을 구할 수 없다. (O)

23. 지방직 9급 관계법령상 행정대집행의 절차가 인정되어 행정청이 행정대집행의 방법으로 건물의 철거 등 대체적 작위의무의 이행을 실현할 수 있는 경우에는 따로 민사소송의 방법으로 그 의무의 이행을 구할 수 없다. (O)

22. 지방직 7급 관계법령상 행정대집행의 절차가 인정되어 행정청이 행정대집행의 방법으로 건물의 철거 등 대체적 작위의무의 이행을 실현할 수 있는 경우에는 따로 민사소송의 방법으로 그 의무의 이행을 구할 수 없다. (O)

2. 공법상 의무: 대집행 > 민사상 조치 (A) (대부계약 해지되면 무단점유) (2001두4078)

대부계약이 적법하게 (해지)된 이상 그 점유자의 공유재산에 대한 점유는 정당한 이유 *(A: 있는 / B: 없는)* 점유라 할 것이고, 따라서 지방자치단체의 장은 공유재산 및 물품관리법 제83조에 의하여 행정대집행의 방법으로 그 지상물을 철거시킬 수 있다.

3. 공법상 의무: 민사상 조치 (C) (2004다2809)

수용대상 토지의 인도 또는 그 지장물의 명도의무 등이 비록 공법상의 법률관계라고 하더라도, 그 권리를 피보전권리로 하는 명도단행(가처분)은 그 권리에 끼칠 현저한 손해를 피하거나 급박한 위험을 방지하기 위하여 또는 그 밖의 필요한 이유가 있을 경우에는 허용될 수 *(A: 있다 / B: 없다).*

24. 국가직 9급 甲이 토지 인도의무를 이행하지 않을 경우, 甲의 토지 인도의무는 공법상 의무에 해당하므로 그 권리에 끼칠 현저한 손해를 피하기 위한 경우라 하더라도 A시 시장이 그 권리를 피보전권리로 하는 민사상 명도단행가처분을 구할 수는 없다. (X)
▶ 대집행이 불가하므로 민사상 조치를 취할 수 있다.

4. 공법상 의무: 민사상 조치 (C) (97누157)

도시공원시설인 매점의 관리청이 그 공동점유자 중의 1인에 대하여 소정의 기간 내에 위 매점으로부터 퇴거하고 이에 부수하여 그 판매 시설물 및 상품을 반출하지 아니할 때에는 이를 대집행하겠다는 내용의 계고처분은 매점에 대한 점유자의 (점유)를 배제하고 그 (점유)이전을 받는 데 있다고 할 것인데, 이러한 의무는 행정대집행법에 의한 대집행의 대상이 되는 것은 아니다.

24. 국가직 9급 A시 시장의 토지인도명령에 대해 甲이 이를 불이행하더라도 그 불이행에 대해서 A시 시장은 행정대집행을 할 수 없다. (O)

22. 국가직 9급 甲이 계속 거주하고 있는 건물과 토지의 인도를 거부할 경우 행정대집행의 대상이 될 수 있다. (X)
▶ 인도의무는 비대체적 작위의무에 해당한다.

21. 지방직 9급 도시공원시설 점유자의 퇴거 및 명도 의무는 「행정대집행법」에 의한 대집행의 대상이 아니다. (O)

23. 지방직 7급 토지·건물의 명도의무는 대체적 작위의무가 아니므로 대집행의 대상이 아니다. (O)

5. 장례식장 사용중지의무[부작위]의무]: 민사상 조치 (C) (2005두7464)

이 사건 처분에 따른 '장례식장 사용중지 의무'가 원고 이외의 '타인이 대신' 할 수도 없고, 타인이 대신하여 '행할 수 있는 행위'라고도 할 수 없는 비대체적 (부작위)의무에 대한 것이므로, 대집행의 대상이 되는 것은 아니다.

> **22. 지방직 9급** 관계법령에 위반하여 장례식장 영업을 하고 있는 자에게 부과된 장례식장 사용중지의무는 공법상 의무로서 행정대집행의 대상이 된다. (×)
> ▶ 부작위의무는 대집행의 대상이 되지 않는다.

6. 사법상 의무: 대집행 민사상 조치 (D) (2006두7096)

① 구 공공용지의 취득 및 손실보상에 관한 특례법에 따른 토지 등의 *(A: 협의취득 / B: 수용)*은 공공사업에 필요한 토지 등을 그 소유자와의 협의에 의하여 취득하는 것으로서 공공기관이 사경제주체로서 행하는 사법상 매매 내지 사법상 계약의 실질을 가지는 것이므로,

② 그 *(A: 협의취득 / B: 수용)*시 건물소유자가 매매대상 건물에 대한 철거의무를 부담하겠다는 취지의 약정을 하였다고 하더라도 이러한 철거의무는 (공법)상의 의무가 될 수 없고, 이 경우에도 행정대집행법을 준용하여 대집행을 허용하는 별도의 규정이 없는 한 위와 같은 철거의무는 행정대집행법에 의한 대집행의 대상이 되지 않는다.

> **24. 국가직 7급** 공공사업에 필요한 토지와 건물을 사업시행자가 협의취득할 때 건물소유자가 매매대상 건물에 대한 철거의무를 부담하겠다는 취지의 약정을 하였다고 하더라도 이러한 철거의무는 「행정대집행법」에 의한 대집행의 대상이 되는 공법상의 의무가 아니다. (○)
> **21. 국가직 9급** 乙: 대집행은 공법상 대체적 작위의무의 불이행이 있는 경우에 행할 수 있다. (○)
> **24. 지방직 9급** 「공익사업을 위한 토지 등의 취득 및 보상에 관한 법률」에 따른 토지 등의 협의취득은 사법상 계약에 해당하므로, 협의취득시 부담한 의무는 행정대집행의 대상이 되지 않는다. (○)

관련판례

1. 점유 중인 건물의 철거 (2016다213916)

   ① 대집행으로 한 번에 처리

   행정청이 행정대집행의 방법으로 건물철거의무의 이행을 실현할 수 있는 경우에는 건물철거 대집행 과정에서 (부수적)으로 건물의 점유자들에 대한 퇴거 조치를 할 수 있고[=건물의 (점유자)가 철거의무자일 때]

> **24. 국가직 7급** 건물의 점유자가 철거의무자일 때에도 건물철거의무에 퇴거의무가 포함되어 있지 않으므로 별도로 퇴거를 명하는 집행권원이 필요하다. (×)
> ▶ 대집행 과정에서 부수적으로 퇴거 조치까지 취할 수 있다.
> **22. 지방직 9급** 행정청은 퇴거를 명하는 집행권원이 없더라도 건물철거 대집행 과정에서 부수적으로 철거의무자인 건물의 점유자들에 대해 퇴거 조치를 할 수 있다. (○)
> **22. 지방직 7급** 행정대집행에 있어 대집행 대상인 건물의 점유자가 철거의무자일 때에는 건물철거의무에 퇴거의무도 포함되어 있는 것이어서 별도로 퇴거를 명하는 집행권원이 필요하지 않다. (○)

> **24. 지방직 7급** 관계 법령상 행정대집행의 절차가 인정되어 행정청이 행정대집행의 방법으로 건물의 철거 등 대체적 작위의무의 이행을 실현할 수 있는 경우, 건물의 점유자가 철거의무자일 때에는 별도로 퇴거를 명하는 집행권원이 필요하다. (×)
> ▶ 대집행 과정에서 부수적으로 퇴거 조치까지 취할 수 있다.

② 저항하면 경찰 신고
　　점유자들이 적법한 행정대집행을 위력을 행사하여 방해하는 경우 형법상 (공무집행방해)죄가 성립하므로, 필요한 경우에는 '경찰관 직무집행법'에 근거한 위험발생 방지조치 또는 형법상 (공무집행방해)죄의 범행방지 내지 현행범체포의 차원에서 경찰의 도움을 받을 수도 있다.

> **24. 국가직 9급** 甲이 위력을 행사하여 적법한 행정대집행을 방해하는 경우 대집행 행정청은 필요한 경우에는 「경찰관 직무집행법」에 근거한 위험발생 방지조치 또는 「형법」상 공무집행방해죄의 범행방지 내지 현행범체포의 차원에서 경찰의 도움을 받을 수 있다. (○)

2. 행정청이 가만히 있으면 국민이 대신 *(A: 민사 / B: 행정)* 소송 가능 (2009다1122)

　　관리권자인 보령시장이 행정대집행을 실시하지 아니하는 경우 국가에 대하여 이 사건 토지 사용청구권을 가지는 원고로서는 위 청구권을 보전하기 위하여 국가를 (대위)하여 피고들을 상대로 *(A: 민사 / B: 행정)* 소송의 방법으로 이 사건 시설물의 철거를 구하는 이외에는 이를 실현할 수 있는 다른 절차와 방법이 없어 그 보전의 필요성이 인정되므로, 원고는 국가를 (대위)하여 피고들을 상대로 *(A: 민사 / B: 행정)* 소송의 방법으로 이 사건 시설물의 철거를 구할 수 있다고 보아야 할 것이고, 한편 이 사건 청구 중 이 사건 토지 인도청구 부분에 대하여는 관리권자인 보령시장으로서도 행정대집행의 방법으로 이를 실현할 수 없으므로, 원고는 당연히 국가를 (대위)하여 피고들을 상대로 *(A: 민사 / B: 행정)* 소송의 방법으로 이 사건 토지의 인도를 구할 수 있다고 할 것이다.

> **24. 국가직 7급** 아무런 권원 없이 국유재산에 설치한 시설물에 대하여 행정청이 행정대집행을 실시하지 않는 경우, 그 국유재산에 대한 사용청구권을 가지고 있는 자는 국가를 대위하여 민사소송으로 그 시설물의 철거를 구할 수 있다. (○)
>
> **22. 지방직 9급** 권원 없이 국유재산에 설치한 시설물에 대하여 관리청이 행정대집행을 통해 철거를 하지 않는 경우 그 국유재산에 대하여 사용청구권을 가진 자는 국가를 대위하여 민사소송으로 그 시설물의 철거를 구할 수 있다. (○)

(3) 절차

> **행정대집행법 제3조【대집행의 절차】** ① 전조의 규정에 의한 처분(이하 대집행이라 한다)을 하려 함에 있어서는 상당한 이행기한을 정하여 그 기한까지 이행되지 아니할 때에는 대집행을 한다는 뜻을 미리 문서로써 (계고)하여야 한다. 이 경우 행정청은 상당한 이행기한을 정함에 있어 의무의 성질·내용 등을 고려하여 사회통념상 해당 의무를 이행하는 데 필요한 기간이 확보되도록 하여야 한다.
> ② 의무자가 전항의 계고를 받고 지정기한까지 그 의무를 이행하지 아니할 때에는 당해 행정청은 대집행(영장)으로써 대집행을 할 시기, 대집행을 시키기 위하여 파견하는 집행책임자의 성명과 대집행에 요하는 비용의 개산에 의한 견적액을 의무자에게 (통지)하여야 한다.
> ③ 비상시 또는 위험이 절박한 경우에 있어서 당해 행위의 (급속)한 실시를 요하여 전2항에 규정한 수속을 취할 (여유)가 없을 때에는 그 수속을 거치지 아니하고 대집행을 할 수 있다.

관련판례

1. 오늘 받았는데, 오늘까지 이행해야 함 (90누2048)

행정청인 피고가 의무이행(기한)이 1988.5.24.까지로 된 이 사건 대집행계고서를 5.19. 원고에게 발송하여 원고가 그 이행(종기)인 5.24. 이를 (수령)하였다면, 설사 피고가 대집행영장으로써 대집행의 시기를 1988.5.27. 15:00로 늦추었더라도 위 대집행계고처분은 상당한 이행기한을 정하여 한 것이 아니어서 대집행의 적법절차에 위배한 것으로 위법한 처분이라고 할 것이다.

2. 법에서 금지만 하고, 시정명령 내릴 권한 안 주면 대집행 × (96누4374)

① 주택건설촉진법은 도지사의 허가를 받지 않고 사업계획에 따른 용도 이외의 용도에 사용하는 행위 등을 금지하고, 그 위반행위에 대하여 벌칙규정만을 두고 있을 뿐, 부작위의무 위반행위에 대하여 대체적 작위의무로 (전환)하는 규정을 두고 있지 아니하므로, 위 금지규정으로부터 그 위반결과의 시정을 명하는 원상복구명령을 할 수 있는 권한이 도출*(A: 된다고 해석된다 / B: 되는 것은 아니다)*.

> **21. 국가직 7급** 위반 결과의 시정을 명하는 권한은 금지규정으로부터 당연히 추론되는 것은 아니다. (○)
> **23. 지방직 7급** 부작위의무도 대체적 작위의무로 전환하는 규정을 두고 있는 경우에는 대체적 작위의무로 전환한 후에 대집행의 대상이 될 수 있다. (○)
> **22. 지방직 7급** 법령이 일정한 행위를 금지하고 있는 경우, 그 금지규정으로부터 위반결과의 시정을 명하는 행정청의 처분권한은 당연히 도출되므로 행정청은 그 금지규정에 근거하여 시정을 명하고 행정대집행에 나아갈 수 있다. (×)
> ▶ 금지규정으로부터 대체적 작위의무를 부과하는 시정명령 권한은 곧바로 도출되지 않는다.

② 결국 행정청의 원고에 대한 원상복구명령은 권한 없는 자의 처분으로 (무효)라고 할 것이고, 위 원상복구명령이 (무효)인 이상 후행처분인 계고처분의 효력에 당연히 영향을 미쳐 그 계고처분 역시 (무효)로 된다.

구분	금지의무	시정명령
내용	불법건축 금지 (부작위의무)	철거의무 부과 (대체적 작위의무)
대집행 대상	(A: X / B: O)	(A: X / B: O)

관련판례

1. 처분성 인정 / 소의 이익 부정 (93누6164)

대집행계고처분 취소소송의 변론종결 전에 대집행영장에 의한 통지절차를 거쳐 사실행위로서 대집행의 실행이 완료된 경우에는 *(A: 행위가 위법한 것이라는 이유로 손해배상이나 원상회복 등을 청구할 수 있다 / B: 처분의 취소를 구할 법률상 이익이 있다)*.

2. 제1차, 제2차, 제3차 계고의 처분성 (94누5144)

① 행정청이 행정대집행법 제3조 제1항에 의한 대집행계고를 함에 있어서는 의무자가 스스로 이행하지 아니하는 경우에 그 행위의 내용 및 범위는 (반드시) 대집행계고서에 의하여서만 특정되어야 하는 것이 아니고 계고처분 전후에 송달된 문서나 기타 사정을 (종합)하여 행위의 내용이 특정되면 족하다.

② 건물철거의무는 제1차 철거명령 및 계고처분으로서 발생하였고 제2차, 제3차의 계고처분은 (A: 새로운 철거의무를 부과한 것으로서 행정처분이다 / B: *대집행기한의 연기통지에 불과하므로 행정처분이 아니다*).

> **23. 국가직 9급** 건물의 소유자에게 위법건축물을 일정기간까지 철거할 것을 명함과 아울러 불이행할 때에는 대집행한다는 내용의 철거대집행 계고처분을 고지한 후 이에 불응하자 다시 제2차, 제3차 계고서를 발송하여 일정기간까지의 자진철거를 촉구하고 불이행하면 대집행을 한다는 뜻을 고지한 경우, 제2차, 제3차의 계고처분은 새로운 철거의무를 부과한 것이 아니라 대집행기한을 연기통지한 것에 불과하다. (○)

③ 위법한 건물의 공유자 1인에 대한 계고처분은 (다른) 공유자에 대하여는 그 효력이 없다.

3. 철거명령과 계고를 (1)장의 문서로 할 수 있음 (91누13564)

① 계고서라는 명칭의 (1)장의 문서로서 일정기간 내에 위법건축물의 자진철거를 명함과 (동시)에 그 소정기한 내에 자진철거를 하지 아니할 때에는 대집행할 뜻을 미리 계고한 경우라도 건축법에 의한 철거명령과 행정대집행법에 의한 계고처분은 (독립)하여 있는 것으로서 각 그 요건이 충족되었다고 볼 것이다.

> **23. 국가직 7급** 乙이 행한 원상복구명령과 대집행 계고가 계고서라는 1장의 문서로 이루어진 경우라도 원상복구명령과 계고처분은 독립하여 있는 것으로서 각 그 요건이 충족된 것으로 볼 수 있다. (○)
>
> **24. 지방직 9급** 계고서라는 명칭의 1장의 문서로서 일정기간 내에 위법건축물의 자진철거를 명함과 동시에 그 소정기한 내에 자진철거를 하지 아니할 때에는 대집행할 뜻을 미리 계고한 경우라면 「건축법」에 의한 철거명령과 「행정대집행법」에 의한 계고처분의 요건이 충족된 것은 아니다. (×)
> ▶ 1장의 문서로써 철거명령과 계고처분의 요건이 모두 충족될 수 있다.

② 위 ①의 경우, 철거명령에서 주어진 일정기간이 자진철거에 필요한 상당한 기간이라면 그 기간 속에는 계고시에 필요한 '(상당한 이행기간)'도 포함되어 있다고 보아야 할 것이다.

4. 비용징수 - (A: 민사소송 / B: 강제징수) (2010다48240)

대한주택공사가 법령에 의하여 대집행권한을 위탁받아 공무인 대집행을 실시하기 위하여 지출한 비용을 행정대집행법 절차에 따라 징수할 수 있음에도 (A: *민사소송* / B: 강제징수) 절차에 의하여 그 비용의 상환을 청구한 사안에서, 위 청구는 부적법하다.

> **22. 지방직 7급** 행정청이 행정대집행을 한 경우 그에 따른 비용의 징수는 「행정대집행법」의 절차에 따라 「국세징수법」의 예에 의하여 징수하여야 하며, 손해배상을 구하는 민사소송으로 징수할 수는 없다. (○)

행정대집행법 제6조【비용징수】 ① 대집행에 요한 비용은 (국세징수)법의 예에 의하여 징수할 수 있다.

> **23. 국가직 9급** 대집행에 요한 비용은 「국세징수법」의 예에 의하여 징수할 수 있다. (○)

② 대집행에 요한 비용에 대하여서는 행정청은 사무비의 소속에 따라 **국세(A: 와 동일한 / B: 에 다음가는)** 순위의 선취득권을 가진다.

③ 대집행에 요한 비용을 징수하였을 때에는 그 징수금은 사무비의 소속에 따라 (국고) 또는 (지방자치단체)의 수입으로 한다.

> 23. 국가직 9급 대집행에 요한 비용에 대하여서는 행정청은 사무비의 소속에 따라 국세와 동일한 순위의 선취득권을 가지며, 대집행에 요한 비용을 징수하였을 때에는 그 징수금은 국고의 수입으로 한다. (×)
> ▶ 국세에 다음가는 순위의 선취득권을 가진다.
> 24. 지방직 9급 「행정대집행법」에 따르면 대집행에 요한 비용을 징수하였을 때에는 그 징수금은 사무비의 소속에 따라 국고 또는 지방자치단체의 수입으로 한다. (○)
> 21. 지방직 9급 대집행에 요한 비용을 징수하였을 때에는 그 징수금은 사무비의 소속에 따라 국고 또는 지방자치단체의 수입으로 한다. (○)

2. 이행강제금

(1) 의의 및 요건

> 행정기본법 제30조【행정상 강제】① 행정청은 행정목적을 달성하기 위하여 필요한 경우에는 법률로 정하는 바에 따라 필요한 최소한의 범위에서 다음 각 호의 어느 하나에 해당하는 조치를 할 수 있다.
> 2. 이행강제금의 부과: 의무자가 행정상 의무를 이행하지 아니하는 경우 행정청이 적절한 이행기간을 부여하고(= 계고), 그 기한까지 행정상 의무를 이행하지 아니하면 (금전)급부의무를 부과하는 것

> 24. 지방직 9급 「건축법」상 이행강제금은 시정명령의 불이행이라는 과거의 위반행위에 대한 제재이다. (×)
> ▶ 현재의 의무불이행에 대하여 장래의 의무이행 확보를 도모하는 수단이다.

🔍 관련판례

1. 이행강제금의 의의 (2009헌바140)

이행강제금은 일정한 기한까지 의무를 이행하지 않을 때에는 일정한 (금전적) 부담을 과할 뜻을 미리 계고함으로써 의무자에게 (심리적) 압박을 주어 장래에 그 의무를 이행하게 하려는 행정상 (간접적)인 강제집행 수단의 하나에 해당한다.

> 23. 지방직 7급 이행강제금은 행정상 간접적인 강제집행 수단이다. (○)
> 21. 지방직 7급 「건축법」상 이행강제금은 시정명령의 불이행이라는 과거의 위반행위에 대한 제재가 아니라 시정명령을 이행하지 않고 있는 건축주 등에 대하여 다시 상당한 이행기한을 부여하고 기한 안에 시정명령을 이행하지 않으면 이행강제금이 부과된다는 사실을 고지함으로써 의무자에게 심리적 압박을 주어 시정명령에 따른 의무의 이행을 간접적으로 강제하는 수단의 성질을 가진다. (○)

2. 이행강제금의 대상 (2001헌바80)

전통적으로 행정대집행은 대체적 작위의무에 대한 강제집행수단으로, 이행강제금은 (부작위)의무나 (비대체적) 작위의무에 대한 강제집행수단으로 이해되어 왔으나, 이는 이행강제금제도의 본질에서 오는 제약은 아니며, 이행강제금은 (대체적) 작위의무의 위반에 대하여도 부과될 수 있다.

> **21. 국가직 9급** 乙: 행정청은 개별사건에 있어서 위법건축물에 대하여 대집행과 이행강제금을 선택적으로 활용할 수 있다. (○)
> **23. 국가직 7급** 이행강제금은 대체적 작위의무의 위반에 대하여도 부과될 수 있으며, 「건축법」상 위법건축물에 대한 이행강제수단으로 행정대집행과 이행강제금을 합리적인 재량에 의해 선택적으로 활용하는 이상 이는 중첩적인 제재에 해당하지 않는다. (○)
> **21. 지방직 9급** 이행강제금은 대체적 작위의무의 위반에 대하여도 부과될 수 있다. (○)
> **21. 지방직 9급** 「건축법」상 위법건축물에 대한 이행강제수단으로 대집행과 이행강제금이 인정되고 있는데, 행정청은 개별사건에 있어서 위반내용, 위반자의 시정의지 등을 감안하여 대집행과 이행강제금을 선택적으로 활용할 수 있다. (○)

📑 관련판례 이행강제금 납부의무의 (일신전속)(승계불가) (2006마470)

구 건축법상의 이행강제금은 구 건축법의 위반행위에 대하여 시정명령을 받은 후 시정기간 내에 당해 시정명령을 이행하지 아니한 건축주등에 대하여 부과되는 간접강제의 일종으로서 그 이행강제금 납부의무는 상속인 기타의 사람에게 승계될 수 없는 (일신전속)적인 성질의 것이므로 이미 사망한 사람에게 이행강제금을 부과하는 내용의 처분이나 결정은 (무효)다.

> **21. 국가직 9급** 乙: 이행강제금의 납부의무는 상속의 대상이 되므로, 상속인이 납부의무를 승계합니다. (×)
> ▶ 일신전속성으로 인해 승계되지 않는다.
> **24. 지방직 9급** 「건축법」상 이행강제금을 부과받은 사람이 이행강제금사건의 제1심결정 후 항고심결정이 있기 전에 사망한 경우, 항고심결정은 당연무효이고, 이미 사망한 사람의 이름으로 제기된 재항고는 보정할 수 없는 흠결이 있는 것으로서 부적법하다. (○)
> **21. 지방직 9급** 이미 사망한 사람에게 「건축법」상의 이행강제금을 부과하는 내용의 처분이나 결정은 당연무효이다. (○)
> **21. 지방직 7급** 「건축법」상 이행강제금은 위반행위에 대하여 시정명령을 받은 후 시정기간 내에 당해 시정명령을 이행하지 아니한 건축주 등에 대하여 부과하는 것으로서 그 이행강제금 납부의무는 상속인 기타의 사람에게 승계될 수 없는 일신전속적인 성질의 것이므로 이미 사망한 사람에게 이행강제금을 부과하는 내용의 처분이나 결정은 당연무효이다. (○)

(2) 절차

> **행정기본법 제31조 【이행강제금의 부과】** ③ 행정청은 이행강제금을 부과하기 전에 미리 의무자에게 적절한 이행기간을 정하여 그 기한까지 행정상 의무를 이행하지 아니하면 이행강제금을 부과한다는 뜻을 문서로 (계고)하여야 한다.
> ④ 행정청은 의무자가 제3항에 따른 계고에서 정한 기한까지 행정상 의무를 이행하지 아니한 경우 이행강제금의 부과 금액·사유·시기를 문서로 명확하게 적어 의무자에게 (통지)하여야 한다.

21. 지방직 7급 「농지법」에 따른 이행강제금을 부과할 때에는 그때마다 이행강제금을 부과·징수한다는 뜻을 미리 문서로 알려야 하고, 이와 같은 절차를 거치지 아니한 채 이행강제금을 부과하는 것은 이행강제금 제도의 취지에 반하는 것으로써 위법하다. (O)

⑤ 행정청은 의무자가 행정상 의무를 이행할 때까지 이행강제금을 (반복)하여 부과할 수 있다. 다만, 의무자가 의무를 이행하면 (새로운) 이행강제금의 부과를 즉시 중지하되, (이미) 부과한 이행강제금은 징수하여야 한다.

23. 지방직 7급 행정청은 의무자가 행정상 의무를 이행할 때까지 이행강제금을 반복하여 부과할 수 없다. (X)
▶ 이행 전까진 반복 부과가 가능하나, 이행 후에는 부과할 수 없다.

21. 지방직 7급 「건축법」상 행정청은 의무자가 행정상 의무를 이행할 때까지 이행강제금을 반복하여 부과할 수 있으나, 의무자가 의무를 이행하면 새로운 이행강제금의 부과를 즉시 중지하여야 하고 이미 부과한 이행강제금은 징수하지 아니한다. (X)
▶ 이행 전 부과한 것은 뒤늦게 징수가 가능하다.

⑥ 행정청은 이행강제금을 부과받은 자가 납부기한까지 이행강제금을 내지 아니하면 국세(강제징수)의 예 또는 「지방행정제재·부과금의 징수 등에 관한 법률」에 따라 징수한다.

24. 국가직 7급 「행정기본법」에 따르면, 행정청은 이행강제금을 부과받은 자가 납부기한까지 이행강제금을 내지 아니하면 국세강제징수의 예 또는 「지방행정제재·부과금의 징수 등에 관한 법률」에 따라 징수한다. (O)

24. 지방직 9급 행정청은 이행강제금을 부과받은 자가 납부기한까지 이행강제금을 내지 아니하면 국세강제징수의 예 또는 「지방행정제재·부과금의 징수 등에 관한 법률」에 따라 징수한다. (O)

관련판례

1. <CASE 1> 사실상 이행 완료 (2015두35116)

시정명령을 받은 의무자가 그 시정명령의 취지에 부합하는 의무를 이행하기 위한 (정당)한 방법으로 행정청에 신청 또는 신고를 하였으나 행정청이 (위법)하게 이를 거부 또는 반려함으로써 결국 그 처분이 (취소)되기에 이르렀다면, 특별한 사정이 없는 한 그 시정명령의 불이행을 이유로 이행강제금을 부과할 수는 *(A: 있다 / B: 없다)*고 보는 것이 위와 같은 이행강제금 제도의 취지에 부합한다.

23. 국가직 9급 「건축법」상 시정명령을 받은 의무자가 그 시정명령의 취지에 부합하는 의무를 이행하기 위한 정당한 방법으로 행정청에 신청 또는 신고를 하였으나 행정청이 위법하게 이를 거부 또는 반려함으로써 결국 그 처분이 취소되기에 이르렀더라도, 이행강제금 제도의 취지에 비추어 볼 때 그 시정명령의 불이행을 이유로 이행강제금을 부과할 수 있다. (X)
▶ 사실상 이행한 것이나 마찬가지이므로, 의무불이행을 전제로 부과할 수 없다.

2. <CASE 2> 늦게라도 이행하면 부과 × (2015두35116)

이행강제금의 본질상 시정명령을 받은 의무자가 이행강제금이 부과되기 (전)에 그 의무를 이행한 경우에는 비록 시정명령에서 정한 기간을 (지나서) 이행한 경우라도 이행강제금을 부과할 수 없다.

23. 국가직 7급 「건축법」상 시정명령을 받은 의무자가 이행강제금이 부과되기 전에 그 의무를 이행하였더라도 그 시정명령에서 정한 기간을 지나서 이행한 경우라면 행정청은 이행강제금을 부과할 수 있다. (×)
▶ 늦게 이행했더라도, 이행 후에는 추가로 부과할 수 없다.

21. 지방직 9급 「부동산 실권리자명의 등기에 관한 법률」상 장기미등기자가 이행강제금 부과 전에 등기신청의무를 이행하였더라도 동법에 규정된 기간이 지나서 등기신청의무를 이행하였다면 이행강제금을 부과할 수 있다. (×)
▶ 늦게 이행했더라도, 이행 후에는 추가로 부과할 수 없다.

3. **<CASE 3>** "(뒤늦게), (한꺼번)에 부과" (2015두46598)

비록 건축주 등이 장기간 시정명령을 이행하지 아니하였더라도, 그 기간 중에는 시정명령의 이행 (기회)가 제공되지 아니하였다가 (뒤늦게) 시정명령의 이행 (기회)가 제공된 경우라면, 시정명령의 이행 (기회) 제공을 전제로 한 1회분의 이행강제금만을 부과할 수 있고, 시정명령의 이행 (기회)가 제공되지 아니한 과거의 기간에 대한 이행강제금까지 (한꺼번)에 부과할 수는 없다. 이를 위반하여 이루어진 이행강제금 부과처분의 하자는 *(A: 중대명백 / B: 중대하지만 명백하지는 아니)* 하다.

23. 국가직 7급 건축주 등이 「건축법」상 시정명령을 장기간 이행하지 아니하였더라도, 그 기간 중에는 시정명령의 이행 기회가 제공되지 아니하였다가 뒤늦게 시정명령의 이행 기회가 제공된 경우라면, 행정청은 시정명령의 이행 기회 제공을 전제로 한 1회분의 이행강제금만을 부과할 수 있고 시정명령의 이행 기회가 제공되지 아니한 과거의 기간에 대한 이행강제금까지 한꺼번에 부과할 수는 없다. (○)

관련판례 시정명령부터가 위법한 경우 (2011두2170)

사용자가 이행하여야 할 행정법상 의무의 내용을 (초과)하는 것을 '불이행 내용'으로 기재한 이행강제금 부과 (예고)서에 의하여 이행강제금 부과 (예고)를 한 다음 이를 이행하지 않았다는 이유로 이행강제금을 부과하였다면, 초과한 정도가 근소하다는 등의 특별한 사정이 없는 한 이행강제금 부과 (예고)는 이행강제금 제도의 취지에 반하는 것으로서 위법하고, 이에 터 잡은 이행강제금 부과(처분) 역시 위법하다.

비교판례+ 시정명령이 다소 지체된 경우 (2002마1022)

공무원들이 위법건축물임을 알지 못하여 공사 도중에 시정명령이 내려지지 않아 위법건축물이 (완공)되었다 하더라도, 공공복리의 증진이라는 위 목적의 달성을 위해서는 (완공) 후에라도 위법건축물임을 알게 된 이상 시정명령을 할 수 있다.

(3) 불복수단

> **관련판례** (A: 농지 / B: 건축)법상 이행강제금 (2018두42955)
>
> (A: 농지 / B: 건축)법 제62조 제1항에 따른 이행강제금 부과처분에 불복하는 경우에는 비송사건절차법에 따른 재판절차가 적용되어야 하고, 행정소송법상 항고소송의 대상은 될 수 없다.
>
> > 24. **국가직 7급** 「농지법」상 이행강제금의 부과는 행정처분이므로 취소소송을 제기할 수 있으며 법원은 당해 사건에서 과도한 이행강제금이 부과되었다고 판단하면 그 금액을 감액하여야 한다. (×)
> > ▶ 「농지법」상 이행강제금은 처분으로 보지 않는다.
> > 21. **국가직 7급** 「농지법」상 이행강제금부과처분은 행정소송의 대상이다. (×)
> > ▶ 「농지법」상 이행강제금은 처분으로 보지 않는다.
> > 23. **지방직 9급** 「농지법」상 이행강제금 부과처분에 대한 불복은 「비송사건절차법」에 따른 재판절차뿐만 아니라 「행정소송법」상 항고소송 절차에 따를 수 있다. (×)
> > ▶ 「비송사건절차법」에 따른 재판절차를 따른다.
>
> 설령 관할청이 이행강제금 부과처분을 하면서 재결청에 행정심판을 청구하거나 관할 행정법원에 행정소송을 할 수 있다고 잘못 안내하거나 관할 행정심판위원회가 각하재결이 아닌 기각재결을 하면서 관할 법원에 행정소송을 할 수 있다고 잘못 안내하였다 (A: 면 이로 인해 행정법원의 항고소송 재판관할이 형성된다 / B: 고 하더라도, 그러한 잘못된 안내로 행정법원의 항고소송 재판관할이 생긴다고 볼 수도 없다).
>
> > 22. **국가직 9급** 관할청이 「농지법」상의 이행강제금 부과처분을 하면서 재결청에 행정심판을 청구하거나 관할 행정법원에 행정소송을 할 수 있다고 잘못 안내한 경우 행정법원의 항고소송 재판관할이 생긴다. (×)
> > ▶ 여전히 항고소송의 대상이 되지 않는다.
> > 24. **지방직 9급** 처분의 근거법령에 의하면 「비송사건절차법」에 따라 이행강제금 부과처분에 불복하도록 규정하고 있었지만, 관할청이 이행강제금 부과처분을 하면서 재결청에 행정심판을 청구하거나 관할 행정법원에 행정소송을 할 수 있다고 잘못 안내한 경우라도 이행강제금 부과처분에 대해 행정법원에 항고소송을 제기할 수 없다. (○)
> > 24. **지방직 7급** 「농지법」상 이행강제금 부과처분에 대하여 부과권자가 관할 법원에 행정소송을 할 수 있다고 잘못 안내하면서 이행강제금을 부과한 경우 상대방은 항고소송을 통해 다툴 수 있다. (×)
> > ▶ 여전히 항고소송의 대상이 되지 않는다.

3. 직접강제

> **행정기본법 제30조【행정상 강제】** ① 행정청은 행정목적을 달성하기 위하여 필요한 경우에는 법률로 정하는 바에 따라 필요한 최소한의 범위에서 다음 각 호의 어느 하나에 해당하는 조치를 할 수 있다.
> 3. 직접강제: 의무자가 행정상 의무를 이행하지 아니하는 경우 행정청이 의무자의 (신체)나 (재산)에 실력을 행사하여 그 행정상 의무의 이행이 있었던 것과 같은 상태를 실현하는 것
>
> **제32조【직접강제】** ① 직접강제는 행정(대집행)이나 (이행강제금) 부과의 방법으로는 행정상 의무 이행을 확보할 수 *(A: 어렵거나 / B: 없거나)* 그 실현이 *(A: 어렵거나 / B: 불가능한)* 경우에 실시하여야 한다.
>
>> **24. 지방직 9급** 직접강제는 행정대집행이나 이행강제금 부과의 방법으로는 행정상 의무 이행을 확보할 수 없거나 그 실현이 불가능한 경우에 실시하여야 한다. (○)

4. 강제징수

> **행정기본법 제30조【행정상 강제】** ① 행정청은 행정목적을 달성하기 위하여 필요한 경우에는 법률로 정하는 바에 따라 필요한 최소한의 범위에서 다음 각 호의 어느 하나에 해당하는 조치를 할 수 있다.
> 4. 강제징수: 의무자가 행정상 의무 중 (금전)급부의무를 이행하지 아니하는 경우 행정청이 의무자의 (재산)에 실력을 행사하여 그 행정상 의무가 실현된 것과 같은 상태를 실현하는 것

(1) 독촉

(2) 압류

(3) 매각(공매)

구분	공매결정	공매통지	공매(처분)
처분성	(A: O / B: X)	(A: O / B: X)	(A: O / B: X)
		(A: 절차 / B: 내용)상 하자	
		공매처분을 하면서 체납자 등에게 공매통지를 하지 않았거나 공매통지를 하였더라도 그것이 적법하지 아니한 경우에는 (A: 절차 / B: 내용)상의 흠이 있어 그 공매처분이 위법하게 되는 것이다(2010두25527).	

> **24. 지방직 9급** 과세관청이 체납처분으로서 행하는 공매는 우월한 공권력의 행사로서 행정소송의 대상이 되는 공법상의 행정처분이며 공매에 의하여 재산을 매수한 자는 그 공매처분이 취소된 경우에 그 취소처분의 위법을 주장하여 행정소송을 제기할 법률상 이익이 있다. (○)
>
> **23. 지방직 9급** 공매처분을 하면서 체납자에게 공매통지를 하지 않았거나 공매통지를 하였지만 그것이 적법하지 아니하다 하더라도 공매처분 자체는 위법하지 않다. (×)
> ▶ 공매처분에 절차상 하자가 발생한다.

(4) 청산

5. 즉시강제

(1) 의의

> **행정기본법 제30조【행정상 강제】** ① 행정청은 행정목적을 달성하기 위하여 필요한 경우에는 법률로 정하는 바에 따라 필요한 최소한의 범위에서 다음 각 호의 어느 하나에 해당하는 조치를 할 수 있다.
>
> > **22. 국가직 9급** 목전에 급박한 장해를 예방하기 위한 경우에는 예외적으로 법률의 근거가 없이도 발동될 수 있다는 것이 일반적인 견해이다. (×)
> > ▶ 행정기본법과 별도로 개별법상 근거규정까지 요구한다.
>
> 5. 즉시강제: (현재)의 (급박)한 행정상의 장해를 제거하기 위한 경우로서 다음 각 목의 어느 하나에 해당하는 경우에 행정청이 곧바로 국민의 신체 또는 재산에 (실력)을 행사하여 행정목적을 달성하는 것
>   가. 행정청이 미리 행정상 의무 이행을 명할 (시간적) 여유가 없는 경우
>   나. 그 (성질상) 행정상 의무의 이행을 명하는 것만으로는 행정목적 달성이 곤란한 경우
>
> > **22. 국가직 9급** 과거의 의무위반에 대하여 가해지는 제재이다. (×)
> > ▶ 의무 부과가 없는 경우가 대부분이다.
>
> **제33조【즉시강제】** ① 즉시강제는 다른 수단으로는 행정목적을 달성할 수 (없는) 경우에만 허용되며, 이 경우에도 *(A: 최소한으로만 / B: 최대한으로)* 실시하여야 한다.
>
> > **21. 국가직 9급** 다른 수단으로는 행정목적을 달성할 수 없는 경우에만 허용되며, 이 경우에도 최소한으로만 실시하여야 한다. (○)
>
> ② 즉시강제를 실시하기 위하여 현장에 파견되는 집행책임자는 그가 집행책임자임을 표시하는 (증표)를 보여 주어야 하며, 즉시강제의 이유와 내용을 (고지)하여야 한다.
> ③ 제2항에도 불구하고 집행책임자는 즉시강제를 하려는 재산의 소유자 또는 점유자를 알 수 없거나 현장에서 그 소재를 즉시 확인하기 어려운 경우에는 즉시강제를 실시한 (후) 집행책임자의 이름 및 그 이유와 내용을 고지할 수 있다. 다만, 다음 각 호에 해당하는 경우에는 게시판이나 인터넷 홈페이지에 게시하는 등 적절한 방법에 의한 (공고)로써 고지를 갈음할 수 있다.
> 1. 즉시강제를 실시한 후에도 재산의 소유자 또는 점유자를 알 수 없는 경우
> 2. 재산의 소유자 또는 점유자가 국외에 거주하거나 행방을 알 수 없는 경우
> 3. 그 밖에 대통령령으로 정하는 불가피한 사유로 고지할 수 없는 경우

> **관련판례** 불법게임물 수거·폐기에 (영장) 불요 (2000헌가12)
>
> 이 사건 법률조항이 (영장) 없는 수거를 인정한다고 하더라도 이를 두고 헌법상 (영장) 주의에 위배되는 것으로는 볼 수 없다.
>
> **21. 국가직 9급** 행정상 즉시강제는 국민의 권리침해를 필연적으로 수반하므로, 이에 대해서는 항상 영장주의가 적용된다. (×)
> ▶ 대물적 즉시강제에 대해서는 영장주의가 적용되지 않는다고 본다.
>
> **21. 국가직 9급** 구 「음반·비디오물 및 게임물에 관한 법률」상 불법게임물에 대한 수거 및 폐기 조치는 행정상 즉시강제에 해당한다. (○)
>
> **23. 지방직 9급** 구 「음반·비디오물 및 게임물에 관한 법률」상 불법게임물에 대한 수거 및 폐기조치는 행정상 즉시강제에 해당한다. (○)

(2) 종류

> **22. 국가직 9급** 강제 건강진단과 예방접종은 대인적 강제수단에 해당한다. (○)

(3) 불복수단

> **22. 국가직 9급** 항고소송의 대상이 되는 처분의 성질을 갖는다. (○)
>
> **22. 국가직 9급** 위법한 즉시강제작용으로 손해를 입은 자는 국가나 지방자치단체를 상대로 「국가배상법」이 정한 바에 따라 손해배상을 청구할 수 있다. (○)

03 행정벌

1. 행정형벌

(1) 의의

> **관련판례**
>
> **1. 판례 비교**
>
> | 통고처분에 대한 불복시 실효 (2002헌마275) | 같은 취지 (96헌바4) |
> |---|---|
> | 통고처분의 상대방이 범칙금을 (납부)하지 아니하여 즉결심판, 나아가 정식재판의 절차로 진행되었다면 당초의 통고처분은 그 효력을 (상실)한다.

22. 국가직 7급「도로교통법」상 경찰서장의 통고처분은 행정소송의 대상이 되는 행정처분이 아니다. (○)
21. 지방직 7급「도로교통법」에 따른 경찰서장의 통고처분은 행정소송의 대상이 되는 행정처분이다. (×)
▶ 임의의 승복이 있기 전까지는 권리의무에 변동이 없으므로, 처분성이 부정된다. | 통고처분은 *(A: 상대방의 임의의 승복을 그 발효요건 / B: 상대방이 납부하는 것을 해제조건)*으로 하기 때문에 그 자체만으로는 통고이행을 강제하거나 상대방에게 아무런 권리의무를 형성하지 않으므로 행정심판이나 행정소송의 대상으로서의 (처분성)을 부여할 수 없다.

23. 지방직 9급 통고처분은 상대방의 임의의 승복을 그 발효요건으로 하기 때문에 그 자체만으로는 통고이행을 강제하거나 상대방에게 아무런 권리·의무를 형성하지 않으므로 행정심판이나 행정소송의 대상으로서의 처분성을 인정할 수 없다. (○)
22. 지방직 9급 통고처분은 법정기간 내에 납부하지 않는 것을 해제조건으로 하는 행정처분이므로 행정소송의 대상이 된다. (×)
▶ 임의의 승복이 있기 전까지는 권리의무에 변동이 없으므로, 처분성이 부정된다.
23. 지방직 7급「도로교통법」상의 통고처분은 처분을 받은 당사자의 임의의 승복을 발효요건으로 하고 있으며, 행정공무원에 의하여 발하여지는 것이지만, 통고처분에 따르지 않고자 하는 당사자에게는 정식재판의 절차가 보장되어 있다. (○) |
>
> **2. 통고처분 vs 고발 中 택1 했다면 번복 불가 (2014도10748)**
>
> 지방국세청장 또는 세무서장의 조세범칙사건에 대한 *(A: 통고처분 / B: 고발)*은 법원에 의하여 형벌에 처하는 형사절차에 갈음하여 과세관청이 조세범칙자에 대하여 금전적 제재를 통고하고 이를 이행한 조세범칙자에 대하여는 고발하지 아니하고 조세범칙사건을 신속·간이하게 처리하는 절차로서, 형사절차의 사전절차로서의 성격을 가진다.

그리고 조세범 처벌절차법에 따른 조세범칙사건에 대한 지방국세청장 또는 세무서 장의 (A: 통고처분 / B: 고발)은 수사 및 공소제기의 권한을 가진 수사기관에 대하 여 조세범칙사실을 신고함으로써 형사사건으로 처리할 것을 요구하는 의사표시로 서, 조세범칙사건에 대하여 (A: 통고처분 / B: 고발)한 경우에는 지방국세청장 또는 세무서장에 의한 조세범칙사건의 조사 및 처분 절차는 원칙적으로 모두 종료된다. 위와 같은 통고처분과 고발의 법적 성질 및 효과 등을 조세범칙사건의 처리 절차에 관한 조세범 처벌절차법 관련 규정들의 내용과 취지에 비추어 보면, 지방국세청장 또 는 세무서장이 조세범 처벌절차법 제17조 제1항에 따라 (A: 통고처분 / B: 고발)을 거치지 아니하고 즉시 (A: 통고처분 / B: 고발)하였다면 이로써 조세범칙사건에 대 한 조사 및 처분 절차는 종료되고 형사사건 절차로 이행되어 지방국세청장 또는 세 무서장으로서는 동일한 조세범칙행위에 대하여 더 이상 통고처분을 할 권한이 없다.

> **23. 국가직 7급** 지방국세청장 또는 세무서장이 「조세범 처벌절차법」에 따라 통고처분을 거치지 아니하고 즉시 고발하였다면 이로써 조세범칙사건에 대한 조사 및 처분 절차는 종 료되고 형사사건 절차로 이행되어 지방국세청장 또는 세무서장으로서는 동일한 조세범 칙행위에 대하여 더 이상 통고처분을 할 권한이 없다. (○)

따라서 지방국세청장 또는 세무서장이 조세범칙행위에 대하여 고발을 한 (후)에 동 일한 조세범칙행위에 대하여 통고처분을 하였더라도, 이는 법적 권한 소멸 (후)에 이루어진 것으로서 특별한 사정이 없는 한 효력이 없고, 조세범칙행위자가 이러한 통고처분을 이행하였더라도 조세범 처벌절차법 제15조 제3항에서 정한 (일사부 재리)의 원칙이 적용될 수 없다.

3. 범칙금 (납부기간)까지 불복 여부 결정 가능 (2020도15194)

경찰서장이 범칙행위에 대하여 통고처분을 한 이상, 범칙자의 위와 같은 절차적 지 위를 보장하기 위하여 통고처분에서 정한 범칙금 (납부기간)까지는 원칙적으로 경 찰서장은 즉결심판을 청구할 수 없고, 검사(A: 도 동일한 범칙행위에 대하여 공소 를 제기할 수 없다 / B: 는 동일한 범칙행위에 대하여 공소를 제기할 수 있다). 또한 범칙자가 범칙금 (납부기간)이 지나도록 범칙금을 납부하지 아니하였다면 경 찰서장이 즉결심판을 청구하여야 하고, 검사는 동일한 범칙행위에 대하여 공소를 제기할 수 없다.

> **21. 지방직 9급** 경찰서장이 범칙행위에 대하여 통고처분을 한 이상, 통고처분에서 정한 범칙금 납부 기간까지는 원칙적으로 경찰서장은 즉결심판을 청구할 수 없고, 검사도 동일 한 범칙행위에 대하여 공소를 제기할 수 없다. (○)

(2) 양벌규정

> **22. 국가직 9급** 양벌규정에 의한 법인의 처벌은 어디까지나 행정적 제재처분일 뿐 형벌 과는 성격을 달리한다. (×)
> ▶ 단순한 행정적 제재가 아니라, 형벌에 해당한다.

① 예시

> 산업안전보건법 제173조 【양벌규정】 법인의 대표자나 법인 또는 개인의 대리인, 사용인, 그 밖의 종업원이 그 법인 또는 개인의 업무에 관하여 제167조 제1항 또는 제168조부터 제172조까지의 어느 하나에 해당하는 위반행위를 하면 그 행위자를 벌하는 외에 그 법인에게 다음 각 호의 구분에 따른 벌금형을, 그 개인에게는 해당 조문의 벌금형을 과(科)한다. 다만, 법인 또는 개인이 그 위반행위를 방지하기 위하여 해당 업무에 관하여 상당한 (주의)와 (감독)을 게을리하지 아니한 경우에는 그러하지 아니하다.

관련판례 영업주의 선임감독상 과실 (2009헌가23)

이 사건 법률조항들은 개인이 고용한 종업원 등의 일정한 범죄행위 사실이 인정되면 종업원 등의 범죄행위에 대한 영업주의 가담여부나 종업원 등의 행위를 감독할 주의의무의 위반여부 등을 전혀 묻지 않고 (곧바로) 영업주인 개인을 종업원 등과 같이 처벌하도록 규정하고 있는바, 이는 아무런 비난받을 만한 행위를 한 바 없는 자에 대해서까지 다른 사람의 범죄행위를 이유로 처벌하는 것으로서 형벌에 관한 (책임주의)에 반하므로 헌법에 위반된다.

② **양벌규정의 의의**(95도2870): 행위자의 처벌규정임과 동시에 그 위반행위의 (이익귀속주체)인 업무주에 대한 처벌규정이다.

22. 국가직 9급 양벌규정은 행위자에 대한 처벌규정임과 동시에 그 위반행위의 이익귀속주체인 영업주에 대한 처벌규정이다. (○)

종업원≠고용주 (2005도7673)	비교	(대표자) = 법인 (2010헌가61)
양벌규정에 의한 영업주의 처벌은 금지위반행위자인 종업원의 처벌에 **(A: 종속하여 / B: 독립하여)** 그 자신의 종업원에 대한 (선임감독)상의 과실로 인하여 처벌되는 것이므로 종업원의 범죄성립이나 처벌이 영업주 처벌의 (전제)조건이 될 필요는 없다.		법인 (대표자)의 법규위반행위에 대한 법인의 책임은 법인 자신의 법규위반행위로 평가될 수 있는 행위에 대한 법인의 직접책임으로서, (대표자)의 고의에 의한 위반행위에 대하여는 법인 자신의 고의에 의한 책임을, (대표자)의 과실에 의한 위반행위에 대하여는 법인 자신의 과실에 의한 책임을 부담하는 것이다.
22. 국가직 9급 종업원의 범죄성립이나 처벌이 영업주 처벌의 전제조건이 되는 것은 아니다. (○) **23. 국가직 7급** 양벌규정에 의한 영업주의 처벌은 그 자신의 종업원에 대한 선임감독상의 과실로 인하여 처벌되는 것이므로 종업원의 범죄성립이나 처벌이 영업주 처벌의 전제조건이 될 필요는 없다. (○)		**22. 국가직 9급** 법인 대표자의 법규위반행위에 대한 법인의 책임은 법인 자신의 법규위반행위로 평가될 수 있는 행위에 대한 법인의 직접책임이다. (○)

21. 국가직 7급 양벌규정에 의해 영업주를 처벌하는 경우, 금지위반 행위자인 종업원을 처벌할 수 없는 경우에도 영업주만 따로 처벌할 수 있다. (○)

22. 지방직 9급 양벌규정에 의한 영업주의 처벌은 금지위반행위자인 종업원의 처벌에 종속되는 것이므로 영업주만 따로 처벌할 수는 없다. (×)
▶ 종업원의 처벌이 전제조건이 되지 않으므로, 영업주만 처벌할 수도 있다.

비교

공무원 = 종업원, (지방자치단체) = 법인 (2004도2657)
(지방자치단체) 소속 공무원이 (지방자치단체) 고유의 *(A: 자치사무 / B: 기관위임사무)*를 수행하던 중 도로법 제81조 내지 제85조의 규정에 의한 위반행위를 한 경우에는 (지방자치단체)는 도로법 제86조의 양벌규정에 따라 처벌대상이 되는 법인에 해당한다.
(지방자치단체) 소속 공무원이 압축트럭 청소차를 운전하여 고속도로를 운행하던 중 제한축중을 초과 적재 운행함으로써 도로관리청의 차량운행제한을 위반한 사안에서, 해당 (지방자치단체)가 도로법 제86조의 양벌규정에 따른 처벌대상이 된다.

24. 국가직 9급 지방자치단체 소속 공무원이 지방자치단체 고유의 자치사무를 수행하던 중 「도로법」 규정에 의한 위반행위를 한 경우 지방자치단체는 「도로법」 소정의 양벌규정에 따라 처벌대상이 되는 법인에 해당하지 않는다. (×)
▶ 지자체가 고용주, 공무원이 종업원으로서 양벌규정이 적용될 수 있다.

24. 국가직 7급 지방자치단체가 고유의 자치사무를 처리하는 경우 당해 지방자치단체는 국가기관과는 별도의 독립한 공법인이므로 양벌규정에 따라 처벌대상이 되는 법인에 해당한다. (○)

23. 지방직 9급 지방자치단체 소속 공무원이 지방자치단체 고유의 자치사무를 수행하던 중 구 「도로법」에 위반하는 행위를 한 경우 지방자치단체는 구 「도로법」상 양벌규정에 따라 처벌대상이 되는 법인에 해당한다. (○)

21. 지방직 7급 지방자치단체 소속 공무원이 지방자치단체 고유의 자치사무를 수행하던 중 「도로법」 규정에 의한 위반행위를 한 경우에는 지방자치단체는 「도로법」의 양벌규정에 따라 처벌대상이 되는 법인에 해당한다. (○)

2. 행정질서벌

질서위반행위규제법 제7조【고의 또는 과실】고의 또는 과실이 없는 질서위반행위는 (A: *과태료* / B: 과징금)을/를 부과하지 아니한다.

입증책임	행정청 (피고)	상대방 (원고)
(A: *과태료* / B: 과징금)	상대방에게 고의 또는 과실이 있음	-
(A: *과태료* / B: 과징금)	-	나에게 정당한 이유 (=고의 또는 과실×)가 있음

21. 국가직 7급「질서위반행위규제법」원칙상 고의 또는 과실이 없는 질서위반행위에 대해서도 과태료를 부과할 수 있다. (×)
▶ 과징금과 달리, 고의·과실이 있어야 부과할 수 있다.

23. 국가직 7급 질서위반행위를 한 자가 자신의 책임 없는 사유로 위반행위에 이르렀다고 주장하는 경우 법원은 그 내용을 살펴 행위자에게 고의나 과실이 있는지를 따져보아야 한다. (○)

23. 지방직 9급 고의 또는 과실이 없는 질서위반행위라고 하더라도 과태료를 부과할 수 있다. (×)
▶ 과징금과 달리, 고의·과실이 있어야 부과할 수 있다.

제20조【이의제기】① 행정청의 과태료 부과에 불복하는 당사자는 제17조 제1항에 따른 과태료 부과 통지를 받은 날부터 60일 이내에 해당 행정청에 서면으로 (이의제기)를 할 수 있다.

23. 지방직 9급 행정청의 과태료 부과에 불복하는 당사자는 과태료 부과 통지를 받은 날부터 60일 이내에 해당 행정청에 서면으로 이의제기를 할 수 있다. (○)

② 제1항에 따른 (이의제기)가 있는 경우에는 행정청의 과태료 부과처분은 그 효력을 상실한다.

24. 국가직 7급 수도조례 및 하수도사용조례에 기한 과태료의 부과 여부 및 그 당부는 최종적으로「질서위반행위규제법」에 의한 절차에 의하여 판단되어야 하므로, 그 과태료 부과처분은 행정소송의 대상이 되는 행정처분이라고 할 수 없다. (○)

21. 국가직 7급 행정청의 과태료 부과에 불복하는 이의제기가 있더라도 과태료 부과처분은 그 효력을 상실하지 않는다. (×)
▶ 이의제기로써 실효된다.

22. 지방직 9급 행정청의 과태료 부과에 대해 서면으로 이의가 제기된 경우 과태료 부과처분은 그 효력을 상실한다. (○)

21. 지방직 9급 행정청의 과태료 부과에 대해 이의가 제기된 경우에는 행정청의 과태료 부과처분은 그 효력을 상실한다. (○)

23. 지방직 7급 행정청의 과태료 부과에 불복하는 당사자는 과태료 부과 통지를 받은 날부터 90일 이내에 관할 법원에 취소소송을 제기할 수 있다. (×)
▶ 처분성이 인정되지 않는다.

제21조 【법원에의 통보】 ① 제20조 제1항에 따른 (이의제기) 를 받은 행정청은 (이의제기) 를 받은 날부터 14일 이내에 이에 대한 의견 및 증빙서류를 첨부하여 *(A: 행정청 / B: 당사자)* 관할 법원에 통보하여야 한다.

> **23. 국가직 9급** 행정청이 위반사실을 적발하면 과태료를 부과받을 자의 주소지를 관할하는 지방법원에 통보하여야 하고, 당해 법원은 「비송사건절차법」에 따라 결정으로써 과태료를 부과한다. (×)
> ▶ 곧바로 통보하는 것이 아니라, 행정청이 먼저 부과 후 상대방이 이의제기를 하면 법원에 통보하여 과태료재판이 개시된다.
>
> **23. 국가직 7급** 「질서위반행위규제법」상 과태료 사건은 다른 법령에 특별한 규정이 있는 경우를 제외하고는 행정청의 주소지의 지방법원 또는 그 지원의 관할로 한다. (×)
> ▶ 행정청이 아닌, 당사자(상대방)의 주소지 관할 법원에서 재판이 개시된다.

관련판례

1. 과태료재판은 (신뢰보호) × (2003마715)

   법원이 비송사건절차법에 따라서 하는 과태료 재판은 관할 관청이 부과한 과태료 처분에 대한 당부를 심판하는 행정소송절차가 아니라 법원이 직권으로 개시·결정하는 것이므로, 원칙적으로 과태료 재판에서는 행정소송에서와 같은 (신뢰보호)의 원칙 위반 여부가 문제로 되지 아니하고, 다만 위반자가 그 의무를 알지 못하는 것이 무리가 아니었다고 할 수 있어 그것을 정당시할 수 있는 사정이 있을 때 또는 그 의무의 이행을 그 당사자에게 기대하는 것이 무리라고 하는 사정이 있을 때 등 그 의무 해태를 탓할 수 없는 정당한 사유가 있는 때에는 이를 부과할 수 없다.

   > **22. 지방직 9급** 법원이 하는 과태료재판에는 원칙적으로 행정소송에서와 같은 신뢰보호의 원칙이 적용된다. (×)
   > ▶ 법원이 원점에서부터 부과하므로, 행정청의 과거 공적 견해표명에 얽매이지 않는다.

2. 과태료 + 벌금 병과 가능 (96도158)

   행정법상의 질서벌인 과태료의 부과처분과 형사처벌은 그 성질이나 목적을 달리하는 (별개)의 것이므로 행정법상의 질서벌인 과태료를 납부한 후에 형사처벌을 한다고 하여 이를 (일사부재리)의 원칙에 반하는 것이라고 할 수는 없다.

   > **23. 국가직 9급** 행정법상의 질서벌인 과태료의 부과처분과 형사처벌은 그 성질이나 목적을 달리하는 별개의 것이므로 행정법상의 질서벌인 과태료를 납부한 후에 형사처벌을 한다고 하여 이를 일사부재리의 원칙에 반하는 것이라고 할 수는 없다. (○)
   >
   > **22. 국가직 7급** 구 「행형법」에 의한 징벌을 받은 뒤에 형사처벌을 한다고 하여 일사부재리의 원칙에 반하는 것은 아니다. (○)
   >
   > **24. 지방직 9급** 행정법상의 질서벌인 과태료의 부과처분과 형사처벌을 병과하는 것은 일사부재리의 원칙에 반하지 않는다는 것이 대법원의 입장이다. (○)

04 새로운 의무이행확보수단

1. 과징금

(1) 의의[전통적 의미: 불법 이득의 (환수)]

> **24. 국가직 9급** 구 「독점규제 및 공정거래에 관한 법률」 소정의 부당지원행위에 대한 과징금은 부당지원행위의 억지라는 행정목적을 실현하기 위한 행정상 제재금으로서의 성격에 부당이득환수적 요소도 부가되어 있으므로 국가형벌권 행사로서의 처벌에 해당하지 아니한다. (○)
>
> **21. 지방직 7급** 「독점규제 및 공정거래에 관한 법률」상 부당내부거래에 대한 과징금에는 행정상의 제재금으로서의 기본적 성격에 부당이득환수적 요소도 부가되어 있다. (○)

> **행정기본법 제28조 【과징금의 기준】** ① 행정청은 법령등에 따른 의무를 위반한 자에 대하여 (법률)로 정하는 바에 따라 그 위반행위에 대한 제재로서 과징금을 부과할 수 있다.
>
> **22. 지방직 7급** 「행정기본법」 제28조 제1항에 과징금 부과의 법적 근거를 마련하였으므로 행정청은 직접 이 규정에 근거하여 과징금을 부과할 수 있다. (×)
> ▶ 별도로 개별법 규정이 필요하다. 즉, 행정기본법은 보충적으로 적용된다.
>
> ② 과징금의 근거가 되는 (법률)에는 과징금에 관한 다음 각 호의 사항을 명확하게 규정하여야 한다.
> 1. 부과·징수 주체
> 2. 부과 사유
> 3. (상한액)

> **24. 국가직 9급** 과징금의 근거가 되는 법률에는 과징금에 관한 부과·징수 주체, 부과 사유, 상한액, 가산금을 징수하려는 경우 그 사항, 과징금 또는 가산금 체납 시 강제징수를 하려는 경우 그 사항을 명확하게 규정하여야 한다. (○)
>
> **22. 지방직 7급** 과징금의 근거가 되는 법률에는 과징금의 상한액을 명확하게 규정하여야 한다. (○)

🔍 관련판례

1. 현실적 행위사실 + 고의·과실 불요 (2013두5005)

    (A: 반드시 현실적인 행위자에게 / B: 법령상 책임자로 규정된 자에게) 부과되고, 원칙적으로 위반자의 고의·과실을 요하지 아니하나(녹가산세), 위반자의 의무 해태를 탓할 수 없는 (정당한) 사유가 있는 등의 특별한 사정이 있는 경우에는 이를 부과할 수 없다.

23. **국가직 7급** 가산세는 납세자가 정당한 이유 없이 법에 규정된 신고, 납세 등 각종 의무를 위반한 경우에 개별세법이 정하는 바에 따라 부과되는 행정상의 제재로서 납세자의 고의·과실 또한 중요한 고려 요소가 된다. (×)
▶ 과태료와 달리, 고의·과실이 없어도 부과할 수 있다.

22. **국가직 7급** 행정법규 위반에 대한 영업정지 처분은 행정목적의 달성을 위하여 행정법규 위반이라는 객관적 사실에 착안하여 가하는 제재이므로, 반드시 현실적인 행위자가 아니라도 법령상 책임자로 규정된 자에게 부과되고, 특별한 사정이 없는 한 위반자에게 고의나 과실이 없더라도 부과할 수 있다. (○)

21. **국가직 7급** 행정상 의무위반행위자에 대하여 과징금을 부과하기 위해서는 원칙적으로 위반자의 고의 또는 과실이 있어야 한다. (×)
▶ 과태료와 달리, 고의·과실이 없어도 부과할 수 있다.

22. **지방직 9급** 甲이 현실적인 위반행위자가 아닌 법령상 책임자인 경우에도 甲에게 과징금을 부과할 수 있다. (○)

22. **지방직 9급** 甲에게 고의·과실이 없는 경우에는 과징금을 부과할 수 없다. (×)
▶ 과태료와 달리, 고의·과실이 없어도 부과할 수 있다.

22. **지방직 7급** 과징금부과처분은 원칙적으로 위반자의 고의·과실을 요하지 아니하나, 위반자의 의무 해태를 탓할 수 없는 정당한 사유가 있는 등의 특별한 사정이 있는 경우에는 이를 부과할 수 없다. (○)

21. **지방직 7급** 「법인세법」상 가산세는 형벌이 아니므로 행위자의 고의 또는 과실·책임능력·책임조건 등을 고려하지 아니하며, 조세의 부과절차에 따라 과징할 수 있다. (○)

2. 판례 비교
   ① 원칙: (A: *재량* / B: 기속) 행위 (2017두56957)
      공정거래위원회의 법 위반행위자에 대한 과징금 부과처분은 (A: *재량* / B: 기속) 행위이다.
   ② 예외: (A: 재량 / B: *기속*) 행위 (2005두17287)
      부동산 실권리자명의 등기에 관한 법률의 규정을 종합하면, (명의신탁자)에 대하여 과징금을 부과할 것인지 여부는 기속행위에 해당한다.

22. **국가직 9급** 「부동산 실권리자명의 등기에 관한 법률」상 명의신탁자에 대한 과징금의 부과 여부는 행정청의 재량행위이다. (×)
▶ 예외적으로 기속행위로 본다.

24. **지방직 7급** 「부동산 실권리자명의 등기에 관한 법률」 제5조에 규정된 과징금은 행정청이 명의신탁행위로 인한 불법적인 이익을 박탈하거나 실명등기의무의 이행을 강제하기 위하여 의무자에게 부과·징수하는 것일 뿐 국가형벌권 행사로서의 처벌에 해당한다고 할 수 없다. (○)

3. 재량행위는 (A: 전부 / B: *일부*) 취소판결 불가 (98두2270)
   자동차운수사업면허조건 등을 위반한 사업자에 대하여 행정청이 행정제재수단으로 사업 정지를 명할 것인지, 과징금을 부과할 것인지, 과징금을 부과키로 한다면 그 금액은 얼마로 할 것인지에 관하여 재량권이 부여되었다 할 것이므로 과징금부과처분이 법이 정한 한도액을 초과하여 위법할 경우 법원으로서는 (A: *그 전부를 취소할 수밖에 없다* / B: 그 한도액을 초과한 부분이나 법원이 적정하다고 인정되는 부분을 초과한 부분만을 취소할 수밖에 없다).
   (금 1,000,000원을 부과한 당해 처분 중 금 100,000원을 초과하는 부분은 재량권 일탈·남용으로 위법하다며 그 일부분만을 취소한 원심판결을 파기한 사례)

24. 국가직 9급 과징금부과처분이 법이 정한 한도액을 초과하여 위법할 경우 법원으로서는 그 한도액을 초과한 부분이나 법원이 적정하다고 인정되는 부분을 초과한 부분만을 취소할 수 있다. (×)
▶ 재량행위는 일부취소판결이 불가하다.

22. 지방직 9급 甲에게 부과된 과징금이 법이 정한 한도액을 초과하여 위법한 경우, 법원은 그 초과부분에 대하여 일부 취소할 수 없고 그 전부를 취소하여야 한다. (○)

24. 지방직 7급 재량권이 부여된 과징금 부과처분이 법정 한도액을 초과하여 위법할 경우 법원은 그 초과부분만을 취소할 수 없고 부과된 과징금 전부를 취소하여야 한다. (○)

4. 한 번에 제대로 부과 필요 (99두1571)

과징금은 법이 규정한 범위 내에서 그 부과처분 당시까지 부과관청이 확인한 사실을 기초로 일의적으로 확정되어야 할 것이고, 그렇지 아니하고 부과관청이 과징금을 부과하면서 (추후)에 부과금 산정 기준이 되는 새로운 자료가 나올 경우에는 과징금액이 변경될 수도 있다고 (유보)한다든지, 실제로 (추후)에 새로운 자료가 나왔다고 하여 (새로운) 부과처분을 할 수는 없다 할 것이다.

22. 국가직 9급 「독점규제 및 공정거래에 관한 법률」상의 과징금은 법이 규정한 범위 내에서 그 부과처분 당시까지 부과관청이 확인한 사실을 기초로 일의적으로 확정되어야 할 것이지, 추후에 부과금 산정기준이 되는 새로운 자료가 나왔다고 하여 새로운 부과처분을 할 수 있는 것은 아니다. (○)

24. 지방직 7급 법이 규정한 범위 내에서 부과처분 당시까지 부과관청이 확인한 사실을 기초로 과징금의 부과처분을 하나, 추후에 부과금 산정기준이 되는 새로운 자료가 나온 경우 부과관청은 새로운 부과처분을 하여야 한다. (×)
▶ 새로운 자료를 근거로 금액을 사후적으로 변경하는 것은 허용되지 않는다.

(2) 변형된 의미의 과징금

관련판례

1. 변형된 과징금 부과 여부는 재량행위 (2017두43968)

① 이 사건 처분기준 중 영업정지처분 조항은, 행정청에 영업정지 또는 그를 갈음한 과징금 중 하나를 (선택)할 수 있도록 재량을 부여 …

22. 국가직 9급 영업정지에 갈음하여 부과되는 이른바 변형된 과징금의 부과 여부는 통상 행정청의 재량행위이다. (○)

22. 지방직 7급 영업정지처분에 갈음하는 과징금이 규정되어 있는 경우 과징금을 부과할 것인지 영업정지처분을 내릴 것인지는 통상 행정청의 재량에 속한다. (○)

② 행정청이 법 및 시행령의 규정에 따라 건설업자에 대하여 영업정지 처분을 함에 있어 건설업자에게 영업정지 기간의 감경에 관한 (감경) 사유(**A: 임의적 감경사유 / B: 필요적 감경사유**)가 존재하는 경우, 행정청이 그 사유까지 고려하고도 영업정지 기간을 감경하지 아니한 채 시행령 제80조 제1항 [별표 6] '2. 개별기준'이 정한 영업정지 기간대로 영업정지 처분을 한 때에는 이를 위법하다고 단정할 수 없고, 다만 위와 같은 사유가 있음에도 이를 (전혀) 고려하지 않거나 그 사유에 해당하지 않는다고 (오인)한 나머지 영업정지 기간을 감경하지 아니하였다면 그 영업정지 처분은 재량권을 일탈·남용한 것으로서 위법하다.

구분	고려 의무	감경 의무
임의적 감경사유	(A: O / B: X)	(A: O / B: X)
필요적 감경사유	(A: O / B: X)	(A: O / B: X)

2. 고려하려면 (제시) 받아야 함 (2012두13245)

   경찰공무원에 대한 징계위원회의 심의과정에 감경사유에 해당하는 공적 사항이 (제시)되지 아니한 경우에는 그 징계양정이 결과적으로 적정한지와 상관없이 이는 관계법령이 정한 징계절차를 지키지 않은 것으로서 위법하다.

   > **24. 지방직 7급** 징계위원회의 심의과정에 반드시 제출되어야 하는 공적 사항이 제시되지 않은 상태에서 결정한 징계처분은 징계양정이 결과적으로 적정한지 그렇지 않은지와 상관없이 법령이 정한 징계절차를 지키지 않은 것으로서 위법하다. (O)

(3) 병과 가능

   관련판례 과징금의 법적 성질 (2001두7220)

   부당지원행위에 대한 과징금은 부당지원행위 억지라는 행정목적을 실현하기 위한 행정상 제재금으로서의 기본적 성격에 부당이득(환수)적 요소도 부가되어 있는 것으로서, (이중처벌)금지원칙에 위반된다거나 무죄추정의 원칙에 위반된다고 할 수 없다.

   > **22. 국가직 9급** 과징금은 행정상 제재금이고 범죄에 대한 국가 형벌권의 실행이 아니므로 행정법규 위반에 대해 벌금 이외에 과징금을 부과하는 것은 이중처벌금지의 원칙에 위반되지 않는다. (O)

(4) 수 개의 위반행위에 대한 일괄 부과원칙

   관련판례 한도 회피를 위한 별도 부과처분은 위법 (2020두48390)

   ① 여객자동차운수사업법에 따르면, 여러 가지 위반행위에 대하여 (1)회에 부과할 수 있는 과징금 총액의 최고한도액은 5,000만원이라고 보는 것이 타당하다. 관할 행정청이 여객자동차운송사업자의 여러가지 위반행위를 인지하였다면 (A: *전부에 대하여 일괄하여 5,000만 원의 최고한도 내에서 하나의 과징금 부과처분을 하여야 한다* / B: 인지한 여러 가지 위반행위 중 일부에 대해서만 우선 과징금 부과처분을 하고 나머지에 대해서는 차후에 별도의 과징금 부과처분을 할 수 있다).

   > **24. 국가직 9급** 관할 행정청이 여객자동차운송사업자의 여러 가지 위반행위를 인지하였다면 전부에 대하여 일괄하여 최고한도 내에서 하나의 과징금 부과처분을 하는 것이 원칙이고, 인지한 위반행위 중 일부에 대해서만 우선 과징금 부과처분을 하고 나머지에 대해서는 차후에 별도의 과징금 부과처분을 하는 것은 다른 특별한 사정이 없는 한 허용되지 않는다. (O)

   ② 관할 행정청이 여객자동차운송사업자가 범한 여러 가지 위반행위 중 일부만 인지하여 과징금 부과처분을 하였는데 그 후 과징금 부과처분 시점 이전에 이루어진 다른 위반행위를 인지하여 이에 대하여 별도의 과징금 부과처분을 하게 되는 경우에도 종전 과징금 부과처분의 대상이 된 위반행위와 추가 과징금 부과처분의 대상이 된 위반행위에 대하여 (일괄)하여 하나의 과징금 부과처분을 하는 경우와의 (형평)을 고려하여 추가 과징금 부과처분의 처분양정이 이루어져야 한다.

23. 국가직 9급 관할 행정청이 여객자동차운송사업자가 범한 여러 가지 위반행위 중 일부만 인지하여 과징금 부과처분을 하였는데 그 후 과징금 부과처분 시점 이전에 이루어진 다른 위반행위를 인지하여 이에 대하여 별도의 과징금 부과처분을 하게 되는 경우, 종전 과징금 부과처분의 대상이 된 위반행위와 추가 과징금 부과처분의 대상이 된 위반행위에 대하여 일괄하여 하나의 과징금 부과처분을 하는 경우와의 형평을 고려하여 추가 과징금 부과처분의 처분양정이 이루어져야 한다. (○)

③ 다시 말해, 행정청이 전체 위반행위에 대하여 하나의 과징금 부과처분을 할 경우에 산정되었을 정당한 과징금액에서 (이미) 부과된 과징금액을 *(A: 뺀 / B: 더한)* 나머지 금액을 한도로 하여서만 추가 과징금 부과처분을 할 수 있다. 행정청이 여러 가지 위반행위를 (언제) 인지하였느냐는 우연한 사정에 따라 처분상대방에게 부과되는 과징금의 총액이 달라지는 것은 그 자체로 불합리하기 때문이다.

2. 위반사실 등의 공표

행정절차법 제40조의3 【위반사실 등의 공표】 ① 행정청은 법령에 따른 의무를 위반한 자의 성명·법인명, 위반사실, 의무 위반을 이유로 한 처분사실 등(이하 "위반사실등"이라 한다)을 법률로 정하는 바에 따라 (일반)에게 공표할 수 있다.
② 행정청은 위반사실등의 공표를 하기 (전)에 사실과 다른 공표로 인하여 당사자의 명예·신용 등이 훼손되지 아니하도록 객관적이고 타당한 증거와 근거가 있는지를 (확인)하여야 한다.
③ 행정청은 위반사실등의 공표를 할 때에는 미리 당사자에게 그 사실을 (통지)하고 (의견)제출의 기회를 주어야 한다. 다만, 다음 각 호의 어느 하나에 해당하는 경우에는 그러하지 아니하다.
1. 공공의 안전 또는 복리를 위하여 (긴급)히 공표를 할 필요가 있는 경우
2. 해당 공표의 (성질)상 의견청취가 현저히 곤란하거나 명백히 불필요하다고 인정될 만한 타당한 이유가 있는 경우
3. 당사자가 의견진술의 기회를 (포기)한다는 뜻을 명백히 밝힌 경우
④ 제3항에 따라 의견제출의 기회를 받은 당사자는 공표 전에 관할 행정청에 서면이나 (말) 또는 정보통신망을 이용하여 의견을 제출할 수 있다.

23. 국가직 7급 행정청은 위반사실등의 공표를 할 때에는 특별한 사정이 없는 한 미리 당사자에게 그 사실을 통지하고 의견제출의 기회를 주어야 하며, 의견제출의 기회를 받은 당사자는 공표 전에 관할 행정청에 서면이나 말 또는 정보통신망을 이용하여 의견을 제출할 수 있다. (○)

⑦ 행정청은 위반사실등의 공표를 하기 전에 당사자가 공표와 관련된 의무의 이행, 원상회복, 손해배상 등의 조치를 마친 경우에는 위반사실등의 공표를 하지 아니*(A: 한다 / B: 할 수 있다)*.
⑧ 행정청은 공표된 내용이 사실과 다른 것으로 밝혀지거나 공표에 포함된 처분이 취소된 경우에는 그 내용을 (정정)하여, (정정)한 내용을 지체 없이 해당 공표와 같은 방법으로 공표된 기간 이상 공표하여야 한다. 다만, 당사자가 원하지 아니하면 공표하지 아니할 수 있다.

> **관련판례** 병역의무 기피자 공개결정의 처분성 (2018두49130)

① **병무청장의 최종 결정의 대상적격**

병무청장이 병역법 제81조의2 제1항에 따라 병역의무 기피자의 인적사항 등을 인터넷 홈페이지에 게시하는 등의 방법으로 공개한 경우 병무청장의 공개결정을 항고소송의 대상이 되는 행정처분으로 *(A: 보아야 한다 / B: 보기는 어렵다)*.

23. **국가직 9급** 병무청장이 「병역법」에 따라 병역의무 기피자의 인적사항 등을 인터넷 홈페이지에 게시하는 등의 방법으로 공개한 경우 병무청장의 공개결정은 항고소송의 대상이 되는 행정처분이다. (○)

24. **국가직 7급** 병무청장이 병역의무 기피자의 인적사항 등을 인터넷 홈페이지에 게시하는 등의 방법으로 공개한 경우 병무청장의 공개결정은 항고소송의 대상이 되는 행정처분에 해당하지 않는다. (×)
▶ 지방병무청장의 1차 결정이 아닌, 병무청장의 최종 결정이 소송의 대상으로 특정된다.

23. **국가직 7급** 병무청장이 구 「병역법」에 따라 병역의무 기피자의 인적사항 등을 인터넷 홈페이지에 게시하는 등의 방법으로 공개한 경우 병무청장의 공개결정은 항고소송의 대상이 되는 행정처분이 아니다. (×)
▶ 지방병무청장의 1차 결정이 아닌, 병무청장의 최종 결정이 소송의 대상으로 특정된다.

② **지방병무청장의 1차 공개 대상자 결정 소의 이익**

관할 지방병무청장이 위원회의 심의를 거쳐 공개 대상자를 1차로 결정하기는 하지만, 병무청장에게 최종적으로 공개 여부를 결정할 권한이 있으므로, 관할 지방병무청장의 공개 대상자 결정은 병무청장의 최종적인 결정에 앞서 이루어지는 행정기관 (내부)의 중간적 결정에 불과하다. 가까운 시일 내에 최종적인 결정과 외부적인 표시가 예정된 상황에서, 외부에 표시되지 않은 행정기관 (내부)의 결정을 항고소송의 대상인 처분으로 보아야 할 필요성은 크지 않다. 관할 지방병무청장이 1차로 공개 대상자 결정을 하고, 그에 따라 병무청장이 같은 내용으로 최종적 공개결정을 하였다면, *(A: 공개 대상자는 병무청장의 최종적 공개결정만을 다투는 것으로 충분하다 / B: 관할 지방병무청장의 공개 대상자 결정을 별도로 다툴 소의 이익이 인정될 수 있다)*.

22. **국가직 7급** 「병역법」에 따라 관할 지방병무청장이 1차로 병역의무기피자 인적사항 공개 대상자 결정을 하고 그에 따라 병무청장이 같은 내용으로 최종적 공개결정을 하였더라도, 해당 공개 대상자는 관할 지방병무청장의 공개 대상자 결정을 다툴 수 있다. (×)
▶ 지방병무청장의 1차 결정이 아닌, 병무청장의 최종 결정이 소송의 대상으로 특정된다.

행정절차법 제19조 【처리기간의 설정·공표】 ① 행정청은 신청인의 편의를 위하여 처분의 처리기간을 종류별로 미리 정하여 공표*(A: 하여야 한다 / B: 할 수 있다)*.

> **23. 국가직 7급** 처분의 처리기간에 관한 규정은 강행규정이므로 행정청이 처리기간이 지나 처분을 하였다면 이는 처분을 취소할 절차상 하자로 볼 수 있다. (×)
> ▶ 강행규정이 아니므로, 위반한다 하여도 처분에 곧바로 절차상 하자가 발생하지는 않는다.
>
> **23. 지방직 7급** 행정청이 미리 공표한 처분의 처리기간을 지나 처분을 하였더라도 이를 처분을 취소할 절차상 하자로 볼 수 없다. (○)

② 행정청은 부득이한 사유로 제1항에 따른 처리기간 내에 처분을 처리하기 곤란한 경우에는 해당 처분의 처리기간의 범위에서 *(A: 두 번 만 / B: 한 번만)* 그 기간을 연장할 수 있다.
③ 행정청은 제2항에 따라 처리기간을 연장할 때에는 처리기간의 연장 사유와 처리 예정 기한을 지체 없이 신청인에게 통지하여야 한다.
④ 행정청이 정당한 처리기간 내에 처리하지 아니하였을 때에는 신청인은 해당 행정청 또는 그 감독 행정청에 신속한 처리를 요청할 수 있다.
⑤ 제1항에 따른 처리기간에 산입하지 아니하는 기간에 관하여는 대통령령으로 정한다.

제20조 【처분기준의 설정·공표】 ① 행정청은 필요한 처분기준을 해당 처분의 성질에 비추어 되도록 (구체적으로) 정하여 공표하여야 한다. 처분기준을 (변경)하는 경우에도 또한 같다.

> **23. 국가직 9급** 처분기준의 설정·공표의 규정은 침익적 처분뿐만 아니라 수익적 처분의 경우에도 적용된다. (○)
>
> **23. 국가직 7급** 행정청이 처분기준 사전공표 의무를 위반하여 미리 공표하지 아니한 기준을 적용하여 처분을 하였다고 하더라도, 그러한 사정만으로 곧바로 해당 처분에 취소사유에 이를 정도의 흠이 존재한다고 볼 수는 없다. (○)

② 「행정기본법」 제24조에 따른 인허가의제의 경우 *(A: 주된 / B: 관련)* 인허가 행정청은 *(A: 주된 / B: 관련)* 인허가의 처분기준을 *(A: 주된 / B: 관련)* 인허가 행정청에 제출하여야 하고, *(A: 주된 / B: 관련)* 인허가 행정청은 제출받은 *(A: 주된 / B: 관련)* 인허가의 처분기준을 통합하여 공표하여야 한다. 처분기준을 변경하는 경우에도 또한 같다.
③ 제1항에 따른 처분기준을 공표하는 것이 해당 처분의 (성질)상 현저히 곤란하거나 공공의 (안전) 또는 (복리)를 현저히 해치는 것으로 인정될 만한 상당한 이유가 있는 경우에는 처분기준을 공표하지 아니할 수 있다.

> **23. 지방직 9급** 처분기준을 공표하는 것이 해당 처분의 성질상 현저히 곤란하거나 공공의 안전 또는 복리를 현저히 해치는 것으로 인정될 만한 상당한 이유가 있는 경우에는 처분기준을 공표하지 아니할 수 있다. (○)

④ 당사자등은 공표된 처분기준이 명확하지 아니한 경우 해당 행정청에 그 해석 또는 설명을 요청할 수 있다. 이 경우 해당 행정청은 특별한 사정이 없으면 그 요청에 *(A: 따를 수 있다 / B: 따라야 한다)*.

기출문제로 점검하기

01 행정상 대집행에 대한 판례의 설명으로 가장 옳지 않은 것은? 　　24. 군무원 9급

① 하천유수인용허가신청이 불허되었음을 이유로 하천유수인용행위를 중단할 것과 이를 불이행할 경우 「행정대집행법」에 의하여 대집행을 하겠다는 내용의 계고처분은 대집행의 대상이 될 수 없는 부작위의무에 대한 것으로 그 자체로 위법하다.
② 피수용자 등이 사업시행자에 대하여 부담하는 수용대상 토지의 인도의무는 「행정대집행법」에 의한 대집행의 대상이 될 수 있다.
③ 대집행의 실행이 완료된 경우에는 행위가 위법한 것이라는 이유로 손해배상이나 원상회복 등을 청구하는 것은 별론으로 하고 처분의 취소를 구할 법률상 이익은 없다.
④ 계고서라는 명칭의 1장의 문서로서 일정기간 내에 위법건축물의 자진철거를 명함과 동시에 그 소정기한 내에 자진철거를 하지 아니할 때에는 대집행할 뜻을 미리 계고한 경우라도 「건축법」에 의한 철거명령과 「행정대집행법」에 의한 계고처분은 독립하여 있는 것으로서 각 그 요건이 충족되었다고 볼 것이다.

행정상 대집행
비대체적 작위의무는 대집행의 대상이 되지 않는다.

선지분석
① 중단할 의무를 부과한 것은 부작위의무를 부과한 것으로서 대집행의 대상이 되지 않는다.
③ 소의 이익이 없기 때문이다.

답 ②

02 「행정대집행법」상 대집행에 대한 설명으로 옳지 않은 것은?

23. 군무원 7급

① 대집행 계고처분의 취소소송의 사실심 변론종결 전에 대집행영장에 의한 통지절차를 거쳐 대집행 실행이 완료된 경우 계고처분에 대한 취소소송의 법률상 이익이 인정된다.
② 대집행 권한을 한국토지공사에 위탁한 경우 한국토지공사는 행정주체의 지위에 있고, 「국가배상법」 제2조에서 정한 공무원에 해당한다고 볼 수 없다.
③ 대집행은 대체적 작위의무의 불이행을 요건으로 하므로, 도시공원시설 점유자의 퇴거의무는 대집행의 대상이 되는 대체적 작위의무에 해당하지 않는다.
④ 행정청이 건물철거 대집행과정에서 부수적으로 건물의 점유자에 대한 퇴거조치를 할 수 있다.

행정상 대집행

권력적 사실행위는 행위 종료시부터 소의 이익이 없게 된다.

선지분석

② 공무수탁사인과 달리, 공법인은 국가배상법상 공무원의 지위를 갖지 않는다. 즉, 경과실이어도 직접 손해배상책임을 부담한다.
③④ 원칙과 예외에 해당한다.

답 ①

03 행정상 강제에 대한 설명으로 옳지 않은 것은?

23. 군무원 9급

① 관계법령상 행정대집행의 절차가 인정되어 행정청이 행정대집행의 방법으로 건물의 철거 등 대체적 작위의무의 이행을 실현할 수 있는 경우에는 따로 민사소송의 방법으로 그 의무의 이행을 구할 수 없다.
② 「행정대집행법」에 따른 행정대집행에서 건물의 점유자가 철거의무자일 때에는 별도로 퇴거를 명하는 집행권원이 필요하다.
③ 「건축법」에 위반하여 건축한 것이어서 철거의무가 있는 건물이라 하더라도 그 철거의무를 대집행하기 위한 계고처분을 하려면 다른 방법으로는 이행의 확보가 어렵고 불이행을 방치함이 심히 공익을 해하는 것으로 인정될 때에 한하여 허용되고 이러한 요건의 주장·입증책임은 처분 행정청에 있다.
④ 과세관청이 체납처분으로서 행하는 공매는 우월한 공권력의 행사로서 행정소송의 대상이 되는 공법상의 행정처분이며 공매에 의하여 재산을 매수한 자는 그 공매처분이 취소된 경우에 그 취소처분의 위법을 주장하여 행정소송을 제기할 법률상 이익이 있다.

행정상 강제

건물의 점유자가 철거의무자일 때, 즉 대집행과정에서 부수적으로 건물의 점유자에 대한 퇴거조치를 할 때에는 예외적으로 대집행만으로도 의무의 이행을 확보할 수 있다.

선지분석

③ 처분의 적법성에 대한 입증책임은 피고에게 있다.
④ 공매를 통해 재산을 염가에 낙찰 받은 자의 입장에서는 공매 취소처분의 위법성을 다툴 원고적격이 있다.

답 ②

04 행정의 실효성 확보수단에 대한 설명으로 옳지 않은 것은?

21. 군무원 9급

① 계고서라는 명칭의 1장의 문서로서 일정기간 내에 위법건축물의 자진철거를 명함과 동시에 그 소정기한 내에 자진철거를 하지 아니할 때에는 대집행할 뜻을 미리 계고한 경우라도 「건축법」에 의한 철거명령과 「행정대집행법」에 의한 계고처분은 독립하여 있는 것으로서 각 그 요건이 충족되었다고 볼 것이다.
② 이행강제금은 행정상 간접적인 강제집행 수단의 하나로서, 과거의 일정한 법률위반 행위에 대한 제재인 형벌이 아니라 장래의 의무이행 확보를 위한 강제수단일 뿐이어서, 범죄에 대하여 국가가 형벌권을 실행하는 과벌에 해당하지 아니한다.
③ 세무조사결정은 납세의무자의 권리·의무에 직접 영향을 미치는 공권력의 행사에 따른 행정작용으로 보기 어려우므로 항고소송의 대상이 될 수 없다.
④ 토지·건물 등의 인도의무는 비대체적 작위의무이므로 「행정대집행법」상 대집행 대상이 될 수 없다.

행정의 실효성 확보수단
공매결정과는 달리, 중간단계의 행위임에도 예외적으로 처분성이 인정된다.

선지분석
② 따라서, 이행강제금과 벌금을 병과하여도 이중처벌금지(일사부재리)원칙에 위반되지 않는다.

답 ③

05 행정대집행에 대한 설명으로 옳지 않은 것은? (다툼이 있는 경우 판례에 의함)

23. 소방

① 타인이 대신하여 행할 수 있는 행위가 조례에 의하여 직접 명령된 경우에는 행정대집행의 대상이 될 수 있다.
② 위법건축물에 대한 철거명령 및 계고처분에 불응하자 제2차로 계고처분을 행한 경우, 제2차 계고처분은 항고소송의 대상인 행정처분에 해당한다.
③ 대집행비용은 「국세징수법」의 예에 의하여 징수할 수 있다.
④ 계고처분은 독립한 처분으로서, 위법건축물에 대한 철거명령과 동시에 발령할 수 있다.

행정대집행
반복된 처분의 경우, 2차 처분부터는 연기의 통지에 불과하여 처분성이 없다.

선지분석
①
> **행정대집행법 제2조【대집행과 그 비용징수】** 법률(법률의 위임에 의한 명령, 지방자치단체의 조례를 포함한다. 이하 같다)에 의하여 직접명령되었거나 또는 법률에 의거한 행정청의 명령에 의한 행위로서 타인이 대신하여 행할 수 있는 행위를 의무자가 이행하지 아니하는 경우 다른 수단으로써 그 이행을 확보하기 곤란하고 또한 그 불이행을 방치함이 심히 공익을 해할 것으로 인정될 때에는 당해 행정청은 스스로 의무자가 하여야 할 행위를 하거나 또는 제삼자로 하여금 이를 하게 하여 그 비용을 의무자로부터 징수할 수 있다.

③ 민사소송을 제기하여 징수하는 것은 부적법하다.

답 ②

06 이행강제금에 대한 설명으로 가장 옳지 않은 것은?

22. 군무원 9급

① 구 「건축법」상 이행강제금은 위반행위에 대하여 시정명령을 받은 후 시정기간 내에 당해 시정명령을 이행하지 아니한 건축주 등에 대하여 부과되는 간접강제의 일종으로서 금전제재의 성격을 가지므로 그 이행강제금 납부의무는 상속인 기타의 사람에게 승계될 수 있다.
② 행정청은 의무자가 행정상 의무를 이행할 때까지 이행강제금을 반복하여 부과할 수 있고, 의무자가 의무를 이행하면 새로운 이행강제금의 부과를 즉시 중지하되, 이미 부과한 이행강제금은 징수해야 한다.
③ 장기 의무위반자가 이행강제금 부과 전에 그 의무를 이행하였다면 이행강제금의 부과로써 이행을 확보하고자 하는 목적은 이미 실현된 것이므로 이행강제금을 부과할 수 없다.
④ 이행강제금은 의무위반에 대하여 장래의 의무 이행을 확보하는 수단이라는 점에서 과거의 의무위반에 대한 제재인 행정벌과 구별된다.

이행강제금
이행강제금 납부의무는 일신전속적인 것으로서 상속될 수 없다. 따라서, 이미 사망한 사람에게 부과한 이행강제금은 무효다.

선지분석
③ 늦게 이행하였더라도 지연에 대한 제재가 아니기 때문에 지연기간분에 대한 이행강제금도 부과할 수 없다.

답 ①

07 「행정기본법」상 이행강제금에 대한 설명으로 가장 옳지 않은 것은?

24. 군무원 7급

① 행정청은 이행강제금을 부과하기 전에 미리 의무자에게 적절한 이행기간을 정하여 그 기한까지 행정상 의무를 이행하지 아니하면 이행강제금을 부과한다는 뜻을 문서로 계고(戒告)하여야 한다.
② 행정청은 의무자가 계고에서 정한 기한까지 행정상 의무를 이행하지 아니한 경우 이행강제금의 부과 금액·사유·시기를 문서로 명확하게 적어 의무자에게 통지하여야 한다.
③ 행정청은 의무자가 행정상 의무를 이행할 때까지 이행강제금을 반복하여 부과할 수 있다.
④ 의무자가 의무를 이행하면 새로운 이행강제금의 부과를 즉시 중지하고, 이미 부과한 이행강제금은 징수하지 아니한다.

이행강제금
이행이 된 이후로 부과를 할 수 없을 뿐, 이행 전 부과한 것은 징수한다.

답 ④

08 이행강제금에 대한 설명으로 옳은 것은? (다툼이 있는 경우 판례에 의함) 24. 소방

① 이행강제금은 부작위의무나 비대체적 작위의무에 대한 강제집행수단이므로 대체적 작위의무의 위반에 대하여는 부과될 수 없다.
② 이행강제금과 행정벌을 병과하는 것은 헌법에서 금지하는 이중처벌에 해당한다.
③ 이행강제금 납부의무는 일신전속적인 성질을 가지므로 상속인 등에게 승계되지 않는다.
④ 「농지법」상 이행강제금 부과처분은 「행정소송법」상 항고소송의 대상이 된다.

이행강제금
따라서, 이미 사망한 사람에게 부과한 이행강제금은 무효다.

선지분석
① 대체적 작위의무에 대해서도 부과될 수 있으므로, 대집행과 사이에서 선택이 가능하다.
④ 비송사건절차법에 따른 과태료재판 절차를 따른다. 행정청 등의 잘못 안내하였어도 항고소송의 대상이 되지 않는다.

답 ③

09 행정상 강제집행에 대한 설명으로 옳지 않은 것은? (다툼이 있는 경우 판례에 의함) 25. 소방

① 직접강제는 행정대집행이나 이행강제금 부과의 방법으로는 행정상 의무이행을 확보할 수 없거나 그 실현이 불가능한 경우에 실시하여야 한다.
② 국세체납절차에 의한 강제징수에 있어 금전 납부를 독촉한 후 다시 동일한 내용의 독촉을 하는 경우 최초의 독촉만 처분성이 인정되고 이후 반복한 독촉은 처분성이 인정되지 않는다.
③ 행정청이 의무자가 행정상 의무를 이행할 때까지 이행강제금을 반복하여 부과하는 경우에 의무자가 의무를 이행하더라도 이미 부과한 이행강제금은 징수하여야 한다.
④ 이행강제금은 대체적 작위의무의 위반에 대해서도 부과될 수 있으나 개별사건에 있어 행정청이 대집행과 이행강제금을 선택적으로 활용하는 것은 허용되지 않는다.

행정상 강제집행
합리적으로 선택하는 이상 중첩적 제재에 해당하지 않는다.

선지분석
① 행정강제 내에서도 최후의 수단으로서 보충성을 갖는다.

답 ④

10 행정의 실효성 확보수단에 대한 설명으로 가장 옳은 것은?

24. 군무원 9급

① 구「공유재산 및 물품 관리법」에 따라 지방자치단체장은 행정대집행의 방법으로 공유재산에 설치한 시설물을 철거할 수 있고, 이러한 행정대집행의 절차가 인정되는 경우에는 민사소송의 방법으로 시설물의 철거를 구하는 것은 허용되지 아니한다.
② 법령에 의해 대집행권한을 위탁받은 한국토지공사(현 한국토지주택공사)가「국가배상법」제2조에서 말하는 공무원에 해당한다.
③ 이행강제금은 대체적 작위의무의 위반에 대하여 부과될 수 없다.
④ 「국세징수법」상 공매통지 자체는 원칙적으로 그 공매통지 자체를 항고소송의 대상으로 삼아 그 취소 등을 구할 수 있다.

행정의 실효성 확보수단

보다 간이한 절차를 통해 의무의 이행을 확보하라는 취지이다.

선지분석
④ 공매통지 자체는 처분성이 없으나, 공매통지에 하자가 있다면 공매처분 취소소송에서 절차상 하자로 주장할 수 있다.

답 ①

11 아래의 법률 조항에 대한 설명으로 옳지 않은 것은?

21. 군무원 7급

> 「감염병의 예방 및 관리에 관한 법률」 제49조 제1항 질병관리청장, 시·도지사 또는 시장·군수·구청장은 감염병을 예방하기 위하여 다음 각 호에 해당하는 모든 조치를 하거나 그에 필요한 일부 조치를 하여야 하며, 보건복지부장관은 감염병을 예방하기 위하여 제2호, 제2호의2부터 제2호의4까지, 제12호 및 제12호의2에 해당하는 조치를 할 수 있다.
> 14. 감염병의심자를 적당한 장소에 일정한 기간 입원 또는 격리시키는 것

① 감염병의심자에 대한 격리조치는 직접강제에 해당한다.
② 그 성질상 행정상 의무의 이행을 명하는 것만으로는 행정 목적 달성이 곤란한 경우에 가능하다.
③ 다른 수단으로는 행정 목적을 달성할 수 없는 경우에만 허용된다.
④ 현장에 파견되는 집행책임자는 강제하는 이유와 내용을 고지하여야 한다.

즉시강제

대인적 즉시강제에 해당한다.

> **행정기본법 제33조【즉시강제】** ① 즉시강제는 다른 수단으로는 행정목적을 달성할 수 없는 경우에만 허용되며, 이 경우에도 최소한으로만 실시하여야 한나.
> ② 즉시강제를 실시하기 위하여 현장에 파견되는 집행책임자는 그가 집행책임자임을 표시하는 증표를 보여 수어야 하며, 즉시강제의 이유와 내용을 고지하여야 한다.

답 ①

12 <보기>는 어떠한 행정강제의 개별법상 근거를 나타낸 것이다. 이러한 행정강제에 대한 설명으로 옳지 않은 것은? (다툼이 있는 경우 판례에 의함)

25. 소방

<보기>

소방본부장, 소방서장 또는 소방대장은 소방활동을 위하여 긴급하게 출동할 때에는 소방자동차의 통행과 소방활동에 방해가 되는 주차 또는 정차된 차량 및 물건 등을 제거하거나 이동시킬 수 있다(「소방기본법」 제25조 제3항).

① 「행정기본법」은 <보기>와 같은 행정강제에 관하여 "다른 수단으로는 행정목적을 달성할 수 없는 경우에만 허용되며 이 경우에도 최소한으로만 실시하여야 한다."는 내용을 명시적으로 규정하고 있다.
② <보기>에서 소방활동에 방해되는 차량 및 물건을 제거하거나 이동시키는 것은 소방대상물에 대한 대물적 강제처분의 성질을 갖는다.
③ <보기>와 같은 행정강제는 법령 또는 행정처분에 의한 선행의 구체적 의무의 존재와 그 불이행을 전제로 한다.
④ <보기>와 같은 행정강제에 대하여 헌법재판소는 그 본질상 급박성을 요건으로 하고 있어 법관의 영장을 기다려서는 그 목적을 달성할 수 없다고 할 것이므로, 원칙적으로 영장주의가 적용되지 않는다고 보았다.

행정상 강제

행정기본법 제30조 【행정상 강제】① 행정청은 행정목적을 달성하기 위하여 필요한 경우에는 법률로 정하는 바에 따라 필요한 최소한의 범위에서 다음 각 호의 어느 하나에 해당하는 조치를 할 수 있다.
  5. 즉시강제: 현재의 급박한 행정상의 장해를 제거하기 위한 경우로서 다음 각 목의 어느 하나에 해당하는 경우에 행정청이 곧바로 국민의 신체 또는 재산에 실력을 행사하여 행정목적을 달성하는 것
    가. 행정청이 미리 행정상 의무 이행을 명할 시간적 여유가 없는 경우
    나. 그 성질상 행정상 의무의 이행을 명하는 것만으로는 행정목적 달성이 곤란한 경우

선지분석
④ 대물적 즉시강제에 대해서는 영장주의를 요하지 않는다고 본다.

답 ③

13 행정법상 실효성(의무이행) 확보수단에 대한 설명으로 옳지 않은 것은? (다툼이 있는 경우 판례에 의함)

24. 소방

① 행정청은 행정목적을 달성하기 위하여 필요한 경우에는 법률로 정하는 바에 따라 행정대집행, 이행강제금의 부과, 직접강제, 강제징수, 즉시강제 등의 조치를 취할 수 있으며, 이러한 조치는 필요한 최소 범위에서 취해야 한다.
② 직접강제는 보충성을 특징으로 삼기 때문에 행정대집행이나 이행강제금 부과의 방법으로는 행정상 의무 이행을 확보할 수 없거나 그 실현이 불가능한 경우에 실시하여야 한다.
③ 토지의 명도의무는 특별한 사정이 없는 한 「행정대집행법」에 의한 대집행의 대상이 될 수 있다.
④ 행정상 즉시강제와 관련하여 급박한 상황에 대처하기 위한 것으로 그 불가피성과 정당성이 충분히 인정되는 경우에 헌법상 영장주의에 반하지 않는다고 본 헌법재판소 판례가 있다.

행정법상 실효성 확보수단

비대체적 작위의무는 대집행의 대상이 되지 않는다.

선지분석

① 행정기본법 제30조 【행정상 강제】 ① 행정청은 행정목적을 달성하기 위하여 필요한 경우에는 법률로 정하는 바에 따라 필요한 최소한의 범위에서 다음 각 호의 어느 하나에 해당하는 조치를 할 수 있다.

답 ③

14 행정벌에 대한 설명으로 가장 옳지 않은 것은?

24. 군무원 9급

① 양벌규정에 의한 영업주의 처벌은 독립하여 그 자신의 종업원에 대한 선임감독상의 과실로 인하여 처벌되는 것이므로 종업원의 범죄성립이나 처벌이 영업주 처벌의 전제조건이 될 필요는 없다.
② 구 「도로교통법」에서 규정하는 경찰서장의 통고처분은 행정소송의 대상이 되는 행정처분이다.
③ 구 「관세법」상 통고처분을 할 것인지의 여부는 관세청장 또는 세관장의 재량에 맡겨져 있다.
④ 지방자치단체가 그 고유의 자치사무를 처리하는 경우 지방자치단체는 국가기관과는 별도의 독립한 공법인으로서 양벌규정에 의한 처벌대상이 되는 법인에 해당한다.

행정벌

그 표현에도 불구하고, 처분성이 인정되지 않는다.

선지분석

③ 통고처분 또는 고발 중 어느 하나를 택할지 여부는 행정청에 재량에 맡겨져 있다.
④ 반면, 기관위임사무를 처리하는 경우에는 양벌규정이 적용되지 않는다.

답 ②

15 「행정절차법」상 위반사실등의 공표에 대한 설명으로 옳지 않은 것은?

24. 소방

① 행정청은 위반사실등의 공표를 하기 전에 당사자가 공표와 관련된 의무의 이행, 원상회복, 손해배상 등의 조치를 마친 경우에는 위반사실등의 공표를 하지 아니할 수 있다.
② 위반사실등의 공표에 관하여 당사자가 의견진술의 기회를 포기한다는 뜻을 명백히 밝힌 경우라도 행정청은 미리 당사자에게 그 사실을 통지하고 의견제출의 기회를 주어야 한다.
③ 행정청은 공표된 내용이 사실과 다른 것으로 밝혀지거나 공표에 포함된 처분이 취소된 경우라도 당사자가 원하지 아니하면 정정한 내용을 공표하지 아니할 수 있다.
④ 위반사실등의 공표에 관하여 의견제출의 기회를 받은 당사자는 공표 전에 관할 행정청에 서면이나 말 또는 정보통신망을 이용하여 의견을 제출할 수 있다.

위반사실등의 공표

행정절차법 제40조의3【위반사실 등의 공표】 ① 행정청은 법령에 따른 의무를 위반한 자의 성명·법인명, 위반사실, 의무 위반을 이유로 한 처분사실 등(이하 "위반사실등"이라 한다)을 법률로 정하는 바에 따라 일반에게 공표할 수 있다.
② 행정청은 위반사실등의 공표를 하기 전에 사실과 다른 공표로 인하여 당사자의 명예·신용 등이 훼손되지 아니하도록 객관적이고 타당한 증거와 근거가 있는지를 확인하여야 한다.
③ 행정청은 위반사실등의 공표를 할 때에는 미리 당사자에게 그 사실을 통지하고 의견제출의 기회를 주어야 한다. 다만, 다음 각 호의 어느 하나에 해당하는 경우에는 그러하지 아니하다.
1. 공공의 안전 또는 복리를 위하여 긴급히 공표를 할 필요가 있는 경우
2. 해당 공표의 성질상 의견청취가 현저히 곤란하거나 명백히 불필요하다고 인정될 만한 타당한 이유가 있는 경우
3. 당사자가 의견진술의 기회를 포기한다는 뜻을 명백히 밝힌 경우(②)
④ 제3항에 따라 의견제출의 기회를 받은 당사자는 공표 전에 관할 행정청에 서면이나 말 또는 정보통신망을 이용하여 의견을 제출할 수 있다(④).
⑤ 제4항에 따른 의견제출의 방법과 제출 의견의 반영 등에 관하여는 제27조 및 제27조의2를 준용한다. 이 경우 "처분"은 "위반사실등의 공표"로 본다.
⑥ 위반사실등의 공표는 관보, 공보 또는 인터넷 홈페이지 등을 통하여 한다.
⑦ 행정청은 위반사실등의 공표를 하기 전에 당사자가 공표와 관련된 의무의 이행, 원상회복, 손해배상 등의 조치를 마친 경우에는 위반사실등의 공표를 하지 아니할 수 있다(①).
⑧ 행정청은 공표된 내용이 사실과 다른 것으로 밝혀지거나 공표에 포함된 처분이 취소된 경우에는 그 내용을 정정하여, 정정한 내용을 지체 없이 해당 공표와 같은 방법으로 공표된 기간 이상 공표하여야 한다. 다만, 당사자가 원하지 아니하면 공표하지 아니할 수 있다(③).

답 ②

gosi.Hackers.com

해커스공무원 학원·인강
gosi.Hackers.com

해커스공무원 김대현 행정법총론 워크북

제6편
국가배상법

제1장 위법행위로 인한 손해배상
제2장 국가배상법 제2조 제1항 전단에 따른 책임
제3장 국가배상법 제2조 제1항 후단에 따른 책임
제4장 국가배상법 제5조에 따른 책임
제5장 기타 쟁점
기출문제로 점검하기

제1장   위법행위로 인한 손해배상

01 의의 및 유형

> **관련판례** 국가배상청구권의 성질 (69다701)
>
> 공무원의 직무상 불법행위로 손해를 받은 국민이 국가 또는 공공단체에 배상을 청구하는 경우 국가 또는 공공단체에 대하여 그의 불법행위를 이유로 손해배상을 구함은 국가배상법이 정한 바에 따른다 하여도 이 역시 *(A: 민사 / B: 공법)*상의 손해배상책임을 특별법인 국가배상법이 정한 데 불과하다.

24. 지방직 9급 국가배상소송을 제기하는 경우 민사소송이 아니라 공법상 당사자소송으로 제기하여야 한다. (×)
▶ 민사소송으로 배상을 청구한다.

제2장 국가배상법 제2조 제1항 전단에 따른 책임

02 유형 1 – 공무원의 직무상 불법행위로 인한 손해배상

1. 의의

국가배상법 제2조【배상책임】 ① 국가나 지방자치단체는 (1) 공무원 또는 (공무를 위탁받은 사인)(이하 "공무원"이라 한다)이 / (2) (직무)를 집행하면서 / (3) 고의 또는 과실로 / (4) (법령)을 위반하여 / (5), (6) 타인에게 손해를 입히거나, (자동차손해배상 보장법에 따라 손해배상의 책임이 있을 때에는) 이 법에 따라 그 손해를 배상하여야 한다. (다만, 군인·군무원·경찰공무원 또는 예비군대원이 전투·훈련 등 직무 집행과 관련하여 전사·순직하거나 공상을 입은 경우에 본인이나 그 유족이 (다른) 법령에 따라 재해보상금·유족연금·상이연금 등의 보상을 지급받을 수 있을 때에는 이 법 및 민법에 따른 손해배상을 청구할 수 없다)
② 제1항 본문의 경우에 공무원에게 (고의) 또는 (중대한) 과실이 있으면 국가나 지방자치단체는 그 공무원에게 구상할 수 있다.

2. 책임의 부담 주체

(1) 경과실의 경우

> **관련판례**
>
> 1. **공무원은 면책 (95다38677)**
>   공무원이 직무를 수행함에 있어 경과실로 타인에게 손해를 입힌 경우에는 그 직무수행상 통상 예기할 수 있는 흠이 있는 것에 불과하므로, 이러한 공무원의 행위는 여전히 국가 등의 기관의 행위로 보아 그로 인하여 발생한 손해에 대한 배상책임도 전적으로 *(A: 국가 / B: 공무원 개인)*에만 귀속시키고 *(A: 국가 / B: 공무원 개인)*에게는 그로 인한 책임을 부담시키지 아니한다.
>
> 2. **경과실인데 공무원이 배상한 경우의 구상 (2012다54478)**
>   ① 경과실이 있는 공무원이 피해자에 대하여 손해배상책임을 부담하지 아니함에도 피해자에게 손해를 배상하였다면 그것은 채무자 아닌 사람이 *(A: 자신 / B: 타인)*의 채무를 변제한 경우에 해당하고,
>   ② *(A: 피해자는 공무원에 대하여 이를 반환할 의무가 있다 / B: <u>피해자에게 손해를 직접 배상한 경과실이 있는 공무원은 특별한 사정이 없는 한 국가에 대하여 국가의 피해자에 대한 손해배상책임의 범위 내에서 공무원이 변제한 금액에 관하여 구상권을 취득한다</u>)*.
>
> **22. 지방직 9급** 경과실로 불법행위를 한 공무원이 피해자에게 손해를 배상하였다면 이는 타인의 채무를 변제한 경우에 해당하므로 피해자는 공무원에게 이를 반환할 의무가 있다. (×)
> ▶ 국가에게 구상권을 행사하여야 한다.

(2) 고의 또는 중과실의 경우

> **관련판례**
>
> **1. 중과실의 개념 (2011다34521)**
> 공무원의 중과실이란 공무원에 통상 요구되는 정도의 상당한 주의를 하지 않더라도 (약간)의 주의를 한다면 손쉽게 위법·유해한 결과를 예견할 수 있는 경우임에도 만연히 이를 간과함과 같은 거의 (고의)에 가까운 현저한 주의를 결한 상태를 의미한다.
>
> **2. 공무원 or 국가 (95다38677)**
> ① 공무원의 위법행위가 고의·중과실에 기한 경우에는 비록 그 행위가 그의 직무와 관련된 것이라고 하더라도 그와 같은 행위는 그 본질에 있어서 기관행위로서의 품격을 상실하여 국가 등에게 그 책임을 귀속시킬 수 없으므로 (**A: *공무원 개인* / B: 국가**)에게 불법행위로 인한 손해배상책임을 부담시키되,
> ② 다만 이러한 경우에도 그 행위의 외관을 객관적으로 관찰하여 공무원의 직무집행으로 보여질 때에는 피해자인 국민을 두텁게 보호하기 위하여 국가 등이 공무원 개인과 (중첩적)으로 배상책임을 부담하되 국가 등이 배상책임을 지는 경우에는 공무원 개인에게 (구상)할 수 있도록 함으로써 궁극적으로 그 책임이 공무원 개인에게 귀속되도록 하려는 것이라고 봄이 합당하다.
>
> > **21. 지방직 9급** 공무원 개인이 고의 또는 중과실이 있는 경우에는 불법행위로 인한 손해배상책임을 진다고 할 것이지만, 공무원의 위법행위가 경과실에 기한 경우에는 공무원은 손해배상책임을 부담하지 않는다. (○)
>
> **3. (신의칙)에 의한 구상권 행사 제한(군부대 의문사 사건) (2015다200258)**
> ① 공무원의 직무상 불법행위로 손해를 입은 피해자가 국가배상청구를 하였을 때, 비록 그 (소멸시효) 기간이 경과하였다고 하더라도 국가가 (소멸시효)의 완성 전에 피해자의 권리행사나 시효중단을 불가능 또는 현저히 곤란하게 하였거나 객관적으로 피해자가 권리를 행사할 수 없는 장애사유가 있었다는 등의 사정이 있어 국가에게 채무이행의 거절을 인정하는 것이 현저히 부당하거나 불공평하게 되는 등 특별한 사정이 있는 경우에는, 국가가 (소멸시효) 완성을 주장하는 것은 (신의성실원칙)에 반하여 권리남용으로서 허용될 수 없다.
> ② 이 경우 국가나 지방자치단체는 손해의 공평한 분담이라는 견지에서 (**A: 배상한 범위 전액에 대하여 / B: *신의칙상 상당하다고 인정되는 한도 내에서***) 구상권을 행사할 수 있다.
> ③ 이와 같이 공무원의 불법행위로 손해를 입은 피해자의 국가배상청구권의 (소멸시효) 기간이 지났으나 국가가 (소멸시효) 완성을 주장하는 것이 신의성실의 원칙에 반하는 권리남용으로 허용될 수 없어 배상책임을 이행한 경우에는, 그 (소멸시효) 완성 주장이 권리남용에 해당하게 된 원인행위와 관련하여 해당 공무원이 그 원인이 되는 행위를 적극적으로 주도하였다는 등의 특별한 사정이 없는 한, 국가가 해당 공무원에게 구상권을 행사하는 것은 (신의칙)상 허용되지 않는다고 봄이 상당하다.

> **22. 국가직 9급** 국가배상청구권의 소멸시효 기간은 지났으나 국가가 소멸시효 완성을 주장하는 것이 신의성실의 원칙에 반하는 권리남용으로 허용될 수 없어 배상책임을 이행한 경우, 국가는 원칙적으로 해당 공무원에 대해 구상권을 행사할 수 있다. (×)
> ▶ 신의칙에 의해 구상권 행사가 저지된다.
>
> **21. 국가직 9급** 국가가 가해 공무원에 대하여 구상권을 행사하는 경우 국가가 배상한 배상액 전액에 대하여 구상권을 행사하여야 한다. (×)
> ▶ 신의칙상 상당한 한도 내에서만 구상권을 행사할 수 있다.

3. 요건

(1) 공무원의 행위

> **관련판례**
>
> 1. 가해 공무원 특정 *(A: 불요 / B: 필요)* (95다23897)
>   국가 소속 전투경찰들이 시위진압을 함에 있어서 합리적이고 상당하다고 인정되는 정도로 가능한 한 최루탄의 사용을 억제하고 또한 최대한 안전하고 평화로운 방법으로 시위진압을 하여 그 시위진압 과정에서 타인의 생명과 신체에 위해를 가하는 사태가 발생하지 아니하도록 하여야 하는데도, 이를 게을리한 채 합리적이고 상당하다고 인정되는 정도를 넘어 지나치게 과도한 방법으로 시위진압을 한 잘못으로 시위 참가자로 하여금 사망에 이르게 하였다면 국가의 손해배상 책임이 인정된다.
>
> **21. 국가직 9급** 손해배상책임을 묻기 위해서는 가해 공무원을 특정하여야 한다. (×)
> ▶ 경과실임을 전제로, 공무원의 행위라는 것만 밝혀지면 족하다.
>
> 2. 국가 or 지방자치단체 소속 청원경찰 = 준공무원 (92다47564)
>   국가나 지방자치단체에 근무하는 청원경찰은 국가공무원법이나 지방공무원법상의 (공무원)은 아니지만, 다른 청원경찰과는 달리 그 임용권자가 행정기관의 장이고, 국가나 지방자치단체로부터 보수를 받으며, 산업재해보상보험법이나 근로기준법이 아닌 공무원연금법에 따른 재해보상과 퇴직급여를 지급받고, 직무상의 불법행위에 대하여도 *(A: 민법 / B: 국가배상법)*이 적용되는 등의 특질이 있으며 그외 임용자격, 직무, 복무의무 내용 등을 종합하여 볼 때, 그 근무관계를 그에 대한 징계처분의 시정을 구하는 소는 *(A: 행정소송 / B: 민사소송)*의 대상이 아니다.
>
> 3. 판례 비교
>
> | (교통할아버지) = 공무수탁사인 (98다39060) | LH공사 = 공법인 (2007다82950, 82967) |
> |---|---|
> | ① 국가배상법 제2조 소정의 '공무원'이라 함은 *(A: 국가공무원법이나 지방공무원법에 의하여 공무원으로서의 신분을 가진 자를 국한하여 가리키는 것으로서 / B: 널리 공무를 위탁받아 실질적으로 공무에 종사하고 있는 일체의 자를 가리키는 것으로서)*, 공무의 위탁이 (일시적)이고 (한정적)인 사항에 관한 활동을 위한 것이어도 달리 볼 것은 아니다 | 한국토지공사는 이러한 법령의 위탁에 의하여 대집행을 수권 받은 자로서 *(A: 공무인 대집행을 실시함에 따르는 권리·의무 및 책임이 귀속되는 행정주체의 지위에 있다 / B: 지방자치단체 등의 기관으로서 국가배상법 제2조 소정의 공무원에 해당한다)*. |

24. 지방직 9급 「국가배상법」상 '공무원'이라 함은 널리 공무를 위탁받아 실질적으로 공무에 종사하고 있는 일체의 자를 가리키는 것으로서, 단지 공무의 위탁이 일시적인 사항에 관한 활동을 위한 것은 포함되지 않는다. (×)
▶ 공무를 일시적으로 위탁받은 사인이라 하더라도 공무원 지위를 갖는다.

22. 지방직 7급 '공무원'에는 공무를 위탁받아 실질적으로 공무에 종사하고 있는 자가 포함되나, 공무의 위탁이 일시적이고 한정적인 사항에 관한 활동을 위한 것인 경우 그러한 활동을 하는 자는 포함되지 않는다. (×)
▶ 공무를 일시적으로 위탁받은 사인이라 하더라도 공무원 지위를 갖는다.

② '(교통할아버지)'로 선정된 노인이 위탁받은 업무 범위를 넘어 교차로 중앙에서 교통정리를 하다가 교통사고를 발생시킨 경우, 지방자치단체가 국가배상법 제2조 소정의 배상책임을 부담한다.

4. 공법인의 임직원 (2019다260197)
공법인이 국가로부터 위탁받은 공행정사무를 집행하는 과정에서 공법인의 임직원이나 피용인이 고의 또는 과실로 법령을 위반하여 타인에게 손해를 입힌 경우에는, (공법인)은 위탁받은 공행정사무에 관한 행정주체의 지위에서 배상책임을 부담하여야 하지만, 공법인의 임직원이나 피용인(대한변호사협회 회장)은 (A: 위탁받은 공행정사무에 관한 행정주체의 지위에서 배상책임을 부담하여야 한다 / B: 실질적인 의미에서 공무를 수행한 사람으로서 국가배상법 제2조에서 정한 공무원에 해당하므로 고의 또는 중과실이 있는 경우에만 배상책임을 부담하고 경과실이 있는 경우에는 배상책임을 면한다).

(2) 직무행위
① 범위: (A: 권력적 작용 / B: 비권력적 작용 / C: 사경제 작용)

24. 국가직 9급 국가배상청구의 요건인 '공무원의 직무'에는 행정주체가 사경제주체로서 하는 작용도 포함된다. (×)
▶ 사경제작용은 배제된다.

21. 국가직 9급 국가배상의 요건인 '공무원의 직무'에는 국가나 지방자치단체의 비권력적 작용과 사경제 주체로서 하는 작용이 포함된다. (×)
▶ 사경제작용은 배제된다.

24. 지방직 9급 「국가배상법」이 정한 배상청구의 요건인 '공무원의 직무'에는 권력적 작용만이 아니라 행정지도와 같은 비권력적 공행정작용도 포함된다. (○)

22. 지방직 9급 국가의 비권력적 작용은 국가배상청구의 요건인 직무에 포함되지 않는다. (×)
▶ 비권력적 작용도 포함된다.

24. 지방직 7급 「국가배상법」이 정한 손해배상청구의 요건인 '공무원의 직무'에는 국가나 지방자치단체의 권력적 작용뿐만 아니라 비권력적 작용도 포함되지만 단순한 사경제의 주체로서 하는 작용은 포함되지 않는다. (○)

② 판단기준

> **관련판례**
>
> 1. 공무원증 위조행위 (2004다26805)
>   울산세관의 통관지원과에서 인사업무를 담당하면서 울산세관 공무원들의 공무원증 및 재직증명서 발급업무를 하는 공무원인 소외인이 울산세관의 다른 공무원의 공무원증 등을 위조하는 행위는 *(A: 실질적으로는 직무행위에 속하지 아니하므로 직무집행으로 볼 수 없다 / B: 적어도 외관상으로는 공무원증과 재직증명서를 발급하는 행위로서 직무집행으로 보여진다)*.
>
>> 21. **국가직 7급** 공무원들의 공무원증 발급 업무를 하는 공무원이 다른 공무원의 공무원증을 위조하는 행위는 「국가배상법」상의 직무집행에 해당하지 않는다. (×)
>> ▶ 외형적으로 판단할 때 공무수행의 범위에 포함된다.
>> 24. **지방직 7급** 인사업무담당 공무원이 다른 공무원의 공무원증 등을 위조한 행위에 대하여 실질적으로는 직무행위에 속하지 아니한다 할지라도 외관상으로는 「국가배상법」의 직무집행관련성이 인정된다. (○)
>
> 2. 아직 출근 전 (94다15271)
>   공무원이 통상적으로 근무하는 근무지로 (출근)하기 위하여 (자기) 소유의 자동차를 운행하다가 자신의 과실로 교통사고를 일으킨 경우에는 특별한 사정이 없는 한 국가배상법 제2조 제1항 소정의 공무원이 '직무를 집행함에 당하여' 타인에게 불법행위를 한 것이라고 할 수 없으므로 그 공무원이 소속된 국가나 지방공공단체가 국가배상법상의 손해배상책임을 부담하지 않는다.

③ 구체적 유형
  ㉠ 입법작용

> **관련판례**
>
> 1. 국회의원의 입법작위 (2004다33469)
>   국회의원은 입법에 관하여 원칙적으로 *(A: 국민 전체에 대한 관계에서 정치적 책임을 부담하므로 / B: 국민 개개인의 권리에 대응하여 법적 의무를 부담하므로)*, 국회의원의 입법행위는 그 입법 내용이 (헌법)의 문언에 (명백히) 위배됨에도 불구하고 국회가 (굳이) 당해 입법을 한 것과 같은 특수한 경우가 아닌 한 국가배상법 제2조 제1항 소정의 위법행위에 해당한다고 볼 수 없고,
>
> 2. 국회의원 입법부작위 (2004다33469)
>   같은 맥락에서 국가가 일정한 사항에 관하여 (헌법)에 의하여 부과되는 (구체적)인 입법의무를 부담하고 있음에도 불구하고 그 입법에 필요한 (상당한) 기간이 경과하도록 고의 또는 과실로 이러한 입법의무를 이행하지 아니하는 등 극히 예외적인 사정이 인정되는 사안에 한정하여 국가배상법 소정의 배상책임이 인정될 수 있다.
>
> **비교판례+**
>
> 1. 행정입법 부작위 – 군법무관 보수 사건 (2006다3561)
>   입법부가 법률로써 행정부에게 특정한 사항을 위임했음에도 불구하고 행정부가 정당한 이유 없이 이를 이행하지 않는다면 권력분립의 원칙과 법치국가 내지 법치행정의 원칙에 위배되는 것으로서 (위법)함과 동시에 (위헌)적인 것이 되는바, 행정부가 정당한 이유 없이 시행령을 제정하지 않은 것은 위 보수청구권을 침해하는 (불법행위)에 해당한다.

2. **특정다목적댐법**: 댐 건설로 인한 손실, 보상절차 및 방법을 (대통령령)에 위임, But 제정 × (91누11261)

    특정다목적댐법 제41조에 의하면 다목적댐 건설로 인한 손실보상 의무가 국가에게 있고 같은 법 제42조에 의하면 손실보상절차와 그 방법 등 필요한 사항은 (대통령령)으로 규정하도록 되어 있음에도 피고가 이를 제정하지 아니한 것은 행정소송(부작위위법확인소송)의 대상이 될 수 없으므로 이 사건 소는 부적법하다.

    > **23. 국가직 9급** 「특정다목적댐법」에서 댐 건설로 손실을 입으면 국가가 보상해야 하고 그 절차와 방법은 대통령령으로 제정토록 명시되어 있음에도 미제정된 경우, 법령제정의 여부는 「행정소송법」상 부작위위법확인소송의 대상이 될 수 없다. (○)

3. **부작위가 되기 위한 요건**

    ① 행정입법의 부작위가 위헌·위법이라고 하기 위하여는 행정청에게 행정입법을 하여야 할 (작위)의무를 전제로 하는 것이고, 그 (작위)의무가 인정되기 위하여는 행정입법의 제정이 법률의 집행에 (필수불가결)한 것이어야 하는바, 만일 하위 행정입법의 제정 없이 상위 법령의 규정만으로도 집행이 이루어질 수 있는 경우라면 하위 행정입법을 제정하여야 할 (작위)의무는 인정되지 아니한다(2004두10432).

    > **24. 국가직 7급** 행정권의 행정입법 등 법집행의무는 헌법적 의무라고 보아야 할 것이므로, 하위 행정입법의 제정 없이 상위 법령의 규정만으로 집행이 이루어질 수 있는 경우라도 하위 행정입법을 하여야 할 헌법적 작위의무는 인정된다. (×)
    > ▶ 행정입법이 필수불가결하지 않다면 부작위가 위헌 또는 위법이라고 보지 않는다.

    ② 상위법령을 시행하기 위하여 하위법령을 제정하거나 필요한 조치를 함에 있어서는 (상당한) 기간을 필요로 하므로 (합리적인) 기간 내의 지체를 위헌적인 부작위로 볼 수 없을 것이다(2000헌마707).

4. *(A: 진정 / B: 부진정)* 입법 부작위 행정입법 부작위로 인해 장애인 접근권이 침해되었음을 이유로 국가배상책임(위자료) 인정 (2022다289051)

    국회가 법률로 행정청에 특정한 사항을 위임했음에도 불구하고 행정청이 정당한 이유 없이 이를 이행하지 않는다면 권력분립의 원칙과 법치국가 또는 법치행정의 원칙에 위배되는 것으로서 (위법)함과 동시에 (위헌)적인 것이 되고, 이는 행정청이 법률에서 대통령령으로 정하도록 위임받은 사항을 (전혀) 입법하지 않은 경우 *(A: 진정 / B: 부진정 입법 부작위)*는 물론 그 법률이 위임한 사항을 (불충분)하게 규정함으로써 법률이 위임한 행정입법의무를 제대로 이행하지 않은 경우*(A: 진정 / B: 부진정 입법 부작위)*도 마찬가지이다.

ⓛ 사법작용

> **관련판례**
>
> 1. 일반법원의 재판 (99다24218)
>
>   재판에 대하여 따로 (불복절차) 또는 (시정절차)가 마련되어 있는 경우에는 스스로 그와 같은 시정을 구하지 아니한 결과 권리 내지 이익을 회복하지 못한 사람은 원칙적으로 국가배상에 의한 권리구제를 받을 수 *(A: 없다 / B: 있다)*고 봄이 상당하다고 하다.
>
>   > **비교** 2000다16114
>   > 국가배상책임이 인정되려면 당해 법관이 위법 또는 부당한 (목적)을 가지고 재판을 하는 등 법관이 그에게 부여된 권한의 취지에 (명백히) 어긋나게 이를 행사하였다고 인정할 만한 특별한 사정이 있어야 한다.
>
> 2. 헌재의 재판 (99다24218)
>
>   ① 반면, 재판에 대하여 (불복절차) 내지 (시정절차) 자체가 없는 경우에는 국가배상책임을 인정하지 않을 수 없다.
>
>   21. **국가직 7급** 재판작용에 대한 국가배상의 경우, 재판에 대하여 불복절차 내지 시정절차 자체가 없는 경우에는 부당한 재판으로 인하여 불이익 내지 손해를 입은 사람은 국가배상책임의 요건이 충족된다면 국가배상을 청구할 수 있다. (O)
>
>   ② 헌법재판소 재판관 이 (청구기간) 내에 제기된 헌법소원심판청구 사건에서 (청구기간)을 오인하여 *(A: 각하 / B: 기각)* 결정을 한 경우, 이에 대한 (불복절차) 내지 (시정절차)가 없는 때에는 국가배상책임(위법성)을 인정할 수 있다.
>
>   24. **국가직 9급** 청구기간 내에 헌법소원이 적법하게 제기되었음에도 헌법재판소 재판관이 청구기간을 오인하여 각하결정을 한 경우, 이에 대한 불복절차 내지 시정절차가 없는 때에는 국가배상책임을 인정할 수 있다. (O)
>
>   23. **지방직 9급** 헌법재판소 재판관이 청구기간 내에 제기된 헌법소원심판청구 사건에서 청구기간을 오인하여 각하결정을 한 경우, 이에 대한 불복절차 내지 시정절차가 없는 때에는 배상책임의 요건이 충족되는 한 국가배상책임을 인정할 수 있다. (O)
>
>   ③ 헌법재판소 재판관의 위법한 직무집행의 결과 잘못된 *(A: 각하 / B: 기각)* 결정을 함으로써 청구인으로 하여금 (본안판단)을 받을 기회를 상실하게 한 이상, 설령 (본안판단)을 하였더라도 어차피 청구가 *(A: 각하 / B: 기각)* 되었을 것이라는 사정이 있다고 하더라도 정신상 고통에 대하여는 위자료를 지급할 의무가 있다.
>
> 3. 대법원의 내로남불 (2017다290538)
>
>   재판작용에 대한 국가배상책임에 관한 판례는 재판에 대한 (불복절차) 내지 (시정절차)가 마련되어 있으면 이를 통한 시정을 구하지 않고서는 원칙적으로 국가배상을 구할 수 없다는 것으로, (보전개판)이라고 해서 이와 달리 보아야 할 이유가 없다.
>
> 4. 제 식구[판사+(사법보좌관)] 감싸기 (2021다202224)
>
>   배당표원안을 작성하고 확정하는 (사법보좌관)의 행위는 재판상 직무행위에 해당하고, (사법보좌관)의 이러한 재판상 직무행위에 대한 국가의 손해배상책임에 대하여도 국가배상책임 제한의 법리가 마찬가지로 적용된다고 할 것이다

ⓒ 수사작용

> **관련판례**
>
> 1. 검사의 (객관)의무 (2001다23447)
>   ① (무죄)판결이 확정되었다고 하더라도 그러한 사정만으로 바로 검사의 구속 및 공소제기가 위법하다고 할 수 없고, 그 구속 및 공소제기에 관한 검사의 판단이 그 (당시)의 자료에 비추어 경험칙이나 논리칙상 도저히 합리성을 긍정할 수 없는 정도에 이른 경우에만 그 위법성을 인정할 수 있다.
>   ② 검사는 공익의 대표자로서 실체적 진실에 입각한 국가 형벌권의 실현을 위하여 공소제기와 유지를 할 의무뿐만 아니라 그 과정에서 피고인의 정당한 이익을 옹호하여야 할 의무를 진다고 할 것이고, 따라서 검사가 수사 및 공판과정에서 피고인에게 유리한 증거를 발견하게 되었다면 피고인의 이익을 위하여 이를 법원에 제출하여야 *(A: __한다__ / B: 할 필요는 없다)*.
>
> 2. 중학생 집단 성폭행 사건 (2007다64365)
>   ① 어린 학생 보호의무: 경찰관은 특히 이 사건과 같이 (성폭력)범죄의 피해자가 나이 (어린) 학생인 경우에는 수사과정에서 또 다른 심리적·신체적 고통으로 인한 가중된 피해를 입지 않도록 더욱 (세심)하게 배려할 직무상 의무가 있다.
>   ② 범인을 공개 지목하도록 한 행위: (성폭력범죄의 담당 경찰관이 범인식별실을 사용하지 않은 채 공개된 장소인 형사과 사무실에서 피의자 41명을 (한꺼번에) 세워놓고 피해자로 하여금 범행일시와 장소별로 범인을 (지목)하게 한 사안에서) 경찰관의 이와 같은 행위는 직무상 의무를 소홀히 하여 피해자들에게 불필요한 수치심과 심리적 고통을 느끼도록 하는 행위로서 법규상 또는 조리상의 한계를 위반한 것이므로 국가배상법이 정하는 법령 위반 행위에 해당한다.
>   ③ 피해자 신상을 기자들에게 함부로 유출: 성폭력범죄의 수사를 담당하거나 수사에 관여하는 경찰관이 위와 같은 직무상 의무에 반하여 피해자의 (인적사항) 등을 공개 또는 누설하였다면 국가는 그로 인하여 피해자가 입은 손해를 배상하여야 한다.
>
> 3. 용의자 진술 조작 (2015다224797)
>   ① 수사기관은 특히 피의자가 (소년) 등 사회적 약자인 경우에는 수사과정에서 방어권 행사에 불이익이 발생하지 않도록 더욱 (세심)하게 배려할 직무상 의무가 있다.
>   ② 따라서 경찰관은 피의자의 진술을 조서화하는 과정에서 조서의 객관성을 유지하여야 하고, 고의 또는 과실로 위 직무상 의무를 위반하여 피의자신문조서를 작성함으로써 피의자의 (방어권)이 실질적으로 침해되었다고 인정된다면, 국가는 그로 인하여 피의자가 입은 손해를 배상하여야 한다.
>
> 4. 누가 봐도 재범 가능성 높음 (2017다290538)
>   ① (다수)의 성폭력범죄로 여러 차례 처벌을 받은 뒤 위치추적 전자장치를 부착하고 (보호관찰)을 받고 있던 甲이 乙을 강간하였고, 그로부터 13일 후 丙을 강간하려다 살해하였는데, 丙의 유족들이 경찰관과 (보호관찰)관의 위법한 직무수행을 이유로 국가를 상대로 손해배상을 구한 사안이다.
>   ② 경찰관과 (보호관찰)관의 직무수행은 객관적 정당성을 결여하여 위법하다.

5. 음주운전자에게 (차량열쇠) 반환(고양이에게 생선 맡김) (97다54482)

   음주운전으로 적발된 주취운전자가 도로 밖으로 차량을 이동하겠다며 단속경찰관으로부터 보관 중이던 (차량열쇠)를 반환 받아 몰래 차량을 운전하여 가던 중 사고를 일으킨 경우, 국가배상책임을 인정한 사례이다.

   > 24. 국가직 9급 음주운전으로 적발된 주취운전자가 도로 밖으로 차량을 이동하겠다며 단속경찰관으로부터 보관중이던 차량열쇠를 반환받아 몰래 차량을 운전하여 가던 중 사고를 일으킨 경우, 국가배상책임이 인정되지 않는다. (×)
   > ▶ 국가배상책임이 인정된다.

6. 공안사건 수사과정에서 변호사 접견 배제시 위법 (2016다266736)

   수사기관이 법령에 의하지 않고는 변호인의 (접견교통권)을 제한할 수 없다는 것은 대법원이 오래전부터 선언해 온 확고한 법리로서 변호인의 접견신청에 대하여 허용 여부를 결정하는 수사기관으로서는 마땅히 이를 숙지해야 한다. 이러한 법리에 반하여 변호인의 접견신청을 허용하지 않고 변호인의 (접견교통권)을 침해한 경우에는 접견 불허결정을 한 공무원에게 고의나 과실이 있다고 볼 수 있다.

(3) 고의 또는 과실(귀책사유)로 법령 위반(위법성)
   ① 일반론: 객관적 정당성

   관련판례

   1. 객관적 정당성의 의미 / 처분취소소송과의 관계 (99다70600)
      ① 어떠한 행정처분이 후에 항고소송에서 취소되었다고 할지라도 그 **(A: 기판력 / B: 기속력)**에 의하여 당해 행정처분이 (곧바로) 공무원의 고의 또는 과실로 인한 것으로서 불법행위를 구성한다고 단정할 수는 없는 것이고, 그 행정처분의 담당공무원이 (보통) (일반)의 공무원을 표준으로 하여 볼 때 객관적 주의의무를 결하여 그 행정처분이 (객관적 정당성)을 상실하였다고 인정될 정도에 이른 경우에 국가배상법 제2조 소정의 국가배상책임의 요건을 충족하였다고 봄이 상당할 것이며,

      > 24. 지방직 9급 어떠한 행정처분이 후에 항고소송에서 위법한 것으로서 취소되었다고 하더라도 그로써 곧 당해 행정처분이 공무원의 고의 또는 과실에 의한 불법행위를 구성한다고 단정할 수는 없다. (○)
      > 22. 지방직 9급 행정처분이 나중에 항고소송에서 위법하다고 판단되어 취소되더라도 그러한 사실만으로 바로 행정처분이 공무원의 고의나 과실로 인한 불법행위를 구성한다고 할 수 없다. (○)

      ② 이 때에 (객관적 정당성)을 상실하였는지 여부는 피침해이익의 종류 및 성질, 침해행위가 되는 행정처분의 태양 및 그 원인, 행정처분의 발동에 대한 피해자측의 관여의 유무, 정도 및 손해의 정도 등 제반 사정을 종합하여 손해의 전보책임을 국가 또는 지방자치단체에게 부담시켜야 할 실질적인 이유가 있는지 여부에 의하여 판단하여야 한다.

2. 법령 해석의 오류

법령 해석의 오류 (1) (98다52988)	법령 해석의 오류 (2) (97다7608)
법령에 대한 해석이 (복잡), (미묘)하여 워낙 어렵고, 이에 대한 학설, 판례조차 (귀일)되어 있지 않는 등의 특별한 사정이 없는 한 일반적으로 공무원이 관계 (법규)를 알지 못하거나 필요한 (지식)을 갖추지 못하고 법규의 해석을 그르쳐 행정처분을 하였다면 그가 법률전문가가 아닌 행정직 공무원이라고 하여 과실이 없다고는 할 수 없다. **21. 국가직 9급** 일반적으로 공무원이 필요한 지식을 갖추지 못하고 법규의 해석을 그르쳐 행정처분을 하였다면 그가 법률전문가가 아닌 행정직공무원이라고 하여 과실이 없다고는 할 수 없다. (O)	행정청이 관계 법령의 해석이 확립되기 (전)에 어느 한 설을 취하여 업무를 처리한 것이 결과적으로 위법하게 되어 그 법령의 부당집행이라는 (결과)를 빚었다고 하더라도 처분 당시 그와 같은 처리 방법 이상의 것을 (성실)한 (평균)적 공무원에게 기대하기 어려웠던 경우라면 특별한 사정이 없는 한 이를 두고 공무원의 과실로 인한 것이라고는 할 수 없기 때문에, 그 행정처분이 (후)에 항고소송에서 취소되었다고 할지라도 당해 행정처분이 곧바로 공무원의 고의 또는 과실로 인한 불법행위를 구성한다고 단정할 수는 없다. **22. 국가직 9급** 공무원이 관계법령의 해석이 확립되기 전에 어느 한 설을 취하여 업무를 처리한 것이 결과적으로 위법하더라도 처분 당시 그 이상의 업무처리를 성실한 평균적 공무원에게 기대하기 어려웠던 경우라면 원칙적으로 공무원의 과실을 인정할 수 없다. (O)

3. 유사판례

사후적 판례변경: 영향 × (2009다30946)	시행령에 대한 사후적 위헌 선언: 영향 × (2011다14428)
(대법원 전원합의체 판결이 선고되기 (전)에 재임용심사에서 탈락한 국립대학 교원이 위 판결 선고 (후) '대학교원 기간임용제 탈락자 구제를 위한 특별법'에 의하여 교원소청심사특별위원회에 재심사를 청구하여 재임용거부처분취소결정을 받고 복직한 다음 재임용거부로 입은 손해에 대하여 국가배상청구를 한 사안에서) 위 판결 선고 *(A: 전까지 / B: 후부터)* 당해 교원이 복직하지 못함으로써 발생한 손해에 관하여는 임용권자의 고의나 과실을 인정할 수 없다.	시험에서 불합격처분을 받았다가 그 (후) 위 시행령 부칙 중 위 조항을 공포 즉시 시행하도록 한 부분이 헌법에 위배되어 무효라는 대법원판결이 내려져 추가합격처분을 받은 甲 등이 국가배상책임을 물은 사안에서, 제반 사정에 비추어 위 시행령과 부칙의 입법에 관여한 공무원들은 입법 (당시) 상황에서 다양한 요소를 고려하여 나름대로 합리적인 근거를 찾아 어느 하나의 견해에 따라 위 시행령을 경과규정 등의 조치 없이 그대로 시행한 것이므로, 비록 대법원판결에서 위 시행령 부칙 중 위 조항을 즉시 시행하도록 한 부분이 헌법에 위배된다고 판단하여 (결과적으로) 부칙 제정행위가 위법한 것으로 되고 그에 따른 불합격처분 역시 위법하게 되어 위법한 법령의 제정 및 법령의 부당집행이라는 (결과)를 가져오게 되었더라도, 이러한 경우에까지 국가배상책임의 성립요건인 공무원의 과실이 있다고 단정할 수 없다.

4. 판결문에 대한 (위조) 확인의무 (×) (2003다13048)

등기신청의 첨부 서면으로 제출한 판결서가 (위조)된 것으로서 그 기재사항 및 기재 형식이 일반적인 판결서의 작성 방식과 다르다는 점만을 근거로 등기관에게 판결서의 (진정성립)에 관하여 자세한 확인절차를 할 의무는 없다.

5. 유사판례 비교

행정규칙은 법규성 X이므로 고려 X (2017다211559)	행정규칙은 법규성 X이므로 고려 X (2021두39362)
공무원의 조치가 적법한지는 (A: *행정규칙에 적합한지 여부* / B: *상위법령의 규정과 입법 목적 등에 적합한지 여부*)에 따라 판단해야 한다. **24. 지방직 9급** 헌법상 과잉금지의 원칙 내지 비례의 원칙을 위반하여 국민의 기본권을 침해한 국가작용은 국가배상책임에 있어 법령을 위반한 가해행위가 된다. (O) **21. 지방직 9급** 신뢰보호원칙의 위반은 「국가배상법」상의 위법 개념을 충족시킨다. (O) **22. 지방직 7급** 상급행정기관이 소속 공무원이나 하급행정기관에 대하여 업무처리지침이나 법령의 해석·적용 기준을 정해 주는 행정규칙을 위반한 공무원의 조치가 있다고 해서 그러한 사정만으로 곧바로 그 조치의 위법성이 인정되는 것은 아니다. (O)	처분이 적법한지는 (A: *행정규칙에 적합한지 여부* / B: *상위법령의 규정과 입법 목적 등에 적합한지 여부*)에 따라 판단해야 한다.

행정규칙을 따랐다면 (섣불리) 과실 인정 X (2001다62312)	법규성 X But 가급적 존중 (2021두60960)
구체적인 경우 어느 행정처분을 할 것인가에 관하여 행정청 내부에 일응의 기준을 정해 둔 경우 그 기준에 따른 행정처분을 하였다면 이에 관여한 공무원에게 그 직무상의 과실이 있다고 할 수 (A: *없다* / B: *있다*). **21. 국가직 7급** 영업허가취소처분이 나중에 행정심판에 의하여 재량권을 일탈한 위법한 처분이 되었더라도 그 처분이 당시 시행되던 「공중위생법 시행규칙」에 정하여진 행정처분의 기준에 따른 것이라면 그 영업허가취소처분을 한 공무원에게 그와 같은 위법한 처분을 한 데 있어 어떤 직무집행상의 과실이 있다고 할 수 없다. (O)	(처분기준)에 부합한다 하여 곧바로 처분이 적법한 것이라고 할 수는 없지만, (처분기준)이 그 자체로 헌법 또는 법률에 합치되지 않거나 그 기준을 적용한 결과가 처분사유인 위반행위의 내용 및 관계 법령의 규정과 취지에 비추어 현저히 부당하다고 인정할 만한 합리적인 이유가 없는 한, (섣불리) 그 기준에 따른 처분이 재량권의 범위를 일탈하였다거나 재량권을 남용한 것으로 판단해서는 안 된다.

6. "(특별)"송달까지 시킬 정도면 정말 중요한 서류 (O) (2006다87798)

(특별)송달우편물의 배달업무에 종사하는 우편집배원으로서는 압류 및 전부명령 결정 정본에 대하여 적법한 송달이 이루어지지 아니할 경우에는 법령에 정해진 일정한 효과가 발생하지 못하고 그로 인하여 국민의 권리 실현에 장애를 초래하여 당사자가 불측의 피해를 입게 될 수 있음을 충분히 예견할 수 있다고 봄이 상당하다.

② 작위로 인한 국가배상 사례

> 📑 **관련판례**

1. 일반론

시험출제 오류: 같은 취지 (2001다33789)	국립대 교수 재임용거부: 같은 취지 (2009다30946)
국가배상책임을 인정하기 위하여는, 공무원 혹은 시험위원이 객관적 주의의무를 결하여 그 시험의 출제와 정답 및 합격자 결정 등의 행정처분이 (A: *객관적* / B: 주관적) 정당성을 상실하고, 이로 인하여 손해의 전보책임을 국가에게 부담시켜야 할 실질적인 이유가 있다고 인정되어야 한다.	고의·과실이 인정되려면 국·공립대학 교원 임용권자가 (A: *객관적* / B: 주관적) 주의의무를 결하여 그 재임용거부처분이 (A: *객관적* / B: 주관적) 정당성을 상실하였다고 인정될 정도에 이르러야 한다.

2. 예술작품 철거로 인한 국가배상책임 (2012다204587)

'법령을 위반하여'라고 함은 (A: 엄격하게 형식적 의미의 법령에 명시적으로 공무원의 행위의무가 정하여져 있음에도 이를 위반하는 경우만을 의미한다 / B: <u>인권존중·권력남용금지·신의성실과 같이 공무원으로서 마땅히 지켜야 할 준칙이나 규범을 지키지 아니하고 위반한 경우를 비롯하여 널리 그 행위가 객관적인 정당성을 결여하고 있는 경우도 포함한다</u>).

> 22. **지방직 7급** 공무원의 부작위가 공무원으로서 마땅히 지켜야 할 준칙이나 규범을 위반한 경우를 포함하여 널리 객관적인 정당성이 없는 경우, 그 부작위는 '법령을 위반'하는 경우에 해당한다. (○)

3. 의외의 결론

정치적 목적의 집단적 항의성 게시글 삭제 (×) (2015다233807)	미니컵 젤리 사건 (×) (2008다77795)
① 원칙 일반적으로 국가기관이 자신이 관리·운영하는 홈페이지에 게시된 글에 대하여 정부의 정책에 찬성하는 내용인지, 반대하는 내용인지에 따라 (선별적)으로 삭제 여부를 결정하는 것은 특별한 사정이 없는 한 국민의 기본권인 표현의 자유와 자유민주적 기본질서에 배치되므로 허용되지 않는다. ② 예외 (해군본부가 해군 홈페이지 자유게시판에 집단적으로 게시된 '제주해군기지 건설사업에 반대하는 취지의 항의글' (100)여 건을 삭제하는 조치를 취하자, 항의글을 게시한 甲 등이 위 조치가 위법한 직무수행에 해당하며 표현의 자유 등이 침해되었다고 주장하면서 국가를 상대로 손해배상을 구한 사안에서) 위 삭제 조치가 객관적 정당성을 상실한 위법한 직무집행에 해당한다고 보기 어렵다.	어린이가 '미니컵 젤리'를 먹다가 (질식)하여 사망한 사안에서, 그 사고 발생 전에 미니컵 젤리에 대한 세계 각국의 규제 내용이 주로 곤약 등 미니컵 젤리의 성분과 용기의 규격에 대한 규제에 머물러 있었고, 대한민국 정부도 그 수준에 맞추어 미니컵 젤리의 기준과 규격, 표시 등을 규제하는 조치를 취하여 위 사고 발생 전까지 미니컵 젤리와 관련한 (질식)사고가 발생하지 않았던 점 등에 비추어, 여러 사정을 고려하여 보면, 식품의약품안전청장 및 관계 공무원이 위 사고 발생 시까지 구 식품위생법상의 규제 권한을 행사하여 미니컵 젤리의 수입·유통 등을 금지하거나 그 기준과 규격, 표시 등을 강화하고 그에 필요한 검사 등을 실시하는 조치를 취하지 않은 것이 현저하게 합리성을 잃어 사회적 타당성이 없다거나 객관적 정당성을 상실하여 위법하다고 할 수 있을 정도에까지 이르렀다고 보기 어렵고, 그 권한 불행사에 과실이 있다고 할 수도 없다.

4. 도주차량 추적 중 제3자 사망 (×) (2000다26807)

① 국가배상책임은 공무원의 직무집행이 법령에 위반한 것임을 요건으로 하는 것으로서, 공무원의 직무집행이 법령이 정한 요건과 절차에 따라 이루어진 것이라면 특별한 사정이 없는 한 이는 법령에 적합한 것이고 (그 과정에서) 개인의 권리가 침해되는 일이 생긴다고 하여 그 법령적합성이 (곧바로) 부정되는 것은 아니다.

② 경찰관이 교통법규 등을 위반하고 도주하는 차량을 순찰차로 추적하는 직무를 집행하는 중에 그 (A: 순찰차 / B: **도주차량**)의 주행에 의하여 제3자가 손해를 입었다고 하더라도 그 추적이 당해 직무 목적을 수행하는 데에 불필요하다거나 또는 (A: 순찰차 / B: **도주차량**)의 도주의 대상 및 도로교통상황 등으로부터 예측되는 피해발생의 구체적 위험성의 유무 및 내용에 비추어 추적의 개시·계속 혹은 추적의 방법이 상당하지 않다는 등의 특별한 사정이 없는 한 그 추적행위를 위법하다고 할 수는 없다.

5. 시위대가 화염병을 던진 잘못 (×) (94다2480)

① 공무원의 직무집행이 법령이 정한 요건과 절차에 따라 이루어진 것이라면 특별한 사정이 없는 한 이는 법령에 적합한 것이고 (그 과정에서) 개인의 권리가 침해되는 일이 생긴다고 하여 그 법령 적합성이 (곧바로) 부정되는 것은 아니다.

② 경찰관들의 시위진압에 대항하여 (시위자)들이 던진 화염병에 의하여 발생한 화재로 인하여 손해를 입은 주민의 국가배상청구를 부정한 사례이다.

6. 땅 안 돌려주고 남에게 처분 (○) (2016다243306)

국가의 담당공무원이 농지가 원소유자의 소유로 (환원)되었음을 제대로 확인하지 않은 채 제3자에게 농지를 처분하여 원소유자에게 손해를 입혔다면, 이는 특별한 사정이 없는 한 국가배상법 제2조 제1항에서 정한 공무원의 고의 또는 과실에 의한 위법행위에 해당한다.

③ 부작위로 인한 국가배상 사례

관련판례

1. 경찰의 권한 불행사 (○) (2013다20427)

경찰관으로서는 제반 상황에 대응하여 자신에게 부여된 여러 가지 권한을 적절하게 행사하여 필요한 조치를 할 수 있고, 그러한 권한은 일반적으로 경찰관의 전문적 판단에 기한 합리적인 재량에 위임되어 있으나, 경찰관에게 권한을 부여한 취지와 목적에 비추어 볼 때 구체적인 사정에 따라 경찰관이 권한을 행사하여 필요한 조치를 하지 아니하는 것이 (현저)하게 (불합리)하다고 인정되는 경우에는 권한의 불행사는 직무상 의무를 위반한 것이 되어 위법하게 된다.

2. 토지형질변경허가권자의 권한 불행사 (○) (99다64278)

① 시장 등은 토지형질변경허가를 함에 있어 허가지의 인근 지역에 토사붕괴나 낙석 등으로 인한 피해가 발생하지 않도록 허가를 받은 자에게 옹벽이나 방책을 (설치)하게 하거나 그가 이를 이행하지 아니할 때에는 스스로 필요한 조치를 취하는 직무상 의무를 진다고 해석되고, 이러한 의무의 내용은 (A: 단순히 공공일반의 이익을 위한 것이다 / B: **전적으로 또는 부수적으로 사회구성원 개인의 안전과 이익을 보호하기 위하여 설정된 것이다**).

22. **지방직 7급** 공무원에게 부과된 직무상 의무의 내용이 전적으로 또는 부수적으로라도 사회구성원 개인의 안전과 이익을 보호하기 위하여 설정된 것이어야 직무상 의무위반과 피해자가 입은 손해 사이에 상당인과관계가 인정될 수 있다. (○)

② (토석채취공사 도중 경사지를 굴러 내린 암석이 가스저장시설을 충격하여 화재가 발생한 사안에서) 토지형질변경허가권자에게 ㉠ 허가 당시 사업자로 하여금 위해방지시설을 (설치)하게 할 의무를 다하지 아니한 위법과 ㉡ 작업 도중 구체적인 위험이 발생하였음에도 작업을 (중지)시키는 등의 사고예방조치를 취하지 아니한 위법이 있다.

3. 화재는 소방공무원 과실

부산 서면 노래방 화재 대참사 (2014다225083)	군산시 윤락가 화재사건 (2005다48994)
(주점에서 발생한 화재로 사망한 甲 등의 유족들이 乙 광역시를 상대로 손해배상을 구한 사안) *(A: 일반공무원 / B: 소방공무원)*들이 소방검사에서 비상구 중 1개가 폐쇄되고 그곳으로 대피하도록 유도하는 피난구유도등, 피난안내도 등과 일치하지 아니하게 됨으로써 화재 시 피난에 혼란과 장애를 유발할 수 있는 상태임을 발견하지 못하여 업주들에 대한 시정명령이나 행정지도, 소방안전교육 등 적절한 지도·감독을 하지 아니한 것은 구체적인 소방검사 방법 등이 소방공무원의 재량에 맡겨져 있음을 감안하더라도 현저하게 합리성을 잃어 사회적 타당성이 없는 경우에 해당한다.	(유흥주점에 감금된 채 윤락을 강요받으며 생활하던 여종업원들이 유흥주점에 화재가 났을 때 미처 피신하지 못하고 유독가스에 질식해 사망한 사안에서) ① *(A: 지방자치단체의 담당 공무원 / B: 소방공무원)*이 식품위생법상 취하여야 할 조치를 게을리 한 직무상 의무위반행위와 위 종업원들의 사망 사이에 상당인과관계가 존재하지 않는다. ② *(A: 지방자치단체의 담당 공무원 / B: 소방공무원)*이 시정조치를 명하지 않은 직무상 의무 위반과 위 사망의 결과 사이에 상당인과관계가 존재한다.

4. (초법규)적 작위의무가 인정되기 위한 요건 (2010다95666)

국민의 생명·신체·재산 등에 대하여 절박하고 중대한 위험상태가 발생하였거나 발생할 상당한 우려가 있어서 국민의 생명 등을 보호하는 것을 본래적 사명으로 하는 국가가 (초법규)적·(일차)적으로 그 위험의 배제에 나서지 아니하면 국민의 생명 등을 보호할 수 없는 경우에는 (형식)적 의미의 법령에 근거가 없더라도 국가나 관련 공무원에 대하여 그러한 위험을 배제할 작위의무를 인정할 수 있을 것이다.

21. **지방직 7급** 공무원의 부작위로 인한 국가배상책임을 인정할 것인지 여부가 문제되는 경우에 관련 공무원에 대하여 작위의무를 명하는 형식적 법률의 규정이 없는 경우에는 국가배상책임이 인정되지 않는다. (×)
▶ 명시적 규정이 없어도 작위의무가 예외적으로 인정되는 경우가 있다.

(4) 타인의 손해

> **관련판례**
>
> 1. 손해배상금액의 구체적 특정 필요 (2015두60617)
>   국가배상책임이 성립하기 위해서는 공무원의 직무집행이 위법하다는 점만으로는 부족하고, 그로 인해 타인의 권리·이익이 침해되어 (구체)적 손해가 발생하여야 한다.
>
> 2. "(절차)"에 "(일시적으로)" 참여 못했다고 해서 "(정신)"적 손해 × (2015다221668)
>   ① 원칙 – 정신적 손해 ×
>   관련 행정처분의 성립이나 무효·취소 여부 등을 따지지 않은 채 주민들이 (일시적으로) 행정(절차)에 참여할 권리를 침해받았다는 사정만으로 곧바로 국가나 지방자치단체가 주민들에게 (정신)적 손해에 대한 배상의무를 부담한다고 단정할 수 없다.
>   ② (일시적) 침해의 예시
>   ㉠ 그 후 이를 시정하여 절차를 (다시) 진행한 경우
>   ㉡ 종국적으로 행정처분 단계까지 이르지 않거나 처분을 직권으로 (취소)하거나 (철회)한 경우
>   ㉢ 행정소송을 통하여 처분이 (취소)되거나 처분의 (무효)를 확인하는 판결이 확정된 경우
>   ③ 예외 – 정신적 손해 ○, But 원고(주민들) 입증책임
>   다만, 이러한 조치로도 주민들의 절차적 권리 침해로 인한 정신적 고통이 여전히 남아 있다고 볼 (특별한) 사정이 있는 경우에 국가나 지방자치단체는 그 정신적 고통으로 인한 손해를 배상할 책임이 있다. 이때 (특별한) 사정이 있다는 사실에 대한 주장·증명책임은 이를 청구하는 (주민들)에게 있다.

(5) 상당인과관계

> **관련판례**
>
> 1. 개인의 안전과 이익을 보호하기 위한 의무를 위반하여야 함 (91다43466)
>   ① 공무원에게 부과된 직무상 의무의 내용이 (*A: 단순히 공공 일반의 이익을 위한 것이거나 행정기관 내부의 질서를 규율하기 위한 것이라면 / B: 전적으로 또는 부수적으로 사회구성원 개인의 안전과 이익을 보호하기 위하여 설정된 것이라면*), 공무원이 그와 같은 직무상 의무를 위반함으로 인하여 피해자가 입은 손해에 대하여는 상당인과관계가 인정되는 범위 내에서 국가가 배상책임을 지는 것이다.
>
> 22. **국가직 9급** 공무원이 직무를 수행하면서 그 근거가 되는 법령의 규정에 따라 구체적으로 의무를 부여받았어도 그것이 국민의 이익과 관계없이 순전히 행정기관 내부의 질서를 유지하기 위한 것이라면 그 의무에 위반하여 국민에게 손해를 가하여도 국가 등은 배상책임을 부담하지 않는다. (○)
> 22. **지방직 9급** 공무원에게 부과된 직무상 의무가 단순히 공공일반의 이익만을 위한 경우라면 그러한 직무상 의무 위반에 대해서는 국가배상책임이 인정되지 않는다. (○)

21. 지방직 9급 국가배상책임에 있어서 국가는 직무상의 의무 위반과 피해자가 입은 손해 사이에 상당인과관계가 인정되는 범위 내에서만 배상책임을 지는 것이고, 이 경우 상당인과관계가 인정되기 위해서는 공무원에게 부과된 직무상 의무의 내용이 전적으로 또는 부수적으로 사회구성원 개인의 안전과 이익을 보호하기 위하여 설정된 것이어야 한다. (O)

21. 지방직 7급 공무원이 고의 또는 과실로 그에게 부과된 직무상 의무를 위반하였을 경우라고 하더라도 국가는 그러한 직무상의 의무 위반과 피해자가 입은 손해 사이에 상당인과관계가 인정되는 범위 내에서만 배상책임을 진다. (O)

② 선박안전법이나 유선 및 도선업법의 각 규정은 공공의 안전 외에 일반인의 인명과 재화의 안전보장도 그 목적으로 하는 것 *(A: 이라고 할 것이므로 / B: 은 아니므로)* 국가 소속 선박검사관이나 시 소속 공무원들이 직무상 의무를 위반하여 시설이 불량한 선박에 대하여 선박중간검사에 합격하였다 하여 선박검사증서를 발급하고, 해당 법규에 규정된 조치를 취함이 없이 계속 운항하게 함으로써 화재사고가 발생한 것이라면, 화재사고와 공무원들의 직무상 의무위반행위와의 사이에는 상당인과관계가 있다.

2. 같은 취지 (×) (94다16045)

신제품 인증을 받은 제품(이하 '인증신제품'이라 한다) 구매의무는 기업에 신기술개발제품의 판로를 확보하여 줌으로써 산업기술개발을 촉진하기 위한 국가적 지원책의 하나로 국민경제의 지속적인 발전과 국민의 삶의 질 향상이라는 공공 일반의 이익을 도모하기 위한 것이고, 공공기관이 구매의무를 이행한 결과 신제품 인증을 받은 자가 재산상 이익을 *(A: 얻게 되더라도 이는 반사적 이익에 불과하다 / B: 위법령이 보호하고자 하는 이익을 얻은 것으로 볼 수 있다)*.

3. 판례 비교

탈옥 사건 (O) (2002다62678)	금감원: 투자자 (개인)의 이익 직접 보호 × (×) (2015다210194)
군행형법과 군행형법 시행령이 군교도소나 미결수용실(이하 '교도소 등'이라 한다)에 대한 경계 감호를 위하여 관련 공무원에게 각종 직무상의 의무를 부과하고 있는 것은, (일차적)으로는 그 수용자들을 격리보호하고 교정교화함으로써 공공 일반의 이익을 도모하고 교도소 등의 내부 질서를 유지하기 위한 것이라 할 것이지만, (부수적)으로는 그 수용자들이 탈주한 경우에 그 도주과정에서 일어날 수 있는 2차적 범죄행위로부터 일반 국민의 인명과 재화를 보호하고자 하는 목적도 있다.	금융위원회의 설치 등에 관한 법률의 입법취지 등에 비추어 볼 때, 피고 금융감독원에 금융기관에 대한 검사·감독의무를 부과한 법령의 목적이 금융상품에 투자한 투자자(개인)의 이익을 직접 보호하기 위한 것이라고 할 수 없으므로, 피고 금융감독원 및 그 직원들의 위법한 직무집행과 B의 후순위사채에 투자한 원고들이 입은 손해 사이에 상당인과관계가 있다고 보기 어렵다.

4. 판례 비교

수사기관이 (전과) 없다고 회신해서 공천했지만, (전과) 4범 (○) (2011다34521)	수돗물 먹고 배탈날 (염려) (×) (99다36280)
① 공직선거법이 위와 같이 후보자가 되고자 하는 자와 그 소속 정당에게 (전과)기록을 조회할 권리를 부여하고 수사기관에 회보의 의무를 부과한 것은 (A: 단순히 유권자의 알 권리 보호 등 공공 일반의 이익만을 위한 것이다 / B: 그와 함께 후보자가 되고자 하는 자가 자신의 피선거권 유무를 정확하게 확인할 수 있게 하고, 정당이 후보자가 되고자 하는 자의 범죄경력을 파악함으로써 부적격자를 공천함으로 인하여 생길 수 있는 정당의 신뢰도 하락을 방지할 수 있게 하는 등 개별적인 이익도 보호하기 위한 것이다). ② 공무원 甲이 내부전산망을 통해 乙에 대한 범죄경력자료를 조회하여 공직선거 및 선거부정방지법 위반죄로 실형을 선고받는 등 실효된 4건의 금고형 이상의 (전과)가 있음을 확인하고도 乙의 공직선거 후보자용 범죄경력조회 회보서에 이를 기재하지 않은 사안에서, 甲의 중과실을 인정하여 국가배상책임 외에 공무원 개인의 배상책임까지 인정한 사례이다.	국가 등에게 일정한 기준에 따라 상수원수의 수질을 유지하여야 할 의무를 부과하고 있는 법령의 규정은 국민에게 양질의 수돗물이 공급되게 함으로써 (A: 국민 일반의 건강을 보호하여 공공 일반의 전체적인 이익을 도모하기 위한 것이므로 / B: 국민 개개인의 안전과 이익을 직접적으로 보호하기 위한 규정이므로), 국민에게 공급된 수돗물의 상수원의 수질이 수질기준에 미달한 경우가 있고, 이로 말미암아 국민이 법령에 정하여진 수질기준에 미달한 상수원수로 생산된 수돗물을 마심으로써 건강상의 위해 발생에 대한 (염려) 등에 따른 정신적 고통을 받았다고 하더라도, 이러한 사정만으로는 국가 또는 지방자치단체가 국민에게 손해배상책임을 부담하지 아니한다.

5. 자살 징후 뚜렷한데 조치 안 취하면 책임 ○ (2017다211559)

① 자살 사고가 발생할 수 있음을 (예견)할 수 있었고 그러한 조치를 취했을 경우 자살 사고의 결과를 (회피)할 수 있었다면, 특별한 사정이 없는 한 해당 관계자의 직무상 의무 위반과 이에 대한 과실이 인정되고, 국가는 국가배상법 제2조 제1항에 따라 배상책임을 진다.

② 해군 기초군사교육단에 입소하여 교육을 받은 후 하사로 임관한 甲이 해군교육사령부에서 받은 인성검사에서 '부적응, 관심, 자살(예고)'이라는 결과가 나왔으나, 甲의 소속 부대 당직소대장 乙은 위 검사 결과를 교관 등에게 보고하지 않았고, 甲은 그 후 실시된 면담 및 검사에서 특이사항이 없다는 판정을 받고 신상등급 C급(신상에 문제점이 없는 자)으로 분류한 사안이다.

6. 신청에 따른 수익적 처분을 해준 경우

해달라는 대로 해줌 (×) (99다37047)	같은 취지 (×) (2017다211726)
(A: 수익적 / B: 침익적) 행정처분이 위법성이 있는 것으로 평가되기 위하여는 객관적으로 보아 그 행위로 인하여 신청인이 손해를 입게 될 것임이 (분명)하다고 할 수 있어 신청인을 위하여도 당해 행정처분을 거부할 것이 요구되는 경우이어야 할 것이다.	(A: 수익적 / B: 침익적)인 허가 등을 신청한 사안에서 행정처분을 통하여 달성하고자 하는 신청인의 목적 등을 자세하게 살펴 목적 달성에 필요한 (조치)나 (배려) 등을 하지 않았다는 사정만으로 직무집행에 있어 위법한 행위를 한 것이라고 보아서는 아니 된다.

제3장 국가배상법 제2조 제1항 후단에 따른 책임

03 유형 2 – 관용차 운행으로 인한 손해배상

1. 요건

> **국가배상법 제2조 【배상책임】** ① 국가나 지방자치단체는 공무원 또는 공무를 위탁받은 사인(이하 "공무원"이라 한다)이 직무를 집행하면서(고의 또는 과실로 법령을 위반하여 타인에게 손해를 입히거나), (자동차손해배상) 보장법에 따라 손해배상의 책임이 있을 때에는 이 법에 따라 그 손해를 배상하여야 한다. (다만, 군인·군무원·경찰공무원 또는 예비군대원이 전투·훈련 등 직무 집행과 관련하여 전사(戰死)·순직(殉職)하거나 공상(公傷)을 입은 경우에 본인이나 그 유족이 다른 법령에 따라 재해보상금·유족연금·상이연금 등의 보상을 지급받을 수 있을 때에는 이 법 및 민법에 따른 손해배상을 청구할 수 없다)
>
> **자동차손해배상 보장법 제3조 【자동차손해배상책임】** 자기를 위하여 자동차를 운행하는 자는 그 운행으로 다른 사람을 (사망)하게 하거나 (부상)하게 한 경우에는 그 손해를 배상할 책임을 진다. 다만, 다음 각 호의 어느 하나에 해당하면 그러하지 아니하다.
> 1. 승객이 아닌 자가 사망하거나 부상한 경우에 자기와 운전자가 자동차의 운행에 주의를 게을리 하지 아니하였고, 피해자 또는 자기 및 운전자 외의 제3자에게 고의 또는 과실이 있으며, 자동차의 구조상의 결함이나 기능상의 장해가 없었다는 것을 증명한 경우
> 2. 승객이 고의나 자살행위로 사망하거나 부상한 경우

2. 금액 산정 및 배상절차

책임의 성립 단계에서 요건은 *(A: 자동차손해배상 보장법 / B: 국가배상법)*에 따르되, 책임이 일단 성립하고 나면 그 금액의 산정 및 배상절차는 *(A: 자동차손해배상 보장법 / B: 국가배상법)*에 따른다.

> **관련판례** 미군 장갑차 사고: 1유형 (○), 2유형 (×) (2023다205968)
>
> ① 미합중국 군대의 공용 차량(M1046 궤도장갑차)에 대해서는 *(A: 국가배상법 제2조 제1항 본문 후단의 자동차손해배상 보장법에 따른 손해배상책임 규정이 적용된다 / B: 국가배상법 제2조 제1항 본문 전단에 따른 손해배상책임 규정만 적용된다)*.
> ② 「대한민국과 아메리카합중국 간의 상호방위조약 제4조에 의한 시설과 구역 및 대한민국에서의 합중국 군대의 지위에 관한 협정」(이하 'SOFA'라 한다) 제23조 제5항은 공무집행 중인 미합중국 군대의 구성원이나 고용원의 작위나 부작위 또는 미합중국 군대가 법률상 책임을 지는 기타의 작위나 부작위 또는 사고로서 대한민국 안에서 대한민국 정부 이외의 제3자에게 손해를 가한 것으로부터 발생하는 청구권은 *(A: 대한민국 / B: 아메리카합중국)*이 이를 처리하도록 규정하고 있으므로 위 청구권의 실현을 위한 소송은 *(A: 대한민국 / B: 아메리카합중국)*을 상대로 제기하는 것이 원칙이고, 이에 따른 *(A: 대한민국 / B: 아메리카합중국)*에 대한 청구권에 대해서는 국가배상법이 적용된다.

제4장 국가배상법 제5조에 따른 책임

04 유형 3 – 공공시설의 설치·관리 하자로 인한 손해배상

> 국가배상법 제5조【공공시설 등의 하자로 인한 책임】① (1) 도로·하천, 그 밖의 공공의 영조물의 (2) 설치나 관리에 하자가 있기 때문에 (3) 타인에게 손해를 발생하게 하였을 때에는 국가나 지방자치단체는 그 손해를 배상하여야 한다. // 이 경우 제2조 제1항 단서(이중배상금지), 제3조 및 제3조의2를 준용한다.

1. 공공시설

21. 지방직 7급 「국가배상법」 제5조 소정의 공공의 영조물이란 공유나 사유임을 불문하고 행정주체에 의하여 특정 공공의 목적에 공여된 유체물 또는 물적 설비를 의미한다. (○)

> 📖 **관련판례** 권한은 없어도 되지만, 관리는 하고 있어야 함 (98다17381)
>
> ① 국가배상법 제5조 제1항 소정의 '공공의 영조물'은 국가 또는 지방자치단체가 소유권, 임차권 그 밖의 권한에 기하여 관리하고 있는 경우(A: 외에 사실상의 관리를 하고 있는 경우는 포함되지 않는다 / B: 뿐만 아니라 사실상의 관리를 하고 있는 경우도 포함된다).
>
> **23. 국가직 7급** 국가 또는 지방자치단체에 의하여 특정 공공의 목적에 공여된 유체물 내지 물적 설비는 국가 또는 지방자치단체가 사실상의 관리를 하고 있는 경우에도 '공공의 영조물'이라 볼 수 있다. (○)
>
> **22. 지방직 9급** 지방자치단체가 권원 없이 사실상 관리하고 있는 도로는 국가배상책임의 대상이 되는 영조물에 해당하지 않는다. (×)
> ▶ 사실상 관리 중인 물건도 영조물에 포함된다.
>
> **21. 지방직 9급** 「국가배상법」상 '공공의 영조물'은 지방자치단체가 소유권, 임차권 그밖의 권한에 기하여 관리하고 있는 경우는 포함하지만, 사실상의 관리를 하고 있는 경우는 포함하지 않는다. (×)
> ▶ 사실상 관리 중인 물건도 영조물에 포함된다.
>
> ② 사고 당시 설치하고 있던 (옹벽)은 소외 회사가 공사를 도급받아 공사 중에 있었을 뿐만 아니라 아직 완성도 되지 아니하여 일반 공중의 이용에 제공되지 않고 있었던 이상 국가배상법 제5조 제1항 소정의 영조물에 해당한다고 할 수 없다.
>
> **21. 지방직 7급** 설치 공사 중인 옹벽은 아직 완성되지 아니하여 일반 공중의 이용에 제공되지 않고 있었던 이상 공공의 영조물에 해당한다고 할 수 없다. (○)

2. 설치·관리상의 하자

설치·관리상의 하자 - 기준 3가지		
A. 기본형	객관적 관점	(A: <u>통상의</u> / B: 고도의) 안전성을 갖추었는지 여부 **23. 국가직 7급** 객관적으로 보아 영조물의 결함이 영조물의 설치·관리자의 관리행위가 미칠 수 없는 상황 아래에 있는 경우에는 영조물의 설치·관리의 하자를 인정할 수 없다. (O)
B. 확장 (+)	주관적 관점 (피해자)	수인하기 어려운 (수인한도 초과) 피해 초래 여부 **23. 국가직 7급** 영조물이 그 용도에 따라 갖추어야 할 안전성을 갖추지 못한 상태에는 영조물이 공공의 목적에 이용됨에 있어 그 이용 상태 및 정도가 일정한 한도를 초과하여 제3자에게 사회통념상 수인할 것이 기대되는 한도를 넘는 피해를 입히는 경우까지 포함된다. (O)
C. 제한 (-)	주관적 관점 (공무원)	(방호조치) 의무를 다하였는지 여부 = 손해발생의 (예견)가능성과 (회피)가능성

> **관련판례** A. 기본형: (통상) 갖추어야 할 (안전성)을 갖추었는지 여부

1. 판례 비교

(상수도) 균열 및 (한파)의 공동행위 (O) (94다32924)	화장실 (벽) 난간을 지나간 개인의 과실 (×) (96다54102)
① 지방자치단체가 관리하는 도로 지하에 매설되어 있는 (상수도관)에 균열이 생겨 그 틈으로 새어 나온 물이 도로 위까지 유출되어 노면이 (결빙)되었다면 도로로서의 안전성에 결함이 있는 상태로서 설치·관리상의 하자가 있다. ② 국가배상법 제5조 소정의 영조물의 설치·관리상의 하자로 인한 책임은 (A: <u>무과실</u> / B: 과실)책임이고 국가 또는 지방자치단체는 손해의 방지에 필요한 주의를 (해태)하지 아니하였다 하여 면책을 주장할 수 없다. ③ 영조물의 설치 또는 관리상의 하자로 인한 사고라 함은 영조물의 설치 또는 관리상의 하자만이 손해발생의 원인이 되는 경우만을 말하는 것이 아니고, 다른 자연적 사실이나 제3자의 행위 또는 피해자의 행위와 (경합)하여 손해가 발생하더라도 영조물의 설치 또는 관리상의 하자가 (공동)원인의 하나가 되는 이상 그 손해는 영조물의 설치 또는 관리상의 하자에 의하여 발생한 것이라고 해석함이 상당하다.	① 영조물의 설치·보존의 하자라 함은 (A: <u>영조물이 그 용도에 따라 통상 갖추어야 할 안전성을 갖추지 못한 상태에 있음을 말하는 것이므로</u> / B: 영조물의 설치 및 보존에 있어서 항상 완전무결한 상태를 유지할 정도의 고도의 안전성을 갖추지 아니한 것을 말하는 것이므로), 따라서 영조물의 설치자 또는 관리자에게 부과되는 방호조치 의무의 정도는 영조물의 위험성에 (비례)하여 사회통념상 일반적으로 요구되는 정도의 것을 말한다. ② (고등학교 3학년 학생이 교사의 단속을 피해 담배를 피우기 위하여 3층 건물 화장실 (벽)의 난간을 지나다가 실족하여 사망한 사안에서) 학교 관리자에게 그와 같은 이례적인 사고가 있을 것을 예상하여 복도나 화장실 창문에 난간으로의 출입을 막기 위하여 출입금지장치나 추락위험을 알리는 경고 표지판을 설치할 의무가 있다고 볼 수는 없다는 이유로 학교시설의 설치·관리상의 하자가 없다.

2. 판례 비교

재정사정: (절대적) 면책사유 × (66다1723)	단, 배상액 감경요소로 기능 (2013다208074)
원판결은 본건 병사는 견고하지 아니한 자재를 사용 건축한 사실을 인정하면서, 국가의 재정상태와 군사적 임무의 특수성을 들어, 영조물인 위병사의 설치에 하자가 없다는 이유를 설시하고 있는바, 영조물 설치의 하자유무는 객관적 견지에서 본 안전성의 문제이고, 재정사정이나 사용목적에 의한 사정은 (A: <u>안전성을 요구하는데 대한 정도 문제로서의 참작사유에 해당한다</u> / B: 안전성을 결정지을 절대적 요건에 해당한다).	안전성의 구비 여부는 영조물의 설치자 또는 관리자가 그 영조물의 위험성에 비례하여 사회통념상 일반적으로 요구되는 정도의 방호조치 의무를 다하였는지를 기준으로 판단하여야 하고, 아울러 그 설치자 또는 관리자의 재정적·인적·물적 제약 등도 (고려)하여야 한다.
	23. 국가직 7급 영조물이 안전성을 갖추었는지 여부는 영조물의 설치자 또는 관리자가 그 영조물의 위험성에 비례하여 사회통념상 일반적으로 요구되는 정도의 방호조치 의무를 다하였는지를 기준으로 판단하여야 하고, 그 설치자 또는 관리자의 재정적·인적·물적 제약 등은 고려하지 않는다. (×) ▶ 책임의 성립에는 영향을 주지 않지만, 고려사유(참작사유)에는 해당된다.

관련판례 B. 확장: 수인하기 어려운 (수인한도 초과) 피해 초래 여부

1. **사격장 총소리의 위험성 (2002다14242)**

   ① 개념의 확장

   안전성을 갖추지 못한 상태, 즉 타인에게 위해를 끼칠 위험성이 있는 상태라 함은 당해 ㉠ 영조물을 구성하는 물적 시설 그 자체에 있는 물리적·외형적 흠결이나 불비로 인하여 그 이용자에게 위해를 끼칠 위험성이 있는 경우뿐만 아니라 ㉡ 그 영조물이 공공의 목적에 이용됨에 있어 그 이용상태 및 정도가 일정한 한도를 초과하여 제3자에게 사회통념상 (참을) 수 없는 피해를 입히는 경우까지 포함된다.

   ② 위험에의 (접근) 이론

   소음 등을 포함한 공해 등의 위험지역으로 이주하여 들어가서 거주하는 경우와 같이 위험의 존재를 인식하면서 그로 인한 피해를 용인하며 (접근)한 것으로 볼 수 있는 경우에 위험에 (접근)한 후 실제로 입은 피해 정도가 위험에 (접근)할 당시에 인식하고 있었던 위험의 정도를 초과하는 것이거나 위험에 접근한 후에 그 위험이 특별히 증대하였다는 등의 특별한 사정이 없는 한 가해자의 면책을 인정하여야 하는 경우도 있을 수 있을 것이나,

   일반인이 공해 등의 위험지역으로 이주하여 거주하는 경우라고 하더라도 위험에 그와 같은 위험의 존재를 (인식)하면서 굳이 위험으로 인한 피해를 (용인)하였다고 볼 수 없는 경우에는 그 책임이 감면되지 아니한다고 봄이 상당하다.

2. **비행기 소음의 위험성 (2007다74560)**

   소음 등의 공해로 인한 법적 쟁송이 제기되거나 그 피해에 대한 보상이 실시되는 등 피해지역임이 구체적으로 드러나고 또한 이러한 사실이 그 지역에 널리 알려진 (이후)에 이주하여 오는 경우에는 위와 같은 위험에의 접근에 따른 가해자의 면책 여부를 보다 적극적으로 인정할 여지가 있다.

   다만 일반인이 공해 등의 위험지역으로 이주하여 거주하는 경우라고 하더라도 그와 같은 위험의 존재를 (인식)하면서도 위험으로 인한 피해를 (용인)하면서 접근하였다고 볼 수 없는 경우에는 손해배상액의 산정에 있어 형평의 원칙상 과실상계에 준하여 감액사유로 고려하여야 한다.

3. 공군 "소속"이라는 이유만으로 국가 면책 × (2013다23914)

   공군비행장 주변의 항공기 소음 피해로 인한 손해배상 사건에서 공군에 속한 군인이나 군무원의 경우 일반인에 비하여 그 피해에 관하여 잘 인식하거나 인식할 수 있는 지위에 *(A: 있으므로 가해자를 적극적으로 면책할 수 있다 / B: 있다는 이유만으로 가해자의 면책이나 손해배상액의 감액에 있어 달리 볼 수는 없다)*.

관련판례 C. (방호조치) 의무를 다하였는지 여부 = 손해발생의 (예견)가능성과 (회피)가능성

고장 가능성이 있다면 설치·운영 중단 필요 (○) (2000다56822)

① 개념의 제한

국가배상법 제5조 제1항에 정해진 영조물의 설치 또는 관리의 하자라 함은 영조물이 그 용도에 따라 통상 갖추어야 할 안전성을 갖추지 못한 상태에 있음을 말하는 것이며, 다만 영조물이 완전무결한 상태에 있지 아니하고 그 기능상 어떠한 결함이 있다는 것만으로 영조물의 설치 또는 관리에 하자가 있다고 할 수 없는 것이고, 위와 같은 안전성의 구비 여부를 판단함에 있어서는 영조물의 위험성에 비례하여 사회통념상 일반적으로 요구되는 정도의 (방호조치)의무를 다하였는지 여부를 그 기준으로 삼아야 하며, 만일 객관적으로 보아 시간적·장소적으로 영조물의 기능상 결함으로 인한 손해발생의 (예견)가능성과 (회피)가능성이 없는 경우 즉 그 영조물의 결함이 영조물의 설치·관리자의 관리행위가 미칠 수 없는 상황 아래에 있는 경우임이 입증되는 경우라면 영조물의 설치·관리상의 하자를 인정할 수 없다.

② 가변차로에 설치된 신호등의 용도와 오작동시에 발생하는 사고의 위험성과 심각성을 감안할 때, 만일 가변차로에 설치된 두 개의 신호기에서 서로 (모순)되는 신호가 들어오는 고장을 예방할 방법이 없음에도 그와 같은 신호기를 설치하여 그와 같은 고장을 발생하게 한 것이라면, 그 고장이 자연재해 등 외부요인에 의한 불가항력에 기인한 것이 아닌 한 그 자체로 설치·관리자의 방호조치의무를 다하지 못한 것으로서 신호등이 그 용도에 따라 통상 갖추어야 할 안전성을 갖추지 못한 상태에 있었다고 할 것이고, 따라서 설령 적정전압보다 낮은 저전압이 원인이 되어 위와 같은 오작동이 발생하였고 그 고장은 현재의 기술수준상 부득이한 것이라고 가정하더라도 그와 같은 사정만으로 손해발생의 (예견)가능성이나 (회피)가능성이 없어 영조물의 하자를 인정할 수 없는 경우라고 단정할 수 없다.

비교판례 +

1. 일반인의 상식: '(┼)' 형태의 교차로에서 좌회전 불가 (×) (2022다225910)

   ① 영조물이 그 설치 및 관리에 있어 완전무결한 상태를 유지할 정도의 고도의 안전성을 갖추지 아니하였다고 하여 하자가 있다고 단정할 수는 없고, 영조물 (이용자)의 상식적이고 질서 있는 이용 방법을 기대한 상대적인 안전성을 갖추는 것으로 족하다.

   ② 위 표지의 내용으로 인하여 운전자에게 착오나 혼동을 가져올 우려가 있는지 여부는 (일반)적이고 (평균)적인 운전자의 인식을 기준으로 판단하여야 한다.

   ③ 위 표지에 위 신호등의 신호체계 및 위 교차로의 도로구조와 맞지 않는 부분이 있다면 거기에 통상 갖추어야 할 안전성이 결여된 설치·관리상의 하자가 있다고 *(A: 볼 수 있다 / B: 보기 어렵다)*.

2. 고속도로 실시간 감시의무 × (×) (97다3194)

① 도로의 설치 후 (제3자)의 행위에 의하여 그 본래 목적인 통행상의 안전에 결함이 발생한 경우에는 도로에 그와 같은 결함이 있다는 것만으로 (성급하게) 도로의 보존상 하자를 인정하여서는 안 되고, 당해 도로의 구조, 장소적 환경과 이용상황 등 제반 사정을 종합하여 그와 같은 결함을 제거하여 원상으로 (복구)할 수 있는데도 이를 (방치)한 것인지 여부를 개별적, 구체적으로 심리하여 하자의 유무를 판단하여야 한다.

② 승용차 운전자가 편도 2차선의 국도를 진행하다가 반대차선 진행차량의 바퀴에 튕기어 승용차 앞유리창을 뚫고 들어온 (쇠파이프)에 맞아 사망한 경우, 국가의 손해배상책임을 부정한 사례이다.

3. (중앙선)을 침범한 중과실 (×) (2013다208074)

① 안전성의 구비 여부는 영조물의 설치자 또는 관리자가 그 영조물의 위험성에 비례하여 사회통념상 일반적으로 요구되는 정도의 방호조치의무를 다하였는지를 기준으로 판단하여야 하고, 아울러 그 설치자 또는 관리자의 재정적·인적·물적 제약 등도 고려하여야 한다. 따라서 영조물인 도로의 경우도 그 설치 및 관리에 있어 (A: 완전무결한 상태를 유지할 정도의 고도의 안전성을 갖추지 아니하였다면 하자가 있다고 볼 수 있다 / B: *그것을 이용하는 자의 상식적이고 질서 있는 이용 방법을 기대한 상대적인 안전성을 갖추는 것으로 족하다*).

② (甲이 차량을 운전하여 지방도 편도 1차로를 진행하던 중 커브길에서 (중앙선)을 침범하여 반대편 도로를 벗어나 도로 옆 계곡으로 떨어져 동승자인 乙이 사망한 사안에서) 좌로 굽은 도로에서 운전자가 무리하게 앞지르기를 시도하여 중앙선을 침범하여 반대편 도로로 미끄러질 경우까지 대비하여 도로 관리자인 지방자치단체가 차량용 (방호울타리)를 설치하지 않았다고 하여 도로에 통상 갖추어야 할 안전성이 결여된 설치·관리상의 하자가 있다고 보기 어려운데, 이와 달리 본 원심판결에 법리오해의 위법이 있다.

4. 홍수로 인한 국가배상책임

(1,000)년 발생빈도 홍수는 대비 불가 (2001다48057)	(50)년 발생빈도 홍수는 대비 가능 (99다53247)
① 하천의 관리청이 관계 규정에 따라 설정한 계획홍수위를 변경시켜야 할 사정이 생기는 등 특별한 사정이 없는 한, 이미 존재하는 하천의 제방이 (계획홍수위)를 넘고 있다면 (여유고 확보 불요) 그 하천은 용도에 따라 통상 갖추어야 할 안전성을 갖추고 있다고 보아야 한다. ② 100년 발생빈도의 강우량을 기준으로 책정된 계획홍수위를 초과하여 600년 또는 (1,000)년 발생빈도의 강우량에 의한 하천의 범람은 예측가능성 및 회피가능성이 없는 불가항력적인 재해로서 그 영조물의 관리청에게 책임을 물을 수 없다.	집중호우로 제방도로가 유실되면서 그곳을 걸어가던 보행자가 강물에 휩쓸려 익사한 경우, 사고 당일의 집중호우가 (50)년 빈도의 최대강우량에 해당한다는 사실만으로 불가항력에 기인한 것으로 볼 수 없으므로 제방도로의 설치·관리상의 하자가 인정된다.

5. 강원도 깊은 산 속 빙판길 → 운전자 개개인의 주의의무 요구됨 (×) (99다54998)
① (강설)은 기본적 환경의 하나인 자연현상으로서 그것이 도로교통의 안전을 해치는 위험성의 정도나 그 시기를 예측하기 어렵고 통상 광범위한 지역에 걸쳐 일시에 나타나고 일정한 시간을 경과하면 소멸되는 일과성을 띠는 경우가 많은 점에 비하여, 이로 인하여 발생되는 도로상의 위험에 대처하기 위한 (완벽)한 방법으로서 도로 자체에 융설 설비를 갖추는 것은 현대의 과학기술의 수준이나 재정사정에 비추어 사실상 (불가능)하고, 가능한 방법으로 인위적으로 제설작업을 하거나 제설제를 살포하는 등의 방법을 택할 수밖에 없는데, 그러한 경우에 (A: 적설지대에 속하는 지역의 도로라든가 최저속도의 제한이 있는 고속도로 등 특수 목적을 갖고 있는 도로 / B: 일반 보통의 도로)까지도 도로관리자에게 (완전)한 인적, 물적 설비를 갖추고 제설작업을 하여 도로통행상의 위험을 (즉시) 배제하여 그 안전성을 확보하도록 하는 관리의무를 부과하는 것은 도로의 안전성의 성질에 비추어 적당하지 않고, 오히려 그러한 경우의 도로통행의 안전성은 그와 같은 위험에 대면하여 도로를 이용하는 통행자 (개개인)의 책임으로 확보하여야 한다.
② (강설)의 특성, 기상적 요인과 지리적 요인, 이에 따른 도로의 상대적 안전성을 고려하면 겨울철 산간지역에 위치한 도로에 (강설)로 생긴 빙판을 그대로 방치하고 도로상황에 대한 경고나 위험표지판을 설치하지 않았다는 사정만으로 도로관리상의 하자가 있다고 볼 수 없다.

6. (금지)시켰으면 족하고, 각별히 (주의)시킬 필요 × (×) (2013다211865)
① 익사사고에 대비한 하천 자체의 위험관리에는 일정한 한계가 있을 수밖에 없어, 하천 관리주체로서는 익사사고의 위험성이 있는 모든 하천구역에 대해 위험관리를 하는 것은 (불가능)하므로, 당해 하천의 현황과 이용 상황, 과거에 발생한 사고 이력 등을 종합적으로 고려하여 하천구역의 위험성에 비례하여 사회통념상 일반적으로 요구되는 정도의 방호조치의무를 다하였다면 하천의 설치·관리상의 하자를 인정할 수 없다.
② (수련회에 참석한 미성년자 甲이 유원지 옆 작은 하천을 가로질러 수심이 깊은 맞은 편 바위 쪽으로 이동한 다음 바위 위에서 하천으로 다이빙을 하며 놀다가 익사하자, 甲의 유족들이 하천 관리주체인 지방자치단체를 상대로 손해배상을 구한 사안에서) 하천 관리자인 지방자치단체가 유원지 입구나 유원지를 거쳐 하천에 접근하는 길에 (A: 수영금지의 경고표지판과 현수막을 설치함으로써 하천을 이용하는 사람들의 안전을 보호하기 위하여 통상 갖추어야 할 시설을 갖추었다고 볼 수 있다 / B: 지방자치단체에게 사고지점에 각별한 주의를 촉구하는 내용의 위험표지나 부표를 설치하는 것과 같은 방호조치를 취하지 않은 과실이 인정된다면 익사사고와 상당인과관계가 있다).

3. 공무원의 고의 또는 과실(×)

4. 손해의 발생

국가배상법 제5조 제1항의 영조물의 설치·관리상의 하자로 인한 손해가 발생한 경우 같은 법 제3조 제1항 내지 제5항의 해석상 피해자의 위자료 청구권이 배제 (A: 된다 / B: 되지 아니한다) (90다카25604).

제5장 | 기타 쟁점

05 배상책임자

국가배상법 제6조【비용부담자 등의 책임】① 제2조·제3조 및 제5조에 따라 국가나 지방자치단체가 손해를 배상할 책임이 있는 경우에 (사무귀속주체) 공무원의 선임·감독 또는 영조물의 설치·관리를 맡은 자와 (비용부담주체) 공무원의 봉급·급여, 그 밖의 비용 또는 영조물의 설치·관리 비용을 부담하는 자가 동일하지 아니하면 그 비용을 부담하는 자(A: 가 / B: 도) 손해를 배상하여야 한다.

21. 지방직 9급 국가나 지방자치단체가 손해를 배상할 책임이 있는 경우에 공무원의 선임·감독 또는 영조물의 설치·관리를 맡은 자와 공무원의 봉급·급여, 그 밖의 비용 또는 영조물의 설치·관리 비용을 부담하는 자가 동일하지 아니하면 그 비용을 부담하는 자도 손해를 배상하여야 한다. (○)

② 제1항의 경우에 손해를 배상한 자는 (내부)관계에서 그 손해를 배상할 책임이 있는 자에게 (구상)할 수 있다.

23. 지방직 9급 영조물의 설치·관리자와 비용부담자가 다른 경우 피해자에게 손해를 배상한 자는 내부관계에서 그 손해를 배상할 책임이 있는 자에게 구상할 수 있다. (○)

기관위임사무	위임인	수임인
(A: 제2조 또는 제5조 / B: 제6조)	○	–
(A: 제2조 또는 제5조 / B: 제6조)	○	–
	–	○

24. 지방직 7급 지방자치단체장 간의 기관위임의 경우에는 사무귀속의 주체가 달라진다고 할 수 있으므로, 하위 지방자치단체장을 보조하는 하위 지방자치단체 소속 공무원이 위임사무처리에 있어 고의 또는 과실로 타인에게 손해를 가하였다면 상위 지방자치단체는 그 사무귀속 주체로서 손해배상책임을 지지 않는다. (×)

▶ 기관위임이 이루어져도 사무귀속주체는 여전히 위임인으로 남는다. 따라서, 위임인은 사무귀속주체로서 국가배상법 제2조 또는 제5조에 따른 책임을 부담한다.

> **관련판례**

1. 국가 → 지자체장 (94다38137)
   ① 국가배상법 제6조 제1항 소정의 '공무원의 봉급·급여 기타의 비용'이란 공무원의 인건비만을 가리키는 것이 아니라 당해 사무에 필요한 일체의 경비를 의미한다고 할 것이고, 적어도 대외적으로 그러한 경비를 지출하는 자는 경비의 실질적·궁극적 부담자가 (A: **아니더라도 그러한 경비를 부담하는 자에 포함된다** / B: 아니라면 그러한 경비를 부담하는 자에 포함되지 아니한다).
   ② 구 지방자치법 제131조, 구 지방재정법 제16조 제2항의 규정상, 지방자치단체의 장이 기관위임된 국가행정사무를 처리하는 경우 그에 소요되는 경비의 (A: **실질적·궁극적 부담자** / B: 대외적으로 지출하는 자)는 국가라고 하더라도 당해 지방자치단체는 국가로부터 내부적으로 교부된 금원으로 그 사무에 필요한 경비를 (A: 실질적·궁극적 부담자 / B: **대외적으로 지출하는 자**)이므로, 이러한 경우 지방자치단체는 국가배상법 제6조 제1항 소정의 비용부담자로서 공무원의 불법행위로 인한 같은 법에 의한 손해를 배상할 책임이 있다.

2. 지자체 → 지방경찰청장(국가, 경찰) (99다11120)
   ① 도로교통법 시행령 제71조의2 제1항 제1호는 특별시장·광역시장이 위 법률규정에 의한 신호기 및 안전표지의 설치·관리에 관한 권한을 지방경찰청장에게 위임하는 것으로 규정하고 있는바, 이와 같이 행정권한이 기관위임된 경우 권한을 위임받은 기관은 권한을 위임한 기관이 속하는 지방자치단체의 산하 행정기관의 지위에서 그 사무를 처리하는 것이므로 사무귀속의 주체가 (A: **달라진다고 할 수 없다** / B: 달라진다).
   ② 국가배상법 제6조 제1항은 같은 법 제2조, 제3조 및 제5조의 규정에 의하여 국가 또는 지방자치단체가 손해를 배상할 책임이 있는 경우에 공무원의 선임·감독 또는 영조물의 설치·관리를 맡은 자와 공무원의 봉급·급여 기타의 비용 또는 영조물의 설치·관리의 비용을 부담하는 자가 동일하지 아니한 경우에는 그 비용을 부담하는 자도 손해를 배상하여야 한다고 규정하고 있으므로 교통신호기를 관리하는 지방경찰청장 산하 경찰관들에 대한 봉급을 부담하는 국가도 (A: 제2조 또는 제5조 / B: **제6조**) 제1항에 의한 배상책임을 부담한다.

> **23. 지방직 9급** 시·도경찰청장 또는 경찰서장이 지방자치단체의 장으로부터 권한을 위탁받아 설치·관리하는 신호기의 하자로 인해 손해가 발생한 경우「국가배상법」제5조 소정의 배상책임의 귀속 주체는 국가뿐이다. (×)
> ▶ 위임인인 지자체가 5조에 따른 책임을 부담한다.

3. 서울시장 → 영등포구청장 (94다57671)
   여의도광장의 관리비용부담자는 그 위임된 관리사무에 관한 한 관리를 위임받은 영등포구청장이 속한 영등포구이므로, 영등포구는 여의도광장에서 차량긴입으로 일어난 인신사고에 관하여 국가배상법 (A: 제2조 또는 제5조 / B: **제6조**) 소정의 비용부담자로서의 손해배상책임이 있다.

4. 국가 → (도지사) → 군수 (99다70600)

   국가사무로 규정되어 있는 개간허가와 개간허가의 취소사무는 같은 법 제61조 제1항, 같은 법 시행령 제37조 제1항에 의하여 도지사에게 위임되고, 같은 법 제61조 제2항에 근거하여 도지사로부터 하위 지방자치단체장인 군수에게 재위임되었으므로 이른바 기관위임사무라 할 것이고, 이러한 경우 군수는 그 (사무귀속주체)인 국가 산하 행정기관의 지위에서 그 사무를 처리하는 것에 불과하므로, 군수 또는 군수를 보조하는 공무원이 위임사무처리에 있어 고의 또는 과실로 타인에게 손해를 가하였다 하더라도 원칙적으로 군에는 국가배상책임이 없고 그 (사무귀속주체)인 국가가 손해배상책임을 지는 것이며, 다만 국가배상법 *(A: 제2조 또는 제5조 / B: 제6조)*에 의하여 군이 비용을 부담한다고 볼 수 있는 경우에 한하여 국가와 함께 손해배상책임을 부담한다.

5. 업무 이관 과정에서 사고 났으면 둘 다 책임지고, 나중에 알아서 정산 (96다42819)

   ① 원래 광역시가 점유·관리하던 일반국도 중 일부 구간의 포장공사를 건설교통부 국토관리청이 시행하고 이를 준공한 후 광역시에 이관하려 하였으나 서류의 미비 기타의 사유로 이관이 이루어지지 않고 있던 중 도로의 관리상의 하자로 인한 교통사고가 발생하였다면 *(A: 광역시와 국가가 함께 / B: 광역시가 / C: 국가가)* 그 도로의 점유자 및 관리자로서 손해배상책임을 부담한다.

   ② 원래 광역시가 점유·관리하던 일반국도 중 일부 구간의 포장공사를 국가가 대행하여 광역시에 도로의 관리를 이관하기 전에 교통사고가 발생한 경우, 광역시와 국가 모두가 국가배상법 제6조 (제2항) 소정의 궁극적으로 손해를 배상할 책임이 있는 자라고 할 것이고, 결국 광역시와 국가의 *(A: 내부적 / B: 외부적)*인 부담 부분은, 그 도로의 인계·인수 경위, 사고의 발생 경위, 광역시와 국가의 그 도로에 관한 분담비용 등 제반 사정을 종합하여 결정함이 상당하다.

06 이중배상금지

1. 의의

(헌법) 제29조 ② 군인·군무원·경찰공무원 기타 법률이 정하는 자가 전투·훈련 등 직무집행과 관련하여 받은 손해에 대하여는 법률이 정하는 보상 외에 국가 또는 공공단체에 공무원의 직무상 불법행위로 인한 배상은 청구할 수 없다.

국가배상법 제2조【배상책임】① 국가나 지방자치단체는 공무원 또는 공무를 위탁받은 사인(이하 "공무원"이라 한다)이 직무를 집행하면서 고의 또는 과실로 법령을 위반하여 타인에게 손해를 입히거나, 자동차손해배상 보장법에 따라 손해배상의 책임이 있을 때에는 이 법에 따라 그 손해를 배상하여야 한다. 다만, (군인)·(군무원)·(경찰)공무원 또는 (예비군)대원이 전투·훈련 (등) 직무 집행과 관련하여 전사·순직하거나 공상을 입은 경우에 본인이나 그 유족이 (다른) 법령에 따라 재해보상금·유족연금·상이연금 등의 보상을 지급 받을 수 있을 때에는 이 법 및 민법에 따른 손해배상을 청구할 수 없다.

③ 제1항 단서에도 불구하고 전사하거나 순직한 군인·군무원·경찰공무원 또는 예비군대원이 (유족)은 *(A: 사망한 가족 / B: 자신)*의 *(A: 정신적 고통에 대한 위자료 / B: 재산상 손해)*를 청구할 수 있다.

> **관련판례** 국가배상법 제2조 제1항 단서의 위헌 여부 (2000헌바38)
> ① 헌법의 개별규정에 대한 위헌심사는 허용될 수 없다.
> ② 국가배상법 제2조 제1항 단서는 헌법 제29조 제2항에 직접 근거하고, 실질적으로 그 내용을 같이하는 것이므로 헌법에 위반 (A: *되지 아니한다* / B: *된다*).

2. 요건

(1) 피해자가 군인·경찰 등일 것

경비교도대원 (A: *O* / B: *X*) (97다45914)	전투경찰순경 (A: *O* / B: X) (94헌마118)
공익근무요원 (A: *O* / B: *X*) (97다4036)	
22. **국가직 7급** 공익근무요원은 「국가배상법」 제2조 제1항 단서규정에 의하여 손해배상청구가 제한된다. (×) ▶ 피해자가 공익근무요원인 경우에는 이중배상금지가 적용되지 않는다.	지정된 장소에 도착하여 군통수권의 지휘하에 들어가 군부대의 구성원이 된 예비역군인 (A: *O* / B: X)
위병소에 도착한 예비역군인 (A: *O* / B: *X*) (74다1441)	

(2) 전투·훈련 "등" 직무 집행과 관련하여 피해를 입었을 것

> **관련판례** (일반) 직무집행 과정에서 입은 손해도 이중배상금지 (2010다85942)
> 경찰공무원이 낙석사고 현장 주변 (교통정리)를 위하여 사고현장 부근으로 이동하던 중 대형 낙석이 순찰차를 덮쳐 사망하자, 도로를 관리하는 지방자치단체가 국가배상법 제2조 제1항 단서에 따른 면책을 주장한 사안에서, 경찰공무원 등이 '전투·훈련 등 직무집행과 관련하여' 순직 등을 한 경우 같은 법 전투·훈련 또는 이에 준하는 직무집행 뿐만 아니라 '(일반) 직무집행'에 관하여도 국가나 지방자치단체의 배상책임을 제한하는 것이라고 해석함이 타당하다.

> **비교판례+** (숙직실)에서의 당직: 이중배상금지 × (77다2389)
> 경찰서지서의 (숙직실)은 국가배상법 제2조 제1항 단서에서 말하는 전투·훈련에 관련된 시설이라고 볼 수 없으므로 위 숙직실에서 순직한 경찰공무원의 유족들은 국가배상법 제2조 제1항 본문에 의하여 국가배상법 및 민법의 규정에 의한 손해배상을 청구할 권리가 있다.

(3) 본인 또는 유족이 다른 법령 규정에 의한 손해배상금을 지급 받을 수 있을 것

> **관련판례**
>
> 1. **다른 법령에 따른 보상을 받을 수 없다면, 국가배상 가능 (96다28066)**
>
>   군인 또는 경찰공무원으로서 교육훈련 또는 직무 수행중 상이(공무상의 질병 포함)를 입고 전역 또는 퇴직한 자라고 하더라도 국가유공자 예우 등에 관한 법률에 의하여 국가보훈처장이 실시하는 신체검사에서 대통령령이 정하는 상이등급에 해당하는 신체의 장애를 입지 않은 것으로 판명되고 또한 군인연금법상의 재해보상 등을 받을 수 있는 장애등급에도 해당하지 않는 것으로 판명된 자는 위 각 법에 의한 적용 대상에서 (제외)되고, 따라서 그러한 자는 국가배상법 제2조 제1항 단서의 적용을 받지 않아 국가배상을 청구할 수 *(A: **있다** / B: 없다).*
>
> > **23. 국가직 9급** 군인이 교육훈련으로 공상을 입은 경우라도 「군인연금법」 또는 「국가유공자 예우 등에 관한 법률」에 의하여 재해보상금·유족연금·상이연금 등 별도의 보상을 받을 수 없는 경우에는 「국가배상법」 제2조 제1항 단서의 적용 대상에서 제외하여야 한다. (○)
>
> 2. **다른 법령에 따른 보상을 받을 수 있다면, 그 보상이 우선 (2015두60075)**
>
>   전투·훈련 등 직무집행과 관련하여 공상을 입은 군인·군무원·경찰공무원 또는 향토예비군대원이 먼저 국가배상법에 따라 손해배상금을 지급받은 다음 보훈보상대상자 지원에 관한 법률(이하 '보훈보상자법'이라 한다)이 정한 보상금 등 (보훈급여금)의 지급을 청구하는 경우, 국가보훈처장은 국가배상법에 따라 손해배상을 받았다는 사정을 들어 보상금 등 (보훈급여금)의 지급을 거부할 수 *(A: **없다** / B: 있다).*
>
> > **23. 국가직 9급** 훈련으로 공상을 입은 군인이 「국가배상법」에 따라 손해배상금을 지급받은 다음 「보훈보상대상자 지원에 관한 법률」이 정한 보훈급여금의 지급을 청구하는 경우, 국가는 「국가배상법」 제2조 제1항 단서에 따라 그 지급을 거부할 수 있다. (×)
> > ▶ 원칙대로 보훈급여금을 지급하여야 한다.
> >
> > **22. 국가직 7급** 직무집행과 관련하여 공상을 입은 군인이 먼저 「국가배상법」에 따라 손해배상금을 지급받았다면 「국가유공자 등 예우 및 지원에 관한 법률」이 정한 보상금 등 보훈급여금의 지급을 청구하는 것은 이중배상금지원칙에 따라 인정되지 아니한다. (×)
> > ▶ 원칙대로 보훈급여금을 지급하여야 한다.
>
> **비교판례+** 보훈급여금 VS 군인연금법상 사망보상금 (2018두36691)
>
> 다른 법령에 따라 지급받은 급여와의 조정에 관한 조항을 두고 있지 아니한 보훈보상대상자 지원에 관한 법률과 달리, 군인연금법 제41조 제1항은 "다른 법령*(A: 국가배상법 / B: **군인연금법**)*에 따라 국가나 지방자치단체의 부담으로 이 법에 따른 급여와 같은 종류의 급여를 받은 사람에게는 그 급여금에 상당하는 금액에 대하여는 *(A: 국가배상법 / B: **군인연금법**)*에 따른 급여를 지급하지 아니한다."라고 명시적으로 규정하고 있다.
>
> > **23. 지방직 9급** 군 복무 중 사망한 군인 등의 유족이 「국가배상법」에 따른 손해배상금을 지급받은 경우 그 손해배상금 상당 금액에 대해서는 「군인연금법」에서 정한 사망보상금을 지급받을 수 없다. (○)

구 군인연금법이 정하고 있는 급여 중 사망보상금은 (일실손해)의 보전을 위한 것으로 불법행위로 인한 (A: *소극적* / B: *적극적*) 손해배상과 같은 종류의 급여이므로, 군복무 중 사망한 망인의 유족이 국가배상을 받은 경우 피고는 사망보상금에서 (A: *소극적 손해배상금 상당액을 공제할 수 있을 뿐이다* / B: *소극적 손해배상금을 넘어 정신적 손해배상금 상당액까지 공제할 수 있다*).

> **24. 국가직 9급** 군 복무 중 사망한 군인 등의 유족인 원고가 「국가배상법」에 따른 손해배상금을 지급받은 경우, 국가는 「군인연금법」 소정의 사망보상금을 지급함에 있어 원고가 받은 손해배상금 상당 금액을 공제할 수 없다. (×)
> ▶ 이미 국가배상금이 지급되었다면, 중복되는 범위에서 군인연금법상 사망보상금을 공제하여 지급한다.
> **24. 지방직 9급** 군 복무 중 사망한 사람의 유족이 국가배상을 받은 경우, 관할 행정청 등은 「군인연금법」상 사망보상금에서 소극적 손해배상금 상당액을 공제할 수 있을 뿐, 이를 넘어 정신적 손해배상금까지 공제할 수는 없다. (○)

3. (시효) 완성될 때까지 행사 게을리한 자의 귀책사유 (2000다39735)

국가배상법 제2조 제1항 단서 규정은 다른 법령에 보상제도가 규정되어 있고, 그 법령에 규정된 상이등급 또는 장애등급 등의 요건에 해당되어 그 권리가 발생한 이상, (A: *실제로 그 권리를 행사하였는지 또는 그 권리를 행사하고 있는지 여부에 관계없이 적용된다* / B: *그 각 법률에 의한 보상금청구권이 시효로 소멸되었다면 적용되지 않는다*).

> **23. 국가직 9급** 「국가배상법」 제2조 제1항 단서에서 정한 '다른 법령의 규정'에 따른 보상금청구권이 모두 시효로 소멸된 경우라고 하더라도 「국가배상법」 제2조 제1항 단서 규정이 적용된다. (○)

4. 복지개념의 (요양비)≠손해배상금 (2017다16174)

구 공무원연금법에 따라 각종 급여를 지급하는 제도는 공무원의 생활안정과 복리 향상에 이바지하기 위한 것이라는 점에서 국가배상법 제2조 제1항 단서에 따라 손해배상금을 지급하는 제도와 그 취지 및 목적을 달리하므로, 경찰공무원인 피해자가 구 공무원연금법의 규정에 따라 공무상 (요양비)를 지급받는 것은 국가배상법 제2조 제1항 단서에서 정한 '다른 법령의 규정'에 따라 보상을 지급받는 것에 해당하지 않는다.

> **23. 국가직 9급** 경찰공무원인 피해자가 「공무원연금법」에 따라 공무상 요양비를 지급받는 것은 「국가배상법」 제2조 제1항 단서에서 정한 '다른 법령의 규정'에 따라 보상을 지급받는 것에 해당하지 않는다. (○)

07 군인과 공동불법행위를 한 민간인의 국가에 대한 구상

> **관련판례** 이중배상금지 원칙과 부진정연대채무 법리의 충돌

1. *(A: 대법원 / B: 헌법재판소)*: 구상 가능 (민법 > 국가배상법) (93헌바21)

   국가배상법 제2조 제1항 단서 중 군인에 관련되는 부분을, 일반국민(丙)이 직무집행 중인 군인(甲)과의 공동불법행위로 직무집행 중인 다른 군인(乙)에게 공상을 입혀 그 피해자(乙)에게 공동의 불법행위로 인한 손해(10)를 배상한 다음 공동불법행위자인 군인(甲)의 부담부분(2)에 관하여 국가에 대하여 구상권을 행사하는 것을 *(A: 허용한다 / B: 허용하지 않는다)*고 해석한다면, 이는 위 단서 규정의 헌법상 근거 규정인 헌법 제29조가 구상권의 행사를 배제하지 아니하는데도 이를 배제하는 것으로 해석하는 것으로서 합리적인 이유 없이 일반국민을 국가에 대하여 지나치게 차별하는 경우에 해당한다.

2. *(A: 대법원 / B: 헌법재판소)*: 구상 불가능 / 애초에 자기 부분만 배상해야
   (민법 < 국가배상법) (96다42420)

   일반국민(丙)(법인을 포함한다. 이하 '민간인'이라 한다)이 공동불법행위책임, 사용자책임, 자동차운행자책임 등에 의하여 그 손해를 자신의 귀책부분(8)을 넘어서 배상(10)한 경우에도, 국가 등은 피해 군인(乙) 등에 대한 국가배상책임을 면할 뿐만 아니라, 나아가 민간인(丙)에 대한 국가의 귀책비율(2)에 따른 (구상)의무도 부담하지 않는다고 하여야 할 것이다.
   이러한 부당한 결과를 방지하면서 위 헌법 및 국가배상법 규정의 입법 취지를 관철하기 위하여는, *(A: 민간인(丙)은 피해 군인(乙) 등에 대하여 그 손해 중 국가 등이 민간인(丙)에 대한 구상의무를 부담한다면 그 내부적인 관계에서 부담하여야 할 부분(2)을 제외한 나머지 자신의 부담부분(8)에 한하여 손해배상의무를 부담한다 / B: 국가 등에 대하여 그 귀책부분(2)의 구상을 청구할 수 있다고 해석함이 상당하다)*.

08 기타 조문

국가배상법 제4조 【양도 등 금지】 *(A: 생명·신체 / B: 재산)*의 침해로 인한 국가배상을 받을 권리는 양도하거나 압류하지 못한다.

제7조 【외국인에 대한 책임】 이 법은 외국인이 피해자인 경우에는 해당 국가와 (상호보증)이 있을 때에만 적용한다.

> **24. 국가직 9급** 외국인이 피해자인 경우 해당 국가와 상호보증이 없더라도 「국가배상법」이 적용된다. (×)
> ▶ 상호보증이 있어야 한다.
>
> **24. 지방직 9급** 공공시설물의 하자로 손해를 입은 외국인에게는 해당 국가와 상호 보증이 없더라도 「국가배상법」이 적용된다. (×)
> ▶ 상호보증이 있어야 한다.

한국과 일본의 제도적 유사성 (2013다208388)
① 상호보증은 외국의 법령, 판례 및 관례 등에 의하여 발생요건을 비교하여 인정되면 충분하고 (i) 반드시 당사국과의 (조약)이 체결되어 있을 필요는 없으며, 당해 (ii) 외국에서 구체적으로 우리나라 국민에게 국가배상청구를 인정한 (사례)가 없더라도 (iii) 실제로 인정될 것이라고 (기대)할 수 있는 상태이면 충분하다.

> **22. 국가직 7급** 외국인이 피해자인 경우에는 해당 국가와 상호보증이 있을 때에만 「국가배상법」이 적용되며, 상호보증은 해당 국가와 조약이 체결되어 있어야 한다. (×)
> ▶ 조약 체결에 국한되지 않고, 실제 사례 및 기대 가능성 등으로도 상호보증이 인정된다.

② 일본인 甲이 대한민국 소속 공무원의 위법한 직무집행에 따른 피해에 대하여 국가배상청구를 한 사안에서, 일본 국가배상법이 국가배상청구권의 발생요건 및 (상호보증)에 관하여 우리나라 국가배상법과 *(A: 동일한 / B: 상이한)* 내용을 규정하고 있는 점 등에 비추어 우리나라와 일본 사이에 국가배상법 제7조가 정하는 (상호보증)이 있다.

제9조【소송과 배상신청의 관계】 이 법에 따른 손해배상의 소송은 배상심의회에 배상신청을 *(A: 거쳐야만 / B: 하지 아니하고도)* 제기할 수 있다.

> **24. 지방직 9급** 「국가배상법」에 따른 손해배상의 소송은 배상심의회에 배상신청을 하지 아니하면 제기할 수 없다. (×)
> ▶ 배상신청은 임의적 절차에 불과하다.

제15조【신청인의 동의와 배상금 지급】 ① 배상결정을 받은 신청인은 지체 없이 그 결정에 대한 동의서를 첨부하여 국가나 지방자치단체에 배상금 지급을 청구하여야 한다.
③ 배상결정을 받은 신청인이 배상금 지급을 청구하지 아니하거나 지방자치단체가 대통령령으로 정하는 기간 내에 배상금을 지급하지 아니하면 그 결정에 동의*(A: 한 것 / B: 하지 아니한 것)* 으로 본다.

국가배상청구권의 소멸시효기간
① 원칙: early (안 날+3년, 있은 날 5년)
(i) 피해자가 그 손해 및 가해자를 안 날(주관적 기산점)로부터 3년(민법 제766조 제1항), (ii) 불법행위가 이루어진 날(객관적 기산점)로부터 *(A: 5 / B: 10)* 년(국가재정법 제96조 제1항) 중 이른 날

② '민간인 집단희생사건', '중대한 인권침해·조작의혹사건' –
(A: 피해자가 그 손해 및 가해자를 안 날(주관적 기산점)로부터 3년 / B: 불법행위가 이루어진 날(객관적 기산점)로부터 5년) (2014헌바148)

기출문제로 점검하기

01 공무원의 직무상 위법행위로 인한 손해배상에 대한 설명으로 가장 옳은 것은? 　　24. 군무원 9급

① 국가의 철도운행사업은 국가가 공권력의 행사로서 하는 것이 아니고 사경제적 작용이라 할 것이므로, 이로 인한 사고에 공무원이 간여하였다고 하더라도 「국가배상법」을 적용할 것이 아니고 일반 민법의 규정에 따라야 한다.
② 행정지도와 같은 비권력적 사실행위는 공무원의 직무행위의 범위에 속하지 아니한다.
③ 항고소송에서 처분이 위법하다고 확인되었다면, 국가배상청구소송에서 바로 처분을 한 공무원의 과실이 인정된다.
④ 공무원에게 경과실이 있는 경우 피해자에게 민사책임을 지지 않지만 만일 공무원이 피해자에게 배상했다면 국가에 대해 구상할 수는 없다.

손해배상

사경제작용은 직무행위 요건을 충족하지 않아 국가배상법이 적용되지 않는다. 반면, 승강장, 대합실 등 철도시설물의 설치 또는 관리의 하자로 인한 손해배상청구의 경우에는 국가배상법이 적용된다.

선지분석

④ 타인의 채무를 변제한 것이므로, 피해자에게 반환을 구할 것이 아니라, 국가에게 구상권을 행사한다.

답 ①

02 국가배상책임의 요건에 대한 설명으로 옳지 않은 것은? (다툼이 있는 경우 판례에 의함)
23. 소방

① 「국가배상법」이 정한 손해배상청구의 요건인 '공무원의 직무'에는 국가나 지방자치단체의 권력적 작용뿐만 아니라 비권력적 작용도 포함되지만 단순한 사경제의 주체로서 하는 작용은 포함되지 않는다.
② 공무원에게 부과된 직무상 의무의 내용이 전적으로 또는 부수적으로 사회구성원 개인의 안전과 이익을 보호하기 위하여 설정된 것이라면, 그와 같은 의무를 위반함으로 인하여 피해자가 입은 손해에 대하여는 상당인과관계가 인정되는 범위 내에서 배상책임이 성립한다.
③ 항고소송에서 위법한 것으로서 취소된 행정처분이 객관적 정당성을 상실하였다고 인정될 정도에 이른 것이 아닌 경우, 당해 행정처분은 공무원의 고의 또는 과실에 의한 불법행위를 구성하게 된다.
④ 공무원 개인이 지는 손해배상책임에서 중과실이란 공무원에게 통상 요구되는 정도의 상당한 주의를 하지 않더라도 약간의 주의를 한다면 손쉽게 위법·유해한 결과를 예견할 수 있는 경우임에도 만연히 이를 간과한 경우와 같이, 거의 고의에 가까운 현저한 주의를 결여한 상태를 의미한다.

국가배상책임의 요건
처분에 대한 취소판결이 확정되었다고 하여 곧바로 그 기판력이 국가배상청구소송에 미치지는 않는다.

선지분석
② 공무원에게 부과된 직무상 의무의 내용이 단순히 공공 일반의 추상적 이익을 위한 것이거나 행정기관 내부의 질서를 규율하기 위한 것이 아니고 전적으로 또는 부수적으로 사회구성원 개인의 구체적 안전과 이익을 보호하기 위하여 설정된 것이라면, 공무원이 그와 같은 직무상 의무를 위반함으로 인하여 개인이 입게 된 손해에 대하여는 상당인과관계가 인정되는 범위 안에서 국가가 그 손해배상책임을 부담하여야 할 것이다(대판 1998.9.22. 98다2631).

답 ③

03 행정상 손해배상에 대한 설명으로 옳지 않은 것은?
23. 군무원 9급

① 「국가배상법」이 정한 손해배상청구의 요건인 '공무원의 직무'에는 국가나 지방자치단체의 권력적 작용뿐만 아니라 비권력적 작용으로서 단순한 사경제의 주체로서 하는 작용도 포함된다.
② 「국가배상법」 제5조 제1항에 정하여진 '영조물의 설치 또는 관리의 하자' 요건에서 안전성을 갖추지 못한 상태의 의미에는 그 영조물이 공공의 목적에 이용됨에 있어 그 이용상태 및 정도가 일정한 한도를 초과하여 제3자에게 사회통념상 수인할 것이 기대되는 한도를 넘는 피해를 입히는 경우까지 포함된다.
③ 외국인이 피해자인 경우에는 해당 국가와 상호 보증이 있을 때에만 「국가배상법」이 적용되는데, 이때 상호보증의 요건 구비를 위해 반드시 당사국과의 조약이 체결되어 있을 필요는 없다.
④ 「국가배상법」에 따른 손해배상의 소송은 배상심의회에 배상신청을 하지 아니하고도 제기할 수 있다.

행정상 손해배상
사경제작용은 포함되지 않는다.

선지분석
② 사격장, 공항 등의 소음피해로 인한 하자는 수인한도 초과 여부를 기준으로 삼는다.
③ 상호보증이 있어야 하고, 그 예시로는 조약, 실제 사례, 기대가능성(제도적 유사성) 3가지가 있다.

답 ①

04 영조물의 설치·관리상 하자로 인한 손해배상에 대한 설명으로 가장 옳지 않은 것은?

22. 군무원 9급

① 공공의 영조물은 사물(私物)이 아닌 공물(公物)이어야 하지만, 공유나 사유임을 불문하고 행정주체에 의하여 특정 공공의 목적에 공여된 유체물이면 족하다.
② 도로의 설치 및 관리에 있어 완전무결한 상태를 유지할 정도의 고도의 안전성을 갖추지 아니 하였다고 하여 하자가 있다고 단정할 수는 없고, 그것을 이용하는 자의 상식적이고 질서 있는 이용 방법을 기대한 상대적인 안전성을 갖추는 것으로 족하다.
③ 하천의 홍수위가 「하천법」상 관련규정이나 하천정비계획 등에서 정한 홍수위를 충족하고 있다고 해도 하천이 범람하거나 유량을 지탱하지 못해 제방이 무너지는 경우는 안전성을 결여한 것으로 하자가 있다고 본다.
④ 공군에 속한 군인이나 군무원의 경우 일반인에 비하여 공군비행장 주변의 항공기 소음 피해에 관하여 잘 인식하거나 인식할 수 있는 지위에 있다는 이유만으로 가해자가 면책되거나 손해 배상액이 감액되지는 않는다.

손해배상
제방이 계획홍수위를 충족하고 있다면 설령 홍수가 발생하여 강물이 범람하였어도 하자가 없는 것으로 본다.

선지분석
④ 공군 소속이라는 이유만으로 소음 공해를 알고 접근한 것으로 보지 않는다.

답 ③

05 「국가배상법」의 내용에 대한 설명으로 옳지 않은 것은?

21. 군무원 9급

① 국가나 지방자치단체는 공무를 위탁받은 사인이 직무를 집행하면서 고의 또는 과실로 법령을 위반하여 타인에게 손해를 입힌 때에는 「국가배상법」에 따라 그 손해를 배상하여야 한다.
② 도로·하천, 그 밖의 공공의 영조물(營造物)의 설치나 관리에 하자(瑕疵)가 있기 때문에 타인에게 손해를 발생하게 하였을 때에는 국가나 지방자치단체는 그 손해를 배상하여야 한다. 이 경우 군인·군무원의 2중배상금지에 관한 규정은 적용되지 않는다.
③ 직무를 집행하는 공무원에게 고의 또는 중대한 과실이 있으면 국가나 지방자치단체는 그 공무원에게 구상(求償)할 수 있다.
④ 군인·군무원이 전투·훈련 등 직무 집행과 관련하여 전사(戰死)·순직(殉職)하거나 공상(公傷)을 입은 경우에 본인이나 그 유족이 다른 법령에 따라 재해보상금·유족연금·상이연금 등의 보상을 지급 받을 수 있을 때에는 「국가배상법」 및 「민법」에 따른 손해배상을 청구할 수 없다.

국가배상법
국가배상법 제5조【공공시설 등의 하자로 인한 책임】① 도로·하천, 그 밖의 공공의 영조물(營造物)의 설치나 관리에 하자(瑕疵)가 있기 때문에 타인에게 손해를 발생하게 하였을 때에는 국가나 지방자치단체는 그 손해를 배상하여야 한다. 이 경우 제2조 제1항 단서, 제3조 및 제3조의2를 준용한다.

선지분석
① 공법인과 달리, 공무수탁사인은 국가배상법상 공무원에 포함된다.

답 ②

06 「국가배상법」상의 배상책임에 대한 설명으로 옳은 것은?

23. 군무원 7급

① 국가배상법상 손해배상의 소송은 배상심의회의 배상심의를 거치지 아니하면 이를 제기할 수 없다.
② 공익근무요원도 「국가배상법」 제2조 제1항 단서의 이중배상이 금지되는 자에 해당한다.
③ 피해자에게 직접 손해를 배상한 경과실이 있는 공무원은 국가에 대해 구상권을 행사할 수 없다.
④ 국가배상청구권은 피해자나 법정대리인이 손해 및 가해자를 안 날로부터 3년간, 불법행위가 있은 날로부터 5년간 이를 행사하지 않으면 시효로 인하여 소멸된다.

배상책임
불법행위가 있은 날로부터 10년이 아님을 유의하여야 한다.

선지분석
①
> 국가배상법 제9조 【소송과 배상신청의 관계】 이 법에 따른 손해배상의 소송은 배상심의회(이하 "심의회"라 한다)에 배상신청을 하지 아니하고도 제기할 수 있다.

② 공익근무요원, 경비교도대원은 제외되고, 전투경찰순경은 포함된다.

답 ④

07 국가배상에 대한 설명으로 옳지 않은 것은? (다툼이 있는 경우 판례에 의함)

25. 소방

① 어떠한 행정처분이 후에 항고소송에서 취소되었다면 그 기판력에 의하여 당해 행정처분은 곧바로 공무원의 고의 또는 과실로 인한 것으로서 불법행위를 구성한다.
② 국가배상책임은 공무원의 직무집행이 법령에 위반한 것임을 요건으로 하는 것으로서, 공무원의 직무집행이 법령이 정한 요건과 절차에 따라 이루어진 것이라면 특별한 사정이 없는 한 그 과정에서 개인의 권리가 침해되는 일이 생긴다고 하여 법령 적합성이 곧바로 부정되는 것은 아니다.
③ 공무원이 자기를 위하여 자동차를 운행하지 않고 직무를 집행하기 위하여 국가소유의 관용차를 운행하다가 다른 사람을 사망하게 하거나 부상하게 한 때에는 해당 공무원은 「자동차손해배상보장법」상 손해배상책임의 주체가 될 수 없다.
④ 「국가배상법」은 외국인이 피해자인 경우에는 해당 국가와 상호 보증이 있을 때에만 적용한다.

국가배상
처분 취소판결의 기판력은 국가배상소송에 미치지 않는다.

선지분석
② 결과만을 두고 곧바로 행위의 위법성을 단정 짓지 않겠다는 취지에 해당한다.
③ 국가배상법이 적용되므로, 공무원 개인은 면책된다.

답 ①

08 **국가배상책임에 대한 설명으로 옳지 않은 것은? (다툼이 있는 경우 판례에 의함)** 24. 소방

① 영조물이 그 설치 및 관리에 있어 완전무결한 상태를 유지할 정도의 고도의 안전성을 갖추지 아니하였다고 하여 하자가 있다고 단정할 수는 없고, 영조물 이용자의 상식적이고 질서 있는 이용 방법을 기대한 상대적인 안전성을 갖추는 것으로 족하다.

② '영조물의 설치나 관리의 하자'란 공공의 목적에 공여된 영조물이 그 용도에 따라 갖추어야 할 안전성을 갖추지 못한 상태에 있음을 말하고, 여기서 안전성을 갖추지 못한 상태란 그 영조물을 구성하는 물적 시설 자체에 있는 물리적·외형적 흠결이나 불비로 인하여 그 이용자에게 위해를 끼칠 위험성이 있는 경우에 한한다.

③ 대법원의 판단으로 관계 법령의 해석이 확립되고 이어 상급 행정기관 내지 유관 행정부서로부터 시달된 업무지침이나 업무연락 등을 통하여 이를 충분히 인식할 수 있게 된 상태에서, 확립된 법령의 해석에 어긋나는 견해를 고집하여 계속하여 위법한 행정처분을 하거나 이에 준하는 행위로 평가될 수 있는 불이익을 처분상대방에게 주게 된다면, 이는 그 공무원의 고의 또는 과실로 인한 것이 되어 그 손해를 배상할 책임이 있다.

④ 상위 지방자치단체가 하위 지방자치단체장에게 영조물의 설치·관리 권한을 기관위임한 경우(단, 비용은 상위 지방자치단체가 부담하기로 함), 하위 지방자치단체장이 기관위임사무로 설치·관리하는 영조물의 하자로 타인에게 손해를 발생하게 한 경우에는 권한을 위임한 상위 지방자치단체가 그 손해배상책임을 진다.

국가배상책임

사격장, 공항 등의 소음피해로 인한 하자는 수인한도 초과 여부를 기준으로 삼는다.

선지분석

④ 원칙적으로 상위 지자체가 사무귀속주체로서 2조 또는 5조의 책임을 지고, 하위 지자체는 비용부담자로서 6조에 따른 책임을 추가로 부담한다는 취지이다.

답 ②

해커스공무원 학원·인강
gosi.Hackers.com

해커스공무원 김대현 행정법총론 워크북

제7편
손실보상

제1장 적법행위로 인한 손실보상
제2장 토지수용 등에 따른 보상
기출문제로 점검하기

제1장 | 적법행위로 인한 손실보상

구분	국가배상	손실보상
차이점	(A: *위법행위* / B: *적법행위*)	(A: *위법행위* / B: *적법행위*)
	(A: *민사소송* / B: *당사자소송*)	(A: *민사소송* / B: *당사자소송*)
	(일반)법 ○	(일반)법 ×
공통점	피고: 주로 (A: *행정주체* / B: 행정청)	

01 의의

헌법 제23조 ① 모든 국민의 재산권은 보장된다. 그 내용과 한계는 법률로 정한다.
② 재산권의 행사는 공공복리에 적합하도록 하여야 한다.
③ 공공필요에 의한 재산권의 수용·사용 또는 제한 및 그에 대한 보상은 (*법률*)로써 하되, (A: ***정당한*** / B: ***상당한***) 보상을 지급하여야 한다.

24. 지방직 9급 공공필요에 의한 재산권의 수용·사용 또는 제한 및 그에 대한 보상은 법률로써 하되, 정당한 보상을 지급하여야 한다. (○)

02 손실보상청구권의 법적 성격(공권)

관련판례 하천법에 따른 손실보상 – 당사자소송 (2004다6207)

구분	구분	적용 규정	소송 유형
구법	보상규정 ×	하천법 내 다른 규정 (*유추적용*)	민사소송
신법	보상규정 ○	보상규정 직접 적용	(*당사자*)소송

① 하천법 규정들에 의한 손실보상청구권은 모두 종전의 하천법 규정 자체에 의하여 하천구역으로 편입되어 국유로 되었으나 그에 대한 보상규정이 없었거나 보상청구권이 시효로 소멸되어 보상을 받지 못한 토지들에 대하여, 국가가 반성적 고려와 국민의 권리구제 차원에서 그 손실을 보상하기 위하여 규정한 것으로서, 그 법적 성질은 하천법 본칙이 원래부터 규정하고 있던 하천구역에의 편입에 의한 손실보상청구권과 하등 다를 바가 없는 것이어서 (A: *사법* / B: ***공법***)상의 권리임이 분명하므로 그에 관한 쟁송도 (*행정*)소송절차에 의하여야 한다.

② 위 규정들에 의한 손실보상청구권은 1984.12.31. 전에 토지가 하천구역으로 된 경우에는 (A: ***당연히 발생되는 것이므로*** / B: *관리청의 보상금지급결정에 의하여 비로소 발생하는 것이므로*), 위 규정들에 의한 손실보상금의 지급을 구하거나 손실보상청구권의 확인을 구하는 소송은 행정소송법 제3조 제2호 소정의 (*당사자*)소송에 의하여야 한다.

24. 지방직 9급 「하천법」 부칙과 이에 따른 특별조치법이 하천구역으로 편입된 토지에 대하여 손실보상청구권을 규정하였다고 하더라도 당해 법률규정이 아니라 관리청의 보상금지급결정에 의하여 비로소 손실보상청구권이 발생한다. (×)
▶ 입법수용의 경우, 법률상 요건이 충족되면 곧바로 권리가 발생한다.

03 요건

① 적법한 ② 행정작용(사실행위 포함)으로 인해 ③ 재산권 *(A: **공법상, 사법상 권리 불문** / B: **기대이익, 반사이익, 경제적 기회 포함**)*의 ④ 침해가 발생하여 ⑤ 국민에게 특별한 희생이 요구되는 경우라면 손실보상을 청구할 수 있다.

> 24. **국가직 9급** 영업을 하기 위해 투자한 비용이나 그 영업을 통해 얻을 것으로 기대되는 이익에 대한 손실은 영업손실보상의 대상이 된다고 할 수 없다. (○)

> **토지보상법 제67조【보상액의 가격시점 등】** ① 보상액의 산정은 협의에 의한 경우에는 협의 성립(당시)의 가격을, 재결에 의한 경우에는 수용 또는 사용의 재결(당시)의 가격을 기준으로 한다.
> ② 보상액을 산정할 경우에 *(A: **해당** / B: **다른**)* 공익사업으로 인하여 토지등의 가격이 변동되었을 때에는 이를 고려하지 아니한다.
>
> 24. **국가직 7급** 보상액을 산정할 경우에 해당 공익사업으로 인하여 토지등의 가격이 변동되었을 때에는 이를 고려하여야 한다. (×)
> ▶ 개발이익은 배제한다.
> 21. **국가직 7급** 공익사업시행으로 인한 개발이익은 완전보상의 범위에 포함되는 피수용 토지의 객관적 가치 내지 피수용자의 손실에 해당한다. (×)
> ▶ 개발이익은 배제한다.

📖 관련판례

1. 최신 공시지가를 기준으로 함 (2006헌바79)

    토지수용법 제46조 제3항은 공시지가의 기준시점에 관한 조항인바, 손실보상액 산정의 기준이 되는 공시지가는 사업인정고시일 전의 시점을 공시기준일로 하는 공시지가로서, 당해 토지의 협의성립 또는 재결 당시 공시된 공시지가 중 당해 사업인정의 고시일에 가장 근접한 시점에 공시된 공시지가로 하도록 규정한 것은, 시점 보정의 기준이 되는 공시지가에 개발이익이 포함되는 것을 방지하기 위한 것으로서 (개발이익)이 배제된 손실보상액을 산정하는 적정한 수단에 해당된다.

2. 개별공시지가가 아닌, (표준지)공시지가를 기준으로 해도 무방 (2000헌바31)

공익사업을 위한 토지 등의 취득 및 보상에 관한 법률 제64조【개인별 보상】 손실보상은 토지소유자나 관계인에게 *(A: 개인 / B: 물건)* 별로 하여야 한다. 다만, 개인별로 보상액을 산정할 수 없을 때에는 그러하지 아니하다.

21. 국가직 7급 「공익사업을 위한 토지 등의 취득 및 보상에 관한 법률」에 따른 보상은 토지소유자나 관계인 개인별로 하는 것이 아니라 수용 또는 사용의 대상이 되는 물건별로 행해지는 것이다. (×)

▶ 개인별로 보상이 원칙이다.

제65조【일괄보상】 사업시행자는 동일한 사업지역에 보상시기를 달리하는 동일인 소유의 토지등이 여러 개 있는 경우 토지소유자나 관계인이 요구할 때에는 *(A: 단계적으로 / B: 한꺼번에)* 보상금을 지급하도록 하여야 한다.

23. 국가직 9급 사업시행자는 동일한 사업지역에 보상시기를 달리하는 동일인 소유의 토지등이 여러 개 있는 경우 토지등의 소유자가 일괄보상을 요구하더라도 「공익사업을 위한 토지 등의 취득 및 보상에 관한 법률」에 따라 단계적으로 보상금을 지급하여야 한다. (×)

▶ 개인별 보상이므로, 일괄적으로 지급하여야 한다.

04 보상규정 흠결시 손실보상 방법

관련판례

1. *(A: 대법원 / B: 헌재)* 보상규정 ×시 유추적용 (99다27231)
   공공사업의 시행 결과 그 공공사업의 시행이 기업지 (밖)에 미치는 *(A: 간접 / B: 직접)* 손실에 관하여 그 피해자와 사업시행자 사이에 협의가 이루어지지 아니하고 그 보상에 관한 명문의 근거 법령이 없는 경우라고 하더라도, ① 공공사업의 시행으로 인하여 그러한 손실이 발생하리라는 것을 쉽게 (예견)할 수 있고, ② 그 손실의 범위도 구체적으로 이를 (특정)할 수 있는 경우라면 그 손실의 보상에 관하여 공공용지의 취득 및 손실보상에 관한 특례법 시행규칙의 관련 규정 등을 *(A: 유추 / B: 직접)* 적용할 수 있다고 해석함이 상당하다.

2. *(A: 대법원 / B: 헌재)* 보상입법 "기다려" (89헌마214)
   도시계획법 제21조에 규정된 개발제한구역제도 그 자체는 원칙적으로 합헌적인 규정인데, 다만 개발제한구역이 지정으로 말미암아 일부 토지소유자에게 사회적 제약의 범위를 넘는 가혹한 부담이 발생하는 예외적인 경우에 대하여 (보상규정)을 두지 않은 것에 위헌성이 있는 것이고,
   ① (입법자)는 되도록 빠른 시일 내에 보상입법을 하여 위헌적 상태를 제거할 의무가 있고, ② 행정청은 보상입법이 마련되기 전에는 (새로) 개발제한구역을 지정하여서는 아니되며, ③ 토지소유자는 *(A: 보상입법을 기다려 그에 따른 권리행사를 할 수 있을 뿐이다 / B: 개발제한구역의 지정이나 그에 따른 토지재산권의 제한 그 자체의 효력을 다투거나 위 조항에 위반하여 행한 자신들의 행위의 정당성을 주장할 수 있다)*.

제2장 토지수용 등에 따른 보상

05 공익사업을 위한 토지 등의 취득 및 보상에 관한 법률

1. 토지수용의 절차
(1) 사업인정

> **관련판례**
>
> **1. 사업인정의 의의 및 성질 (2017두71031)**
>   ① 사업인정이란 공익사업을 토지 등을 수용 또는 사용할 사업으로 결정하는 것으로서 공익사업의 시행자에게 그 후 일정한 절차를 거칠 것을 조건으로 일정한 내용의 수용권을 (설정)하여 주는 형성행위이다.
>
> **23. 지방직 9급** 사업인정은 공익사업의 시행자에게 그 후 일정한 절차를 거칠 것을 조건으로 일정한 내용의 수용권을 설정하여 주는 형성행위이다. (O)
>
>   ② 공익사업을 수행하여 공익을 실현할 (의사나 능력)이 없는 자에게 타인의 재산권을 공권력적·강제적으로 박탈할 수 있는 수용권을 설정하여 줄 수는 없으므로, 사업시행자에게 해당 공익사업을 수행할 (의사와 능력)이 있어야 한다는 것도 사업인정의 한 요건이라고 보아야 한다.
>
> **23. 국가직 7급** 사업인정은 공익사업의 시행자에게 일정한 절차를 거칠 것을 조건으로 일정한 내용의 수용권을 설정하여 주는 형성행위이며, 사업시행자에게 해당 공익사업을 수행할 의사와 능력이 있어야 한다는 것도 사업인정의 한 요건이 된다. (O)
>
> **21. 국가직 7급** 사업시행자가 해당 공익사업을 수행할 의사와 능력이 있어야 한다는 것은 사업인정의 요건에 해당한다. (O)
>
> **24. 지방직 7급** 사업시행자에게 해당 공익사업을 수행할 의사와 능력이 있어야 한다는 것은 사업인정의 한 요건이라고 보아야 한다. (O)
>
> **2. (민간기업)(건설사)도 토지수용의 주체가 될 수 있음 (2007헌바114)**
>   헌법 제23조 제3항은 정당한 보상을 전제로 하여 재산권의 수용 등에 관한 가능성을 규정하고 있지만, 재산권 수용의 주체를 한정하지 않고 있다. 따라서 위 수용 등의 주체를 국가 등의 공적 기관에 한정하여 해석할 이유가 없다. 그렇다면 (민간기업)을 수용의 주체로 규정한 자체를 두고 위헌이라고 할 수 없다.
>
> **21. 국가직 7급** 공용수용은 공공필요에 부합하여야 하므로, 수용 등의 주체를 국가 등의 공적 기관에 한정하여야 한다. (X)
>   ▶ 사업인정을 통해 민간기업도 수용 및 보상의 주체가 될 수 있다.

3. 보상의 주체

> **공익사업을 위한 토지 등의 취득 및 보상에 관한 법률 제40조【보상금의 지급 또는 공탁】** ① (사업시행자)는 제38조 또는 제39조에 따른 사용의 경우를 제외하고는 수용 또는 사용의 개시일(토지수용위원회가 재결로써 결정한 수용 또는 사용을 시작하는 날을 말한다. 이하 같다)까지 관할 토지수용위원회가 재결한 보상금을 지급하여야 한다.
>
> > 24. **국가직 7급** 공익사업에 필요한 토지등의 취득 또는 사용으로 인하여 토지소유자나 관계인이 입은 손실은 사업시행자가 보상하여야 한다. (O)
>
> ② 사업시행자는 다음 각 호의 어느 하나에 해당할 때에는 수용 또는 사용의 개시일까지 수용하거나 사용하려는 토지등의 소재지의 공탁소에 보상금을 (공탁)할 수 있다.
> 1. 보상금을 받을 자가 그 수령을 거부하거나 보상금을 수령할 수 없을 때
> 2. 사업시행자의 과실 없이 보상금을 받을 자를 알 수 없을 때
> 3. 관할 토지수용위원회가 재결한 보상금에 대하여 사업시행자가 불복할 때
> 4. 압류나 가압류에 의하여 보상금의 지급이 금지되었을 때
>
> **제63조【*(A: 현금 / B: 현물보상 등)*】** ① 손실보상은 다른 법률에 특별한 규정이 있는 경우를 제외하고는 *(A: 현금 / B: 현물)*으로 지급하여야 한다.

(2) 조서 작성

(3) 당사자 간 협의
   ① 의의
   ② 효과

구분	협의	(수용)재결
성질	*(A: 사법 / B: 공법)*상의 계약 (대집행 ✗)	*(A: 원처분 / B: 재결)*
취득방식	원칙: *(A: 승계 / B: 원시)* 취득 예외: 협의성립의 (확인)(공증) → 원시취득 = (수용)재결	*(A: 승계 / B: 원시)* 취득

> 23. **국가직 7급** 사업시행자가 「공증인법」에 따른 공증을 받아 협의 성립의 확인을 신청한 경우, 그 신청이 수리되면 협의 성립이 확인이 있었던 것으로 간주되고 그에 관한 재결이 있었던 것으로 재차 의제되므로 그에 따라 사업시행자는 사법상 매매의 효력만을 갖는 협의취득과는 달리 확인대상 토지를 수용재결의 경우와 동일하게 원시취득하는 효과를 누리게 된다. (O)

관련판례

1. (협의취득)에 따라 규정한 철거의무 (2006두7096)

행정대집행법상 대집행의 대상이 되는 대체적 작위의무는 공법상 의무이어야 할 것인데, 구 공공용지의 취득 및 손실보상에 관한 특례법에 따른 토지 등의 (협의취득)은 공공사업에 필요한 토지 등을 그 소유자와의 협의에 의하여 취득하는 것으로서 공공기관이 사경제주체로서 행하는 사법상 매매 내지 사법상 계약의 실질을 가지는 것이므로, 그 (협의취득)시 건물소유자가 매매대상 건물에 대한 철거의무를 부담하겠다는 취지의 약정을 하였다고 하더라도 이러한 철거의무는 공법상의 의무가 될 수 없고, 이 경우에도 행정(대집행)법을 준용하여 (대집행)을 허용하는 별도의 규정이 없는 한 위와 같은 철거의무는 행정(대집행)법에 의한 (대집행)의 대상이 되지 않는다.

> **24. 국가직 9급** 공익사업을 위한 토지 등의 취득 및 보상에 관한 법령에 의한 협의취득은 사법상의 법률행위이지만 당사자 사이의 자유로운 의사에 따라 채무불이행책임이나 매매대금 과부족금에 대한 지급의무를 약정할 수 있는 것은 아니다. (×)
> ▶ 사법상 매매계약이므로 계약자유의 원칙이 적용된다.
>
> **23. 국가직 9급** 「공익사업을 위한 토지 등의 취득 및 보상에 관한 법률」상 사업시행자와 토지소유자 사이의 협의취득에 대한 분쟁은 민사소송으로 다투어야 한다. (○)
>
> **24. 지방직 7급** 「공익사업을 위한 토지 등의 취득 및 보상에 관한 법률」에 의한 보상을 하면서 손실보상금에 관한 당사자 간의 합의가 성립한 경우, 그 보상합의는 공공기관이 사경제주체로서 행하는 사법상 계약의 실질을 가진다. (○)

2. 사적자치이므로 법령상 기준에 구애 받지 아니함 (2012다3517)

공익사업법에 의한 보상을 하면서 손실보상금에 관한 당사자 간의 합의가 성립하면 그 합의 내용대로 구속력이 있고, 손실보상금에 관한 합의 내용이 공익사업(법)에서 정하는 손실보상 기준에 맞지 않는다고 하더라도 합의가 적법하게 취소되는 등의 특별한 사정이 없는 한 (추가로) 공익사업법상 기준에 따른 손실보상금 청구를 할 수는 없다.

3. 수용재결 이후 협의취득 가능 여부 (2016두64241)

토지보상법은 사업시행자로 하여금 우선 협의취득 절차를 거치도록 하고, 협의가 성립되지 않거나 협의를 할 수 없을 때에 수용재결취득 절차를 밟도록 예정하고 있(A: 기는 하나, 토지수용위원회의 수용재결이 있은 후라고 하더라도 토지소유자 등과 사업시행자가 다시 협의하여 토지 등의 취득이나 사용 및 그에 대한 보상에 관하여 임의로 계약을 체결할 수 있다고 보아야 한다 / B: 으므로, 토지수용위원회의 수용재결이 있은 후라면 토지소유자 등과 사업시행자가 다시 협의하여 토지 등의 취득이나 사용 및 그에 대한 보상에 관하여 임의로 계약을 체결할 수는 없다).

> **23. 국가직 7급** 토지수용위원회의 수용재결이 있은 후에도 토지소유자 등과 사업시행자는 다시 협의하여 토지 등의 취득이나 사용 및 그에 대한 보상에 관하여 임의로 계약을 체결할 수 있다. (○)
>
> **22. 지방직 7급** 토지수용위원회의 수용재결이 있은 후에는 토지소유자 등과 사업시행자가 다시 협의하여 토지 등의 취득이나 사용 및 그에 대한 보상에 관하여 임의로 계약을 체결할 수 없다. (×)
> ▶ 법이 정한 순서에도 불구하고, 재결 이후 협의취득이 가능하다고 본다.

(4) (수용)재결
① 의의 및 성질

> **관련판례** 사업인정과 수용재결 간의 하자 승계 여부 (87누395)
>
> 사업인정단계에서의 하자를 다투지 아니하여 이미 쟁송기간이 도과한 수용재결단계에 있어서는 위 사업인정처분에 중대하고 명백한 하자가 있어 당연무효라고 볼만한 특단의 사정이 없다면 그 처분의 불가쟁력에 의하여 사업인정처분의 위법·부당함을 이유로 수용재결처분의 취소를 구할 수 *(A: 없다 / B: 있다)*.

② 처분청

> 공익사업을 위한 토지 등의 취득 및 보상에 관한 법률 제51조【관할】① 제49조에 따른 *(A: 중앙 / B: 지방)* 토지수용위원회는 다음 각 호의 사업의 재결에 관한 사항을 관장한다.
> 1. 국가 또는 시·도가 사업시행자인 사업
> 2. 수용하거나 사용할 토지가 둘 이상의 시·도에 걸쳐 있는 사업
>
> ② 제49조에 따른 *(A: 중앙 / B: 지방)* 토지수용위원회는 제1항 각 호 외의 사업의 재결에 관한 사항을 관장한다.

③ 수용재결의 신청 및 청구

> 공익사업을 위한 토지 등의 취득 및 보상에 관한 법률 제23조【사업인정의 실효】① 사업시행자가 제22조 제1항에 따른 사업인정의 고시(이하 "사업인정고시"라 한다)가 된 날부터 1년 이내에 제28조 제1항에 따른 재결 *(A: 신청 / B: 청구)* 을/를 하지 아니한 경우에는 사업인정고시가 된 날부터 1년이 되는 날의 (다음 날)에 사업인정은 그 효력을 상실한다.

> **21. 국가직 7급** 사업시행자가 사업인정고시가 된 날부터 1년 이내에 재결신청을 하지 아니한 경우에는 사업인정고시가 된 날부터 1년이 되는 날의 다음 날에 사업인정은 그 효력을 상실한다. (○)

> ② 사업시행자는 제1항에 따라 사업인정이 실효됨으로 인하여 토지소유자나 관계인이 입은 (손실)을 보상하여야 한다.
>
> 제28조【재결의 신청】① 제26조에 따른 협의가 성립되지 아니하거나 협의를 할 수 없을 때(제26조 제2항 단서에 따른 협의 요구가 없을 때를 포함한다)에는 *(A: 사업시행자 / B: 토지소유자)* 는 사업인정고시가 된 날부터 1년 이내에 대통령령으로 정하는 바에 따라 관할 토지수용위원회에 재결을 (신청)할 수 있다.
>
> 제30조【재결 신청의 청구】① 사업인정고시가 된 후 협의가 성립되지 아니하였을 때에는 *(A: 사업시행자 / B: 토지소유자)* 는 대통령령으로 정하는 바에 따라 서면으로 *(A: 사업시행자 / B: 토지소유자)* 에게 재결을 신청할 것을 (청구)할 수 있다.

> **22. 지방직 7급** 토지소유자 등이 손실보상대상에 해당한다고 주장하며 보상을 요구하는데도 사업시행자가 손실보상대상에 해당하지 아니한다며 보상대상에서 이를 제외한 채 협의를 하지 않아 결국 협의가 성립하지 않은 경우, 토지소유자 등에게는 재결신청청구권이 인정된다. (○)

> **22. 지방직 7급** 사업시행자가 토지소유자 등의 재결신청의 청구를 거부하는 경우, 토지소유자 등은 민사소송의 방법으로 그 절차 이행을 구할 수 있다. (×)
> ▶ 거부처분에 대한 항고소송을 제기하여야 한다.

② 사업시행자는 제1항에 따른 청구를 받았을 때에는 그 청구를 받은 날부터 (60일) 이내에 대통령령으로 정하는 바에 따라 관할 토지수용위원회에 재결을 신청하여야 한다. 이 경우 수수료에 관하여는 제28조 제2항을 준용한다.

2. 수용재결에 대한 불복

(1) 이의신청(특별행정심판/임의적 절차)
① 의의

> 공익사업을 위한 토지 등의 취득 및 보상에 관한 법률 제83조 【이의의 신청】 ① *(A: 중앙 / B: 지방)* 토지수용위원회의 제34조에 따른 재결에 이의가 있는 자는 중앙토지수용위원회에 이의를 신청할 수 있다.
> ② 지방토지수용위원회의 제34조에 따른 재결에 이의가 있는 자는 해당 지방토지수용위원회를 (거쳐) 중앙토지수용위원회에 이의를 신청할 수 있다.
>
> > 22. 국가직 7급 甲이 수용재결에 이의가 있을 경우 경기도 지방토지수용위원회를 거쳐 중앙토지수용위원회에 이의를 신청할 수 있다. (○)
>
> ③ 제1항 및 제2항에 따른 이의의 신청은 재결서의 정본을 받은 날부터 (30)일 이내에 하여야 한다.
>
> 제84조 【이의신청에 대한 재결】 ① 중앙토지수용위원회는 제83조에 따른 이의신청을 받은 경우 제34조에 따른 재결이 위법하거나 부당하다고 인정할 때에는 그 재결의 전부 또는 일부를 (취소)하거나 보상액을 (변경)할 수 있다.

② 법적 성질 *(A: 이의신청 / B: 행정심판)*

> 22. 국가직 9급 「공익사업을 위한 토지 등의 취득 및 보상에 관한 법률」상 토지수용위원회의 수용재결에 이의가 있어 중앙토지수용위원회에 이의를 신청한 경우 「행정심판법」에 따른 행정심판을 제기할 수 없다. (○)

(2) 행정소송
① 불복 대상에 따른 소송 유형의 차이

> 공익사업을 위한 토지 등의 취득 및 보상에 관한 법률 제85조 【행정소송의 제기】 ① 사업시행자, 토지소유자 또는 관계인은 제34조에 따른 재결에 불복할 때에는 재결서를 받은 날부터 *(A: 60 / B: 90)* 일 이내에, 이의신청을 거쳤을 때에는 이의신청에 대한 재결서를 받은 날부터 *(A: 30 / B: 60)* 일 이내에 각각 행정소송을 제기할 수 있다.
>
> > 22. 국가직 7급 甲은 수용재결에 불복할 때에는 그 재결서를 받은 날부터 60일 이내에, 이의신청을 거쳤을 때에는 이의신청에 대한 재결서를 받은 날부터 30일 이내에 각각 행정소송을 제기하여야 한다. (×)
> > ▶ 구법 조문에 해당한다.
> > 23. 지방직 7급 사업시행자, 토지소유자 또는 관계인은 토지수용위원회의 재결에 불복할 때에는 재결서를 받은 날부터 90일 이내에, 이의신청을 거쳤을 때에는 이의신청에 대한 재결서를 받은 날부터 60일 이내에 각각 행정소송을 제기할 수 있으며, 이 경우 행정소송의 제기는 사업의 진행 및 토지의 수용 또는 사용을 정지시키지 아니한다. (○)

② 제1항에 따라 제기하려는 행정소송이 보상금의 (증감)에 관한 소송인 경우 그 소송을 제기하는 자가 토지소유자 또는 관계인일 때에는 사업시행자를, 사업시행자일 때에는 토지소유자 또는 관계인을 각각 피고로 한다.

> **24. 국가직 9급** 토지소유자가 손실보상금의 액수를 다투고자 하는 경우 토지수용위원회가 아니라 사업시행자를 상대로 보상금의 증액을 구하는 소송을 제기해야 한다. (○)
>
> **22. 국가직 9급** 甲은 보상금 증액을 위해 A를 상대로 손실보상을 구하는 민사소송을 제기할 수 있다. (×)
> ▶ 당사자소송을 제기한다.
>
> **22. 국가직 9급** 甲이 수용 자체를 다투는 경우 관할 지방토지수용위원회를 상대로 수용재결에 대하여 취소소송을 제기할 수 있다. (○)
>
> **24. 국가직 7급** 토지소유자가 제기하는 행정소송이 보상금의 증감에 관한 소송인 경우 사업시행자를 피고로 한다. (○)
>
> **22. 국가직 7급** 甲이 수용재결에 대하여 중앙토지수용위원회의 이의재결을 거친 후 취소소송을 제기할 경우, 이의재결에 고유한 위법이 없는 경우에도 중앙토지수용위원회를 피고로 하여 수용재결의 취소를 구하여야 한다. (×)
> ▶ 원처분주의에 따라 수용재결을 대상으로 소송을 제기한다.
>
> **22. 국가직 7급** 甲이 보상금의 증액청구를 하고자 하는 경우에는 경기도 지방토지수용위원회를 피고로 하여 당사자소송을 제기하여야 한다. (×)
> ▶ 사업시행자가 피고적격을 갖는다.
>
> **21. 국가직 7급** 「공익사업을 위한 토지 등의 취득 및 보상에 관한 법률」상 보상금 증액소송은 처분청인 토지수용위원회를 피고로 한다. (×)
> ▶ 사업시행자가 피고적격을 갖는다.
>
> **24. 지방직 9급** 「공익사업을 위한 토지 등의 취득 및 보상에 관한 법률」상 보상금의 증감에 관한 소송인 경우 그 소송을 제기하는 자가 토지소유자 또는 관계인일 때에는 지방토지수용위원회 또는 중앙토지수용위원회를 피고로 한다. (×)
> ▶ 사업시행자가 피고적격을 갖는다.
>
> **24. 지방직 9급** 수용재결에 불복하여 취소소송을 제기하는 때에는 이의신청을 거친 경우에도 수용재결을 한 중앙토지수용위원회 또는 지방토지수용위원회를 피고로 하여 수용재결의 취소를 구하여야 하지만, 이의신청에 대한 재결 자체에 고유한 위법이 있는 경우에는 그 이의재결을 한 중앙토지수용위원회를 피고로 하여 이의재결의 취소를 구할 수 있다. (○)
>
> **24. 지방직 7급** 보상금 증감에 관한 행정소송의 경우 그 소송을 제기하는 자가 토지소유자일 때에는 사업시행자와 관할 토지수용위원회를, 사업시행자일 때에는 토지소유자와 관할 토지수용위원회를 각각 피고로 한다. (×)
> ▶ 당사자소송이므로 행정청인 토지수용위원회는 당사자적격을 갖지 않는다.

제88조【처분효력의 (부정지)】 제83조에 따른 이의의 신청이나 제85조에 따른 행정소송의 제기는 사업의 진행 및 토지의 수용 또는 사용을 정지(A: *시키지 아니한다* / B: *시킨다*).

> **22. 국가직 9급** 甲이 수용재결에 대하여 이의신청을 제기하면 사업의 진행 및 토지의 수용 또는 사용을 정지시키는 효력이 있다. (×)
> ▶ 집행부정지 원칙이 적용된다.
>
> **23. 지방직 9급** 토지수용위원회의 재결에 대한 토지소유자의 행정소송 제기는 사업의 진행 및 토지의 수용 또는 사용을 정지시키지 아니한다. (○)

구분	소송유형	당사자		
		원고	피고	
수용 그 자체 (수용여부/ 범위/시기)	(A: 항고 / B: 당사자) 소송	토지소유자 or 사업시행자	대상	수용 재결	(관할) 토수위 (지방 or 중앙)
				이의 재결	(중앙) 토수위
보상금 증감	(당사자) 소송	(증액)	토지소유자	사업시행자	
		(감액)	사업시행자	토지소유자	

② 보상금증감청구 소송의 특징 - (형식적) 당사자소송

> **관련판례**
>
> 1. (보상항목) 누락 → *(A: 항고소송 / B: 당사자소송)* (2017두275)
>
>   어떤 (보상항목)이 토지보상법령상 손실보상대상에 해당하는데도 관할 토지수용위원회가 사실을 오인하거나 법리를 오해함으로써 손실보상대상에 해당하지 않는다고 잘못된 내용의 재결을 한 경우에는, 피보상자는 *(A: 관할 토지수용위원회를 상대로 그 재결에 대한 취소소송을 제기하여야 한다 / B: 사업시행자를 상대로 토지보상법 제85조 제2항에 따른 보상금 증감의 소를 제기하여야 한다).*
>
>   24. **국가직 9급** 어떤 보상항목이 손실보상대상에 해당함에도 관할 토지수용위원회가 사실을 오인하거나 법리를 오해함으로써 손실보상대상에 해당하지 않는다고 잘못된 내용의 재결을 한 경우에는, 피보상자는 관할 토지수용위원회를 상대로 재결취소소송을 제기하여야 한다. (×)
>   ▶ 보상금증액청구소송이므로, 사업시행자가 피고적격을 갖는다.
>
>   23. **지방직 9급** 어떤 보상항목이 공익사업을 위한 토지 등의 취득 및 보상에 관한 법령상 손실보상대상에 해당함에도 관할 토지수용위원회가 사실을 오인하거나 법리를 오해함으로써 손실보상대상에 해당하지 않는다고 잘못된 내용의 재결을 한 경우에는, 피보상자는 관할 토지수용위원회를 상대로 재결취소소송을 제기하여야 한다. (×)
>   ▶ 보상금증액청구소송이므로, 사업시행자가 피고적격을 갖는다.
>
>   22. **지방직 7급** 관할 토지수용위원회가 사실을 오인하여 어떤 보상항목이 손실보상대상에 해당하지 않는다고 잘못된 내용의 재결을 한 경우, 피보상자가 이를 다투려면 그 재결에 대한 항고소송을 제기하여야 한다. (×)
>   ▶ 보상금증액청구소송에 해당한다.
>
> 2. 개별항목별 금액에 오류가 있어도, 총 합계만 맞으면 적법 (2017두41221)
>
>   법원이 구체적인 불복신청이 있는 보상항목들에 관해서 감정을 실시하는 등 심리한 결과, 재결에서 정한 보상금액이 일부 보상항목의 경우 과소하고 다른 보상항목의 경우 과다한 것으로 판명되었다면, 법원은 보상항목 상호간의 (유용)을 허용하여 항목별로 과다 부분과 과소 부분을 합산하여 보상금의 합계액을 정당한 보상금으로 결정할 수 있다.

> 3. 감정 결과 수용 여부는 판사의 재량 (2012두1570)
>
> 손실보상금 산정을 위한 감정평가 중 어느 한 가지 점이라도 위법사유가 있으면 그것으로써 감정평가결과는 위법하게 *(A: 되나, 감정평가가 위법하다고 하여도 법원은 그 감정내용 중 위법하지 않은 부분을 추출하여 판결에서 참작할 수 있다 / B: 되므로, 법원은 그 감정내용 중 위법하지 않은 부분을 추출하여 판결에서 참작할 수 없다)*.

3. 손실보상의 유형

(1) 재산권 보상

> **관련판례** 사업폐지로 인한 보상청구는 행정소송 제기 (2010다23210)
>
> ① 사업폐지 등에 대한 보상청구권은 공익사업의 시행 등 적법한 공권력의 행사에 의한 재산상의 특별한 희생에 대하여 전체적인 공평부담의 견지에서 공익사업의 주체가 그 손해를 보상하여 주는 손실보상의 일종으로 공법상의 권리임이 분명하므로 그에 관한 쟁송은 *(A: 민사소송 / B: 행정소송)* 절차에 의하여야 할 것이다.
> ② 공익사업으로 인한 사업폐지 등으로 손실을 입게 된 자는 구 공익사업법 제34조, 제50조 등에 규정된 (재결)절차를 거친 다음 그 (재결)에 대하여 불복이 있는 때에 비로소 구 공익사업법 제83조 내지 제85조에 따라 권리구제를 받을 수 있다고 보아야 한다.

(2) 간접손실보상

> **관련판례**
>
> 1. 간접손실에 대한 보상규정 흠결시 (유추)적용 (99다27231)
>
> 공공사업의 시행 결과 그 공공사업의 시행이 기업지 밖에 미치는 간접손실에 관하여 그 피해자와 사업시행자 사이에 협의가 이루어지지 아니하고 그 보상에 관한 명문의 근거 법령이 없는 경우라고 하더라도, ① 공공사업의 시행으로 인하여 그러한 손실이 발생하리라는 것을 쉽게 (예견)할 수 있고, ② 그 손실의 범위도 구체적으로 이를 (특정)할 수 있는 경우라면 그 손실의 보상에 관하여 공공용지의 취득 및 손실보상에 관한 특례법 시행규칙의 관련 규정 등을 (유추)적용할 수 있다고 해석함이 상당하다.
>
> 2. 매립으로 인한 위탁판매 수수료 상실 (99다27231)
>
> (수산업협동조합)이 수산물 위탁판매장을 운영하면서 (위탁판매) 수수료를 지급받아 왔고, 그 운영에 대하여는 구 수산자원보호령 제21조 제1항에 의하여 그 대상지역에서의 독점적 지위가 부여되어 있었는데, 사업시행자는 공유수면매립면허 고시 당시 그 매립사업으로 인하여 위와 같은 영업손실이 발생한다는 것을 상당히 확실하게 (예측)할 수 있었고 그 손실의 범위도 구체적으로 (확정)할 수 있으므로, 위탁판매수수료 수입손실은 헌법 제23조 제3항에 규정한 손실보상의 대상이 되고, 그 손실에 관하여 구 공유수면매립법 또는 그 밖의 법령에 직접적인 보상규정이 없더라도 공공용지의 취득 및 손실보상에 관한 특례법 시행규칙상의 각 규정을 (유추)적용하여 그에 관한 보상을 인정하는 것이 타당하다.

3. 영업손실의 범위 및 보상청구 절차 (2018두227)

① 공익사업시행지구 밖 영업손실보상의 특성과 헌법이 정한 '정당한 보상의 원칙'에 비추어 보면, 공익사업시행지구 *(A: 밖 / B: 안)* 영업손실보상의 요건인 '공익사업의 시행으로 인한 그 밖의 부득이한 사유로 일정 기간 동안 휴업이 불가피한 경우'란 ㉠ 공익사업의 시행 또는 시행 (당시) 발생한 사유로 휴업이 불가피한 경우만을 의미하는 것이 아니라 ㉡ 공익사업의 시행 (결과), 즉 그 공익사업의 시행으로 설치되는 시설의 형태·구조·사용 등에 기인하여 휴업이 불가피한 경우도 포함된다고 해석함이 타당하다.

② 영업손실에 대한 보상을 받기 위해서는, 토지보상법 제34조, 제50조 등에 규정된 (재결) 절차를 거친 **다음** 그 (재결)에 대하여 불복이 있는 때에 비로소 토지보상법 제83조 내지 제85조에 따라 권리구제를 받을 수 있을 뿐이다. 이러한 (재결) 절차를 거치지 않은 채 곧바로 사업시행자를 상대로 손실보상을 청구하는 것은 허용되지 않는다.

③ 이 사건 잠업사는 이 사건 사업인정고시일 전부터 이 사건 건물, 입목, 설비를 갖추고 계속적으로 행하고 있던 영업으로서 원고는 이 사건 노선의 운행으로 인한 소음·진동 등으로 인하여 이 사건 잠업사를 이전하는 것이 불가피하다.
이 사건 잠업사에 이러한 손실이 발생하리라는 것을 충분히 (예견)할 수 있고, 그 손실의 범위도 (특정)할 수 있으므로 공익사업의 시행으로 인하여 필연적으로 야기되는 손실에 해당한다. 원고는 토지보상법 관련 규정의 (유추)적용에 의하여 이 사건 사업의 시행 결과로 발생한 영업손실의 보상을 청구할 권리가 있다.

4. (고시)와 피해 발생 (2007두6571)

손실보상은 공공필요에 의한 행정작용에 의하여 사인에게 발생한 특별한 희생에 대한 전보라는 점에서 그 사인에게 특별한 희생이 발생하여야 하는 것은 당연히 요구되는 것이고, 공유수면 매립면허의 (고시)가 있다고 하여 반드시 그 사업이 시행되고 그로 인하여 손실이 발생한다고 할 수 없으므로, 매립면허 (고시) 이후 매립공사가 실행되어 관행어업권자에게 (실질적)이고 (현실적)인 피해가 발생한 경우에만 공유수면매립법에서 정하는 손실보상청구권이 발생하였다고 할 것이다.

> **21. 국가직 7급** 구 「공유수면매립법」상 간척사업의 시행으로 인하여 관행어업권이 상실된 경우, 실질적이고 현실적인 피해가 발생한 경우에만 「공유수면매립법」에서 정하는 손실보상청구권이 발생한다. (○)

5. 손실보상의 요건 (2018다204022)

사업인정(고시)는 수용재결절차로 나아가 강제적인 방식으로 토지소유자나 관계인의 권리를 취득·보상하기 위한 절차적 요건에 지나지 않고 영업손실보상의 요건이 아니다. 토지보상법령도 반드시 사업인정이나 수용이 전제되어야 영업손실 보상의무가 발생한다고 규정하고 있지 않다. 따라서 피고가 시행하는 사업이 토지보상법상 공익사업에 해당하고 원고들의 영업이 해당 공익사업으로 폐업하거나 휴업하게 된 것이어서 토지보상법령에서 정한 영업손실 보상대상에 해당하면, 사업인정(고시)가 없더라도 피고는 원고들에게 영업손실을 보상할 의무가 있다.

> **23. 국가직 7급** 사업인정고시는 수용재결절차로 나아가 강제적인 방식으로 토지소유자나 관계인의 권리를 취득·보상하기 위한 절차적 요건에 지나지 않고 영업손실보상의 요건이 아니므로, 사업시행자가 시행하는 사업이 공익사업에 해당하고 그 사업으로 인한 폐업이 영업손실 보상대상에 해당한다면 사업인정고시가 없더라도 사업시행자는 영업손실을 보상할 의무가 있다. (○)

(3) 잔여지보상

> 공익사업을 위한 토지 등의 취득 및 보상에 관한 법률 제73조【잔여지의 손실과 공사비 보상】① 사업시행자는 동일한 소유자에게 속하는 일단의 토지의 일부가 취득되거나 사용됨으로 인하여 (A: *잔여지의 가격이 감소거나 그 밖의 손실이 있을 때* / B: *잔여지를 종래의 목적에 사용하는 것이 현저히 곤란할 때에는*) 국토교통부령으로 정하는 바에 따라 그 손실이나 공사의 비용을 보상하여야 한다. 다만, 잔여지의 가격 감소분과 잔여지에 대한 공사의 비용을 합한 금액이 잔여지의 가격보다 큰 경우에는 사업시행자는 그 잔여지를 매수할 수 있다.
>
> 제74조【잔여지 등의 매수 및 수용 청구】① 동일한 소유자에게 속하는 일단의 토지의 일부가 협의에 의하여 매수되거나 수용됨으로 인하여 (A: *잔여지의 가격이 감소하거나 그 밖의 손실이 있을 때* / B: *잔여지를 종래의 목적에 사용하는 것이 현저히 곤란할 때에는*) 해당 토지소유자는 사업시행자에게 잔여지를 매수하여 줄 것을 청구할 수 있으며, 사업인정 이후에는 관할 토지수용위원회에 수용을 청구할 수 있다. 이 경우 수용의 청구는 매수에 관한 협의가 성립되지 아니한 경우에만 할 수 있으며, (사업완료일)까지 하여야 한다.

> 23. **지방직 7급** 동일한 소유자에게 속하는 일단의 토지의 일부가 협의에 의하여 매수되거나 수용됨으로 인하여 잔여지를 종래의 목적에 사용하는 것이 현저히 곤란할 때에는 해당 토지소유자는 사업시행자에게 잔여지를 매수하여 줄 것을 청구할 수 있으며, 사업인정 이후에는 관할 토지수용위원회에 수용을 청구할 수 있고, 이 경우 수용의 청구는 매수에 관한 협의가 성립되지 아니한 경우에만 할 수 있으며 사업완료일까지 하여야 한다. (○)

잔여지보상		협의	수용재결	보상금증액청구
사용 가능	"손실보상"	○	○	○
사용 불가능	매수청구 (사업시행자)			
	"수용청구" (토수위)	○	청구 (A: *O* / B: *X*)	○
			재결 (A: *O* / B: *X*) (형성권)	

> **관련판례** 잔여지 수용청구권의 법적 성질 (2008두822)
>
> 잔여지 수용청구권은 손실보상의 일환으로 토지소유자에게 부여되는 권리로서 그 요건을 구비한 때에는 잔여지를 수용하는 토지수용위원회의 재결이 없더라도 그 청구에 의하여 수용의 효과가 발생하는 *(A: 형성권 / B: 청구권)*적 성질을 가지므로, 잔여지 수용청구를 받아들이지 않은 토지수용위원회의 재결에 대하여 토지소유자가 불복하여 제기하는 소송은 법 제85조 제2항에 규정되어 있는 '(보상금의 증감)에 관한 소송'에 해당하여 사업시행자를 피고로 하여야 한다.
>
> **23. 지방직 7급** 토지보상법에 의한 보상금증감청구소송은 보상금의 증액 또는 감액 청구에 관한 소송이므로 잔여지 수용청구를 거절한 재결에 불복하는 소송은 '보상금의 증감에 관한 소송'에 해당되지 아니한다. (×)
> ▶ 형성권 행사로서 사업시행자와 사이에 매매계약이 체결됨과 동시에 잔여지소유권이 이전되었으므로, 매매대금의 지급을 구하는 취지의 당사자소송을 제기하여야 한다.

(4) 생활보상
① 의의
② 이주대책

> 헌법 제23조 ③ 공공필요에 의한 재산권의 수용·사용 또는 제한 및 그에 대한 보상은 (법률)로써 하되, *(A: 정당한 / B: 상당한)* 보상을 지급하여야 한다.
> 제34조 ① 모든 국민은 (인간)다운 생활을 할 권리를 가진다.
> 제34조 ① 모든 국민은 (인간)다운 생활을 할 권리를 가진다.
> **공익사업을 위한 토지 등의 취득 및 보상에 관한 법률 제78조 【이주대책의 수립 등】**
> ① 사업시행자는 공익사업의 시행으로 인하여 주거용 건축물을 제공함에 따라 생활의 근거를 상실하게 되는 자(이하 "이주대책대상자"라 한다)를 위하여 대통령령으로 정하는 바에 따라 이주대책을 수립·실시하거나 이주정착금을 지급 *(A: 할 수 있다 / B: 하여야 한다)*. [A']

구분	이주대책		생계대책
헌재	(인간)다운 생활을 할 권리 (헌법 제34조)		
	(A: 재량 / B: 기속) [A]		입법 여부 및 내용
대법원	(인간)다운 생활을 할 권리 (헌법 제34조)		정당한 보상 (헌법 제23조 제3항) : (내부규정) 두었다면 보상 [D]
	(A: 재량 / B: 기속) [A']	*(A: 재량 / B: 기속)* [C]	
	실시여부 및 내용	특별공급 수량 /대상자 선정	
		불복 [B]	불복 [E]
		(A: 항고소송 / B: 당사자소송)	*(A: 항고소송 / B: 당사자소송)*

> 📖 **관련판례**
>
> 1. **이주대책 실시여부 [A] (2004헌마19)**
>   이주대책은 헌법 제23조 제3항에 규정된 정당한 보상에 포함되는 것이라기 보다는 이에 부가하여 이주자들에게 종전의 생활상태를 회복시키기 위한 생활보상의 일환으로서 국가의 정책적인 (*배려*)에 의하여 마련된 제도라고 볼 것이다. 따라서 이주대책의 실시여부는 입법자의 입법정책적 *(A: 재량 / B: 기속)*의 영역에 속하므로 공익사업을 위한 토지 등의 취득 및 보상에 관한 법률 시행령 제40조 제3항 제3호가 이주대책의 대상자에서 세입자를 (*제외*)하고 있는 것이 세입자의 재산권을 침해하는 것이라 볼 수 없다.
>
> 2. **이주대책 실시 및 내용 규정 [A'] (2011다40465)**
>   사업시행자의 이주대책 수립·실시(*의무*)를 정하고 있는 구 공익사업법 제78조 제1항은 물론 그 이주대책의 내용에 관하여 규정하고 있는 같은 법 제78조 제4항 본문 역시 당사자의 합의 또는 사업시행자의 재량에 의하여 그 적용을 배제할 수 없는 (*강행법규*)이다.
>
> 3. **이주대책대상자 선정 [B] (92다35783)**
>   같은 법 제8조 제1항이 사업시행자에게 이주대책의 수립·실시의무를 부과하고 있는 경우, *(A: 그 규정 자체만에 의하여 이주자에게 사업시행자가 수립한 이주대책상의 아파트 입주권 등을 받을 수 있는 구체적인 권리(수분양권)가 직접 발생하는 것이다 / B: 사업시행자에게 이주대책대상자 선정신청을 하고 사업시행자가 이를 받아들여 이주대책대상자로 확인·결정하여야만 비로소 구체적인 수분양권이 발생하게 된다)*.
>   위와 같은 사업시행자가 하는 확인·결정은 *(A: 곧 구체적인 이주대책상의 수분양권을 취득하기 위한 요건이 되는 행정작용으로서의 처분이다 / B: 단순히 절차상의 필요에 따른 사실행위에 불과하다)*. 따라서 수분양권의 취득을 희망하는 이주자가 소정의 절차에 따라 이주대책대상자 선정신청을 한 데 대하여 사업시행자가 이주대책대상자가 아니라고 하여 위 확인·결정 등의 처분을 하지 않고 이를 제외시키거나 또는 거부조치한 경우에는, 이주자로서는 당연히 사업시행자를 상대로 (*항고소송*)에 의하여 그 제외처분 또는 거부처분의 취소를 구할 수 있다.
>   이주자가 사업시행자에 대한 이주대책대상자 선정신청 및 이에 따른 확인·결정 등 절차를 밟지 아니하여 구체적인 수분양권을 아직 취득하지도 못한 상태에서 (*곧바로*) 분양의무의 주체를 상대방으로 하여 민사소송이나 공법상 (*당사자*)소송으로 이주대책상의 수분양권의 확인 등을 구하는 것은 허용될 수 없다.
>
> 4. **대상자 선정, 실시 범위 [C] (2004두7481)**
>   이주대책은 공공사업의 시행으로 생활근거를 상실하게 되는 이주자에게 이주정착지의 택지를 분양하도록 하는 것이고, 사업시행자는 (*특별공급주택*)의 수량, 대상자의 선정 등에 있어 재량을 가진다.

③ 생계대책(생활대책)

> **관련판례**
>
> 1. 생계대책 실시여부 [A] (2012헌바71)
>   '생업의 근거를 상실하게 된 자에 대하여 일정 규모의 상업용지 또는 상가분양권 등을 공급하는' 생활대책은 헌법 제23조 제3항에 규정된 정당한 보상에 포함되는 것이라기보다는 생활보상의 일환으로서 국가의 정책적인 (배려)에 의하여 마련된 제도이므로, 그 실시 여부는 입법자의 입법정책적 (재량)의 영역에 속한다. 이 사건 법률조항이 공익사업의 시행으로 인하여 농업 등을 계속할 수 없게 되어 이주하는 농민 등에 대한 생활대책 수립의무를 규정하고 있지 않다는 것만으로 재산권을 침해한다고 볼 수 없다.
>
> 2. 굳이 (대부규정)을 둔 경우 (2008두17905)
>   [D] 사업시행자 스스로 공익사업의 원활한 시행을 위하여 필요하다고 인정함으로써 생활대책을 수립·실시할 수 있도록 하는 (대부규정)을 두고 있고 내부규정에 따라 생활대책대상자 선정기준을 마련하여 생활대책을 수립·실시하는 경우에는, 이러한 생활대책 역시 "공공필요에 의한 재산권의 수용·사용 또는 제한 및 그에 대한 보상은 법률로써 하되, 정당한 보상을 지급하여야 한다."고 규정하고 있는 헌법 제23조 제3항에 따른 정당한 보상에 포함되는 것으로 보아야 한다.
>   [E] 따라서 이러한 생활대책대상자 선정기준에 해당하는 자는 사업시행자에게 생활대책대상자 선정 여부의 확인·결정을 신청할 수 있는 권리를 가지는 것이어서, 만일 사업시행자가 그러한 자를 생활대책대상자에서 제외하거나 선정을 (거부)하면, 이러한 생활대책대상자 선정기준에 해당하는 자는 사업시행자를 상대로 *(A: 항고 / B: 당사자)* 소송을 제기할 수 있다고 보는 것이 타당하다.

(5) 환매권

> **관련판례**
>
> 1. 환매 = (사권) = (민사)소송 (92다4673)
>   환매권은 일종의 형성권으로서 그 존속기간은 제척기간으로 보아야 할 것이며, 위 환매권은 재판상이든 재판외이든 그 기간 내에 행사하면 이로써 매매의 효력이 생기고, 위 매매는 같은 조 제1항에 적힌 환매권자와 국가 간의 (사법)상의 매매라 할 것이다.
>
>   22. 국가직 9급 「공익사업을 위한 토지 등의 취득 및 보상에 관한 법률」상 환매권의 존부에 관한 확인을 구하는 소송 및 환매금액의 증감을 구하는 소송은 민사소송이다. (○)
>
> 2. 환매권 발생기간을 10년으로 제한한 것은 위헌 (2019헌바131)
>   이 사건 법률조항의 위헌성은 환매권의 발생기간을 *(A: 제한한 것 자체에 있다 / B: 그 기간을 10년 이내로 제한한 것에 있다)*.

기출문제로 점검하기

01 행정상 손실보상에 대한 설명으로 옳지 않은 것은?   23. 군무원 9급

① 잔여지 수용청구를 받아들이지 않은 토지 수용위원회의 재결에 대하여 토지소유자가 불복하여 제기하는 소송은 보상금의 증액에 관한 소송에 해당하여 사업시행자를 피고로 하여야 한다.
② 수용재결에 불복하여 취소소송을 제기하는 때에는 이의신청을 거친 경우에도 수용재결을 한 중앙토지수용위원회 또는 지방토지수용위원회를 피고로 하여 수용재결의 취소를 구하여야 한다.
③ 「공익사업을 위한 토지 등의 취득 및 보상에 관한 법률」에 의한 보상금 증감에 관한 소송은 수용재결서를 받은 날부터 90일 이내에, 이의신청을 거쳤을 때에는 이의신청에 대한 재결서를 받은 날부터 60일 이내에 각각 행정소송을 제기할 수 있다.
④ 「공익사업을 위한 토지 등의 취득 및 보상에 관한 법률」에 의한 사업인정의 고시 절차를 누락한 것을 이유로 수용재결처분의 취소를 구할 수 있다.

행정상 손실보상
사업인정과 수용재결 간에는 하자가 승계되지 않는다.

선지분석
① 형성권 행사로서 이미 사업시행자에게 토지소유권이 이전된 상태이므로, 보상금 지급을 구하는 형식적 당사자소송을 제기한다.
② 원처분주의에 따라 이의재결에 고유한 하자가 없다면 수용재결을 대상으로, 관할 토지수용위원회를 피고로 하여 항고소송을 제기한다.
③ 항고소송 및 당사자소송 모두 이와 같은 제소기간의 적용을 받는다.

답 ④

02 행정상 손실보상에 대한 설명으로 가장 옳지 않은 것은?

22. 군무원 9급

① 「공익사업을 위한 토지 등의 취득 및 보상에 관한 법률 시행령」에서 이주대책의 대상자에서 세입자를 제외하고 있는 것이 세입자의 재산권을 침해하는 것이라 볼 수 없다.
② 공익사업으로 인하여 영업을 폐지하거나 휴업하는 자가 구 「공익사업을 위한 토지 등의 취득 및 보상에 관한 법률」에 규정된 재결 절차를 거치지 않은 채 곧바로 사업시행자를 상대로 영업손실보상을 청구할 수 없다.
③ 사업시행자 스스로 공익사업의 원활한 시행을 위해 생활대책을 수립·실시할 수 있도록 하는 내부규정을 두고 이에 따라 생활대책 대상자 선정기준을 마련하여 생활대책을 수립·실시하는 경우, 생활대책대상자 선정기준에 해당하는 자신을 생활대책대상자에서 제외하거나 선정을 거부한 사업시행자를 상대로 항고소송을 제기할 수 있다.
④ 보상청구권이 성립하기 위해서는 재산권에 대한 법적인 행위로서 공행정작용에 의한 침해를 말하고 사실행위는 포함되지 않는다.

행정상 손실보상
행정작용으로 인한 재산권 침해를 보상하는 것이므로, 사실행위도 침해행위가 될 수 있다.

선지분석
① 입법재량이므로 일부를 대상자에서 배제한 입법이 위헌이라고 볼 수는 없다.
② 여기서 재결 절차라 함은 수용재결을 말한다.

답 ④

03 손실보상에 대한 판례의 내용으로 옳지 않은 것은?

21. 군무원 7급

① 보상가액 산정시 공익사업으로 인한 개발이익은 토지의 객관적 가치에 포함된다.
② 개별공시지가가 아닌 표준지공시지가를 기준으로 보상액을 산정하는 것은 헌법 제23조 제3항에 위반되지 않는다.
③ 민간기업도 토지수용의 주체가 될 수 있다.
④ 공유수면매립으로 인하여 위탁판매수수료 수입을 상실한 수산업협동조합에 대해서는 법률의 보상규정이 없더라도 손실보상의 대상이 된다.

행정상 손실보상
(당해) 공익사업으로 인한 개발이익은 보상 대상이 되지 않는다. 반면, 다른 공익사업으로 인한 개발이익은 보상의 대상이 된다.

선지분석
④ 간접손실의 경우, 특정가능성 및 예측가능성이 인정되면 보상이 가능하다. 직접인 보상규정이 없을 경우 비슷한 규정을 유추적용하는 것이 대법원의 입장이다.

답 ①

해커스공무원 학원·인강
gosi.Hackers.com

해커스공무원 김대현 행정법총론 워크북

제8편
행정소송

제1장 취소소송 중심의 행정소송 체계
제2장 취소소송
제3장 무효등확인소송
제4장 부작위위법확인소송
제5장 당사자소송
기출문제로 점검하기

제1장 취소소송 중심의 행정소송 체계

01 행정소송의 종류

1. 항고소송

행정청의 (처분등)이나 (부작위)에 대하여 제기하는 소송으로서, 취소소송/무효등확인소송/부작위위법확인소송으로 구분된다.

2. (당사자소송)

행정청의 처분등을 (원인)으로 하는 법률관계에 관한 소송, 그 밖에 공법상의 법률관계에 관한 소송으로서 *(A: 행정청 / B: 그 법률관계의 한쪽 당사자)*을/를 피고로 하는 소송이다.

3. (민중소송)

국가 또는 공공단체의 기관이 법률에 위반되는 행위를 한 때에 직접 자기의 법률상 이익과 (관계없이) 그 시정을 구하기 위하여 제기하는 소송이다.

4. (기관소송)

국가 또는 공공단체의 (기관 상호간)에 있어서의 권한의 존부 또는 그 행사에 관한 다툼이 있을 때에 이에 대하여 제기하는 소송이다(단, 헌법상 권한쟁의심판을 제외함).

02 취소소송 개관

1. 의의

행정소송법 제4조【항고소송】 항고소송은 다음과 같이 구분한다.
  1. 취소소송: 행정청의 (위법)한 처분등을 취소 또는 변경하는 소송

2. 무효를 선언하는 의미의 취소소송

> **관련판례** 제소기간 준수여부 (84누175)
>
> 행정처분의 당연무효를 선언하는 의미에서 그 취소를 청구하는 행정소송을 제기하는 경우, 소원의 전치와 제소기간의 준수등 취소소송의 제소요건을 갖추어야 *(A: 할 필요는 없다 / B: 한다)*.
>
> **24. 국가직 7급** 행정처분의 당연무효를 선언하는 의미에서 그 취소를 구하는 행정소송을 제기하는 경우에는 무효등 확인소송과 같이 제소기간의 제한이 없는 것으로 본다. (×)
> ▶ 취소소송으로 제기되었으므로, 그 소송요건을 준수하여야 한다.
>
> **22. 지방직 9급** 무효인 처분에 대해 무효선언을 구하는 취소소송을 제기하는 경우에는 제소기간의 제한이 없다. (×)
> ▶ 취소소송으로 제기되었으므로, 그 소송요건을 준수하여야 한다.

제2장 | 취소소송

제1절 | 소송요건

01 대상적격

1. 의의

> **행정소송법 제2조【정의】** ① 이 법에서 사용하는 용어의 정의는 다음과 같다.
> 1. "처분 등"이라 함은 (처분) 행정청이 행하는 구체적 사실에 관한 법집행으로서의 공권력의 행사 또는 그 거부와 그 밖에 이에 준하는 행정작용(이하 "처분"이라 한다) 및 (2) (등) 행정심판에 대한 재결을 말한다.
> 2. "(부작위)"라 함은 행정청이 당사자의 신청에 대하여 상당한 기간 내에 일정한 처분을 하여야 할 법률상 의무가 있음에도 불구하고 이를 하지 아니하는 것을 말한다.
>
> **제19조【취소소송의 대상】** 취소소송은 처분등을 대상으로 한다. 다만, 재결취소소송의 경우에는 재결 자체에 (고유한) 위법이 있음을 이유로 하는 경우에 한한다.

2. 적극적 처분의 개념요소

(1) (행정청)의 행위일 것

관련판례

사법상 단체의 행위 - 마사회 (2005두8269)	공법인의 행위 - 법무사회 (2015다34444)
한국마사회가 (조교사) 또는 (기수)의 면허를 부여하거나 취소하는 것은 국가 기타 행정기관으로부터 위탁받은 행정권한의 행사가 아니라 일반 **(A: 사법 / B: 공법)**상의 법률관계에서 이루어지는 단체 내부에서의 징계 내지 제재처분이다.	법무사에 대하여 지방법무사회로부터 (채용승인)을 얻어 사무원을 채용할 의무는 법무사법에 의하여 강제되는 **(A: 사법 / B: 공법)**적 의무이다.
22. 국가직 7급 한국마사회가 조교사 또는 기수의 면허를 취소하는 것은 국가 기타 행정기관으로부터 위탁받은 행정권한의 행사가 아니라 일반 사법상의 법률관계에서 이루어지는 단체 내부에서의 징계 내지 제재처분이다. (○) 22. 지방직 7급 상대방의 권리를 제한하는 행위라 하더라도 행정청 또는 그 소속기관이나 권한을 위임받은 공공단체 등의 행위가 아닌 한 이를 행정처분이라고 할 수 없다. (○) 21. 지방직 7급 한국마사회의 조교사·기수 면허취소처분은 취소소송의 대상이 되는 행정작용에 해당한다. (×) ▶ 사법상 행위이므로 처분으로 보지 않는다.	22. 국가직 9급 법무사가 사무원을 채용할 때 소속 지방법무사회로부터 승인을 받아야 할 의무는 공법상 의무이다. (○)

(2) (A: *구체적* / B: *추상적*) 사실에 대한 법집행으로서 공권력의 행사

(3) 외부에 표시되어 (효력)이 발생될 것

(4) (다른) 불복절차가 구비되어 있지 않을 것

유사판례+

1. 검사의 공소제기(=기소) (99두11264)

   형사소송법에 의하면 검사가 공소를 제기한 사건은 기본적으로 법원의 심리대상이 되고 피의자 및 피고인은 수사의 적법성 및 공소사실에 대하여 (형사소송)절차를 통하여 불복할 수 있는 절차와 방법이 따로 마련되어 있으므로 검사의 공소제기가 적법절차에 의하여 정당하게 이루어진 것이냐의 여부에 관계없이 검사의 공소에 대하여는 (형사소송)절차에 의하여서만 이를 다툴 수 있고 행정소송의 방법으로 공소의 취소를 구할 수 없다.

2. 검사의 불기소처분 (89누2271)

   검사의 불기소처분에 대하여는 (검찰청법)에 의한 항고와 재항고 및 (형사소송법)에 의한 준기소절차에 의해서만 불복할 수 있는 것이므로 검사의 불기소처분이나 그에 대한 항고 또는 재항고결정에 대하여는 행정소송을 제기할 수 없다.

관련판례 객관적으로 따지되, 불분명하면 상대방의 주관적 사정 고려 (2021두60748)

행정청의 행위가 '처분'에 해당하는지가 불분명한 경우에는 그에 대한 불복방법 선택에 중대한 이해관계를 가지는 상대방의 (인식)가능성과 (예측)가능성을 중요하게 고려하여 규범적으로 판단하여야 한다.

> 23. **국가직 9급** 행정청의 행위가 '처분'에 해당하는지가 불분명한 경우에는 그에 대한 불복방법 선택에 중대한 이해관계를 가지는 상대방의 인식가능성과 예측가능성을 중요하게 고려하여 규범적으로 판단하여야 한다. (○)

---

3. 소극적 처분(거부처분)의 개념요소

관련판례 거부처분의 규율성 요건 (2000두9229)

'신청인의 법률관계에 어떤 변동을 일으키는 것'이라는 의미는 신청인의 실체상의 권리관계에 직접적인 변동을 일으키는 것은 물론 그렇지 않다 하더라도 신청인이 실체상의 권리자로서 권리를 행사함에 (중대한 지장)을 초래하는 것도 포함한다고 해석함이 상당하다.

> 22. **지방직 9급** 거부행위가 항고소송의 대상인 처분이 되기 위해서는 그 거부행위가 신청인의 실체상의 권리관계에 직접적인 변동을 일으키는 것이어야 하며, 신청인이 실체상의 권리자로서 권리를 행사함에 중대한 지장을 초래하는 것만으로는 부족하다. (×)
> ▶ 거부로 인하여 중대한 지장을 초래되면 규율성이 충족된다.

> **관련판례** 거부행위가 신청인의 법률관계에 어떠한 변동을 일으킬 것(규율성 요건 관련)

1. 판례 비교

(지적공부)상 (지목)변경신청에 대한 거부 (2003두9015)	(지적공부) 소관청의 (지목)변경신청 반려행위는 국민의 권리관계에 영향을 미치는 것으로서 항고소송의 대상이 되는 행정처분에 해당한다. **21. 국가직 9급** 토지대장에 등재된 사항을 변경하는 행위는 행정사무 집행의 편의와 사실증명의 자료로 삼기 위한 것이므로, 甲은 지목변경 신청이 거부되더라도 이에 대하여 취소소송으로 다툴 수 없다. (×) ▶ 거부처분의 대상적격이 인정된다. **22. 국가직 7급** 지적공부 소관청의 지목변경신청 반려행위는 국민의 권리관계에 영향을 미친다고 볼 수 없어서 행정처분에 해당하지 않는다. (×) ▶ 거부처분의 대상적격이 인정된다. **21. 지방직 9급** 지적공부 소관청의 지목변경신청 반려행위는 국민의 권리관계에 영향을 미치는 것으로서 항고소송의 대상이 되는 행정처분에 해당한다. (○)
(건축물대장) (작성)신청 반려행위 (2007두17359)	(건축물대장) 소관청의 (작성)신청 반려행위는 국민의 권리관계에 영향을 미치는 것으로서 항고소송의 대상이 되는 행정처분에 해당한다. **24. 국가직 9급** 건축물대장의 용도는 건축물의 소유권을 제대로 행사하기 위한 전제요건으로서 건축물 소유자의 실체적 권리관계에 밀접하게 관련되어 있으므로, 건축물대장 소관청의 용도변경신청 거부행위는 국민의 권리관계에 영향을 미치는 것으로서 항고소송의 대상이 되는 행정처분에 해당한다. (○) **22. 국가직 7급** 건축물대장 소관청의 용도변경신청 거부행위는 국민의 권리관계에 영향을 미치는 것으로서 항고소송의 대상이 되는 행정처분에 해당한다. (○)
(토지대장)의 (소유자) 명의 변경 거부 (2010두12354)	(소유자) 명의가 변경된다고 하여도 이로 인하여 당해 토지에 대한 실체상의 권리관계에 변동을 가져올 수 없고 토지 소유권이 지적공부의 기재만에 의하여 증명되는 것도 아니다. **21. 국가직 9급** 乙에 대한 토지대장상의 소유자명의변경신청 거부는 처분성이 인정된다. (×) ▶ 처분성이 부정된다.

2. 판례 비교

범칙금납부 통고처분은 형사소송으로 (91누1400)	상속재산 다툼은 민사소송으로 (2000두2136)
① 원고의 과속으로 인해 범칙금납부의 통고처분을 받고, 아울러 (자동차운전면허대장) 및 (운전경력증명서)상의 교통사고란에 원고가 도로교통법 위반죄를 저질렀다고 기재되었다. ② 원고는 위 교통사고는 트럭운전자의 과실로 인하여 발생한 것일 뿐 원고는 아무런 교통법규위반행위가 없으므로 기재행위가 위법하다고 주장한 것이다. **22. 국가직 7급** 자동차운전면허대장에 일정한 사항을 등재하는 행위와 운전경력증명서상의 기재행위는 행정소송의 대상이 되는 독립한 행정처분으로 볼 수 없다. (○)	① 원고의 형제 중 1인이 사망한 부모의 명의로 위임장 위조하여 (인감증명)을 발급받아 토지보상금을 부당히 수령하였다. ② 이에 원고가 행정청이 위조 여부를 제대로 조사하지도 않고 (인감증명)서를 발급하였다고 하며 (인감증명)행위의 무효를 주장한 것이다.

관련판례

1. **국방전력발전업무훈령에 의한 연구개발확인서 발급 거부 (○) (2019다264700)**

    국방전력발전업무훈령에 의한 연구개발확인서 발급은 사업관리기관이 개발업체에게 해당 품목의 양산과 관련하여 *(A: 경쟁입찰 / B: 수의계약)* 의 방식으로 국방조달계약을 체결할 수 있는 지위(경쟁입찰의 예외사유)가 있음을 인정해 주는 '확인적 행정행위'로서 공권력의 행사인 '처분'에 해당하고, 연구개발확인서 발급 거부는 신청에 따른 처분 발급을 거부하는 '거부처분'에 해당한다.

2. **쟁점: *(A: 근로자인지 여부 / B: 어느 회사 소속 근로자인지)* (2014두47426)**

    업무상 재해를 당한 甲의 요양급여 신청에 대해 근로복지공단이 요양승인처분을 하면서 사업주를 乙 주식회사로 보아 요양승인 사실을 통지하자, 乙 회사가 甲이 (자신의) 근로자가 아니라고 주장하면서 사업주 변경신청을 하였으나 근로복지공단이 거부 통지를 한 사안에서, 위 통지는 항고소송의 대상이 되는 행정처분이 *(A: 된다 / B: 되지 않는다)*.

3. **신청권 일반론 (2007두20638)**

    거부처분의 처분성을 인정하기 위한 전제요건이 되는 신청권의 존부는 *(A: 구체적 사건에서 신청인이 누구인가를 / B: 관계 법규의 해석에 의하여 일반 국민에게 그러한 신청권을 인정하고 있는가)* 를 살펴 추상적으로 결정되는 것이고, *(A: 신청인이 그 신청에 따른 단순한 응답을 받을 권리를 / B: 신청의 인용이라는 만족적 결과를 얻을 권리를)* 의미하는 것은 아니므로, 국민이 어떤 신청을 한 경우에 그 신청의 근거가 된 조항의 해석상 행정발동에 대한 개인의 신청권을 인정하고 있다고 보이면 그 거부행위는 항고소송의 대상이 되는 처분으로 보아야 하고, 구체적으로 그 신청이 인용될 수 있는가 하는 점은 (본안)에서 판단하여야 할 사항이다.

> **21. 지방직 9급** 거부처분의 처분성을 인정하기 위한 전제 요건이 되는 신청권은 신청인이 그 신청에 따른 단순한 응답을 받을 권리를 넘어서 신청의 인용이라는 만족적 결과를 얻을 권리를 의미한다. (×)
> ▶ 만족적 결과를 얻을 권리인지 여부는 본안심리에서 판단한다.

유사판례+

국립대학교원 재임용 거부 (○) (2000두7735)	대학교원 신규임용거부 (○) (2001두7053)
기간제로 임용되어 (임용기간)이 만료된 국·공립대학의 조교수는 교원으로서의 능력과 자질에 관하여 합리적인 기준에 의한 공정한 심사를 받아 위 기준에 부합되면 특별한 사정이 없는 한 재임용되리라는 기대를 가지고 재임용 여부에 관하여 (합리적인) 기준에 의한 (공정한) 심사를 요구할 법규상 또는 조리상 신청권을 가진다고 할 것이니, 임용권자가 (임용기간)이 만료된 조교수에 대하여 재임용을 거부하는 취지로 한 (임용기간)만료의 통지는 위와 같은 대학교원의 법률관계에 영향을 주는 것으로서 행정소송의 대상이 되는 처분에 해당한다.	임용지원자가 당해 대학의 교원임용규정 등에 정한 심사단계 중 (중요한) (대부분)의 단계를 통과하여 다수의 임용지원자 중 (유일한) 면접심사 대상자로 선정되는 등으로 장차 나머지 일부의 심사단계를 거쳐 대학교원으로 임용될 것을 (상당한) 정도로 기대할 수 있는 지위에 이르렀다면, 그러한 임용지원자는 임용에 관한 법률상 이익을 가진 자로서 임용권자에 대하여 나머지 심사를 (공정)하게 진행하여 그 심사에서 통과되면 대학교원으로 임용해 줄 것을 신청할 조리상의 권리가 있다고 보아야 할 것이고, 또한 유일한 면접심사 대상자로 선정된 임용지원자에 대한 교원신규채용업무를 중단하는 조치는 임용지원자에 대한 신규임용을 사실상 거부하는 종국적인 조치에 해당하는 것이다.
21. 지방직 7급 임용기간이 만료된 국립대학 조교수에 대하여 재임용을 거부하는 취지로 한 임용기간만료의 통지는 취소소송의 대상이 되는 행정작용에 해당한다. (○)	

비교판례+ 신청권 (×)

1. (특별)채용 (2004두11626)

   교사에 대한 임용권자가 임용지원자를 (특별)채용할 것인지 여부는 임용권자의 판단에 따른 재량에 속하는 것이고, 임용권자가 임용지원자의 임용 신청에 기속을 받아 그를 (특별)채용하여야 할 의무는 없으며 임용지원자로서도 자신의 임용을 요구할 법규상 또는 조리상 권리가 있다고 할 수 없다.

   > **22. 국가직 9급** 임용지원자가 특별채용 대상자로서 자격을 갖추고 있고 유사한 지위에 있는 자에 대하여 정규교사로 특별채용한 전례가 있다 하더라도, 교사로의 특별채용을 요구할 법규상 또는 조리상의 권리가 있다고 할 수 없다. (○)

2. 같은 취지 (2013두20585)

   중요무형문화재 보유자의 (추가)인정 여부는 문화재청장의 재량에 속하고, 특정 개인이 자신을 보유자로 인정해 달라고 신청할 수 있다는 근거 규정을 별도로 두고 있지 아니하므로 법규상으로 개인에게 신청권이 있다고 할 수 없다.

4. 처분성 인정사례의 구체적 검토

(1) 행정입법

관련판례

1. 병원 간판에 대한 규제 (2005두15168)

   의료기관의 명칭표시판에 진료과목을 함께 표시하는 경우 글자 (크기)를 제한하고 있는 구 의료법 시행규칙 제31조가 그 자체로서 국민의 구체적인 권리의무나 법률관계에 직접적인 변동을 초래하지 아니하므로 항고소송의 대상이 되는 행정처분이라고 할 수 없다.

2. 두밀분교 폐지 조례 (95누8003)

   ① 조례에 대한 무효확인소송을 제기함에 있어서 피고적격이 있는 처분 등을 행한 행정청은, (A: 행정주체인 지방자치단체 / B: 지방자치단체의 내부적 의결기관으로서 지방자치단체의 의사를 외부에 표시한 권한이 없는 지방의회 / C: *지방자치단체의 집행기관으로서 조례로서의 효력을 발생시키는 공포권이 있는 지방자치단체의 장*)가/이 된다.

   > **24. 지방직 9급** 조례가 집행행위의 개입 없이도 그 자체로서 직접 국민의 구체적인 권리·의무나 법적 이익에 영향을 미치는 등의 법률상 효과를 발생하는 경우 무효확인소송의 피고는 당해 조례를 통과시킨 지방의회가 된다. (×)
   > ▶ 최종적으로 조례를 공포하는 지자체장(또는 교육감)이 피고적격을 갖는다.

   ② 시·도의 교육·학예에 관한 사무의 집행기관은 시·도 (교육감)이고 시·도 (교육감)에게 지방교육에 관한 조례안의 공포권이 있다고 규정되어 있으므로, 교육에 관한 조례의 무효확인소송을 제기함에 있어서는 그 집행기관인 시·도 (교육감)[= 경기도 (교육감)]을 피고로 하여야 한다.

3. 약제급여·비급여목록 및 급여상한금액표 (2005두2506)

보건복지부 고시인 약제급여·비급여목록 및 급여상한금액표는 (다른 집행행위의 매개 없이 그 자체로서) 국민건강보험가입자, 국민건강보험공단, 요양기관 등의 법률관계를 직접 규율하는 성격을 가지므로 항고소송의 대상이 되는 행정처분에 해당한다.

> **22. 국가직 9급** 항정신병 치료제의 요양급여 인정기준에 관한 보건복지부 고시가 다른 집행행위의 매개 없이 그 자체로서 직접 국민의 구체적인 권리·의무와 법률관계를 규율하는 성격을 가질 때에는 항고소송의 대상이 되는 행정처분에 해당한다. (O)
> **21. 국가직 7급** 어떠한 고시가 다른 집행행위의 매개 없이 그 자체로서 직접 국민의 구체적인 권리·의무나 법률관계를 규율하는 성격을 가질 때에는 행정처분에 해당한다. (O)
> **23. 지방직 9급** 처분적 법규명령은 무효등확인소송 또는 취소소송의 대상이 된다. (O)

비교판례+ 도지사의 지방의료원 (폐업결정) (2015두60617)

① 피고 경상남도지사의 이 사건 (폐업결정)으로 인하여 입원환자들은 퇴원하거나 전원하여야 하고, 직원들도 직장을 잃게 되는 등 이들의 권리·의무에 중대한 영향을 미치므로 진주의료원의 폐업이 관계법령상의 기준과 절차를 준수하였는지에 대한 사법심사가 필요한 점 등을 종합하면, 피고 경상남도지사의 이 사건 (폐업결정)은 행정청이 행하는 구체적 사실에 관한 법집행으로서의 공권력의 행사로서 입원환자들과 소속 직원들의 권리·의무에 직접 영향을 미치는 것이므로 항고소송의 대상에 해당한다고 것이다.
② 지방의료원을 폐업 전의 상태로 되돌리는 원상회복은 불가능하므로 법원이 (폐업결정)을 취소하더라도 단지 (폐업결정)이 위법함을 확인하는 의미밖에 없고, (폐업결정)의 취소로 회복할 수 있는 다른 권리나 이익이 남아있다고 보기도 어려우므로, 甲 도지사의 (폐업결정)이 법적으로 권한 없는 자에 의하여 이루어진 것으로서 위법하더라도 취소를 구할 소의 이익을 인정하기 어렵다.

(2) 일반처분

> **관련판례**
>
> 1. 청소년유해매체물 결정·고시 (2004두619)
>   ① 구 청소년보호법에 따른 청소년유해매체물 결정 및 고시처분은 *(A: 당해 유해매체물의 소유자 등 특정인만을 대상으로 / B: 일반 불특정 다수인을 상대방으로 하여 일률적으로)* 표시의무, 포장의무, 청소년에 대한 판매·대여 등의 금지의무 등 각종 의무를 발생시키는 행정처분으로서,
>   ② 청소년보호위원회가 효력발생시기를 명시하여 *(A: 고시 / B: 통지)*함으로써 그 명시된 시점에 효력이 발생하였다고 봄이 상당하고, 정보통신윤리위원회와 청소년보호위원회가 위 처분이 있었음을 위 웹사이트 운영자에게 제대로 통지하지 아니하였다*(A: 면 그 효력이 발생한 것으로 / B: 고 하여 그 효력 자체가 발생하지 아니한 것으로)* 볼 수는 없다.
>
> **21. 국가직 7급** 관할 행정청이 위 결정·고시를 함에 있어서 A주식회사에게 이를 통지하지 않았다고 하여 결정·고시의 효력 자체가 발생하지 않는 것은 아니다. (O)

2. (횡단보도) 설치행위 (98두8964)

지방경찰청장이 도로교통법 제10조 제1항에 의하여 (횡단보도)를 설치한 경우 보행자는 (횡단보도)를 통해서만 도로를 횡단하여야 하고, 차의 운전자는 (횡단보도) 앞에서 일시정지하는 등으로 (횡단보도)를 통행하는 보행자를 보호할 의무가 있다.

> **22. 지방직 9급** 시·도경찰청장이 횡단보도를 설치하여 보행자 통행방법 등을 규제하는 것은 국민의 권리·의무에 직접 관계가 있는 행위로서 행정처분이다. (○)

(3) 통지

관련판례 예외: 처분성 (○)

1. 과세관청의 법인(원천징수의무자)에 대한 소득금액변동통지 (2002두1878)

   과세관청의 소득처분과 그에 따른 소득금액변동통지가 있는 경우 (원천징수의무자)인 법인은 소득금액변동통지서를 받은 날에 그 통지서에 기재된 소득의 귀속자에게 당해 소득금액을 지급한 것으로 의제되어 그때 원천징수하는 소득세의 납세의무가 성립함과 동시에 확정된다.

   > **21. 지방직 7급** 과세관청의 소득처분에 따른 소득금액변동통지는 취소소송의 대상이 되는 행정작용에 해당한다. (○)

2. 국립대학교원 재임용 거부(통지) (2000두7735)

3. 부당한 공동행위 (자진신고자) 등의 시정조치 또는 과징금 감면신청에 대한 (감면불인정) 통지 (2010두3541)

   (자진신고자) 등 지위확인을 받는 경우에는 시정조치 및 과징금 감경 또는 면제, 형사고발 면제 등의 법률상 이익을 누리게 되지만, 그 지위확인을 받지 못하고 (감면불인정) 통지를 받는 경우에는 위와 같은 법률상 이익을 누릴 수 없게 되므로, (감면불인정) 통지가 이루어진 단계에서 신청인에게 그 적법성을 다투어 법적 불안을 해소한 다음 조사협조행위에 나아가도록 함으로써 장차 있을지도 모르는 위험에서 벗어날 수 있도록 하는 것이 법치행정의 원리에도 부합한다.

4. 총포·화약안전기술협회의 (회비납부)통지 (2018다241458)

   공법인인 협회가 자신의 공행정활동에 필요한 재원을 마련하기 위하여 회비납부의무자에 대하여 한 '(회비납부)통지'는 납부의무자의 구체적인 부담금액을 산정·고지하는 '부담금 부과처분'으로서 항고소송의 대상이 된다고 보아야 한다.

비교판례+ 원칙: 처분성 (×)

1. 공무원에 대한 당연퇴직 통보 (×)

① 임용 당시 공무원 임용 결격사유가 있었다면 그 임용행위는 (당연무효)이며, (당연무효)인 임용행위에 의하여 공무원의 신분을 취득할 수는 없으므로 임용결격자가 공무원으로 임용되어 (사실상) 근무하여 왔다고 하더라도 적법한 공무원으로서의 신분을 취득하지 못한 자로서는 공무원연금법 소정의 퇴직급여 등을 청구할 수 없고, 또 당연퇴직사유에 해당되어 공무원으로서의 신분을 상실한 자가 그 이후 (사실상) 공무원으로 계속 근무하여 왔다고 하더라도 당연퇴직 후의 (사실상)의 근무기간은 공무원연금법상의 재직기간에 합산될 수 없다(2001다61012).

23. 국가직 7급 공무원임용의 결격사유에 해당하는 자를 국가공무원에 임용하는 행위는 당연무효이지만, 임용결격자와 국가 간에 실제로 근로고용관계가 성립하였으므로 임용결격자는 퇴직시에 「공무원연금법」상 퇴직급여를 받을 수 있다. (×)
▶ 공무원 지위가 인정되지 않으므로, 퇴직급여 및 연금이 지급되지 않는다.

21. 국가직 7급 甲은 공무원으로 신규임용되어 임용이 취소될 때까지 사실상 근무를 하였더라도 「공무원연금법」에 의한 퇴직급여를 청구할 수 없다. (○)

② 임용 (당시) 공무원임용결격사유가 있었다면 비록 국가의 (과실)에 의하여 임용결격자임을 밝혀내지 못하였다 하더라도 그 임용행위는 (당연무효)로 보아야 한다(86누459).

③ 나아가 임용결격사유가 (소멸)된 후에 계속 근무하여 왔다고 하더라도 그때부터 (당연무효)인 임용행위가 유효로 되어 적법한 공무원의 신분을 회복하고 퇴직급여 등을 청구할 수 있다고 볼 수는 없다(95누9617; 경찰공무원으로 임용된 후 70일 만에 선고받은 형이 사면 등으로 (실효)되어 결격사유가 소멸된 후 30년 3개월 동안 (사실상) 공무원으로 계속 근무를 하였다고 하더라도 그것만으로는 임용권자가 묵시적으로 새로운 임용처분을 한 것으로 볼 수 없음).

23. 국가직 7급 국가공무원이 금고 이상의 형의 집행유예를 선고받아 당연퇴직하게 된 경우, 그 후 「형법」에 따라 그 형의 선고가 효력을 잃게 되었다면 이미 발생한 당연퇴직의 효력은 소멸한다. (×)
▶ 후발적으로 발생한 사유는 당연퇴직의 효력에 영향을 주지 않는다.

④ 당연퇴직의 통보는 *(A: 법률상 당연히 발생하는 퇴직사유를 공적으로 확인하여 알려 주는 사실의 통보에 불과한 것이므로 / B: 그 통보자체가 징계파면이나 직권면직과 같이 공무원의 신분을 상실시키는 새로운 형성적 행위이므로)* 항고소송의 대상이 되는 독립한 행정처분이 될 수는 없다(84누374).

22. 국가직 7급 공무원에 대한 당연퇴직의 인사발령은 공무원의 신분을 상실시키는 새로운 형성적 행위이므로 행정소송의 대상이 되는 행정처분이다. (×)
▶ 원칙적 통지로서 처분성이 인정되지 않는다.

21. 지방직 7급 「국가공무원법」상 당연퇴직의 인사발령은 취소소송의 대상이 되는 행정작용에 해당한다. (×)
▶ 원칙적 통지로서 처분성이 인정되지 않는다.

2. 정년퇴직 발령 = 단순 통지 (×) (81누263)

공무원이 소정의 정년에 달하면 (A: <u>그 사실에 대한 효과로서 공무담임권이 소멸되어 당연히 퇴직되는 것이므로</u> / B: 따로 그에 대한 행정처분이 행하여져야 비로소 퇴직되는 것이므로) 피고(영주지방철도청장)의 원고에 대한 정년퇴직 발령은 정년퇴직 사실을 알리는 이른바 (관념의 통지)에 불과하므로 행정소송의 대상이 되지 아니한다.

3. 가산금/중가산금의 고지 (×) (2005다15482)

국세징수법이 규정하는 가산금 또는 중가산금은 국세를 납부기한까지 납부하지 아니하면 과세청의 확정절차 없이도 법률 규정에 의하여 (당연히) 발생하는 것이므로 가산금 또는 중가산금의 고지가 항고소송의 대상이 되는 처분이라고 볼 수 없다.

> **23. 지방직 9급** 구「국세징수법」상 가산금 또는 중가산금의 고지는 항고소송의 대상이 되는 처분이 아니다. (○)

유사판례+ 법인의 청산에 따른 상표권 말소등록 (×) (2014두2362)

(A: <u>이는 상표권이 소멸하였음을 확인하는 사실적·확인적 행위에 지나지 않는 것이어서</u> / B: 말소등록으로 비로소 상표권 소멸의 효력이 발생하는 것이어서), 상표권의 말소등록은 국민의 권리의무에 직접적으로 영향을 미치는 행위라고 할 수 없다.

4. 국민건강보험공단의 '직장가입자 자격상실 및 자격변동 안내' 통보 및 '사업장 직권탈퇴에 따른 가입자 자격상실 안내' 통보 (×) (2016두41729)

국민건강보험 직장가입자 또는 지역가입자 자격 변동은 법령이 정하는 사유가 생기면 별도 처분 등의 개입 없이 사유가 발생한 날부터 변동의 효력이 (당연히) 발생하므로, 이는 (A: <u>甲 등의 가입자 자격의 변동 여부 및 시기를 확인하는 의미에서 한 사실상 통지행위에 불과할 뿐이고</u> / B: 위 각 통보에 의하여 가입자 자격이 변동되는 효력이 발생하는 것이고), 또한 위 각 통보로 甲 등에게 지역가입자로서의 건강보험료를 납부하여야 하는 의무가 발생함으로써 甲 등의 권리의무에 직접적 변동을 초래하는 것도 아니므로, 위 각 통보의 처분성이 인정되지 않는다.

> **23. 국가직 9급** 국민건강보험공단이 행한 '직장가입자 자격상실 및 자격변동 안내' 통보는 가입자 자격의 변동 여부 및 시기를 확인하는 의미에서 한 사실상 통지행위에 불과할 뿐, 항고소송의 대상이 되는 행정처분에 해당하지 않는다. (○)

(4) 반복된 처분

> **관련판례**
>
> 1. 반복된 독촉 (97누119)
>   보험자 또는 보험자단체가 부당이득금 또는 가산금의 납부를 독촉한 후 다시 동일한 내용의 독촉을 하는 경우 최초의 독촉만이 징수처분으로서 항고소송의 대상이 되는 행정처분이 되고 그 후에 한 동일한 내용의 독촉은 *(A: 체납처분의 전제요건인 징수처분으로서 소멸시효 중단사유가 되는 독촉에 해당하므로 / B: 민법상의 단순한 최고에 불과하여 국민의 권리의무나 법률상의 지위에 직접적으로 영향을 미치지 않으므로)* 항고소송의 대상이 되는 행정처분이라 할 수 없다.
>
> 2. 반복된 통지 (2003두14550)
>   지방병무청장이 보충역 편입처분을 받은 자에 대하여 복무기관을 정하여 공익근무요원 소집통지를 한 이상 그것으로써 공익근무요원으로서의 복무를 명하는 병역법상의 공익근무요원 소집처분이 있었다고 할 것이고, 그 후 지방병무청장이 공익근무요원 소집대상자의 원에 의하여 또는 직권으로 그 기일을 (연기)한 다음 다시 공익근무요원 소집통지를 하였다고 하더라도 이는 최초의 공익근무요원 소집통지에 관하여 다시 의무이행기일을 정하여 알려주는 (연기)통지에 불과한 것이므로, 이는 항고소송의 대상이 되는 독립한 행정처분으로 볼 수 없다.

비교판례+   하물며, 2차 신청이 새롭다면, 2차 거부의 처분성 (2017두52764)

거부처분이 있은 후 당사자가 다시 신청을 한 경우에는 신청의 제목 여하에 불구하고 그 내용이 새로운 신청을 하는 취지라면 관할 행정청이 이를 다시 거절하는 것은 *(A: 기존 거부처분의 단순 반복 / B: 새로운 거부처분)* 으로 봄이 원칙이다.

유사판례+   2차 신청이 없는데 2차 거부처분한 경우 (98두1895)

신청에 대하여 일단 거부처분이 행해지면 그 거부처분이 적법한 절차에 의하여 취소되지 않는 한, (사유를 추가)하여 거부처분을 반복하는 것은 (존재하지도 않는) 신청에 대한 거부처분으로서 당연무효이다.

(5) 계약상 조치 vs 처분
  ① 입찰참가자격 제한조치

> **관련판례** (법령)에 따른 입찰참가자격 제한조치 (2016두33537)
>
> 공기업·준정부기관이 (법령) 또는 계약에 근거하여 선택적으로 입찰참가자격 제한 조치를 할 수 있는 경우, 계약상대방에 대한 입찰참가자격 제한 조치가 (법령)에 근거한 행정처분인지 아니면 (계약)에 근거한 권리행사인지는 원칙적으로 의사표시의 해석 문제이다.

23. **국가직 9급** 조달청장이 법령에 근거하여 입찰참가자격을 제한하는 것은 사법관계에 해당한다. (×)
▶ 법령에 근거하였다면 처분, 계약에 근거하였다면 사법상 조치에 불과하다.

24. **국가직 7급** 공정거래위원회가 「하도급거래 공정화에 관한 법률」 제26조(관계 행정기관의 장의 협조)에 따라 관계 행정기관의 장에게 한 원사업자 또는 수급사업자에 대한 입찰참가자격의 제한을 요청한 결정은 항고소송의 대상이 되는 처분에 해당한다. (○)

② 사법상 계약에 근거한 조치

관련판례 조달청의 거래정지조치 (2015두52395)

甲 주식회사가 조달청과 물품구매계약을 체결하고 국가종합전자조달시스템인 나라장터 종합쇼핑몰 인터넷 홈페이지를 통해 요구받은 제품을 수요기관에 납품하였는데, 조달청이 계약이행내역 점검 결과 일부 제품이 계약 규격과 다르다는 이유로 물품구매계약 추가특수조건 규정에 따라 甲 회사에 대하여 6개월의 나라장터 종합쇼핑몰 거래정지 조치를 한 사안에서, 위 거래정지 조치는 비록 (추가특수조건)이라는 *(A: 사법 / B: 공법)*상 계약에 근거한 것이지만 행정청인 조달청이 행하는 구체적 사실에 관한 법집행으로서의 공권력의 행사로서 그 상대방인 甲 회사의 권리·의무에 직접 영향을 미치므로 항고소송의 대상이 되는 행정처분에 해당한다.

(6) 변경처분
① 일부변경 vs 실질변경

관련판례 변경처분시 항고소송의 대상 (2015두295)

① 기존의 행정처분을 변경하는 내용의 행정처분이 뒤따르는 경우, 후속처분이 종전처분을 (완전히) 대체하는 것이거나 주요 부분을 (실질적)으로 변경하는 내용인 경우에는 특별한 사정이 없는 한 *(A: 종전처분 / B: 후속처분)*은 효력을 상실하고 *(A: 종전처분 / B: 후속처분)*만이 항고소송의 대상이 되지만,

② 후속처분의 내용이 종전처분의 유효를 전제로 내용 중 (일부)만을 추가·철회·변경하는 것이고 추가·철회·변경된 부분이 내용과 성질상 나머지 부분과 불가분적인 것이 아닌 경우에는, *(A: 종전처분 / B: 후속처분)*이 여전히 항고소송의 대상이 된다.

③ 피고가 대형마트 및 준대규모점포의 영업제한 시간을 오전 0시부터 오전 8시까지로 정하고 매월 둘째 주와 넷째 주 일요일을 의무휴업일로 지정하는 처분의 취소를 구하는 소송의 계속 중에 영업시간 제한 부분의 시간을 '오전 0시부터 오전 10시'까지로 변경하되, 의무휴업일은 종전과 동일하게 유지하는 내용의 후속처분을 한 경우, 후속처분은 *(A: 종전처분 전체를 대체하거나 그 주요 부분을 실질적으로 변경하는 것으로서 / B: 의무휴업일 지정 부분을 그대로 유지한 채 영업시간 제한 부분만을 일부 변경하는 것으로서)*, 후속처분에 따라 추가된 영업시간 제한 부분은 그 성질상 종전처분과 가분적인 것으로 여겨진다. 따라서 후속처분으로 종전처분이 (소멸)하였다고 볼 수는 없고, 종전처분과 그 유효를 전제로 한 후속처분이 병존하면서 위 원고들에 대한 규제 내용을 형성한다고 할 것이다.

② 감액처분 vs 증액처분

> **관련판례**
>
> 1. 증액처분이 있는 경우 항고소송의 대상 (2006두17390, 2007두16493)
>
>   국세기본법 제22조의2의 시행 이후에도 증액경정처분이 있는 경우, 당초 신고나 결정은 증액경정처분에 (흡수)됨으로써 독립한 존재가치를 잃게 된다고 보아야 하므로, 원칙적으로는 당초 신고나 결정에 대한 불복기간의 경과 여부 등에 관계없이 (증액경정)처분만이 항고소송의 심판대상이 되고, 납세의무자는 그 항고소송에서 당초 신고나 결정에 대한 *(A: 위법사유 / B: 절차적 하자)*도 함께 주장할 수 있다고 해석함이 타당하다.
>
>   > 22. 국가직 7급 증액경정처분이 있는 경우, 원칙적으로는 당초 신고나 결정에 대한 불복기간의 경과 여부 등에 관계없이 증액경정처분만이 항고소송의 심판대상이 되고, 납세의무자는 그 항고소송에서 당초 신고나 결정에 대한 위법사유도 함께 주장할 수 있다. (○)
>
> 2. 감액처분이 있는 경우 항고소송의 대상 (2006두3957)
>
>   감액처분은 감액된 과징금 부분에 관하여만 법적 효과가 미치는 것으로서 *(A: 처음의 부과처분과 별개 독립의 과징금 부과처분이고 / B: 그 실질은 당초 부과처분의 변경이고)*, 그 감액처분으로도 아직 취소되지 않고 남아 있는 부분이 위법하다고 하여 다투는 경우 항고소송의 대상은 *(A: 처음의 부과처분 중 감액처분에 의하여 취소되지 않고 남은 부분이 / B: 감액처분이)* 항고소송의 대상이 되는 것은 아니다.
>
>   > 22. 국가직 7급 과세표준과 세액을 감액하는 경정처분에 대해서 그 감액경정처분으로도 아직 취소되지 아니하고 남아 있는 부분을 다투는 경우, 적법한 전심절차를 거쳤는지 여부, 제소기간의 준수 여부는 당해 경정처분을 기준으로 판단하여야 한다. (×)
>   > ▶ 감액된 원처분을 기준으로 판단한다.

> **비교판례+** 자진신고자에 대한 감면이 있는 경우 (2013두987)
>
> 공정거래위원회가 부당한 공동행위를 행한 사업자로서 구 독점규제 및 공정거래에 관한 법률 제22조의2에서 정한 자진신고자나 조사협조자에 대하여 과징금 부과처분(이하 '선행처분'이라 한다)을 한 뒤, 독점규제 및 공정거래에 관한 법률 시행령 제35조 제3항에 따라 다시 자진신고자 등에 대한 사건을 분리하여 자진신고 등을 이유로 한 과징금 감면처분(이하 '후행처분'이라 한다)을 하였다면, *(A: 후행 / B: 선행)*처분은 자진신고 감면까지 포함하여 처분 상대방이 실제로 납부하여야 할 최종적인 과징금액을 결정하는 (종국적) 처분이고, *(A: 후행 / B: 선행)*처분은 이러한 종국적 처분을 예정하고 있는 일종의 (잠정적) 처분으로서 *(A: 후행 / B: 선행)*처분이 있을 경우 *(A: 후행 / B: 선행)*처분은 *(A: 후행 / B: 선행)*처분에 흡수되어 소멸한다. 따라서 위와 같은 경우에 *(A: 후행 / B: 선행)*처분의 취소를 구하는 소는 이미 효력을 잃은 처분의 취소를 구하는 것으로 부적법하다.

> **22. 국가직 9급** 공정거래위원회가 부당한 공동행위를 한 사업자에게 과징금 부과처분을 한 뒤 다시 자진신고 등을 이유로 과징금 감면처분을 한 경우, 선행처분은 후행처분에 흡수되어 소멸하므로 선행처분의 취소를 구하는 소는 부적법하다. (○)
>
> **21. 국가직 9급** 공정거래위원회가 부당한 공동행위를 한 사업자들 중 자진신고자에 대하여 구 독점규제 및 공정거래에 관한 법령에 따라 과징금 부과처분(선행처분)을 한 뒤, 다시 자진신고자에 대한 사건을 분리하여 자진신고를 이유로 과징금 감면처분(후행처분)을 한 경우라도 선행처분의 취소를 구하는 소는 적법하다. (×)
> ▶ 선행처분은 후행처분에 흡수되어 소멸하였으므로, 후행처분을 대상으로 한다.

③ 행정심판위원회의 변경재결에 따른 일부변경

> **관련판례** 변경재결로 인해 처분이 변경된 경우 (93누5673)
>
> 항고소송은 원칙적으로 당해 처분을 대상으로 하나, 당해 처분에 대한 재결 자체에 고유한 주체, 절차, 형식 또는 내용상의 위법이 있는 경우에 한하여 그 재결을 대상으로 할 수 있다고 해석되므로, 징계혐의자에 대한 **(A: 감봉 1월의 징계처분을 견책으로 / B: 견책을 감봉 1월의 징계처분으로)** 변경한 (소청결정) 중 그를 견책에 처한 조치는 재량권의 남용 또는 일탈로서 위법하다는 사유는 (소청결정) 자체에 고유한 위법을 주장하는 것으로 볼 수 없어 (소청결정)의 취소사유가 될 수 없다.
>
> **24. 국가직 7급** 징계혐의자에 대한 감봉 1월의 징계처분을 견책으로 변경한 소청결정 중 그를 견책에 처한 조치는 재량권의 남용 또는 일탈로서 위법하다는 사유는 소청결정 자체에 고유한 위법을 주장하는 것이어서 소청결정의 취소사유가 된다. (×)
> ▶ 변경된 원처분인 견책처분이 소송의 대상이 된다.

(7) 행정규칙에 근거한 처분

> **24. 국가직 7급** 어떠한 처분의 근거나 법적인 효과가 행정규칙에 규정되어 있다고 하더라도, 그 처분이 행정규칙의 내부적 구속력에 의하여 상대방에게 권리의 설정 또는 의무의 부담을 명하거나 기타 법적인 효과를 발생하게 하는 등으로 그 상대방의 권리·의무에 직접 영향을 미치는 행위라면, 이 경우에도 항고소송의 대상이 되는 행정처분에 해당한다. (○)
>
> **22. 국가직 7급** 처분의 근거나 법적인 효과가 행정규칙에 규정되어 있더라도 그 상대방의 권리·의무에 직접 영향을 미치는 행위라면, 항고소송의 대상이 되는 행정처분에 해당한다. (○)
>
> **22. 지방직 7급** 어떠한 처분의 근거가 행정규칙에 규정되어 있는 경우에도, 그 처분이 상대방의 권리·의무에 직접 영향을 미치는 행위라면 취소소송의 대상이 되는 행정처분에 해당한다. (○)

관련판례

1. (불문)경고 (2001두3532)

    행정규칙에 의한 '(불문)경고조치'가 비록 *(A: **법률** / B: **행정규칙**)*상의 징계처분은 아니지만 위 처분을 받지 아니하였다면 차후 다른 징계처분이나 경고를 받게 될 경우 징계감경사유로 사용될 수 있었던 표창공적의 사용가능성을 (소멸)시키는 효과와 1년 동안 인사기록카드에 등재됨으로써 그동안은 장관표창이나 도지사표창 대상자에서 (제외)시키는 효과 등이 있다는 이유로 항고소송의 대상이 되는 행정처분에 해당한다.

2. (검찰총장)의 검사에 대한 경고조치 (2020두47564)

    검사가 (검찰총장)의 경고를 받으면 1년 이상 (감찰)관리 대상자로 선정되어 특별관리를 받을 수 있고, 경고를 받은 사실이 인사자료로 활용되어 복무평정, 직무성과금 지급, 승진·전보인사에서도 (불이익)을 받게 될 가능성이 높아진다.

3. 금융기관 임원에 대한 (금융감독원장)의 문책경고 (2003두14765)

    금융기관 검사 및 제재에 관한 규정은 금융기관의 임원이 문책경고를 받은 경우에는 금융업 관련법 및 당해 금융기관의 감독 관련 규정에서 정한 바에 따라 일정기간 동안 임원선임의 (자격제한)을 받는다고 규정하고 있다.

4. 항공노선 관련 (운수권)배분처분 (2003두10251, 10268)

    이 사건 각 노선에 대한 (운수권)배분처분은 이 사건 잠정협정 등과 (행정규칙)인 이 사건 지침에 근거하는 것으로서 상대방에게 권리의 설정 또는 의무의 부담을 명하거나 기타 법적 효과를 발생하게 하는 등으로 원고의 권리·의무에 직접 영향을 미치는 행위로서 항고소송의 대상이 되는 행정처분에 해당한다.

5. 판례 비교

한수원의 등록취소 및 거래제한조치 (2017두66541)	한수원의 입찰참가자격 제한조치 (2017두66541)
① '(공급자관리지침)' 중 등록취소 및 그에 따른 일정 기간의 거래제한조치에 관한 규정들은 상위법령의 구체적 위임 (없이) 정한 것이어서 대외적 구속력이 없는 (행정규칙)이다. **22. 국가직 9급** 한국수력원자력 주식회사가 조달하는 기자재, 용역 및 정비공사, 기기 수리의 공급자에 대한 관리업무 절차를 규정함을 목적으로 제정·운용하고 있는 '공급자관리지침' 중 등록취소 및 그에 따른 일정 기간의 거래제한조치에 관한 규정들은 상위법령의 구체적 위임 없이 정한 것이어서 대외적 구속력이 없는 행정규칙이다. (○) ② '(공급자관리지침)'에 근거하여 등록된 공급업체에 대하여 하는 '등록취소 및 그에 따른 일정 기간의 거래제한조치'는 행정청이 행하는 구체적 사실에 관한 법집행으로서의 공권력의 행사인 '처분'에 해당한다.	공공기관운영(법) 제39조 제2항과 그 하위법령에 따른 입찰참가자격제한 조치는 '구체적 사실에 관한 법집행으로서의 공권력의 행사'로서 행정처분에 해당한다.

(8) 행정청 간의 갈등

> **관련판례** 양양군수의 서울시장에 대한 (건축협의) 취소 (2012두22980)
>
> 구 건축법의 규정 내용에 의하면, (건축협의)의 실질은 지방자치단체 등에 대한 건축허가와 다르지 않으므로, (건축협의) 취소는 상대방이 다른 지방자치단체 등 행정주체라 하더라도 '행정청이 행하는 구체적 사실에 관한 법집행으로서의 공권력 행사'로서 처분에 해당한다고 볼 수 있고, (지방자치단체)인 원고가 이를 다툴 실효적 해결 수단이 없는 이상, 원고는 건축물 소재지 관할 허가권자인 지방자치단체의 장을 상대로 항고소송을 통해 (건축협의) 취소의 취소를 구할 수 있다.
>
> **22. 지방직 7급** 「건축법」상 지방자치단체를 상대방으로 하는 건축협의의 취소는 행정처분에 해당한다고 볼 수 없으므로 지방자치단체가 건축물 소재지 관할 건축허가권자를 상대로 항고소송을 통해 건축협의 취소의 취소를 구할 수 없다. (×)
>
> ▶ 서울시에게 원고적격 및 대상적격이 모두 인정된다.

> **비교판례+** 감사원의 서울시장에 대한 징계요구 (처분성 ×) (2014두5637)
>
> 징계 요구는 징계 요구를 받은 기관의 장이 요구받은 내용대로 처분하지 않더라도 (불이익)을 받는 규정도 없고, 징계 요구 내용대로 효과가 발생하는 것도 아니며, (A: *징계 요구에 의하여 행정청이 일정한 행정처분을 하였을 때 비로소 이해관계인의 권리관계에 영향을 미칠 뿐이므로* / B: *징계 요구 자체만으로 징계 요구 대상 공무원의 권리·의무에 직접적인 변동을 초래하므로*), 행정청 사이의 내부적인 의사결정의 경로로서 '징계 요구, 징계 절차 회부, 징계'로 이어지는 과정에서의 (중간처분)에 불과하여, 감사원의 징계 요구와 재심의결정이 항고소송의 대상이 되는 행정처분이라고 할 수 없다.

(9) 중간단계의 행위

> **관련판례** 원칙 – 처분성 ×
>
> 1. 부지(사전승인)처분 → 건설허가처분 (97누19588)
>
>   원자로 및 관계 시설의 부지(사전승인)처분은 그 자체로서 건설부지를 확정하고 사전공사를 허용하는 법률효과를 지닌 독립한 행정처분이기는 하지만, 건설허가 전에 신청자의 편의를 위하여 미리 그 건설허가의 일부 요건을 심사하여 행하는 사전적 부분 건설허가처분의 성격을 갖고 있는 것이어서 나중에 건설허가처분이 있게 되면 (A: *그 건설허가처분에 흡수되어 독립된 존재가치를 상실함으로써 그 건설허가처분만이 쟁송의 대상이 되는 것이므로 부지사전승인처분의 취소를 구하는 소는 소의 이익을 잃게 된다* / B: *부지사전승인처분의 위법성은 부지사전승인처분의 취소를 구하는 소송에서 다투면 된다*).
>
> **22. 국가직 9급** 구 「원자력법」상 원자로 및 관계 시설의 부지사전승인처분 후 건설허가처분까지 내려진 경우, 선행처분은 후행처분에 흡수되어 건설허가처분만이 행정쟁송의 대상이 된다. (○)

2. (내부전산망)에 입력하고, 대외적 표시 × → 효력발생 × (2017두38874)

    병무청장이 법무부장관에게 '가수 甲이 공연을 위하여 국외여행허가를 받고 출국한 후 미국 시민권을 취득함으로써 사실상 병역의무를 면탈하였으므로 재외동포 자격으로 재입국하고자 하는 경우 국내에서 취업, 가수활동 등 영리활동을 할 수 없도록 하고, 불가능할 경우 입국 자체를 금지해 달라'고 요청함에 따라 법무부장관이 甲의 입국을 금지하는 결정을 하고, 그 정보를 (내부전산망)인 '출입국관리정보시스템'에 입력하였으나, 甲에게는 (통보)하지 않은 사안에서, 위 입국금지결정은 항고소송의 대상이 되는 '처분'에 해당하지 않는다.

3. 한국자산공사의 재공매 결정

    체납자 등은 *(A: 자신 / B: 다른 권리자)*에 대한 공매통지의 하자만을 공매처분의 위법사유로 주장할 수 있을 뿐 *(A: 자신 / B: 다른 권리자)*에 대한 공매통지의 하자를 들어 공매처분의 위법사유로 주장하는 것은 허용되지 않는다(2007두18154).

구분		공매결정	공매통지	공매
처분성		*(A: O / B: X)* (96누12030)	*(A: O / B: X)* (2010두25527)	*(A: O / B: X)* (84누201)
	–		(절차)상 하자 (2007두18154)	

비교판례+ 처분성 O

1. 폐기물처리업 부(적정통보) (97누21086)

    폐기물관리법 관계 법령의 규정에 의하면 폐기물처리업의 허가를 받기 위하여는 먼저 사업계획서를 제출하여 허가권자로부터 사업계획에 대한 적정통보를 받아야 하고, 그 (적정통보)를 받은 자만이 일정기간 내에 시설, 장비, 기술능력, 자본금을 갖추어 허가신청을 할 수 있으므로, 결국 부(적정통보)는 허가신청 자체를 제한하는 등 개인의 권리 내지 법률상의 이익을 개별적이고 구체적으로 규제하고 있어 행정처분에 해당한다.

    23. 지방직 7급 만약 乙이 甲에게 사업계획 부적합통보를 하였다면 이는 항고소송의 대상이 되는 행정처분에 해당한다. (O)

2. 세무조사(결정) (2009두23617)

    납세의무자로 하여금 개개의 과태료 처분에 대하여 불복하거나 조사 종료 후의 과세처분에 대하여만 다툴 수 있도록 하는 것보다는 그에 앞서 세무조사(결정)에 대하여 다툼으로써 분쟁을 조기에 근본적으로 해결할 수 있는 점 등을 종합하면, 세무조사(결정)은 납세의무자의 권리·의무에 직접 영향을 미치는 공권력의 행사에 따른 행정작용으로서 항고소송의 대상이 된다.

    22. 국가직 7급 과세관청의 질문조사권이 행해지는 세무조사결정은 납세의무자의 권리·의무에 직접 영향을 미치는 공권력의 행사에 따른 행정작용으로서 항고소송의 대상이 된다. (O)

    24. 지방직 9급 세무조사결정은 납세자의 권리·의무에 직접 영향을 미치는 공권력의 행사에 따른 행정작용으로서 항고소송의 대상이 된다. (O)

(10) 기타

> **관련판례**
>
> 1. 진실·화해를위한과거사정리위원회의 진실규명결정(○) (2010두22856)
>   진실규명결정이 이루어지면 그 결정에서 규명된 진실에 따라 국가가 피해자 등에 대하여 피해 및 명예회복 조치를 취할 법률상 (의무)를 부담하게 되는 점 등을 종합하여 보면, 법이 규정하는 진실규명결정은 국민의 권리·(의무)에 직접적으로 영향을 미치는 행위로서 항고소송의 대상이 되는 행정처분이라고 보는 것이 타당하다.
>
> 2. 인권위의 진정에 대한 각하 또는 기각결정(○) (2013헌마214)
>   국가인권위원회가 진정을 각하 및 기각결정을 할 경우 피해자인 진정인으로서는 자신의 인격권 등을 침해하는 인권침해 또는 차별행위 등이 시정되고 그에 따른 구제조치를 받을 (권리)를 박탈당하게 되므로, 진정에 대한 국가인권위원회의 각하 및 기각결정은 피해자인 진정인의 (권리)행사에 중대한 지장을 초래하는 것으로서 항고소송의 대상이 되는 행정처분에 해당한다.
>
> 3. 우선협상대상자 (선정)(○), 우선협상대상자 지위 (배제)(○) (2017두31064)
>   지방자치단체의 장이 공유재산법에 근거하여 기부채납 및 사용·수익허가 방식으로 민간투자사업을 추진하는 과정에서 사업시행자를 지정하기 위한 전 단계에서 공모제안을 받아 일정한 심사를 거쳐 우선협상대상자를 (선정)하는 행위와 이미 선정된 우선협상대상자를 그 지위에서 (배제)하는 행위는 민간투자사업의 세부내용에 관한 협상을 거쳐 공유재산법에 따른 공유재산의 사용·수익허가를 우선적으로 부여받을 수 있는 지위를 설정하거나 또는 이미 설정한 지위를 박탈하는 조치이므로 (모두) 항고소송의 대상이 되는 행정처분으로 보아야 한다.

> **24. 국가직 9급** 지방자치단체의 장이 「공유재산 및 물품관리법」에 근거하여 기부채납 및 사용·수익허가 방식으로 민간투자사업을 추진하는 과정에서 사업시행자를 지정하기 위한 전 단계에서 공모 제안을 받아 일정한 심사를 거쳐 우선협상대상자를 선정하는 행위는 항고소송의 대상이 되는 행정처분에 해당하지 않는다. (×)
> ▶ 선정행위 및 배제행위 모두 처분성이 있다.
>
> **22. 국가직 9급** 「공유재산 및 물품 관리법」에 근거하여 공모제안을 받아 이루어지는 민간투자사업 '우선협상대상자 선정행위'나 '우선협상대상자 지위배제행위'에서 '우선협상대상자 지위배제행위'만이 항고소송의 대상인 처분에 해당한다. (×)
> ▶ 선정행위 및 배제행위 모두 처분성이 있다.

5. 재결

(1) 의의

> **행정소송법 제2조【정의】** ① 이 법에서 사용하는 용어의 정의는 다음과 같다.
>   1. "처분(등)"이라 함은 행정청이 행하는 구체적 사실에 관한 법집행으로서의 공권력의 행사 또는 그 거부와 그 밖에 이에 준하는 행정작용(이하 "처분"이라 한다) 및 행정심판에 대한 재결을 말한다.
>
> **제3조【행정소송의 종류】** 행정소송은 다음의 네 가지로 구분한다.
>   1. 항고소송: 행정청의 처분(등)이나 부작위에 대하여 제기하는 소송

(2) 원처분주의와 재결주의

구분	원처분의 하자	재결의 하자
원처분주의	(원처분) 취소소송	(재결) 취소소송
재결주의	(A: 원처분 / B: 재결) 취소소송	

> **관련판례** 재결주의의 적용 사례 (84누91)
>
> 감사원의 *(A: 변상판정처분 / B: 재결에 해당하는 재심의 판정)* 에 대하여서만 *(A: 감사원장 / B: 감사원)* 을 피고로 하여 행정소송을 제기할 수 있다.

(3) 재결에 고유한 하자가 있는 경우

> **관련판례**
>
> 1. 일반론 (96누14661)
>
>   행정소송법 제19조에서 말하는 '재결 자체에 고유한 위법'이란 원처분에는 없고 재결에만 있는 재결청의 (권한) 또는 (구성)의 위법, 재결의 (절차)나 (형식)의 위법, (내용)의 위법 등을 뜻하고, 그 중 (내용)의 위법에는 위법·부당하게 인용재결을 한 경우가 해당한다.
>
>   **22. 국가직 9급** 「행정소송법」 제19조에서 말하는 '재결 자체에 고유한 위법'이란 원처분에는 없고 재결에만 있는 재결청의 권한 또는 구성의 위법, 재결의 절차나 형식의 위법, 내용의 위법 등을 뜻한다. (○)
>
> 2. 잘못된 각하재결 (99두2970)
>
>   행정심판청구가 *(A: 부적법 / B: 적법)* 하지 않음에도 각하한 재결은 심판청구인의 (실체심리)를 받을 권리를 박탈한 것으로서 원처분에 없는 고유한 하자가 있는 경우에 해당하고, 따라서 위 재결은 취소소송의 대상이 된다.
>
>   **21, 24. 국가직 7급** 행정심판청구가 부적법하지 않음에도 각하한 재결은 심판청구인의 실체심리를 받을 권리를 박탈한 것으로서 원처분에 없는 고유한 하자가 있는 경우에 해당하고, 따라서 위 재결은 취소소송의 대상이 된다. (○)
>
>   **24. 지방직 7급** 행정심판청구가 부적법하지 않음에도 각하한 재결은 심판청구인의 실체심리를 받을 권리를 박탈한 것으로서 원처분에 없는 고유한 하자가 있는 경우에 해당한다. (○)
>
> 3. 내용상 하자 (93누17874, 95누8027)
>
>   도교육감의 해임처분의 취소를 구하는 재심청구를 기각한 재심결정에 *(A: 사실오인의 위법이 있다거나 재량권의 남용 또는 그 범위를 일탈한 것으로서 / B: 이유모순이 있어)* 위법하다는 사유는 재심결정 자체에 고유한 위법을 주장하는 것으로 볼 수 없어 재심결정의 취소사유가 될 수 없다.
>
>   **24. 국가직 7급** 행정심판의 재결에 이유모순의 위법이 있다는 사유는 재결처분 자체에 고유한 하자로서 재결처분의 취소를 구하는 소송에서는 그 위법사유로서 주장할 수 있으나, 원처분의 취소를 구하는 소송에서는 그 취소를 구할 위법시유로서 주장할 수 없다. (○)

4. (복효적) 행정행위에 대한 인용재결 (96누10911)

이른바 (복효적) 행정행위, 특히 (제3자효)를 수반하는 행정행위에 대한 행정심판청구에 있어서 그 청구를 인용하는 내용의 재결로 인하여 비로소 권리이익을 침해받게 되는 자는 그 인용재결에 대하여 다툴 필요가 있고, 그 인용재결은 원처분과 내용을 달리하는 것이므로 그 인용재결의 취소를 구하는 것은 원처분에는 없는 재결에 고유한 하자를 주장하는 셈이어서 당연히 항고소송의 대상이 된다.

24. **국가직 7급** 제3자효를 수반하는 행정행위에 대한 행정심판청구에 있어서 그 청구를 인용하는 내용의 재결로 인하여 비로소 권리이익을 침해받게 되는 자는 그 인용재결에 대하여 다툴 필요가 있고, 그 인용재결은 원처분과 내용을 달리하는 것이므로 그 인용재결의 취소를 구하는 것은 원처분에는 없는 재결에 고유한 하자를 주장하는 셈이어서 당연히 항고소송의 대상이 된다. (O)

21. **국가직 7급** 제3자효를 수반하는 행정행위에 대한 행정심판청구에 있어서 그 청구를 인용하는 내용의 재결로 인하여 비로소 권리이익을 침해받게 되는 자는 그 인용재결에 대하여 다툴 필요가 있고, 그 인용재결은 원처분과 내용을 달리하는 것이므로 그 인용재결의 취소를 구하는 것은 원처분에는 없는 재결에 고유한 하자를 주장하는 셈이어서 당연히 항고소송의 대상이 된다. (O)

21. **국가직 7급** 제3자효 행정행위에 대하여 재결청이 직접 당해 사업계획승인처분을 취소하는 형성적 재결을 한 경우에는 그 재결 외에 그에 따른 행정청의 별도의 처분이 있지 않기 때문에 재결 자체를 쟁송의 대상으로 할 수 있다. (O)

5. 재결에 고유한 위법이 없는 경우 (93누16901)

재결 자체에 고유한 위법이 없는 경우에는 원처분의 당부와는 상관없이 당해 재결취소소송은 이를 *(A: 기각 / B: 각하)* 하여야 한다.

23. **지방직 9급** 甲이 丙의 기각재결을 받은 후 재결 자체에 고유한 하자가 있음을 주장하며 그 기각재결에 대하여 취소소송을 제기한 경우, 수소법원은 심리 결과 재결 자체에 고유한 위법이 없다면 각하판결을 하여야 한다. (×)
▶ 기각판결을 한다.

(4) 교원에 대한 징계의 불복
① 국공립학교 교원의 경우

국가공무원법 제16조 【행정소송과의 관계】 ① 제75조에 따른 처분, 그 밖에 본인의 의사에 반한 불리한 처분이나 부작위(不作爲)에 관한 행정소송은 (소청심사)위원회의 심사·결정을 거치지 아니하면 제기할 수 없다.
② 제1항에 따른 행정소송을 제기할 때에는 대통령의 처분 또는 부작위의 경우에는 소속 (장관)(대통령령으로 정하는 기관의 장을 포함한다. 이하 같다)을, 중앙선거관리위원회위원장의 처분 또는 부작위의 경우에는 중앙선거관리위원회(사무총장)을 각각 피고로 한다.

② 사립학교 교원의 경우

> **교육공무원법 제53조【「국가공무원법」과의 관계】** ① 「국가공무원법」제16조 제1항을 교육공무원(공립대학에 근무하는 교육공무원은 제외한다. 이하 이 조에서 같다)인 교원에게 적용할 때 같은 항의 "소청심사위원회"는 "교원소청심사위원회"로 본다.
>
> **교원지위법 제10조【소청심사 결정 등】** ① 심사위원회는 소청심사청구를 접수한 날부터 60일 이내에 이에 대한 결정을 하여야 한다. 다만, 심사위원회가 불가피하다고 인정하면 그 의결로 30일을 연장할 수 있다.
> ③ 처분권자는 심사위원회의 결정서를 송달받은 날부터 30일 이내에 제1항에 따른 결정의 취지에 따라 조치(이하 "구제조치"라 한다)를 *(A: 하여야 하고 / B: 할 수 있고)*, 그 결과를 심사위원회에 제출하여야 한다.
> ④ 제1항에 따른 심사위원회의 결정에 대하여 교원, 「사립학교법」제2조에 따른 학교법인 또는 사립학교 경영자 등 당사자(공공단체는 제외한다)는 그 결정서를 송달받은 날부터 30일 이내에 「행정소송법」으로 정하는 바에 따라 (소송)을 제기할 수 있다.
> ⑤ 제4항에 따른 기간 이내에 행정소송을 제기하지 아니하면 그 결정은 확정된다.
>
> **제10조의2【결정의 효력】** 심사위원회의 결정은 처분권자를 (기속)한다. 이 경우 제10조 제4항에 따른 행정소송 제기에 의하여 그 효력이 정지되지 아니한다.

소속	징계행위	소청심사	취소소송의 대상	원고
국공립학교	원처분 (A)	재결 (B)	원처분주의 (A or B)	*(A: 교원 only / B: 교원 or 학교)*
사립학교	사법상 행위	*(A: 원처분 / B: 재결)*	원처분주의 (C)	*(A: 교원 only / B: 교원 or 학교)*
			민사소송	

02 원고적격

1. 원고적격의 요건 – 법률상 이익이 있는 자

> **관련판례**
>
> 1. **일반론 (2006두14001)**
>   행정처분의 직접 상대방이 아닌 제3자라 하더라도 당해 행정처분으로 인하여 법률상 보호되는 이익을 침해당한 경우에는 그 처분의 취소나 무효확인을 구하는 행정소송을 제기하여 그 당부의 판단을 받을 자격이 있다 할 것이며, 여기에서 말하는 법률상 보호되는 이익이라 함은 당해 처분의 (근거) 법규 및 (관련) 법규에 의하여 보호되는 *(A: 개별적·직접적·구체적 / B: 일반적·간접적·추상적)* 이익이 있는 경우를 말한다.
>
>> **24. 국가직 9급** 원고적격의 요건으로서 법률상 이익에는 당해 처분의 근거 법률에 의하여 보호되는 직접적이고 구체적인 이익뿐만 아니라 간접적이거나 사실적·경제적 이해관계를 가지는 경우도 여기에 포함된다. (×)
>>
>> **23. 국가직 9급** 「행정소송법」 제12조의 '법률상 이익' 개념에 관하여 법률상 이익구제설에 따르는 판례에 의하면 甲은 제명의결을 다툴 원고적격을 갖지 못한다. (×)
>> ▶ 불이익 처분의 상대방은 원고적격이 인정된다.
>
> 2. **기존 도로 폐지 but 새로운 도로를 개설 (97누12556)**
>   甲이 乙 소유의 도로를 공로에 이르는 유일한 통로로 이용하였으나 甲 소유의 대지에 연접하여 (새로운) 공로가 개설되어 그 쪽으로 출입문을 내어 바로 새로운 공로에 이를 수 있게 된 경우, 乙의 신청에 따라 관할 행정청이 乙 소유의 도로에 대하여 한 도로폐지허가처분으로 인하여 乙 소유의 도로가 구 건축법 제2조 제11호 (나)목 소정의 도로에 해당하지 않게 되었다고 하더라도 주위토지소유자인 甲의 대지 및 그 지상의 주택은 같은 법 제2조 제11호 소정의 (새로) 개설된 도로에 접하고 있으므로 甲의 폐지된 도로에 대한 통행의 이익은 같은 법에 의한 공익보호의 결과로 국민 일반이 공통적으로 가지는 추상적, 평균적, 일반적 이익과 같이 간접적이거나 사실적, 경제적 이익에 불과하고 이를 같은 법에 의하여 보호되는 직접적이고 구체적인 이익에 해당한다고 보기 어렵다.

2. 원고적격 인정 사례의 구체적 검토

(1) 행정주체 또는 행정청

① 지방자치단체

> **관련판례** 양양군수의 서울시장에 대한 (건축협의) 취소 (2012두22980)
>
> 구 건축법의 규정 내용에 의하면, (건축협의)의 실질은 지방자치단체 등에 대한 건축허가와 다르지 않으므로, (건축협의) 취소는 상대방이 다른 지방자치단체 등 행정주체라 하더라도 '행정청이 행하는 구체적 사실에 관한 법집행으로서의 공권력 행사'로서 처분에 해당한다고 볼 수 있고, (지방자치단체)인 원고가 이를 다툴 실효적 해결 수단이 없는 이상, 원고는 건축물 소재지 관할 허가권자인 지방자치단체의 장을 상대로 항고소송을 통해 (건축협의) 취소의 취소를 구할 수 있다.

② 행정청

> **관련판례**
>
> 1. 경기도 선관위 위원장 → (국민권익위원회) (2011두1214)
>
>   국가기관 일방의 조치요구에 불응한 상대방 국가기관에 (국민권익위원회)법상의 제재규정과 같은 중대한 불이익을 직접적으로 규정한 다른 법령의 사례를 찾아보기 어려운 점, 그럼에도 乙이 (국민권익위원회)의 조치요구를 다툴 별다른 방법이 없는 점 등에 비추어 보면, 비록 乙이 국가기관이더라도 (당사자능력) 및 (원고적격)을 가진다고 보는 것이 타당하다.
>
> 2. [동일] 소방청장 → (국민권익위원회) (2014두35379)
>
> > 22. **국가직 9급** 국민권익위원회가 소방청장에게 일정한 의무를 부과하는 내용의 조치요구를 한 경우 소방청장은 조치요구의 취소를 구할 당사자능력 및 원고적격이 인정되지 않는다. (×)
> > ▶ 행정청인 소방청장에게 당사자능력 및 원고적격이 모두 인정된다.
> >
> > 21. **국가직 9급** 소방청장이 처분성이 인정되는 국민권익위원회의 조치요구에 불복하여 조치요구의 취소를 구하는 경우 항고소송의 원고적격이 인정된다. (○)

(2) 법인

> **관련판례** 수녀원(재단법인)의 (환경)상 이익 (2010두2005)
>
> 자연인이 아닌 甲 수녀원은 쾌적한 (환경)에서 생활할 수 있는 이익을 향수할 수 있는 주체가 아니므로 위 처분으로 위와 같은 생활상의 이익이 직접적으로 침해되는 관계에 있다고 볼 수도 없다.

(3) 외국인

기준	대한민국과 (실질적 관련성) OR 대한민국에서 법적으로 (보호가치) 있는 이해관계를 형성하였는지		
방향	입국희망자		출국임박자
처분	(사증발급) 거부처분		퇴거명령 등
원고	(A: 조선족 동포 / B: 재미동포 인기가수)	(A: 조선족 동포 / B: 재미동포 인기가수)	적법하게 (입국)하여 상당기간 (체류)한 자
법률	(A: 출입국관리법 / B: 재외동포법)	(A: 출입국관리법 / B: 재외동포법)	(A: 출입국관리법 / B: 재외동포법)
결론	원고적격 X	원고적격 O	원고적격 O
판례	(출입국관리법)의 해석상 외국인에게는 사증발급 거부처분의 취소를 구할 법률상 이익이 인정되지 않는다(2014두42506).	원고는 대한민국에서 (출생)하여 오랜 기간 대한민국 국적을 보유하면서 (거주)한 사람이므로 이미 대한민국과 실질적 관련성이 있거나 대한민국에서 법적으로 보호가치 있는 이해관계를 형성하였다고 볼 수 있다(2017두38874).	국적법상 귀화불허가처분이나 출입국관리법상 체류자격변경 불허가처분, 강제퇴거명령 등을 다투는 외국인은 대한민국에 적법하게 (입국)하여 상당한 기간을 (체류)한 사람이므로, 해당 처분의 취소를 구할 법률상 이익이 인정된다(2014두42506).

22. 국가직 9급 대한민국에서 출생하여 오랜 기간 대한민국 국적을 보유하면서 거주한 재외동포는 사증발급 거부처분의 취소를 구할 법률상 이익이 있다. (O)

21. 국가직 9급 중국 국적자인 외국인이 사증발급 거부처분의 취소를 구하는 경우 항고소송의 원고적격이 인정된다. (X)

▶ 출입국관리법상 법률상 이익이 인정되지 않았다.

(4) 수익적 처분의 제3자
① 경업자 관계

> **관련판례**
>
> 1. 판례 비교
>
> | 시내버스 vs 시외버스 (○) (2001두4450) | 한정면허 vs 일반면허 (○) (2015두53824) |
> |---|---|
> | ① 구 여객자동차운수사업법 제6조 제1항 제1호에서 '사업계획이 당해 노선 또는 사업구역의 수송(수요)와 수송력(공급)에 적합할 것'을 여객자동차운송사업의 면허기준으로 정한 것은 업자 간의 (경쟁)으로 인한 (경영의 불합리)를 미리 방지하자는 데 그 목적이 있다 할 것이다.
② 기존의 시내버스운송사업자의 노선 및 운행계통과 시외버스운송사업자들의 그것들이 일부 중복되게 되고 기존업자의 수익감소가 예상된다면, 기존의 시내버스운송사업자와 시외버스운송사업자들은 *(A: 경업 / B: 경원)* 관계에 있는 것으로 봄이 상당하다 할 것이어서 기존의 시내버스운송사업자에게 시외버스운송사업계획변경인가처분의 취소를 구할 법률상의 이익이 있다. | 일반면허를 받은 시외버스운송사업자에 대한 사업계획변경 인가처분으로 인하여 기존에 한정면허를 받은 시외버스운송사업자의 노선 및 운행계통과 일반면허를 받은 시외버스운송사업자의 그것이 일부 중복되게 되고 기존업자의 수익감소가 예상된다면, 기존의 한정면허를 받은 시외버스운송사업자와 일반면허를 받은 시외버스운송사업자는 경업관계에 있는 것으로 보는 것이 타당하고, 따라서 기존의 한정면허를 받은 시외버스운송사업자는 일반면허 시외버스운송사업자에 대한 사업계획변경인가처분의 취소를 구할 법률상의 이익이 *(A: 있다 / B: 없다)*. |
>
> 2. 판례 비교
>
> | 담배 일반소매인 vs 일반소매인 (○)
(2008두402) | 담배 일반소매인 vs (구내)소매인 (×)
(2008두402) |
> |---|---|
> | ① 소매인의 지정기준으로 같은 일반소매인 사이에서는 그 영업소 간에 군청, 읍·면사무소가 소재하는 리 또는 동지역에서는 50m, 그 외의 지역에서는 100m 이상의 (거리)를 유지하도록 규정하고 있다.
② 담배 일반소매인의 지정기준으로서 일반소매인의 영업소 간에 일정한 (거리)제한을 두고 있는 것은 일반소매인 간의 (과당경쟁)으로 인한 불합리한 경영을 방지함으로써 일반소매인의 경영상 이익을 보호하는 데에도 그 목적이 있다고 보이므로, 일반소매인으로 지정되어 영업을 하고 있는 기존업자의 신규 일반소매인에 대한 이익은 단순한 사실상의 반사적 이익이 아니라 법률상 보호되는 이익에 해당한다. | ① (구내)소매인과 일반소매인 사이에서는 (구내)소매인의 영업소와 일반소매인의 영업소 간에 거리제한을 두지 아니할 뿐 아니라,
② (구내)소매인은 담배진열장 및 담배소매점 표시판을 건물 또는 시설물의 외부에 설치하여서는 아니 된다고 규정하는 등 일반소매인의 입장에서 (구내)소매인과의 과당경쟁으로 인한 경영의 불합리를 방지하는 것을 그 목적으로 할 수 있다고 보기 어려우므로, 기존 일반소매인은 신규 (구내)소매인 지정처분의 취소를 구할 원고적격이 없다. |

② 경원자 관계

> **관련판례**
>
> 1. 로스쿨 신청 대학 vs 로스쿨 신청 대학 (2009두8359)
>   ① 인·허가 등의 수익적 행정처분을 신청한 수인이 서로 경쟁관계에 있어서 일방에 대한 허가 등의 처분이 타방에 대한 *(A: 허가 / B: 불허가)* 등으로 귀결될 수밖에 없는 때 허가 등의 처분을 받지 못한 자는 비록 경원자에 대하여 이루어진 허가 등 처분의 상대방이 아니라 하더라도 당해 처분의 취소를 구할 원고 적격이 있다. 다만, (명백한) 법적 장애로 인하여 원고 자신의 신청이 인용될 가능성이 (처음부터) 배제되어 있는 경우에는 당해 처분의 취소를 구할 정당한 이익이 없다.
>   ② 원고를 포함한 법학전문대학원 설치인가 신청을 한 41개 대학은 2,000명이라는 총 입학정원을 두고 그 설치인가 여부 및 개별 입학정원의 배정에 관하여 서로 (경쟁관계)다.
>
> 2. 2인 中 1인만 검사 될 수 있음 (90누5825)
>   검사 지원자 중 한정된 수의 임용대상자에 대한 임용 결정은 한편으로는 그 임용대상에서 제외한 자에 대한 (임용거부결정)이라는 양면성을 지니는 것이므로 임용대상자에 대한 임용의 의사표시는 동시에 임용대상에서 제외한 자에 대한 *(A: 부작위 / B: 임용거부)*의 의사표시를 포함한 것으로 볼 수 있고, 이러한 (임용거부)의 의사표시는 본인에게 직접 고지되지 않았다고 하여도 본인이 이를 알았거나 알 수 있었을 때에 그 효력이 발생한 것으로 보아야 한다.

③ 이웃주민(인인) 관계

> **관련판례**
>
> 1. 판례 비교
>
> | 환경영향평가 대상지역 안의 주민 (O)
(2006두330) | 환경영향평가 대상지역 밖의 주민 (×)
(2006두330) |
> |---|---|
> | 환경영향평가 대상지역 "안"의 주민들에 대하여는 특단의 사정이 없는 한 환경상의 이익에 대한 침해 또는 침해우려가 있는 것으로 사실상 (추정)되어 공유수면매립면허처분 등의 무효확인을 구할 원고적격이 인정된다. | 환경영향평가 대상지역 "밖"의 주민이라 할지라도 공유수면매립면허처분 등으로 인하여 환경상 이익에 대한 침해 또는 침해우려가 있다는 것을 (입증)함으로써 그 처분 등의 무효확인을 구할 원고적격을 인정받을 수 있다. |
> | | **24. 지방직 9급** 환경영향평가 대상지역 밖의 주민이라 할지라도 공유수면매립면허처분 등으로 인하여 그 처분 전과 비교하여 수인한도를 넘는 환경피해를 받거나 받을 우려가 있는 경우에는, 공유수면매립면허처분 등으로 인하여 환경상 이익에 대한 침해 또는 침해우려가 있다는 것을 입증함으로써 그 처분 등의 무효확인을 구할 원고적격을 인정받을 수 있다. (O) |

2. 대상지역 "내" 주민의 구체적 검토 (2009두2825)

환경상 이익에 대한 침해 또는 침해 우려가 있는 것으로 사실상 (추정)되어 원고적격이 인정되는 사람에는 환경상 침해를 받으리라고 예상되는 영향권 내의 주민들을 비롯하여 그 영향권 내에서 농작물을 경작하는 등 *(A: 현실적 / B: 일시적)*으로 환경상 이익을 향유하는 사람도 포함된다.

3. (헌법)/(환경정책기본법)은 개별/직접/구체적 이익 × (×) (2006두330)

(헌법) 제35조 제1항에서 정하고 있는 환경권에 관한 규정만으로는 그 권리의 주체·대상·내용·행사방법 등이 구체적으로 정립되어 있다고 볼 수 없고, (환경정책기본법) 제6조도 그 규정 내용 등에 비추어 국민에게 구체적인 권리를 부여한 것으로 볼 수 없으므로, 환경영향평가 대상지역 *(A: 밖 / B: 안)*에 거주하는 주민에게 (헌법)상의 환경권 또는 (환경정책기본법)에 근거하여 공유수면매립면허처분과 농지개량사업 시행인가처분의 무효확인을 구할 원고적격이 없다.

4. 인근 주민들의 납골당 설치 반대 (○) (2009두6766)

납골시설 설치장소에서 500m (내)에 20호 이상의 인가가 밀집한 지역에 거주하는 주민들은 납골당 설치에 대하여 환경상 이익 침해를 받거나 받을 우려가 있는 것으로 사실상 추정된다.

5. 인근 주민들의 연탄공장 건축 반대 (○) (73누96)

주거지역 (내)에 위 법조 소정 제한면적을 초과한 연탄공장 건축허가처분으로 불이익을 받고 있는 제3거주자는 비록 당해 행정처분의 상대자가 아니라 하더라도 그 행정처분으로 말미암아 위와 같은 법률에 의하여 보호되는 이익을 침해받고 있다면 당해행정 처분의 취소를 소구하여 그 당부의 판단을 받을 법률상의 자격이 있다.

6. 원자력발전소 인근 주민들의 부지선정 반대 (○) (97누19588)

방사성물질에 의하여 보다 직접적이고 중대한 피해를 입으리라고 예상되는 지역 (내)의 주민들에게는 방사성물질 등에 의한 생명·신체의 안전침해를 이유로 부지사전승인처분의 취소를 구할 원고적격이 있다.

7. (취수장)에서 멀리 떨어진 곳에 거주하는 자: 입증 성공 (○) (2007두16127)

① 수돗물을 공급받아 이를 마시거나 이용하는 주민들로서는 근거 법규 및 관련 법규가 환경상 이익의 침해를 받지 않은 채 깨끗한 수돗물을 마시거나 이용할 수 있는 자신들의 생활환경상의 개별적 이익을 직접적·구체적으로 보호하고 있음을 *(A: 증명하여 / B: 추정받아)* 원고적격을 인정받을 수 있다.

② 김해시장이 소감천을 통해 낙동강에 합류하는 하천수 주변의 토지에 구 산업집적활성화 및 공장설립에 관한 법률 제13조에 따라 공장설립을 승인하는 처분을 한 사안에서, 거주지역이 물금(취수장)으로부터 다소 떨어진 곳이라고 하더라도 물금(취수장)에서 취수된 물을 공급받는 부산광역시 또는 양산시에 거주하는 주민들도 위 처분의 근거 법규 및 관련 법규에 의하여 개별적·구체적·직접적으로 보호되는 환경상 이익, 즉 법률상 보호되는 이익이 침해되거나 침해될 우려가 있는 주민으로서 원고적격이 인정된다.

8. 인근 주민들의 화장장 설치 반대 (94누14544)
   ① (×) (상수원보호구역) 설정의 근거가 되는 (수도법) 제5조 제1항 및 동 시행령 제7조 제1항이 보호하고자 하는 것은 상수원의 확보와 수질보전일 뿐이고, 그 상수원에서 급수를 받고 있는 지역주민들이 가지는 상수원의 오염을 막아 양질의 급수를 받을 이익은 직접적이고 구체적으로는 보호하고 있지 않음이 명백하여 위 지역주민들이 가지는 이익은 상수원의 확보와 수질보호라는 공공의 이익이 달성됨에 따라 반사적으로 얻게 되는 이익에 불과하므로 지역주민들에 불과한 원고들은 위 (상수원보호구역)변경처분의 취소를 구할 법률상의 이익을 갖고 있지 않다.
   ② (○) 도시계획의 내용이 화장장의 설치에 관한 것일 때에는 도시계획법 제12조뿐만 아니라 (매장 및 묘지 등)에 관한 법률 및 같은 법 시행령 역시 그 근거 법률이 된다고 보아야 할 것이므로,
   같은 법 시행령 제4조 제2호가 공설화장장은 20호 이상의 인가가 밀집한 지역, 학교 또는 공중이 수시 집합하는 시설 또는 장소로부터 1,000m 이상 떨어진 곳에 설치하도록 제한을 가하는 등에 의하여 보호되는 부근 주민들의 이익은 위 (도시계획결정)처분의 근거 법률에 의하여 보호되는 법률상 이익이다.

> **비교판례+** 법률상 이익 인정 ×
>
> 1. 개발제한구역 해제대상에서 누락된 토지 소유자 (2007두10242)
>   원고의 청구취지와 같이 이 사건 도시관리계획변경결정 중 중리취락 부분이 취소될 경우, 그 결과 (A: *이 사건 도시관리계획변경결정으로 개발제한구역에서 해제된 제3자 소유의 토지들이 종전과 같이 개발제한구역으로 남게 되는 결과가 될 뿐이다* / B: *원고 소유의 이 사건 토지가 개발제한구역에서 해제된다*). 따라서 원고에게 제3자 소유의 토지에 관한 이 사건 도시관리계획변경결정의 취소를 구할 직접적이고 구체적인 이익이 있다고 할 수 없다.
>
>> **21. 국가직 9급** 개발제한구역 중 일부 취락을 개발제한구역에서 해제하는 내용의 도시관리계획변경결정에 대하여 개발제한구역 해제대상에서 누락된 토지의 소유자가 위 결정의 취소를 구하는 경우 항고소송의 원고적격이 인정된다. (×)
>> ▶ 취소를 구할 직접적 이익이 인정되지 않아 원고적격이 부정된다.
>
> 2. 아파트 입주자/입주예정자가 아파트에 대한 사용검사처분을 다투는 경우 (2013두24976)
>   ① 사용검사처분은 건축물을 사용·수익할 수 있게 하는 것이므로, 건축물에 대하여 사용검사처분이 이루어진 경우 그 사정만으로 건축물에 있는 하자나 건축법 등 관계 법령에 위배되는 사실이 정당화(A: *되지는 아니한다* / B: *된다*).
>   ② 입주자나 입주예정자들은 사용검사처분의 무효확인을 받거나 처분을 취소하지 않고도 (민사소송) 등을 통하여 분양계약에 따른 법률관계 및 하자 등을 주장·증명함으로써 사업주체 등으로부터 하자의 제거·보완 등에 관한 권리구제를 받을 수 있다.
>   ③ (오히려) 주택에 대한 사용검사처분이 있으면, 그에 따라 입주예정자들이 주택에 입주하여 이를 사용할 수 있게 되므로 (일반적으로) 입주예정자들에게 이익이 되고, 일부 입주자나 입주예정자가 사업주체와의 개별적 분쟁 등을 이유로 사용검사처분의 무효확인 또는 취소를 구하게 되면, 처분을 신뢰한 (다수)의 이익에 반하게 되는 상황이 발생할 수 있다.

23. 국가직 9급 건축물의 하자를 다투는 입주예정자들은 건물의 사용검사처분에 대해 제3자효 행정행위의 차원에서 행정소송을 통해 다툴 수 있다. (×)
▶ 다른 입주예정자들에 대한 불이익만을 초래할 뿐이므로, 원고적격이 인정되지 않는다.

3. 실제 경관은 불변 (2011두29052)

생태·자연도는 (A: *1등급 권역의 인근 주민들이 가지는 생활상 이익을 직접적이고 구체적으로 보호하기 위한 것이 명백하므로* / B: *1등급 권역의 인근 주민들이 가지는 이익은 환경보호라는 공공의 이익이 달성됨에 따라 반사적으로 얻게 되는 이익에 불과하므로*), 인근 주민에 불과한 甲은 생태·자연도 등급권역을 1등급에서 일부는 2등급으로, 일부는 3등급으로 변경한 결정의 무효 확인을 구할 원고적격이 없다.

23. 국가직 9급 환경부장관이 생태·자연도 1등급으로 지정되었던 지역을 2등급으로 변경하는 내용의 생태·자연도 수정·보완을 고시하는 경우, 1등급 지역에 거주하던 인근 주민은 생태·자연도 등급변경처분의 무효 확인을 구할 원고적격이 없다. (○)

④ 기타

> **관련판례**
>
> 1. 대학교 이사 선임처분의 취소를 구할 수 있는 자 (2012두19496,19502)
>
>   교육부장관이 사학분쟁조정위원회의 심의를 거쳐 甲 대학교를 설치·운영하는 乙 학교법인의 이사 8인과 임시이사 1인을 선임한 데 대하여 甲 대학교 교수협의회와 총학생회 등이 이사선임처분의 취소를 구하는 소송을 제기한 사안
>
> | 대상 처분 | 교수협의회 | 총학생회 | 대학노조 |
> |---|---|---|---|
> | 교육부장관 → 학교법인 | (A: O / B: X) | (A: O / B: X) | (A: O / B: X) |
>
> 2. 원고: (기존회원), 대상: 시·도지사의 골프장에 대한 회원모집계획서 검토결과 통보 (2006두16243)
>
>   체육시설업자 또는 그 사업계획의 승인을 얻은 자가 회원모집계획서를 제출하면서 허위의 사업시설 설치공정확인서를 첨부하거나 사업계획의 승인을 받을 때 정한 예정인원을 초과하여 회원을 모집하는 내용의 회원모집계획서를 제출하여 그에 대한 시·도지사 등의 검토결과 통보를 받는다면 이는 (기존회원)의 골프장에 대한 법률상의 지위에 영향을 미치게 되므로, 이러한 경우 (기존회원)은 위와 같은 회원모집계획서에 대한 시·도지사의 검토결과 통보의 취소를 구할 법률상의 이익이 있다고 보아야 한다.

(5) 불이익 처분의 제3자

> **관련판례** 운전기사가 회사의 (상여금) 삭감조치를 다투어야 함 (93누24247)
>
> 회사의 노사 간에 임금협정을 체결함에 있어 운전기사의 합승행위 등으로 회사에 대하여 (과징금)이 부과되면 당해 운전기사에 대한 (상여금)지급시 그 금액상당을 공제하기로 함으로써 (과징금)의 부담을 당해 운전기사에게 전가하도록 규정하고 있고, 이에 따라 당해 운전기사의 합승행위를 이유로 회사에 대하여 한 (과징금)부과처분으로 말미암아 당해 운전기사의 (상여금)지급이 제한되었다고 하더라도, (과징금)부과처분의 직접 당사자 아닌 당해 운전기사로서는 그 처분의 취소를 구할 직접적이고 구체적인 이익이 있다고 볼 수 없다.
>
> **비교판례+**
>
> 1. 은행(주식회사)의 (주주) (2002두5313)
>
>   은행업무정지처분 등의 효력이 유지되는 한 은행이 종전에 행하던 영업을 다시 행할 수는 없는 경우, 은행의 (주주)에게 당해 "은행의" 업무정지처분 등을 다툴 원고적격이 인정된다.
>
> 2. 학교법인의 (임원) (2005두9651)
>
>   관할청이 "학교법인의" (임원)취임승인신청에 대하여 이를 반려하거나 거부하는 경우 학교법인에 의하여 (임원)으로 선임된 사람은 학교법인의 (임원)으로 취임할 수 없게 되는 불이익을 입게 되는바, 학교법인에 의하여 (임원)으로 선임된 사람에게는 관할청의 (임원)취임승인신청 반려처분을 다툴 수 있는 원고적격이 있다.
>
> 3. 법무사 사무실 취업희망자 (2015다34444)
>
>   지방법무사회가 "법무사의" (사무원) 채용승인 신청을 거부하거나 채용승인을 얻어 채용 중인 사람에 대한 채용승인을 취소하면, 상대방인 법무사로서도 그 사람을 (사무원)으로 채용할 수 없게 되는 불이익을 입게 된다.
>   따라서 지방법무사회의 (사무원) 채용승인 거부처분 또는 채용승인 취소처분에 대해서는 처분 상대방인 법무사뿐만 아니라 그 때문에 (사무원)이 될 수 없게 된 사람도 이를 다툴 원고적격이 인정되어야 한다.
>
>   > **21. 국가직 9급** 지방법무사회가 법무사의 사무원 채용승인 신청을 거부하여 사무원이 될 수 없게 된 자가 지방법무사회를 상대로 거부처분의 취소를 구하는 경우 항고소송의 원고적격이 인정된다. (○)
>
> 4. 양도인으로부터 채석장 운영권을 이전 받은 (양수인) (2001두6289)
>
>   채석허가가 유효하게 존속하고 있다는 것이 (양수인)의 명의변경신고의 전제가 된다는 의미에서 관할 행정청이 "양도인에 대하여" 채석허가를 취소하는 처분을 하였다면 이는 (양수인)의 지위에 대한 직접적 침해가 된다고 할 것이므로 (양수인)은 채석허가를 취소하는 처분의 취소를 구할 법률상 이익을 가진다.

03 소의 이익

1. 의의

> 행정소송법 제12조【원고적격】취소소송은 처분등의 취소를 구할 법률상 이익이 있는 자가 제기할 수 있다. 처분등의 효과가 기간의 경과, 처분등의 집행 그 밖의 사유로 인하여 (소멸)된 뒤에도 그 처분등의 취소로 인하여 (회복)되는 법률상 이익이 있는 자의 경우에는 또한 같다.

> **22. 국가직 9급** 행정처분의 취소를 구하는 소에서, 비록 행정처분의 위법을 이유로 취소판결을 받더라도 처분에 의하여 발생한 위법상태를 원상회복시키는 것이 불가능한 경우에는 원칙적으로 취소를 구할 법률상 이익이 없으므로, 수소법원은 소를 각하하여야 한다. (○)

2. 처분이 직권취소 등으로 소멸된 경우

> **관련판례 원칙**
>
> 1. 절차상 또는 형식상 하자로 무효인 행정처분에 대하여 행정청이 적법한 절차 또는 형식을 갖추어 (다시) 동일한 행정처분을 하였다면, 종전의 무효인 행정처분에 대한 무효확인 청구는 *(A: 과거 / B: 현재)* 의 법률관계의 효력을 다투는 것에 불과하므로 무효확인을 구할 법률상 이익이 *(A: 있다 / B: 없다)* (2009두16879).
>
> 2. 행정청이 공무원에 대하여 새로운 직위해제사유에 기한 직위해제처분을 한 경우 그 이전에 한 직위해제처분은 이를 *(A: 명시적 / B: 묵시적)* 으로 (철회)하였다고 봄이 상당하고, 그렇다면 직위해제처분 무효확인 및 정직처분 취소소송 중 이미 (철회)되어 그 효력이 상실된 직위해제처분의 취소를 구하는 부분은 존재하지 않는 행정처분을 대상으로 한 것으로서, 그 소의 이익이 없다(95누8119).

> **23. 국가직 7급** 이미 직위해제처분을 받아 직위해제된 공무원에 대하여 행정청이 새로운 사유에 기하여 직위해제처분을 하였다면, 이전 직위해제처분의 취소를 구하는 소송을 제기하는 것은 부적법하다. (○)

예외판례 +

1. 인권탄압 교도소장 (2013두20899)

   ① 교도소장이 수형자 甲을 '접견내용 녹음·녹화 및 접견 시 교도관 참여대상자'로 지정한 사안에서, 위 지정행위는 수형자의 구체적 권리의무에 직접적 변동을 가져오는 행정청의 공법상 행위로서 항고소송의 대상이 되는 '(처분)'에 해당한다.

> **22. 지방직 7급** 교도소장이 수형자를 '접견내용 녹음·녹화 및 접견 시 교도관 참여대상자'로 지정한 행위는 수형자의 구체적 권리·의무에 직접적 변동을 가져오는 행정청의 공법상 행위로서 항고소송의 대상이 되는 처분에 해당한다. (○)

② 비록 피고가 이 사건 제1심판결 선고 이후 원고를 위 '접견내용 녹음·녹화 및 접견 시 교도관 참여대상자'에서 (해제)하기는 하였지만 앞으로도 원고에게 위와 같은 포괄적 접견제한처분을 할 (염려)가 있는 것으로 예상되므로 소의 이익이 인정된다.

2. 여기에서 '그 행정처분과 동일한 사유로 위법한 처분이 반복될 위험성이 있는 경우'란 *(A: 불분명한 법률문제에 대한 해명이 필요한 상황에 대한 대표적인 예시일 뿐이다 / B: 반드시 '해당 사건의 동일한 소송 당사자 사이에서' 반복될 위험이 있는 경우만을 의미한다)* (2020두30450).

> **23. 국가직 7급** 취소소송 계속 중에 처분청이 계쟁 처분을 직권으로 취소하더라도, 동일한 소송 당사자 사이에서 그 처분과 동일한 사유로 위법한 처분이 반복될 위험성이 있어 그 처분에 대한 위법성의 확인이 필요한 경우에는 그 처분의 취소를 구할 소의 이익이 있다. (O)

3. 소 제기 중 임기만료 및 교체 (2006두19297)
    ① [이사취임승인취소처분] 학교법인의 이사나 감사 전원 또는 그 일부의 (임기가 만료)되었다고 하더라도, … (임기가 만료)된 이사들의 참여 없이 후임 정식이사들을 선임할 수 없는 경우 (임기가 만료)된 이사들로서는 위 긴급처리권에 의하여 후임 정식이사들을 선임할 권한도 보유하게 된다.
    ② [임시이사선임처분] 임시이사 선임처분에 대하여 취소를 구하는 소송의 계속 중 임기만료 등의 사유로 새로운 임시이사들로 (교체)된 경우, 선행 임시이사 선임처분의 효과가 소멸하였다는 이유로 그 취소를 구할 법률상 이익이 없다고 보게 되면, 원래의 정식이사들로서는 계속 중인 소를 취하하고 후행 임시이사 선임처분을 별개의 소로 다툴 수밖에 없게 되며, 그 별소 진행 도중 다시 임시이사가 (교체)되면 또 새로운 별소를 제기하여야 하는 등 무익한 처분과 소송이 (반복)될 가능성이 있으므로, 이러한 경우 법원이 선행 임시이사 선임처분의 취소를 구할 법률상 이익을 긍정할 필요가 있다.

원고	짤린 이사 A	소송 중 특이사항	소의 이익
대상	이사취임승인취소처분	(임기가 만료)	(A: O / B: X)
	임시이사B 선임처분	B → C (교체)	(A: O / B: X)

3. 시간이 많이 경과된 경우

> **23. 지방직 7급** 행정처분에 그 효력기간이 정하여져 있는 경우, 그 처분의 효력 또는 집행이 정지된 바 없다면 위 기간의 경과로 그 행정처분의 효력은 상실되므로 그 기간 경과 후에는 그 처분이 외형상 잔존함으로 인하여 어떠한 법률상 이익이 침해되고 있다고 볼 만한 별다른 사정이 없는 한 그 처분의 취소를 구할 법률상 이익이 없다. (O)

🔍 관련판례 원칙 - 소의 이익 ×

1. 재판 지연으로 인한 토석채취 (허가기간)이 경과 (93누389)

사실심 변론종결일 현재 토석채취 (허가기간)이 경과하였다면 그 허가는 이미 실효되었다고 할 것이어서 새로 토석채취허가를 받지 아니하고는 채석을 계속할 수 없고, 나아가 토석채취허가 취소처분이 외형상 잔존함으로 말미암아 어떠한 법률상 불이익이 있다고 볼 만한 특별한 사정도 없다면 위 취소처분의 취소를 구하는 소는 소의 이익이 없다.

2. 재판 지연으로 인한 15년도 시즌 종료 (2018두67152)

세무사 자격 보유 변호사 甲이 관할 지방국세청장에게 조정반 지정 신청을 하였으나 지방국세청장이 '甲의 경우 세무사등록부에 등록되지 않았기 때문에 2015년도 조정반 구성원으로 지정할 수 없다'는 이유로 거부처분을 한 사안에서, 甲이 거부처분의 취소를 구하는 소를 제기한 사안에서, 2015년도 조정반 지정의 (효력기간)이 지났으므로 거부처분을 취소하더라도 甲이 2015년도 조정반으로 지정되고자 하는 목적을 달성할 수 없어 소의 이익은 인정되지 않는다.

3. 건축허가 취소소송 중 건축공사 (완료) (91누11131)

건축허가가 건축법 소정의 이격거리를 두지 아니하고 건축물을 건축하도록 되어 있어 위법하다 하더라도 그 건축허가에 기하여 건축공사가 (완료)되었다면 그 건축허가를 받은 대지와 접한 대지의 소유자인 원고가 위 건축허가처분의 취소를 받아 이격거리를 확보할 단계는 지났으며 민사소송으로 위 건축물 등의 철거를 구하는 데 있어서도 위 처분의 취소가 필요한 것이 아니므로 원고로서는 위 처분의 취소를 구할 법률상의 이익이 없다.

4. 판례 비교

소음·진동배출시설 설치허가 취소처분 (2000두2457)	공장등록취소처분 (2000두3306)
① 소음·진동배출시설에 대한 설치허가가 취소된 후 그 배출시설이 어떠한 경위로든 (철거)되어 다시 복구 등을 통하여 배출시설을 가동할 수 없는 상태라면 이는 배출시설 설치허가의 대상이 되지 아니하므로 외형상 설치허가취소행위가 잔존하고 있다고 하여도 특단의 사정이 없는 한 이제 와서 굳이 위 처분의 취소를 구할 법률상의 이익이 없다. ② 설령 원고가 이 사건 처분이 위법하다는 점에 대한 판결을 받아 피고에 대한 손해배상청구소송에서 이를 원용할 수 있다거나, 위 배출시설을 다른 지역으로 이전하는 경우 행정상의 편의를 제공 받을 수 있는 이익이 있다 하더라도, 그러한 이익은 사실적·경제적 이익에 불과하여 이 사건 처분의 취소를 구할 법률상 이익에 **(A: 해당한다 / B: 해당하지 않는다)**.	① 일반적으로 공장등록이 취소된 후 그 공장시설물이 어떠한 경위로든 (철거)되어 다시 복구 등을 통하여 공장을 운영할 수 없는 상태라면 이는 공장등록의 대상이 되지 아니하므로 외형상 공장등록취소행위가 잔존하고 있다고 하여도 그 처분의 취소를 구할 법률상의 이익이 없다 할 것이나, 위와 같은 경우에도 유효한 공장등록으로 인하여 공장등록에 관한 당해 (법률)이나 다른 (법률)에 의하여 보호되는 직접적·구체적 이익이 있다면, 당사자로서는 공장건물의 멸실 여부에 불구하고 그 공장등록취소처분의 취소를 구할 법률상의 이익이 있다. ② 공장등록이 취소된 후 그 공장시설물이 철거되었다 하더라도 대도시 안의 공장을 지방으로 이전할 경우 조세특례제한(법)상의 세액공제 및 소득세 등의 감면혜택이 있고, 공업배치 및 공장설립에 관한 (법률)상의 간이한 이전절차 및 우선 입주의 혜택이 있는 경우, 그 공장등록취소처분의 취소를 구할 법률상의 이익이 있다.

5. 사전결정반려처분 취소소송 중 법의 (개정)으로 사전결정제도가 (폐지)된 경우 (97누379)

(개정) 전의 법에 기한 주택건설사업계획 사전결정반려처분의 취소를 구하는 소송에서 승소한다고 하더라도 위 반려처분이 취소됨으로써 사전결정신청을 한 상태로 돌아갈 뿐이므로, (개정) 후 법이 시행된 1999.3.1. 이후에는 사전결정신청에 기하여 행정청으로부터 사전결정을 받을 여지가 없게 되었다고 할 것이어서 더 이상 소를 유지할 법률상의 이익이 없게 되었다고 할 것이다.

6. 판례 비교

조합설립(추진위원회) 구성승인처분을 다투는 소송 계속 중 조합설립인가처분이 이루어진 경우 (2011두11112)	재건축조합 설립(변경인가) 자체로 특별한 의미 × (2010두25107)
① (추진위원회) 구성승인처분은 조합의 설립을 위한 주체인 (추진위원회)의 구성행위를 보충하여 그 효력을 부여하는 처분으로서 조합설립이라는 종국적 목적을 달성하기 위한 중간단계의 처분에 해당하지만 그 법률요건이나 효과가 조합설립인가처분의 그것과는 다른 독립적인 처분이기 때문에, (추진위원회) 구성승인처분에 대한 취소 또는 무효확인 판결의 확정만으로는 이미 조합설립인가를 받은 조합에 의한 정비사업의 진행을 저지할 수 없다 할 것이다. ② 따라서 (추진위원회) 구성승인처분을 다투는 소송 계속 중에 조합설립인가처분이 이루어진 경우에는, (A: **추진위원회 구성승인처분에 위법이 존재하여 조합설립인가신청행위가 무효라는 점 등을 들어 직접 조합설립인가처분을 다툼으로써 정비사업의 진행을 저지하여야 한다** / B: 추진위원회 구성승인처분에 대하여 취소 또는 무효확인을 구할 법률상의 이익이 있다).	① 구 도시 및 주거환경정비법 제16조 제2항은 조합설립인가처분의 내용을 변경하는 (변경인가)처분을 할 때에는 조합설립인가처분과 동일한 요건과 절차를 거칠 것을 요구하고 있다. ② 주택재건축사업조합 설립인가처분 후, (A: **중대** / B: **경미**)한 사항을 변경한 경우 (변경인가)는 변경사항에 대한 신고를 수리하는 의미에 불과하므로 설립인가처분의 취소를 구할 소의 이익이 있고, 설립인가처분과 동일한 요건과 절차에 따라 (변경인가)처분을 한 경우라도 설립인가의 유효를 전제로 후속행위가 이어지므로 설립인가처분의 취소를 구할 소의 이익이 있다. **22. 지방직 7급** 「도시 및 주거환경정비법」상 주택재건축사업조합이 새로이 조합설립인가처분을 받은 것과 동일한 요건과 절차를 거쳐 조합설립변경인가처분을 받은 경우, 당초의 조합설립인가처분이 유효한 것을 전제로 당해 주택재건축사업조합이 시공사 선정 등의 후속행위를 하였다 하더라도 특별한 사정이 없는 한 당초의 조합설립인가처분의 무효확인을 구할 소의 이익은 없다. (×) ▶ 경미한 변경으로서 일부변경의 사안이므로, 변경된 원처분에 소의 이익이 있다.

처분시	처분	소의 이익		
		23.1.1.	23.2.1.	23.3.1.
23.1.1.	추진위 구성승인	○	(A: O / B: X)	×
23.2.1.	설립인가	–	○	(A: O / B: X)
23.3.1.	설립변경인가	–	–	×

7. 판례 비교

소집해제 거부처분 취소소송 (×) (2004두4369)	아직 복무기간이 남은 경우(○) (2003두1875)
공익근무요원 소집해제신청을 거부한 후에 원고가 계속하여 공익근무요원으로 복무함에 따라 복무기간 (만료)를 이유로 소집해제처분을 한 경우, 원고가 입게 되는 권리와 이익의 침해는 소집해제처분으로 해소되었으므로 위 거부처분의 취소를 구할 소의 이익이 없다.	① 현역은 입영한 날부터 군부대에서 복무하도록 되어 있으므로 현역병입영통지처분에 따라 현실적으로 입영을 한 경우에는 그 처분의 집행은 종료되지만, ② 현역입영대상자로서는 현실적으로 입영을 하였다고 하더라도, 입영 (이후)의 법률관계에 영향을 미치고 있는 현역병입영통지처분 등을 한 관할지방병무청장을 상대로 위법을 주장하여 그 취소를 구할 소의 이익이 있다.
21. 지방직 9급 공익근무요원 소집해제신청을 거부한 후에 원고가 계속하여 공익근무요원으로 복무함에 따라 복무기간 만료를 이유로 소집해제처분을 한 경우, 원고는 거부처분의 취소를 구할 소의 이익이 있다. (×) ▶ 이미 소집해제한 뒤로는 소집해제 거부처분을 다툴 실익이 없다.	
맘이 바뀌어 직업군인 지원 (98두9165)	
현역병입영대상자로 병역처분을 받은 자가 그 취소소송중 (현역병)에 응하여 현역병으로 (자진) 입대한 경우, 그 처분의 위법을 다툴 실제적 효용 내지 이익이 없다는 이유로 소의 이익이 없다.	

🔍 관련판례 예외 - 소의 이익 ○

1. 공무원의 직위해제 취소소송 중 (정년)이 도래한 경우 (2012두26180)

국가공무원법상 직위해제처분의 무효확인 또는 취소소송 계속 중 (정년)을 초과하여 직위해제처분의 무효확인 또는 취소로 공무원 (신분)을 회복할 수는 없다고 할지라도, 그 무효확인 또는 취소로 직위해제일부터 직권면직일까지 기간에 대한 감액된 (보수) 등의 지급을 구할 수 있는 경우에는 직위해제처분의 무효확인 또는 취소를 구할 법률상 이익이 있다.

2. 근로자가 해고의 효력 다투던 中 (근로계약기간) 만료 (2019두52386)

근로자가 부당해고 구제신청을 하여 해고의 효력을 다투던 중 (정년)에 이르거나 (근로계약기간)이 만료하는 등의 사유로 원직에 (복직)하는 것이 불가능하게 되었으나 해고기간 중의 (임금) 상당액을 지급받을 필요가 있는 경우, 구제신청을 기각한 중앙노동위원회의 재심판정을 다툴 소의 이익이 있다.

3. 지방의원의 제명의결 취소소송 중 (임기) 만료 (2007두13487)

지방의회 의원에 대한 제명의결 취소소송 계속중 의원의 (임기)가 만료된 사안에서, 제명의결의 취소로 의원의 지위를 회복할 수는 없다 하더라도 제명의결시부터 (임기)만료일까지의 기간에 대한 월정 (수당)의 지급을 구할 수 있는 등 여전히 그 제명의결의 취소를 구할 법률상 이익이 있다.

> **23. 국가직 9급** 법원이 甲이 제기한 행정소송을 받아들여 소송의 계속 중에 甲의 임기가 만료되었더라도 수소법원은 소의 이익을 인정할 수 있다. (○)
>
> **22. 국가직 9급** 해임처분 취소소송 계속 중 임기가 만료되어 해임처분의 취소로 지위를 회복할 수는 없다고 할지라도, 그 취소로 해임처분일부터 임기만료일까지 기간에 대한 보수 지급을 구할 수 있는 경우에는 해임처분의 취소를 구할 법률상 이익이 있으므로, 수소법원은 본안에 대하여 판단하여야 한다. (○)
>
> **21. 지방직 9급** 월정수당을 받는 지방의회 의원에 대한 제명의결 취소소송 계속중 의원의 임기가 만료된 경우 지방의회 의원은 그 제명의결의 취소를 구할 법률상 이익이 있다. (○)

4. 파면처분 후에 (당연퇴직)된 경우에도 마찬가지 (85누39)

   원고가 허위공문서작성, 동행사죄로 징역 8월에 2년간 집행유예의 판결을 받아 그 판결이 원심변론종결전인 1983.12.27.에 확정됨으로서 지방공무원법 제61조의 규정에 따라 같은 날짜로 (당연퇴직) 되었고, 원고가 그와 같은 당연퇴직으로 공무원으로서의 신분을 상실하였다 하여도 최소한도 이 사건 파면처분이 있은 때(1983. 5. 9.)로부터 지방공무원법 제61조의 규정에 의한 (당연퇴직)일자(1983. 12. 27.)까지의 기간에 있어서는 파면처분의 취소를 구하여 그로 인해 박탈당한 이익의 회복을 구할 소의 이익이 있다.

> **21. 지방직 9급** 파면처분 취소소송의 사실심 변론종결 전에 금고 이상의 형을 선고받아 당연퇴직된 경우에도 해당 공무원은 파면처분의 취소를 구할 이익이 있다. (○)

5. 퇴학처분 이후 검정고시 합격 (91누4737)

   (A: 고등학교졸업이 대학입학자격이나 학력인정으로서의 의미밖에 없으므로 / B: 고등학교졸업 학력검정고시에 합격하였다 하여 고등학교 학생으로서의 신분과 명예가 회복될 수 없는 것이니) 퇴학처분을 받은 자로서는 퇴학처분의 위법을 주장하여 그 취소를 구할 소송상의 이익이 있다.

6. 일단 합격해두고 나중에 입학해도 됨 (89누8255)

   (A: 어느 학년도의 합격자는 반드시 당해년도에만 입학하여야 하고 / B: 원고들이 불합격처분의 취소를 구하는 이 사건 소송계속 중 당해년도의 입학시기가 지났더라도 당해년도의 합격자로 인정되면 다음년도의 입학시기에 입학할 수도 있다고 할 것이고), 피고의 위법한 처분이 있게 됨에 따라 당연히 합격하였어야 할 원고들이 불합격처리되고 불합격되었어야 할 자들이 합격한 결과가 되었다면 원고들은 입학정원에 들어가는 자들이라고 하지 않을 수 없다고 할 것이므로 원고들로서는 피고의 불합격처분의 적법여부를 다툴만한 법률상의 이익이 있다고 할 것이다.

7. 가중적 제재규정의 존재 (2003두1684)

   ① 제재적 행정처분이 그 처분에서 정한 제재기간의 경과로 인하여 그 효과가 소멸되었으나, 부령인 시행규칙 또는 지방자치단체의 규칙의 형식으로 정한 처분기준에서 제재적 행정처분을 받은 것을 (가중)사유나 (전제)요건으로 삼아 장래의 제재적 행정처분을 하도록 정하고 있는 경우, 선행처분인 제재적 행정처분을 받은 상대방이 그 처분에서 정한 제재기간이 경과하였다 하더라도 그 처분의 취소를 구할 법률상 이익이 있다.

② '환경·교통·재해 등에 관한 영향평가법 시행규칙' 제10조 [별표 2] 2. 개별기준 (11)에서 환경영향평가대행업자가 업무정지처분기간 중 신규계약에 의하여 환경영향평가대행업무를 한 경우 1차 위반시 업무정지 6월을, 2차 위반시 등록취소를 각 명하는 것으로 규정하고 있으므로, 업무정지처분기간 경과 (후)에도 위 시행규칙의 규정에 따른 후행처분을 받지 않기 위하여 위 업무정지처분의 취소를 구할 법률상 이익이 있다.

비교판례+ 가중적 제재요건: (연 2회) 적발 (98두10080)

1. 건축사법은 건축사 업무정지처분을 (연 2회) 이상 받고 그 정지기간이 통산하여 12월 이상이 될 경우에는 가중된 제재처분인 건축사사무소 등록취소처분을 받게 되도록 규정하고 있다.

2. 건축사 업무정지처분을 받은 후 새로운 업무정지처분을 받음이 (없이) 1년이 경과하여 실제로 가중된 제재처분을 받을 우려가 (A: *있게* / B: ***없게***) 된 경우, 업무정지처분에서 정한 정지기간이 경과한 후에 업무정지처분의 취소를 구할 법률상 이익이 없다.

4. 기본행위와 인가

구분	기본행위의 하자	인가의 하자
강학상 인가	대상: (A: ***기본행위*** / B: *인가*)	대상: 인가
설권적 처분(특허)	대상: (A: *기본행위* / B: ***인가***)	

관련판례 강학상 인가와 기본행위의 하자 (2000두3641)

기본행위인 이사선임결의가 적법·유효하고 보충행위인 승인처분 자체에만 하자가 있다면 그 (A: *이사선임결의* / B: ***승인처분***)의 무효확인이나 그 취소를 주장할 수 있지만, 이 사건 임원취임승인처분에 대한 무효확인이나 그 취소의 소처럼 기본행위인 임시이사들에 의한 이사선임결의의 내용 및 그 절차에 하자가 있다는 이유로 이사선임결의의 효력에 관하여 다툼이 있는 경우에는 (A: ***민사쟁송으로서 그 기본행위에 해당하는 위 이사선임결의의 무효확인을 구하는 등의 방법으로 분쟁을 해결하여야 한다*** / B: *승인처분만의 무효확인이나 그 취소를 구하여야 한다*).

22. **국가직 7급** 인가처분에 하자가 없다면 기본행위에 하자가 있다 하더라도 기본행위의 무효를 내세워 바로 그에 대한 행정청의 인가처분의 취소 또는 무효확인을 소구할 법률상의 이익이 없다. (○)

21. **국가직 7급** 재단법인의 정관변경 결의가 적법 유효하고 보충행위인 인가처분 자체에만 하자가 있다면 그 인가처분의 무효나 취소를 주장할 수 있다. (○)

> **비교판례 +**
>
> 1. 사업양도에 따른 지위승계 신고수리처분 (2005두3554)
>   ① 사업양도·양수에 따른 허가관청의 지위승계신고의 수리는 적법한 사업의 양도·양수가 있었음을 전제로 하는 것이므로 그 수리대상인 사업양도·양수가 존재하지 아니하거나 무효인 때에는 수리를 하였다면 (A: *그 수리는 유효한 대상이 없는 것으로서 당연히 무효* / B: *그 수리는 사업양도·양수의 효력과는 무관하게 유효*)라 할 것이고,
>   ② 사업의 양도행위가 무효라고 주장하는 양도자는 (A: *민사쟁송으로 양도·양수 행위의 무효를 구하여야 한다* / B: *막바로 허가관청을 상대로 하여 행정소송으로 위 신고수리처분의 무효확인을 구할 법률상 이익이 있다*).
>
> > 22. **지방직 9급** 영업양도행위가 무효임에도 행정청이 승계신고를 수리하였다면 양도자는 민사쟁송이 아닌 행정소송으로 신고수리처분의 무효확인을 구할 수 있다. (○)
>
> 2. 신고수리≒인가 (94누4882)
>   관할관청의 개인택시 운송사업면허의 양도·양수에 대한 인가에는 양도인과 양수인 간의 양도행위를 보충하여 그 법률효과를 완성시키는 의미에서의 인가처분(뿐만 아니라) 양수인에 대해 양도인이 가지고 있던 면허와 동일한 내용의 면허를 부여하는 처분이 (포함)되어 있다.

5. 수익적 처분의 제3자와 관련된 특수한 사안

> **관련판례** 경원자가 자신에 대한 거부처분을 다투는 경우(○) (2013두27517)
>
> 취소판결이 확정되는 경우 판결의 직접적인 효과로 경원자에 대한 허가 등 처분이 취소되거나 효력이 소멸되는 것은 아니더라도 행정청은 취소판결의 (기속력)에 따라 판결에서 확인된 위법사유를 배제한 상태에서 취소판결의 원고와 경원자의 각 신청에 관하여 처분요건의 구비 여부와 우열을 (재심사)하여야 할 의무가 있으며, (재심사) 결과 경원자에 대한 수익적 처분이 직권취소되고 취소판결의 원고에게 수익적 처분이 이루어질 가능성을 완전히 배제할 수는 없으므로, 특별한 사정이 없는 한 경원관계에서 허가 등 처분을 받지 못한 사람은 자신에 대한 거부처분의 취소를 구할 (소의 이익)이 있다.
>
> 경원자관계에서 허가 등 처분을 받지 못한 원고가 ① (A: *경원자* / B: *자신*)에 대한 허가 등 처분의 취소소송이나 무효확인소송을 제기하여 구제받을 수 있을 뿐만 아니라, ② (A: *경원자* / B: *자신*)의 신청에 대한 거부처분에 대한 취소소송을 통해 신청의 재심사와 그것을 통한 신청인용의 가능성을 인정받을 수도 있다.

비교판례+ 거부처분 취소재결에 대한 취소소송 (2015두45045)

① 처분 등의 취소를 구하는 것보다 (실효적)이고 (직접적)인 구제수단이 있음에도 처분 등의 취소를 구하는 것은 특별한 사정이 없는 한 분쟁해결의 유효·적절한 수단이라고 할 수 없어 법률상 이익이 있다고 할 수 없다.

② 그런데 당사자의 신청을 받아들이지 않은 거부처분이 재결에서 취소된 경우에, 행정청이 재결에 따라 이전의 신청을 받아들이는 후속처분을 하였더라도 후속처분이 위법한 경우에는 *(A: 재결에 대한 취소소송을 / B: 곧바로 후속처분에 대한 항고소송을 제기하여 다툴 수 있다)*. 나아가 거부처분을 취소하는 재결이 있더라도 그에 따른 (후속처분)이 있기까지는 제3자의 권리나 이익에 변동이 있다고 볼 수 없고 (후속처분) 시에 비로소 제3자의 권리나 이익에 변동이 발생하며, 재결에 대한 항고소송을 제기하여 재결을 취소하는 판결이 확정되더라도 그와 별도로 (후속처분)이 취소되지 않는 이상 (후속처분)으로 인한 제3자의 권리나 이익에 대한 침해상태는 여전히 유지된다.

③ 이러한 점들을 종합하면, 거부처분이 재결에서 취소된 경우 *(A: 재결에 따른 후속처분 / B: 그 재결)*의 취소를 구하는 것은 실효적이고 직접적인 권리구제수단이 될 수 없어 분쟁해결의 유효적절한 수단이라고 할 수 없으므로 법률상 이익이 없다.

6. 본인에게 유리한 처분

관련판례 경업자에 대한 (침익적) 처분 = 기존업자에 대한 수익적 처분 (2019두49953)

경업자에 대한 행정처분이 경업자에게 (불리한) 내용이라면 그와 경쟁관계에 있는 기존의 업자에게는 특별한 사정이 없는 한 유리할 것이므로 기존의 업자가 그 행정처분의 무효확인 또는 취소를 구할 이익은 없다.

04 피고적격

1. 의의

행정소송법 제13조【피고적격】 ① 취소소송은 다른 법률에 특별한 규정이 없는 한 그 처분등을 행한 (행정청)을 피고로 한다. 다만, 처분등이 있은 뒤에 그 처분등에 관계되는 권한이 다른 행정청에 승계된 때에는 이를 승계한 행정청을 피고로 한다.

> 📖 **관련판례** (내부)기관은 피고적격 × (2014두274)
> '행정청'이라 함은 국가 또는 공공단체의 기관으로서 *(A: <u>국가나 공공단체의 의견을 결정하여 외부에 표시할 수 있는 권한, 즉 처분권한을 가진 기관을 말한다</u> / B: 실질적인 의사가 그 기관에 의하여 결정되는 내부기관을 말한다)*.
>
> > 24. **국가직 7급** 취소소송은 다른 법률에 특별한 규정이 없는 한 그 처분 등을 행한 행정청을 피고로 하므로, 대외적으로 의사를 표시할 수 있는 기관이 아닌 내부기관은 실질적인 의사가 그 기관에 의하여 결정되더라도 피고적격을 갖지 못한다. (O)

2. 사후적인 권한의 승계 및 행정청 폐지 [예외 1·2]

> 행정소송법 제13조【피고적격】① 취소소송은 다른 법률에 특별한 규정이 없는 한 그 처분 등을 행한 행정청을 피고로 한다. 다만, 처분등이 있은 뒤에 그 처분등에 관계되는 권한이 다른 행정청에 승계된 때에는 이를 *(A: 승계한 행정청 / B: <u>그 처분등에 관한 사무가 귀속되는 국가 또는 공공단체</u>)* 을/를 피고로 한다.
>
> > 24. **지방직 9급** 취소소송은 다른 법률에 특별한 규정이 없는 한 그 처분등을 행한 행정청을 피고로 하지만, 처분등이 있은 뒤에 그 처분등에 관계되는 권한이 다른 행정청에 승계된 때에는 이를 승계한 행정청을 피고로 한다. (O)
>
> ② 제1항의 규정에 의한 행정청이 없게 된 때에는 *(A: 승계한 행정청 / B: <u>그 처분등에 관한 사무가 귀속되는 국가 또는 공공단체</u>)* 을/를 피고로 한다.

3. 권한의 위임 및 대리

A → B	권한	명의	피고적격	하자
위임	(A: A / B: <u>B</u>)		B	–
			A	주체(무효)
내부위임	(A: <u>A</u> / B: B)		B	주체(무효) / 22. **지방직 7급** 내부위임을 받은 데 불과하여 자신의 명의로 처분을 할 권한이 없는 행정청이 권한 없이 자신의 명의로 한 처분은 무효이다. (O)
			A	–
대리 (현명 O)	A		A	
(현명 X)			B	
(현명 X) (But 안 경우)		B	(A: <u>A</u> / B: B)	

(1) 권한의 위임: 법률상 근거 필요 *(A: O / B: X)*

> **관련판례** 권한이 위임된 경우의 피고 (2005두3776)
>
> 에스에이치공사가 택지개발사업 시행자인 서울특별시장으로부터 이주대책 수립권한을 포함한 택지개발사업에 따른 권한을 위임 또는 위탁 받은 경우, 이주대책 대상자들이 에스에이치공사 명의로 이루어진 이주대책에 관한 처분에 대한 취소소송을 제기함에 있어 정당한 피고는 *(A: 에스에이치공사 / B: 서울특별시장)*가/이 된다.
>
> > **24. 국가직 7급** 권한의 위임이나 위탁을 받아 수임행정청이 자신의 명의로 한 처분에 관한 취소소송은 원칙적으로 수임행정청을 피고로 하여 제기하여야 한다. (O)
> >
> > **23. 국가직 7급** 「국세징수법」에 근거하여 한국자산관리공사가 행하는 공매의 대행은 세무서장의 공매권한의 위임에 해당하므로 한국자산관리공사의 공매처분에 대한 취소소송에서 피고는 한국자산관리공사이다. (O)

(2) 권한의 내부위임: 법률상 근거 필요 *(A: O / B: X)*

> **23. 지방직 7급** 권한의 내부위임은 법률의 근거가 없어도 가능하다. (O)

> **관련판례**
>
> 1. 권한의 내부위임 (94누2763)
>
>   행정처분을 행할 적법한 권한 있는 상급행정청으로부터 내부위임을 받은 데 불과한 하급행정청이 권한 없이 행정처분을 한 경우에도 *(A: 실제로 그 처분을 행한 하급행정청 / B: 그 처분을 행할 적법한 권한 있는 상급행정청)*을 피고로 할 것은 아니다.
>
>   > **24. 지방직 9급** 행정처분을 행할 적법한 권한 있는 상급행정청으로부터 내부위임을 받은 데 불과한 하급행정청이 권한 없이 행정처분을 한 경우 실제로 그 처분을 행한 하급행정청을 피고로 하여야 할 것이지 그 처분을 행할 적법한 권한 있는 상급행정청을 피고로 할 것은 아니다. (O)
>   >
>   > **23. 지방직 7급** 내부위임의 경우 수임행정청이 그의 명의로 처분을 한 경우 항고소송의 피고는 실제로 처분을 한 수임행정청이다. (O)
>
> 2. 상급행정청의 지시 (95누14688)
>
>   행정처분의 취소 또는 무효확인을 구하는 행정소송은 다른 법률에 특별한 규정이 없는 한 소송의 대상인 행정처분 등을 외부적으로 그의 명의로 행한 행정청을 피고로 하여야 하는 것으로서 그 행정처분을 하게 된 연유가 상급행정청이나 타행정청의 지시나 통보에 의한 것*(A: 이라면 상급행정청 또는 타행정청이 피고가 된다 / B: 이라 하여 다르지 않다)*.

(3) 권한의 대리

> **관련판례** 근로복지공단 지역본부장이 근로복지공단 대리, but 현명 × (2005부4)
>
> ① 항고소송은 다른 법률에 특별한 규정이 없는 한 원칙적으로 소송의 대상인 행정처분을 외부적으로 행한 행정청을 피고로 하여야 하는 것이고, 다만 대리기관이 대리관계를 (표시)하고 피대리 행정청을 대리하여 행정처분을 한 때에는 *(A: **피대리** / B: **대리**)* 행정청이 피고로 되어야 할 것이다.
>
> > **24. 국가직 7급** 권한의 대리가 있는 경우, 대리 행정청이 대리관계를 표시하고 피대리 행정청을 대리하여 행정처분을 한 때에는 대리 행정청이 피고로 되어야 한다. (×)
> > ▶ 명의자인 피대리행정청에게 피고적격이 부여된다.
> >
> > **23. 국가직 7급** 피대리행정청의 의사에 의해 대리권을 수여받은 행정기관이 대리관계를 표시하면서 피대리행정청을 대리하여 처분을 한 경우, 당해 처분에 대한 취소소송의 피고는 피대리행정청이 된다. (○)
>
> ② 대리권을 수여받은 데 불과하여 그 자신의 명의로는 행정처분을 할 권한이 *(A: **없는** / B: **있는**)* 행정청의 경우 대리관계를 *(A: **밝힘이 없이** / B: **밝히고**)* 그 자신의 명의로 행정처분을 하였다면 그에 대하여는 처분명의자인 당해 행정청이 항고소송의 피고가 되어야 하는 것이 원칙이지만, 비록 대리관계를 명시적으로 밝히지는 아니하였다 하더라도 처분명의자가 피대리 행정청 산하의 행정기관으로서 실제로 피대리 행정청으로부터 대리권한을 수여받아 피대리 행정청을 대리한다는 (의사)로 행정처분을 하였고 처분명의자는 물론 그 상대방도 그 행정처분이 피대리 행정청을 대리하여 한 것임을 (알고서) 이를 받아들인 예외적인 경우에는 피대리 행정청이 피고가 되어야 한다.
>
> ③ 비록 근로복지공단 산하 서울지역본부장이 근로복지공단을 대리하여 이 사건 처분을 함에 있어서 대리의 취지를 명시적으로 (표시)하지 아니하였다 하더라도 서울지역본부장은 물론 그 상대방 등도 이 사건 처분이 근로복지공단을 대리하여 한 것임을 (알고) 이를 받아들인 것이라 할 것이므로, 이 사건 처분에 대한 항고소송의 피고는 *(A: **근로복지공단** / B: **근로복지공단 지역본부장**)* 이라고 보아야 할 것이다.
>
> > **22. 지방직 7급** 대리권을 수여받은 행정기관이 대리관계를 명시적으로 밝히지 않고 자신의 명의로 처분을 하였다면, 비록 처분명의자가 피대리 행정청 산하의 행정기관으로서 실제로 피대리 행정청으로부터 대리권한을 수여받아 피대리 행정청을 대리한다는 의사로 행정처분을 하였고 처분명의자는 물론 그 상대방도 그 행정처분이 피대리 행정청을 대리하여 한 것임을 알고서 이를 받아들였다 하더라도 그 처분의 취소소송에서의 피고는 처분명의자인 대리 행정기관이 되어야 한다. (×)
> > ▶ 예외적으로 명의자가 아닌 피대리행정청이 피고가 된다.

4. 합의제 행정기관

(1) 지방의회

구분	대상적격	피고적격
지자체의 처분	○	(지자체장) OR (교육감)
조례	원칙 ×	-
	예외 ○ (처분적 조례)	(A: *지자체장(교육감)* / B: 지방의회)
의원 징계 등	○	(A: *지방의회* / B: 지방의회 의장)

> **23. 국가직 9급** 甲이 제명의결을 행정소송으로 다투는 경우 소송의 유형은 무효확인소송으로 하여야 하며 취소소송으로는 할 수 없다. (×)
> ▶ 오히려 취소소송을 제기하는 것이 일반적이다.
>
> **23. 국가직 9급** A구 의회는 입법기관으로서 행정청의 지위를 가지지 못하므로 甲에 대한 제명의결을 다투는 행정소송에서는 A구 의회 사무총장이 피고가 되어야 한다. (×)
> ▶ 합의제 행정청이므로 지방의회가 피고적격을 갖는다.

(2) 중앙노동위원회의 처분

> 노동위원회법 제27조【중앙노동위원회의 처분에 대한 소송】① 중앙노동위원회의 처분에 대한 소송은 *(A: **중앙노동위원회 위원장** / B: 중앙노동위원회)*을/를 피고로 하여 처분의 송달을 받은 날부터 15일 이내에 제기하여야 한다.
>
> > **24. 국가직 7급** 중앙노동위원회의 처분에 대한 소송은 중앙노동위원회 위원장을 피고로 한다. (○)

5. 3부 요인등에 대한 특례

구분	결정 및 표시	원고적격	피고적격
선거	중앙선거관리위원회 위원장	소속 공무원	중앙선관위 사무총장
사법부	헌법재판소장		헌재 사무처장
	대법원장		법원행정처장
입법부	국회의장		국회 사무총장
행정부	대통령		(A: *각 부 장관* / B: 대통령)
		일반 국민	(A: *각 부 장관* / B: **대통령**)

관련판례 총장임용제청 제외 (2016두57564)

교육부장관이 특정 후보자를 임용제청에서 제외하고 다른 후보자를 임용제청함으로써 대통령이 임용제청된 다른 후보자를 총장으로 임용한 경우에는, 임용제청에서 제외된 후보자는 대통령이 자신에 대하여 총장 임용 제외처분을 한 것으로 보아 이를 다투어야 한다(대통령의 처분의 경우 *(A: 소속 장관 / B: 대통령)*이 행정소송의 피고가 된다. 국가공무원법 제16조 제2항). 이러한 경우에는 교육부장관의 임용제청 제외처분을 별도로 다툴 (소의 이익)이 없어진다.

구분	대상적격	기타 소송요건
① 교육부장관의 임용제청 제외처분	○	(소의 이익) ×
② 대통령의 임용 제외처분	○	피고적격: *(A: 교육부장관 / B: 대통령)*

유사판례+ 교육부장관의 (교장) 승진임용 (제외)처분 (2015두47492)

승진후보자 (명부)에 포함된 후보자는 임용권자로부터 정당한 심사를 받게 될 것에 관한 절차적 기대를 하게 된다. 그런데 임용권자 등이 자의적인 이유로 승진후보자 (명부)에 포함된 후보자를 승진임용에서 (제외)하는 처분을 한 경우에, 이러한 승진임용(제외)처분을 항고소송의 대상이 되는 처분으로 보지 않는다면, 달리 이에 대하여는 불복하여 침해된 권리 또는 법률상 이익을 구제받을 방법이 없다.

비교판례+ (경감)승진후보자명부에서 (삭제)하는 행위 (97누7325)

시험승진후보자(명부)에 등재되어 있던 자가 그 명부에서 (삭제)됨으로써 승진임용의 대상에서 제외되었다 하더라도, 그와 같은 시험승진후보자(명부)에서의 (삭제)행위는 결국 그 (명부)에 등재된 자에 대한 승진 여부를 결정하기 위한 행정청 내부의 준비과정에 불과하고, 그 자체가 어떠한 권리나 의무를 설정하거나 법률상 이익에 직접적인 변동을 초래하는 별도의 행정처분이 된다고 할 수 없다.

비교판례+ 독립유공자 서훈취소결정 (2013두2518)

1. 서훈수여의 상대방

    서훈대상자의 유족은 *(A: 서훈수여 처분의 상대방이 될 수 있다 / B: 구 상훈법 제33조, 제34조 등에 따라 망인을 대신하여 단지 사실행위로서 훈장 등을 교부받거나 보관할 수 있는 지위에 있을 뿐이다)*.

    23. **국가직 9급** 서훈은 서훈대상자의 특별한 공적에 의하여 수여되는 고도의 일신전속적 성격을 가지는 것이므로 유족이라고 하더라도 처분의 상대방이 될 수 없다. (○)

2. 서훈취소의 상대방

    이러한 서훈의 일신전속적 성격은 서훈취소의 경우에도 마찬가지이므로, 망인에게 수여된 서훈의 취소에서도 (유족)은 그 처분의 상대방이 되는 것이 아니다.

3. 서훈취소의 효력발생요건

이와 같이 망인에 대한 서훈취소는 *(A: 유족에 대한 통지에 의해서만 성립하여 효력이 발생한다 / B: 그 결정이 처분권자의 의사에 따라 상당한 방법으로 대외적으로 표시됨으로써 행정행위로서 성립하여 효력이 발생한다)*.

4. 국가보훈처장에 의한 통지로 인해 서훈취소처분에 하자 발생 ×

이 사건 서훈취소처분의 통지가 처분권한자인 대통령이 아니라 그 보좌기관인 피고에 의하여 이루어졌다고 하더라도, 이 사건 서훈취소처분의 외부적 표시의 방법으로서 위 통지의 (주체)나 (형식)에 어떤 하자가 있다고 보기도 어렵다.

5. 피고적격

국무회의에서 건국훈장 독립장이 수여된 망인에 대한 서훈취소를 의결하고 대통령이 결재함으로써 서훈취소가 결정된 후 국가보훈처장이 망인의 유족 甲에게 '독립유공자 서훈취소결정 통보'를 하자 甲이 국가보훈처장을 상대로 서훈취소결정의 무효 확인 등의 소를 제기한 사안에서, 甲이 서훈취소 처분을 행한 *(A: 대통령 / B: 국가보훈처장)*을 상대로 제기한 위 소는 피고를 잘못 지정한 경우에 해당하므로, 법원으로서는 *(A: 석명권을 행사하여 / B: 직권으로)* 정당한 피고로 경정하게 하여 소송을 진행해야 한다.

> **23. 국가직 9급** 건국훈장 독립장이 수여된 망인에 대한 서훈취소를 국무회의에서 의결하고 대통령이 결재함으로써 서훈취소가 결정된 후에 국가보훈처장이 망인의 유족에게 독립유공자 서훈취소결정 통보를 하였다면 서훈취소처분취소소송에서의 피고적격은 국가보훈처장에 있다. (×)
> ▶ 명의자인 대통령이 피고적격을 갖는다.

6. 피고의 경정
(1) 의의 및 효과

> 행정소송법 제14조 【피고경정】 ① 원고가 피고를 잘못 지정한 때에는 법원은 *(A: 원고의 신청에 의하여 / B: 직권에 의하여)* 결정으로써 피고의 경정을 허가할 수 있다.
>
> > **24. 지방직 9급** 「행정소송법」상 원고가 피고를 잘못 지정한 때에는 법원은 원고의 신청에 의하여 결정으로써 피고의 경정을 허가할 수 있다. (○)
>
> ④ 제1항의 규정에 의한 결정이 있은 때에는 새로운 피고에 대한 소송은 *(A: 결정이 있은 때에 / B: 처음에 소를 제기한 때에)* 제기된 것으로 본다.
> ⑤ 제1항의 규정에 의한 결정이 있은 때에는 종전의 피고에 대한 소송은 (취하)된 것으로 본다.
> ⑥ 취소소송이 제기된 후에 제13조 제1항 단서 또는 제13조 제2항에 해당하는 사유가 생긴 때에는 법원은 당사자의 신청 또는 (직권)에 의하여 피고를 경정한다. 이 경우에는 제4항 및 제5항의 규정을 준용한다.

구분	2022.1.1.	2022.3.1.	2022.4.30.
1안	처분시점	구소 제기	구소 취하 / 신소 제기
2안 (피고경정)		구소 제기 (= 신소 제기)	피고 경정 / (구소 취하)

(2) 요건

> **관련판례**
>
> 1. 피고경정이 허용되는 시기 (2005부4)
>
>   행정소송법 제14조에 의한 피고경정은 (A: *사실심 변론종결* / B: 상고심 변론종결)에 이르기까지 허용되는 것으로 해석하여야 할 것이고, 굳이 제1심 단계에서만 허용되는 것으로 해석할 근거는 없다.
>
> 2. 석명권 행사가 법원의 의무인지 여부 (2002두7852)
>
>   원고가 피고를 잘못 지정하였다면 법원으로서는 (A: *당연히 석명권을 행사하여 원고로 하여금 피고를 경정하게 하여 소송을 진행케 하였어야 한다* / B: 피고경정을 하지 아니하고, 피고의 지정이 잘못되었다는 이유로 소를 각하할 수 있다).

05 제소기간

1. 의의

> 행정소송법 제20조【제소기간】① 취소소송은 처분등이 있음을 (안 날)부터 90일 이내에 제기하여야 한다. 다만, 제18조 제1항 단서에 규정한 경우와 그 밖에 행정심판청구를 할 수 있는 경우 또는 행정청이 행정심판청구를 할 수 있다고 잘못 알린 경우에 행정심판청구가 있은 때의 기간은 재결서의 정본을 (송달)받은 날부터 기산한다.
>
> **21. 국가직 9급** 행정청이 행정심판청구를 할 수 있다고 잘못 알려 행정심판을 청구한 경우에는 재결서 정본을 송달받은 날이 아닌 처분이 있음을 안 날로부터 제소기간이 기산된다. (×)
>
> ▶ 재결을 부적법하게 거친 경우임에도, 재결서 정본을 송달받은 날로부터 90일 이내에 제기하여야 한다.
>
> **22. 지방직 9급** 甲이 2022.1.5. 영업정지처분을 통지받았고, 행정심판을 제기하여 2022.3.29. 1월의 영업정지처분으로 변경하는 재결이 있었고 그 재결서 정본을 2022.4.2. 송달받은 경우 취소소송의 기산점은 2022.1.5.이다. (×)
>
> ▶ 재결을 적법하게 거친 경우이므로, 재결서 정본을 송달받은 날인 2022.4.2.로부터 90일 이내에 제기하여야 한다.
>
> ② 취소소송은 처분등이 (있은 날)부터 1년(제1항 단서의 경우는 (재결)이 있은 날부터 1년)을 경과하면 이를 제기하지 못한다. 다만, 정당한 사유가 있는 때에는 그러하지 아니하다.
>
> ③ 제1항의 규정에 의한 기간은 불변기간으로 한다.

> **비교판례+** 처분 당시에는 취소소송의 제기가 법제상 허용되지 않아 소송을 제기할 수 없다가 (위헌결정)으로 인하여 비로소 취소소송을 제기할 수 있게 된 경우 (2007두20997)
>
> 객관적으로는 '(위헌결정)이 있은 날', 주관적으로는 '(위헌결정)이 있음을 안 날' 비로소 취소소송을 제기할 수 있게 되어 이때를 제소기간의 기산점으로 삼아야 한다.

2. 구체적인 기간

(1) 행정심판을 거치지 않는 경우

> **관련판례** 있은 날: 고시 또는 공고에 의한 처분에 대한 취소소송에서 제소기간 기산일 (2004두619)
>
> ① 통상 고시 또는 공고에 의하여 행정처분을 하는 경우에는 그 처분의 상대방이 불특정 다수인이고 그 처분의 효력이 불특정 다수인에게 일률적으로 적용되는 것이므로, (A: 그 행정처분에 이해관계를 갖는 자가 고시 또는 공고가 있었다는 사실을 현실적으로 안 날 / B: 고시가 효력을 발생하는 날) 행정처분이 있음을 알았다고 보아야 한다.
> ② 인터넷 웹사이트에 대하여 구 청소년보호법에 따른 청소년유해매체물 결정 및 고시처분을 한 사안에서, 위 결정은 이해관계인이 고시가 있었음을 알았는지 여부에 관계없이 관보에 (고시)됨으로써 효력이 발생하고, 그가 위 결정을 (통지)받지 못하였다는 것이 제소기간을 준수하지 못한 것에 대한 정당한 사유가 될 수 없다.
>
> **21. 국가직 7급** A주식회사가 위 결정을 통지받지 못하였다는 것은 취소소송의 제소기간을 준수하지 못한 것에 대한 정당한 사유가 될 수 있다. (×)
> ▶ 일반처분은 있은 날이 안 날로 간주되므로, 현실적으로 처분을 알았는지 여부와 무관하게 있은 날로부터 90일이 되는 시점에 제소기간이 만료된다.

비교판례+ 단, "정식"으로 송달되기 전에는 제소기간 진행 ×

1. [있은 날] 처분의 효력이 발생하기 전에 제기한 취소소송의 제소기간 (2019두38656)
    ① 상대방 있는 행정처분이 상대방에게 (고지)되지 아니한 경우에는 상대방이 (다른 경로)를 통해 행정처분의 내용을 알게 되었다고 하더라도 행정처분의 효력이 발생한다고 볼 수 없다.

    22. 국가직 7급 상대방 있는 행정처분이 상대방에게 고지되지 아니한 경우에는 특별한 규정이 없는 한 상대방이 다른 경로를 통해 행정처분의 내용을 알게 되었다고 하더라도 행정처분의 효력이 발생한다고 볼 수 없다. (○)

    ② 피고가 (인터넷 홈페이지)에 처분의 결정 내용을 게시한 것만으로는 행정절차법 제14조에서 정한 바에 따라 송달이 이루어졌다고 볼 수 없고, 원고가 그 (홈페이지)에 접속하여 결정 내용을 확인하여 알게 되었다고 하더라도 마찬가지이다.

2. [안 날] 원고가 (정보공개)청구를 하여 미리 안 경우 (2014두8254)
    甲이 통보서를 송달받기 전에 (정보공개)를 청구하여 위 처분을 하는 내용의 통보서를 비롯한 일체의 서류를 교부받은 날부터 기산하여 위 소는 제소기간을 넘긴 것으로서 부적법하다고 본 원심판결에 법리를 오해한 위법이 있다.

    21. 국가직 9급 '처분이 있음을 안 날'은 처분이 있었다는 사실을 현실적으로 안 날을 의미하므로, 처분서를 송달받기 전 정보공개청구를 통하여 처분을 하는 내용의 일체의 서류를 교부받았다면 그 서류를 교부받은 날부터 제소기간이 기산된다. (×)
    ▶ 정식으로 송달되어야 안 날이 도래한다.

(2) 행정심판을 거치는 경우

> **관련판례**
>
> **1. 부적법한 청구를 거친 경우 (2011두18786)**
> 국민건강보험공단이 2009.9.2. 甲에게 과징금을 부과하는 처분을 하여 2009.9.7. 甲의 동료가 이를 수령하였는데, 甲이 그때부터 90일을 넘겨 국무총리행정심판위원회에 행정심판을 청구하여 (청구기간 경과)를 이유로 각하재결을 받았고, 그 후 *(A: 처분이 있음을 안 날 / B: __재결서를 송달받은 때부터 90일__)* 이내에 원처분에 대하여 취소소송을 제기한 사안에서, 위 취소소송이 부적법하다는 이유로 이를 각하한 원심판결은 정당하다.

> **21. 국가직 9급** 행정심판을 청구하였으나 심판청구기간을 도과하여 각하된 후 제기하는 취소소송은 재결서를 송달받은 날부터 90일 이내에 제기하면 된다. (×)
> ▶ 부적법한 청구를 거쳤으므로, 처분을 안 날부터 90일 이내에 제기하여야 한다.

> **2. 행정심판청구를 할 수 있다고 잘못 알린 경우 (2011두27247) [B]**
> ① 행정소송법 제20조 제1항은 '취소소송은 처분 등이 있음을 안 날부터 90일 이내에 제기하여야 하나 행정청이 행정심판청구를 할 수 있다고 잘못 알린 경우에 행정심판청구가 있은 때의 기간은 재결서의 정본을 송달받은 날부터 기산한다'고 규정하고 있는데, 위 규정의 취지는 (불가쟁력)이 발생하지 않아 적법하게 불복청구를 (할 수 있었던) 처분 상대방에 대하여 행정청이 법령상 행정심판청구가 허용되지 않음에도 행정심판청구를 할 수 있다고 잘못 알린 경우에, 잘못된 안내를 신뢰하여 부적법한 행정심판을 거치느라 본래 제소기간 내에 취소소송을 제기하지 못한 자를 구제하려는 데에 있다.
> ② 이와 달리 이미 제소기간이 지남으로써 (불가쟁력)이 발생하여 불복청구를 (할 수 없었던) 경우라면 그 이후에 행정청이 행정심판청구를 할 수 있다고 잘못 알렸다고 하더라도 그 때문에 처분 상대방이 적법한 제소기간 내에 취소소송을 제기할 수 있는 기회를 상실하게 된 것은 아니므로 이러한 경우에 잘못된 안내에 따라 청구된 행정심판 재결서 정본을 송달받은 날부터 다시 취소소송의 제소기간이 기산되는 것은 아니다. (불가쟁력)이 발생하여 더 이상 불복청구를 (할 수 없었던) 처분에 대하여 행정청의 잘못된 안내가 있었다고 하여 처분 상대방의 불복청구 권리가 새로이 생겨나거나 부활한다고 볼 수는 없기 때문이다.

(3) 정당한 사유가 있는 경우 [C]

> **관련판례** 행정심판법 사안이나 논리 동일 (2000두3641)
> 행정처분의 *(A: 상대방은 / B: __상대방이 아닌 제3자는__)* 일반적으로 처분이 있는 것을 바로 알 수 없는 처지에 있으므로 *(A: 처분을 안 날로부터 90일 / B: __처분이 있은 날로부터 180일__)*이 경과하더라도 특별한 사유가 없는 한 구 행정심판법 제18조 제3항 단서 소정의 정당한 사유가 있는 것으로 보아 심판청구가 가능하다.
> 제3자가 어떤 경위로든 행정처분이 있음을 (알았거나 쉽게 알 수 있는 등) 같은 법 제18조 제1항 소정의 심판청구기간 내에 심판청구가 가능하였다는 사정이 있는 경우에는 제3자가 그 청구기간을 지키지 못하였음에 정당한 사유가 있는지 여부는 문제가 되지 아니한다.

06 전치주의

행정소송법 제18조 【행정심판과의 관계】 ① 취소소송은 법령의 규정에 의하여 당해 처분에 대한 행정심판을 제기할 수 있는 경우에도 이를 거치지 아니하고 제기할 수 있다. 다만, (다른 법률)에 당해 처분에 대한 행정심판의 재결을 거치지 아니하면 취소소송을 제기할 수 없다는 규정이 있는 때에는 그러하지 아니하다.

21. 국가직 9급 甲은 행정심판을 청구하지 않고 영업정지처분에 대한 취소소송을 제기할 수 있다. (○)

② 제1항 *(A: 단서 / B: 본문)* 의 경우에도 다음 각 호의 1에 해당하는 사유가 있는 때에는 행정심판 *(A: 을 제기함이 없이 / B: 의 재결을 거치지 아니하고)* 취소소송을 제기할 수 있다.
1. 행정심판청구가 있은 날로부터 (60)일이 지나도 재결이 없는 때
2. 처분의 집행 또는 절차의 속행으로 생길 (중대한) 손해를 예방하여야 할 (긴급한) 필요가 있는 때
3. 법령의 규정에 의한 행정심판기관이 의결 또는 재결을 하지 (못할) 사유가 있는 때
4. 그 밖의 (정당한) 사유가 있는 때

③ 제1항 *(A: 단서 / B: 본문)* 의 경우에 다음 각 호의 1에 해당하는 사유가 있는 때에는 행정심판 *(A: 을 제기함이 없이 / B: 의 재결을 거치지 아니하고)* 취소소송을 제기할 수 있다.
1. (동종)사건에 관하여 이미 행정심판의 기각재결이 있은 때
2. 서로 내용상 (관련)되는 처분 또는 같은 (목적)을 위하여 단계적으로 진행되는 처분 중 어느 하나가 이미 행정심판의 재결을 거친 때
3. 행정청이 사실심의 변론종결 (후) 소송의 대상인 처분을 변경하여 당해 변경된 처분에 관하여 소를 제기하는 때
4. 처분을 행한 행정청이 행정심판을 거칠 필요가 (없다)고 잘못 알린 때

제25조 【행정심판기록의 제출명령】 ① 법원은 당사자의 (신청)이 있는 때에는 결정으로써 재결을 행한 행정청에 대하여 행정심판에 관한 기록의 제출을 명할 수 있다.
② 제1항의 규정에 의한 제출명령을 받은 행정청은 (지체 없이) 당해 행정심판에 관한 기록을 법원에 제출*(A: 할 수 있다 / B: 하여야 한다)*.

23. 지방직 9급 「행정소송법」에 따르면 법원은 당사자의 신청이 있는 때에는 결정으로써 재결을 행한 행정청에 대하여 행정심판에 관한 기록의 제출을 명할 수 있고, 제출명령을 받은 행정청은 지체 없이 당해 행정심판에 관한 기록을 법원에 제출하여야 한다. (○)

07 관할

1. 의의 및 종류

구분		서울	지방	영동	
심급 관할	3심	대법원			
	2심	고등법원			
	1심	토지관할			
		서울행정법원	지방법원 본원	춘천지법 강릉지원	
		합의부	합의부	합의부	사물관할
		단독판사	단독판사	단독판사	

> **행정소송법 제9조【재판관할】** ① [보통재판적] 취소소송의 제1심 관할법원은 *(A: 피고 / B: 원고)*의 소재지를 관할하는 행정법원으로 한다.
> ② [특별재판적] 제1항에도 불구하고 다음 각 호의 어느 하나에 해당하는 피고에 대하여 취소소송을 제기하는 경우에는 (대법원)소재지를 관할하는 행정법원에 제기할 수 있다.
> 1. (중앙)행정기관, (중앙)행정기관의 부속기관과 합의제행정기관 또는 그 장
> 2. 국가의 사무를 위임 또는 위탁받은 (공공단체) 또는 그 장
> ③ [특별재판적] 토지의 수용 기타 (부동산) 또는 특정의 장소에 관계되는 처분등에 대한 취소소송은 그 (부동산) 또는 장소의 소재지를 관할하는 행정법원에 이를 제기할 수 있다.

구분	보통재판적	특별재판적
피고: (중앙)행정기관 등	*(A: 피고 / B: 원고)* 소재지 법원	(대법원)소재지 관할 행정법원 (= 서울행정법원)
피고: 국가의 사무를 위임 또는 위탁받은 (공공단체)		
토지의 수용 기타 (부동산) 관련 소송		(부동산) 등 소재지 법원

2. 관할 위반으로 인한 이송

구분	2022.1.1.	2022.3.1.	2022.4.30.
1안	처분시점	구소 제기	구소 취하 / 신소 제기
2안 (이송)		구소 제기 (= 신소 제기)	이송 / (구소 취하)

3. 관련청구소송의 이송 및 병합

행정소송법 제10조【관련청구소송의 이송 및 병합】① 취소소송과 다음 각 호의 1에 해당하는 소송(이하 "관련청구소송"이라 한다)이 각각 다른 법원에 계속되고 있는 경우에 (***A: 취소소송 / B: 관련청구소송***)이 계속된 법원이 상당하다고 인정하는 때에는 당사자의 신청 또는 직권에 의하여 이를 (***A: 취소소송 / B: 관련청구소송***)이 계속된 법원으로 (이송)할 수 있다.
 1. 당해 처분등과 관련되는 (손해배상)·(부당이득반환)·원상회복등 청구소송
 2. 당해 처분등과 관련되는 (취소)소송
② 취소소송에는 사실심의 변론종결시까지 관련청구소송을 (병합)하거나 피고 외의 자를 상대로 한 관련청구소송을 취소소송이 계속된 법원에 (병합)하여 제기할 수 있다.

(1) 병합된 양 청구 간의 관계

원칙판례 + 주된 청구가 부적법 각하된 경우

택지개발사업지구 내에서 화훼소매업을 하던 甲과 乙이 재결절차를 거치지 않고 사업시행자를 상대로 주된 청구인 영업손실보상금 청구에 생활대책대상자 선정 관련청구소송을 병합하여 제기한 사안에서, 영업손실보상금청구의 소가 부적법하여 각하되는 이상 생활대책대상자 선정 (관련청구소송) 역시 부적법하여 각하되어야 한다.

예외판례 + 주된 청구(취소소송) + 관련청구(당사자소송) (92누3335)

취소소송 등을 제기한 당사자가 당해 처분 등에 관계되는 사무가 귀속되는 국가 또는 공공단체에 대한 당사자소송을 행정소송법 제10조 제2항에 의하여 관련 청구로서 병합한 경우 위 취소소송 등이 부적법하다면 당사자는 위 당사자소송의 병합청구로서 같은 법 제21조 제1항에 의한 (소변경)을 할 의사를 아울러 가지고 있었다고 봄이 상당하고, 이러한 경우 법원은 청구의 기초에 변경이 없는 한 당초의 청구가 부적법하다는 이유로 병합된 청구까지 각하할 것이 아니라 병합청구 당시 유효한 (소변경)청구가 있었던 것으로 받아들여 이를 허가함이 타당하다.

(2) 금전납부의무 부과처분 + 부당이득반환청구 사안 특유의 쟁점

관련판례

행정소송법 제10조는 처분의 취소를 구하는 취소소송에 당해 처분과 관련되는 부당이득반환소송을 관련 청구로 (병합)할 수 있다고 규정하고 있는바, 이 조항을 둔 취지에 비추어 보면, 취소소송에 (병합)할 수 있는 당해 처분과 관련되는 부당이득반환소송에는 당해 처분의 취소를 선결문제로 하는 부당이득반환청구가 포함되고, 이러한 부당이득반환청구가 인용되기 위해서는 그 소송절차에서 (***A: 판결에 의해 당해 처분이 취소되면 충분하다 / B: 그 처분의 취소가 확정되어야 한다***) (2008두23153).

22. 지방직 7급 처분에 대한 취소소송에 당해 처분의 취소를 선결문제로 하는 부당이득반환청구가 병합된 경우, 부당이득반환청구가 인용되기 위해서는 당해 처분이 그 소송절차에서 판결에 의해 취소되면 충분하고 당해 처분의 취소가 확정되어야 하는 것은 아니다. (○)

제2절 | 행정소송법 특유의 제도

01 소송참가

1. 제3자의 소송참가

(1) 의의

> 행정소송법 제16조【제3자의 소송참가】 ① 법원은 소송의 결과에 따라 권리 또는 이익의 침해를 *(A: 받을 / B: 받은)* 제3자가 있는 경우에는 당사자 또는 제3자의 신청 또는 (직권)에 의하여 결정으로써 그 제3자를 소송에 참가시킬 수 있다.
> ② 법원이 제1항의 규정에 의한 결정을 하고자 할 때에는 미리 당사자 및 제3자의 의견을 *(A: 들어야 한다 / B: 따라야 한다)*.
> ③ 제1항의 규정에 의한 신청을 한 제3자는 그 신청을 각하한 결정에 대하여 (즉시항고)할 수 있다.
> 제29조【취소판결등의 효력】 ① 처분등을 취소하는 확정판결은 *(A: 당사자에 한하여 / B: 제3자에 대하여도)* 효력이 있다.

(2) 요건

① 소송의 결과로 인해 권리 또는 이익의 침해를 *(A: 받을 / B: 받은)* 것으로 예상
② 당사자 또는 제3자의 신청 / 법원의 (직권)
③ 미리 당사자 및 제3자의 *(A: 동의 / B: 의견 청취)*

2. 재심

(1) 의의

> 행정소송법 제31조【제3자에 의한 재심청구】 ① 처분등을 취소하는 판결에 의하여 권리 또는 이익의 침해를 *(A: 받을 / B: 받은)* 제3자는 *(A: 자기에게 책임 없는 사유로 소송에 참가하지 못함으로써 판결의 결과에 영향을 미칠 공격 또는 방어방법을 제출하지 못한 때 / B: 소송에 참가하였으나, 자기에게 책임 없는 사유로 공격 또는 방어방법을 제출하지 못한 때)*에는 이를 이유로 (확정)된 종국판결에 대하여 재심의 청구를 할 수 있다.
> ② 제1항의 규정에 의한 청구는 확정판결이 있음을 안 날로부터 (30일) 이내, 판결이 확정된 날로부터 (1년) 이내에 제기하여야 한다.
> ③ 제2항의 규정에 의한 기간은 (불변기간)으로 한다.

(2) 요건

① 취소판결의 (확정)
② 제3자가 이미 권리 또는 이익의 침해를 *(A: 받을 / B: 받은)* 상태일 것
③ 제3자의 책임 없는 사유로 (소송참가)를 하지 못하였을 것
④ (청구기간)을 준수할 것

3. 행정청의 소송참가

행정소송법 제17조【행정청의 소송참가】① 법원은 다른 행정청을 소송에 참가시킬 필요가 있다고 인정할 때에는 당사자 또는 당해 행정청의 신청 또는 (직권)에 의하여 결정으로써 그 행정청을 소송에 참가시킬 수 있다.
② 법원은 제1항의 규정에 의한 결정을 하고자 할 때에는 당사자 및 당해 행정청의 의견을 *(A: 들어야 한다 / B: 따라야 한다)*.

02 소변경

1. 소의 종류의 변경

(1) 의의

행정소송법 제21조【소의 변경】① 법원은 취소소송을 당해 처분등에 관계되는 사무가 귀속하는 국가 또는 공공단체에 대한 당사자소송 또는 취소소송 외의 항고소송으로 변경하는 것이 상당하다고 인정할 때에는 청구의 기초에 변경이 *(A: 없는 / B: 있는)* 한 *(A: 상고심 / B: 사실심)*의 변론종결시까지 *(A: 직권 또는 원고의 신청 / B: 원고의 신청)*에 의하여 결정으로써 소의 변경을 허가할 수 있다.
② 제1항의 규정에 의한 허가를 하는 경우 피고를 달리하게 될 때에는 법원은 새로이 피고로 될 자의 *(A: 의견을 들어야 한다 / B: 의견에 따라야 한다)*.
③ 제1항의 규정에 의한 허가결정에 대하여는 (즉시항고)할 수 있다.
④ 제1항의 규정에 의한 허가결정에 대하여는 제14조 제2항·제4항 및 제5항의 규정을 준용한다.
제14조【피고경정】④ 제1항의 규정에 의한 결정이 있은 때에는 새로운 피고에 대한 소송은 *(A: 결정이 있은 때에 / B: 처음에 소를 제기한 때에)* 제기된 것으로 본다.
⑤ 제1항의 규정에 의한 결정이 있은 때에는 종전의 피고에 대한 소송은 (취하)된 것으로 본다.

(2) 요건
① 소변경이 상당하다고 인정될 것
② 청구의 기초에 변경이 없을 것
③ 사실심 변론 종결 전일 것
④ 원고의 신청이 있을 것

> **관련판례** 신청 없을 경우 석명권 행사 (2013두14863)
> 원고가 고의 또는 중대한 과실 없이 당사자소송으로 제기하여야 할 것을 항고소송으로 잘못 제기한 경우에, 당사자소송으로서의 소송요건을 결하고 있음이 명백하여 당사자소송으로 제기되었더라도 어차피 부적법하게 되는 경우가 아닌 이상, 법원으로서는 원고가 당사자소송으로 소 변경을 (하도록 하여) 심리·판단하여야 한다.

(3) 효과

구분	2022.1.1.	2022.3.1.	2022.4.30.
1안	처분시점	구소 제기	구소 취하 / 신소 제기
2안 (소변경)		구소 제기 (= 신소 제기)	소변경 / (구소 취하)

2. 처분변경으로 인한 소의 변경

(1) 의의

> 행정소송법 제22조 【(처분변경)으로 인한 소의 변경】 ① 법원은 (A: *행정청이* / B: *원고가*) 소송의 대상인 처분을 소가 제기된 후 변경한 때에는 원고의 신청에 의하여 결정으로써 청구의 취지 또는 원인의 변경을 허가할 수 있다.
> ② 제1항의 규정에 의한 신청은 처분의 변경이 있음을 안 날로부터 (60)일 이내에 하여야 한다.
> ③ 제1항의 규정에 의하여 변경되는 청구는 제18조 제1항 단서(*필요적 전치주의*)의 규정에 의한 요건을 (A: *갖추어야 한다* / B: *갖춘 것으로 본다*).
>
> > 비교 민사소송법 제262조 【청구의 변경】 ① 원고는 청구의 기초가 바뀌지 아니하는 한도 안에서 변론을 종결할 때(변론 없이 한 판결의 경우에는 판결을 선고할 때)까지 청구의 취지 또는 원인을 바꿀 수 있다. 다만, 소송절차를 현저히 지연시키는 경우에는 그러하지 아니하다.
> > 제265조 【소제기에 따른 시효중단의 시기】 시효의 중단 또는 법률상 기간을 지킴에 필요한 재판상 청구는 소를 제기한 때 또는 제260조 제2항·제262조 제2항 또는 제264조 제2항의 규정에 따라 (A: *서면을 법원에 제출한 때에* / B: *처음에 소를 제기한 때*) 그 효력이 생긴다.
> >
> > 22. 지방직 7급 어느 하나의 처분의 취소를 구하는 소에 당해 처분과 관련되는 처분의 취소를 구하는 청구를 추가적으로 병합한 경우, 추가적으로 병합된 소의 소제기 기간의 준수 여부는 그 청구취지의 추가신청이 있은 때를 기준으로 한다. (○)

(2) 요건
① 소송이 계속 중일 것
② 피고가 처분의 주된 내용을 (실질적)으로 변경할 것
③ (신청기간)을 준수할 것

(3) 효과
① (전치주의) 요건을 준수한 것으로 간주
② 제소기간의 기산점

> **관련판례** 소의 대상의 변경과 제소기간 준수 여부 (2018두58431)
>
> 선행 처분에 대하여 제소기간 내에 취소소송이 적법하게 제기되어 계속 중에 행정청이 선행 처분서 문언에 일부 오기가 있어 이를 정정할 수 있음에도 선행 처분을 직권으로 취소하고 실질적으로 동일한 내용의 후행 처분을 함으로써 선행 처분과 후행 처분 사이에 밀접한 (관련성)이 있고 선행 처분에 존재한다고 주장되는 (위법사유)가 후행 처분에도 마찬가지로 존재할 수 있는 관계인 경우에는 후행 처분의 취소를 구하는 소변경의 제소기간 준수 여부는 따로 따질 필요가 없다.

03 가구제 수단(집행정지)

1. 의의

> 행정소송법 제23조 【집행정지】 ① [집행 *(A: 부정지 / B: 정지)* 원칙] 취소소송의 (제기)는 처분등의 효력이나 그 집행 또는 절차의 속행에 영향을 주지 아니한다.
> ② 취소소송이 제기된 경우에 처분등이나 그 집행 또는 절차의 속행으로 인하여 생길 *(A: 중대한 손해 / B: 회복하기 어려운 손해)*를 예방하기 위하여 (긴급)한 필요가 있다고 인정할 때에는 본안이 계속되고 있는 법원은 *(A: 당사자의 신청 / B: 당사자의 신청 또는 직권)*에 의하여 처분등의 효력이나 그 집행 또는 절차의 속행의 전부 또는 일부의 정지(이하 "집행정지"라 한다)를 결정할 수 있다. 다만, 처분의 (효력)정지는 처분등의 집행 또는 절차의 속행을 정지함으로써 목적을 달성할 수 있는 경우에는 허용되지 아니한다.
>
> > 21. **지방직 9급** 처분의 효력정지는 처분의 집행 또는 절차의 속행을 정지함으로써 목적을 달성할 수 있는 경우에는 허용되지 아니한다. (○)
>
> ③ 집행정지는 (공공복리)에 중대한 영향을 미칠 우려가 있을 때에는 허용되지 아니한다.
> ④ 제2항의 규정에 의한 집행정지의 결정을 신청함에 있어서는 그 이유에 대한 소명이 있어야 한다.

2. 집행정지의 적용범위

(1) 소송의 종류

구분	취소소송	무효등확인소송	부작위위법확인소송	당사자소송
집행정지	*(A: O / B: X)*	*(A: O / B: X)*	*(A: O / B: X)*	*(A: O / B: X)*
가처분	*(A: O / B: X)*	*(A: O / B: X)*	*(A: O / B: X)*	*(A: O / B: X)*

(2) 대상

> 📖 **관련판례** 거부처분에 대한 집행정지 (91두15)
>
> ① 허가신청에 대한 거부처분은 그 효력이 정지되더라도 (A: <u>그 처분이 없었던 것과 같은 상태를 만드는 것에 지나지 아니하는 것이므로</u> / B: 그 이상으로 행정청에 대하여 어떠한 처분을 명하는 등 적극적인 상태를 만들어 내는 경우를 포함하므로),
>
>> 23. **국가직 9급** 거부처분에 대한 집행정지는 그 거부처분으로 인하여 신청인에게 생길 손해를 방지하는 데 아무런 보탬이 되지 아니하므로 허용되지 않는다. (○)
>> 21. **국가직 9급** 甲에게는 공사중지명령 해제신청 거부처분에 대한 집행정지를 구할 이익이 인정되지 아니한다. (○)
>> 21. **지방직 9급** 거부처분의 효력정지는 그 거부처분으로 인하여 신청인에게 생길 손해를 방지하는 데 필요하므로 신청인에게는 그 효력정지를 구할 이익이 있다. (×)
>> ▶ 거부처분은 집행정지의 대상이 되지 않는다.
>
> ② 교도소장이 접견을 (불허)한 처분에 대하여 효력정지를 한다 하여도 이로 인하여 위 교도소장에게 접견의 허가를 명하는 것이 되는 것도 아니고 또 당연히 접견이 되는 것도 아니어서 접견허가거부처분에 의하여 생길 회복할 수 없는 손해를 피하는 데 아무런 보탬도 되지 아니하니 접견허가거부처분의 효력을 정지할 필요성이 없다.

3. 요건

행정소송	행정심판	행정소송
적극적 요건 (A: <u>원고</u> / B: 피고) 입증		소극적 요건 (A: 원고 / B: <u>피고</u>) 입증
① (적법)한 본안소송의 (계속)		⑤ (공공복리)에 중대한 영향
② (처분)등의 존재		⑥ 본안청구가 이유 없음이 (명백)
③ (A: <u>회복하기 어려운</u> / B: 중대한) 손해의 예방	③ (A: <u>회복하기 어려운</u> / B: 중대한) 손해의 예방	
④ (긴급)한 필요		

(1) 적법한 본안소송의 계속

> 22. **지방직 9급** 甲이 취소소송을 제기하면서 집행정지신청을 한 경우 법원이 집행정지결정을 하는 데 있어 甲이 **본안청구**의 적법 여부는 집행정지의 요건에 포함되지 않는다. (×)
> ▶ 본안청구가 적법하지 않다면 집행정지도 인용될 수 없다.
>
> 21. **지방직 9급** 처분의 효력정지결정을 하려면 그 효력정지를 구하는 당해 행정처분에 대한 본안소송이 법원에 제기되어 계속중임을 요건으로 한다. (○)

(2) 처분의 존재

(3) 회복하기 어려운 손해의 예방

> **관련판례** 4대강 사업 사건 (2010무111)

① 처분등의 존재(×)

국토해양부, 환경부, 문화체육관광부, 농림수산부, 식품부가 합동으로 2009.6.8. 발표한 '4대강 살리기 (마스터플랜)' 등은 4대강 정비사업과 주변 지역의 관련 사업을 체계적으로 추진하기 위하여 수립한 종합계획이자 '4대강 살리기 사업'의 (기본방향)을 제시하는 계획으로서, 행정기관 내부에서 사업의 (기본방향)을 제시하는 것일 뿐, 국민의 권리·의무에 직접 영향을 미치는 것이 아니어서 행정처분에 해당하지 않는다.

22. **국가직 7급** '4대강 살리기 마스터플랜'은 4대강 정비사업 지역 인근에 거주하는 주민의 권리·의무에 직접 영향을 미치는 것이어서 행정처분에 해당한다. (×)
▶ 처분성이 없어 적극적 요건(②)이 충족되지 않는다.

② 회복하기 어려운 손해(×) ∵ 금전 보상 가능

국토해양부 등에서 발표한 '4대강 살리기 마스터플랜'에 따른 '한강 살리기 사업' 구간 인근에 거주하는 주민들이 각 공구별 (사업실시계획)승인처분에 대한 효력정지를 신청한 사안에서, 주민들 중 환경영향평가대상지역 및 근접 지역에 거주하거나 소유권 기타 권리를 가지고 있는 사람들이 위 사업으로 인하여 토지 소유권 기타 권리를 수용당하고 이로 인하여 정착지를 떠나 타지로 이주를 해야 하며 더 이상 농사를 지을 수 없게 되고 팔당지역의 유기농업이 사실상 해체될 위기에 처하게 된다고 하더라도, 그러한 손해는 행정소송법 제23조 제2항에서 정하고 있는 효력정지 요건인 금전으로 보상할 수 없거나 사회관념상 금전보상으로는 참고 견디기 어렵거나 현저히 곤란한 경우의 유·무형 손해에 **(A: 해당하지 않는다 / B: 해당한다)**.

비교판례➕

1. 회복하기 어려운 손해 = (금전)으로 보상되지 않는 손해 (92두30)
   ① "회복하기 어려운 손해"라 함은 특별한 사정이 없는 한 (금전)으로 보상할 수 없는 손해라 할 것이며 이는 ㉠ (금전)보상이 불가능한 경우뿐만 아니라 ㉡ (금전)보상으로는 사회관념상 행정처분을 받은 당사자가 참고 견딜 수 없거나 또는 참고 견디기가 현저히 곤란한 경우의 유형, 무형의 손해를 일컫는다.
   ② 신청인이 그에 관한 형사피고사건이 상고심에 계속 중에 안양교도소로부터 진주교도소로 (이송)되는 경우에는 그로 인하여 변호인과의 (접견)이 어려워져 방어권의 행사에 지장을 받게 됨은 물론 가족이나 친지 등과의 (접견)권의 행사에도 장애를 초래할 것임이 명백하고 이로 인한 손해는 (금전)으로 보상할 수 없는 손해라 할 것이다.

2. 회사 망할 정도의 위기 = 회복하기 어려운 손해 (2001무29)
   사업여건의 악화 및 막대한 부채비율로 인하여 외부자금의 신규차입이 사실상 중단된 상황에서 (285억) 원 규모의 과징금을 납부하기 위하여 무리하게 외부자금을 신규차입하게 되면 주거래은행과의 재무구조개선약정을 지키지 못하게 되어 사업자가 (중대한) 경영상의 위기를 맞게 될 것으로 보이는 경우, 그 과징금납부명령의 처분으로 인한 손해는 효력정지 내지 집행정지의 적극적 요건인 '회복하기 어려운 손해'에 해당한다.

(4) 공공복리에 중대한 영향을 미칠 우려가 없을 것

> **23. 국가직 9급** 집행정지의 요건으로 규정하고 있는 '공공복리에 중대한 영향을 미칠 우려'가 없을 것이라고 할 때의 '공공복리'는 그 처분의 집행과 관련된 구체적이고도 개별적인 공익을 말하는 것으로서 이러한 집행정지의 소극적 요건에 대한 주장·소명책임은 행정청에게 있다. (O)

(5) 본안청구가 이유 없음이 명백하지 않을 것

> **관련판례** 처분의 취소가능성 고려 여부 (94두23)
>
> 행정처분의 효력정지를 구하는 신청사건에 있어서는 행정처분 자체의 적법 여부는 궁극적으로 (본안)판결에서 심리를 거쳐 판단할 성질의 것이므로 원칙적으로는 판단할 것이 아니고, 그 행정처분의 효력을 정지할 것인가에 대한 행정소송법 제23조 제2항 소정의 요건의 존부만이 판단의 대상이 되나,
> (본안)소송에서의 처분의 취소(가능성이 없음)에도 불구하고 처분의 효력정지를 인정한다는 것은 제도의 취지에 반하므로, 효력정지사건 자체에 의하여도 신청인의 (본안)청구가 이유 없음이 (명백)할 때에는 행정처분의 효력정지를 명할 수 없다.
>
> > **21. 지방직 9급** 신청인의 본안청구의 이유 없음이 명백할 때는 집행정지가 인정되지 않는다. (O)
> > **23. 지방직 7급** 행정처분의 집행정지를 구하는 신청사건에서는 행정처분 자체의 적법 여부는 원칙적으로 판단의 대상이 아니나, 집행정지사건 자체에 의하여도 신청인의 본안청구가 이유 없음이 명백할 때에는 행정처분의 집행정지를 명할 수 없다. (O)

4. 효력

> **행정소송법 제23조【집행정지】** ⑥ 제30조 제1항의 규정은 제2항의 규정에 의한 집행정지의 결정에 이를 준용한다.
> **제30조【취소판결등의 (기속력)】** ① 처분등을 취소하는 확정판결은 그 사건에 관하여 당사자인 행정청과 그 밖의 관계행정청을 (기속)한다.
> **제29조【취소판결등의 효력】** ① 처분등을 취소하는 확정판결은 (제3자)에 대하여도 효력이 있다.
> ② 제1항의 규정은 제23조의 규정에 의한 집행정지의 결정 또는 제24조의 규정에 의한 그 집행정지결정의 취소결정에 준용한다.

5. 실효

> **관련판례**
>
> **1. 집행정지의 실효에 따른 법적 효과 (2002다48023)**
>   ① 집행정지의 효력은 당해 (결정의 주문)에 표시된 시기까지 존속하다가 그 시기의 도래와 (동시에 당연히) 소멸한다.
>   ② 집행정지결정이 내려졌다면 그 집행정지기간 동안은 과징금부과처분에서 정한 과징금의 납부기간은 더 이상 진행되지 아니하고 집행정지결정이 당해 (결정의 주문)에 표시된 시기의 도래로 인하여 실효되면 그때부터 당초의 과징금부과처분에서 정한 기간(집행정지결정 당시 이미 일부 진행되었다면 그 나머지 기간)이 다시 진행하는 것으로 보아야 한다.
>
> > **22. 지방직 7급** 일정한 납부기한을 정한 과징금부과처분에 대하여 집행정지결정이 내려졌다면 과징금부과처분에서 정한 과징금의 납부기간은 더 이상 진행되지 아니하고 집행정지결정의 주문에 표시된 종기의 도래로 인하여 집행정지가 실효된 때부터 다시 진행된다. (O)
>
> **2. 본안판결 확정 후 피고가 취해야 할 조치 (2020두34070)**
>   ① 항고소송을 제기한 원고가 본안소송에서 패소확정판결을 받은 경우, 집행정지결정의 효력이 소급하여 소멸(A: 한다 / B: 하지 않는다).
>   ② 그러나 제재처분에 대한 행정쟁송절차에서 처분에 대해 집행정지결정이 이루어졌더라도 본안에서 해당 처분이 최종적으로 (적법)한 것으로 확정되어 집행정지결정이 실효되고 제재처분을 다시 집행할 수 있게 되면, 처분청으로서는 당초 집행정지결정이 (없었던) 경우와 (동등한) 수준으로 해당 제재처분이 집행되도록 필요한 조치를 취하여야 한다. 집행정지는 행정쟁송절차에서 실효적 권리구제를 확보하기 위한 (잠정적) 조치일 뿐이므로, 본안 확정판결로 해당 제재처분이 적법하다는 점이 확인되었다면 제재처분의 상대방이 (잠정적) 집행정지를 통해 집행정지가 이루어지지 않은 경우와 비교하여 제재를 덜 받게 되는 결과가 초래되도록 해서는 안 된다.
>   ③ 반대로, 처분상대방이 집행정지결정을 받지 못했으나 본안소송에서 해당 제재처분이 (위법)하다는 것이 확인되어 취소하는 판결이 확정되면, 처분청은 그 제재처분으로 처분상대방에게 초래된 불이익한 결과를 (제거)하기 위하여 필요한 조치를 취하여야 한다.

6. 취소

> **행정소송법 제24조【집행정지의 취소】** ① 집행정지의 결정이 확정된 후 집행정지가 공공복리에 중대한 영향을 미치거나 그 정지사유가 없어진 때에는 당사자의 신청 또는 (직권)에 의하여 결정으로써 집행정지의 결정을 취소할 수 있다.
> ② 제1항의 규정에 의한 집행정지결정의 취소결정과 이에 대한 불복의 경우에는 제23조 제4항 및 제5항의 규정(즉시항고)을 준용한다.

7. 집행정지결정 등에 대한 불복

> **행정소송법 제23조【집행정지】** ⑤ 제2항의 규정에 의한 집행정지의 결정 또는 기각의 결정에 대하여는 (즉시항고)할 수 있다. 이 경우 집행정지의 결정에 대한 (즉시항고)에는 결정의 집행을 정지하는 효력이 *(A: 있다 / B: **없다**)*.
>
> [비교] **질서위반행위규제법 제38조【항고】** ① 당사자와 검사는 과태료 재판에 대하여 즉시항고를 할 수 있다. 이 경우 항고는 집행정지의 효력이 *(A: **있다** / B: 없다)*.

제3절 | 본안심리

01 심리의 내용

23. 국가직 9급 어떠한 처분에 법령상 근거가 있는지, 「행정절차법」에서 정한 처분 절차를 준수하였는지는 소송요건 심사단계에서 고려하여야 한다. (×)
▶ 법률유보원칙, 행정절차법 위반으로 인한 하자 유무는 본안심리단계에서 심사한다.

02 심리의 원칙 – 변론주의 vs 직권심리

> **행정소송법 제8조【법적용례】** ② 행정소송에 관하여 이 법에 특별한 규정이 (없는) 사항에 대하여는 법원조직법과 (민사)소송법 및 (민사)집행법의 규정을 준용한다.
>
> **21. 국가직 9급** 행정소송에 관하여 「행정소송법」에 특별한 규정이 없는 사항에 대하여는 「법원조직법」과 「민사소송법」 및 「민사집행법」의 규정을 준용한다. (○)
>
> **제26조【직권심리】** 법원은 필요하다고 인정할 때에는 (직권)으로 증거조사를 할 수 있고, 당사자가 주장하지 (아니한) 사실에 대하여도 판단할 수 있다.
>
> **23. 지방직 9급** 「행정소송법」에 따르면 법원은 필요하다고 인정할 때에는 직권으로 증거조사를 할 수 있으나, 당사자가 주장하지 아니한 사실에 대하여는 판단할 수 없다. (×)
> ▶ 주장하지 아니한 사실도 직권으로 판단할 수 있다.

관련판례 직권심리의 한계 – 소송기록에 포함된 사항에 한정 (94누4820)

행정소송법 제26조가 법원은 필요하다고 인정할 때에는 (직권)으로 증거조사를 할 수 있고, 당사자가 주장하지 (아니한) 사실에 대하여도 판단할 수 있다고 규정하고 있지만, *(A: 이는 행정소송의 특수성에 연유하는 당사자주의, 변론주의에 대한 일부 예외 규정일 뿐이므로 / B: 법원이 아무런 제한 없이 당사자가 주장하지 아니한 사실을 판단할 수 있으므로)*, 일건 (기록)에 현출되어 있는 사항에 관하여서만 직권으로 증거조사를 하고 이를 기초로 하여 판단할 수 있을 따름이고, 그것도 법원이 필요하다고 인정할 때에 한하여 청구의 범위 내에서 증거조사를 하고 판단할 수 있을 뿐이다.

비교판례+

1. **한계를 일탈한 경우(지나치게 적극적) (2011두26589)**

   같은 국가유공자 비해당결정이라도 그 사유가 공무수행과 상이 사이에 인과관계가 없다는 것과 본인 과실이 경합되어 있어 지원대상자에 해당할 뿐이라는 것은 기본적 사실관계의 동일성이 *(A: 없다 / B: 있다)*고 보아야 한다.
   따라서 처분청이 공무수행과 사이에 인과관계가 없다는 이유로 국가유공자 비해당결정을 한 데 대하여 법원이 그 인과관계의 존재는 인정하면서 (직권)으로 본인 과실이 경합된 사유가 있다는 이유로 그 처분이 정당하다고 판단한 것은 행정소송법이 허용하는 (직권)심사주의의 한계를 벗어난 것으로서 위법하다.

   > **22. 지방직 7급** 법원이 어느 하나의 사유에 의한 과징금부과처분에 대하여 그 사유와 기본적 사실관계의 동일성이 인정되지 아니하는 다른 처분사유가 존재한다는 이유로 적법하다고 판단하는 것은 특별한 사정이 없는 한 직권심사주의의 한계를 넘는 것이 아니다. (×)
   > ▶ 피고가 신청을 하여도 처분사유의 변경이 허용될 수 없음에도, 직권으로 이를 허용한 것은 직권심사주의의 한계를 넘는 것이다.

2. **지나치게 소극적 (2009두18035)**

   행정소송에서 기록상 자료가 나타나 있다면 당사자가 주장하지 않았더라도 판단할 수 있고, 당사자가 제출한 소송자료에 의하여 법원이 처분의 적법 여부에 관한 합리적인 (의심)을 품을 수 있음에도 단지 구체적 사실에 관한 주장을 하지 아니하였다는 이유만으로 당사자에게 (석명)을 하거나 (직권)으로 심리·판단하지 아니함으로써 구체적 타당성이 없는 판결을 하는 것은 행정소송법 제26조의 규정과 행정소송의 특수성에 반하므로 허용될 수 없다.

03 증명책임(입증책임)의 분배

1. 소송요건 단계

> **관련판례** 대법원의 소송요건 직권심리 (2003두15195)
>
> 행정소송에서 쟁송의 대상이 되는 행정처분의 존부는 (소송요건)으로서 직권조사사항이고, (자백)의 대상이 될 수 없는 것이므로, 설사 그 존재를 당사자들이 다투지 아니한다 하더라도 그 존부에 관하여 의심이 있는 경우에는 이를 직권으로 밝혀 보아야 할 것이고, 사실심에서 변론종결시까지 당사자가 주장하지 않던 직권조사사항에 해당하는 사항을 (상고심)에서 비로소 주장하는 경우 그 직권조사사항에 해당하는 사항은 (상고심)의 심판범위에 해당한다.

23. **국가직 7급** 취소소송에서 쟁송의 대상이 되는 행정처분의 존부는 소송요건으로서 법원의 직권조사사항이고 자백의 대상이 될 수 없다. (○)

24. **지방직 9급** 무효등 확인소송의 제기 당시에 원고적격을 갖추었다면 상고심 계속중에 원고적격을 상실하더라도 그 소는 적법하다. (×)
▶ 상고심에서도 소송요건은 심사대상이 되므로, 원고적격 상실시 각하판결이 내려진다.

2. 본안심리 단계

구분	수익적 처분의 요건 충족	처분의 적법성	재량권 일탈남용 (이례적, 특별한 사정)
적극적 처분	-	(A: 원고 / B: 피고)	(A: 원고 / B: 피고)
소극적 처분	(A: 원고 / B: 피고)	(A: 원고 / B: 피고)	(A: 원고 / B: 피고)

> **관련판례**
>
> 1. 적극적 처분에 대한 취소소송의 증명책임 (96누1627)
>   ① 과세처분의 위법을 이유로 그 취소를 구하는 행정소송에 있어 처분의 적법성 및 과세요건사실의 존재에 관하여는 원칙적으로 (과세관청)이 그 입증책임을 부담하나,
>   ② 경험칙상 이례에 속하는 특별한 사정의 존재에 관하여는 (납세의무자)에게 입증책임 내지는 입증의 필요가 놓아가는 것이다.

24. **국가직 9급** 재량권의 일탈·남용에 관하여는 행정행위의 효력을 다투는 사람이 주장·증명책임을 부담한다. (○)

2. 거부처분(국가유공자 비해당결정)에 대한 취소소송의 증명책임 (2011두26589)

국가유공자 인정 요건, 즉 공무수행으로 상이를 입었다는 점이나 그로 인한 신체장애의 정도가 법령에 정한 등급 이상에 해당한다는 점은 국가유공자 (등록신청인)이 증명할 책임이 있지만, 그 상이가 '불가피한 사유 없이 본인의 과실이나 본인의 과실이 경합된 사유로 입은 것'이라는 사정, 즉 지원대상자 요건에 해당한다는 사정은 국가유공자 등록신청에 대하여 지원대상자로 등록하는 (처분청)이 증명책임을 진다고 보아야 한다.

3. 거부처분(체류자격 연장 거부처분)에 대한 취소소송의 증명책임 (2018두66869)

수소법원이 '혼인파탄의 주된 귀책사유가 국민인 배우자에게 있다'고 판단하게 되는 경우에는, 해당 결혼이민[F-6 (다)목] 체류자격 거부처분은 위법하여 취소되어야 하므로, 이러한 의미에서 결혼이민[F-6 (다)목] 체류자격 거부처분 취소소송에서도 그 (처분사유)에 관한 증명책임은 피고 행정청에 있다.

> **23. 지방직 9급** 결혼이민[F-6 (다)목] 체류자격을 신청한 외국인에 대하여 행정청이 그 요건을 충족하지 못하였다는 이유로 거부처분을 하는 경우 '그 요건을 갖추지 못하였다는 판단', 즉 '혼인파탄의 주된 귀책사유가 국민인 배우자에게 있지 않다는 판단' 자체가 처분사유가 되는바, 결혼이민[F-6 (다)목] 체류자격 거부처분 취소소송에서 그 처분사유에 관한 증명책임은 피고 행정청에 있다. (○)

4. 취소처분의 적법성 (63누142)

행정처분에 있어서 하자 또는 취소하여야 할 공공의 필요성에 대한 입증책임은 기존의 이익과 권리를 침해하는 처분을 한 당해 (행정청)에 있다.

04 위법성 판단의 기준시점

1. 원칙 – 처분시

> **관련판례** 위법판단의 기준시인 "처분시"의 의미 (92누19033)
>
> ① 항고소송에 있어서 행정처분의 위법 여부를 판단하는 기준 시점에 대하여 판결시가 아니라 처분시라고 하는 의미는 행정처분이 있을 때의 법령과 사실상태를 기준으로 하여 위법 여부를 판단할 것이며 (A: *처분 후 법령의 개폐나 사실상태의 변동에 영향을 받지 않는다는 뜻이므로* / B: *처분 당시 존재하였던 자료나 행정청에 제출되었던 자료만으로 위법 여부를 판단한다는 의미이므로*),
>
> ② 처분 당시의 사실상태 등에 대한 입증은 (사실심 변론종결) 당시까지 할 수 있고, 법원은 행정처분 당시 행정청이 (알고 있었던) 자료뿐만 아니라 (사실심 변론종결) 당시까지 (제출)된 모든 자료를 종합하여 처분 당시 존재하였던 객관적 사실을 확정하고 이에 기초하여 처분의 위법 여부를 판단할 수 있다.
>
> **23. 지방직 9급** 법원은 행정처분 당시 행정청이 알고 있었던 자료뿐만 아니라 사실심 변론종결 당시까지 제출된 모든 자료를 종합하여 처분 당시 존재하였던 객관적 사실을 확정하고 그 사실에 기초하여 처분의 위법 여부를 판단할 수 있다. (○)

2. 처분시 이전에 법령이 개정된 경우

(1) 신청에 따른 처분

> 행정기본법 제14조【법 적용의 기준】② 당사자의 신청에 따른 처분은 법령등에 특별한 규정이 있거나 (처분 당시)의 법령등을 적용하기 곤란한 특별한 사정이 있는 경우를 제외하고는 (처분 당시)의 법령등에 따른다.

> **21. 지방직 7급** 당사자의 신청에 따른 처분은 다른 법령에 특별한 규정이 있는 경우를 제외하고는 신청 당시의 법령 등에 따른다. (×)
> ▶ 원칙적으로 처분시 법령을 따른다.
>
> **24. 지방직 7급** 당사자의 신청에 따른 처분은 법령등에 특별한 규정이 있는 경우를 제외하고는 신청 당시의 법령등에 따른다. (×)
> ▶ 원칙적으로 처분시 법령을 따른다.

예외판례 ➕ 예외 2가지 (92누13813)

행정행위는 (처분) 당시에 시행중인 법령 및 허가기준에 의하여 하는 것이 원칙이고, 인·허가신청 후 처분 전에 관계 법령이 개정 시행된 경우 신법령 부칙에서 신법령 시행 전에 이미 허가신청이 있는 때에는 종전의 규정에 의한다는 취지의 (경과규정)을 두지 아니한 이상 당연히 허가신청 당시의 법령에 의하여 허가 여부를 판단하여야 하는 것은 아니며, 소관 행정청이 허가신청을 수리하고도 (정당한 이유) 없이 처리를 (늦추어) 그 사이에 법령 및 허가기준이 (변경)된 것이 아닌 한 새로운 법령 및 허가기준에 따라서 한 불허가처분이 위법하다고 할 수 없다.

(2) 제재처분

> 행정소송법 제14조【법 적용의 기준】③ 법령등을 위반한 행위의 성립과 이에 대한 제재처분은 법령등에 특별한 규정이 있는 경우를 제외하고는 법령등을 위반한 (행위) 당시의 법령등에 따른다. 다만, 법령등을 위반한 행위 후 법령등의 변경에 의하여 그 행위가 법령등을 위반한 행위에 해당하지 (아니하거나) 제재처분 기준이 (가벼워진) 경우로서 해당 법령등에 특별한 규정이 없는 경우에는 (변경된) 법령등을 적용한다.

> **22. 국가직 7급** 법령위반 행위가 2022년 3월 23일 있은 후 법령이 개정되어 그 위반행위에 대한 제재처분 기준이 감경된 경우, 특별한 규정이 없다면 해당 제재처분에 대해서는 개정된 법령을 적용한다. (○)

05 처분사유의 추가변경

1. 의의

> **관련판례** 처분사유를 여러 개 제시하는 이유 (2003두1264)
>
> 수 개의 처분사유 중 (일부)가 적법하지 않다고 하더라도 (다른) 처분사유로써 그 처분의 정당성이 인정되는 경우 그 처분을 위법하다고 할 수 없다.

2. 허용기준

> **관련판례**
>
> 1. 처분사유의 근거가 되는 기초 사실 내지 평가요소의 추가변경 (2016두31616)
>
> | 처분 | 귀화불허 처분 | |
> |---|---|---|
> | (A: 처분사유 / B: 기초사실) | 품행 미단정 (불변) | |
> | (A: 처분사유 / B: 기초사실) | 자동차관리법 위반죄 기소유예 | 불법 체류 전력 |
>
> 외국인 甲이 법무부장관에게 귀화신청을 하였으나 법무부장관이 심사를 거쳐 '품행 미단정'을 불허사유로 국적법상의 요건을 갖추지 못하였다며 신청을 받아들이지 않는 처분을 하였는데, 법무부장관이 甲을 '품행 미단정'이라고 판단한 (이유)에 대하여 제1심 변론절차에서 자동차관리법위반죄로 기소유예를 받은 전력 등을 고려하였다고 주장하였다가 원심 변론절차에서 불법 체류한 전력이 있다는 추가적인 사정까지 고려하였다고 주장한 사안에서, 법무부장관이 원심에서 추가로 제시한 불법 체류 전력 등의 제반 사정은 *(A: 처분사유 그 자체이므로 / B: 처분사유의 근거가 되는 기초사실 내지 평가요소에 지나지 않으므로)*, 추가로 주장할 수 있다.
>
> 2. 주관적 사유 고려 × (2001두8827)
>
> 추가 또는 변경된 사유가 당초의 처분시 그 사유를 명기하지 않았을 뿐 처분시에 이미 (존재)하고 있었고 당사자도 그 사실을 (알고) 있었다 하여 당초의 처분사유와 동일성이 있는 것이라 할 수 없다.
>
> 3. 판례 비교
>
> | 처분사유 유지한 채 근거법령만 추가·변경 (2010두28106) | 근거법령 변경으로 인한 처분사유의 변경 (2010두28106) |
> |---|---|
> | 행정처분이 적법한지는 특별한 사정이 없는 한 처분 당시 사유를 기준으로 판단하면 되고, 처분청이 처분 당시 적시한 구체적 사실을 변경하지 아니하는 범위 내에서 단지 처분의 근거 법령만을 추가·변경하는 것은 (새로운) 처분사유의 추가라고 볼 수 없다. | 그러나 처분의 근거 법령을 변경하는 것이 종전 처분과 (동일성)을 인정할 수 없는 별개의 처분을 하는 것과 다름 없는 경우에는 허용될 수 없다. |
>
> | 근거법령의 추가로써 처분의 성질이 기속행위에서 재량행위로 변경된 경우 (2019두38465) |
> |---|
> | 사회적 사실관계의 기본적 (동일성)이 인정되는 경우라고 하더라도 그에 대한 규범적 평가와 처분의 근거 법령의 변경으로, 예를 들어 기속행위가 재량행위로 변경되는 경우와 같이, 당초 처분의 내용을 변경할 (필요성)이 제기되는 경우에는 *(A: 해당 처분을 취소한 후 처분청으로 하여금 다시 처분절차를 거쳐 새로운 처분을 하도록 하여야 한다 / B: 당초 처분의 내용을 그대로 유지한 채 근거 법령만 추가·변경할 수 있다).* |

4. 기사동 X여도 처추변 가능한 경우 (2023두61349)

① 처분상대방이 추가·변경된 처분사유의 실체적 당부에 관하여 해당 소송 과정에서 심리·판단하는 것에 **(A: 명시적 / B: 묵시적)**으로 동의하는 경우에는, 법원으로서는 그 처분사유가 기존의 처분사유와 기본적 사실관계가 동일한지와 (무관하게) 예외적으로 이를 허용할 수 있다.

② 따라서 처분청이 거부처분에 대한 항고소송에서 당초 거부처분사유와 기본적 사실관계의 동일성이 인정되지 (않는) 다른 거부처분사유를 주장한 것에 대하여 처분상대방이 아무런 의견을 밝히지 않고 있다면 법원은 적절하게 (석명권)을 행사하여 처분상대방에게 처분사유 추가·변경 제한 법리의 원칙이 그대로 적용될 것을 주장하는지, 아니면 추가·변경된 거부처분사유의 실체적 당부에 관한 법원의 판단을 구하는지에 관하여 (의견)을 진술할 수 있도록 기회를 주어야 한다.

3. 허용범위

22. 국가직 9급 甲이 자신은 청소년을 고용한 적이 없다고 주장하면서 제기한 과징금부과처분의 취소소송 계속 중에 A시 시장은 甲이 유통기한이 경과한 식품을 판매한 사실을 처분사유로 추가·변경할 수 있다. (×)
▶ 기본적 사실관계의 동일성이 없어 처분사유로 추가·변경할 수 없다.

23. 국가직 7급 甲이 제기한 원상복구명령 및 계고처분에 대한 취소소송에서, 乙은 처분 시에 제시한 '甲의 건축물은 건축허가를 받지 않은 건축물'이라는 처분사유에 '甲의 건축물은 신고를 하지 않은 가설건축물'이라는 처분사유를 추가할 수 있다. (×)
▶ 기본적 사실관계의 동일성이 없어 처분사유로 추가·변경할 수 없다.

4. 개별 사안의 검토

> **관련판례** 기본적 사실관계의 동일성 ○

1.
처분	석유판매업허가 거부처분(97누14378)	
처분사유	주유소 건축 예정 토지에 관하여 (행위제한) 추진 중	(토지형질변경)허가의 요건을 갖추지 못하였음

2.
처분	산림형질변경허가 거부처분(2004두4482)	
처분사유	(준농림지역)에서의 행위제한	(환경보전) 등 중대한 공익상의 필요

비교판례+ 기본적 사실관계의 동일성 ×

1.	처분	정보공개 거부처분(2014두5477)	
	처분사유	(이유) 제시 ×	법인의 영업상 비밀에 해당
2.	처분	석유판매업허가 거부처분	
	처분사유	관할 군부대장 (동의) ×	탄약창에 근접한 지점에 (위치)
3.	처분	온천발견신고수리 거부처분(92누3052)	
	처분사유	온천으로서의 (이용가치) ×, 기존의 도시계획 및 공공사업에의 지장	규정(온도)가 미달되어 온천에 해당하지 않음
4.	처분	이주대책신청 거부처분(98두17043)	
	처분사유	사업지구 (내) 가옥 소유자 ×	신청(기간) 도과하여 이주대책 신청권 ×
5.	처분	시정명령 및 계고처분(2021두34756)	
	처분사유	건축(허가)를 받지 않은 건축물	(신고)를 하지 않은 가설건축물

제4절 | 판결

01 각하판결

소송요건을 갖추지 못한 *(A: 위법 / B: 부적법)*한 청구에 대하여 본안심리를 거절하는 의미의 판결에 해당한다.

02 본안판결

1. (일반적인) 기각판결

법원이 원고의 청구가 이유 *(A: 없고 / B: 있고)*, 처분이 (적법)·유효하다고 인정하여 원고의 청구를 배척하는 판결을 말한다.

2. 사정판결

> **행정소송법 제28조【사정판결】** ① 원고의 청구가 이유*(A: 없다 / B: 있다)*고 인정하는 경우에도 처분등을 *(A: 무효로 확인 / B: 취소)*하는 것이 현저히 (공공복리)에 적합하지 아니하다고 인정하는 때에는 법원은 원고의 청구를 *(A: 기각 / B: 인용)*할 수 있다. 이 경우 법원은 그 판결의 *(A: 주문 / B: 이유)*에서 그 처분등이 위법함을 명시하여야 한다.
>
> **23. 지방직 9급** 법원은 원고의 청구가 이유있다고 인정하는 경우에도 처분등을 취소하는 것이 현저히 공공복리에 적합하지 아니하다고 인정하는 때에는 원고의 청구를 기각할 수 있다. (O)
>
> **21. 지방직 9급** 사정판결은 본안심리 결과 원고의 청구가 이유 있다고 인정됨에도 불구하고 처분을 취소하는 것이 현저히 공공복리에 적합하지 아니하다고 인정하는 때 원고의 청구를 기각하는 판결을 말한다. (O)
>
> **21. 지방직 9급** 사정판결은 항고소송 중 취소소송 및 무효등확인소송에서 인정되는 판결의 종류이다. (×)
> ▶ 취소소송에서만 인정되는 기각판결의 한 유형이다.
>
> ② 법원이 제1항의 규정에 의한 판결을 함에 있어서는 (미리) 원고가 그로 인하여 입게 될 (손해)의 정도와 배상방법 그 밖의 사정을 조사하여야 한다.
>
> **21. 지방직 9급** 법원이 사정판결을 함에 있어서는 미리 원고가 그로 인하여 입게 될 손해의 정도와 배상방법 그 밖의 사정을 조사하여야 한다. (O)
>
> ③ 원고는 *(A: 피고인 행정청을 / B: 피고인 행정청이 속하는 국가 또는 공공단체를)* 상대로 (손해배상), 제해시설의 설치 그 밖에 적당한 구제방법의 청구를 당해 취소소송 등이 계속된 법원에 (병합)하여 제기할 수 있다.
>
> **21. 지방직 9급** 원고는 피고인 행정청이 속하는 국가 또는 공공단체를 상대로 손해배상, 제해시설의 설치 그 밖에 적당한 구제방법의 청구를 당해 취소소송등이 계속된 법원에 병합하여 제기할 수 있다. (O)

> **🔍 관련판례** 사정판결은 (극히 예외적)인 경우에만 함 (2009두8359)
> ① 행정처분이 위법한 때에는 이를 취소함이 원칙이고 그 위법한 처분을 취소·변경하는 것이 도리어 현저히 공공의 복리에 적합하지 않은 경우에 (극히 예외적)으로 위법한 행정처분의 취소를 허용하지 않는다는 사정판결을 할 수 있으므로, 사정판결의 적용은 (극히 엄격)한 요건 아래 제한적으로 하여야 하고,
> ② 그 요건인 '현저히 공공복리에 적합하지 아니한가'의 여부를 판단할 때에는 위법·부당한 행정처분을 취소·변경하여야 할 필요와 그 취소·변경으로 발생할 수 있는 공공복리에 반하는 사태 등을 (비교·교량)하여 그 적용 여부를 판단하여야 한다.

(1) 요건
① 원고의 청구가 이유 *(A: 있을 / B: 없을)* 것
② 처분의 취소가 현저히 (공공복리)에 적합하지 않을 것

> **행정소송규칙 제14조【사정판결】** 법원이 법 제28조 제1항에 따른 판결을 할 때 그 처분등을 취소하는 것이 현저히 공공복리에 적합하지 아니한지 여부는 *(A: 처분시 / B: 사실심 변론을 종결할 때)*를 기준으로 판단한다.

> **23. 국가직 9급** 사정판결의 요건인 처분의 위법성은 변론종결시를 기준으로 판단하고, 공공복리를 위한 사정판결의 필요성은 처분시를 기준으로 판단하여야 한다. (×)
> ▶ 처분의 위법성은 처분시를 기준으로 판단하고, 공공복리를 위한 사정판결의 필요성은 판결시를 기준으로 판단하여야 한다.

③ 피고의 신청 또는 법원의 (직권)에 의할 것

> **22. 지방직 9급** 원고의 청구가 이유있다고 인정하는 경우에도 이를 인용하는 것이 현저히 공공복리에 적합하지 않다고 판단되면 법원은 피고 행정청의 주장이나 신청이 없더라도 사정판결을 할 수 있다. (○)

(2) 효과
① 청구 *(A: 기각 / B: 인용)*
② 판결 *(A: 주문 / B: 이유)*에 위법성 명시
③ 원고의 구제방법 청구

> **관련판례** 원고가 구제방법의 청구를 간과한 경우 (2015두4167)
>
> 원고는 행정소송법 제28조 제3항에 따라 손해배상, 제해시설의 설치 그 밖에 적당한 구제방법의 청구를 (병합)하여 제기할 수 있으므로, 당사자가 이를 간과하였음이 분명하다면 적절하게 (석명권)을 행사하여 그에 관한 의견을 진술할 수 있는 기회를 주어야 한다.

④ *(A: 원고 / B: 피고)*가 소송비용 부담

3. 인용판결(= 취소판결)

(1) 의의

> **행정소송법 제4조【항고소송】** 항고소송은 다음과 같이 구분한다.
> 1. 취소소송: 행정청의 위법한 처분등을 취소 또는 (변경)하는 소송

(2) 일부취소판결의 요건
① 처분에 가분성이 있을 것

> **관련판례** (레이카크레인)을 음주운전한 경우 (95누8850)
>
> ① 한 사람이 여러 종류의 자동차 운전면허를 취득하는 경우뿐 아니라 이를 취소 또는 정지함에 있어서도 서로 별개의 것으로 취급하는 것이 원칙이고, 한 사람이 여러 종류의 자동차 운전면허를 취득하는 경우 1개의 운전면허증을 발급하고 그 운전면허증의 면허번호는 최초로 부여한 면허번호로 하여 이를 통합관리하고 있다고

하더라도, 이는 자동차 운전면허증 및 그 면허번호 관리상의 편의를 위한 것에 불과할 뿐 그렇다고 하여 여러 종류의 면허를 서로 (별개)의 것으로 취급할 수 없다거나 각 면허의 (개별)적인 취소 또는 정지를 (분리)하여 집행할 수 없는 것은 아니다.
② 제1종 보통, 대형 및 특수 면허를 가지고 있는 자가 (레이카크레인)을 음주운전한 행위는 제1종 특수면허의 취소사유에 해당될 뿐 제1종 보통 및 대형 면허의 취소사유는 아니므로, 3종의 면허를 모두 취소한 처분 중 제1종 보통 및 대형 면허에 대한 부분은 이를 이유로 취소하면 될 것이다.

② 재량행위가 아닐 것

> 행정소송법 제27조 【재량처분의 취소】 행정청의 재량에 속하는 처분이라도 재량권의 (한계)를 넘거나 그 (남용)이 있는 때에는 법원은 이를 취소할 수 있다.

관련판례 재량행위(과징금부과처분)의 일부취소판결 × (2005두3172)

처분을 할 것인지 여부와 처분의 정도에 관하여 재량이 인정되는 과징금 납부명령에 대하여 그 명령이 재량권을 일탈하였을 경우 (법원)으로서는 (A: *재량권의 일탈 여부만 판단할 수 있을 뿐이므로* / B: *재량권의 범위 내에서 어느 정도가 적정한 것인지에 관하여 판단할 수 있으므로*) 그 전부를 취소할 수밖에 없고, 법원이 적정하다고 인정되는 부분을 초과한 부분만 취소할 수(A: *있다* / B: *는 없는 것이다*).

비교판례+ 실질은 재량행위의 전부취소

1. 가분성은 실로로 따짐 (2011두9263)
   (외형상) 하나의 행정처분이라 하더라도 가분성이 있거나 그 처분대상의 일부가 특정될 수 있다면 그 일부만의 취소도 가능하고 그 일부의 취소는 당해 취소부분에 관하여 효력이 생긴다고 할 것인 점 등을 종합하면, 여러 개의 상이에 대한 국가유공자요건비해당처분에 대한 취소소송에서 그 중 일부 상이가 국가유공자요건이 인정되는 상이에 해당하더라도 나머지 상이에 대하여 위 요건이 인정되지 아니하는 경우에는 (A: *국가유공자요건 비해당처분 중 위 요건이 인정되는 상이에 대한 부분만을 취소하여야 할 것이다* / B: *그 비해당처분 전부를 취소하여야 할 것이다*).

2. 3개월 영업정지 = 1개월 영업정지×3 (2019두63515)
   행정청이 (A: *여러 개* / B: *하나*)의 위반행위에 대하여 (A: *여러 개* / B: *하나*)의 제재처분을 하였으나, 위반행위별로 제재처분의 내용을 구분하는 것이 가능하고 여러 개의 위반행위 중 일부의 위반행위에 대한 제재처분 부분만이 위법하다면, 법원은 (A: *제재처분 중 위법성이 인정되는 부분만 취소하여야 한다* / B: *제재처분 전부를 취소하여야 한다*).

22. 국가직 7급 행정청이 여러 개의 위반행위에 대하여 하나의 제재처분을 하였으나, 위반행위별로 제재처분의 내용을 구분하는 것이 가능하고 여러 개의 위반행위 중 일부의 위반행위에 대한 제재처분 부분만이 위법하다면, 법원은 제재처분 전부를 취소하여서는 아니 된다. (○)

③ 법원에 제출된 자료에 의해 부과금액을 (산출)할 수 있을 것

> **관련판례**
>
> 1. 부과금액 (산출)이 불가능한 경우 (2002두868)
>
>   (개발부담금)부과처분 취소소송에 있어 당사자가 제출한 자료에 의하여 적법하게 부과될 정당한 부과금액이 (산출)할 수 없을 경우에는 부과처분 *(A: 전부를 / B: 중 정당한 금액을 초과하는 부분만)* 취소하여야 한다.
>
> 2. 정당한 부과금액에 대한 (주장·증명)이 없는 경우 (2015두4167)
>
>   일반적으로 금전 부과처분 취소소송에서 부과금액 산출과정의 잘못 때문에 부과처분이 위법한 것으로 판단되더라도 사실심 변론종결시까지 제출된 자료에 의하여 적법하게 부과될 정당한 부과금액이 산출되는 때에는 부과처분 전부를 취소할 것이 아니라 정당한 부과금액을 초과하는 부분만 취소하여야 하지만, 처분청이 처분시를 기준으로 정당한 부과금액이 얼마인지 (주장·증명)하지 않고 있는 경우 법원이 적극적으로 직권증거조사를 하거나 처분청에게 증명을 촉구하는 등의 방법으로 정당한 부과금액을 산출할 의무까지 부담*(A: 한다고 보아야 한다 / B: 하는 것은 아니다)*.

03 확정판결의 효력

구분	소송종류	승패	확정판결
형성력	*(A: 취소소송 / B: 불문)*	*(A: 인용 / B: 불문)*	소송대상
제3자효	*(A: 항고소송 / B: 당사자소송)*	*(A: 인용 / B: 불문)*	-
기속력	*(A: 취소소송 / B: 불문)*	*(A: 인용 / B: 불문)*	*(A: 주문 + 이유 / B: 주문)* 21. 국가직 7급 취소확정판결의 기속력은 판결의 주문(主文)에 대해서만 발생하며, 처분의 구체적 위법사유에 대해서는 발생하지 않는다. (×) ▶ 기판력과 달리, 기속력은 주문과 이유 모두에 발생한다.
기판력	*(A: 취소소송 / B: 불문)*	*(A: 인용 / B: 불문)*	*(A: 주문 + 이유 / B: 주문)*

1. 형성력 및 소급효

> **관련판례**
>
> **1. 형성력의 개념 (90누5443)**
> 행정처분을 취소한다는 확정판결이 있으면 그 취소판결의 형성력에 의하여 당해 행정처분의 취소나 취소통지 등의 별도의 절차를 *(A: 거쳐 / B: 요하지 아니하고 당연히)* 취소의 효과가 발생한다.
>
> > **22. 지방직 9급** 영업정지처분에 대한 취소소송에서 취소판결이 확정되면 처분청은 영업정지처분의 효력을 소멸시키기 위하여 영업정지처분을 취소하는 처분을 하여야 할 의무를 진다. (×)
> > ▶ 형성력으로 인해 피고의 직권취소 없이도 처분이 곧바로 취소된다.
>
> **2. 형성력의 인정범위 (83다카2022)**
> 행정처분을 취소하는 확정판결이 제3자에 대하여도 효력이 있다고 하더라도 *(A: 일반적으로 판결의 효력은 주문에 포함한 것에 한하여 미친다 / B: 그 취소판결 자체의 효력으로써 그 행정처분을 기초로 하여 새로 형성된 제3자의 권리까지 당연히 그 행정처분 전의 상태로 환원된다)*.
>
> > **23. 국가직 7급** 행정처분을 취소하는 확정판결이 있으면 그 취소판결 자체의 효력에 의해 그 행정처분을 기초로 하여 새로 형성된 제3자의 권리는 당연히 그 행정처분 전의 상태로 환원된다. (×)
> > ▶ 형성력은 소송의 대상이 된 처분에만 미친다.
>
> **3. 유사한 구조 (2015두3485)**
> 개발제한구역 안에서의 공장설립을 승인한 처분이 위법하다는 이유로 쟁송취소되었다고 하더라도 그 승인처분에 기초한 공장건축허가처분이 잔존하는 이상, 공장설립승인처분이 취소된 경우 *(A: 인근 주민들의 환경상 이익이 침해되는 상태나 침해될 위험이 종료되었다거나 이를 시정할 수 있는 단계가 지나버렸다고 보아야 한다 / B: 인근주민들은 여전히 공장건축허가처분의 취소를 구할 법률상 이익이 있다고 보아야 한다)*.

2. (제3자)효

> **행정소송법 제29조【취소판결등의 효력】** ① 처분등을 취소하는 확정판결은 (제3자)에 대하여도 효력이 있다.
>
> > **23. 지방직 9급** 처분등을 취소하는 확정판결은 제3자에 대하여도 효력이 있다. (○)
>
> ② 제1항의 규정은 제23조의 규정에 의한 (집행정지)의 결정 또는 제24조의 규정에 의한 그 (집행정지)결정의 취소결정에 준용한다.

3. 기판력

(1) 의의

(2) 기판력이 미치는 범위
  ① 객관적 범위

> **관련판례**
>
> 1. 소송물이 다른 경우 기판력이 미치는지 여부
> ① 취소 확정판결의 기판력은 그 판결의 *(A: 주문 / B: 주문 및 이유)*에 미치고, 또한 소송물인 행정처분의 위법성 존부에 관한 판단 그 자체에만 미치는 것이므로 전소와 후소가 그 소송물을 (달리)하는 경우에는 전소 확정판결의 기판력이 후소에 미치지 아니한다(2015두48235).
> ② 다만, 후소의 소송물이 전소의 소송물과 (동일)하지 않더라도 전소의 소송물에 관한 판단이 후소의 (선결문제)가 되거나 (모순관계)에 있을 때에는 후소에서 전소 확정판결의 판단과 다른 주장을 하는 것은 허용*(A: 된다 / B: 되지 않는다)*(94다46114).
>
> > **23. 국가직 7급** 전소의 판결이 확정된 경우 후소의 소송물이 전소의 소송물과 동일하지 않더라도 전소의 소송물에 관한 판단이 후소의 선결문제가 되는 경우에 후소에서 전소 판결의 판단과 다른 주장을 하는 것은 기판력에 반한다. (O)
>
> 2. 명령의 적법·유효가 확정된 경우 (2014두37665)
> ① 행정청이 관련 법령에 근거하여 행한 공사중지명령의 상대방이 명령의 취소를 구한 소송에서 *(A: 패소 / B: 승소)*함으로써 그 명령이 적법한 것으로 이미 확정되었다면, 이후 이러한 공사중지명령의 상대방은 그 명령의 해제신청을 (거부)한 처분의 취소를 구하는 소송에서 그 명령의 적법성을 다툴 수 없다.
>
> > **21. 국가직 9급** 甲이 앞서 공사중지명령 취소소송에서 패소하여 그 판결이 확정되었더라도, 甲은 그 후 공사중지명령의 해제를 신청한 후 해제신청 거부처분 취소소송에서 다시 그 공사중지명령의 적법성을 다툴 수 있다. (×)
> > ▶ 전소에서 처분의 적법유효에 기판력이 발생하여 후소에서는 이를 다툴 수 없다.
> >
> > **22. 지방직 9급** 공사중지명령의 상대방이 제기한 공사중지명령취소소송에서 기각판결이 확정된 경우 특별한 사정변경이 없더라도 그 후 상대방이 제기한 공사중지명령해제신청 거부처분취소소송에서는 그 공사중지명령의 적법성을 다시 다툴 수 있다. (×)
> > ▶ 전소에서 처분의 적법유효에 기판력이 발생하여 후소에서는 이를 다툴 수 없다.
>
> ② 그와 같은 공사중지명령에 대하여 그 명령의 상대방이 해제를 구하기 위해서는 명령의 내용 자체로 또는 성질상으로 명령 *(A: 이후 / B: 이전)*에 원인사유가 해소되었음이 인정되어야 한다.

  ② 시간적 범위: *(A: 처분시 / B: 사실심 변론종결시)*
  ③ 주관적 범위: *(A: 피고 행정청 및 사무가 귀속되는 행정주체 / B: 피고 행정청 및 관계 행정청)*

(3) 취소소송의 기판력이 국가배상청구소송에 미치는지 여부 (99다70600)

> **관련판례** 객관적 정당성의 의미 / 처분취소소송과의 관계 (99다70600)
>
> 어떠한 행정처분이 후에 항고소송에서 취소되었다고 할지라도 그 *(A: 기판력 / B: 기속력)*에 의하여 당해 행정처분이 (곧바로) 공무원의 고의 또는 과실로 인한 것으로서 불법행위를 구성한다고 단정할 수는 없는 것이고, 그 행정처분의 담당공무원이 (보통) (일반)의 공무원을 표준으로 하여 볼 때 객관적 주의의무를 결하여 그 행정처분이 (객관적 정당성)을 상실하였다고 인정될 정도에 이른 경우에 국가배상법 제2조 소정의 국가배상책임의 요건을 충족하였다고 봄이 상당하다.
>
> 22. **국가직 9급** 행정처분이 후에 항고소송에서 취소되었다고 할지라도 그 기판력에 의하여 당해 행정처분이 곧바로 공무원의 고의 또는 과실로 인한 것으로서 불법행위를 구성한다고 단정할 수는 없다. (O)

4. 기속력

(1) 의의

> 행정소송법 제30조 【취소판결등의 기속력】 ① 처분등을 (취소)하는 확정판결은 그 사건에 관하여 당사자인 행정청과 그 밖의 관계행정청을 기속한다.
> ② 판결에 의하여 취소되는 처분이 당사자의 신청을 (거부)하는 것을 내용으로 하는 경우에는 그 처분을 행한 행정청은 판결의 (취지)에 따라 다시 이전의 신청에 *(A: 대한 / B: 따른)* 처분을 하여야 한다.
>
> 24. **지방직 7급** 취소판결에 의하여 취소되는 처분이 당사자의 신청을 거부하는 것을 내용으로 하는 경우에는 그 처분을 행한 행정청은 판결의 취지에 따라 다시 이전의 신청에 대한 처분을 하여야 한다. (O)

> **관련판례**
>
> 원심판결의 이유는 위법하지만 결론이 정당하다는 이유로 *(A: 기각 / B: 상고기각)* 판결이 선고되어 원심판결이 확정된 경우 행정소송법 제30조 제2항에서 규정하고 있는 '판결의 취지'는 *(A: 상고심 / B: 원심)* 판결의 이유와 *(A: 상고심 / B: 원심)* 판결의 결론을 의미한다(2002두2444).

> **관련판례** 기속력, 불가쟁력, 기판력의 개념 (2018두104)
>
> ① [(기속력)] 어떤 행정처분을 위법하다고 판단하여 취소하는 판결이 확정되면 행정청은 취소판결의 (기속력)에 따라 그 판결에서 확인된 위법사유를 배제한 상태에서 다시 처분을 하거나 그 밖에 위법한 결과를 제거하는 조치를 할 의무가 있다(행정소송법 제30조).
> ② [(불가쟁력)] 그리고 행정처분이 불복기간의 경과로 인하여 (확정)될 경우 그 (확정력)은, 처분으로 인하여 법률상 이익을 침해받은 자가 해당 처분이나 재결의 효력을 더 이상 다툴 수 없다는 의미일 뿐,

③ [(기판력)] 더 나아가 판결에 있어서와 같은 기판력이 인정되는 것(A: 이어서 / B: *은 아니어서*) 처분의 기초가 된 사실관계나 법률적 판단이 확정되고 당사자들이나 법원이 이에 기속되어 모순되는 주장이나 판단을 할 수 없게 (A: 된다 / B: *되는 것은 아니다*).

24. 국가직 7급 행정처분이 불복기간의 경과로 인하여 확정될 경우 그 처분의 기초가 된 사실관계나 법률적 판단이 확정되고 당사자들이나 법원이 이에 기속되어 모순되는 주장이나 판단을 할 수 없게 된다. (×)
▶ 불가쟁력이 발생한다고 하여 기판력까지 발생하는 것은 아니다.

(2) 적용 범위

23. 국가직 7급 처분의 취소판결이 확정된 후 새로운 처분을 하는 경우, 새로운 처분의 사유가 취소된 처분의 사유와 기본적 사실관계에서 동일하지 않다면 취소된 처분과 같은 내용의 처분을 하는 것은 기속력에 반하지 않는다. (○)

23. 지방직 9급 취소 확정판결의 기속력은 판결의 주문 및 전제가 되는 처분등의 구체적 위법사유에 관한 판단에도 미치므로, 종전 처분이 판결에 의하여 취소되었다면 종전 처분의 처분사유와 기본적 사실관계에서 동일하지 않은 다른 사유를 들어서 새로이 동일한 내용을 처분하는 것 또한 확정판결의 기속력에 저촉된다. (×)
▶ 기본적 사실관계의 동일성이 인정되지 않는 사유를 들어 같은 내용의 처분을 반복하는 것은 기속력에 반하지 않는다.

22. 지방직 9급 행정청은 취소판결에서 위법하다고 판단된 처분사유와 기본적 사실관계의 동일성이 없는 사유이더라도 처분시에 존재한 사유를 들어 종전의 처분과 같은 처분을 다시 할 수 없다. (×)
▶ 기본적 사실관계의 동일성이 인정되지 않는 사유를 들어 같은 내용의 처분을 반복하는 것은 기속력에 반하지 않는다.

24. 지방직 7급 확정판결의 당사자인 처분 행정청은 그 행정소송의 사실심 변론종결 이후 발생한 새로운 사유를 내세워 다시 이전의 신청에 대하여 거부처분을 할 수 있다. (○)

(3) 내용
① 반복금지의무

> **관련판례** 처추변과 반복금지의무의 관계 (2019두55675)
> ① 만약 소송에서 추가·변경할 수 (있는) 다른 사유가 있었음에도 처분청이 이를 적절하게 (주장·증명)하지 못하여 법원이 그 처분을 위법하다고 판단하여 취소하는 판결이 확정되면, 처분청이 ( ) 다른 사유를 근거로 다시 종전과 (같은) 내용의 처분을 하는 것은 허용되지 않는다.
> ② 어떤 처분의 당초 처분사유와 기본적 사실관계의 동일성이 인정되지 (않는) 다른 사유가 있다면, 그 처분에 대한 취소소송에서 처분사유 추가·변경은 허용(A: *되지만* / B: 되지 않지만), 처분청이 그 처분에 대한 취소판결 확정 후 ( ) 다른 사유를 근거로 별도의 처분을 하는 것은 허용(A: *된다* / B: 되지 않는다).

② 결과제거의무(원상회복의무)

③ 재처분의무(거부처분이 취소된 경우)

24. 지방직 7급 임용기간이 만료된 교원의 재임용이 거부되었다가 그 재임용거부처분이 법원의 판결에 의하여 취소되었다면 이러한 취소판결로 인하여 당연히 그 교원은 재임용거부처분 당시로 소급하여 신분관계를 회복한다고 볼 수 있다. (×)
▶ 형성력으로 인하여 거부처분이 소멸되지만, 기속력에 의해 부과되는 재처분의무를 이행하여야 비로소 신분을 회복할 수 있다.

📖 관련판례

1. (개정)된 법령에 따라 되풀이된 거부처분 (97두22)
건축불허가처분을 취소하는 판결이 확정된 (후) 국토이용관리법 시행령이 준농림지역 안에서의 행위제한에 관하여 지방자치단체의 조례로써 일정 지역에서 숙박업을 영위하기 위한 시설의 설치를 제한할 수 있도록 (개정)된 경우, 당해 지방자치단체장이 위 처분 후에 (개정)된 신법령에서 정한 사유를 들어 새로운 거부처분을 한 것이 행정소송법 제30조 제2항 소정의 확정판결의 취지에 따라 이전의 신청에 대한 처분을 한 경우에 해당한다.

2. 절차를 보완하여 되풀이된 거부처분 (2003두13045)
방송위원회가 중계유선방송사업자에게 한 종합유선방송사업 승인거부처분이 심사의 기준(시점)을 경원자와 (달리)하여 평가한 것이 위법이라는 사유로 취소하는 확정판결의 취지에 따라 재처분 (무렵)을 기준으로 재심사한 결과에 따라 이루어진 재승인거부처분도 행정소송법 제30조 제2항에 규정된 재처분에 해당한다.

24. 국가직 9급 과세의 절차 내지 형식에 위법이 있어 과세처분을 취소하는 판결이 확정되었을 때는 그 확정판결의 기판력은 거기에 적시된 절차 내지 형식의 위법사유에 한하여 미치는 것이므로 과세관청은 그 위법사유를 보완하여 다시 새로운 과세처분을 할 수 있다. (○)

23. 국가직 7급 주민 등의 도시관리계획의 입안 제안을 거부하는 처분에 대하여 이익형량의 하자를 이유로 취소판결이 확정된 후에 행정청이 다시 이익형량을 하여 주민 등이 제안한 것과는 다른 내용의 계획을 수립한다면 이는 재처분의무를 이행한 것으로 볼 수 없다. (×)
▶ 판결의 취지에 따라 이익형량의 하자를 보완하였으므로, 또 다시 거부처분을 하여도 기속력에 반하지 않는다.

23. 지방직 9급 과세의 절차 내지 형식에 위법이 있어 과세처분을 취소하는 판결이 확정되었을 경우 과세관청은 그 위법사유를 보완하여 다시 새로운 과세처분을 할 수 있고, 그 새로운 과세처분은 확정판결에 의하여 취소된 종전의 과세처분과는 별개의 처분이다. (○)

22. 지방직 9급 절차상의 하자를 이유로 행정처분을 취소하는 판결이 선고되어 확정된 경우, 그 확정판결의 기속력은 취소사유로 된 절차의 위법에 한하여 미치는 것이므로 행정청은 적법한 절차를 갖추어 동일한 내용의 처분을 다시 할 수 있다. (○)

(4) 위반에 따른 효과

> **관련판례** 기속력에 위반한 처분의 효력 (90누3560)
>
> 확정판결의 당사자인 처분행정청이 그 행정소송의 사실심 변론종결 이전의 사유를 내세워 다시 확정판결과 저촉되는 행정처분을 하는 것은 허용되지 않는 것으로서 이러한 행정처분은 그 하자가 *(A: 중대하지만 명백하지 아니한 것으로서 취소사유에 불과하다 / B: 중대하고도 명백한 것이어서 당연무효라 할 것이다).*

5. 간접강제

(1) 의의 및 성질

> 행정소송법 제34조【거부처분*(A: 취소 / B: 무효확인)*판결의 간접강제】① 행정청이 제30조 제2항의 규정에 의한 처분을 하지 아니하는 때에는 (제1심) 수소법원은 *(A: 직권 / B: 당사자의 신청)*에 의하여 결정으로써 상당한 기간을 정하고 행정청이 그 기간 내에 이행하지 아니하는 때에는 그 지연(기간)에 따라 일정한 배상을 할 것을 명하거나 (즉시) 손해배상을 할 것을 명할 수 있다.

> **관련판례** 간접강제금의 성질 (2002두2444)
>
> 행정소송법 제34조 소정의 간접강제결정에 기한 배상금은 확정판결의 취지에 따른 *(A: 재처분의 지연에 대한 제재나 손해배상이므로 / B: 재처분의 이행에 관한 심리적 강제수단에 불과한 것으로 보아야 하므로)*, 특별한 사정이 없는 한 간접강제결정에서 정한 의무이행기한이 경과한 (후)에라도 확정판결의 취지에 따른 재처분의 (이행)이 있으면 배상금을 추심함으로써 심리적 강제를 꾀할 목적이 상실되어 처분상대방이 더 이상 배상금을 추심하는 것은 허용*(A: 되지 않는다 / B: 된다).*
>
> 23. 국가직 7급 법원이 간접강제결정에서 정한 의무이행기한이 경과한 후에라도 확정판결의 취지에 따른 재처분이 행하여지면, 처분상대방이 더 이상 배상금을 추심하는 것은 허용되지 않는다. (O)
> 21. 국가직 7급 특별한 사정이 없는 한 간접강제결정에서 정한 의무이행기한이 경과한 후에라도 확정판결의 취지에 따른 재처분의 이행이 있으면 더 이상 배상금의 추심은 허용되지 않는다. (O)

(2) 요건

> **관련판례**
>
> 1. 후속조치를 하였음에도 간접강제가 허용되는 경우 (2002무22)
>
> 거부처분에 대한 취소의 확정판결이 있음에도 행정청이 아무런 재처분을 하지 아니하거나, 재처분을 하였다 하더라도 그것이 종전 거부처분에 대한 취소의 확정판결의 *(A: 기속력 / B: 기판력)*에 반하는 등으로 (당연무효)라면 이는 아무런 재처분을 하지 아니한 때와 마찬가지라 할 것이므로 이러한 경우에는 행정소송법 제30조 제2항, 제34조 제1항 등에 의한 간접강제신청에 필요한 요건을 갖춘 것으로 보아야 한다.

> 21. **국가직 7급** 처분청이 재처분을 하였는데 종전 거부처분에 대한 취소 확정판결의 기속력에 반하는 경우에는 간접강제의 대상이 될 수 있다. (O)
> 22. **지방직 9급** 乙이 건축허가거부처분에 대해 제기한 취소소송에서 인용판결이 확정되었으나 B시장이 기속력에 위반하여 다시 거부처분을 한 경우 乙은 간접강제신청을 할 수 있다. (O)

2. (새로운) 사유로 인한 거부처분은 기속력 위반 × (2002무30)

> 토지형질변경 및 건축허가신청 반려처분의 취소판결이 확정되었음에도 확정판결의 취지에 따른 재처분을 하지 아니하여 간접강제절차가 진행 중 (새로이) 그 지역에 건축법 제12조 제2항에 따라 건축허가제한공고를 하고 그에 따라 다시 한 거부처분은 행정소송법 제30조 제2항 소정의 재처분에 해당한다.

(3) 인정범위

구분	취소소송	무효등확인소송	부작위위법확인소송	당사자소송
집행정지	(A: <u>O</u> / B: X)	(A: <u>O</u> / B: X)	(A: O / B: <u>X</u>)	(A: O / B: <u>X</u>)
가처분	(A: O / B: <u>X</u>)	(A: O / B: <u>X</u>)	(A: O / B: <u>X</u>)	(A: <u>O</u> / B: X)
간접강제	(A: <u>O</u> / B: X)	(A: O / B: <u>X</u>)	(A: <u>O</u> / B: X)	(A: O / B: <u>X</u>)

제3장 무효등확인소송

01 의의

> 행정소송법 제4조 【항고소송】 항고소송은 다음과 같이 구분한다.
> 2. 무효등 확인소송: 행정청의 처분등의 (효력) 유무 또는 (존재) 여부를 확인하는 소송

02 무효등확인소송과 취소소송의 관계

1. 양립불가 – 택1 필요

구분	제소기간	위법사유(하자)	판결
무효등확인소송 (& 취소소송)	(A: O / B: X)	무효	(A: 인용 / B: 기각)
		취소	(A: 인용 / B: 기각)
취소소송	(A: O / B: X)	무효	(A: 인용 / B: 기각)
		취소	

소제기	(교환)적 병합 = 소변경 (A → B)	추가적 병합 (A & B)		
		(단순) 병합 (X)	(선택)적 병합 (X)	(예비)적 병합 (O)
무효등 확인소송	무효등확인청구 취소청구	무효등확인청구 + 취소청구	무효등확인청구 or 취소청구	무효등확인청구 ↓ 취소청구

2. 무효인 처분에 대해 취소소송을 제기한 경우

> **관련판례** 소송요건 ⊂ 취소소송 (84누175)
> 행정처분의 당연무효를 (선언)하는 의미에서 그 취소를 청구하는 행정소송을 제기하는 경우에도 소원의 전치와 제소기간의 준수등 취소소송의 제소요건을 *(A: 갖추어야 한다 / B: 갖출 필요는 없다)*.
>
> 22. 국가직 7급 행정처분의 당연무효를 선언하는 의미에서 취소를 구하는 행정소송을 제기한 경우에는 취소소송의 제소요건을 갖추어야 한다. (O)

비교 본안심리 ⊂ 무효등확인소송 (2020두46073)

민사소송법이 준용되는 행정소송에서 증명책임은 원칙적으로 민사소송의 일반원칙에 따라 당사자 간에 분배되고, 항고소송은 그 특성에 따라 해당 처분의 적법성을 주장하는 피고에게 적법사유에 대한 증명책임이 있으나, 예외적으로 행정처분의 당연무효를 주장하여 무효 확인을 구하는 행정소송에서는 *(A: 원고 / B: 피고)*에게 행정처분이 무효인 사유를 주장·증명할 책임이 있고, 이는 무효 (확인)을 구하는 뜻에서 행정처분의 취소를 구하는 소송에 있어서도 마찬가지이다.

3. 취소사유가 있는 처분에 대해 무효등확인소송을 제기한 경우

관련판례 무효확인청구에 포함된 취소청구를 인용하기 위한 조건 (2015두38856)

행정처분의 무효확인을 구하는 소에는 원고가 그 처분의 취소를 *(A: 구한다 / B: 구하지 아니한다)*고 밝히지 아니한 이상 그 처분이 당연무효가 아니라면 그 취소를 구하는 취지도 (포함)되어 있는 것으로 보아야 하고, 그와 같은 경우에 취소청구를 인용하기 위해 먼저 취소를 구하는 항고소송으로서의 제소요건을 구비*(A: 할 필요는 없다 / B: 하여야 한다)*.

21. **국가직 9급** 동일한 처분에 대하여 무효확인의 소를 제기하였다가 그 처분의 취소를 구하는 소를 추가적으로 병합한 경우, 주된 청구인 무효확인의 소가 적법한 제소기간 내에 제기되었다면 추가로 병합된 취소청구의 소도 적법하게 제기된 것으로 볼 수 있다. (○)

24. **국가직 7급** 동일한 행정처분에 대하여 무효확인의 소를 제기하였다가 그 후 그 처분의 취소를 구하는 소를 추가적으로 병합한 경우, 주된 청구인 무효확인의 소가 적법한 제소기간 내에 제기되었다면 추가로 병합된 취소청구의 소도 적법하게 제기된 것으로 볼 수 있다. (○)

구분	안 날	소제기 (1)	제소기간	소제기 (2)
무효등확인소송		-	-	-
취소소송		각하 (A: O / B: X)	23.3.31.	각하 O
무효등확인청구 & 취소청구	23.1.1.	23.2.1. ↓ 가히 (A: O / B: X)	-	24.4.30. ↓ 각하 (A: O / B: X)
무효등확인소송 (& 취소소송)			23.3.31.	

03 소송요건

1. 소의 이익(=확인의 이익) – 보충성 요구 *(A: O / B: X)*

   > **관련판례** 무효확인소송에서 소의 이익 (2007두6342)
   >
   > 행정처분의 근거 법률에 의하여 보호되는 직접적이고 구체적인 이익이 있는 경우에는 행정소송법 제35조에 규정된 '무효확인을 구할 법률상 이익'이 있다고 보아야 하고, 이와 별도로 무효확인소송의 보충성이 요구되는 것*(A: 이므로 / B: 은 아니므로)* 행정처분의 무효를 전제로 한 (이행소송) 등과 같은 직접적인 구제수단이 있는지 여부를 따질 필요가 *(A: 있다 / B: 없다)*고 해석함이 상당하다.
   >
   > 24. **국가직 7급** 행정처분의 근거 법률에 의하여 보호되는 직접적이고 구체적인 이익이 있는 경우에는 「행정소송법」상 '무효확인을 구할 법률상 이익'이 있다고 보아야 하고, 이와 별도로 무효확인소송의 보충성이 요구되는 것은 아니다. (O)
   >
   > 23. **국가직 7급** 무효확인소송에서 '무효확인을 구할 법률상 이익'을 판단함에 있어 행정처분의 무효를 전제로 한 이행소송 등과 같은 직접적인 구제수단이 있는지 여부를 따질 필요가 없다. (O)

2. 전치주의 및 제소기간 요구 *(A: O / B: X)*

04 가구제

구분	취소소송	무효등확인소송	부작위위법확인소송	당사자소송
집행정지	*(A: O / B: X)*	*(A: O / B: X)*	*(A: O / B: X)*	*(A: O / B: X)*
가처분	*(A: O / B: X)*	*(A: O / B: X)*	*(A: O / B: X)*	*(A: O / B: X)*

> 24. **지방직 9급** 행정처분의 무효란 행정처분이 처음부터 아무런 효력도 발생하지 아니한다는 의미이므로 무효등 확인소송에 대해서는 집행정지가 인정되지 아니한다. (X)
> ▶ 오히려 존재하지 않는 처분의 집행으로 인해 손해가 발생할 위험이 있으므로 집행정지의 필요성이 있다.

05 본안심리(입증책임)

> **관련판례** 무효확인소송의 증명책임 (2009두3460)
>
> 행정처분의 당연무효를 주장하여 그 무효확인을 구하는 행정소송에 있어서는 *(A: <u>원고</u> / B: 피고)*에게 그 행정처분이 무효인 사유를 주장·입증할 책임이 있다.
>
> > 24. **국가직 7급, 지방직 9급** 행정처분의 당연무효를 주장하여 그 무효확인을 구하는 행정소송에 있어서는 원고에게 그 행정처분이 무효인 사유를 주장·입증할 책임이 있다.
> > (○)

> **비교판례+** 원고의 무효 입증 후 처추변된 경우 – 처분의 적법성 입증책임(2020두46073)
>
> 과세처분의 적법성에 대한 증명책임은 과세관청에 있는바, 위와 같이 교환·변경된 사유를 근거로 하는 처분의 적법성 또는 그러한 처분사유의 전제가 되는 사실관계에 관한 증명책임 역시 *(A: 원고 / B: <u>과세관청</u>)*에 있고, 특히 무효확인소송에서 원고가 당초의 처분사유에 대하여 무효사유를 증명한 경우에는 *(A: 원고 / B: <u>과세관청</u>)*이 그처럼 교환·변경된 처분사유를 근거로 하는 처분의 적법성에 대한 증명책임을 부담한다.

06 판결의 효력(거부처분 무효확인판결)

구분	재처분의무	간접강제
거부처분 취소판결	(A: <u>O</u> / B: X)	(A: <u>O</u> / B: X)
거부처분 무효확인판결	(A: <u>O</u> / B: X)	(A: O / B: <u>X</u>)
거부처분 취소재결	(A: <u>O</u> / B: X)	(A: <u>O</u> / B: X)
거부처분 무효확인재결	(A: <u>O</u> / B: X)	(A: <u>O</u> / B: X)

> 21. **국가직 7급** 취소 확정판결의 기속력에 대한 규정은 무효확인판결에도 준용되므로, 무효확인판결의 취지에 따른 처분을 하지 아니할 때에는 1심 수소법원은 간접강제결정을 할 수 있다. (×)
> ▶ 거부처분 무효확인판결에는 기속력으로 인한 재처분의무까지는 인정되나, 간접강제는 허용되지 않는다.
>
> 24. **지방직 9급** 무효확인판결에는 취소판결의 기속력에 관한 규정이 준용되지 않는다. (×)
> ▶ 거부처분 무효확인판결에도 기속력으로 인한 재처분의무까지는 인정된다.

제4장 부작위위법확인소송

01 의의

행정소송법 제2조【정의】① 이 법에서 사용하는 용어의 정의는 다음과 같다.
  2. "부작위"라 함은 행정청이 당사자의 (신청)에 대하여 상당한 기간 내에 일정한 처분을 하여야 할 (법률상 의무)가 있음에도 불구하고 이를 하지 아니하는 것을 말한다.
제4조【항고소송】항고소송은 다음과 같이 구분한다.
  3. 부작위위법확인소송: 행정청의 (처분의) 부작위가 위법하다는 것을 확인하는 소송

02 소송요건

1. 대상적격(부작위의 성립요건)

(1) 거부처분이 있는 것으로 간주되는 경우(경원자 관계)

> **관련판례** 2인 中 1인만 검사 될 수 있음 (90누5825)
>
> 검사 지원자 중 한정된 수의 임용대상자에 대한 (임용) 결정은 한편으로는 그 임용대상에서 제외한 자에 대한 (임용거부)결정이라는 양면성을 지니는 것이므로 임용대상자에 대한 (임용)의 의사표시는 동시에 임용대상에서 제외한 자에 대한 (임용거부)의 의사표시를 포함한 것으로 볼 수 있고, 이러한 (임용거부)의 의사 표시는 *(A: 본인에게 직접 고지되었을 때 / B: 본인이 이를 알았거나 알 수 있었을 때에)* 그 효력이 발생한 것으로 보아야 한다.

(2) "처분"의 부작위가 아닌 경우

> **관련판례**
> 1. 댐 건설로 인한 손실, 보상절차 및 방법을 (대통령령)에 위임 But 제정 X (91누11261)
>   특정다목적댐법 제41조에 의하면 다목적댐 건설로 인한 손실보상 의무가 국가에게 있고 같은 법 제42조에 의하면 손실보상절차와 그 방법 등 필요한 사항은 (대통령령)으로 규정하도록 되어 있음에도 피고가 이를 제정하지 아니한 것은 행정소송(부작위위법확인소송)의 대상이 될 수 없으므로 이 사건 소는 부적법하다.

2. 검사의 압수물환부결정의 부작위 (94누14018)

형사본안사건에서 무죄가 선고되어 확정되었다면 (A: *형사소송법 제332조 규정에 따라 검사가 압수물을 제출자나 소유자 기타 권리자에게 환부하여야 할 의무가 당연히 발생한 것이므로* / B: *권리자의 환부신청에 대한 검사의 환부결정 등 어떤 처분에 의하여 비로소 환부의무가 발생하는 것이므로*) 압수가 해제된 것으로 간주된 압수물에 대하여 피압수자나 기타 권리자가 민사소송으로 그 반환을 구함은 별론으로 하고 검사가 피압수자의 압수물 환부신청에 대하여 아무런 결정이나 통지도 하지 아니하고 있다고 하더라도 그와 같은 부작위는 현행 행정소송법상의 부작위위법확인소송의 대상이 되지 아니한다.

2. 원고적격

행정소송법 제36조【부작위위법확인소송의 원고적격】부작위위법확인소송은 처분의 (신청)을 한 자로서 부작위의 위법의 확인을 구할 (법률상 이익)이 있는 자만이 제기할 수 있다.

> **22. 국가직 7급** 부작위위법확인소송은 처분의 신청을 한 자로서 부작위의 위법의 확인을 구할 법률상의 이익이 있는 자만이 제기할 수 있다. (○)
>
> **22. 국가직 7급** 당사자가 행정청에 대하여 어떠한 행정처분을 하여 줄 것을 요청할 수 있는 법규상 또는 조리상의 권리를 갖고 있지 아니한 경우에 제기한 부작위위법확인의 소는 부적법하다. (○)
>
> **24. 지방직 9급** 부작위위법확인의 소에 있어 당사자가 행정청에 대하여 어떠한 행정행위를 하여 줄 것을 요구할 수 있는 법규상 또는 조리상 권리를 갖고 있지 아니한 경우에는 원고적격이 없거나 항고소송의 대상인 위법한 부작위가 있다고 볼 수 없어 그 부작위위법확인의 소는 부적법하다. (○)

3. 제소기간

관련판례 제소기간의 적용 여부 (2008두10560)

부작위위법확인의 소는 부작위상태가 계속되는 한 그 위법의 확인을 구할 이익이 있다고 보아야 하므로 원칙적으로 제소기간의 제한을 (A: *받는다* / B: *받지 않는다*). 그러나 행정소송법 제38조 제2항이 제소기간을 규정한 같은 법 제20조를 부작위위법확인소송에 (준용)하고 있는 점에 비추어 보면, (행정심판) 등 전심절차를 거친 경우에는 행정소송법 제20조가 정한 제소기간 내에 부작위위법확인의 소를 제기하여야 한다.

> **23. 국가직 7급** 부작위위법확인소송에서 부작위상태가 계속되는 한 그 위법의 확인을 구할 이익이 있다고 보아야 하므로 행정심판 등 전심절차를 거친 경우에도 제소기간에 관한 규정은 적용되지 않는다. (×)
> ▶ 행정심판을 거쳤다면 재결서 정본 송달일로부터 90일 이내에 소를 제기해야 한다.
>
> **22. 국가직 7급** 부작위위법확인소송은 행정심판 등 전심절차를 거친 경우라 하더라도 「행정소송법」 제20조가 정한 제소기간 내에 제기해야 하는 것은 아니다. (×)
> ▶ 행정심판을 거쳤다면 재결서 정본 송달일로부터 90일 이내에 소를 제기해야 한다.

03 가구제

구분	취소소송	무효등확인소송	부작위위법확인소송	당사자소송
집행정지	(A: O / B: X)	(A: O / B: X)	(A: O / B: X)	(A: O / B: X)
가처분	(A: O / B: X)	(A: O / B: X)	(A: O / B: X)	(A: O / B: X)

04 본안심리

> **관련판례** 부작위의 위법판단 기준시 (91누7361)
>
> 부작위위법확인의 소는 행정청이 국민의 법규상 또는 조리상의 권리에 기한 신청에 대하여 상당한 기간 내에 그 신청을 인용하는 적극적 처분을 하거나 또는 각하 내지 기각하는 등의 소극적 처분을 하여야 할 법률상의 응답의무가 있음에도 불구하고 이를 하지 아니하는 경우 *(A: 처분시 / B: 판결시)*를 기준으로 그 부작위의 위법함을 확인함으로써 행정청의 응답을 신속하게 하여 부작위 내지 무응답이라고 하는 *(A: 적극적 / B: 소극적)*인 위법상태를 제거하는 것을 목적으로 하는 것이다.
>
> 22. 국가직 7급 부작위위법확인소송의 경우 사실심의 구두변론종결시점의 법적·사실적 상황을 근거로 행정청의 부작위의 위법성을 판단하여야 한다. (O)

05 판결의 종류 - 기각판결(×)

소송요건		본안심리	
충족 O	본안심리 회부	부작위 해소	*(A: 각하 / B: 기각)* 판결 (소의 이익 X)
		부작위 지속	인용판결
충족 X	각하판결	-	

06 판결의 효력 - 거부처분해도 기속력 위반 *(A: O / B: X)*

제5장 | 당사자소송

01 의의

행정소송법 제3조【행정소송의 종류】 행정소송은 다음의 네 가지로 구분한다.
2. 당사자소송: 행정청의 처분등을 (원인)으로 하는 법률관계에 관한 소송 그 밖에 공법상의 법률관계에 관한 소송으로서 *(A: 처분을 행한 행정청 / B: 그 법률관계의 한쪽 당사자)*을/를 피고로 하는 소송

24. **국가직 7급** 「행정소송법」상 당사자소송의 피고적격에 관한 규정은 당사자소송의 경우 피고적격이 인정되는 권리주체를 행정주체로 한정한다는 취지이므로, 사인을 피고로 하는 당사자소송을 제기할 수는 없다. (×)
▶ 행정객체, 즉 사인을 상대로 하는 당사자소송도 허용된다.

23. **지방직 9급** 당사자소송이란 행정청의 처분등을 원인으로 하는 법률관계에 관한 소송, 그 밖에 공법상의 법률관계에 관한 소송으로서 그 법률관계의 한쪽 당사자를 피고로 하는 소송을 의미한다. (○)

02 실질적 당사자소송

1. 공법상의 금전(₩)지급청구소송(이행소송)

세금 관련 법률관계
1. 조세부과처분:
   항고소송 "(조세채부관세)"
2. (오오남금)반환청구:
   민사 "부당이득반환"
3. VAT 환급세액 반환청구:
   (A: 당사자소송 / B: 민사소송)

22. **국가직 7급** 납세의무자에 대한 국가의 부가가치세 환급세액 지급의무는 그 납세의무자로부터 어느 과세기간에 과다하게 거래징수된 세액 상당을 국가가 실제로 납부받았는지와 권계없이 부가가치세법령의 규정에 의하여 직접 발생하는 것으로서, 그 법적 성질은 부당이득 반환의무가 아니다. (○)

21. **국가직 7급** 국가에 대한 납세의무자의 부가가치세 환급세액 지급청구는 당사자소송이 아니라 민사소송의 절차에 따라야 한다. (×)
▶ 당사자소송으로 청구한다.

		예 (국가배상)청구, 조세(과오납금) 반환청구	
민사소송	일부	22. **국가직 9급** 甲은 납부한 과징금을 돌려받기 위해 관할 행정법원에 과징금반환을 구하는 당사자소송을 제기할 수 있다. (×) ▶ 부당이득반환청구는 민사소송으로 제기한다. 21. **국가직 7급** 조세부과처분의 당연무효를 전제로 하여 이미 납부한 세금의 반환을 청구하는 것은 민사상 부당이득반환청구로서 당사자소송이 아니라 민사소송절차에 따른다. (○) 21. **국가직 7급** 구「지방재정법」에 의한 변상금부과처분이 당연무효인 경우, 이 변상금부과처분에 의하여 납부자가 납부한 오납금은 지방자치단체가 법률상 원인 없이 취득한 부당이득에 해당한다. (○)	
당사자소송	나머지 [A]	공무원 (퇴직) 관련	
		① 최초 지급신청 : *(A: 당사자소송 / B: 거부처분 항고소송)*[B]	② 받다가 감액 : 곧바로 *(A: 당사자소송 / B: 거부처분 항고소송)*[C] [Keyword: (법령 개정) (미지급), (차액), (감액)]

예외판례+ 위 도표의 예외 (97다42250)

진료기관의 보호기관에 대한 (진료비)지급청구권은 계약 등의 법률관계에 의하여 발생하는 사법상의 권리가 아니라 법에 의하여 정책적으로 특별히 인정되는 공법상의 권리라고 할 것이고, 법령의 요건에 해당하는 것만으로 바로 구체적인 (진료비)지급청구권이 발생하는 것이 아니라 보호기관의 심사결정에 의하여 비로소 구체적인 청구권이 발생한다고 할 것이므로, 진료기관은 법령이 규정한 요건에 해당하여 (진료비)를 지급받을 추상적인 권리가 있다 하더라도 진료기관의 보호비용 청구에 대하여 보호기관이 심사 결과 지급을 거부한 경우에는 *(A: 곧바로 민사소송은 물론 공법상 당사자소송으로도 지급 청구를 할 수 있다 / B: 지급거부 결정의 취소를 구하는 항고소송을 제기하는 방법으로 구제받을 수밖에 없다).*

관련판례 [A] 유형: 당사자소송

1. 하천 편입에 따른 손실보상청구 (2004다6207)

    손실보상청구권은 *(A: 1984.12.31. 전에 토지가 하천구역으로 된 경우에는 당연히 발생되는 것이다 / B: 관리청의 보상금지급결정에 의하여 비로소 발생하는 것이다).*

2. 재해위로금의 지급청구 (98두12598)

    ① 피재근로자가 석탄산업합리화사업단에 대하여 가지는 재해위로금의 지급청구권은 *(A: 위 규정이 정하는 지급요건이 충족되면 당연히 발생함과 아울러 그 금액도 확정되는 것이므로 / B: 위 사업단의 지급결정 여부에 의하여 그 청구권의 발생이나 금액이 좌우되는 것이므로),*

    ② 위 사업단이 표시한 재해위로금 지급거부의 의사표시에 불복이 있는 경우에는 위 사업단을 상대로 *(A: 그 지급거부의 의사표시에 대한 항고소송을 제기하여야 한다 / B: 직접 공법상의 당사자소송을 제기하여야 한다).*

3. 지방소방공무원의 초과근무수당 지급청구 (2012다102629)

    지방소방공무원의 초과근무수당 지급청구권은 법령에 규정된 수당의 지급요건에 해당하는 경우에는 (곧바로) 발생한다고 할 것이다.

4. 공무원의 연가보상비 지급청구 (97누10857)

    공무원의 연가보상비청구권은 *(A: 공무원이 연가를 실시하지 아니하는 등 법령상 정해진 요건이 충족되면 그 자체만으로 지급기준일 또는 보수지급기관의 장이 정한 지급일에 구체적으로 발생하는 것 / B: 행정청의 지급결정에 의하여 비로소 발생하는 것)*이므로, 행정청이 공무원에게 연가보상비를 지급하지 아니한 행위로 인하여 공무원의 연가보상비청구권 등 법률상 지위에 아무런 영향을 미친다고 할 수는 없으므로 행정청의 연가보상비 부지급 행위는 항고소송의 대상이 되는 처분이라고 볼 수 없다.

5. 금전(₩)지급청구이므로 적정 금액까지 심리 필요 (2017두46455)

    민간투자사업 실시협약을 체결한 당사자가 공법상 당사자소송에 의하여 그 실시협약에 따른 재정지원금의 지급을 구하는 경우에, 수소법원은 *(A: 단순히 주무관청이 재정지원금액을 산정한 절차 등에 위법이 있는지 여부를 심사하는 것으로 족하다 / B: 실시협약에 따른 적정한 재정지원금액이 얼마인지를 구체적으로 심리·판단하여야 한다).*

22. 국가직 7급 민간투자사업 실시협약을 체결한 당사자가 공법상 당사자소송에 의하여 그 실시협약에 따른 재정지원금의 지급을 구하는 경우에, 수소법원은 주무관청이 재정지원금액을 산정한 절차 등에 위법이 있는지 여부를 심사할 수는 있지만 실시협약에 따른 적정한 재정지원금액이 얼마인지를 구체적으로 심리·판단할 수 없다. (×)
▶ 재판 과정에서 금액까지 구체적으로 심리·판단해야 한다.

6. 판례 비교

"(광주)" 민주화운동관련자의 보상금 지급청구 (92누3335)	민주화운동관련자의 보상금 지급청구 (2005두16185)
① (광주) 민주화 운동 관련자 보상 등에 관한 법률 제15조 본문의 규정에서 말하는 (광주)민주화운동관련자 보상심의위원회의 결정은 취소소송의 대상이 되는 행정처분이라고 할 수 없다. ② 위 법률에 따른 보상금의 지급을 구하는 소송은 행정소송법 제3조 제2호 소정의 *(A: 당사자소송 / B: 항고소송)*에 의하여야 할 것이며 보상금 등의 지급에 관한 법률관계의 주체는 *(A: 보상심의위원회 / B: 대한민국)*이다.	① *(A: '민주화운동관련자 명예회복 및 보상 등에 관한 법률'의 관련 규정들만으로 바로 법상의 보상금 등의 지급 대상자가 확정된다고 볼 수 있다 / B: '민주화운동관련자 명예회복 및 보상 심의위원회'에서 심의·결정을 받아야만 비로소 보상금 등의 지급 대상자로 확정될 수 있다)*. ② 따라서 그와 같은 심의위원회의 결정은 국민의 권리의무에 직접 영향을 미치는 (행정처분)에 해당하므로, 보상금 등의 지급을 기각하는 결정을 한 경우에는 신청인은 심의위원회를 상대로 그 결정의 취소를 구하는 소송을 제기하여 보상금 등의 지급대상자가 될 수 있다.

> **관련판례** 지자체의 보조금 반환청구 (2011다2951)
> ① 피고의 원고에 대한 보조금 반환의무는 행정처분인 이 사건 보조금 지급결정에 부가된 (부관)상 의무이고, 이러한 부관상 의무는 피고가 원고에게 부담하는 *(A: 공법 / B: 사법)*상 의무이다.
> ② 따라서 원고의 피고에 대한 이 사건 청구는 공법상 권리관계의 일방 당사자를 상대로 하여 공법상의 의무이행을 구하는 청구로서 행정소송법 제3조 제2호에서 규정한 *(A: 항고소송 / B: 당사자소송)*의 대상에 해당한다.

21. 국가직 7급 지방자치단체가 보조금 지급결정을 하면서 일정 기한 내에 보조금을 반환하도록 교부 조건을 부가한 경우, 보조사업자에 대한 지방자치단체의 보조금반환청구는 당사자소송의 대상이 된다. (○)

24. 지방직 7급 지방자치단체가 보조금 지급결정을 하면서 일정 기한 내에 보조금을 반환하도록 하는 교부조건을 부가한 경우, 보조사업자에 대한 지방자치단체의 보조금반환청구는 민사소송의 대상이다. (×)
▶ 공적 원인에 기해 금전을 청구하는 것이므로 당사자소송의 대상이 된다.

🔍 관련판례 [B] 유형: 거부처분 항고소송 vs [C] 유형: 곧바로 당사자소송

1. 판례 비교

명예퇴직수당 지급청구 [B] (2013두14863) 명예퇴직수당은 명예퇴직수당 지급신청자 중에서 일정한 심사를 거쳐 피고가 명예퇴직수당 지급대상자로 결정한 경우에 (비로소) 지급될 수 있지만,	[C] 법관이 이미 수령한 수당액이 위 규정에서 정한 정당한 명예퇴직수당액에 미치지 못한다고 주장하며 (차액)의 지급을 신청함에 대하여 법원행정처장이 거부하는 의사를 표시하였더라도, *(A: 그 의사표시는 명예퇴직수당액을 형성·확정하는 행정처분이므로 / B: <u>공법상의 법률관계의 한쪽 당사자로서 지급의무의 존부 및 범위에 관하여 자신의 의견을 밝힌 것에 불과하므로</u>)* 행정처분으로 볼 수 없다. 결국 명예퇴직한 법관이 (미지급) 명예퇴직수당액의 지급을 구하는 소송은 행정소송법의 당사자소송에 해당한다.
	24. 국가직 7급 명예퇴직한 법관이 미지급 명예퇴직수당액에 대하여 가지는 권리는 명예퇴직수당 지급대상자 결정 절차를 거쳐 「법관 및 법원공무원 명예퇴직수당 등 지급규칙」에 의하여 확정된 공법상 법률관계에 관한 권리로서, 그 지급을 구하는 소송은 「행정소송법」의 당사자소송에 해당한다. (○) **23. 지방직 9급** 명예퇴직한 법관이 미지급 명예퇴직수당액에 대하여 가지는 권리는 명예퇴직수당 지급대상자 결정 절차를 거쳐 명예퇴직수당규칙에 의하여 확정된 공법상 법률관계에 관한 권리로서, 그 지급을 구하는 소송은 당사자소송에 해당하며, 그 법률관계의 당사자인 국가를 상대로 제기하여야 한다. (○)

2. [B] 공무원연금 지급청구 (2008두5636)
    ① 구 공무원연금법에 의한 퇴직수당 등의 급여를 받을 권리는 *(A: 법령의 규정에 의하여 직접 발생하는 것이다 / B: <u>위와 같은 급여를 받으려고 하는 자가 소속하였던 기관장의 확인을 얻어 신청함에 따라 공무원연금관리공단이 그 지급결정을 함으로써 구체적인 권리가 발생한다</u>)*.
    ② 따라서 구 공무원연금법령상 급여를 받으려고 하는 자는 [B] 우선 관계 법령에 따라 공단에 급여지급을 신청하여 공무원연금관리공단이 이를 거부하거나 일부 금액만 인정하는 급여지급결정을 하는 경우 그 결정을 대상으로 *(A: 항고소송 / B: 당사자소송)*을 제기하는 등으로 구체적 권리를 인정받은 다음 [C] 비로소 당사자소송으로 그 급여의 지급을 구하여야 하고, 구체적인 권리가 발생하지 않은 상태에서 곧바로 공무원연금관리공단 등을 상대로 한 *(A: 항고소송 / B: <u>당사자소송</u>)*으로 급여의 지급을 소구하는 것은 허용되지 않는다.

23. 국가직 7급 공무원연금법령상 급여청구권은 법령상 요건이 충족되면 성립하는 권리이므로 급여의 신청에 대하여 공무원연금공단이 이를 거부한 경우 그 거부결정에 대한 항고소송은 허용되지 않는다. (×)
▶ 먼저 거부처분에 대한 항고소송을 통해 권리를 인정 받아야 한다.

21. 지방직 7급 공무원연금공단의 인정에 의해 퇴직연금을 지급받아 오던 중 공무원연금법령 개정 등으로 퇴직연금 중 일부 금액에 대해 지급이 정지된 경우, 미지급퇴직연금에 대한 지급청구권은 공법상 권리로서 그의 지급을 구하는 소송은 항고소송이다. (×)
▶ 법령 개정으로 인한 미지급 연금을 구하는 소송은 당사자소송이다.

3. 판례 비교

[B] 군인연금 지급청구 (2002두3522)	[C] 국방부장관의 인정에 의하여 퇴역연금을 지급받아 오던 중 군인보수법 및 공무원보수규정에 의한 호봉이나 봉급액의 개정 등으로 퇴역연금액이 변경된 경우에는 (A: *법령의 개정에 따라 당연히 개정규정에 따른 퇴역연금액이 확정되는 것이므로* / B: *구 군인연금법 제18조 제1항 및 제2항에 정해진 국방부장관의 퇴역연금액 결정과 통지에 의하여 비로소 그 금액이 확정되는 것이므로*), 법령의 개정에 따른 국방부장관의 퇴역연금액 감액조치에 대하여 이의가 있는 퇴역연금수급권자는 (A: *항고소송을 제기하는 방법으로 감액조치의 효력을 다툴 수 있다* / B: *직접 국가를 상대로 정당한 퇴역연금액과 결정, 통지된 퇴역연금액과의 차액의 지급을 구하는 공법상 당사자소송을 제기하는 방법으로 다툴 수 있다*).
① 구 군인연금법과 같은 법 시행령의 관계 규정을 종합하면, 같은 법에 의한 퇴역연금 등의 급여를 받을 권리는 (A: *법령의 규정에 의하여 직접 발생하고* / B: *각 군 참모총장의 확인을 거쳐 국방부장관이 인정함으로써 비로소 구체적인 권리가 발생하고*), ② 위와 같은 급여를 받으려고 하는 자는 [B] 우선 관계 법령에 따라 국방부장관에게 그 권리의 인정을 청구하여 국방부장관이 그 인정 청구를 거부하거나 청구 중의 일부만을 인정하는 처분을 하는 경우 그 처분을 대상으로 (A: *항고소송* / B: *당사자소송*)을 제기하는 등으로 구체적 권리를 인정받은 다음 [C] 비로소 (A: *항고소송* / B: *당사자소송*)으로 그 급여의 지급을 구하여야 할 것이고, 구체적인 권리가 발생하지 않은 상태에서 곧바로 국가를 상대로 한 (A: *항고소송* / B: *당사자소송*)으로 그 권리의 확인이나 급여의 지급을 소구하는 것은 허용되지 아니한다.	
22. 국가직 9급 군인연금법령상 급여를 받으려고 하는 사람이 국방부장관에게 급여지급을 청구하였으나 거부된 경우, 곧바로 국가를 상대로 한 당사자소송으로 급여의 지급을 청구할 수 있다. (×) ▶ 먼저 거부처분에 대한 항고소송을 통해 권리를 인정 받아야 한다.	

4. [B] 군인 유족의 유족연금 지급청구 (사망⊃퇴직) (2018두46780)

선순위 유족이 유족연금수급권을 상실함에 따라 동순위 또는 차순위 유족이 상실 시점에서 유족연금수급권을 법률상 이전받더라도 동순위 또는 차순위 유족은 구 군인연금법 시행령 제56조에서 정한 바에 따라 국방부장관에게 '유족연금수급권 이전 청구서'를 제출하여 심사·판단받는 절차를 거쳐야 (비로소) 유족연금을 수령할 수 있게 된다. 이에 관한 국방부장관의 (결정)은 선순위 유족의 수급권 상실로 청구인에게 유족연금수급권 이전이라는 법률효과가 발생하였는지를 '확인'하는 행정행위에 해당하므로, 항고소송의 대상인 처분에 해당한다고 보아야 한다. 그러므로 만약 국방부장관이 거부결정을 하는 경우 (A: *그 거부결정을 대상으로 항고소송을 제기하는 방식으로 불복하여야 한다* / B: *청구인이 정당한 유족연금수급권자라는 국방부장관의 심사·확인 결정 없이 곧바로 국가를 상대로 한 당사자소송으로 그 권리의 확인이나 유족연금의 지급을 소구하여야 한다*).

2. 공법상의 권리 및 의무 등에 대한 확인소송(확인소송)

> **관련판례**
>
> **1. 재건축조합의 총회결의 무효확인소송**
>
> ① 관리처분계획(안)에 대한 조합 총회결의의 효력 등을 다투는 소송 (2007다2428)
> 도시 및 주거환경정비법상 *(A: 행정주체 / B: 행정청)*인 주택재건축정비사업조합을 상대로 관리처분계획(안)에 대한 조합 총회결의의 효력 등을 다투는 소송은 행정처분에 이르는 절차적 요건의 존부나 효력 유무에 관한 소송으로서 그 소송결과에 따라 행정처분의 위법 여부에 직접 영향을 미치는 공법상 법률관계에 관한 것이므로, 이는 행정소송법상의 *(A: **당사자소송** / B: 민사소송)*에 해당한다.
>
> **24. 국가직 7급** 「도시 및 주거환경정비법」상 행정주체인 주택재건축정비사업조합을 상대로 관리처분계획안에 대한 조합 총회결의의 효력을 다투는 소송에 대하여는 「행정소송법」상 집행정지에 관한 규정이 준용되지 아니하므로, 이를 본안으로 하는 가처분에 대하여는 「민사집행법」상 가처분에 관한 규정이 준용되어야 한다. (O)
>
> **22. 지방직 7급** 「도시 및 주거환경정비법」상 주택재건축정비사업조합을 상대로 관리처분계획안에 대한 조합 총회결의의 효력을 다투는 소송은 당사자소송에 해당하므로 당해 소송에서 「민사집행법」상 가처분에 관한 규정이 준용되지 않는다. (×)
> ▶ 당사자소송은 행정소송법상 집행정지 규정이 없는 반면, 민사집행법상 가처분 규정이 준용된다.
>
> ② 조합 총회결의의 하자를 이유로 관리처분계획을 다투는 소송 (2007다2428)
> 도시 및 주거환경정비법상 주택재건축정비사업조합이 같은 법 제48조에 따라 수립한 관리처분계획에 대하여 관할 행정청의 인가·고시까지 있게 되면 관리처분계획은 행정처분으로서 효력이 발생하게 되므로, *(A: **총회결의의 하자를 이유로 하여 행정처분의 효력을 다투는 항고소송의 방법으로 관리처분계획의 취소 또는 무효확인을 구하여야 한다** / B: 그와 별도로 행정처분에 이르는 절차적 요건 중 하나에 불과한 총회결의 부분만을 따로 떼어내어 효력 유무를 다투는 확인의 소를 제기하여야 한다)*.
>
> **24. 지방직 9급** 「도시 및 주거환경정비법」에 따라 인가·고시된 관리처분계획은 구속적 행정계획으로서 처분성이 인정된다. (O)
>
> **2. 공법상 권리 존재 확인소송 (2017두41771)**
> 국가 등 과세주체가 당해 확정된 조세채권의 소멸시효 중단을 위하여 납세의무자를 상대로 제기한 (조세채권)존재확인의 소는 공법상 당사자소송에 해당한다.
>
> **3. 공법상 의무 부존재 확인소송**
>
> ① (납세의무) 부존재 확인소송 (99두2765)
> (납세의무)부존재확인의 소는 공법상의 법률관계 그 자체를 다투는 소송으로서 당사자소송이라 할 것이므로 행정소송법 제3조 제2호, 제39조에 의하여 그 법률관계의 한쪽 당사자인 국가·공공단체 그 밖의 권리주체가 피고적격을 가진다.
>
> ② (고용·산재보험료납부의무) 부존재 확인소송 (2016다221658)
> 사업주가 당연가입자가 되는 고용보험 및 산재보험에서 (보험료 납부의무) 부존재확인의 소는 공법상의 법률관계 자체를 다투는 소송으로서 공법상 당사자소송이다.

24. 국가직 9급 사업주가 당연가입자가 되는 고용보험 및 산업재해보상보험에서 보험료 납부의무 부존재확인은 당사자소송으로 다투어야 한다. (○)

③ KBS의 수신료(징수권한) 부존재 확인소송 (2007다25261)

수신료 부과행위는 공권력의 행사에 해당하므로, 피고가 피고 보조참가인으로부터 수신료의 징수업무를 위탁받아 자신의 고유업무와 관련된 고지행위와 결합하여 수신료를 (징수권한)이 있는지 여부를 다투는 이 사건 쟁송은 민사소송이 아니라 공법상의 법률관계를 대상으로 하는 것으로서 행정소송법 제3조 제2호에 규정된 당사자소송에 의하여야 한다고 봄이 상당하다.

4. 공법상 지위 확인소송

① (훈장 수여자) 확인소송 (90누4440)

국가의 훈기부상 화랑무공훈장을 수여받은 것으로 기재되어 있는 원고가 태극무공(훈장을 수여받은 자)임을 확인하라는 이 소 청구는, 이러한 확인을 구하는 취지가 국가유공자로서의 보상 등 예우를 받는 데에 필요한 훈격을 확인받기 위한 것이더라도, 항고소송이 아니라 공법상의 법률관계에 관한 당사자소송에 속하는 것이므로 행정소송법 제30조의 규정에 의하여 국가를 피고로 하여야 할 것이다.

② 판례 비교

재개발조합 조합(장), (임원)의 지위확인 (2009마168)	재개발조합 조합(원)의 지위확인 (94다31235)
재개발조합과 조합(장) 또는 조합(임원) 사이의 선임·해임 등을 둘러싼 법률관계는 사법상의 법률관계로서 그 조합(장) 또는 조합(임원)의 지위를 다투는 소송은 *(A: 민사 / B: 당사자)*소송에 의하여야 할 것이다.	조합을 상대로 한 쟁송에 있어서 강제가입제를 특색으로 한 조합(원)의 자격 인정 여부에 관하여 다툼이 있는 경우에는 그 단계에서는 아직 조합의 어떠한 처분 등이 개입될 여지는 없으므로 *(A: 민사 / B: 당사자)*소송에 의하여 그 조합(원) 자격의 확인을 구할 수 다.

03 형식적 당사자소송

공익사업을 위한 토지 등의 취득 및 보상에 관한 법률 제85조【행정소송의 제기】② 제1항에 따라 제기하려는 행정소송이 보상금의 (증감)에 관한 소송인 경우 그 소송을 제기하는 자가 토지소유자 또는 관계인일 때에는 사업시행자를, 사업시행자일 때에는 토지소유자 또는 관계인을 각각 피고로 한다.

04 소송요건

1. 대상적격 – *(A: 처분등 그 자체 / B: 처분등을 원인으로 하는 법률관계)*
2. 소의 이익 – 확인소송의 보충성 *(A: O / B: X)*

3. 피고적격

> 행정소송법 제39조【피고적격】당사자소송은 *(A: 행정청 / B: 국가·공공단체 그 밖의 권리주체)* 을/를 피고로 한다.

4. 제소기간

> 행정소송법 제41조【제소기간】당사자소송에 관하여 (법령)에 제소기간이 정하여져 있는 때에는 그 기간은 불변기간으로 한다.

05 가구제

구분	취소소송	무효등확인소송	부작위위법확인소송	당사자소송
집행정지	(A: O / B: X)	(A: O / B: X)	(A: O / B: X)	(A: O / B: X)
가처분	(A: O / B: X)	(A: O / B: X)	(A: O / B: X)	(A: O / B: X)

21. **국가직 7급** 당사자소송에는 항고소송에서의 집행정지규정은 적용되지 않고 「민사집행법」상의 가처분규정은 준용된다. (O)

23. **지방직 9급** 당사자소송은 공법상 법률관계에 관한 소송이므로 이를 본안으로 하는 가처분에 대하여는 「민사집행법」상 가처분에 관한 규정이 준용되지 않는다. (×)
▶ 당사자소송은 행정소송법상 집행정지 규정이 없는 반면, 민사집행법상 가처분 규정이 준용된다.

06 가집행선고 - 국가가 피고인 경우에도 허용

> 📖 **관련판례** *(A: 국가 / B: 지방자치단체)* 가 피고인 경우 - 가집행 허용 (2020헌가12)
> 집행가능성 여부에 있어서도 국가와 지방자치단체 등이 실질적인 차이가 있다고 보기 어렵다는 점에서, 심판대상조항은 *(A: 국가 / B: 지방자치단체)* 가 당사자소송의 피고인 경우 가집행의 선고를 제한하여, *(A: 국가 / B: 지방자치단체)* 가 아닌 공공단체 그 밖의 권리주체가 피고인 경우에 비하여 합리적인 이유 없이 차별하고 있으므로 평등원칙에 반한다.
>
> > 행정소송법 제43조【가집행선고의 제한】*(A: 국가 / B: 지방자치단체)* 를 상대로 하는 당사자소송의 경우에는 가집행선고를 할 수 없다.
> > [단순위헌, 2020헌가12, 2022.2.24, 행정소송법(1984.12.15. 법률 제3754호로 전부개정된 것) 제43조는 헌법에 위반된다.]

기출문제로 점검하기

01 「행정소송법」에 대한 내용으로 가장 옳지 않은 것은?   24. 군무원 9급

① 당사자소송은 원칙적으로 당해 처분을 행한 행정청을 피고로 한다.
② 민중소송은 법률이 정한 경우에 법률에 정한 자에 한하여 제기할 수 있다.
③ 기관소송은 법률이 정한 경우에 법률에 정한 자에 한하여 제기할 수 있다.
④ 국가의 사무를 위임 또는 위탁받은 공공단체 또는 그 장에 해당하는 피고에 대하여 취소소송을 제기하는 경우에는 대법원소재지를 관할하는 행정법원에 제기할 수 있다.

행정소송법

항고소송과 달리, 법률관계의 한쪽 당사자를 피고로 한다.

선지분석
②③ 객관소송 법정주의에 대한 설명이다.
④ 토지관할 중 특별재판적에 대한 설명이다.

> **행정소송법 제9조【재판관할】** ① 취소소송의 제1심관할법원은 피고의 소재지를 관할하는 행정법원으로 한다.
> ② 제1항에도 불구하고 다음 각 호의 어느 하나에 해당하는 피고에 대하여 취소소송을 제기하는 경우에는 대법원소재지를 관할하는 행정법원에 제기할 수 있다.
> 1. 중앙행정기관, 중앙행정기관의 부속기관과 합의제행정기관 또는 그 장
> 2. 국가의 사무를 위임 또는 위탁받은 공공단체 또는 그 장
> ③ 토지의 수용 기타 부동산 또는 특정의 장소에 관계되는 처분등에 대한 취소소송은 그 부동산 또는 장소의 소재지를 관할하는 행정법원에 이를 제기할 수 있다.

답 ①

02 제3자의 원고적격에 대한 설명으로 옳지 않은 것은?

23. 군무원 9급

① 행정처분의 직접 상대방이 아닌 제3자라도 당해 처분에 관하여 법률상 직접적이고 구체적인 이해관계를 가지는 경우에는 당해 처분 취소소송의 원고적격이 인정된다.
② 환경상 이익은 본질적으로 자연인에게 귀속되는 것으로서 단체는 환경상 이익의 침해를 이유로 행정소송을 제기할 수 없다.
③ 우리 「출입국관리법」의 해석상 외국인은 사증발급 거부처분의 취소를 구할 법률상 이익이 있다.
④ 처분 등에 의해 법률상 이익이 현저히 침해되는 경우뿐만 아니라 침해가 우려되는 경우에도 원고적격이 인정된다.

원고적격

사증발급 거부처분의 취소를 구하는 외국인은 대한민국에 입국하고자 하는 자에 해당한다. 중국 국적 원고는 출입국관리법에 근거한 법률상 이익이 부정되었고, 미국 국적 원고는 재외동포법에 근거한 법률상 이익이 인정되었다.

답 ③

03 행정소송의 원고적격에 대한 설명으로 옳지 않은 것은?

21. 군무원 9급

① 면허나 인·허가 등의 수익적 행정처분의 근거가 되는 법률이 해당 업자들 사이의 과당경쟁으로 인한 경영의 불합리를 방지하는 것도 그 목적으로 하고 있는 경우, 다른 업자에 대한 면허나 인·허가 등의 수익적 행정처분에 대하여 미리 같은 종류의 면허나 인·허가 등의 처분을 받아 영업을 하고 있는 기존의 업자는 당해 행정처분의 취소를 구할 원고적격이 인정될 수 있다.
② 광업권설정허가처분과 그에 따른 광산 개발로 인하여 재산상·환경상 이익의 침해를 받거나 받을 우려가 있는 토지나 건축물의 소유자와 점유자 또는 이해관계인 및 주민들은 그 처분 전과 비교하여 수인한도를 넘는 재산상·환경상 이익의 침해를 받거나 받을 우려가 있다는 것을 증명하더라도 원고적격을 인정받을 수 없다.
③ 행정처분의 직접 상대방이 아닌 제3자라 하더라도 당해 행정처분으로 인하여 법률상 보호되는 이익을 침해당한 경우에는 취소소송을 제기하여 그 당부의 판단을 받을 자격이 있다.
④ 법인의 주주가 그 처분으로 인하여 궁극적으로 주식이 소각되거나 주주의 법인에 대한 권리가 소멸하는 등 주주의 지위에 중대한 영향을 초래하게 되는데도 그 처분의 성질상 당해 법인이 이를 다툴 것을 기대할 수 없고 달리 주주의 지위를 보전할 구제방법이 없는 경우에는 주주도 그 처분에 관하여 직접적이고 구체적인 법률상 이해관계를 가진다고 보이므로 그 취소를 구할 원고적격이 있다.

원고적격

추정 여부를 불문하고, 스스로 법률상 이익의 침해를 입증하였다면 원고적격이 있다고 보아야 한다.

답 ②

04 판례상 취소소송에서 원고적격이 인정되는 자로 옳은 것은?

23. 군무원 7급

① 국민권익위원회의 조치요구의 취소를 구하는 소송을 제기한 소방청장
② 외국에서 사증발급거부의 취소를 구하는 외국인
③ 담배소매인 중에서 구내소매인 지정 처분의 취소를 구하는 일반소매인
④ 공유수면 매립목적 변경승인처분의 취소를 구하는 재단법인 수녀원

원고적격

행정청에게 예외적으로 당사자능력 및 원고적격을 인정하였다.

선지분석

② 사증발급 거부처분의 취소를 구하는 외국인은 대한민국에 입국하고자 하는 자에 해당한다. 중국 국적 원고는 출입국관리법에 근거한 법률상 이익이 부정되었으나, 미국 국적 원고는 재외동포법에 근거한 법률상 이익이 인정되었다.
③ 일반소매인은 구내소매인 신규 지정을 다툴 원고적격이 없다. 반면, 일반소매인이 일반소매인의 신규 지정을 다툴 원고적격은 인정된다.

답 ①

05 다음 중 취소소송의 대상이 되는 처분에 해당하는 것으로 옳은 것은 모두 몇 개인가?

22. 군무원 9급

ㄱ. 한국마사회의 조교사나 기수에 대한 면허 취소·정지
ㄴ. 법규성 있는 고시가 집행행위 매개 없이 그 자체로서 이해당사자의 법률관계를 직접 규율하는 경우
ㄷ. 행정계획 변경신청의 거부가 장차 일정한 처분에 대한 신청을 구할 법률상 이익이 있는 자의 처분 자체를 실질적으로 거부하는 경우
ㄹ. 「국가공무원법」상 당연퇴직의 인사발령

① 0개 ② 1개
③ 2개 ④ 3개

취소소송의 대상이 되는 처분

옳은 것은 2개(ㄴ, ㄷ)이다.
ㄴ. 처분적 고시를 의미한다.
ㄷ. 장래 일정한 기간 내에 관계 법령이 규정하는 시설 등을 갖추어 일정한 행정처분을 구하는 신청을 할 수 있는 법률상 지위에 있는 자의 국토이용계획변경신청을 거부하는 것이 실질적으로 당해 행정처분 자체를 거부하는 결과가 되는 경우에는 예외적으로 그 신청인에게 국토이용계획변경을 신청할 권리가 인정된다고 봄이 상당하므로, 이러한 신청에 대한 거부행위는 항고소송의 대상이 되는 행정처분에 해당한다(대판 2003.9.23. 2001두10936).

선지분석

ㄱ. 공무를 위탁받은 범위 내에 있지 않으므로, 공법인으로서의 행위로 볼 수 없다.
ㄹ. 원칙적 통지에 해당한다.

답 ③

06 항고소송의 대상에 대한 설명으로 옳지 않은 것은? (다툼이 있는 경우 판례에 의함) 22. 소방

① 병무청장의 요청에 따른 법무부장관의 입국금지결정은 법무부장관의 의사가 공식적인 방법으로 외부에 표시되어 입국 자체를 금지하는 것으로서 그 입국금지결정은 항고소송의 대상이 될 수 있는 처분에 해당한다.
② 병무청장이 「병역법」에 따라 병역의무 기피자의 인적사항 등을 인터넷 홈페이지에 게시하는 등의 방법으로 공개한 경우 병무청장의 공개결정을 항고소송의 대상이 되는 행정처분으로 보아야 한다.
③ 시장이 감사원으로부터 「감사원법」에 따라 징계의 종류를 정직으로 정한 징계 요구를 받게 되자 감사원에 징계 요구에 대한 재심의를 청구하였고, 감사원이 재심의청구를 기각한 경우, 감사원의 징계 요구와 재심의결정은 항고소송의 대상이 되는 행정처분이라고 할 수 없다.
④ 「국방전력발전업무훈령」에 따른 연구개발확인서 발급은 개발업체가 전력지원체계 연구개발사업을 성공적으로 수행하여 군사용 적합판정을 받고 경우에 따라 사업관리기관이 개발업체에게 수의계약의 방식으로 국방조달계약을 체결할 수 있는 지위가 있음을 인정해 주는 확인적 행정행위로서 처분에 해당한다.

항고소송의 대상

외부에 표시되지 않았다면 효력이 발생될 수 없어 처분성이 인정되지 않는다.

선지분석
② 지방병무청장의 1차 결정과는 달리, 병무청장의 최종결정은 처분성이 있다.
③ 중간단계의 행위로서 원칙적으로 처분성이 인정되지 않는다.

답 ①

07 항고소송의 소의 이익에 대한 판례의 설명으로 가장 옳지 않은 것은?

24. 군무원 9급

① 부령인 시행규칙 형식으로 정한 처분기준에서 제재적 행정처분을 받은 것을 가중사유나 전제 요건으로 삼아 장래의 제재적 행정처분을 하도록 정하고 있는 경우, 선행처분인 제재적 행정처분을 받은 상대방이 그 처분에서 정한 제재기간이 경과하였다 하더라도 그 처분의 취소를 구할 법률상 이익이 있다.

② 권리보호의 필요성 유무를 판단할 때에는 국민의 재판청구권을 보장한 헌법 제27조 제1항의 취지와 행정처분으로 인한 권익침해를 효과적으로 구제하려는 「행정소송법」의 목적 등에 비추어 행정처분의 존재로 인하여 국민의 권익이 실제로 침해되고 있는 경우는 물론이고 권익침해의 구체적·현실적 위험이 있는 경우에도 이를 구제하는 소송이 허용되어야 한다는 요청을 고려하여야 한다.

③ 행정처분과 동일한 사유로 위법한 처분이 반복될 위험성이 있어 행정처분의 위법성 확인 내지 불분명한 법률문제에 대한 해명이 필요한 경우에는 취소를 구할 소의 이익을 인정할 수 있는데, 그 행정처분과 동일한 사유로 위법한 처분이 반복될 위험성이 있는 경우란 해당 사건의 동일한 소송당사자 사이에서 반복될 위험이 있는 경우만을 의미한다.

④ 행정처분의 무효확인 또는 취소를 구하는 소가 제소 당시에는 소의 이익이 있어 적법하였더라도, 소송 계속 중 처분청이 다툼의 대상이 되는 행정처분을 직권으로 취소하면 그 처분은 효력을 상실하여 더 이상 존재하지 않는 것이므로, 존재하지 않는 그 처분을 대상으로 한 항고소송은 원칙적으로 소의 이익이 소멸하여 부적법하다.

소의 이익

처분이 이미 소멸하였어도 반복될 위험성 및 법적 해명의 필요성이 있다면 예외적으로 소의 이익이 인정될 수 있다. 이 때 반복될 위험성이라 함은 반드시 소송당사자 사이에서 처분이 반복될 위험만을 뜻하지는 않는다.

선지분석
① 해당 부령은 대외적 구속력이 없는 법규명령 형식의 행정규칙이지만, 이를 근거로 소의 이익을 인정받을 수 있는 예외적 사례에 해당한다.
② 권리보호의 필요성은 소의 이익의 동의어에 해당한다.

답 ③

08 취소소송에 대한 설명으로 가장 옳지 않은 것은?

22. 군무원 9급

① 제재적 행정처분의 효력이 제재기간 경과로 소멸하였더라도 관련 법규에서 제재적 행정처분을 받은 사실을 가중사유나 전제요건으로 삼아 장래의 제재적 행정처분을 하도록 정하고 있다면, 선행처분의 취소를 구할 법률상 이익이 있다.

② 행정처분의 취소소송 계속 중 처분청이 다툼의 대상이 되는 행정처분을 직권으로 취소하면 그 처분은 효력을 상실하여 더 이상 존재하지 않는 것이므로 존재하지 않는 처분을 대상으로 한 항고소송은 원칙적으로 소의 이익이 소멸하여 부적법하다.

③ 고등학교 졸업이 대학 입학 자격이나 학력 인정으로서의 의미밖에 없다고 할 수 없으므로 고등학교졸업학력 검정고시에 합격하였다 하여 고등학교 학생으로서의 신분과 명예가 회복될 수 없는 것이니 퇴학처분을 받은 자로서는 퇴학처분의 위법을 주장하여 그 취소를 구할 소송상의 이익이 있다.

④ 소송계속 중 해당 처분이 기간의 경과로 그 효과가 소멸하더라도 예외적으로 그 처분의 취소를 구할 소의 이익을 인정할 수 있는 '행정처분과 동일한 사유로 위법한 처분이 반복될 위험성이 있는 경우'란 해당 사건의 동일한 소송 당사자 사이에서 반복될 위험이 있는 경우만을 의미한다.

취소소송

처분이 이미 소멸하였어도 반복될 위험성 및 법적 해명의 필요성이 있다면 예외적으로 소의 이익이 인정될 수 있다. 이 때 반복될 위험성이라 함은 반드시 소송당사자 사이에서 처분이 반복될 위험만을 뜻하지는 않는다.

선지분석
③ 원칙적으로 신분과 명예와 같은 주관적 감정은 법률상 이익이 될 수 없으나, 예외적으로 이를 인정하였다.

답 ④

09 「행정소송법」에 따른 법률상 이익에 대한 설명으로 옳지 않은 것은? (다툼이 있는 경우 판례에 의함) 23. 소방

① 행정처분의 무효확인 또는 취소를 구하는 소에서, 비록 행정처분의 위법을 이유로 무효확인 또는 취소 판결을 받더라도 그 처분에 의하여 발생한 위법상태를 원상으로 회복시키는 것이 불가능한 경우에는 원칙적으로 그 무효확인 또는 취소를 구할 법률상 이익이 없다.
② 행정청이 한 처분등의 취소를 구하는 것보다 실효적이고 직접적인 구제수단이 있음에도 처분등의 취소를 구하는 것은 특별한 사정이 없는 한 분쟁해결의 유효적절한 수단이라고 할 수 없어 법률상 이익이 없다.
③ 지방의회 의원에 대한 제명의결 취소소송 계속 중 의원의 임기가 만료되었다면, 제명의결시부터 임기만료일까지의 기간에 대한 월정수당의 지급을 구할 수 있다고 하더라도 그 제명의결의 취소를 구할 법률상 이익이 없다.
④ 행정처분이 취소되면 그 처분은 취소로 인하여 그 효력이 상실되어 더 이상 존재하지 않는 것이고, 그 처분을 대상으로 한 취소소송의 경우 법률상 이익이 없다.

> **법률상 이익**
> 복직은 할 수 없게 되었으나, 취소판결의 형성력이 소급적으로 작용하는 결과 처음부터 제명을 당하지 않은 상태로 돌아가게 되므로, 미지급 수당의 지급을 구할 이익은 여전히 인정된다.
>
> **선지분석**
> ② 경원자 A가 자신에 대한 거부처분 취소재결을 받은 상태에서, 다른 경원자 B가 취소재결에 대해 취소소송을 제기하려고 한 사안이다. 재처분의무에 따른 후속조치가 내려지기 전에 재결다툴 소의 이익이 없다고 보았다.

답 ③

10 항고소송의 피고에 대한 설명으로 옳지 않은 것은? (다툼이 있는 경우 판례에 의함) 23. 소방

① 항고소송은 원칙적으로 소송의 대상인 처분등을 외부적으로 그의 명의로 행한 행정청을 피고로 하여야 하는 것이다.
② 「행정소송법」 제14조에 의한 피고경정은 사실심 변론종결에 이르기까지 허용된다.
③ 처분등이 있은 뒤에 그 처분등에 관계되는 권한이 다른 행정청에 승계된 때에는 그 처분등에 대한 사무가 귀속되는 국가 또는 지방자치단체를 피고로 한다.
④ 대리기관이 대리관계를 표시하고 피대리 행정청을 대리하여 행정처분을 한 때에는 피대리 행정청이 피고가 되어야 한다.

> **항고소송의 피고**
>
> **행정소송법 제13조【피고적격】** ① 취소소송은 다른 법률에 특별한 규정이 없는 한 그 처분등을 행한 행정청을 피고로 한다. 다만, 처분등이 있은 뒤에 그 처분등에 관계되는 권한이 다른 행정청에 승계된 때에는 이를 승계한 행정청을 피고로 한다.
> ② 제1항의 규정에 의한 행정청이 없게 된 때에는 그 처분등에 관한 사무가 귀속되는 국가 또는 공공단체를 피고로 한다.

답 ③

11 행정소송제도에 대한 설명으로 옳지 않은 것은? 21. 군무원 9급

① 개별법령에 합의제 행정청의 장을 피고로 한다는 명문규정이 없는 한 합의제 행정청 명의로 한 행정처분의 취소소송의 피고적격자는 당해 합의제 행정청이 아닌 합의제 행정청의 장이다.

② 원고가 피고를 잘못 지정한 경우 피고경정은 취소소송과 당사자소송 모두에서 사실심 변론종결에 이르기까지 허용된다.

③ 법원은 당사자소송을 취소소송으로 변경하는 것이 상당하다고 인정할 때에는 청구의 기초에 변경이 없는 한 사실심의 변론종결시까지 원고의 신청에 의하여 결정으로써 소의 변경을 허가할 수 있다.

④ 당사자소송의 원고가 피고를 잘못 지정하여 피고경정신청을 한 경우 법원은 결정으로써 피고의 경정을 허가할 수 있다.

행정소송제도

중앙노동위원회와 같은 예외를 제외하면, 합의제 행정청은 그 장이 아닌 행정청 자체로 피고가 된다.

선지분석

③ 직권으로는 불가하다.
④ 취소소송의 규정이 준용되므로, 이 역시 직권으로는 불가하다.

답 ①

12 「행정소송법」상 행정소송에 대한 설명으로 옳지 않은 것은?

23. 군무원 7급

① 토지의 수용에 대한 취소소송은 그 부동산 소재지를 관할하는 행정법원에 이를 제기할 수 있다.
② 「행정소송법」을 적용함에 있어서 행정청에는 행정권한의 위임 또는 위탁을 받은 사인이 포함된다.
③ 행정소송에 대한 대법원판결에 의하여 명령·규칙이 헌법 또는 법률에 위반된다는 것이 확정된 경우에는 대법원은 지체 없이 그 사유를 국무총리에게 통보하여야 한다.
④ 원고의 고의 또는 중대한 과실 없이 행정소송이 심급을 달리하는 법원에 잘못 제기된 경우에는 관할위반을 이유로 관할법원에 이송한다.

행정소송

구체적 규범통제의 결과, 하자있는 법규명령에 대한 별도의 폐지행위가 필요하다.

> **행정소송법 제6조【명령·규칙의 위헌판결등 공고】** ① 행정소송에 대한 대법원판결에 의하여 명령·규칙이 헌법 또는 법률에 위반된다는 것이 확정된 경우에는 대법원은 지체 없이 그 사유를 행정안전부장관에게 통보하여야 한다.
> ② 제1항의 규정에 의한 통보를 받은 행정안전부장관은 지체 없이 이를 관보에 게재하여야 한다.

선지분석

① 토지관할 중 특별재판적에 대한 설명에 해당한다.

> **행정소송법 제9조【재판관할】** ① 취소소송의 제1심관할법원은 피고의 소재지를 관할하는 행정법원으로 한다.
> ② 제1항에도 불구하고 다음 각 호의 어느 하나에 해당하는 피고에 대하여 취소소송을 제기하는 경우에는 대법원소재지를 관할하는 행정법원에 제기할 수 있다.
> 1. 중앙행정기관, 중앙행정기관의 부속기관과 합의제행정기관 또는 그 장
> 2. 국가의 사무를 위임 또는 위탁받은 공공단체 또는 그 장
> ③ 토지의 수용 기타 부동산 또는 특정의 장소에 관계되는 처분등에 대한 취소소송은 그 부동산 또는 장소의 소재지를 관할하는 행정법원에 이를 제기할 수 있다.

답 ③

13 「행정소송법」의 규정 내용으로 가장 옳지 않은 것은?

22. 군무원 9급

① 법원은 소송의 결과에 따라 권리 또는 이익의 침해를 받을 제3자가 있는 경우에는 당사자 또는 제3자의 신청 또는 직권에 의하여 결정으로써 그 제3자를 소송에 참가시킬 수 있다.

② 법원은 다른 행정청을 소송에 참가시킬 필요가 있다고 인정할 때에는 당사자 또는 당해 행정청의 신청 또는 직권에 의하여 결정으로써 그 행정청을 소송에 참가시킬 수 있다.

③ 법원이 제3자의 소송참가와 행정청의 소송 참가에 관한 결정을 하는 경우에는 각각 당사자 및 제3자의 의견, 당사자 및 당해 행정청의 의견을 들어야 한다.

④ 법원은 취소소송을 당해 처분 등에 관계되는 사무가 귀속하는 국가 또는 공공단체에 대한 당사자소송 또는 취소소송 외의 항고소송으로 변경하는 것이 상당하다고 인정할 때에는 청구의 기초에 변경이 없는 한 사실심의 변론종결시까지 원고의 신청 또는 직권에 의하여 결정으로써 소의 변경을 허가할 수 있다.

행정소송법

직권에 의한 소변경은 불가하다.

선지분석

①② 소송참가는 직권 또는 신청에 의해 가능하다.
③ 들어야 할 뿐, 따를 필요는 없다.

답 ④

14 「행정소송법」상 집행정지결정에 대한 설명으로 가장 옳지 않은 것은?

22. 군무원 9급

① 법원은 당사자의 신청 또는 직권에 의하여 처분 등의 효력이나 그 집행 또는 절차의 속행의 전부 또는 일부의 정지를 결정하거나, 또는 집행정지의 취소를 결정할 수 있다.
② 집행정지결정은 속행정지, 집행정지, 효력정지로 구분되고 이 중 속행정지는 처분의 집행이나 효력을 정지함으로써 목적을 달성할 수 있는 경우에는 허용되지 아니한다.
③ 과징금납부명령의 처분이 사업자의 자금 사정이나 경영전반에 미치는 파급효과가 매우 중대하다는 이유로 인한 손해는 효력정지 내지 집행정지의 적극적 요건인 '회복하기 어려운 손해'에 해당한다.
④ 효력기간이 정해져 있는 제재적 행정처분에 대한 취소소송에서 법원이 본안소송의 판결 선고시까지 집행정지결정을 하면, 처분에서 정해 둔 효력기간은 판결 선고시까지 진행하지 않다가 판결이 선고되면 그때 집행정지결정의 효력이 소멸함과 동시에 처분의 효력이 당연히 부활하여 처분에서 정한 효력기간이 다시 진행한다.

집행정지결정
효력정지의 보충성을 묻는 문제에 해당한다.

행정소송법 제23조 【집행정지】 ② 취소소송이 제기된 경우에 처분등이나 그 집행 또는 절차의 속행으로 인하여 생길 회복하기 어려운 손해를 예방하기 위하여 긴급한 필요가 있다고 인정할 때에는 본안이 계속되고 있는 법원은 당사자의 신청 또는 직권에 의하여 처분등의 효력이나 그 집행 또는 절차의 속행의 전부 또는 일부의 정지(이하 "집행정지"라 한다)를 결정할 수 있다. 다만, 처분의 효력정지는 처분 등의 집행 또는 절차의 속행을 정지함으로써 목적을 달성할 수 있는 경우에는 허용되지 아니한다.

선지분석
① 가구제는 직권으로도 가능하다.
④ 집행정지의 기간이 만료되면 별도의 조치 없이도 처분의 효력이 부활한다.

답 ②

15 「행정소송법」상 집행정지에 대한 설명으로 옳지 않은 것은?

24. 군무원 7급

① 공공복리에 중대한 영향을 미칠 우려가 있어 집행정지를 불허할 경우의 입증책임은 행정청에게 있다.
② 집행정지결정 후 본안소송이 취하되면 집행 정지결정의 효력도 상실한다.
③ 무효확인소송에서는 집행정지가 인정되지 않는다.
④ 집행정지의 결정을 신청함에 있어서는 그 이유에 대한 소명이 있어야 한다.

집행정지
취소소송 및 무효확인소송에서 집행정지가 인정되는 반면, 부작위위법확인소송 및 당사자소송은 인정되지 않는다.

선지분석
① 소극적 요건이므로 행정청이 입증(소명)할 책임이 있다.
② 적극적 요건 중 하나인 '적법한 본안소송이 계속 중일 것'에 관한 설명이다.

답 ③

16 「행정기본법」상 법 적용의 기준에 대한 설명으로 가장 옳지 않은 것은?

24. 군무원 7급

① 새로운 법령 등은 법령 등에 특별한 규정이 있는 경우를 제외하고는 그 법령 등의 효력발생 전에 완성되거나 종결된 사실관계 또는 법률관계에 대해서는 적용되지 아니한다.
② 당사자의 신청에 따른 처분은 법령 등에 특별한 규정이 있거나 신청 당시의 법령 등을 적용하기 곤란한 특별한 사정이 있는 경우를 제외하고는 신청 당시의 법령 등에 따른다.
③ 법령 등을 위반한 행위의 성립과 이에 대한 제재처분은 법령 등에 특별한 규정이 있는 경우를 제외하고는 법령 등을 위반한 행위 당시의 법령 등에 따른다.
④ 법령 등을 위반한 행위 후 법령 등의 변경에 의하여 그 행위가 법령 등을 위반한 행위에 해당하지 아니하거나 제재처분 기준이 가벼워진 경우로서 해당 법령 등에 특별한 규정이 없는 경우에는 변경된 법령 등을 적용한다.

행정기본법
원칙적으로 처분시의 법령을 따른다. 불리하게 변경되었더라도 마찬가지이다.

선지분석
① 진정소급입법은 원칙적으로 허용되지 않는다.

답 ②

17 「행정기본법」상 법적용의 기준에 대한 설명으로 옳지 않은 것은?

21. 군무원 7급

① 새로운 법령은 법령에 특별한 규정이 있는 경우를 제외하고는 그 법령의 효력 발생 전에 완성되거나 종결된 사실관계 또는 법률 관계에 대해서는 적용되지 아니한다.
② 당사자의 신청에 따른 처분은 법령에 특별한 규정이 있거나 처분 당시의 법령을 적용하기 곤란한 특별한 사정이 있는 경우를 제외하고는 처분 당시의 법령에 따른다.
③ 법령을 위반한 행위의 성립과 이에 대한 제재처분은 법령에 특별한 규정이 있는 경우를 제외하고는 법령을 위반한 행위 당시의 법령에 따른다.
④ 법령을 위반한 행위 후 법령의 변경에 의하여 그 행위가 법령을 위반한 행위에 해당하지 아니하는 경우에도 해당 법령에 특별한 규정이 없는 경우 변경 이전의 법령을 적용한다.

행정기본법
위반행위 후, 제재처분 전에 법령이 가볍게 개정되었다면, 국민의 권익을 고려하여 가볍게 개정된 법령을 적용한다.

답 ④

18 취소소송에 대한 설명으로 옳지 않은 것은?

23. 군무원 7급

① 어떠한 처분에 법령상 근거가 있는지, 「행정절차법」에서 정한 처분 절차를 준수하였는지는 본안에서 당해 처분이 적법한가를 판단하는 단계에서 고려할 요소가 아니라, 소송요건 심사단계에서 고려할 요소이다.

② 행정처분의 위법 여부는 행정처분이 있을 때의 법령과 사실 상태를 기준으로 판단하여야 하며, 법원은 행정처분 당시 행정청이 알고 있었던 자료뿐만 아니라 사실심 변론종결 당시까지 제출된 모든 자료를 종합하여 처분 당시 존재하였던 객관적 사실을 확정하고 그 사실에 기초하여 처분의 위법 여부를 판단할 수 있다.

③ 개발부담금부과처분 취소소송에 있어 당사자가 제출한 자료에 의하여 적법하게 부과될 정당한 부과금액을 산출할 수 없을 경우에는 부과처분 전부를 취소할 수밖에 없으나, 그렇지 않은 경우에는 그 정당한 금액을 초과하는 부분만 취소하여야 한다.

④ 사정판결은 당사자의 명백한 주장이 없는 경우에도 기록에 나타난 여러 사정을 기초로 직권으로 할 수 있는 것이나, 그 요건인 현저히 공공복리에 적합하지 아니한지 여부는 위법한 행정처분을 취소·변경하여야 할 필요와 그 취소·변경으로 인하여 발생할 수 있는 공공복리에 반하는 사태 등을 비교·교량하여 판단하여야 한다.

취소소송

법률유보원칙 및 행정절차 준수 여부는 처분의 하자에 관한 사항으로서 본안심리 단계에서 고려되어야 한다.

선지분석
② 처분의 위법성 판단 기준시점은 처분시점이고, 위법 여부를 뒷받침하는 자료의 제출기한은 사실심 변론종결시점이다.
③ 가분성이 있는 기속행위에 해당하지만, 취소되어야 할 일부 금액의 계산이 어렵다면 일부취소판결을 내릴 수 없다.
④ 사정판결은 신청뿐 아니라 직권으로도 가능하다. 현저히 공공복리에 적합하지 아니한지 여부는 지문과 같이 판단하되, 그 기준시점은 사실심 변론종결시로 한다.

답 ①

19 행정소송에 대한 설명으로 옳지 않은 것은? (다툼이 있는 경우 판례에 의함) 25. 소방

① 「행정소송법」상 행정청으로 하여금 일정한 행정처분을 하도록 명하는 이행판결을 구하는 소송이나 법원으로 하여금 행정청이 일정한 행정처분을 행한 것과 같은 효과가 있는 행정처분을 직접 행하도록 하는 형성판결을 구하는 소송은 허용되지 아니한다.

② 「행정소송법」은 취소소송이 계속된 법원으로 이송할 수 있는 '관련청구소송'의 범위를 당해 처분등과 관련되는 손해배상·부당이득반환·원상회복등 청구소송과 당해 처분등과 관련되는 취소소송으로 규정하고 있다.

③ 행정처분에 있어서 불이익처분의 상대방은 직접 개인적 이익의 침해를 받은 자로서 원고적격이 인정되지만 수익처분의 상대방은 그의 권리나 법률상 보호되는 이익이 침해되었다고 볼 수 없으므로 달리 특별한 사정이 없는 한 취소를 구할 이익이 없다.

④ 과세처분취소소송의 소송물은 과세관청이 결정한 세액의 객관적 존부이므로 처분 당시의 자료만에 의하여 처분의 적법 여부를 판단하여야 하고 처분 당시의 처분사유만을 주장할 수 있기 때문에, 과세관청은 소송 도중 사실심 변론종결시까지 당해 처분에서 인정한 과세표준 또는 세액의 정당성을 뒷받침할 수 있는 새로운 자료를 제출할 수 없다.

행정소송

처분의 위법성 판단 기준시점은 처분시점이고, 위법 여부를 뒷받침하는 자료의 제출기한은 사실심 변론종결시점이다.

선지분석

① 행정심판법에서 허용하는 처분명령재결 및 처분재결에 대응되는 판결은 실정법상 허용되지 않는다는 취지이다.

②
> **행정소송법 제10조【관련청구소송의 이송 및 병합】**① 취소소송과 다음 각 호의 1에 해당하는 소송(이하 "관련청구소송"이라 한다)이 각각 다른 법원에 계속되고 있는 경우에 관련청구소송이 계속된 법원이 상당하다고 인정하는 때에는 당사자의 신청 또는 직권에 의하여 이를 취소소송이 계속된 법원으로 이송할 수 있다.
> 1. 당해 처분등과 관련되는 손해배상·부당이득반환·원상회복등 청구소송
> 2. 당해 처분등과 관련되는 취소소송

답 ④

20 다음 중 「행정소송법」상 사정판결에 대한 내용으로 가장 옳지 않은 것은?

22. 군무원 7급

> 제28조【사정판결】① 원고의 청구가 (ㄱ)고 인정하는 경우에도 처분등을 취소하는 것이 현저히 (ㄴ)에 적합하지 아니하다고 인정하는 때에는 법원은 원고의 청구를 (ㄷ)할 수 있다. 이 경우 법원은 그 판결의 (ㄹ)에서 그 처분 등이 (ㅁ)을 명시하여야 한다.
> ② 법원이 제1항의 규정에 의한 판결을 함에 있어서는 미리 원고가 그로 인하여 입게 될 (ㅂ)의 정도와 배상방법 그 밖의 사정을 조사하여야 한다.
> ③ 원고는 피고인 행정청이 속하는 국가 또는 공공단체를 상대로 (ㅅ), (ㅇ) 그 밖에 적당한 구제방법의 청구를 당해 취소소송등이 계속된 법원에 병합 하여 제기할 수 있다.

① ㄱ: 이유있다 ㅇ: 제해시설의 설치
② ㄴ: 공공복리 ㅅ: 손해배상
③ ㄷ: 기각   ㅂ: 손해
④ ㄹ: 이유   ㅁ: 위법함

사정판결

> 행정소송법 제28조【사정판결】① 원고의 청구가 (**이유있다**)고 인정하는 경우에도 처분등을 취소하는 것이 현저히 (**공공복리**)에 적합하지 아니하다고 인정하는 때에는 법원은 원고의 청구를 (**기각**)할 수 있다. 이 경우 법원은 그 판결의 (**주문**)에서 그 처분등이 (**위법함**)을 명시하여야 한다.
> ② 법원이 제1항의 규정에 의한 판결을 함에 있어서는 미리 원고가 그로 인하여 입게 될 (**손해**)의 정도와 배상방법 그 밖의 사정을 조사하여야 한다.
> ③ 원고는 피고인 행정청이 속하는 국가 또는 공공단체를 상대로 (**손해배상**), (**제해시설의 설치**) 그 밖에 적당한 구제방법의 청구를 당해 취소소송등이 계속된 법원에 병합하여 제기할 수 있다.

답 ④

21 행정소송 판결의 형성력과 기속력에 대한 설명으로 가장 옳은 것은?

24. 군무원 9급

① 구「도시 및 주거환경정비법」상 주택재개발사업조합의 조합설립인가처분이 법원의 재판에 의하여 취소된 경우 그 조합설립인가처분은 소급하여 효력을 상실하지 않는다.
② 취소소송에서 처분 등을 취소하는 확정판결의 기속력은 주로 판결의 실효성 확보를 위하여 인정되는 효력으로서 판결의 주문 외에 그 전제가 되는 처분 등의 구체적 위법사유에 관한 이유 중의 판단에 대하여는 인정되지 않는다.
③ 징계처분의 취소를 구하는 소에서 징계사유가 될 수 없다고 판결한 사유와 동일한 사유를 내세워 행정청이 다시 징계처분을 한 것은 확정판결에 저촉되지 않는 행정처분을 한 것으로서 허용될 수 있다.
④ 행정처분을 취소한다는 확정판결이 있으면 그 취소판결의 형성력에 의하여 당해 행정처분의 취소나 취소통지 등의 별도의 절차를 요하지 아니하고 당연히 취소의 효과가 발생한다.

판결의 형성력과 기속력

즉, 피고 행정청의 직권취소 등이 별도로 없어도 처분의 효력이 소급적으로 소멸한다.

선지분석
② 기속력은 주문 및 이유에, 기판력은 주문에만 발생한다.

답 ④

22 판결의 효력에 대한 설명으로 가장 옳지 않은 것은?

22. 군무원 9급

① 취소판결 자체의 효력으로써 그 행정처분을 기초로 하여 새로 형성된 제3자의 권리까지 당연히 그 행정처분 전의 상태로 환원되는 것이라고는 할 수 없다.
② 처분의 취소를 구하는 청구에 대한 기각판결은 기판력이 발생하지 않는다.
③ 취소판결이 확정된 경우 행정청은 종전 처분과 다른 사유로 다시 처분할 수 있고, 이 경우 그 다른 사유가 종전 처분 당시 이미 존재하고 있었고 당사자가 이를 알고 있었다 하더라도 확정판결의 기속력에 저촉되지 않는다.
④ 거부처분에 대한 취소판결이 확정된 후 법령이 개정된 경우 개정된 법령에 따라 다시 거부처분을 하여도 기속력에 반하지 아니하다.

판결의 효력

기판력은 소송의 종류, 승패를 불문하고 판결이 확정되면 발생한다.

선지분석
③ 기본적 사실관계의 동일성은 객관적으로 따지는 것이므로, 처분의 상대방이 이를 주관적으로 알고 있었는지와는 무관하다.

답 ②

23 취소소송과 무효확인소송의 관계에 대한 설명으로 가장 옳지 않은 것은?

22. 군무원 9급

① 행정처분에 대한 취소소송과 무효확인소송은 단순 병합이나 선택적 병합의 방식으로 제기할 수 있다.
② 무효선언을 구하는 취소소송이라도 형식이 취소소송이므로 제소요건을 갖추어야 한다.
③ 무효확인을 구하는 소에는 당사자가 명시적으로 취소를 구하지 않는다고 밝히지 않는 한 취소를 구하는 취지가 포함되었다고 보아서 취소소송의 요건을 갖추었다면 취소판결을 할 수 있다.
④ 취소소송의 기각판결의 기판력은 무효확인소송에 미친다.

취소소송과 무효확인소송의 관계
양립이 불가능한 청구이므로, 주위적·예비적 병합만이 가능하다.

선지분석
③ 즉, 별도로 병합하지 않아도 처음부터 취소청구가 예비적 병합되어 있던 것으로 본다. 예비적으로 취소청구를 판단하려면 제소기간 준수 여부를 검토하여야 하고, 이는 무효확인소송이 제소기간 내에 제기되었는지를 기준으로 한다.
④ 처분의 적법·유효가 확정되었다면, 같은 처분에 대한 무효확인소송에서 처분이 위법·무효임을 주장할 수 없다.

답 ①

24 항고소송과 당사자소송에 대한 설명으로 가장 옳은 것은?

24. 군무원 9급

① 국가 등 과세주체가 당해 확정된 조세채권의 소멸시효 중단을 위하여 납세의무자를 상대로 제기한 조세채권 존재확인의 소는 공법상 당사자소송에 해당한다.
② 광주광역시립합창단원으로서 위촉기간이 만료되는 자들의 재위촉 신청에 대하여 광주광역시 문화예술회관장이 실기와 근무성적에 대한 평정을 실시하여 재위촉을 하지 아니한 것을 항고소송의 대상이 되는 불합격처분이라고 할 수는 있다.
③ 「민주화운동관련자 명예회복 및 보상 등에 관한 법률」에 따른 보상금 등의 지급을 구하는 소송은 공법상 당사자소송이다.
④ 공무원연금관리공단이 「공무원연금법령」의 개정사실과 퇴직연금 수급자가 퇴직연금 중 일부 금액의 지급정지 대상자가 되었다는 사실을 통보한 경우, 위 통보는 항고소송의 대상이 되는 행정처분이다.

항고소송과 당사자소송

공법적 원인으로 발생한 권리 및 의무의 존부를 확인하는 소송은 당사자소송에 해당한다.

선지분석

② 공법상계약의 해지와 관련된 조치는 처분으로 보지 않는다.
③ (광주민주화운동 특별법과는 달리) 법률만으로 보상금지급청구권이라는 구체적 권리가 발생할 수 없으므로, 심의위원회의 결정과 같은 처분이 필요하다. 만약 거부결정이 내려질 경우 항고소송으로 다투어야 한다.
④ 법령의 개정으로 인해 연금이 감액된 사안이므로, 거부처분 항고소송이 아닌 당사자소송으로 미지급 연금의 지급을 구하여야 한다.

답 ①

25 판례에 따르면 공법상 당사자소송으로 가장 옳지 않은 것은?

22. 군무원 9급

① 조세부과처분의 당연무효를 전제로 하여 이미 납부한 세금의 반환청구
② 재개발조합을 상대로 조합원자격 유무에 관한 확인을 구하는 소송
③ 사업주가 당연가입자가 되는 고용보험 및 산재보험에서 보험료 납부의무 부존재확인소송
④ 한국전력공사가 한국방송공사로부터 수신료의 징수업무를 위탁받아 자신의 고유업무와 관련된 고지행위와 결합하여 수신료를 징수할 권한이 있는지 여부를 다투는 쟁송

공법상 당사자소송

과오납금 반환청구는 민사소송에 해당하는 부당이득반환청구로 제기되어야 한다.

선지분석

② 이와 달리, 조합장 또는 임원의 지위 확인을 구하는 소송은 민사소송에 해당한다.

답 ①

26 「행정소송법」상 당사자소송에 대한 설명으로 옳지 않은 것은?

21. 군무원 9급

① 공법상 당사자소송이란 행정청의 처분 등을 원인으로 하는 법률관계에 관한 소송 그 밖에 공법상의 법률관계에 관한 소송으로서 그 법률관계의 한쪽 당사자를 피고로 하는 소송을 말한다.
② 공법상 계약의 한쪽 당사자가 다른 당사자를 상대로 효력을 다투거나 이행을 청구하는 소송은 공법상의 법률관계에 관한 분쟁이므로 분쟁의 실질이 공법상 권리·의무의 존부·범위에 관한 다툼에 관해서는 공법상 당사자소송으로 제기하여야 한다.
③ 원고가 고의 또는 중대한 과실 없이 행정소송으로 제기하여야 할 사건을 민사소송으로 잘못 제기한 경우, 수소법원으로서는 만약 그 행정 소송에 대한 관할도 동시에 가지고 있다면 이를 행정소송으로 심리·판단하여야 하고, 그 행정소송에 대한 관할을 가지고 있지 아니하다면 관할법원에 이송하여야 한다.
④ 당사자소송의 경우 법원은 필요하다고 인정할 때에는 직권으로 증거조사를 할 수 있으나, 당사자가 주장하지 아니한 사실에 대하여는 판단하여서는 안 된다.

당사자소송

행정소송법 제26조 【직권심리】 법원은 필요하다고 인정할 때에는 직권으로 증거조사를 할 수 있고, 당사자가 주장하지 아니한 사실에 대하여도 판단할 수 있다.
제44조 【준용규정】 ① 제14조 내지 제17조, 제22조, 제25조, 제26조, 제30조 제1항, 제32조 및 제33조의 규정은 당사자소송의 경우에 준용한다.

선지분석
① 주로 행정주체가 피고가 되지만, 경우에 따라서는 행정객체(사인)도 피고가 될 수 있다(Ex. 보상금감액청구소송).
③ 수소법원이 행정소송에 대한 관할도 동시에 가지고 있다면 이부를 거쳐 소변경을 하고, 관할을 가지고 있지 아니하다면 이송을 거쳐 소변경을 한다.

답 ④

27 공법상의 당사자소송에 대한 설명으로 가장 옳지 않은 것은?

24. 군무원 7급

① 공법상 당사자소송에 대하여 청구의 기초가 바뀌지 아니하는 한도 안에서 민사소송으로 소 변경은 금지된다.
② 대법원은 여러 차례에 걸쳐 「행정소송법」상 항고소송으로 제기해야 할 사건을 민사소송으로 잘못 제기한 경우 수소법원으로서는 원고로 하여금 항고소송으로 소 변경을 하도록 석명권을 행사하여 「행정소송법」이 정하는 절차에 따라 심리·판단해야 한다고 판시해 왔다.
③ 당사자소송에 대하여는 「행정소송법」에 따라 「민사집행법」상 가처분에 관한 규정이 준용된다.
④ 「도시 및 주거환경정비법」상의 주택재건축정비사업조합을 상대로 관리처분계획안 또는 사업시행계획안에 대한 조합 총회결의의 효력 등을 다투는 소송은 「행정소송법」상 당사자소송이다.

당사자소송

행정소송과 민사소송 간 소변경도 허용된다.

선지분석
② 직권에 의한 소변경이 불가하기 때문에 석명권을 행사하도록 의무화하고 있다.
③ 집행정지는 허용되지 않는다.
④ 인가 전이므로 총회결의를 대상으로 당사자소송을, 만약 인가 후라면 관리처분계획을 대상으로 항고소송을 제기한다.

답 ①

해커스공무원 학원·인강
gosi.Hackers.com

해커스공무원 김대현 행정법총론 워크북

제9편
행정심판

제1장 행정심판의 의의
제2장 행정심판의 구체적인 내용
기출문제로 점검하기

제1장 행정심판의 의의

01 이의신청과의 비교

1. 의의

> **행정기본법 제36조【처분에 대한 이의신청】** ① 행정청의 처분(행정심판법 제3조에 따라 같은 법에 따른 행정심판의 대상이 되는 처분을 말한다. 이하 이 조에서 같다)에 이의가 있는 당사자는 처분을 받은 날부터 (30일) 이내에 해당 행정청에 이의신청을 할 수 있다.
> ② 행정청은 제1항에 따른 이의신청을 받으면 그 신청을 받은 날부터 (A: **14일** / B: **10일**) 이내에 그 이의신청에 대한 결과를 신청인에게 통지하여야 한다. 다만, (부득이)한 사유로 (A: **14일** / B: **10일**) 이내에 통지할 수 없는 경우에는 그 기간을 만료일 다음 날부터 기산하여 (A: **14일** / B: **10일**)의 범위에서 한 차례 연장할 수 있으며, 연장 사유를 신청인에게 통지하여야 한다.
> ③ 제1항에 따라 이의신청을 한 경우에도 그 이의신청 (A: **을 거쳐야만** / B: **과 관계없이**) 행정심판법에 따른 행정심판 또는 행정소송법에 따른 행정소송을 제기할 수 있다.

> **24. 지방직 7급** 행정청의 처분에 대해 이의신청을 한 경우에도 그 이의신청과 관계없이 「행정심판법」에 따른 행정심판 또는 「행정소송법」에 따른 행정소송을 제기할 수 있다. (○)

> ④ 이의신청에 대한 결과를 통지받은 후 행정심판 또는 행정소송을 제기하려는 자는 그 결과를 (통지)받은 날(제2항에 따른 통지기간 내에 결과를 통지받지 못한 경우에는 같은 항에 따른 통지기간이 만료되는 날의 다음 날을 말한다)부터 (90일) 이내에 행정심판 또는 행정소송을 제기할 수 있다.

> **24. 국가직 7급** 정보공개청구인이 공공기관의 비공개 결정 또는 부분 공개 결정에 대한 이의신청을 하여 공공기관으로부터 이의신청에 대한 결과를 통지받은 후 취소소송을 제기하는 경우, 그 제소기간은 이의신청에 대한 결과를 통지받은 날부터 기산한다. (○)

> ⑤ 다른 법률에서 이의신청과 이에 준하는 절차에 대하여 정하고 있는 경우에도 그 법률에서 규정하지 아니한 사항에 관하여는 이 조에서 정하는 바에 따른다.
> ⑥ 제1항부터 제5항까지에서 규정한 사항 외에 이의신청의 방법 및 절차 등에 관한 사항은 대통령령으로 정한다.
> ⑦ 다음 각 호의 어느 하나에 해당하는 사항에 관하여는 이 조를 적용하지 아니한다.
> 1. 공무원 인사 관계 법령에 따른 (징계) 등 처분에 관한 사항
> 2. (국가인권위원회)법 제30조에 따른 진정에 대한 (국가인권위원회)의 결정
> 3. (노동위원회)법 제2조의2에 따라 (노동위원회)의 의결을 거쳐 행하는 사항
> 4. (형사), 행형 및 보안처분 관계 법령에 따라 행하는 사항
> 5. (외국인)의 출입국·난민인정·귀화·국적회복에 관한 사항
> 6. (과태료) 부과 및 징수에 관한 사항

2. 이의신청과 행정심판의 구분

(1) 구별기준
① 심판기관의 차이
② 사법절차의 준용 여부

> 헌법 제107조 ③ 재판의 전심절차로서 행정심판을 할 수 있다. 행정심판의 절차는 법률로 정하되, (사법절차)가 준용되어야 한다.

(2) 구별실익
① 이의신청을 거친 후 다시 행정심판 제기할 수 있는지 여부

> 난민법 제21조【(이의신청)】② 제1항에 따른 이의신청을 한 경우에는「행정심판법」에 따른 행정심판을 청구할 수 없다.
>
> **22. 국가직 9급**「난민법」상 난민불인정결정에 대해 법무부장관에게 이의신청을 한 경우에는「행정심판법」에 따른 행정심판을 제기할 수 없다. (○)

지방자치법 제157조【사용료 등의 부과·징수, 이의신청】② (사용료)·수수료 또는 분담금의 부과나 징수에 대하여 이의가 있는 자는 그 처분을 통지받은 날부터 90일 이내에 그 지방자치단체의 장에게 이의신청할 수 있다.
③ 지방자치단체의 장은 제2항의 이의신청을 받은 날부터 60일 이내에 결정을 하여 알려야 한다.
④ (사용료)·수수료 또는 분담금의 부과나 징수에 대하여 행정소송을 제기하려면 제3항에 따른 결정을 통지받은 날부터 90일 이내에 처분청을 당사자로 하여 소를 제기하여야 한다.

행정심판법 제51조【행정심판 (재청구)의 금지】심판청구에 대한 재결이 있으면 그 재결 및 같은 처분 또는 부작위에 대하여 (다시) 행정심판을 청구할 수 없다.

> **22. 지방직 9급** B행정심판위원회의 재결에 고유한 위법이 있는 경우에는 甲은 다시 행정심판을 청구할 수 있다. (×)
> ▶ 재결에 고유한 위법이 있다면 재결취소소송을 제기할 수 있는 것이지, 다시 행정심판을 청구할 수는 없다.
>
> **21. 지방직 9급** 심판청구에 대한 재결이 있으면 그 재결 및 같은 처분 또는 부작위에 대하여 다시 행정심판을 청구할 수 없다. (○)
>
> **23. 지방직 7급** 심판청구에 대한 재결이 있으면 그 재결 및 같은 처분 또는 부작위에 대하여 다시 행정심판을 청구할 수 없다. (○)

② 제소기간의 특례규정

> **관련판례** 국민고충처리절차를 거쳤어도 제소기간 특례 적용 × (95누5332)
>
> 국민고충처리제도는 행정심판법에 의한 행정심판 내지 다른 특별법에 따른 (이의신청), 심사청구, (재결의 신청) 등의 불복구제절차와는 제도의 취지나 성격을 달리하고 있으므로 국민고충처리위원회에 대한 고충민원의 신청이 행정소송의 전치절차로서 요구되는 (행정심판청구)에 해당하는 것으로 볼 수는 없다.
>
>> 23. **국가직 9급** 甲의 국민권익위원회에 대한 고충민원 제기는 이의신청에 해당하므로, 고충민원에 대한 답변을 받은 날이 행정심판 제기기간의 기산점이 된다. (×)
>> ▶ 이의신청이 아니므로, 이를 거쳤다 하여 행정기본법에 규정된 청구기간의 특례가 적용되지 않는다.

③ 처분사유의 추가·변경의 허용 기준

> **관련판례** 이의신청 단계는 기본적 사실관계의 동일성 요구 × (2012두3859)
>
> 처분청이 스스로 당해 처분의 적법성과 합목적성을 확보하고자 행하는 자신의 (내부 시정절차)에서는 당초처분의 근거로 삼은 사유와 기본적 사실관계의 동일성이 인정되지 (않는) 사유라고 하더라도 이를 처분의 적법성과 합목적성을 뒷받침하는 처분사유로 추가·변경할 수 있다.

02 행정심판의 기능

> 행정심판법 제1조 【목적】 이 법은 행정심판 절차를 통하여 행정청의 *(A: 위법 / B: **위법 또는 부당**)*한 처분이나 부작위로 침해된 국민의 권리 또는 이익을 구제하고, 아울러 행정의 적정한 운영을 꾀함을 목적으로 한다.

제2장 행정심판의 구체적인 내용

03 행정심판의 종류

1. 일반행정심판

행정작용	청구 가능한 심판		가구제
적극적 처분	취소심판 무효등확인심판		*(A: 집행정지 / B: 임시처분)*
소극적 처분 (거부처분)	(의무이행)심판	취소심판 무효등확인심판	*(A: 집행정지 / B: 임시처분)*
부작위		(-)	

2. 특별행정심판

행정심판법 제4조【특별행정심판 등】① 사안의 전문성과 특수성을 살리기 위하여 특히 필요한 경우 (외에는) 이 법에 따른 행정심판을 갈음하는 특별한 행정불복절차(이하 "특별행정심판"이라 한다)나 이 법에 따른 행정심판 절차에 대한 특례를 다른 법률로 정할 수 (없다).
② 다른 법률에서 특별행정심판이나 이 법에 따른 행정심판 절차에 대한 특례를 정한 경우에도 (그 법률)에서 규정하지 (아니한) 사항에 관하여는 (이 법)에서 정하는 바에 따른다.
③ 관계 행정기관의 장이 특별행정심판 또는 이 법에 따른 행정심판 절차에 대한 특례를 신설하거나 변경하는 법령을 제정·개정할 때에는 미리 *(A: 중앙행정심판위원회와 / B: 법무부장관과)* 협의하여야 한다.

04 행정심판위원회

1. 종류

(1) 아래 각 (기관장) 소속의 행정심판위원회
① (감사원), 국가정보원장, 대통령비서실/경호처장, 국가안보실장, 방송통신위원회
② 국회사무총장, (법원행정처장), 헌법재판소사무처장, 중앙선거관리위원회사무총장
③ 국가인권위원회, 고위공직자범죄수사처장

(2) *(A: 국민권익위원회 / B: 법제처)* 산하 (중앙)**행정심판위원회**
   ① 위 **(1)** 외 (국가)행정기관의 장 또는 그 소속 행정청
   ② (광역)자치단체의 장 / 교육감 / 의회
   ③ 지방자치단체조합 등 공동 설립 행정청 (아래 **(3)** ③ 제외)

(3) (광역)**자치단체장 및 교육감 소속 행정심판위원회**
   ① 광역자치단체 소속 행정청
   ② 광역자치단체 관할 내 (시·군·자치구)의 장, 소속 행정청, 시·군·자치구 의회

> **21. 국가직 9급** 甲은 B군수의 영업정지처분에 불복하여 A도 행정심판위원회에 행정심판을 청구할 수 있다. (O)

   ③ 광역자치단체 관할 내 공동 설립 행정청

2. 구성(행정심판법 제7조, 제8조)

구분	전체 구성				회의 구성 및 의결방법	
중앙	위원장	상임위원	비상임위원	계	위원장 + 상임위원 + 비상임위원 = (9)	
	1	Max 4	n	Max (70)	의결	(과반수) 출석 / (과반수) 찬성
일반	위원장	위원		계	위원장 + 위원 = (8)	
	1	n		Max (50)	의결	(과반수) 출석 / (과반수) 찬성

05 제척/기피/회피 제도

제척	기피	회피
(A: 직권 또는 당사자의 신청 / B: 당사자의 신청)	(A: 직권 또는 당사자의 신청 / B: 당사자의 신청)	위원 (스스로) 제척/기피사유 있다고 판단하여 자발적 배제
<법정사유> ① 위원 또는 그 (배우자)나 (배우자)이었던 사람이 사건의 당사자이거나, 사건에 관하여 공동 권리자 또는 의무자인 경우 ② 위원이 사건의 당사자와 (친족)이거나 (친족)이었던 경우 ③ 위원이 사건에 관하여 (증인)이나 (감정)을 한 경우 ④ 위원이 당사자의 (대리인)으로서 사건에 관여하거나 관여하였던 경우 ⑤ 위원이 사건의 (대상)이 된 처분 또는 부작위에 관여한 경우	법정사유 (외)의 불공정성 우려 사유	사유 (소명) 후 위원장 (허가)

06 청구요건

1. 개관

구분	1	2	3	4	5	6	7
취소소송	관할	원고 적격	피고적격	대상 적격	소의 이익	제소 기간	전치 주의
무효등확인소송						-	
취소심판		(청구인) 적격	피(청구인) 적격		(청구)의 이익	(청구) 기간	-
무효등확인심판						-	

2. 행정심판 특유의 제도

(1) 피청구인 경정

> 행정심판법 제17조【피청구인의 적격 및 경정】② 청구인이 피청구인을 잘못 지정한 경우에는 위원회는 (직권)으로 또는 당사자의 신청에 의하여 결정으로써 피청구인을 경정(更正)할 수 있다.

(2) 비법인 사단/재단의 청구인능력

> 행정심판법 제14조【법인이 아닌 사단 또는 재단의 청구인 능력】법인이 아닌 사단 또는 재단으로서 대표자나 관리인이 정하여져 있는 경우에는 그 *(A: 대표자나 관리인 / B: 사단이나 재단)*의 이름으로 심판청구를 할 수 있다.

(3) 청구인의 지위 승계

> 행정심판법 제16조【청구인의 지위 승계】① 청구인이 (사망)한 경우에는 상속인이나 그 밖에 법령에 따라 심판청구의 대상에 관계되는 권리나 이익을 승계한 자가 청구인의 지위를 승계한다.
> ② 법인인 청구인이 (합병)에 따라 소멸하였을 때에는 (합병) 후 존속하는 법인이나 (합병)에 따라 설립된 법인이 청구인의 지위를 승계한다.
> ⑤ 심판청구의 대상과 관계되는 권리나 이익을 양수한 자는 위원회의 (허가)를 받아 청구인의 지위를 승계할 수 있다.

(4) 청구 제외사항

> 행정심판법 제3조【행정심판의 대상】② (대통령)의 처분 또는 부작위에 대하여는 다른 법률에서 행정심판을 청구할 수 있도록 정한 경우 외에는 행정심판을 청구할 수 없다.
> 제51조【행정심판 재청구의 금지】심판청구에 대한 재결이 있으면 그 재결 및 같은 처분 또는 부작위에 대하여 (다시) 행정심판을 청구할 수 없다.

(5) 청구의 변경에 따른 청구기간 준수 여부 판단

> 행정심판법 제29조【청구의 변경】① 청구인은 청구의 기초에 변경이 없는 범위에서 청구의 취지나 이유를 변경할 수 있다.
> ⑧ 청구의 변경결정이 있으면 *(A: 처음 행정심판이 청구되었을 때 / B: 그 결정이 있은 때부터)*부터 변경된 청구의 취지나 이유로 행정심판이 청구된 것으로 본다.

(6) 청구기간의 오고지/불고지에 따른 효과
① 행정청의 고지의무

> 행정심판법 제58조【행정심판의 고지】① 행정청이 처분을 할 때에는 처분의 (상대방)에게 다음 각 호의 사항을 알려야 한다.
> 1. 해당 처분에 대하여 행정심판을 청구할 수 있는지
> 2. 행정심판을 청구하는 경우의 심판청구 절차 및 심판청구 (기간)
> ② 행정청은 이해관계인*(A: 이 요구하면 / B: 에게)* 다음 각 호의 사항을 지체 없이 알려 주어야 한다. 이 경우 서면으로 알려 줄 것을 요구받으면 서면으로 알려 주어야 한다.
> 1. 해당 처분이 행정심판의 대상이 되는 처분인지
> 2. 행정심판의 대상이 되는 경우 소관 위원회 및 심판청구 (기간)

관련판례

1. 이해관계인의 경우 먼저 요구하여야만 고지 (98헌바36)

    행정처분이 있음을 알고서도 고지(신청)을 하지 아니한 제3자에 대하여는 행정청의 (고지의무)가 없기 때문에 행정청이 청구기간 등을 알릴 필요가 없어서 청구기간의 (특례)가 인정되지 아니한다.

2. *(A: 사전통지 / B: 고지)*의무 불이행≠절차적 하자 (87누529)

    처분청이 행정심판법에 따른 (고지의무)를 이행하지 아니하였다고 하더라도 *(A: 경우에 따라서는 행정심판의 제기기간이 연장될 수 있는 것에 그친다 / B: 이로 인하여 심판의 대상이 되는 행정처분에 어떤 하자가 수반된다)*.

> 22. **지방직 9급** 행정청이 행정처분을 하면서 상대방에게 불복절차에 관한 고지의무를 이행하지 않았다면 이는 절차적 하자로서 그 행정처분은 위법하게 된다. (×)
> ▶ 사전통지와 달리, 절차상 하자가 발생하지 않고 다만 청구기간만 연장된다.
>
> 23. **지방직 7급** 행정청이 처분을 하면서 당사자에게 그 처분에 관하여 행정심판 및 행정소송을 제기할 수 있는지 여부, 그 밖에 불복을 할 수 있는지 여부, 청구절차 및 청구기간 그 밖에 필요한 사항을 고지하지 않았다면 그 처분은 위법하다. (×)
> ▶ 사전통지와 달리, 절차상 하자가 발생하지 않고 다만 청구기간만 연장된다.

② 청구기간의 특례

　㉠ 원칙적인 청구기간

> **행정심판법 제27조【심판청구의 기간】** ① 행정심판은 처분이 있음을 알게 된 날부터 (90)일 이내에 청구하여야 한다.
>
>> 21. **지방직 9급** 심판청구기간의 기산점인 '처분이 있음을 안 날'이라 함은 당사자가 통지·공고 기타의 방법에 의하여 당해 처분이 있었다는 사실을 현실적으로 안 날을 의미한다. (○)
>
> ③ 행정심판은 처분이 있었던 날부터 (180)일이 지나면 청구하지 못한다. 다만, 정당한 사유가 있는 경우에는 그러하지 아니하다.
> ④ 제1항과 제2항의 기간은 불변기간(不變期間)으로 한다.
> ⑦ 제1항부터 제6항까지의 규정은 무효등확인심판청구와 *(A: 거부처분 / B: 부작위)*에 대한 의무이행심판청구에는 적용하지 아니한다.
>
>> 21. **지방직 9급** 행정청의 부작위에 대한 의무이행심판은 심판청구기간 규정의 적용을 받지 않고, 사정재결이 인정되지 아니한다. (×)
>> ▶ 청구기간은 부작위를 대상으로 할 때에만 적용되지 않는 반면, 사정재결은 대상을 불문하고 모두 가능하다.

ⓒ 심판청구서가 엉뚱한 기관에 제출된 경우(오고지/불고지)

> **행정심판법 제23조 【심판청구서의 제출】** ① 행정심판을 청구하려는 자는 제28조에 따라 심판청구서를 작성하여 (피청구인)이나 (위원회)에 제출하여야 한다. 이 경우 피청구인의 수만큼 심판청구서 부본을 함께 제출하여야 한다.
> ② 행정청이 제58조에 따른 고지를 하지 아니하거나 잘못 고지하여 청구인이 심판청구서를 (다른) 행정기관에 제출한 경우에는 (그) 행정기관은 그 심판청구서를 지체 없이 정당한 권한이 있는 (A: **피청구인** / B: **위원회**)에게 보내야 한다.
> ③ 제2항에 따라 심판청구서를 보낸 행정기관은 지체 없이 그 사실을 청구인에게 알려야 한다.
> ④ 제27조에 따른 심판청구 기간을 계산할 때에는 제1항에 따른 피청구인이나 위원회 또는 제2항에 따른 (A: **행정기관** / B: **피청구인**)에 심판청구서가 제출되었을 때에 행정심판이 청구된 것으로 본다.

ⓒ 심판청구 기간을 원래보다 긴 기간으로 잘못 고지한 경우(오고지)

> **행정심판법 제27조 【심판청구의 기간】** ① 행정심판은 처분이 있음을 알게 된 날부터 (90일) 이내에 청구하여야 한다.
> ⑤ 행정청이 심판청구 기간을 제1항에 규정된 기간보다 (A: **긴** / B: **짧은**) 기간으로 잘못 알린 경우 그 잘못 알린 기간에 심판청구가 있으면 그 행정심판은 제1항에 규정된 기간에 청구된 것으로 본다.

> **관련판례** 행정"심판"청구기간 오고지가 취소"소송"의 제소기간에 미치는 영향 (2004두9302)
>
> 행정심판 제기기간에 관하여 법정 심판청구기간보다 긴 기간으로 잘못 통지받은 경우에 보호할 신뢰 이익은 그 통지받은 기간 내에 (A: ***행정심판을 제기한 경우에 한하는 것이므로*** / B: ***행정소송을 제기한 경우에까지 확대되므로***), 당사자가 행정처분이나 그 이후 행정청으로부터 행정심판 제기기간에 관하여 법정 심판청구기간보다 긴 기간으로 잘못 통지받아 행정소송법상 법정 제소기간을 도과하였다고 하더라도, 그것이 당사자가 책임질 수 (없는) 사유로 인한 것이라고 할 수는 없다.
>
> **22. 지방직 9급** 처분시에 행정청으로부터 행정심판 제기기간에 관하여 법정 심판청구기간보다 긴 기간으로 잘못 통지받은 경우에 보호할 신뢰 이익은 그 통지받은 기간 내에 행정소송을 제기한 경우에까지 확대되지 않는다. (○)

ⓔ 심판청구 기간을 고지하지 않은 경우(불고지)

> **행정심판법 제27조 【심판청구의 기간】** ③ 행정심판은 처분이 있었던 날부터 (180일)이 지나면 청구하지 못한다. 다만, 정당한 사유가 있는 경우에는 그러하지 아니하다.
> ⑥ 행정청이 심판청구 기간을 알리지 (아니한) 경우에는 제3항에 규정된 기간에 심판청구를 할 수 있다.

(7) 청구요건 흠결시 처리

> **관련판례**
>
> 1. 형식: 진정서 VS 실질: 심판청구서 (98두2621)
>   ① 행정심판청구는 엄격한 형식을 *(A: 요하는 / B: <u>요하지 아니하는</u>)* 서면행위로 해석된다.
>   ② 위원회는 심판청구가 적법하지 아니하나 (보정)할 수 있다고 인정하면 기간을 정하여 청구인에게 (보정)할 것을 요구할 수 있다. 다만, 경미한 사항은 직권으로 (보정)할 수 있다(동법 제32조 제1항). 위원회는 청구인이 제1항에 따른 (보정)기간 내에 그 흠을 (보정)하지 아니한 경우에는 그 심판청구를 각하할 수 있다(동조 제6항).
>   ③ 비록 제목이 '(진정서)'로 되어 있고, 행정심판청구서로서의 (형식)을 다 갖추고 있다고 볼 수는 없으나, (보정)이 가능하므로 위 문서를 행정처분에 대한 행정심판청구로 보는 것이 옳다.
>
> 2. **유사** 형식: 심판청구서 VS 실질: 이의신청서 (2011두26886)
>   이의신청을 제기해야 할 사람이 처분청에 표제를 '(행정심판)청구서'로 한 서류를 제출한 경우라 할지라도 서류의 내용에 (이의신청) 요건에 맞는 불복취지와 사유가 충분히 기재되어 있다면 표제에도 불구하고 이를 처분에 대한 (이의신청)으로 볼 수 있다.

(8) 제출처

> 행정심판법 제23조 【심판청구서의 제출】 ① 행정심판을 청구하려는 자는 제28조에 따라 심판청구서를 작성하여 (피청구인)이나 (위원회)에 제출하여야 한다.

(9) 단순 민원성 심판청구의 보정 및 각하

> 행정심판법 제24조 【피청구인의 심판청구서 등의 접수·처리】 ① 피청구인이 제23조 제1항·제2항 또는 제26조 제1항에 따라 심판청구서를 접수하거나 송부받으면 10일 이내에 심판청구서(제23조 제1항·제2항의 경우만 해당된다)와 답변서를 위원회에 보내야 한다. 다만, 청구인이 심판청구를 취하한 경우에는 그러하지 아니하다.
> ② 제1항에도 불구하고 심판청구가 그 내용이 특정되지 아니하는 등 (명백히) 부적법하다고 판단되는 경우에 피청구인은 (답변서)를 위원회에 보내지 아니할 수 있다. 이 경우 심판청구서를 접수하거나 송부받은 날부터 10일 이내에 그 사유를 위원회에 문서로 통보하여야 한다.
>
> 제32조 【보정】 ① 위원회는 심판청구가 적법하지 아니하나 보정(補正)(할 수 있다)고 인정하면 기간을 정하여 청구인에게 보정할 것을 요구할 수 있다. 다만, 경미한 사항은 직권으로 보정할 수 있다.
> ④ 제1항에 따른 보정을 한 경우에는 *(A: 보정을 마친 때부터 / B: <u>처음부터</u>)* 적법하게 행정심판이 청구된 것으로 본다.
> ⑤ 제1항에 따른 보정기간은 제45조에 따른 재결 기간에 산입하지 아니한다.
> ⑥ 위원회는 청구인이 제1항에 따른 보정기간 내에 그 흠을 보정하지 아니한 경우에는 그 심판청구를 *(A: <u>각하</u> / B: 기각)* 할 수 있다.
>
> 제32조의2 【보정할 수 없는 심판청구의 각하】 위원회는 심판청구서에 타인을 (비방)하거나 (모욕)하는 내용 등이 기재되어 청구 내용을 특정할 수 없고 그 흠을 보정할 수 없다고 인정되는 경우에는 제32조 제1항에 따른 보정요구 (없이) 그 심판청구를 각하할 수 있다.

(10) 선정대표자 제도

> 행정심판법 제15조【선정대표자】① 여러 명의 청구인이 공동으로 심판청구를 할 때에는 청구인들 중에서 (3명) 이하의 선정대표자를 선정할 수 있다.
> ② 청구인들이 제1항에 따라 선정대표자를 선정하지 아니한 경우에 위원회는 필요하다고 인정하면 청구인들에게 선정대표자를 선정할 것을 (권고)할 수 있다.
> ③ 선정대표자는 다른 청구인들을 위하여 그 사건에 관한 (모든) 행위를 할 수 있다. 다만, 심판청구를 (취하)하려면 다른 청구인들의 동의를 받아야 하며, 이 경우 동의받은 사실을 *(A: 구두로 / B: 서면으로)* 소명하여야 한다.
> ④ 선정대표자가 선정되면 다른 청구인들은 그 선정대표자를 통해서(만) 그 사건에 관한 행위를 할 수 있다.
> ⑤ 선정대표자를 선정한 청구인들은 필요하다고 인정하면 선정대표자를 (해임)하거나 (변경)할 수 있다. 이 경우 청구인들은 그 사실을 지체 없이 위원회에 서면으로 알려야 한다.

07 가구제

1. 집행정지

행정소송	행정심판	행정소송
적극적 요건 *(A: 청구인 / B: 피청구인 입증)*		소극적 요건 *(A: 청구인 / B: 피청구인 입증)*
① 적법한 본안소송(심판)의 계속		⑤ 공공복리에 중대한 영향
② 처분 등의 존재		⑥ 본안청구가 이유 없음이 명백
③ *(A: 회복하기 어려운 / B: 중대한)*	③ *(A: 회복하기 어려운 / B: 중대한)*	
④ 긴급한 필요		

2. 임시처분

> 행정심판법 제31조【임시처분】① 위원회는 처분 또는 부작위가 위법·부당하다고 상당히 의심되는 경우로서 처분 또는 부작위 때문에 당사자가 받을 우려가 있는 중대한 불이익이나 당사자에게 생길 급박한 위험을 막기 위하여 (임시지위)를 정하여야 할 필요가 있는 경우에는 (직권)으로 또는 당사자의 신청에 의하여 임시처분을 결정할 수 있다.
> ② 제1항에 따른 임시처분에 관하여는 제30조 제3항부터 제7항까지를 준용한다. 이 경우 같은 조 제6항 전단 중 "중대한 손해가 생길 우려"는 "중대한 불이익이나 급박한 위험이 생길 우려"로 본다.
> ③ 제1항에 따른 임시처분은 제30조 제2항에 따른 (집행정지)로 목적을 달성할 수 있는 경우에는 허용되지 아니한다.

23. **지방직 7급** 행정심판위원회는 처분 또는 부작위가 위법·부당하다고 상당히 의심되는 경우로서 처분 또는 부작위 때문에 당사자가 받을 우려가 있는 중대한 불이익이나 당사자에게 생길 급박한 위험을 막기 위하여 임시지위를 정하여야 할 필요가 있는 경우에는 집행정지로 목적을 달성할 수 있더라도 직권으로 또는 당사자의 신청에 의하여 임시처분을 결정할 수 있다. (×)
▶ 임시처분의 보충성으로 인해 집행정지로 목적을 달성할 수 있다면 집행정지를 적용한다.

24. **지방직 7급** 「행정심판법」상 임시처분은 집행정지로 목적을 달성할 수 있는 경우에는 허용되지 아니한다. (○)

구분	임시처분	집행정지
요건	(적법)한 본안심판의 (계속)	
	처분 또는 (부작위)의 위법·부당성이 상당히 의심	처분 등의 존재
	중대한 불이익 or 급박한 위험	중대한 손해의 예방
		긴급한 필요
	공공복리에 중대한 영향 ×	
	–	본안청구가 이유 없음이 명백 ×
	(A: 신청 / B: 직권 or 신청)	
보충성	(집행정지) > 임시처분	집행/절차 정지 > (효력)정지
효과	임시지위를 정함	집행/절차/효력 정지

08 재결

1. 재결의 기간 및 범위 등

행정심판법 제40조 【심리의 방식】 ① 행정심판의 심리는 *(A: 구술심리나 서면심리 / B: 서면심리)* 로 한다. 다만, 당사자가 구술심리를 신청한 경우에는 서면심리(만)으로 결정할 수 있다고 인정되는 경우 (외)에는 구술심리를 하여야 한다.

제45조 【재결 기간】 ① 재결은 제23조에 따라 피청구인 또는 위원회가 심판청구서를 받은 날부터 (60)일 이내에 하여야 한다. 다만, 부득이한 사정이 있는 경우에는 위원장이 직권으로 (30)일을 연장할 수 있다.

제47조 【재결의 범위】 ① [처분권주의(신고불가의 원칙)] 위원회는 심판(청구의 대상)이 되는 처분 또는 부작위 (외)의 사항에 대하여는 재결하지 못한다.
② [(불이익변경금지) 원칙] 위원회는 심판청구의 대상이 되는 처분보다 청구인에게 (불리한) 재결을 하지 못한다.

23. **지방직 9급** 丙은 행정심판의 심리과정에서 甲의 「식품위생법」상의 또 다른 위반 사실을 인지한 경우, 乙의 2개월 영업정지와는 별도로 1개월 영업정지를 추가하여 부과하는 재결을 할 수 있다. (×)
▶ 불이익변경금지원칙으로 인해 1개월 영업정지를 추가할 수는 없다.

2. 의의 및 종류

행정심판법 제43조【재결의 구분】 ① 위원회는 심판청구가 적법하지 아니하면 그 심판청구를 (A: *기각* / B: *각하*)한다.
② 위원회는 심판청구가 이유가 없다고 인정하면 그 심판청구를 (A: *기각* / B: *각하*)한다.
③ 위원회는 취소심판의 청구가 이유가 있다고 인정하면 처분을 (취소) 또는 다른 처분으로 (변경)하거나 처분을 다른 처분으로 (변경)할 것을 피청구인에게 명한다.

21. 국가직 7급 취소심판의 인용재결로서 취소재결, 변경재결, 변경명령재결을 할 수 있다. (○)
23. 지방직 9급 행정심판위원회 丙은 영업정지 2개월에 갈음하여 「식품위생법」소정의 과징금으로 변경할 수 없다. (×)
▶ 변경재결로써 영업정지 처분을 과징금으로 변경 가능하다.
22. 지방직 9급 甲이 취소심판을 제기한 경우, B행정심판위원회는 심판청구가 이유가 있다고 인정하면 처분변경명령재결을 할 수 있다. (○)

④ 위원회는 무효등확인심판의 청구가 이유가 있다고 인정하면 처분의 효력 유무 또는 처분의 존재 여부를 (확인)한다.
⑤ 위원회는 의무이행심판의 청구가 이유가 있다고 인정하면 지체 없이 신청에 따른 (처분)을 하거나 (처분)을 할 것을 피청구인에게 (명한다).

제43조의2(조정) ① 위원회는 당사자의 권리 및 권한의 범위에서 당사자의 (A: *동의를* / B: *신청을*) 받아 심판청구의 신속하고 공정한 해결을 위하여 조정을 할 수 있다. 다만, 그 조정이 (공공복리)에 적합하지 아니하거나 해당 처분의 (성질)에 반하는 경우에는 그러하지 아니하다.
③ 조정은 당사자가 합의한 사항을 조정서에 기재한 후 (당사자)가 서명 또는 날인하고 (위원회)가 이를 확인함으로써 성립한다.

청구 \ 재결	인용			기각	각하
취소심판	(취소)	(변경)	(변경)명령	기각	(사정)
무효등확인심판	무효등(확인)			기각	각하
의무이행심판		(처분)	(처분)명령	기각	(사정)

22. 지방직 9급 甲이 무효확인심판을 제기한 경우, B행정심판위원회는 심판청구가 이유 있다고 인정하면서도 이를 인용하는 것이 공공복리에 크게 위배된다고 인정하면 甲의 심판청구를 기각할 수 있다. (×)
▶ 무효확인심판에는 사정재결이 인정되지 않는다.

3. 재결의 효력

(1) 개관

① 형성력이 발생하는 재결

재결 청구	인용		
취소심판	(취소)	(변경)	변경명령
무효등확인심판	무효등확인		
의무이행심판		(처분)	처분명령

② 재처분의무가 발생하는 재결

재결 청구	인용		
취소심판	(거부처분)취소	변경	(변경명령)
무효등확인심판	(거부처분)무효등확인		
의무이행심판		처분	(처분명령)

형성력 ○ (97누17131)	행정심판 재결의 내용이 처분청에게 처분의 취소를 명하는 것이 아니라 재결청이 스스로 처분을 취소하는 것일 때에는 그 재결의 형성력에 의하여 당해 처분은 *(A: 별도의 행정처분을 통해 / B: **별도의 행정처분을 기다리지 않고 당연히 취소되어**)* 소멸되므로, 형성적 취소재결이 확정된 후 처분청이 다시 원처분을 취소한 경우, 그 취소처분은 항고소송의 (대상)이 되지 않는다. 24. 국가직 9급 행정심판 재결의 내용이 처분청의 처분을 스스로 취소하는 것일 때에는 그 재결의 형성력이 발생하여 당해 행정처분은 별도의 행정처분을 기다릴 것 없이 당연히 취소되어 소멸된다. (○)
기속력 ○ (97누15432)	행정심판법 제37조 제1항에 따라 처분행정청은 재결에 기속되어 재결의 취지에 따른 처분의무를 부담하게 되므로 이에 불복하여 (행정소송)을 제기할 수 없다. 23. 지방직 9급 丙이 영업정지처분을 취소하는 재결을 할 경우, 행정청 乙은 이 인용재결의 취소를 구하는 행정소송을 제기할 수 없다. (○)
기판력 × (2013다6759)	재결에 판결에서와 같은 기판력이 인정되는 것은 아니어서 재결이 (확정)된 경우에도 처분의 기초가 된 사실관계나 법률적 판단이 확정되고 당사자들이나 법원이 이에 기속되어 모순되는 주장이나 판단을 할 수 *(A: 없게 된다 / B: **없게 되는 것은 아니다**)*.

기판력 ×
(2013다6759)

24. 국가직 9급 행정처분이나 행정심판 재결이 불복기간의 경과로 확정될 경우 그 확정력은 처분으로 법률상 이익을 침해받은 자가 당해 처분이나 재결의 효력을 더 이상 다툴 수 없다는 의미일 뿐 판결과 같은 기판력이 인정되는 것은 아니다. (○)

22. 지방직 9급 행정심판의 재결에도 판결에서와 같은 기판력이 인정되는 것이어서 재결이 확정되면 처분의 기초가 된 사실관계나 법률적 판단이 확정되는 것이므로 당사자는 이와 모순되는 주장을 할 수 없게 된다. (×)
▶ 불가쟁력이 발생하였다고 하여 기판력까지 인정되는 것은 아니다.

21. 지방직 9급 재결이 확정된 경우에도 처분의 기초가 된 사실관계나 법률적 판단이 확정되고 당사자들이나 법원이 이에 기속되어 모순되는 주장이나 판단을 할 수 없게 되는 것은 아니다. (○)

(2) 기속력의 구체적인 내용

행정심판법 제49조 【재결의 기속력 등】 ① 심판청구를 인용하는 재결은 (피청구인)과 그 밖의 (관계) 행정청을 기속한다.

22. 지방직 9급 B행정심판위원회의 기각재결이 있은 후에는 A행정청은 원처분을 직권으로 취소할 수 없다. (×)
▶ 기각재결에는 기속력이 인정되지 않기 때문에 처분을 적법하다고 판단한 재결에도 불구하고 처분의 취소가 가능하다.

21. 지방직 9급 재결의 기속력은 인용재결의 경우에만 인정되고, 기각재결에서는 인정되지 않는다. (○)

21. 지방직 7급 조세심판청구에 대한 결정기관은 국무총리 소속의 조세심판원이며, 조세심판원의 결정은 관계 행정청을 기속한다. (○)

② 재결에 의하여 취소되거나 무효 또는 부존재로 확인되는 처분이 당사자의 신청을 (거부)하는 것을 내용으로 하는 경우에는 그 처분을 한 행정청은 재결의 (취지)에 따라 다시 이전의 신청에 *(A: 따른 / B: 대한)* 처분을 하여야 한다.

21. 지방직 9급 기속력은 재결의 주문에만 미치고, 처분 등의 구체적 위법사유에 관한 판단에는 미치지 않는다. (×)
▶ 기판력과 달리, 주문 및 이유에 모두 미친다.

24. 지방직 7급 취소 확정판결의 기속력은 판결의 주문 및 전제가 되는 처분 등의 구체적 위법사유에 관한 판단에 미친다. (○)

③ 당사자의 신청을 거부하거나 부작위로 방치한 처분의 이행을 (명하는) 재결이 있으면 행정청은 지체 없이 이전의 신청에 대하여 재결의 (취지)에 따라 처분을 하여야 한다.
⑤ 법령의 규정에 따라 (공고)하거나 (고시)한 처분이 재결로써 취소되거나 변경되면 처분을 한 행정청은 지체 없이 그 처분이 취소 또는 변경되었다는 것을 (공고)하거나 (고시)하여야 한다.
⑥ 법령의 규정에 따라 처분의 상대방 외의 이해관계인에게 (통지)된 처분이 재결로써 취소되거나 변경되면 처분을 한 행정청은 지체 없이 그 이해관계인에게 그 처분이 취소 또는 변경되었다는 것을 (알려야) 한다.

① 반복금지의무

> 🔍 **관련판례** 반복금지의무 (2002두3201)
>
> 행정청이 당해 처분에 관하여 위법한 것으로 재결에서 판단된 사유와 기본적 사실관계에 있어 (동일성)이 인정되는 사유를 내세워 다시 동일한 내용의 처분을 하는 것이 허용되지 않는다.
>
> > **24. 국가직 9급** 당사자의 신청을 받아들이지 않은 거부처분이 재결에서 취소된 경우에 행정청은 종전 거부처분 또는 재결 후에 발생한 새로운 사유를 내세워 다시 거부처분을 할 수 없다. (×)
> > ▶ 기본적 사실관계의 동일성이 인정되지 않는 사유를 들어 다시 거부처분을 하는 것은 기속력에 반하지 않는다.
> >
> > **21. 국가직 7급** 당사자의 신청을 받아들이지 않은 거부처분이 재결에서 취소된 경우에 행정청은 재결 후에 발생한 새로운 사유를 내세워 다시 거부처분을 할 수 있다. (○)

② (재)처분의무(소극적 처분, 부작위)

> **행정심판법 제49조【재결의 기속력 등】** ② (거부처분 취소재결) 재결에 의하여 취소되거나 (거부처분 무효등확인재결) 무효 또는 부존재로 확인되는 처분이 당사자의 신청을 거부하는 것을 내용으로 하는 경우에는 그 처분을 한 행정청은 재결의 취지에 따라 다시 이전의 신청에 대한 처분을 하여야 한다.
>
> > **21. 지방직 9급** 재결에 의하여 취소되거나 무효 또는 부존재로 확인되는 처분이 당사자의 신청을 거부하는 것을 내용으로 하는 경우에는 그 처분을 한 행정청은 재결의 취지에 따라 다시 이전의 신청에 대한 처분을 하여야 한다. (○)
>
> ③ (거부명령재결) 당사자의 신청을 거부하거나 부작위로 방치한 처분의 이행을 명하는 재결이 있으면 행정청은 지체 없이 이전의 신청에 대하여 재결의 취지에 따라 처분을 하여야 한다.

(3) 처분의무 불이행에 따른 구제수단

구분	간접강제 (법 제50조의2)	직접처분 (법 제50조)
요건	행정심판위원회는	
	청구인의 신청에 의하여 (직권 ×)	
	상당한 기간을 정하고	
	피청구인이 그 기간 내에 이행하지 아니하는 경우에는	
	다음 중 1을 택하여 명령 • 지연기간에 따른 (정기금) 배상 • 즉시 (일시금) 배상	직접 처분
	-	단, 아래 예외의 경우 직접처분 × • 처분의 (성질)상 곤란 예 정보공개청구 **21. 국가직 7급** 정보공개명령재결은 행정심판위원회에 의한 직접처분의 대상이 된다. (×) ▶ 정보를 보유하고 있는 처분청만 공개가 가능하다. • 그 밖의 불가피한 사유
사정변경	당사자의 (신청)에 의하여 결정 내용 변경 가능	-
불복	청구인이 간접강제결정에 대해 행정(A: *소송* / B: *심판*) 제기	-
대상 재결 (☆)	거부처분 (취소)재결	
	거부처분 (무효등확인)재결	
	처분(명령)재결	처분(명령)재결

행정심판법 제50조【위원회의 직접 처분】 ① 위원회는 피청구인이 제49조 제3항에도 불구하고 처분을 하지 아니하는 경우에는 당사자가 (신청)하면 기간을 정하여 서면으로 시정을 명하고 그 기간에 이행하지 아니하면 직접 처분을 할 수 있다. 다만, 그 처분의 (성질)이나 그 밖의 (불가피)한 사유로 위원회가 직접 처분을 할 수 없는 경우에는 그러하지 아니하다.

> **22. 지방직 9급** 乙이 의무이행심판을 제기하여 처분명령재결이 있었음에도 B시장이 허가를 하지 않는 경우 행정심판위원회는 직권으로 시정을 명하고 이를 이행하지 아니하면 직접 건축허가처분을 할 수 있다. (×)
> ▶ 직접처분은 직권으로 할 수 없다.

② 위원회는 제1항 본문에 따라 직접 처분을 하였을 때에는 그 사실을 해당 행정청에 (통보)하여야 하며, 그 (통보)를 받은 행정청은 *(A: 재결의 취지에 따라 다시 이전의 신청에 대한 처분을 하여야 한다 / B: <u>위원회가 한 처분을 자기가 한 처분으로 보아 관계 법령에 따라 관리·감독 등 필요한 조치를 하여야 한다</u>).*

제50조의2【위원회의 간접강제】 ① 위원회는 피청구인이 제49조 제2항(제49조 제4항에서 준용하는 경우를 포함한다) 또는 제3항에 따른 처분을 하지 아니하면 청구인의 (신청)에 의하여 결정으로 상당한 기간을 정하고 피청구인이 그 기간 내에 이행하지 아니하는 경우에는 그 지연(기간)에 따라 일정한 배상을 하도록 명하거나 (즉시) 배상을 할 것을 명할 수 있다.

> **21. 지방직 9급** 행정심판 인용재결에 따른 행정청의 재처분 의무에도 불구하고 행정청이 인용재결에 따른 처분을 하지 아니하는 경우에, 행정심판위원회는 청구인의 신청이 없어도 결정으로 일정한 배상을 하도록 명할 수 있다. (×)
> ▶ 간접강제는 직권으로 할 수 없다.
>
> **23. 지방직 7급** 행정심판위원회는 피청구인이 의무이행재결 중 처분명령재결의 취지에 따른 처분을 하지 아니하는 경우에, 청구인의 신청에 의하여 결정으로 상당한 기간을 정하고 피청구인이 그 기간 내에 이행하지 아니하는 경우에는 그 지연기간에 따라 일정한 배상을 하도록 명하거나 즉시 배상을 할 것을 명할 수 있다. (○)

② 위원회는 사정의 변경이 있는 경우에는 당사자의 (신청)에 의하여 제1항에 따른 결정의 내용을 변경할 수 있다.
③ 위원회는 제1항 또는 제2항에 따른 결정을 하기 전에 신청 상대방의 의견을 *(A: 들어야 / B: 따라야)* 한다.
④ 청구인은 제1항 또는 제2항에 따른 결정에 불복하는 경우 그 결정에 대하여 (행정소송)을 제기할 수 있다.
⑤ 제1항 또는 제2항에 따른 결정의 효력은 *(A: 피청구인인 행정청에게만 / B: <u>피청구인인 행정청이 소속된 국가·지방자치단체 또는 공공단체에</u>)* 미치며, 결정서 정본은 제4항에 따른 소송제기와 관계없이 「민사집행법」에 따른 강제집행에 관하여는 집행권원과 같은 효력을 가진다. 이 경우 집행문은 위원장의 명에 따라 위원회가 소속된 행정청 소속 공무원이 부여한다.

> **21. 국가직 7급** 인용재결의 기속력은 피청구인과 그 밖의 관계 행정청에 미치고, 행정심판위원회의 간접강제 결정의 효력은 피청구인인 행정청이 소속된 국가·지방자치단체 또는 공공단체에 미친다. (○)

기출문제로 점검하기

01 「행정심판법」상 간접강제와 직접처분에 대한 설명으로 가장 옳지 않은 것은? 　　24. 군무원 9급

① 간접강제는 행정심판위원회가 청구인의 신청이 있는 때에만 명할 수 있고 직권으로는 할 수 없다.
② 간접강제결정에 불복할 경우에는 청구인은 그 결정에 대하여 행정심판위원회를 상대로 행정소송을 제기할 수 있다.
③ 직접처분은 당사자의 신청을 거부하거나 부작위로 방치한 처분의 이행을 명하는 재결에 적용된다.
④ 행정심판위원회가 직접처분을 하였을 때에는 그 사실을 해당 행정청에 통보하여야 하며, 그 통보를 받은 행정청은 행정심판위원회의 직접처분 취지에 따라 처분을 하고 관계 법령에 따라 관리·감독 등 필요한 조치를 하여야 한다.

간접강제와 직접처분

> 행정심판법 제50조【위원회의 직접 처분】② 위원회는 제1항 본문에 따라 직접 처분을 하였을 때에는 그 사실을 해당 행정청에 통보하여야 하며, 그 통보를 받은 행정청은 위원회가 한 처분을 자기가 한 처분으로 보아 관계 법령에 따라 관리·감독 등 필요한 조치를 하여야 한다.

선지분석
① 가구제 수단과 달리, 직권으로 할 수 없다. 직접처분도 같다.

답 ④

02 행정심판의 재결의 효력에 대한 설명으로 옳지 않은 것은? 　　23. 군무원 9급

① 재결의 기속력은 인용재결의 효력이며 기각재결에는 인정되지 않는다.
② 재결이 확정된 경우에는 처분의 기초가 된 사실관계나 법률적 판단이 확정되고 당사자들이나 법원이 이에 기속되어 모순되는 주장이나 판단을 할 수 없게 된다.
③ 당해 처분에 관하여 위법한 것으로 재결에서 판단된 사유와 기본적 사실관계에 있어 동일성이 인정되는 사유를 내세워 다시 동일한 내용의 처분을 하는 것은 허용되지 않는다.
④ 형성력이 인정되는 재결로는 취소재결, 변경재결, 처분재결이 있다.

재결의 효력

제소기간 도과로 불가쟁력이 발생하였다는 사정만으로 기판력이 발생하지는 않는다.

선지분석
③ 기속력의 일환으로서 발생하는 반복금지의무를 말한다. 원칙적으로는 같은 처분을 반복할 수 없으나, 예외가 있다.

답 ②

03 행정심판의 재결에 대한 설명으로 옳지 않은 것은?

21. 군무원 9급

① 기각재결이 있은 후에도 원처분청은 원처분을 직권으로 취소 또는 변경할 수 있다.
② 재결의 기속력에는 반복금지효와 원상회복의무가 포함된다.
③ 행정심판에는 불고불리의 원칙과 불이익변경금지의 원칙이 인정되며, 처분청은 행정심판의 재결에 대해 불복할 수 없다.
④ 행정심판의 재결기간은 강행규정이다.

재결

강행규정은 아니므로 이를 위반한다 하여 재결 고유의 하자가 되진 않지만, 재결기간 위반시 필요적 전치주의의 예외가 된다.

> **행정심판법 제45조【재결 기간】** ① 재결은 제23조에 따라 피청구인 또는 위원회가 심판청구서를 받은 날부터 60일 이내에 하여야 한다. 다만, 부득이한 사정이 있는 경우에는 위원장이 직권으로 30일을 연장할 수 있다.
> **행정소송법 제18조【행정심판과의 관계】** ① 취소소송은 법령의 규정에 의하여 당해 처분에 대한 행정심판을 제기할 수 있는 경우에도 이를 거치지 아니하고 제기할 수 있다. 다만, 다른 법률에 당해 처분에 대한 행정심판의 재결을 거치지 아니하면 취소소송을 제기할 수 없다는 규정이 있는 때에는 그러하지 아니하다.
> ② 제1항 단서의 경우에도 다음 각 호의 1에 해당하는 사유가 있는 때에는 행정심판의 재결을 거치지 아니하고 취소소송을 제기할 수 있다.
> 1. 행정심판청구가 있은 날로부터 60일이 지나도 재결이 없는 때

선지분석

③ 불고불리의 원칙은 처분권주의를 말한다. 처분청이 행정심판의 재결에 대해 불복할 수 없도록 만드는 효력은 기속력이다.

답 ④

04 행정심판의 재결에 대한 설명으로 옳은 것은?

21. 군무원 7급

① 행정심판을 거친 후에 원처분에 대하여 취소소송을 제기할 경우 재결서의 정본을 송달받은 날부터 60일 이내에 제기하여야 한다.
② 의무이행심판의 청구가 이유 있다고 인정되는 경우에는 행정심판위원회는 직접 신청에 따른 처분을 할 수 없고, 피청구인에게 처분을 할 것을 명하는 재결을 할 수 있을 뿐이다.
③ 사정재결은 취소심판의 경우에만 인정되고, 의무이행심판과 무효확인심판의 경우에는 인정되지 않는다.
④ 취소심판의 심리 후 행정심판위원회는 영업허가 취소처분을 영업정지처분으로 적극적으로 변경하는 변경재결 또는 변경명령재결을 할 수 있다.

재결

취소심판청구의 인용재결에는 취소, 변경, 변경명령재결이 있다.

선지분석

① 적법하게 심판청구를 하였다면, 재결서 정본 송달일로부터 90일 이내에 소송을 제기하여야 한다.
② 인용재결로서 처분재결 및 처분명령재결이 모두 가능하다.
③ 사정재결 및 의무이행심판에 인정된다.

답 ④

05 「행정심판법」상 행정심판에 대한 설명으로 옳지 않은 것은? (다툼이 있는 경우 판례에 의함)

25. 소방

① 고지절차에 관한 규정은 행정처분의 상대방이 그 처분에 대한 행정심판의 절차를 밟는데 있어 편의를 제공하려는 데 있으며 처분청이 위 규정에 따른 고지의무를 이행하지 아니하였다고 하더라도 경우에 따라서는 행정심판의 제기기간이 연장될 수 있는 것에 그치고 이로 인하여 심판의 대상이 되는 행정처분에 어떤 하자가 수반된다고 할 수 없다.
② 양도소득세 및 방위세부과처분이 국세청장에 대한 불복심사청구에 의하여 그 불복사유가 이유있다고 인정되어 취소되었음에도 처분청이 동일한 사실에 관하여 특별한 사유 없이 부과처분을 되풀이한 경우 그 부과처분이 감사원의 시정요구에 따른 것이라면 위법하지 않다.
③ 법인이 아닌 사단 또는 재단으로서 대표자나 관리인이 정하여져 있는 경우에는 그 사단이나 재단의 이름으로 심판청구를 할 수 있다.
④ 행정심판의 재결은 피청구인 또는 행정심판위원회가 심판청구서를 받은 날부터 60일 이내에 하여야 하나 부득이한 사정이 있는 경우에는 위원장이 직권으로 30일을 연장할 수 있다.

> **행정심판**
> 기속력의 일환으로 발생하는 반복금지의무에 따라 취소된 처분과 동일한 재처분을 할 수 없는 것이 원칙이고, 감사원의 시정요구에 따른 것이라 하더라도 기속력에 위반된다.
>
> **선지분석**
> ③ 대표자나 관리인이 정하여져 있어야 할 뿐, 대표자나 관리인의 명의로 심판청구를 하여야 하는 것은 아니다.

답 ②

06 행정심판에 대한 설명으로 옳지 않은 것은? (다툼이 있는 경우 판례에 의함)

24. 소방

① '진정'이란 국민이 법정의 절차나 형식에 구애됨이 없이 행정청에 대하여 어떠한 희망을 진술하는 것을 말하며, 경우에 따라 진정서의 형식을 취하고 있더라도 행정심판청구로 볼 수 있는 경우가 있다.
② 「행정심판법」에서는 취소심판, 무효등확인심판, 의무이행심판에 대해서 규정하고 있다.
③ 행정심판은 원칙적으로 처분이 있음을 알게 된 날부터 90일, 처분이 있었던 날부터 1년 이내에 청구하여야 한다.
④ 시·도 소속 행정청의 처분 또는 부작위에 대한 심판청구에 대하여는 시·도지사 소속으로 두는 행정심판위원회가 심리·재결한다.

행정심판

처분을 안 날로부터 90일, 있은 날로부터 180일 이내에 심판을 청구해야 한다.

선지분석

① 비록 제목이 '진정서'로 되어 있고, 재결청의 표시, 심판청구의 취지 및 이유, 처분을 한 행정청의 고지의 유무 및 그 내용 등 행정심판법 제19조 제2항 소정의 사항들을 구분하여 기재하고 있지 아니하여 행정심판청구서로서의 형식을 다 갖추고 있다고 볼 수는 없으나, 피청구인인 처분청과 청구인의 이름과 주소가 기재되어 있고, 청구인의 기명이 되어 있으며, 문서의 기재 내용에 의하여 심판청구의 대상이 되는 행정처분의 내용과 심판청구의 취지 및 이유, 처분이 있은 것을 안 날을 알 수 있는 경우, 위 문서에 기재되어 있지 않은 재결청, 처분을 한 행정청의 고지의 유무 등의 내용과 날인 등의 불비한 점은 보정이 가능하므로 위 문서를 행정처분에 대한 행정심판청구로 보는 것이 옳다고 한 사례(대판 2000.6.9. 98두2621)

답 ③

07 「행정심판법」에 대한 설명으로 옳지 않은 것은?

22. 소방

① 청구인이 피청구인을 잘못 지정한 경우에는 위원회는 직권으로 또는 당사자의 신청에 의하여 결정으로써 피청구인을 경정할 수 있다.
② 행정심판위원회는 심판청구의 대상이 되는 처분보다 청구인에게 불리한 재결을 할 수 있다.
③ 중앙행정심판위원회는 위법 또는 불합리한 명령 등의 시정조치를 관계 행정기관에 요청할 수 있다.
④ 법령의 규정에 따라 공고하거나 고시한 처분이 재결로써 취소되거나 변경되면 처분을 한 행정청은 지체 없이 그 처분이 취소 또는 변경되었다는 것을 공고하거나 고시하여야 한다.

행정심판법

불이익변경금지 원칙 위반에 해당한다.

> **행정심판법 제47조 【재결의 범위】** ② 위원회는 심판청구의 대상이 되는 처분보다 청구인에게 불리한 재결을 하지 못한다.

선지분석

① 행정소송법상 피고 경정과 달리 신청 또는 직권으로 가능하다.
③ 구체적 규범통제의 결과, 하자있는 법규명령에 대한 별도의 폐지행위가 필요하다.

> **행정심판법 제59조 【불합리한 법령 등의 개선】** ① 중앙행정심판위원회는 심판청구를 심리·재결할 때에 처분 또는 부작위의 근거가 되는 명령 등(대통령령·총리령·부령·훈령·예규·고시·조례·규칙 등을 말한다. 이하 같다)이 법령에 근거가 없거나 상위 법령에 위배되거나 국민에게 과도한 부담을 주는 등 크게 불합리하면 관계 행정기관에 그 명령 등의 개정·폐지 등 적절한 시정조치를 요청할 수 있다. 이 경우 중앙행정심판위원회는 시정조치를 요청한 사실을 법제처장에게 통보하여야 한다.
> ② 제1항에 따른 요청을 받은 관계 행정기관은 정당한 사유가 없으면 이에 따라야 한다.

④
> **행정심판법 제49조 【재결의 기속력 등】** ⑤ 법령의 규정에 따라 공고하거나 고시한 처분이 재결로써 취소되거나 변경되면 처분을 한 행정청은 지체 없이 그 처분이 취소 또는 변경되었다는 것을 공고하거나 고시하여야 한다.
> ⑥ 법령의 규정에 따라 처분의 상대방 외의 이해관계인에게 통지된 처분이 재결로써 취소되거나 변경되면 처분을 한 행정청은 지체 없이 그 이해관계인에게 그 처분이 취소 또는 변경되었다는 것을 알려야 한다.

답 ②

2026 대비 최신판

해커스공무원
김대현
행정법총론
워크북

초판 1쇄 발행 2025년 8월 29일

지은이	김대현 편저
펴낸곳	해커스패스
펴낸이	해커스공무원 출판팀
주소	서울특별시 강남구 강남대로 428 해커스공무원
고객센터	1588-4055
교재 관련 문의	gosi@hackerspass.com
	해커스공무원 사이트(gosi.Hackers.com) 교재 Q&A 게시판
	카카오톡 채널 [해커스공무원 노량진캠퍼스]
학원 강의 및 동영상강의	gosi.Hackers.com
ISBN	979-11-7404-428-0 (13360)
Serial Number	01-01-01

저작권자 ⓒ 2025, 김대현
이 책의 모든 내용, 이미지, 디자인, 편집 형태는 저작권법에 의해 보호받고 있습니다.
서면에 의한 저자와 출판사의 허락 없이 내용의 일부 혹은 전부를 인용, 발췌하거나 복제, 배포할 수 없습니다.

공무원 교육 1위,
해커스공무원 **gosi.Hackers.com**

해커스공무원

· **해커스공무원 학원 및 인강**(교재 내 인강 할인쿠폰 수록)
· 해커스 스타강사의 **공무원 행정법 무료 특강**
· 정확한 성적 분석으로 약점 극복이 가능한 **합격예측 온라인 모의고사**(교재 내 응시권 및 해설강의 수강권 수록)

한경비즈니스 2024 한국품질만족도 교육(온·오프라인 공무원학원)

공무원 교육 1위* 해커스공무원

* [공무원 교육 1위 해커스공무원] 한경비즈니스 2024 한국품질만족도 교육(온·오프라인 공무원학원) 1위

공무원 수강료 최대 200% 환급
합격할 때까지 평생 무제한 패스

영어 비비안 | 국어 신민숙 | 행정법 함수민 | 행정학 서현

9·7급 공무원 인강
합격할 때까지 평생수강

국어, 영어, 한국사
기본서 3권 제공
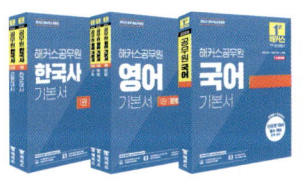
* 교재 포함형 패스 구매시 제공

해커스PSAT 합격패스
50% 할인쿠폰 제공

상황판단 길규범 | 언어논리 조은정 | 자료해석 김용훈

7급 응시자격 단기 달성
토익, 지텔프, 한능검 강좌 무료

G-TELP 비비안 | 한능검 안지영 | TOEIC 재키

실제 시험 유사성 100% 출제
합격예측 모의고사 무료 제공

매일국어·기출보카
어플 무료 이용권 제공

[최대 200% 환급] 미션 달성 시, 교재비 및 옵션가 제외, 제세공과금 본인 부담 / [평생] 불합격 인증 시 1년씩 연장

해커스공무원 gosi.Hackers.com
수강료 0원으로 공무원 전문강좌 무제한 수강하기 ▶